Markus Robold
Stephan Schmitz
Christian Berthold

Sachversicherungen für private und gewerbliche Kunden

Fach- und Führungskompetenz für die Assekuranz

3., überarbeitete und aktualisierte Auflage

Markus Robold
Stephan Schmitz
Christian Berthold

Sachversicherungen für private und gewerbliche Kunden

Fach- und Führungskompetenz für die Assekuranz

Geprüfter Fachwirt für Versicherungen und Finanzen
Geprüfte Fachwirtin für Versicherungen und Finanzen

Herausgegeben vom Berufsbildungswerk
der Deutschen Versicherungswirtschaft (BWV) e.V.

3., überarbeitete und aktualisierte Auflage

Bibliografische Information der Deutschen Nationalbibliothek

Die Deutsche Nationalbibliothek verzeichnet diese Publikation
in der Deutschen Nationalbibliografie;
detaillierte bibliografische Daten sind im Internet über
http://dnb.d-nb.de abrufbar.

Herausgeber:

Berufsbildungswerk der Deutschen Versicherungswirtschaft (BWV) e.V.
Arabellastraße 29
81925 München

Tel. 089 922001-848
info-bb@bwv.de
www.bwv.de

Bandkoordinator:
Markus Robold

Leider ist es kaum vermeidbar, dass Buchinhalte aufgrund von Gesetzesänderungen
in immer kürzer werdenden Abständen schon bald nach Drucklegung nicht mehr dem
neuesten Stand entsprechen.

Beachten Sie bitte daher stets unseren Aktualisierungsservice auf unserer
Homepage unter **vvw.de→Service→Ergänzungen/Aktualisierungen**
Dort halten wir für Sie wichtige und relevante Änderungen und Ergänzun-
gen zum Download bereit.

ISBN 978-3-89952-948-7

Vorwort

Die Rahmenbedingungen der Versicherungswirtschaft werden sich auch in den nächsten Jahren grundlegend ändern. Mit der 2009 in Kraft getretenen Verordnung zum anerkannten Abschluss „Geprüfter Fachwirt / Geprüfte Fachwirtin für Versicherungen und Finanzen" hat die Versicherungsbranche ein innovatives Bildungskonzept für die Zukunft des Wirtschaftszweigs erarbeitet und rüstet ihre Mitarbeiterinnen und Mitarbeiter für den gestalterischen Umgang mit dem Wandel.

Wissenschaft und Berufspraxis haben bei diesem Bildungskonzept wieder Hand in Hand gearbeitet und die Verordnung auf den Nachweis der Kompetenzen abgestellt, die die Branche heute und morgen benötigt, um erfolgreich zu sein. Vorstände und Führungskräfte der Assekuranz haben im Vorfeld Tätigkeitsfelder definiert, in denen Fachwirte für Versicherungen und Finanzen schwerpunktmäßig arbeiten werden:

* Produktmanagement
* Vertriebsmanagement
* Risikomanagement
* Schaden- und Leistungsmanagement

Aufbauend auf den Kenntnissen, Fertigkeiten und Fähigkeiten der Ausbildung zum Kaufmann / zur Kauffrau für Versicherungen und Finanzen werden die Studierenden in den grundlegenden Qualifikationen *Steuerung und Führung im Unternehmen, Marketing und Vertrieb von Versicherungs- und Finanzprodukten für Privatkunden* sowie *Personalführung, Qualifizierung und Kommunikation* ihr Know-how erheblich erweitern. In der anschließenden Spezialisierung auf einen aus sechs Produktmanagementbereichen und der Spezialisierung auf einen aus drei betrieblichen Kernprozessen können die Studierenden ihre Kompetenzen in den Feldern ausbauen, die ihrem beruflichen Werdegang und ihren Potenzialen entsprechen.

Der vorliegende Band *Sachversicherungen für private und gewerbliche Kunden* begleitet die Fortbildung und kann darüber hinaus auch allen anderen an der Materie Interessierten als Fachliteratur empfohlen werden.

Die Fortbildung wie auch die zugehörige Literatur orientieren sich an betrieblichen Praxisfällen. In der Fachwirtliteratur wird deshalb Bezug genommen auf Handlungssituationen der fiktiven Versicherungsgesellschaft Proximus Versicherung AG. Aus diesem Grund ist ein Profil der Proximus Versicherung AG vorangestellt.

Mit dem vorliegenden Band bedanken sich Herausgeber und Redaktion sehr herzlich bei den Autoren und wünschen allen Studierenden viel Erfolg!

München, im Oktober 2018

Profil Proximus Versicherung AG – über 125 Jahre Erfahrung

Historie

1885   Gründung der Dresdner Feuerversicherung AG mit den Geschäftszweigen: Feuer-, Transport- und Haftpflichtversicherung

1924   Übernahme der Chemnitzer Lebensversicherung AG (gegründet 1910)

1945   Verlegung des Gesellschaftssitzes nach München

1951   Fusion der Chemnitzer Lebensversicherung AG mit der Düsseldorfer Lebensversicherung AG, neuer Name: Proximus Lebensversicherung AG

1951   Gründung der Proximus Versicherung AG. Umfirmierung der Dresdner Feuerversicherung AG in Proximus Allgemeine Versicherung AG und Aufnahme des Geschäftszweiges Kraftfahrtversicherung

1965   Bestandsübernahme der Ambrosia Lebensversicherung AG (gegründet 1930)

1968   Aufnahme des Geschäftszweiges Unfallversicherung

1970   Gründung der Proximus Krankenversicherung AG als Tochter der Proximus Versicherung AG und der Proximus Lebensversicherung AG

1985   Gründung der Allgemeinen Deutschen Rechtsschutzversicherung AG gemeinsam mit fünf anderen Versicherern

1988   Kauf der Süddeutschen Handelsbank AG

1988   Gründung der Proximus Bausparkasse AG

1990   Gründung der Proximus Assicurazioni S.p.A., Italien

1991   Übernahme der Mehrheitsanteile der Allgemeinen Deutschen Rechtsschutzversicherung AG und Umbenennung zur Proximus Rechtsschutz Versicherung AG

1992   Gründung weiterer Gesellschaften in Belgien, Dänemark, Frankreich, Großbritannien, Niederlande und Polen

1998   Gründung der Proximus Invest GmbH

2008   Gründung der Proximus Kreditversicherung AG und Umbenennung der Proximus Bausparkasse AG in Proximus Bauspar AG

2014   Gründung der Proximus Vertriebs-GmbH

Ergebnisse der Proximus Gruppe (Gesamt)

Versicherungsdienstleistungen	2017	2016	2015
Gebuchte Beiträge, brutto, selbst abgeschlossenes Geschäft (in Mio. EUR)	8.189	8.092	8.068
Aufwendungen für Versicherungsfälle, brutto (in Mio. EUR)	7.286	7.236	6.978
Kapitalanlagen (in Mrd. EUR)	55,1	54,9	54,1
Verträge in Mio. Stück	9,16	9,07	9,03
Finanzdienstleistungen			
Proximus Bauspar AG Bausparsumme (in Mio. EUR) Bauspareinlage (in Mio. EUR) Bilanzsumme (in Mio. EUR)	4.781 769 904	4.772 764 902	4.665 758 899
Süddeutsche Handelsbank AG Bilanzsumme (in Mio. EUR)	3.340	3.315	3.386
Proximus Invest GmbH Fondsvermögen (in Mio. EUR)	7.497	7.404	7.234
Vermögensanlagen der Proximus Gruppe (in Mrd. EUR)	73,8	71,2	69,8

Kennzahlen Proximus Lebensversicherung AG	2017	2016	2015
Beitragseinnahmen (in Mio. EUR)	4.107	4.148	4.179
Anzahl Verträge	4.827.604	5.062.185	5.229.651
Bestand VSu (in Mio. EUR)	131.367	131.531	131.665
Eigenkapitalquote	3,1	3,1	3,2
Nettoverzinsung	4,2	4,4	4,3

Kennzahlen Proximus Krankenversicherung AG	2017	2016	2015
Beitragseinnahmen (in Mio. EUR)	510	512,5	512
Aufwendungen für Versicherungsfälle, brutto, (in Mio. EUR)	428	425	424
Versicherte Personen	491.000	490.000	491.000
Deckungsrückstellung (in Mio. EUR)	4,14	4,02	3,72
Stand RfB (in Mio. EUR)	320	316	312
RfB-Quote	62,7	61,7	60,9
Versicherungsgeschäftliche Ergebnisquote	10,3	10,3	11,6
Nettoverzinsung in Prozent	4,2	4,4	4,3

Konzernstruktur Proximus Versicherung AG

Proximus Versicherung AG

100 %   Anteil an der Proximus Allgemeine Versicherung AG

100 %   Anteil an der Proximus Lebensversicherung AG

100 %   Anteil an der Proximus Kreditversicherung AG

100 %   Anteil an allen Auslandsgesellschaften

100 %   Anteil an der Proximus Vertriebs-GmbH

 70 %   Anteil an der Proximus Rechtsschutz Versicherung AG

 70 %   Anteil an der Proximus Invest GmbH

 50 %   Anteil an der Proximus Krankenversicherung AG

 10 %   Anteil an der Proximus Bauspar AG

 10 %   Anteil an der Süddeutschen Handelsbank AG

Proximus Lebensversicherung AG

 80 %   Anteil an der Proximus Bauspar AG

 60 %   Anteil an der Süddeutschen Handelsbank AG

 50 %   Anteil an der Proximus Krankenversicherung AG

 25 %   Anteil an der Proximus Invest GmbH

Proximus Krankenversicherung AG

 30 %   Anteil an der Süddeutschen Handelsbank

 10 %   Anteil an der Proximus Bauspar AG

Süddeutsche Handelsbank AG

  5 %   Anteil an der Proximus Invest GmbH

Konzernstruktur Proximus Versicherung AG

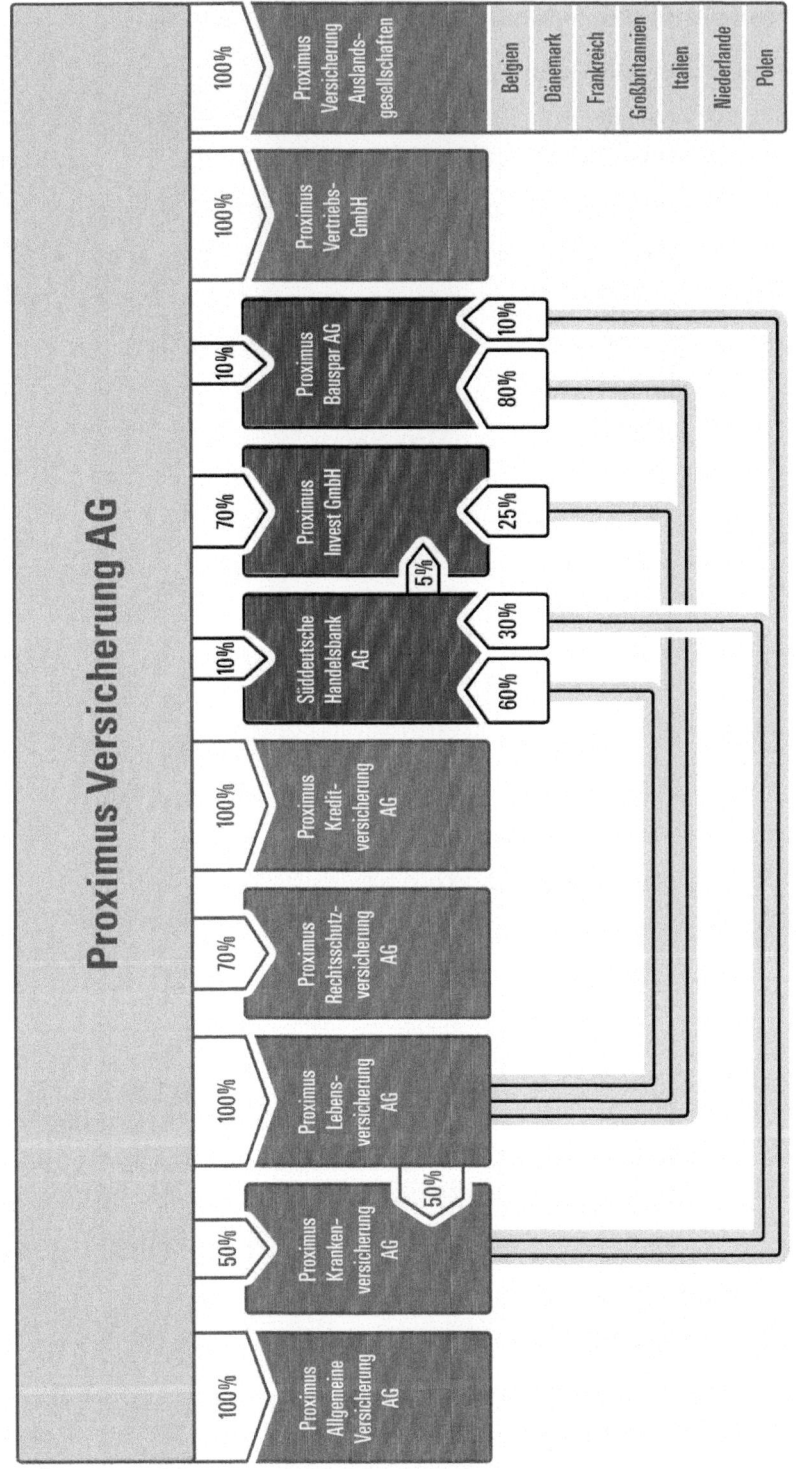

Adressen der Konzerngesellschaften

Proximus Versicherung AG, Proximus-Platz 1, 80333 München

Proximus Allgemeine Versicherung AG, Proximus-Platz 1, 80333 München

Proximus Krankenversicherung AG, Proximus-Allee 6–8, 80333 München

Proximus Lebensversicherung AG, Proximus-Platz 1, 80333 München

Proximus Rechtsschutz Versicherung AG, Proximus-Platz 1, 80333 München

Proximus Kreditversicherung AG, Proximus-Allee 7a, 80333 München

Süddeutsche Handelsbank AG, Proximus-Allee 7–9, 80333 München

Proximus Invest GmbH, Proximus-Allee 4, 80333 München

Proximus Bauspar AG, Proximus-Allee 3–5, 80333 München

Proximus Vertriebs-GmbH, Proximus-Allee 2, 80333 München

Filialnetz

Landesdirektion Nord, 22297 Hamburg

Landesdirektion Ost, 10333 Berlin

Landesdirektion Süd, 70583 Stuttgart

Landesdirektion West, 50117 Köln

30 Bezirksdirektionen

Weitere Betriebsstätten

Kunden-Service-Center Hannover, 30625 Hannover

Leistungszentrum für die Krankenversicherung, 44139 Dortmund

Proximus Akademie, 34117 Kassel

Weitere Angaben

Sitz: München, 3 HR B 62384711 AG, München
Gerichtsstand: München
USt-IdNr.: DE 199998888333
VersSt-Nr.: 1234/110/00011

Zum 31.12.2017 waren 8.473 Mitarbeiterinnen und Mitarbeiter bei der Proximus Gruppe beschäftigt, davon waren 582 Auszubildende.

Hinzu kommen 2.917 selbstständige Handelsvertreter, die ausschließlich für die Proximus Versicherungsgesellschaften vermitteln.

Es bestehen zu 253 Maklern und Mehrfachvermittlern Geschäftsbeziehungen.

Darüber hinaus unterhält die Süddeutsche Handelsbank AG einen eigenen Versicherungsvermittlungsdienst in der Rechtsform einer GmbH, welcher ausschließlich für die Gesellschaften der Proximus Gruppe vermittelt.

Die Süddeutsche Handelsbank AG fungiert als Verwahrstelle der Proximus Invest GmbH.

Die Hauptgeschäftsfelder der Proximus Gruppe sind die Lebens-, Kranken-, Kraftfahrt- und Haftpflichtversicherung. Die Lebensversicherung erzielt 50 % des gesamten Beitragsvolumens.

Die Versicherungsgesellschaften der Proximus Gruppe sind u. a. Mitglied

- des Gesamtverbandes der Deutschen Versicherungswirtschaft e. V. (GDV)
- des Verbandes der Privaten Krankenversicherung e. V. (PKV-Verband, auch Ombudsmann für die Private Kranken- und Pflegeversicherung)
- des Arbeitgeberverbandes der Versicherungsunternehmen in Deutschland e. V.
- des Berufsbildungswerks der Deutschen Versicherungswirtschaft (BWV) e. V.
- des Versicherungsombudsmann e. V.
- der Verkehrsopferhilfe e. V.
- der Deutschen Gesellschaft für Versicherungs- und Finanzmathematik e. V.
- der Deutschen Kernreaktor-Versicherungsgemeinschaft (DKVG)
- der Pharma-Rückversicherungs-Gemeinschaft

Die Finanzdienstleistungsunternehmen der Proximus Gruppe sind u. a. Mitglied

- des Bundesverbandes deutscher Banken e. V.
- des Bundesverbandes Investment und Asset Management e. V.
- der Entschädigungseinrichtung deutscher Banken

Die Versicherungsgesellschaften sind dem

- Regressverzichtsabkommen der Deutschen Feuerversicherer,
- Teilungsabkommen Mieterregress,
- Code of Conduct und
- Verhaltenscodex für den Vertrieb

beigetreten.

Rechtliche Auslegung der Proximus Gruppe

Die Gesellschaften der Proximus Gruppe nehmen im Falle der Einlösung der Erstprämie an, dass für den Begriff „unverzüglich" eine Dauer von drei Tagen anzusetzen ist, es sei denn, dass besondere Umstände eine spätere Zahlung entschuldigen.

Leserhinweise

Auf der **Einstiegsseite** zu jedem Kapitel erhalten Sie einen Überblick über die

- Nachzuweisende Befähigung
  (Kompetenzen, die in den Prüfungen nachzuweisen sind)

- Qualifikationsinhalte des Kapitels
  (Inhalte des DIHK-Rahmenplans, die in den „Erläuterungen zur Fortbildung"
  abgebildet sind.)

Handlungssituationen

In exemplarischen Handlungssituationen wenden Sie die Inhalte des Kapitels
oder Unterkapitels auf die konkreten Herausforderungen der Versicherungswirtschaft an.

Beispiele

Praxisbeispiele veranschaulichen das Thema und fördern ein ganzheitliches
Verständnis der Zusammenhänge.

Definitionen und Merksätze

Die relevanten Begriffe werden klar und verständlich erklärt. Merksätze
helfen Ihnen, sich wichtige Sachverhalte nachhaltig einzuprägen.

Exkurse

Zusatzinformationen dienen der Vertiefung oder Weiterführung eines Themas
und ermöglichen Ihnen den „Blick über den Tellerrand".

Zusammenfassungen

Am Ende der Kapitel oder Unterkapitel werden die wichtigsten Inhalte
kompakt und übersichtlich zusammengefasst.

Aufgaben zur Selbstüberprüfung

Die Aufgaben am Ende des Kapitels greifen die Qualifikationsinhalte auf
und helfen Ihnen, den Prüfungsstoff gezielt zu wiederholen.

Lösungen zu den Aufgaben

Die Lösungshinweise können Sie kostenlos herunterladen unter
www.bwv.de/Fachwirtliteratur_loesungen
www.vvw.de → Service → Ergänzungen/Aktualisierungen

Marginalien

Marginalien direkt neben dem Text unterstützen Sie bei der ersten
Orientierung und führen Sie durch die zentralen Inhalte des Buchs.

Stichwortverzeichnis

Mit dem Stichwortverzeichnis finden Sie rasch und sicher alle relevanten
Inhalte und Themen des Buchs.

Inhaltsverzeichnis

Abkürzungsverzeichnis

ABBV	Allgemeine Bedingungen für die Baubestands-versicherung
ABE	Allgemeine Bedingungen für die Elektronikversicherung
ABL	Allgemeine Bedingungen für die Sachversicherung landwirtschaftlicher Betriebe – Wirtschaftsgebäude und deren Inhalt sowie Wohngebäude
ABMG	Allgemeine Bedingungen für die Maschinen- und Kasko-versicherung von fahrbaren oder transportablen Geräten
ABN	Allgemeine Bedingungen für die Bauleistungsversiche-rung von Gebäudeneubauten durch Auftraggeber
ABU	Allgemeine Bedingungen für die Bauleistungs-versicherung von Unternehmerleistungen
ADS	Allgemeine Deutsche Seeversicherungsbedingungen
ADSp	Allgemeine Deutsche Spediteurbedingungen
AERB	Allgemeine Bedingungen für die Einbruchdiebstahl- und Raubversicherung
AFB	Allgemeine Bedingungen für die Feuerversicherung
AG	Aktiengesellschaft
AGB	Allgemeine Geschäftsbedingungen
AGG	Allgemeines Gleichbehandlungsgesetz
AGlB	Allgemeine Bedingungen für die Glasversicherung
agv	Arbeitgeberverband der Versicherungsunternehmen in Deutschland e.V.
AHB	Allgemeine Bedingungen für die Haftpflichtversicherung
AMB	Allgemeine Bedingungen für die Maschinenversicherung von stationären Maschinen
AMBUB	Allgemeine Bedingungen für die Maschinen-Betriebsunterbrechungsversicherung
AMoB	Allgemeine Bedingungen für die Montageversicherung
ArbG	Arbeitsgericht
ARGE	Arbeitsgemeinschaft
AStB	Allgemeine Bedingungen für die Sturmversicherung

ATB	Allgemeine Bedingungen für die Versicherung von Terrorschäden
ATP	Übereinkommen über internationale Beförderungen leichtverderblicher Lebensmittel (frz.: Accord relatif aux transports internationaux de denrées périssables et aux engins spéciaux à utilisier pour ces transports)
AVB BS	Allgemeine Bedingungen für die Versicherung von Betrieben gegen Schäden infolge Infektionsgefahr beim Menschen (Betriebsschließungsversicherung)
AVB	Allgemeine Versicherungsbedingungen
AWB	Allgemeine Bedingungen für die Leitungswasser-versicherung
BaFin	Bundesanstalt für Finanzdienstleistungsaufsicht
BAG	Bundesamt für Güterverkehr
BB	Besondere Bedingungen / Betriebsbeschreibung
Bd.	Band
BDSG	Bundesdatenschutzgesetz
BGB	Bürgerliches Gesetzbuch
BGH	Bundesgerichtshof
BHKW	Blockheizkraftwerk
BIP	Bruttoinlandsprodukt
BLBU	Bauleistungs-Betriebsunterbrechungsversicherung
BlV	Bestimmungen für die laufende Versicherung
BJ	Berichtjahr
BSZ	Branchenschlüsselzahl (in der GDV Sachstatistik)
BU-Versicherung	Betriebsunterbrechungsversicherung
BVK	Bundesverband Deutscher Versicherungskaufleute e. V.
BWE	Besondere Bedingungen für die Versicherung weiterer Elementarschäden
Carnet TIR	Zolldokument für den Warentransit per Straßenverkehr (frz.: Carnet Transport international de marchandises par vehicules routiers)
CCS-Verfahren	CO_2-Abscheidung und -Speicherung (engl.: Carbone Capture and Storage)

CFR	Kosten und Fracht (Incoterms, engl.: cost and freight)
CIF	Kosten, Versicherung, Fracht (Incoterms, engl.: cost, insurance, freight)
CIM	Internationales Übereinkommen über den Eisenbahn-frachtverkehr (frz.: Convention International concernant le transport des marchandises par chemin de fer)
CIP	frachtfrei versichert (Incoterms, engl.: carriage and insurance paid to)
CLNI	Straßburger Übereinkommen über die Beschränkung der Haftung in der Binnenschifffahrt (frz.: Convention de Strasbourg sur la limitation de la responsibilité en navigation intérieure)
CMNI	Budapester Übereinkommen über den Vertrag über die Güterbeförderung in der Binnenschifffahrt
CMR	Übereinkommen über den Beförderungsvertrag im internationalen Straßengüterverkehr (frz.: Convention relative au contrat de transport international de marchandises par route)
CNC-Maschine	Werkzeugmaschine mit elektronischer Steuerungs-technik (engl.: Computerized Numerical Control)
COTIF CIM	Übereinkommen über den internationalen Eisenbahn-verkehr (frz.: Convention relative aux transports internationaux ferroviaires)
CPT	frachtfrei (Incoterms, engl.: carriage paid to)
CRT	Kathodenstrahlröhre (engl.: Cathode Ray Tube)
ΔVJ	Änderung zum Vorjahr
DAP	geliefert benannter Ort (Incoterms, engl.: delivered at place
DAT	geliefert Terminal (Incoterms, engl.: delivered at terminal
DDP	geliefert verzollt (Incoterms, engl.: delivered duty paid)
DIN	Deutsche Industrie Norm, Deutsches Institut für Normung e.V.
DoC	Document of Compliance
DTV	Deutsche Transportversicherer
DTV-ADS	DTV – Allgemeine Deutsche Seeschiffsversicherungs-bedingungen

DTV-Güter	DTV-Güterversicherungsbedingungen
DTV-VHV	DTV-Verkehrshaftungsversicherungs-Bedingungen für die laufende Versicherung für Frachtführer, Spediteure und Lagerhalter
DV	Datenverarbeitung
EC	Extended Coverage (engl.: erweiterte Deckung)
ECB	Allgemeine Bedingungen für die Versicherung zusätzlicher Gefahren zur industriellen Feuerversicherung
ECBUB	Bedingungen für die Versicherung zusätzlicher Gefahren zur Feuer-Betriebsunterbrechungs-Versicherung für Industrie- und Handelsbetriebe
ED	Einbruchdiebstahl
EDV	Elektronische Datenverarbeitung
EEG	Gesetz für den Vorrang Erneuerbarer Energien
EG	Europäische Gemeinschaft
ELBU	Elektronik-Betriebsunterbrechungsversicherung
EML	Estimated Maximum Loss
EnEV	Energie-Einsparverordnung
EU	Europäische Union
EVU	Energieversorgungsunternehmen
EXW	ab Werk (Incoterms, engl.: ex work)
FAS	frei Längsseite Schiff (Incoterms, engl.: free alongside ship)
FBU	Feuer Betriebsunterbrechungs-Versicherung
FBUB	Allgemeine Feuer-Betriebsunterbrechungs-Versicherungs-Bedingungen
FCA	frei Frachtführer (Incoterms, engl.: free carrier)
f. e. R.	für eigene Rechnung
F-Gew	Feuer-Gewerbe-Versicherung
FI	Feuer-Industrie-Versicherung
FOB	frei an Bord (Incoterms, engl.: free on board)
GBV	Geschäftsberichte der Versicherungen

GDV	Gesamtverband der Deutschen Versicherungswirtschaft e.V.
GG	Grundgesetz
GJ	Geschäftsjahr
GKV	Gesamtkostenverfahren
GOT	Tierarzt-Gebührenordnung
GüKG	Güterkraftverkehrsgesetz
GuV	Gewinn- und Verlustrechnung
GVO	Gruppenfreistellungsverordnung
HGB	Handelsgesetzbuch
HIS	Hinweis- und Informationssystem der Versicherungswirtschaft
HVB	Hamburger Versicherungsbörse
IACS	International Association of Classification Societies
ICC	Institute Cargo Clauses / Internationale Handelskammer (engl.: International Chamber of Commerce)
IfSG	Gesetz zur Verhütung und Bekämpfung von Infektionskrankheiten beim Menschen
Incoterms	Internationale Handelsklauseln (engl.: International Commercial Terms)
ISM-Code	International Safety Management Code
ISO	International Standard Organisation
IT	Informationstechnik, Informations- und Datenverarbeitung
IWF	Internationaler Währungsfonds (engl.: International Monetary Fund)
JCC	Joint Cargo Committee
KBU	Kleine/Einfache Betriebsunterbrechungsversicherung
Kfz	Kraftfahrzeug
kg	Kilogramm
kW(h)	Kilowatt(-stunde)
KWK	Kraft-Wärme-Kopplung
LKW	Lastkraftwagen

LuftVG	Luftverkehrsgesetz
MaRisk	Mindestanforderungen an das Risikomanagement
MBU	Maschinenbetriebsunterbrechungs-Versicherung
MFBU	Sonderbedingungen für die mittlere Feuer-Betriebsunterbrechungs-Versicherung
MGar	Allgemeine Bedingungen für die Garantieversicherung
MOBU	Montage- Betriebsunterbrechungsversicherung
MPL	Maximum Possible Loss
Mio.	Million; 1 Mio. = 1.000.000
Mrd.	Milliarde; 1 Mrd. = 1.000.000.000
MÜ	Montrealer Übereinkommen
MVP	Fachwirt-Literatur „Marketing und Vertrieb von Versicherungs- und Finanzprodukten für Privatkunden"
MWp	Mega-Watt-peak (Messung der Spitzenleistung bei Photovoltaik-Anlagen)
PK	Klausel für den Bereich der Privatversicherung
PKW	Personenkraftwagen
PPP	Public Private Partnership
PML	Probable Maximum Loss
PR	Public Relations; Öffentlichkeitsarbeit
pVV	Positive Vertragsverletzung
QM	Qualitätsmanagement
RV	Rückversicherung
RWL	Reise- und Warenlagerversicherung
SB	Selbstbehalt
SK	Klausel für die Sachversicherung
SMC	Safety Management Certificate
StGB	Strafgesetzbuch
StVG	Straßenverkehrsgesetz
SVR	Schadenvorausrabatt
SZR	Sonderziehungsrecht

TEU	Standardcontainer (engl.: Twenty-foot Equivalent Unit)
TIS	Transport-Informations-Service
TK	Klausel für die technische Versicherung
TR	Transportversicherung
TumSchäG ND	Tumultschädengesetz Niedersachsen
TV	Technische Versicherung
UKV	Umsatzkostenverfahren
USV	Unterbrechungsfreie Stromversorgung
UWG	Gesetz gegen den unlauteren Wettbewerb
VAG	Versicherungsaufsichtsgesetz
VBGL	Vertragsbedingungen für Güterkraftverkehrs-, Speditions- und Logistikunternehmer
VCI	flüchtiger Korrosionsverhinderer (engl.: Volatile Corrosion Inhibitor)
VdS	VdS Schadenverhütung GmbH
VDVM	Verband Deutscher Versicherungsmakler e.V.
VGA	Bundesverband der Geschäftsstellenleiter der Assekuranz e. V.
VGB	Allgemeine Wohngebäude-Versicherungsbedingungen
VHB	Allgemeine Hausrat-Versicherungsbedingungen
VHT	Verein Hanseatischer Transportversicherer e.V.
VHV	Verkehrshaftungsversicherung
VN	Versicherungsnehmer
VOB	Vergabe- und Vertragsordnung für Bauleistungen
VPI	Verbraucherpreisindex
VR	Versicherer
VS	Versicherungssumme
VSG	Allgemeine Bedingungen für die Verbundene Sach-Gewerbeversicherung
VU	Versicherungsunternehmen
VVaG	Versicherungsverein auf Gegenseitigkeit

VVG	Versicherungsvertragsgesetz
VW	Versicherungswert
WA	Warschauer Abkommen
WEG	Wohnungseigentümergemeinschaft
YAR	York-Antwerp-Rules
ZKBU	Zusatzbedingungen für die einfache Betriebsunterbrechungs-Versicherung
ZPO	Zivilprozessordnung
ZSB	Zeitlicher Selbstbehalt
ZÜRS	Zonierungssystem für Überschwemmung, Rückstau und Starkregen

Abbildungsverzeichnis

Tabellenverzeichnis

Kapitel 1

Ergebnisse von Marketingmaßnahmen im
Prozess der Produktentwicklung

Nachzuweisende Befähigung

Die angehenden Fachwirte/Fachwirtinnen für Versicherungen und Finanzen sollen die Ergebnisse von Marketingmaßnahmen im Prozess der Produktentwicklung berücksichtigen können (gemäß Erläuterungsbroschüre*, Qualifikationsinhalte und Handlungssituationen, 4.1).

Qualifikationsinhalte des Kapitels

Die Absolventen können im Einzelnen:

- das Marktgeschehen einschließlich seiner internationalen und globalen Aspekte aufbereiten (4.1.1)
- die gesellschaftlichen und politischen Rahmenbedingungen und ihre Bedeutung für die Entwicklung neuer Produkte und Dienstleistungen erkennen (4.1.1)
- die Nachfrage- und Angebotsstruktur in der Versicherungswirtschaft erklären und anwenden (4.1.1)
- bestehende Deckungskonzepte im Bereich der Privat- und Gewerbekunden unter Einbeziehung der Transport- und Ertragsausfallversicherung anwenden (4.1.2)

* Berufsbildungswerk der Deutschen Versicherungswirtschaft (Hrsg.): Erläuterungen zur Fortbildung Geprüfter Fachwirt für Versicherungen und Finanzen, Verlag Versicherungswirtschaft, Karlsruhe 2013

1. Marktgegebenheiten

Handlungssituation

Die alternative Energie gewinnt immer mehr an Bedeutung. Ihr Auftrag ist es, für den Vorstand eine Marktanalyse anzufertigen, aus der sich Möglichkeiten einer kombinierten Elektronik-/Wohngebäudeversicherung für die Mitversicherung von Photovoltaikanlagen ergeben.

Um die Marktanalyse durchführen zu können, müssen die Marktcharakteristika emittelt werden. Zur Marktanalyse gehören: das Marktvolumen, das derzeitige und künftige Marktwachstum, die Kaufkraft, die Gewinnmargen sowie die Wettbewerbskräfte im Markt.

Marktanalyse

Die Marktgegebenheiten können unter anderem aus der Betrachtung der Risikolage abgeleitet werden. So wurde schon im Vorwort zum GDV-Jahrbuch 2008 „Die deutsche Versicherungswirtschaft" prognostiziert, dass der langfristige Klimawandel mit den zu erwartenden extremen Wetterereignissen wie Überschwemmungen und Starkregen spürbare Auswirkungen auf die Versicherung von Sachwerten haben wird. Im GDV-Jahrbuch 2009 (S. 33) wird auf die spezifischen Herausforderungen des Klimawandels für die Versicherungswirtschaft und auf die Schäden an Gebäuden, Inventar und Fahrzeugen durch Sturm und Hagelereignisse hingewiesen. Als Folge werden zunehmend Versicherungsverträge gegen Schäden durch Überschwemmungen, Starkregen, Lawinen und Schneedruck ergänzt. In der Gerbäudeversicherung liegt die Marktdichte nach Aussage des GDV (GDV-Jahrbuch 2012) bei 32 %.

Klimawandel: als zentrale Herausforderung der Versicherungswirtschaft

Auch wenn niemand die Schadenlage der Elementarversicherung genau vorhersagen kann, hält der GDV die immer wieder aufkommende Diskussion über die Notwendigkeit einer Pflichtversicherung für unnötig. Um die Marktdichte ad hoc von 32 % auf 100 % zu erhöhen, müsste die Versicherungswirtschaft innerhalb kürzester Zeit Deckungskapazitäten von mehreren Milliarden Euro bereitstellen. Ohne Erfahrungswerte und detaillierte Statistiken würde die Kalkulation der Risikoprämie zu einer hochpreisigen Absicherung führen, die der Kunde neben dem hohen bürokratischen Aufwand tragen müsste.

Elementar-Pflichtversicherung

Eine Pflichtversicherung würde möglicherweise dazu führen, dass weiterhin eine Bebauung in Hochwassergebieten erfolgt. Die Kosten des Hochwasserrisikos wären durch eine Pflichtversicherung den Gebäudeeigentümern nicht ausreichend bewusst.

Neben dem Klimawandel haben auch Entwicklungen auf dem Rohstoffmarkt oder im Transportwesen Auswirkungen auf die Versicherungswirtschaft. Gewerbekunden benötigen Sicherheit durch Versicherungsverträge, damit ihre Produktion gewährleistet bzw. abgesichert ist. Starke Preisschwankungen, insbesondere auf dem Rohstoffmarkt, stellen Kunden und Versicherer vor erhebliche Probleme bei der exakten Bemessung der Versicherungssummen.

Sicherheitsaspekt

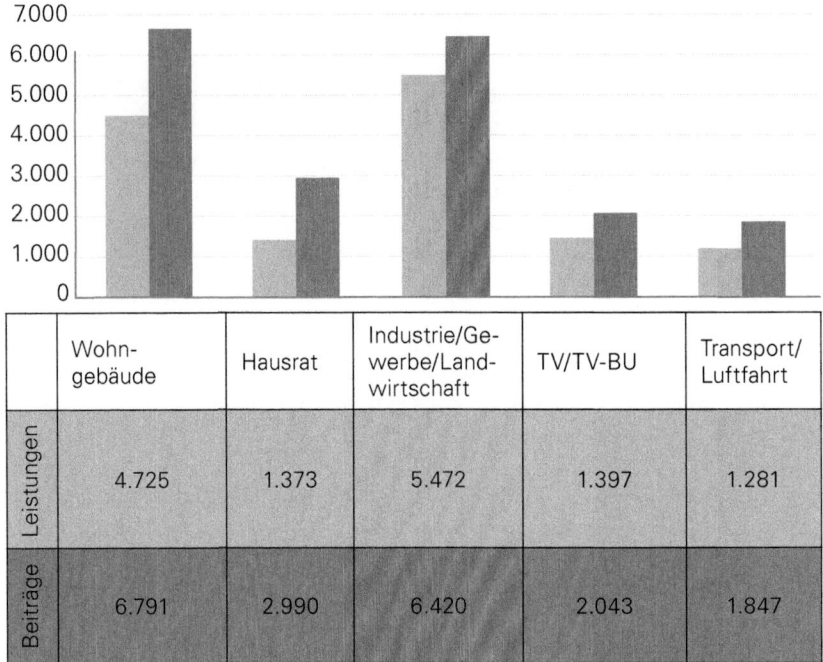

	Wohn-gebäude	Hausrat	Industrie/Ge-werbe/Land-wirtschaft	TV/TV-BU	Transport/Luftfahrt
Leistungen	4.725	1.373	5.472	1.397	1.281
Beiträge	6.791	2.990	6.420	2.043	1.847

Abbildung 1: Schadenaufwand und Beitragseinnahmen 2016 / in Mio. EUR
Quelle: GDV Statistisches Jahrbuch 2017

Schadenquoten

Die Schadenquoten der Sparten der Sachversicherung führten im Jahr 2016 zu unterschiedlichen Ergebnissen. Mit 106,6 % Combined Ratio sind die Segmente Industrie/Gewerbe/Landwirtschaft (nach Wohngebäude mit 96 %) die am stärksten belasteten Sparten der Schaden- und Unfallversicherung. Dagegen verzeichnet die Hausratversicherung eine erfreulich gute Combined Ratio von 79,9 %. Die Technischen Versicherungen bewegen sich bei 86,1 %.

 ▷ Definition

Combined Ratio

Combined Ratio (Schaden-Kosten-Quote) bezeichnet in der Versicherungswirtschaft das Verhältnis von Aufwendungen für Versicherungsbetrieb und Versicherungsleistungen zu abgegrenzten Prämien. Je niedriger die Schaden-Kosten-Quote ist, desto profitabler arbeitet das Unternehmen. Die Schaden-Kosten-Quote ist somit eine wichtige Kennzahl für die Rentabilität eines Versicherungsbestandes.

Überschreitet die Combined Ratio den Wert von 100 %, so ist dies für das versicherungstechnische Ergebnis ein Alarmzeichen.

$$\text{Combined Ratio} = \frac{\text{Betriebskosten} + \text{Schadenaufwand} - \text{Abwicklungsergebnis} \times 100}{\text{verdienter Beitrag}}$$

Management-Bericht GDV: Informationen über Trends und Entwicklungen

Weitere Informationen über die Marktgegebenheiten liefert der jährliche Management-Bericht des GDV. Er stellt wesentliche Ergebnisse der GDV-Statistiken zur Sachversicherung in komprimierter Form dar. Ziel dieses Managementberichts ist es, aktuelle Entwicklungen sowie längerfristige Trends im Geschäftsverlauf aufzuzeigen.

Die Transportversicherung schloss das Jahr 2016 mit einem leichten Prämi- *Lage der*
enzuwachs um 1,2 % auf 1,847 Md. EUR ab. Der Prämie steht eine Brutto- *Transportversicherung*
GJ-Schadenquote in 2016 von 69,4 %, bei einer Combined Ratio (brutto) von
106 %, gegenüber. Vor dem Hintergrund der wirtschaftlichen Entwicklung wird
die Bedeutung des Transportsektors für die deutsche Wirtschaft weiter steigen, wie sich aus dem Forschungsbericht „Prognose der deutschlandweiten
Verkehrsverflechtungen 2025", die vom Bundesverkehrsministerium in Auftrag
gegeben wurde, ergibt.

Sowohl die Anzahl der Transporte als auch die zurückzulegenden Strecken werden erheblich zunehmen. Die Schätzungen gehen dahin, dass sich die Verkehrsleistung der Verkehrsträger bis 2025 um schätzungsweise 70 % erhöht. Weil
dabei die Transportlager immer mehr auf die Straße, die Schiene und das Schiff
verlagert werden, steigen auch die Bewegungsrisiken in der Transportversicherung. Abzuwarten bleibt allerdings, ob die Bewegungsrisiken ein höheres Risiko
gegenüber den stationären Transportrisiken in Lagerstätten darstellen. Der starke Anstieg der Wertekonzentration in immer größer werdenden Containerschiffen und Lagerhäusern birgt ein erhebliches Gefahrenpotenzial (Kumulierung).

1.1 Gesellschaftliche und politische Rahmenbedingungen

Die Herausforderungen, denen sich die Versicherungswirtschaft gegenübersieht,
sind durch gesellschaftliche und politische Rahmenbedingungen beeinflusst.

Die derzeitigen politisch relevanten Themenfelder, die Wirkungen auf die Sach- *Herausforderungen*
versicherung zeigen, sind: *durch gesellschaft-*
liche und politische
■ Wirtschaftskrise und wirtschaftliches Umfeld (Zoll-Krieg zwischen USA und *Entwicklungen*
   der Europäischen Union),
■ Finanzmarkt und Aufsichtsreform,
■ Europäischer Binnenmarkt (Brexit),
■ Verbraucherschutz,
■ Klima,
■ Steuern,
■ Mobilität und Verkehrssicherheit.

Neben den Nachwirkungen der Wirtschafts- und Finanzkrise beeinflussen glo-
bale Gesellschafts- und Wirtschaftsthemen die Sachversicherung, wie z. B. die
Piraterie auf See oder die Sorge um die Ernährung der Weltbevölkerung. Die
Globalisierung hat unmittelbare Auswirkungen auf die Versicherbarkeit und die
Ersatzleistung.

Der GDV unterstützt seine Mitgliedsunternehmen bei der Betrachtung der ge- *Unterstützung durch*
sellschaftlichen und politischen Rahmenbedingungen, indem er die wichtigs- *den GDV*
ten politischen Ziele der Versicherungswirtschaft in den politisch und versiche-
rungswirtschaftlich relevanten Themenfeldern zusammenfasst. Am Beispiel
der Themen Energie und Klimawandel lässt sich der Einfluss gesellschaftlicher
und politischer Entwicklungen die Sachversicherung exemplarisch aufzeigen.

Thema: Energie und Klimawandel

EEG (Gesetz für den Ausbau erneuerbarer Energien)

Durch die staatliche Förderung im Rahmen des Gesetzes für den Ausbau erneuerbarer Energien (EEG) soll die Nachfrage an erneuerbarer Energie wachsen. Zweck des Gesetzes ist es, insbesondere im Interesse des Klima- und Umweltschutzes, eine nachhaltige Entwicklung der Energieversorgung zu ermöglichen. Bis zum Jahr 2020 ist geplant, den Anteil erneuerbarer Energien an der Stromversorgung auf mindestens 30 % zu erhöhen. Das Gesetz regelt auch die Vergütungen der Stromerzeuger.

Nachfrage nach alternativer Energie

Die verstärkte Nachfrage nach Photovoltaikanlagen, sowohl im privaten Bereich wie in der Industrie, hat auch Auswirkungen auf den Versicherungsmarkt. Es gibt Versicherungsanforderungen für Risiken im Zusammenhang mit dem Bau, dem Transport, der Montage und dem Betrieb der Solaranlagen, wobei es hierbei um die Sicherung der Sachwerte und der Vergütung der Anlagenleistung geht.

EnEV (Energieeinsparverordnung)

Die seit dem 01.10.2009 geltende Energie-Einsparverordnung (EnEV) wirkt sich ebenfalls auf die Versicherungsnachfrage aus. Durch die Verordnung wird der jährliche Heizwärmebedarf auf etwa 50 kWh je Quadratmeter beheizter Fläche begrenzt. Beschaffenheit und Zustand der zu versichernden Häuser werden sich durch energetische Bauweisen und Sanierungstechniken sowie durch neue Energieanlagen und neue Haustechnik verändern. Dies wird die Entwicklung innovativer Versicherungsprodukte zur Folge haben, z. B. die Versicherung von Passivhäusern.

weitere Energiethemen

Weitere Energiequellen, die Versicherungsprodukte beeinflussen, sind:

- Wasserkraft,
- Biomasse,
- oberflächennahe Geothermie,
- Windenergie.

Elementarversicherung als Antwort auf die Diskussion zur Pflichtversicherung

Die Versicherungswirtschaft hat die mit dem Klimawandel verbundenen zentralen Fragen mittlerweile aufgegriffen und begonnen, in Projekten Lösungen zu entwickeln. Hier geht es z. B. um den aktiven Verkauf und eine flächendeckende Platzierung von Elementarversicherungen, um der Diskussion über die Einführung einer Pflichtversicherung entgegenzuwirken. Der aktive Verkauf von Elementarversicherungen könnte z. B. unterstützt werden, indem in den Angeboten „Elementar-/Naturgefahren" immer mit enthalten sind. Möchte der Kunde die Elementargefahr nicht versichern, muss er sie aktiv ausschließen. Darüber hinaus besteht die Möglichkeit, den Versicherungsschutz mit dem Realgläubigerschutz zu verbinden.

Das Thema Energie und Klimawandel beinhaltet weitere Ansätze zur Entwicklung neuer Produkte und Angebote der Versicherungswirtschaft:

- Weiterentwicklung bestehender Produkte z. B. hinsichtlich energie- und klimaeffizienter Komponenten,
- Erkennen neuer Bedarfe, z. B. durch Zusammenarbeit mit der Wissenschaft;

- Untersuchung neuer Produktansätze (z. B. „Vollkasko" für das Eigenheim) und Tarife mit Anreizelementen (z. B. CO_2-Kompensationen),
- Entwicklung innovativer Dienstleistungen, auch außerhalb der Kompetenz der Versicherer, zur Unterstützung klimafreundlicher Verhaltensweisen, z. B. ganzheitlicher Ansatz bei der Schadenverhütung („climate change risk approved": Risikozertifizierung für den Kunden).

1.2 Nachfragestruktur

Die Nachfragestruktur bezieht sich auf die Nachfrage innerhalb eines Markts oder einer Branche und umfasst sowohl die Nachfrage privater Personen als auch die staatlicher Institutionen. Sie reicht vom Privatkunden über den Freiberufler, Gewerbetreibenden und Kunden aus dem Agrarsektor bis hin zur Großindustrie mit globalen Risiken.

Es existieren vielfältige Sach- und Ertragsrisiken, die gegen tägliche Gefahren geschützt werden sollen. Im Mittelpunkt stehen dabei nicht nur die großen Naturkatastrophen, sondern auch Ereignisse, die z. B. das Familieneinkommen schmälern oder die Produktion von Gütern be- oder verhindern.

Sach- und Ertragsrisiken

1.2.1 Demografischer Wandel

Auch wenn auf den ersten Blick kein unmittelbarer Bezug zwischen dem demografischen Wandel und der Versicherung von Sachwerten gegeben ist, wird die Produktnachfrage in der Sachsparte doch von Veränderungen in der Bevölkerungsstruktur beeinflusst.

Durch die Veränderungen in der Altersstruktur der Bevölkerung können sich Schadenszenarien ändern, insofern sie abhängig vom Alter der Kunden sind.

Altersstruktur der Bevölkerung

Bedingt durch einen (möglichen) Rückgang der Einwohnerzahl Deutschlands werden für die Hausratversicherung weniger potenzielle Kunden vorhanden sein. Weitere Trends, die sich möglicherweise auch auf die Hausratversicherung auswirken, sind:

Rückgang der Einwohnerzahl

- der Wandel in den Lebensformen (Anstieg der Singlehaushalte, Zunahme des Aktionsradius, verstärkte Mobilität),
- die Zunahme an Vermögenswerten,
- die Nachfrage nach größeren Wohnflächen,
- die Verbindung von Wohnen und Arbeiten, da immer mehr Menschen von zuhause aus arbeiten.

Für die Wohngebäudeversicherung wird der Rückgang der Einwohnerzahl zunächst einen Rückgang der Neubaunachfrage nach sich ziehen. Der GDV geht davon aus, dass der demografische Wandel ab 2030 folgende Auswirkungen haben wird:

Auswirkung auf Wohngebäudeversicherungen

- rückläufige Neubauaktivitäten,
- Anstieg von Rückbau- und Modernisierungsmaßnahmen (auch im Zusammenhang mit dem Thema der erneuerbaren Energien),
- der Trend zu kleinen Immobilieneinheiten.

Trends　Bei der Versicherung von Wohngebäuden werden im Zuge des demografischen Wandels folgende Trends erwartet:

- Kohorteneffekt (Einkommens-, Vermögenseffekte je Altersgruppe bzw. Generation),
- Lebenszykluseffekt (Erhöhung der Wohnflächennachfrage je Haushalt bis zum ca. 50. Lebensjahr bedingt durch Familienplanung und Einkommensverlauf),
- Remanenzeffekt (Familien, insbesondere Menschen ab 50 Jahren verbleiben in einmal bezogenen Wohnungen trotz Veränderungen im Bedarf an Wohnfläche).

1.2.2 Nachfragegruppen

Private Gruppen werden im Bürgerlichen Gesetzbuch (BGB) als Verbraucher bezeichnet (§ 13 BGB), gewerbliche Gruppen als Unternehmen (§ 14 BGB).

Verbraucher
- **§ 13 BGB**
  Verbraucher ist jede natürliche Person, die ein Rechtsgeschäft zu einem Zwecke abschließt, der weder ihrer gewerblichen noch ihrer selbstständigen beruflichen Tätigkeit zugerechnet werden kann.

Unternehmer
- **§ 14 BGB**
  1) Unternehmer ist eine natürliche oder juristische Person oder eine rechtsfähige Personengesellschaft, die bei Abschluss eines Rechtsgeschäfts in Ausübung ihrer gewerblichen oder selbstständigen beruflichen Tätigkeit handelt.
  2) Eine rechtsfähige Personengesellschaft ist eine Personengesellschaft, die mit der Fähigkeit ausgestattet ist, Rechte zu erwerben und Verbindlichkeiten einzugehen.

Eine weitere Gruppe sind die Vereine, hier unterscheidet das BGB in wirtschaftliche und nicht-wirtschaftliche Vereine.

Vereine
- **§ 21 BGB**
  Ein Verein, dessen Zweck nicht auf einen wirtschaftlichen Geschäftsbetrieb gerichtet ist, erlangt Rechtsfähigkeit durch Eintragung in das Vereinsregister des zuständigen Amtsgerichts.

- **§ 22 BGB**
  Ein Verein, dessen Zweck auf einen wirtschaftlichen Geschäftsbetrieb gerichtet ist, erlangt in Ermangelung besonderer reichsgesetzlicher Vorschriften Rechtsfähigkeit durch staatliche Verleihung. Die Verleihung steht dem Bundesstaate zu, in dessen Gebiet der Verein seinen Sitz hat.

Alle vorgenannten Gruppen sind Risiken des Alltags ausgesetzt, die den natürlichen Ablauf ihres Lebens bzw. ihrer Aktivitäten stören können.

Um sich mit Unternehmen und deren Risiken zu beschäftigen, ist es sinnvoll, einen Blick auf ihre betriebswirtschaftliche Einordnung, ihre Rechtsformen und Aufgaben zu werfen. Bei den Privatpersonen reicht ein kurzer Blick auf das Lebensphasenmodell, um Einordnungsmerkmale aufzuzeigen (siehe Kapitel 4 des Grundlagenbands *Marketing und Vertrieb von Versicherungs- und Finanzprodukten für Privatkunden* (Köhne/Lange 2012)).

1.2.3 Rechtsformen der Unternehmen

Wenn man als Versicherungsunternehmen mit Unternehmen als Kunden zu tun hat, ist es wichtig, die unterschiedlichen Rechtsformen von Unternehmen zu kennen, da diese z. B. die Haftungshöhen und die Verantwortlichkeiten der handelnden Personen oder Organe bedingen. Unternehmen können eine natürliche oder eine juristische Person oder eine rechtsfähige Personengesellschaft sein.

Die Rechtsform legt die gesetzlichen Rahmenbedingungen einer Gesellschaft fest, die in irgendeiner Form am Rechtsverkehr teilnimmt. Die Rechtsform wirkt sich u. a. auf Haftungsfragen der Gesellschafter und deren Recht zur Geschäftsführung aus. Sie bestimmt zudem, ob die Gesellschaft eine eigene Rechtspersönlichkeit besitzt (z. B. Aktiengesellschaft) oder ob ihre Gesellschafter als natürliche Personen handeln.

Einzelunternehmen:

- Eingetragener Kaufmann/Eingetragene Kauffrau (e. K., e. Kfm. oder e. Kffr.)

Personengesellschaften:

- Nicht eingetragener Verein (§§ 21–54 BGB)
- Gesellschaft bürgerlichen Rechts (GbR) (§§ 705 ff. BGB)
- Offene Handelsgesellschaft (OHG) (§§ 105 ff. HGB)
- Kommanditgesellschaft (KG) (§§ 161 ff. HGB), auch GmbH & Co. KG, AG & Co. KG und Stiftung & Co. KG

Juristische Personen des Privatrechts:

- Eingetragener Verein (e. V.) (§§ 21, 55 BGB)
- Wirtschaftlicher Verein (§ 22 BGB)
- Versicherungsverein auf Gegenseitigkeit (V VaG) (§§ 15 ff., 18 VAG)
- Gesellschaft mit beschränkter Haftung (GmbH) (§ 13 GmbHG)
- gemeinnützige Gesellschaft mit beschränkter Haftung (gGmbH)
- Unternehmergesellschaft (haftungsbeschränkt)
- Limited
- Kommanditgesellschaft auf Aktien (KGaA) (§§ 278 ff. AktG), GmbH & Co. KGaA, AG & Co. KGaA, Stiftung & Co. KGaA
- Aktiengesellschaft (AG) (§ 1 Abs. 1 Satz 1 AktG)
- Eingetragene Genossenschaft (eG) (§ 17 Abs. 1 GenG)
- Europäische Gesellschaft (Societas Europaea, SE)

Juristische Personen des öffentlichen Rechts:

Körperschaften, Anstalten und Stiftungen des öffentlichen Rechts

Tabelle 1: Bezeichnungen und Hinweise auf gesetzliche Regelungen

1.2.4 Wirtschaftszweige

Neben der Unterscheidung nach der Rechtsform können Unternehmen auch nach Wirtschaftszweigen unterschieden werden. Das Statistische Bundesamt unterscheidet die folgenden Wirtschaftszweige:

- Land- und Forstwirtschaft, Fischerei
- Bergbau und Gewinnung von Steinen und Erden
- Verarbeitendes Gewerbe
- Energieversorgung
- Wasserversorgung; Abwasser- und Abfallentsorgung und Beseitigung von Umweltverschmutzungen
- Baugewerbe
- Handel; Instandhaltung und Reparatur von Kraftfahrzeugen
- Verkehr und Lagerei
- Gastgewerbe
- Information und Kommunikation
- Erbringung von Finanz- und Versicherungsdienstleistungen
- Grundstücks- und Wohnungswesen
- Erbringung von freiberuflichen, wissenschaftlichen und technischen Dienstleistungen
- Erbringung von sonstigen wirtschaftlichen Dienstleistungen
- Öffentliche Verwaltung, Sozialversicherung
- Erziehung und Unterricht
- Gesundheits- und Sozialwesen
- Kunst, Unterhaltung und Erholung
- Erbringung von sonstigen Dienstleistungen
- Private Haushalte mit Hauspersonal; Herstellung von Waren und Erbringung von Dienstleistungen durch private Haushalte für den Eigenbedarf ohne ausgeprägten Schwerpunkt
- Exterritoriale Organisationen und Körperschaften

Tabelle 2: Gliederung der Wirtschaftszweige (Statistisches Bundesamt 2008)

Informationen zur Nachfragestruktur liefert das Statistik-Taschenbuch des GDV. Es enthält Angaben z. B. über die Anzahl der Haushalte und den Anteil an Fahrrädern, PCs, Fernsehgeräten, Geschirrspülmaschinen und Mikrowellengeräten.

GDV-Statistik

Im Bereich der gewerblichen Versicherung gibt die Statistik z. B. Auskunft über Unternehmensgründungen und Insolvenzen oder über die Entwicklung der Güterbeförderung.

Unternehmens-
gründungen

Insolvenzen

Unternehmen insgesamt	2016	3,5 Mio.
Handwerksunternehmen	2015	579.264
Gewerbeanmeldungen	2017	676.977
Gewerbeabmeldungen	2017	637.515
Unternehmens-Insolvenzen	2017	20.093
Privat-Insolvenzen	2017	94.079

Tabelle 3: Unternehmensgründungen und Insolvenzen (Statistisches Bundesamt)

Güterbeförderung

Jahr	2000	2017
Straßenverkehr	3.244.200	3.642.900
Eisenbahn	299.100	348.559
Binnenschiff	242.223	222.731
Seeschiff	238.254	249.869
Luftverkehr	2.387	4.847
Rohöl-Erdleitungen	89.398	90.932
insgesamt	4.115.562	4.559.838

Tabelle 4: Güterbeförderung: Beförderungsmenge in Mio. Tonnenkilometer (Statistisches Bundesamt)

Statistisches
Bundesamt

Weitere Informationen zur Nachfragestruktur liefert das Statistische Bundesamt. So liefert das Statistische Bundesamt für das Jahr 2016 Daten über den Bestand an Wohnungen und Wohngebäuden, aus denen man Rückschlüsse auf den Versicherungsbedarf ziehen kann. (Informationen können unter www.destatis.de abgerufen werden.)

Wohnungsbestand

Jahr (Stichtag)	2000	2016
Wohnungsbestand	38.383.600	41.703.300
Wohnfläche je Wohnung Ø	84,6 m²	91,7 m²
Räume je Wohnung Ø	4,4	4,4

Tabelle 5: Bestand an Wohnungen (Statistisches Bundesamt, Gebäude und Wohnungen, 2016)

1

1.2.5 Großrisiken

Unabhängig vom jeweiligen Wirtschaftszweig werden Unternehmen nach Betrieben (Massenrisiko) und Großbetrieben (Großrisiken) unterschieden. Für Großrisiken sieht das VVG aufgrund der besonderen Stellung eine Dispositionsfreiheit vor. Neben der Transportversicherung (siehe hierzu Kapitel 2.2.3) sind nach § 210 VVG Betriebe mit einer wirtschaftlichen Leistungsfähigkeit von mehr als 6,2 Mio. EUR Bilanzsumme oder 12,8 Mio. EUR Nettoumsatzerlös oder im Wirtschaftsjahresdurchschnitt mehr als 250 Arbeitnehmern Großrisiken (wobei mindestens zwei der drei Merkmale gegeben sein müssen).

Dispositionsfreiheit

1.2.6 Kundenbedarf und Produktnutzen

Wer einen Betrieb leitet oder als Unternehmer den Schritt in die Selbstständigkeit getan hat, übernimmt viel Verantwortung. Verantwortung bedeutet hier auch, sich der Risiken und Gefahren bewusst zu sein, denen ein Unternehmen ausgesetzt ist.

Die gewerblichen Sachversicherungen sind vergleichbar mit der privaten Hausratversicherung, jedoch ungleich bedeutsamer. Im Schadenfall kann hier die berufliche Existenz bedroht sein – die eigene und die der Mitarbeiter.

Der Inhaber eines Unternehmens hat u. a. folgende Ziele:

Unternehmerziele

- Gewinnmaximierung,
- Erhaltung der Arbeitsplätze,
- Langfristige Sicherung des Unternehmens,
- Ausbau des Unternehmens (räumlich und zeitlich).

Zur Erlangung dieser Ziele müssen folgende Komponenten erfüllt sein:
- Absicherung der Arbeitsleistung,
- Absicherung der Betriebsgebäude,
- Absicherung des Betriebsinhalts,
- Absicherung der Fortführung des Geschäftsbetriebs nach einem Versicherungsschaden,
- Absicherung der laufenden fixen Kosten des Betriebs.

Aus den Unternehmenszielen und den Bedingungen, die zur Erlangung dieser Ziele von Bedeutung sind, lässt sich der Kundenbedarf ableiten.

In besonderen Fällen wird der Kundenbedarf durch eine Versicherungspflicht überlagert. Versicherungspflicht besteht zurzeit nur im Bereich der Verkehrshaftungsversicherung, z. B. für Frachtführer (§ 7a GüKG) oder im Bereich der Haftung für Seeforderungen und Wrackbeseitigungskosten (SeeVersNachwG).

Versicherungspflicht

1.3 Angebotsstruktur

1.3.1 Marktteilnehmer

Neben den Nachfragern, den künftigen Versicherungsnehmern, nehmen am Versicherungsmarkt die Versicherungsvermittler und die Versicherungsgesellschaften teil. Die Versicherungsvermittler können auf der Nachfragerseite oder auf der Anbieterseite auftreten. Auf der Nachfragerseite sind es Versicherungsmakler und Firmenverbundene Vermittler, auf der Versichererseite sind es die Vermittlerorganisationen der VR sowie die Mehrfachvermittler (siehe hierzu den Grundlagenband Marketing und Vertrieb von Versicherungs- und Finanzprodukten für Privatkunden (Köhne/Lange 2012), Kapitel 3, Operatives Marketing im Marketing-Mix eines Versicherungsunternehmens, vgl. bes. Kapitel 3, 5.1 Vertrieb und Vertriebswege in der Versicherungswirtschaft).

- *Firmenverbundener Vermittler*

firmenverbundener Vermittler   Besitzt der Versicherungsnehmer einen firmenverbundenen Vermittler, wird der komplette Bereich der Risikoermittlung, die Absicherung und der Schaden- und Leistungsbereich über diesen Vermittler abgewickelt. In der Praxis wird der firmenverbundene Vermittler als Versicherungsabteilung bezeichnet.

Versicherungs-abteilung   Eine wichtige Funktion hat die Versicherungsabteilung, wenn es um die Kenntnis des VR bei der Meldung von gefahrerhöhenden Umständen durch den VN geht (siehe hierzu den Grundlagenband *Marketing und Vertrieb von Versicherungs- und Finanzprodukten für Privatkunden* (Köhne/Lange 2012), Kapitel 4 Zielgruppenorientierte Verkaufskonzepte im Privatkundenbereich, vgl. bes. Kapitel 4, 3.4 Rechtspflichten und Obliegenheiten). Mit der Vereinbarung der Klausel SK 1603 genügt zur Fristeinhaltung die Meldung an die Versicherungsabteilung.

Assekuradeur / Zeichnungsstellen   - *Assekuradeur / Zeichnungsstellen*

Neben den bekannten Vermittlerorganisationen agieren auf dem Markt der Sach- und Transportversicherer Assekuradeure.

 ▷ **Definition**

Dem ursprünglichen Sinn nach wurde der Begriff Assekuradeur für einen speziellen, selbstständigen Mehrfachagenten verwendet, der schwerpunktmäßig in der Transportversicherung tätig war. Er arbeitete ausschließlich an den Seeplätzen Hamburg und Bremen und war selbst der Risikoträger.

Heute hat sich die Tätigkeit des Assekuradeurs erweitert, Schwerpunkt bilden die Sach- und Transportversicherungen. Er ist mit weitreichenden Zeichnungsvollmachten für die von ihm vertretenen Versicherungsunternehmen ausgestattet, die es ihm erlauben, im Namen der jeweiligen Gesellschaft Prämien zu finden, Risiken in Deckung zu nehmen und Schäden zu regulieren.

Versicherungsmakler   - *Versicherungsmakler*

Im gewerblichen und industriellen Sachversicherungsbereich sowie vornehmlich im Bereich der Transportversicherung wird das Vermittlergeschäft vorwiegend von Maklern erledigt. Der betreuende Makler kann mit der Vereinbarung der Klausel SK 1803 bevollmächtigt werden, Anzeigen und Willenserklärungen des VN für den VR entgegenzunehmen. Der Makler wird dadurch nicht an die Seite des VR treten, er bleibt „Bundesgenosse" des VN.

▶ Hinweis

Die Klauseln für die Sachversicherung (SK) sind aufgelistet in Proximus Gewerbekunden 1.

Für den Bereich der Technischen Versicherung gibt es gleichlautende Makler-Klauseln. Die Klauseln enden mit der Bezeichnung „25", so z.B. TK 1825 für die ABE.

* *Versicherungsbörse*

Eine Besonderheit in der Zusammenarbeit mit Versicherungsmaklern und der Zusammenarbeit einiger Versicherungsunternehmen untereinander bilden die Versicherungsbörsen an den alten Seeplätzen in Hamburg (seit 1558) und Bremen. Getragen wird die Versammlung der Hamburger Versicherungsbörse (HVB) vom Verein Hanseatischer Transportversicherer (VHT) und dem Verband Deutscher Versicherungsmakler (VDVM). Trotz der heutigen Kommunikationsmittel hat die gewachsene Tradition überlebt. An den Versicherungsbörsen werden heute noch Versicherungsverträge abgeschlossen, weiterhin können sich die Teilnehmer über Entwicklungen von Risiken informieren. Die Börsenteilnehmer tauschen an der Börse Dokumente und Unterlagen aus, sogenannte Börsennoten und Börsenslips. Ähnliche Börsenversammlungen gibt es in Europa nur noch in Rotterdam und London. Verträge können auch heute noch an der Versicherungsbörse abgewickelt werden, d. h., eine Versicherungspolice kann an der Börse verbindlich platziert werden.

Versicherungsbörse

* *Börsenklausel*

Hat ein VR ein Risiko gezeichnet, was durch das Namenskürzel eines bevollmächtigten Vertreters geschehen kann, besteht Deckung. Eine offizielle „Börsenklausel", nach der ein VR eine Deckung akzeptiert hat, wenn er nicht innerhalb von drei Tagen widersprochen hat, existiert nicht. Als Zusatz auf Deckungsnoten existiert dieser Hinweis aber trotzdem, er hat sich als Usance nach hanseatischer Tradition eingebürgert (weitere Informationen siehe: www.hamburger-versicherungsboerse.de).

Börsenklausel

* *Versicherungsunternehmen*

528 Versicherungsunternehmen teilen sich in Deutschland den Versicherungsmarkt, 200 Versicherer befassen sich mit der Schaden- und Unfallversicherung (Quelle: GDV, Statistisches Taschenbuch der Versicherungswirtschaft 2017).

Anzahl der Versicherungsunternehmen

In den letzten Jahren ist auf dem Markt der Versicherungsunternehmen eine starke Konzentration auf einige wenige Gesellschaften zu beobachten. Durch Fusionen bilden sich große marktbeherrschende Unternehmen, die den kleineren, oft regional tätigen Unternehmen noch das „Nischengeschäft" überlassen. Die Zukunft der Sachversicherung wird wohl von einer Oligopolsituation bestimmt sein – einige große Marktbeherrscher und kleinere (leider unbedeutende) Versicherungsunternehmen.

Oligopol

1.3.2 Internationale Programme

Handlungssituation

Ihr Kunde ist ein mittelständischer Betrieb der Solarbranche. Er überlegt, auch in den Ländern der Europäischen Union, in Asien und Südamerika Produktionsstandorte zu eröffnen. Sie beraten den Kunden hinsichtlich der Frage, ob bei der Eindeckung von Versicherungsschutz für die Sach-, Technische und Transportversicherungen Besonderheiten in diesen Ländern zu berücksichtigen sind.

Versicherung von Auslandsrisiken

Aufgabe globaler Versicherungsdeckungen ist es, die weltweiten Aktivitäten der Kunden abzusichern. Die Kunden sollen ihre Auslandsstandorte vor regionalen Risiken schützen können. Im Bereich der privaten Sachversicherungen ist es z. B. das Ferienhaus auf einer Mittelmeerinsel, das der Kunde versichern will.

Niederlassungs- und Dienstleistungs- geschäft

Grundsätzlich ist zu unterscheiden, ob die Versicherung von Auslandsrisiken als Niederlassungsgeschäft oder als Dienstleistungsgeschäft aufgebaut werden soll.

 ▶ **Definition**

Den „Export von Versicherungsschutz" bezeichnet man als Dienstleitungsgeschäft. Der Versicherungsschutz wird in Deutschland produziert und als Dienstleistungsgeschäft an einen ausländischen VN geliefert.

Bem Niederlassungsgeschäft erfolgt die Produktion des Versicherungsschutzes im Ausland durch Betriebsteile des VR im Ausland und durch einen abgrenzbaren ausländischen Versicherungsbestand.

Sitzlandregel

Grundsätzlich entscheidet die Sitzlandregel über die Versicherungsmöglichkeit im Ausland. So wie ein VR eine Erlaubnis zum Geschäftsbetrieb im Inland benötigt, so benötigt ein ausländischer VR eine Erlaubnis zum Geschäftsbetrieb in Deutschland, wenn er die Versicherung durch eine Mittelsperson betreibt.

Korrespondenz- versicherung

Versicherungen, die ohne Mittelsperson (geschäftsmäßiger Vermittler, z. B. Makler) betrieben werden, nennt man Korrespondenzversicherung. Diese Versicherungsform ist in der Regel als erlaubnisfreies Geschäft zugelassen.

Mastervertrag

Dem deutschen VN wird neben den Risiken in Deutschland eine zusätzliche Deckung für Auslandsrisiken geboten. In der Regel besteht für die Risiken im Ausland eine lokale Deckung über einen in diesem Land tätigen VR. Meist ist es ein Tochterunternehmen des in Deutschland tätigen Versicherers. Die Risiken, die diese „lokalen" VR nicht versichern, werden in Form eines sogenannten Mastervertrags vom deutschen VR übernommen. Dabei ist zu beachten, dass die lokale Deckung in jedem Fall vorgeht. Der Mastervertrag wird auch als Umbrella-Deckung (engl. umbrella = Schirm) bezeichnet.

Diese Deckungen werden als D.I.C.- oder D.I.L.-Deckungen bezeichnet. Das Kürzel D.I.C. steht für „difference in conditions". Bei der D.I.C.-Klausel handelt es sich um eine Regelung zum Verhältnis der Grundversicherung im Ausland zur inländischen (deutschen) Versicherung (Masterdeckung) eines international tätigen Unternehmens.

D.I.C.
(„difference in conditions")

Die Masterdeckung, die in Deutschland versichert ist, deckt über die sogenannte D.I.C.-Klausel Versicherungslücken, die insoweit im Vergleich von Grundversicherung und Masterdeckung bestehen, als die Masterdeckung *bedingungsgemäß* den Versicherungsschutz der lokalen Grundversicherung übersteigt.

Beziehungsschema D.I.C.-Klausel

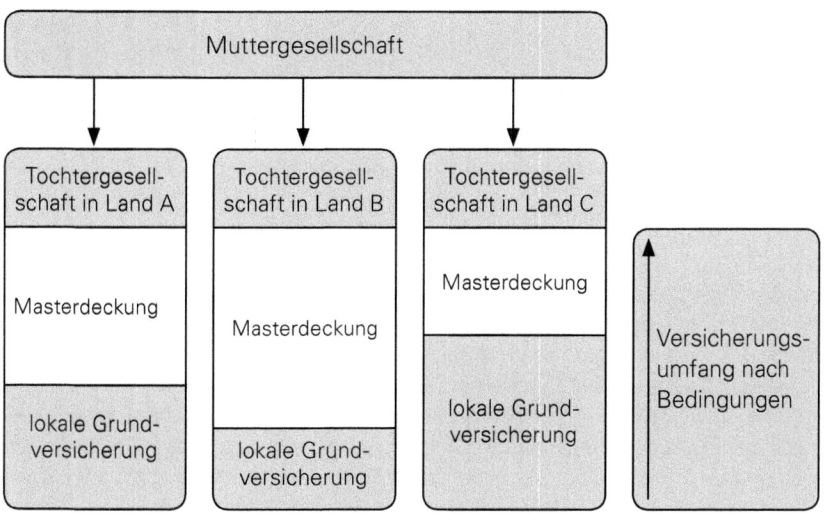

Abbildung 2: Beziehungsschema D.I.C.-Klausel
(in Anlehnung an: Zurich Versicherung, Makler-Web)

Das Kürzel D.I.L. steht für „difference in limits". Bei der D.I.L.-Klausel handelt es sich um eine Regelung zum Verhältnis der Grundversicherung im Ausland zur inländischen (deutschen) Versicherung (Masterdeckung) eines international tätigen Unternehmens.

D.I.L
(„difference in limits")

Die Masterdeckung, die in Deutschland versichert ist, deckt dann über die sogenannte D.I.L.-Klausel Versicherungslücken, die insoweit im Vergleich von Grundversicherung und Masterdeckung bestehen, als *die Versicherungssummen* der Masterdeckung den Versicherungsschutz der lokalen Grundversicherung übersteigt. Im Grunde handelt es sich hier um eine Anschlussversicherung (Exzedentenversicherung) an die lokale Grundversicherung.

Beziehungsschema D.I.L.-Klausel

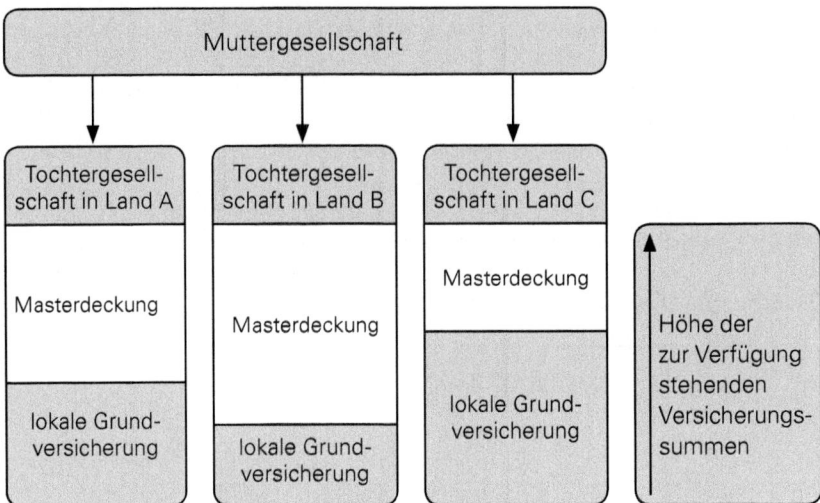

Abbildung 3: Beziehungsschema D.I.L.-Klausel
(in Anlehnung an: Zurich Versicherung, Makler-Web)

Verbotsländer

Schutz- und Konditionsdifferenzversicherung

Bei der Versicherung von Auslandsrisiken spielen die Versicherungssteuer und die rechtliche Möglichkeit, Versicherungsschutz überhaupt anbieten zu dürfen, eine wichtige Rolle. So haben einige Länder den Versicherungsschutz durch ausländische Versicherer verboten, Versicherungsschutz dürfen nur im Land zugelassene Versicherer anbieten. Diese Länder werden als rote Länder oder auch als „Non-admitted"-Verbotsländer bezeichnet. Das Verbot bezieht sich z. B. auch auf die Transportversicherung (z. B. die Versicherung von Transporten von Deutschland in das jeweilige Verbotsland). Hier kann der deutsche Transportversicherer den Transport bis zur Landesgrenze übernehmen, Inlandstransporte müssen lokal gedeckt werden. Die Transportversicherer bieten für ihre Kunden eine Schutzklausel an, die dann Versicherungsschutz bietet, wenn der lokale Versicherer dem deutschen Kunden eine Entschädigung, z. B. aus politischen Gründen, verweigert.

Schutz- und Konditionsdifferenzversicherungsklausel DTV-Güter 2000

Im Rahmen des zugrundeliegenden Vertrages besteht subsidiärer Versicherungsschutz bei Transporten, für die der VR nicht oder nur teilweise die Gefahr trägt oder die er aufgrund der Liefervereinbarungen nicht zu versichern hat. Gleiches gilt, wenn der VN durch Gesetz oder hoheitliche Verfügung zur Eindeckung des Versicherungsschutzes bei einem anderen VR verpflichtet ist.

Verbotsländer

Verbotsländer (rote Länder) sind z. B. Brasilien, China, Japan, Malaysia, Mexiko, Russland, Schweiz, Thailand und die Türkei.

Steuersätze

Problematisch ist die Erhebung der Versicherungsteuer. Sie muss in dem Land abgeführt werden, in dem das Risiko liegt. Hat ein Industriekunde sein Hauptwerk in Deutschland, zahlt er seine Versicherungsteuer ebenfalls in Deutschland. Hat er daneben eine Niederlassung in Spanien, muss die hier anfallende Versicherungsteuer in Spanien entrichtet werden.

Die abzuführende Versicherungsteuer variiert je nach Land zwischen 0 % bis 22 %. So beträgt der Versicherungsteuersatz in Österreich für die Sachversicherung z. B. 11 %.

Einige Marktteilnehmer versuchen, dem Versicherungsverbot mit der „Versicherung des Finanzinteresses" (Financial Interest Cover) zu begegnen. Versichert wird hier das Risiko, dass der Wert der Beteiligung an der Tochtergesellschaft durch einen Sachschaden im Ausland sinkt. Die Risikobelegenheit soll dadurch nach Deutschland verlegt werden.

Retrozessionsvereinbarungen bei Internationalen Versicherungsprogrammen (AB RetroIP 2011)

Im Marktsegment der industriellen Risiken sind internationale Versicherungsprogramme in der Sach- und Transportversicherung ein regelmäßig anzutreffendes Versicherungsmodell, um länderübergreifende Risiken abdecken zu können. Weil derartige Risiken häufig durch mehrere VR im Rahmen eines Konsortiums abgesichert werden, ist die Regelung des Verhältnisses zwischen dem Führenden und den Mitversicherern bezüglich der lokalen Versicherungsverträge erforderlich.

Die vom Führenden in dessen Netzwerk platzierten Auslandspolicen (Lokalpolicen) werden ihm von den Auslandsgesellschaften per fakultativer Rückversicherung zediert. Im Wege der Retrozession beteiligt er die anderen Konsortialversicherer an diesen Lokalpolicen.

Der Vertragstext legt die Rechte und Pflichten der Parteien fest. Zu den individuellen Vertragsdaten gehören die Angaben der Parteien, der Anteil des beteiligten VR, der VN und die Versicherungsscheinnummer des Mastervertrags, der Rückversicherungszeitraum und Angaben zur Versicherungssparte.

1.3.3 Mitversicherung

Handlungssituation

In den vergangenen Jahren ist Ihr Kunde vom kleinen Einmannbetrieb zu einem größeren Mittelständler gewachsen. Dies spiegelt sich auch in der Erhöhung der Risiken und Versicherungssummen wider. Sie machen sich Gedanken darüber, wie Sie mit der geänderten Risikosituation im Hinblick auf die Risikoverteilung bzw. -minimierung umgehen sollen.

Ein VR wird in der Regel bestrebt sein, den Versicherungsschutz für ein Objekt allein zu platzieren. Wenn diesem Bestreben aber risikopolitische Gründe, wie z. B. die Zeichnungskapazität, entgegenstehen, besteht die Möglichkeit, den Versicherungsschutz auf mehrere VR zu übertragen. Es handelt sich dann

Nebenversicherung

meist um Risiken mit einer hohen Versicherungssumme. Wenn der VN die Versicherungssummen auf mehrere VR aufteilt und jeder VR einen Versicherungsschein ausstellt, handelt es sich um eine Nebenversicherung. Der VN ist in dem Fall verpflichtet, jeden VR hierüber in Kenntnis zu setzen (§ 77 VVG). Dieser Anzeigepflicht unterliegt auch ein VN, der entgehenden Gewinn, z. B. aus einer Betriebsunterbrechungsversicherung, bei einem VR und den sonstigen Schaden bei einem anderen VR versichern will (§ 77 II VVG).

Mitversicherung

Geht die Initiative der Risikoaufteilung vom VR aus, handelt es sich um eine Mitversicherung. Es gibt aber auch Fälle, in denen der Wunsch nach Aufteilung des Risikos auf verschiedene VR vom Kunden ausgeht.

Bei der Mitversicherung haftet jeder VR nur für seinen gezeichneten Anteil (monetär oder prozentual). Der VR, der den größten Anteil zeichnet, wird (meist) die Rolle der Vertragsführung übernehmen.

Subskriptions-
verfahren

Der führende VR bietet anderen VR Anteile an dem Risiko an. Die anderen VR übernehmen ihre Anteile im sogenannten Subskriptionsverfahren. Das Subskriptionsverfahren bedingt einheitliche Konditionen sowohl bei den Vertragsbedingungen als auch bei der Prämie.

Der führende VR stellt im Namen der mitbeteiligten VR einen Versicherungsschein (Sammelversicherungsschein/Sammelurkunde) aus. Die Verhandlungen mit dem Kunden sowie die weiteren vertraglichen Abwicklungen bis hin zur Regulierung des Schadens, werden in der Regel vom führenden VR übernommen. Der führende VR darf Willenserklärungen gegenüber dem VN mit Wirkung für die Beteiligten nur nach vorheriger Zustimmung der Beteiligten abgeben.

Sammel-
versicherungsschein

Der führende VR darf im Namen der Beteiligten die Sammelurkunde unterzeichnen, wenn die Beteiligten sich mit dem Entwurf einverstanden erklärt haben. Das Einverständnis darf angenommen werden, wenn die Beteiligten binnen zehn Arbeitstagen nach Versendung des Entwurfs nicht widersprochen haben.

Der Verteilungsplan des Sammelversicherungsscheins oder des Nachtrags sollte mindestens enthalten:

- Namen der Mitversicherer,
- Ort der bevollmächtigten Geschäftsstelle,
- Anteil der Mitversicherer in Prozentsätzen,
- Versicherungssumme in Euro,
- Beitragsanteil der Mitversicherer.

Abrechnungsverkehr

Weiterhin müssen alle Prämienabrechnungen und Schadenzahlungen mithilfe eines Verteilungsplans aufgeteilt und abgerechnet werden (siehe hierzu den GDV-Leitfaden für den Abrechnungsverkehr im Führungs- und Beteiligungsgeschäft, Bd. 10 der Schriftreihe Betriebswirtschaft und Informationstechnologie):

Versicherer	Anteil %	Versicherungs-summe (in EUR)	Prämie (in EUR)
Proximus Köln	40	4.000.000	4.000
VR X Hamburg	30	3.000.000	3.000
VR Y Trier	30	3.000.000	3.000
Gesamt	100	10.000.000	10.000

Verteilungsplan

Tabelle 6: Muster-Verteilungsplan für Prämienabrechungen und Schadenzahlungen (eigene Darstellung)

Versicherungsunternehmen sind grundsätzlich verpflichtet, in Prämienrechnungen ihre Versicherungsteuernummer anzugeben. Für Mitversicherungsverhältnisse bedeutet das, dass die Versicherungsteuernummern sämtlicher an der Mitversicherung beteiligten Versicherungsunternehmen anzugeben sind, wenn nicht ein (führendes) Versicherungsunternehmen die Steuerentrichtung für alle Beteiligten übernimmt (vgl. § 7 Abs. 4 VersStG). *Pflichtangaben in Abrechnungen*

Nicht immer werden die Prämienanteile im Verteilungsplan angegeben. Es ist auch möglich, die Aufteilung des Risikos nicht im Subskriptionsverfahren durchzuführen, sondern das sogenannte Vertical Marketing anzuwenden. *Vertical Marketing*

Beim Vertical Marketing kann es sich um eine prämiendifferenzierte Vermarktung, um eine bedingungsdifferenzierte Vermarktung oder um eine Kombination aus beidem handeln.

Bei der prämiendifferenzierten Vermarktung kennen die am Risiko beteiligten VR z. B. nicht die Prämienhöhe und somit auch nicht die Prämienkalkulationen der anderen Beteiligten. In diesen Fällen wird der Makler des VR die Abrechnung des Vertrags lenken. Grund für diese Form der Mitversicherung ist das Kartellrecht, da in der Übernahme der Kalkulation ein Verstoß gesehen werden kann.

Um die Vertragsverwaltung zu vereinfachen, werden mit dem VN nachfolgende Führungsklauseln vereinbart: *Führungsklauseln*

SK 1801 Führung
SK 1804 Prozessführung

Ähnliche Führungsklauseln kennt die Technische Versicherung. Für jede Sparte der Technischen Versicherung gibt es eine im Text gleiche Klausel. Je nach zugehöriger AVB endet die Klausel mit der Bezeichnung „50", z. B. TK 1850 für die ABE.

Führungsklauseln für den Bereich der Technischen Versicherung
(GDV-Handbuch der Sachversicherung, Bd. IV, Technische Versicherung)

Güterversicherung Auch die Transportversicherung kennt in den DTV-Güter 2000/2011 eine Führungsklausel. Der führende Versicherer ist jedoch ohne Zustimmung der Mitversicherer, von denen jeder einzeln zu entscheiden hat, nicht berechtigt

- zur Erhöhung des Policenmaximums,
- zum Einschluss von bestimmten ausgeschlossenen Gefahren,
- zur Änderung der Policenwährung,
- zur Änderung der Kündigungsbestimmungen.

Fehlt die Zustimmung der beteiligten VR, haftet der Führende aus einer ohne Einschränkungen abgegebenen Erklärung auch für die Anteile der Mitversicherer.

Führungsprovision Für die mit der Führung verbundenen Aufgaben erhält der führende VR von den beteiligten VR eine sogenannte Führungsprovision. Diese Provision wird mit der Abrechnung der Prämienanteile verrechnet.

Arbeitsprovision Von Arbeitsprovision spricht man, wenn die beteiligte Gesellschaft die Beteiligung auf ausdrücklichen Wunsch des VN erhalten hat.

Steuerpflicht Die Übernahme von Verwaltungsaufgaben durch den führenden VR gegen ein von den anderen VR getragenes Entgelt (sogenannte Führungsprovision) stellt eine umsatzsteuerbare und -steuerpflichtige Leistung dar (Bundesfinanzhof, Urteil vom 24.04.2013, XI R 7/11).

Schadenabrechnung Die am Versicherungsvertrag beteiligten VR müssen sich im Schadenfall nicht der Ansicht des führenden VR unterordnen. Sofern sie anderer Ansicht über die Ersatzpflicht, die Höhe der Entschädigung, die Einhaltung von Obliegenheiten etc. sind, können sie diese abweichend vom führenden VR behandeln. Seitens der Beteiligten besteht keine Nachfolgepflicht.

1.3.4 Lösungsansätze für die Marktanalyse hinsichtlich der Möglichkeiten einer kombinierten Elektronik-/Wohngebäudeversicherung für die Mitversicherung von Photovoltaikanlagen

Die Ergebnisse der Marktanalyse sind:

Ergebnisse der Marktanalyse
- Der Solarstrom ist auf Wachstumskurs. Hausbesitzer wollen einen Beitrag zur CO_2-Reduktion leisten.
- Der Staat finanziert die umweltfreundliche Energie.
- Die jährliche Gesamtleistung der neu installierten Solarstromanlagen in Deutschland steigt an.
- Bis zum Jahr 2020 ist geplant, den Anteil erneuerbarer Energien an der Stromversorgung auf mindestens 30 % zu erhöhen.
- Die Solartechnik ist weitestgehend ausgereift.
- Es handelt sich um einen langfristigen Wachstumsmarkt.

Zusammenfassung

Die Marktgegebenheiten in der Versicherungswirtschaft werden von den gesellschaftlichen und politischen Rahmenbedingungen und durch ökologische und demografische Entwicklungen wie Klimawandel, Ressourcenknappheit oder die alternde Gesellschaft beeinflusst. Insbesondere die Nutzung erneuerbarer Energie stellt die Versicherungswirtschaft vor große Herausforderungen. Zentrale Themen, die die Zukunft der Versicherungswirtschaft betreffen, sind:

- das wirtschaftliche Umfeld infolge der Wirtschafts- und Finanzkrise,
- Finanzmarkt und Aufsichtsreform,
- europäischer Binnenmarkt,
- Verbraucherschutz,
- Klima,
- Steuern,
- Mobilität und Verkehrssicherheit.

Marktteilnehmer auf der Nachfragerseite sind Privatpersonen (Verbraucher), Unternehmen und Vereine. Marktteilnehmer auf der Anbieterseite sind die Versicherungsvermittler und Makler, als Sonderform die Assekuradeure und die Institution der Hamburger Versicherungsbörse sowie natürlich die Versicherungsgesellschaften.

Versicherungsschutz kann für Kunden in Deutschland und für Risiken im Ausland geboten werden. Bedeutsam im Hinblick auf eine deutsche Police mit internationalem Geltungsbereich sind:

- „Non-admitted"-Verbote,
- Schadenservice im Ausland,
- Kenntnisse nationaler Besonderheiten,
- Steuerliche Auswirkungen.

Für größere Risiken kann die Form der Mitversicherung gewählt werden. Die Mitversicherung kommt zum Beispiel dann zum Tragen, wenn ein VR ein Risiko nicht allein übernehmen möchte.

Der führende VR übernimmt in der Regel die Verhandlungen mit dem VN über die Vertragsinhalte, stellt eine Sammelpolice im Namen aller beteiligten VR aus und regelt über den Verteilungsplan die Abrechnung der VR untereinander.

2. Bestehende Deckungskonzepte

Handlungssituation

Sie haben die Aufgabe bekommen, für die Abteilung Marketing die beste-henden Deckungskonzepte der Proximus Versicherung AG zusammenzu-stellen. Gemeinsam mit einem Team aus Ihrer Abteilung und Mitarbeitern aus der Abteilung Marketing soll geprüft werden, ob Änderungen an den Deckungskonzepten notwendig sind.

Deckungskonzepte als maßgeschneiderte Zielgruppenprodukte

Unter Deckungskonzepten versteht man individuelle, auf den Kunden zuge-schnittene Versicherungsbedingungen. VR und Makler verwenden solche passgenauen Versicherungsprodukte, um dem VN einen auf seine Bedürfnisse angepassten Rundum-Schutz zu bieten. Darüber hinaus bieten Deckungskon-zepte dem VR die Möglichkeit, sich mit maßgeschneiderten Produkten von den gängigen Produkten und innerhalb der Konkurrenz abzuheben.

Der VR bietet unter Marketinggesichtspunkten Deckungskonzepte als „vorge-dachte und vorgefertigte Ware" an.

Bereiche der Deckungskonzepte

Grundsätzlich unterscheiden sich die Deckungskonzepte in zwei Bereiche.

1. „Normale" Versicherungsbedingungen, z. B. im Privatbereich die VHB 2016 und im gewerblichen Bereich die AFB 2010.

2. Verbund- oder „Multiline"-Produkte die z. B. einzelne Versicherungsbedin-gungen aus verschiedenen Bereichen zu einem neuen Produkt zusammen-fassen, u. a. in Form einer Unternehmerpolice.

Die Produkte können reine Sachversicherungsprodukte sein oder durch Techni-sche Versicherungen sowie Bereiche der Transportversicherung ergänzt wer-den. Es können darüber hinaus auch Produkte sein, die aus Sach-, Vermögens-schaden- und z. B. aus Bereichen der Unfallversicherung bestehen.

Bedingungsstruktur

modularer Aufbau

Mit der Umstellung des VVG im Jahr 2008 erfolgte eine Harmonisierung der Versicherungsbedingungen. Die in der Sachversicherung verwendeten Versi-cherungsbedingungen haben einen modularen Aufbau. Nach der Harmonisie-rung wurden die Versicherungsbedingungen in einen

▪ Spartenteil und in einen

▪ allgemeinen Teil

aufgeteilt. Im Spartenteil werden z. B. die Regeln aufgeführt, die dem Kunden vermitteln, welche Sachen und welche Gefahren und Kosten versichert sind. Im allgemeinen Teil wird z. B. geregelt, wann der Vertrag beginnt, wann er endet und welche Rechtsfolgen sich aus Obliegenheitsverletzungen ergeben.

Ergänzt werden Bedigungen häufig durch Klauseln. Klauseln sind vorformulierte Erweiterungen oder Beschränkungen des Versicherungsumfanges.

▶ Beispiel für eine Klausel: PK 7110 (Fahrraddiebstahl)

Die Klauselbezeichnungen zu den einzelnen Bedingungen sind sechsstellig. Die ersten beiden Stellen geben an, ob es sich um eine Klausel zum Privatbereich (PK), zum Firmenbereich einschließlich der Landwirtschaft (SK) oder zum Bereich der Technischen Versicherung (TK) handelt. Die dritte Stelle ordnet die Klausel den jeweiligen Bedingungswerken zu. Die vierte Stelle zeigt an, welchem Regelungsbereich die Klausel angehört (z. B. die Ziffer 2 für versicherte Sachen). Bei der fünften und sechsten Stelle handelt es sich dann um die laufende Nummerierung der Klausel.

Vorhandene Deckungskonzepte

Die vorhandenen Deckungskonzepte der privaten und gewerblichen Sachversicherung basieren auf Empfehlungen des GDV. Auf der Grundlage dieser Empfehlungen entwickelt der VR individuelle Unternehmensbedingungen. Grundsätzlich werden die Deckungskonzepte in Privat- und Gewerberisiken eingeteilt, wobei es auch Bedingungen gibt, die sowohl im Privat- wie auch im Gewerbeumfeld eingesetzt werden, wie z. B. die Allgemeinen Bedingungen für die Glasversicherung (AGlB 2010). *GDV-Empfehlungen*

Bei der Entscheidung, ob ein Risiko als „privat" oder „gewerblich" einzustufen ist, zählt ausschließlich die (überwiegende) Nutzung des Risikos. Ein gewerblicher Kunde, der Wohnungen vermietet, wird über Privatprodukte Versicherungsschutz einkaufen, eine Privatperson, die eine Produktionshalle vermietet, benötigt eine gewerbliche Gebäudeversicherung.

2.1 Privatkunden

Die Deckungskonzepte für Privatkunden lassen sich in die zwei großen Gruppen

- Inhalt und
- Gebäude

einteilen. Die Versicherung des Inhalts wird grundsätzlich über die Verbundene Hausratversicherung angeboten, die Versicherung der Gebäude erfolgt über die Verbundene Wohngebäudeversicherung. Wie oben erwähnt ist aber auch eine Versicherung über die sogenannten Einzelbedingungen, die für die Versicherung von überwiegend gewerblich genutzten Gebäuden vorgesehen sind, möglich. Die Versicherung der Gebäude würde dann nicht über die VGB 2016 sondern über die AFB 2010, AWB 2010 und AStB 2010 erfolgen.

2.1.1 Hausratversicherung

2.1.1.1 Ursprung der Hausratversicherung

Die Hausratversicherung hat ihren Ursprung in der Feuerversicherung. Hausratgegenstände wurden, bevor es die Verbundene Hausratversicherung gab, über die Feuerversicherungsbedingungen (AFB) versichert. Unter dem Arbeitsnamen VHB 42 gab es die ersten verbundenen Versicherungsbedingungen, die die Gefahren Feuer-, Einbruchdiebstahl- und Leitungswasserschäden ver-

sichern konnten. Weitere Bedingungsreformen, die den Einschluss von Sturmschäden und Glasbruchschäden mit sich brachten und die generelle Neuwertversicherung einführten, erhielten die Arbeitstitel VHB 66, VHB 74, VHB 84
etc. Die heute verwendeten Versicherungsbedingungen VHB 2016 werden von
der Vielzahl der Versicherungsunternehmen angeboten. Die Versicherungsbedingungen werden durch Klauseln, die einzelne Kundensituationen berücksichtigen, unterstützt, wie z. B. die Klausel PK 7110 Fahrraddiebstahl.

2.1.1.2 Anwendungsmöglichkeiten

Nutzung der Wohnung   Die Hausratversicherung findet bei allen Formen des Wohnens Anwendung:

- Hauptwohnung, Hauptwohnsitz,
- Zweitwohnung,
- Wochenendhaus,
- Ferienhaus.

Der Versicherungsschutz wird spezifisch auf die Art der Nutzung der Wohnung
ausgerichtet.

Besonderheiten in europäischen Nachbarländern

Nachstehend einige Beispiele von innerhalb Europas angebotenen Versicherungsprodukten. Gegenüber den deutschen Versicherungsprodukten sind hier
insbesondere die Leistungen im Gesundheitsbereich auffällig.

- Versicherung von „ästhetischer Beeinträchtigung",
- Erstattung von Verlusten bei Unterschlagung,
- Hotline für Schaden, allgemeine Auskünfte, schulische Beratung, Medika-
  mentensuche,
- Kinderaufsicht,
- Bereitstellung einer Krankenschwester, einer Haushaltshilfe, eines Arztes,
  eines Schlossers oder auch von Kleidern und Wäsche,
- Geldvorschuss und Hilfe bei Tod und Krankheit,
- Übernahme weiterer Kosten für Restaurant, Frühstück und Wäsche neben
  den Hotelkosten,
- Bereitstellung von Unterhaltungselektronik bis zur Wiederbeschaffung,
- Vermittlung von günstigen Mietwagen,
- Heiratsversicherung für Kleidung, Geschenke, Eheringe einschließlich der
  Folgekosten bei Absage,
- Deckung von Schäden an der Wäsche bei Gebrauch einer defekten Wasch-
  maschine,
- Grabsteinversicherung,
- Unfallversicherung für Hausangestellte,
- Unfallversicherung für Hunde und Katzen,
- Deckung von einfachen Diebstahlschäden (z. B. bei Diebstahl einer Golfaus-
  rüstung oft in Kombination mit einer Hole-in-one-Deckung),
- medizinische Leistungen nach Beraubung.

Einige Erweiterungen können auch von deutschen VR durch „alternative" Zusatzprodukte angeboten werden, z. B. die Tierversicherung, die Hochzeitsversicherung und der Grabstätten-Schutzbrief.

2.1.2 Wohngebäudeversicherung

Die Wohngebäudeversicherung in der heutigen Form hat ihren Ursprung in den Allgemeinen Wohngebäudeversicherungsbedingungen aus dem Jahr 1962. Die Anzahl der versicherten Gefahren hat sich seitdem erhöht, neu hinzugekommen sind die Naturgefahren. Im Lauf der Zeit sind vor allem aber weitere versicherte Kosten hinzugekommen. An der Versicherungsform der Gleitenden Neuwertversicherung – mit der Versicherungssumme nach den Baupreisen des Jahres 1914 als Grundlage – hat sich in den letzten Jahrzehnten nichts verändert. Die heute am Markt üblichen Versicherungsbedingungen sind die Allgemeinen Wohngebäude Versicherungsbedingungen (VGB 2010 – *Wert 1914*) und die Allgemeinen Wohngebäude Versicherungsbedingungen (VGB 2010 – *Wohnflächenmodell*). Die Proximus-Bedingungen haben das *Wohnflächenmodell* im Rahmen einer Klausel (PK 7799) zu den VGB 2016 gelöst.

Ursprung der Wohngebäudeversicherung

Die Bedingungen sind verbundene Bedingungen, bei denen allerdings abweichend von den Versicherungsbedingungen der Hausratversicherung einzelne Gefahren, z. B. die Leitungswasserversicherung, ausgeschlossen werden können.

2.1.2.1 Bedingungsstruktur

Wie die Hausrat-Versicherungsbedingungen wurden auch die VGB nach der Reform des VVG harmonisiert. Auch hier finden wir einen

Bedingungsstruktur

- speziellen Teil und einen
- allgemeinen Teil.

Im speziellen Teil werden z. B. die Regeln aufgeführt, wonach der Kunde erkennen kann, welche Gegenstände und welche Gefahren und Kosten versichert sind. Im allgemeinen Teil wird z. B. geregelt, wann der Vertrag beginnt, wann er endet und welche Rechtsfolgen einzuhalten sind.

2.1.2.2 Anwendungsmöglichkeiten

Die Wohngebäudeversicherung wird in der Regel für

Anwendungsmöglichkeiten Wohngebäude

- Einfamilienhäuser,
- Zwei- und Mehrfamilienhäuser,
- Wochenendhäuser und
- Wohn- und Geschäftshäuser (überwiegend private Nutzung)

verwendet.

2.1.3 Glasversicherung

Die Glasversicherung findet mit den Versicherungsbedingungen AGlB 2016 sowohl im Privat- als auch Gewerbebereich Anwendung. Eine Aufteilung, wie z. B. im Bereich der Gebäudeversicherung, findet nicht satt.

Was konkret versichert wird, ist, wird im Versicherungsschein festgehalten. Versichert werden können

versicherbare „Gläser"

- fertig eingesetzte oder montierte Scheiben, Platten und Spiegel aus Glas,

Sublimit

- künstlerisch bearbeitete Glasscheiben, -platten und -spiegel (mit Sublimit, das heißt, die Entschädigung ist je nach Versicherungsfall auf den vereinbarten Betrag begrenzt).

Gesondert versicherbar sind die im Folgenden benannten und fertig eingesetzten oder montierten

- Scheiben und Platten aus Kunststoff,
- Platten aus Glaskeramik,
- Glasbausteine und Profilbaugläser,
- Lichtkuppeln aus Glas oder Kunststoff,
- Scheiben von Sonnenkollektoren einschließlich deren Rahmen,
- Aquarien/Terrarien,
- sonstigen Sachen, die im Versicherungsschein ausdrücklich benannt sind.

Risikoausschlüsse

Nicht versichert sind

- optische Gläser, Hohlgläser, Geschirr, Beleuchtungskörper und Handspiegel,
- Photovoltaikanlagen,
- Sachen, die bereits bei Antragstellung beschädigt sind,
- Scheiben und Platten aus Glas oder Kunststoff, die Bestandteil elektronischer Daten-, Ton-, Bildwiedergabe- und Kommunikationsgeräte sind (z. B. Bildschirme von Fernsehgeräten, Computer-Displays),
- Sachen in gewerblich genutzten Räumen (dieser Ausschluss wird bei Vereinbarung einer gewerblichen Glas-Versicherung gestrichen, er gilt nur bei Privatrisiken).

2.1.4 Ergänzungen und Sonderzweige

Ergänzungen zu Privatversicherungen

Die Versicherungsprodukte für Privatkunden lassen sich durch weitere Versicherungsangebote ergänzen. Im Bereich der Hausratversicherung ergänzen die „Privatsparten der Transportversicherung" den Versicherungsschutz hinsichtlich der versicherten Sachen und der versicherten Gefahren. Im Bereich der Wohngebäudeversicherung sind es vor allem die Technischen Versicherungen, die den Versicherungsschutz komplettieren.

Neben den Produkten, die als reine Sachdeckung bezeichnet werden können, wird auch Versicherungsschutz für Vermögensschäden angeboten. So kann der Kunde Reise-Rücktrittsversicherungen oder Reiseabbruchversicherungen sowie weitere Ausfallversicherungen wie z. B. Hochzeitsausfallversicherungen abschließen.

Ersetzende Produkte sind am Markt nur in dem Bereich der All-Risk-Angebote zu finden. Einige Versicherer bieten hier spezielle Produktentwicklungen an.

All-Risk-Angebote

Die Versicherungsprodukte werden über die Marktteilnehmer fast ausschließlich über die vorhandenen Vertriebswege angeboten. Einige Produkte, wie z. B. die Brillenversicherung oder die Hörgeräteversicherung werden überwiegend über Optikerbetriebe und Hörgeräteakustikbetriebe angeboten. Es handelt sich hier in der Regel um akzessorische Vermittler .

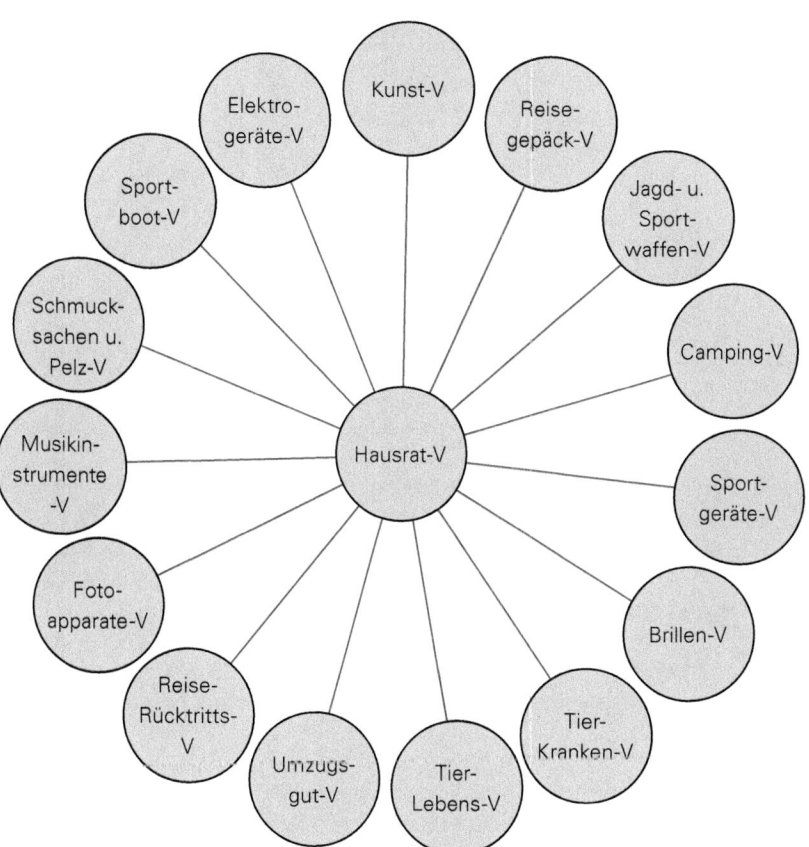

Abbildung 4: Leistungsspektrum der Hausratversicherung (eigene Darstellung)

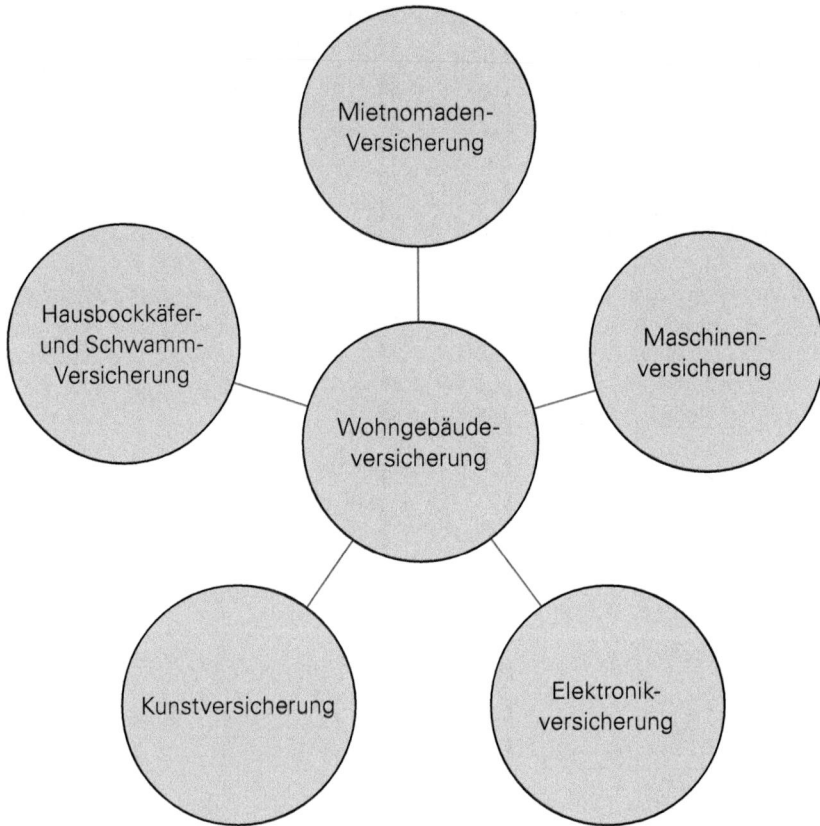

Abbildung 5: Leistungsspektrum der Wohngebäudeversicherung (eigene Darstellung)

BSG 2010   Neben den oben aufgeführten zusätzlichen Versicherungsmöglichkeiten kann der Versicherungsschutz in der Wohngebäudeversicherung auch durch besondere Vereinbarungen und Klauseln erweitert werden. Z. B. können Solarthermie-, oberflächennahe Geothermie- sowie sonstige Wärmepumpenanlagen versichert werden.

Versicherungsschutz besteht in Ergänzung zu den VGB 2016 für die sogenannten Technischen Risiken analog einer Elektronikversicherung nach den ABE 2011.

BPV 2010   Hat der Kunde eine Photovoltaikanlage auf seinem Wohngebäude, kann diese ebenfalls im Rahmen einer besonderen Versicherung mitversichert werden. Eine Photovoltaikanlage ist keine versicherte Sache nach den VGB 2016, so dass auch die Grunddeckung versichert wird (versicherte Gefahren wie VGB 2016). Zusätzlich werden die ergänzenden technischen Gefahren analog der Elektronikversicherung (ABE 2011) unter Einschluss der Ertragsausfallschäden versichert.

2.2 Gewerbekunden

Die Gruppe der Gewerbekunden lässt sich nach den Arten der Gewerbebetriebe einteilen.

Einteilung der Gewerbekunden

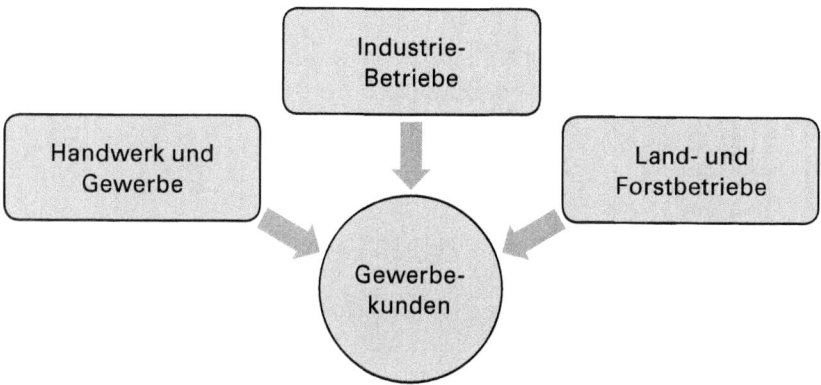

2.2.1 Sachversicherung

Die Sachversicherung umfasst die Versicherung von:

Bereiche der Sachversicherung

2.2.1.1 Verbundene Sachversicherungen

In der gewerblichen Sachversicherung spielen die verbundenen Sachversicherungen noch eine untergeordnete Rolle.

Einige Anbieter positionieren sich hier mit Multilineprodukten.

Verbundene Sach-Gewerbeversicherung

Mit den „Allgemeinen Bedingungen für die Verbundene Sach-Gewerbeversicherung" VSG 2010 wurde ein Bedingungswerk geschaffen, das sowohl für die Gebäude- als auch für die Inhaltsversicherung Anwendung findet. Ähnlich wie bei den Einzelbedingungen, z. B. AFB 2010, gibt es bei den VSG 2010 einen allgemeinen Teil, der den beiden Teilen Inhalts- und *Gebäudeversicherung* vorangestellt ist.

Die versicherten Gefahren im Bereich der *Gebäudeversicherung* sind:

- Feuer
- Leitungswasser
- Sturm/Hagel
- weitere Elementargefahren
- innere Unruhen, böswillige Beschädigung, Streik, Aussperrung
- Fahrzeuganprall, Rauch, Überschalldruckwellen
- Glasbruch
- Mietausfall
- ergänzende Gefahren für Schäden an technischen Gebäudebestandteilen

Inhalt

Im Bereich der *Inhaltsversicherung* werden die Gefahren wie folgt angeboten:

- Feuer
- Einbruchdiebstahl, Vandalismus nach einem Einbruch, Raub
- Leitungswasser
- Sturm/Hagel
- weitere Elementargefahren
- innere Unruhen, böswillige Beschädigung, Streik, Aussperrung
- Fahrzeuganprall, Rauch, Überschalldruckwellen
- Glasbruch
- Transportgefahren
- ergänzende Gefahren für Schäden an technischen Gebäudebestandteilen
- Ertragsausfall

Sachversicherung Landwirtschaft

Landwirtschaft
ABL 2010

Die Sachversicherung landwirtschaftlicher Betriebe kennt ebenso wie die gewerbliche Sachversicherung die Möglichkeit, verschiedene Gefahren in einer Versicherung zu bündeln. Neben der Einzeldeckung landwirtschaftlicher Betriebe, die noch durch Spezialversicherungen angereichert wird, wurden die „Allgemeinen Bedingungen für die Sachversicherung landwirtschaftlicher Betriebe – Wirtschaftsgebäude und deren Inhalt sowie Wohngebäude" (ABL 2010) geschaffen. Bei den ABL 2010 handelt es sich um selbstständige Verträge, die lediglich in einem Bedingungswerk zusammengefasst wurden.

Diese Form der Bedingung ist zudem ein Mix zwischen der Versicherung von betrieblichen Gebäuden und Wohngebäuden, die normalerweise nach den VGB 2016 versichert werden.

Für die Absicherung sind folgende versicherbare Gefahren vorgesehen:

| Feuer | Leitungs-wasser | Sturm/ Hagel | Ertrags-ausfall | Mietausfall |

2.2.1.2 Einzeldeckungen

In der Regel werden die versicherbaren Gefahren im Bereich der gewerblichen Sachversicherung durch Einzeldeckungen versichert. Nachfolgend sind die vom GDV empfohlenen Versicherungsbedingungen aufgeführt. Die Einzeldeckungen werden meistens in sogenannte gebündelte Bedingungen einbezogen. Hier bleiben die einzelnen Gefahren, im Gegensatz zu den verbundenen Versicherungsbedingungen, selbstständige Verträge.

gebündelte Bedingungen

Versicherbare Gefahren	Bedingungsbezeichnung
Feuerversicherung (Ausschluss Terror)	AFB 2010
Leitungswasser	AWB 2010
Sturm/Hagel	AStB 2010
Einbruchdiebstahl, Raub, Vandalismus	AERB 2010
Glasbruch	AGlB 2010
Zusätzliche Gefahren	ECB 2010
Weitere Elementarschäden	BWE 2010
Betriebsschließung	AVB BS
Terror	Als Deckung über die AFB 2010 oder über Extremus ATB

versicherbare Gefahren

Tabelle 7: Versicherbare Gefahren mit Einzeldeckungen in der gewerblichen Sachversicherung

Neben den aufgeführten Bedingungen gibt es noch weitere, die sich mit der Ertragsausfallversicherung befassen. Diese werden im Abschnitt 2.2.4 angesprochen.

Die in der Aufstellung genannte Betriebsschließungsversicherung versichert neben Warenschäden bei behördlich angeordneter Entseuchung oder Vernichtung (Infektionsschutzgesetz – IfSG) auch Schäden (z. B. Personalaufwand) durch Tätigkeitsverbote, die gegen im Betrieb tätige Personen verhängt wurden.

Betriebsschließung

Einzelversicherungen land- und forstwirtschaftlicher Betriebe

Neben den Gefahren, die durch die ABL 2010 versichert werden können, bietet die Versicherungswirtschaft für diese Zielgruppe ein umfangreiches Versicherungsprogramm außerhalb der Versicherung der Gebäude und des Inventars an.

Versicherung landwirt-
schaftlicher Betriebe

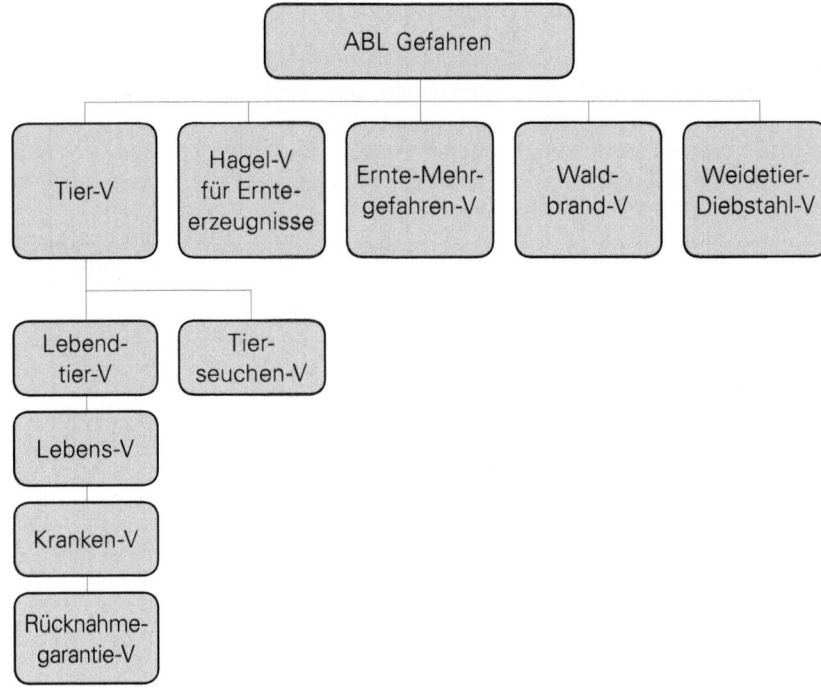

Abbildung 6: Einzelversicherungen land- und forstwirtschaftlicher Betriebe
(eigene Darstellung)

2.2.2 Technische Versicherung

Technische
Versicherung
Die Technische Versicherung ergänzt die gewerbliche Sachversicherung und die private Sachversicherung. Die Innovationsgeschwindigkeit in diesem Bereich ist besonders hoch, daher sind VR gefordert, die Bedingungen an das sich rapide ändernde technischen Umfeld anzupassen.

Unter der Bezeichnung „Technische Versicherung" werden verschiedene Versicherungsarten zusammengefasst:

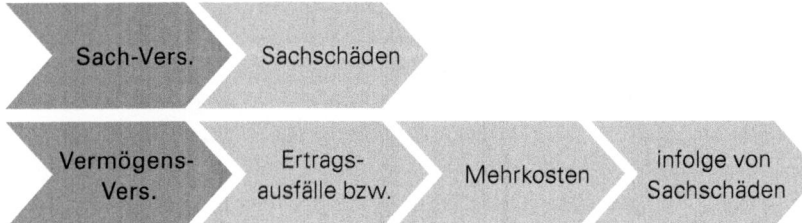

Es handelt sich im Einzelnen um die

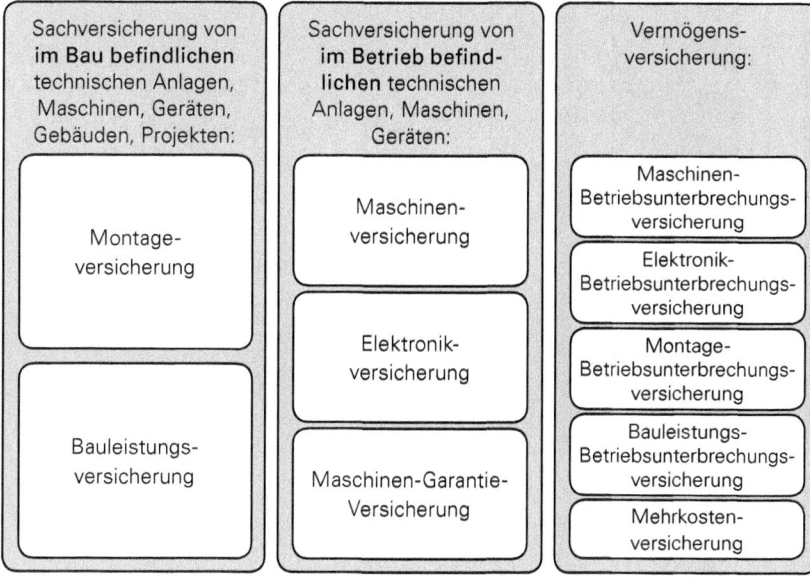

Sachversicherung von **im Bau befindlichen** technischen Anlagen, Maschinen, Geräten, Gebäuden, Projekten:	Sachversicherung von **im Betrieb befindlichen** technischen Anlagen, Maschinen, Geräten:	Vermögens-versicherung:
Montage-versicherung	Maschinen-versicherung	Maschinen-Betriebsunterbrechungs-versicherung
	Elektronik-versicherung	Elektronik-Betriebsunterbrechungs-versicherung
Bauleistungs-versicherung		Montage-Betriebsunterbrechungs-versicherung
	Maschinen-Garantie-Versicherung	Bauleistungs-Betriebsunterbrechungs-versicherung
		Mehrkosten-versicherung

Als Sonderfälle müssen weiterhin genannt werden:

- Versicherung gegen Schäden durch Betriebsunterbrechung infolge des Ausfalls der öffentlichen Versorgung mit Gas, Strom, Wärme oder Wasser,
- Versicherung von Vertragsstrafen für Terminverzug (Pönale).

Wesentliches Kernelement aller Versicherungsarten der Technischen Versicherungszweige ist die Allgefahrenversicherung (Totalität der Gefahren). Der versicherte Gefahrenkatalog in den AVB ist nur beispielhaft aufgeführt, der Ausschlusskatalog ist dagegen erschöpfend geregelt.

Allgefahren-versicherung

Ursprung der Technischen Versicherung

Die Technische Versicherung hat sich in den letzten Jahrzehnten aus der Sachversicherung und der Transportversicherung entwickelt. Mit der Industrialisierung und Einführung der Dampfmaschine in der Mitte des 18. Jahrhunderts kamen nach und nach weitere, bisher unbekannte Risiken auf die Wirtschaft zu. Mit den herkömmlichen Deckungen, die sich weitestgehend auf die Feuergefahr beschränkten, konnten die Versicherer die Nachfrage nicht mehr befriedigen. In England wurden sogenannte Dampfkesselvereine gegründet, die zunächst einen technischen Revisionsdienst durchführten. Kurze Zeit später wurde die erste Dampfkessel-Versicherung (Boiler Insurance) als Allgefahrenversicherung gegründet. In Deutschland wurde im Jahr 1900 die erste Technische Versicherung, die Maschinenversicherung, eingeführt. Ende der 1930er Jahre kam die Bauwesenversicherung hinzu.

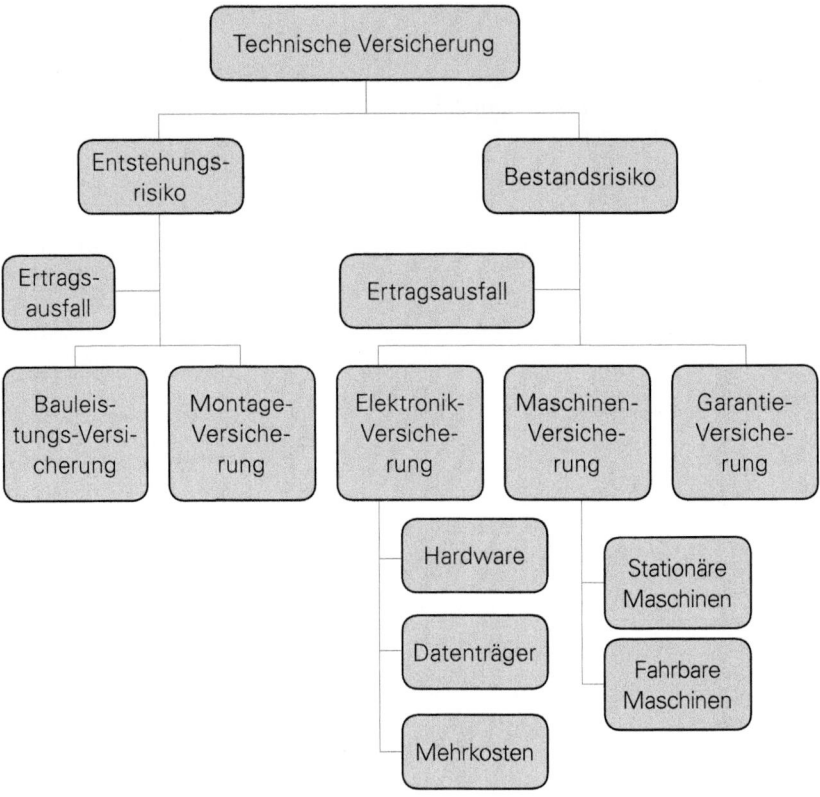

Abbildung 7: Versicherungsmöglichkeiten der Technischen Versicherung
(eigene Darstellung)

versicherbare Sachen
und Objekte in der
Technischen
Versicherung

Versicherbare Sachen und Objekte	Bedingungsbezeichnung
Bauleistungsversicherung	ABBL 2018
Montageobjekte	AMoB 2011
Elektronik	ABE 2011
Maschinen stationär	AMB 2011
Maschinen fahrbar	ABMG 2011
Garantien	MGar 2011
Garantien	MGar 2011

Tabelle 8: Versicherbare Sachen und Objekte in der Technischen Versicherung

- *Elektronikversicherung*

Die Elektronikversicherung ist eine Sachversicherung von in Betrieb befindlichen Anlagen und Geräten der Informations-, Kommunikations- und Medizintechnik sowie sonstiger elektrotechnischer oder elektronischer Anlagen und Geräte. Grundsätzlich wird die Elektronikversicherung als Einzel- oder Pauschalversicherung angeboten (ABE 2011).

Bei der Einzelversicherung werden im Versicherungsvertrag die Sachen, die versichert sind, einzeln aufgeführt. Bei der häufiger anzutreffenden Pauschalversicherung werden die versicherten Sachen einer bestimmten Gruppe von Sachen zugeordnet, den sogenannten Objektgruppen:

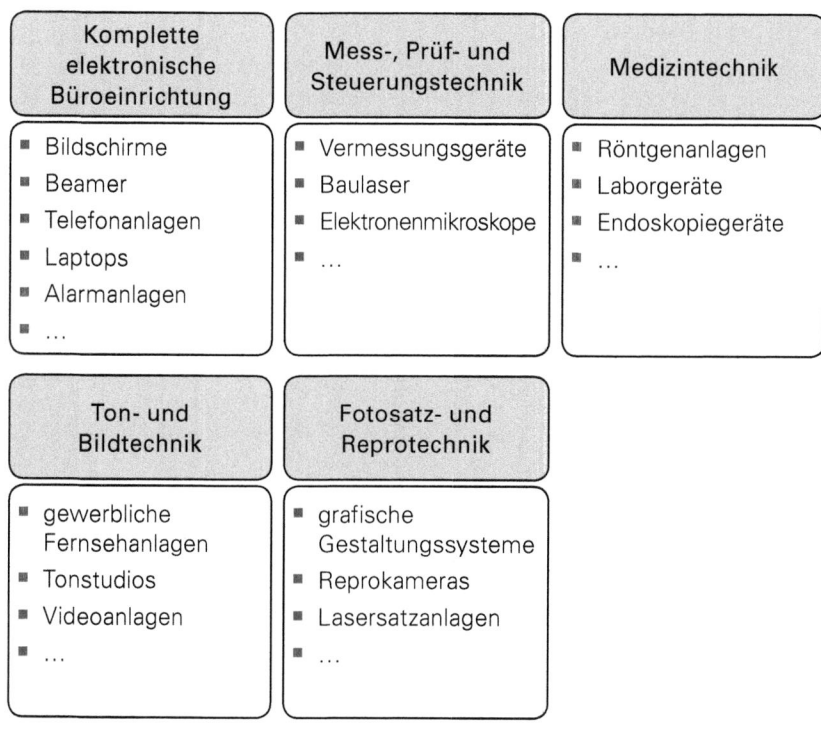

Komplette elektronische Büroeinrichtung	Mess-, Prüf- und Steuerungstechnik	Medizintechnik
▪ Bildschirme ▪ Beamer ▪ Telefonanlagen ▪ Laptops ▪ Alarmanlagen ▪ …	▪ Vermessungsgeräte ▪ Baulaser ▪ Elektronenmikroskope ▪ …	▪ Röntgenanlagen ▪ Laborgeräte ▪ Endoskopiegeräte ▪ …

Ton- und Bildtechnik	Fotosatz- und Reprotechnik
▪ gewerbliche Fernsehanlagen ▪ Tonstudios ▪ Videoanlagen ▪ …	▪ grafische Gestaltungssysteme ▪ Reprokameras ▪ Lasersatzanlagen ▪ …

▪ *Maschinenversicherung*

Die Maschinenversicherung ist eine Sachversicherung von in Betrieb befindlichen Maschinen, maschinellen Anlagen oder sonstigen technischen Anlagen. In erster Linie werden Kraft- und Arbeitsmaschinen versichert.

Maschinen-versicherung

Man unterscheidet:

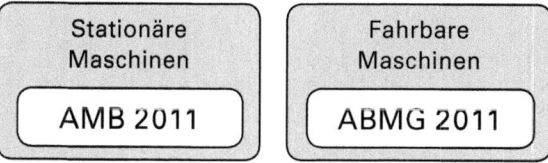

Stationäre Maschinen	Fahrbare Maschinen
AMB 2011	**ABMG 2011**

Die ABMG 2011 wurden speziell für die Versicherung von fahrbaren Maschinen entwickelt. Derartige fahrbare oder transportable Geräte sind z. B. Baumaschinen und -geräte, ortsveränderliche Krane und sonstige Geräte mit wechselndem Einsatzort.

Anwendung der ABMG

Mitversicherung des Feuerrisikos

Im Gegensatz zu den ABM 2011 ist bei den ABMG 2011 das Feuerrisiko mitversichert. Auf Antrag kann auch das Abhandenkommen versicherter Sachen durch Diebstahl, Einbruchdiebstahl, Raub und Unterschlagung versichert werden.

- *Baubestandsversicherung*

Eine Hybridstellung nehmen die „Allgemeinen Bedingungen für die Baubestandsversicherung" (ABBV 2011) ein. Die Baubestandsversicherung wird bei einigen VR im Bereich der Technischen Versicherung, bei anderen (auch beim GDV) im Bereich der Sachversicherung geführt. Die Baubestandsversicherung ist wie die Technische Versicherung eine All-Risk-Versicherung. Versichert sind unvorhersehbare Beschädigungen oder Zerstörungen von versicherten Sachen.

Anwendungsbereich

In erster Linie ist die Baubestandsversicherung für Tief- und Ingenieurbauten, einschließlich der technischen Ausrüstung sowie zugehöriger Hochbauten vorgesehen (z. B. für Straßen-, Brücken- und Tunnelbauten). Die Baubestandsversicherung ist u. a. vorgesehen für sogenannte PPP-Projekte (Public Private Partnerships), z. B. für durch private Investoren vorfinanzierte und gebaute Infrastrukturprojekte.

Versicherte Sachen

- Versichert sind die im Versicherungsvertrag bezeichneten Tief- und Ingenieurbauten, einschließlich der technischen Ausrüstung, sowie zugehörige Hochbauten, sobald sie betriebsfertig sind.

  Betriebsfertig ist eine Sache, sobald sie nach Abnahme oder, soweit vorgesehen, nach beendetem Probebetrieb entweder zur betrieblichen Nutzung bereit ist oder sich in Betrieb befindet.

  Mitversichert werden können kaufmännische und technische Betriebseinrichtung und Vorräte.

  Nur wenn dies besonders beantragt und bezeichnet wird, können Zusatzgeräte, Reserveteile versicherter Sachen sowie sonstige Sachen versichert werden. Nicht versichert sind Fahrzeuge aller Art, Flora und Fauna, Bargeld, Wertpapiere und sonstige Urkunden.

- *Bauleistungsversicherung*

Bedingungswerk ABBL 2018

Die Bauleistungsversicherung deckt den gesamten Bereich des Bauens ab, den Hoch-, Tief-, Ingenieur-, Wasser- und Straßenbau. Die Bauleistungsversicherung ist seit 2018 in einem Bedingungswerk beschrieben, den ABBL 2018. Zuvor – und noch heute bei vielen Versicherern im Einsatz – kannte man zwei Bedingungswerke: die ABN (u. A. für Gebäudeneubauten) und die ABU (Versicherung von Bauleistungen).

Die ABBL 2018 bieten einen Basisdeckungsschutz für alle Interessengruppen (Versicherungsnehmer, Bauherrn, Unternehmer, etc.). Ergänzt werden die Bedingungen durch einen Musterklauselbogen (TK ABBL 2018), der ausschließlich deckungserweiternde Klauseln beinhaltet.

Neu im Vergleich zu den vorhergehenden Bedingungen ist unter anderem, dass unter den nicht versicherten Gefahren und Schäden (Ziffer A1-2.2) zur Klarstellung des Versicherungsumfanges Definitionen zu Witterungsverhältnissen und Schimmel aufgenommen wurden. (Proximus arbeitet derzeit noch mit den alten Bedingungswerken ABN 2011 und ABU 2011.).

Versicherungsnehmer sind: *Anwendungsbereich*

* Bauunternehmer als Haupt- oder Nachunternehmer zur Abdeckung ihres Auftragnehmerrisikos,

* Bauunternehmer als Haupt- oder Nachunternehmer zur Abdeckung ihres Auftragnehmerrisikos und zusätzlich zur Abdeckung des vertraglich übernommenen Auftraggeberrisikos,

* Bauherren als Auftraggeber, der die gesamte Baumaßnahme versichert.

* *Montageversicherung*

Die Montageversicherung sichert den gesamten Bereich der Technik, insbesondere Konstruktionen aller Art, Maschinen sowie maschinelle und elektrische Einrichtungen, während der Montagezeit.

Die Versicherungsbedingungen für die Montageversicherung (AMoB 2011) basieren auf der Übernahme der Haftung des Unternehmers aus der eigenen Lieferung und Leistung. Diese umfasst auch die Lieferungen und Leistungen der Sub-, Nach- und Nebenunternehmer, die in Erfüllung des Werkvertrages vergeben worden sind. Die Unternehmerhaftung orientiert sich an den Regeln des BGB.   *AMoB 2011*

Versicherungsnehmer sind: *Anwendungsbereich*

* Montageunternehmer (zur Abdeckung ihres Auftragnehmerrisikos),

* Montageunternehmer (zur Abdeckung ihres Auftragnehmerrisikos und zusätzlich zur Abdeckung des vertraglich übernommenen Bestellerrisikos (Auftraggeberrisiko)),

* Besteller (Auftraggeber), der die gesamte Montagemaßnahme versichert.

* *Maschinen-Garantie-Versicherung*

Die Maschinen-Garantie-Versicherung wird für den Bereich der Technik, insbesondere für Maschinen, maschinelle Einrichtungen und Apparate, Konstruktionen mit und ohne mechanische oder maschinelle Einrichtungen angewendet.

Die Versicherungsbedingungen MGar 2014 leisten Entschädigung für Folgeschäden an versicherten Sachen durch benannte Fehler (Konstruktions-, Material- und Ausführungsfehler), soweit der Versicherungsnehmer den Schaden aufgrund seines Verkaufs- oder Lieferungsvertrags zu vertreten hat. Die Kosten für die Fehlerbeseitigung sind nicht Gegenstand der Versicherung.   *MGar 2011*

Es handelt sich im Gegensatz zu den anderen Technischen Versicherungen nicht um eine Allgefahrenversicherung.   *keine All-Risk-Deckung*

2.2.3 Transportversicherung

Die Transportversicherung ist eine der vielfältigsten Versicherungssparten. Ihr Spektrum reicht von Versicherungslösungen für Privatpersonen über Versicherungen von Gütern auf Reisen, Versicherungen von Ausstellungen bis hin zu Kaskodeckungen für Land-, Luft- und Wasserfahrzeuge sowie Container. Weiterhin wird unter dem Begriff Transportversicherung auch die Passivversicherung in Form von Haftungsversicherungen für Frachtführer, Spediteure und Lagerhalter geführt.

Ursprung der Transportversicherung

Ursprung der Transportversicherung

Der Beginn der Transportversicherung geht auf das Mittelalter und die Versicherung der Handels-Seeschiffahrt zurück. Die Geschichte der Transportversicherung lässt sich noch weiter bis in die Zeit der Punischen Kriege zurückverfolgen. Durch Seedarlehen, die nur bei Ankunft der Schiffe zuzüglich Zinsen zurückzuzahlen waren, wurde der Grundstein zur heutigen Güterversicherung gelegt. Die ersten deutschen Transportversicherer wurden 1765 in Bremen und Hamburg gegründet.

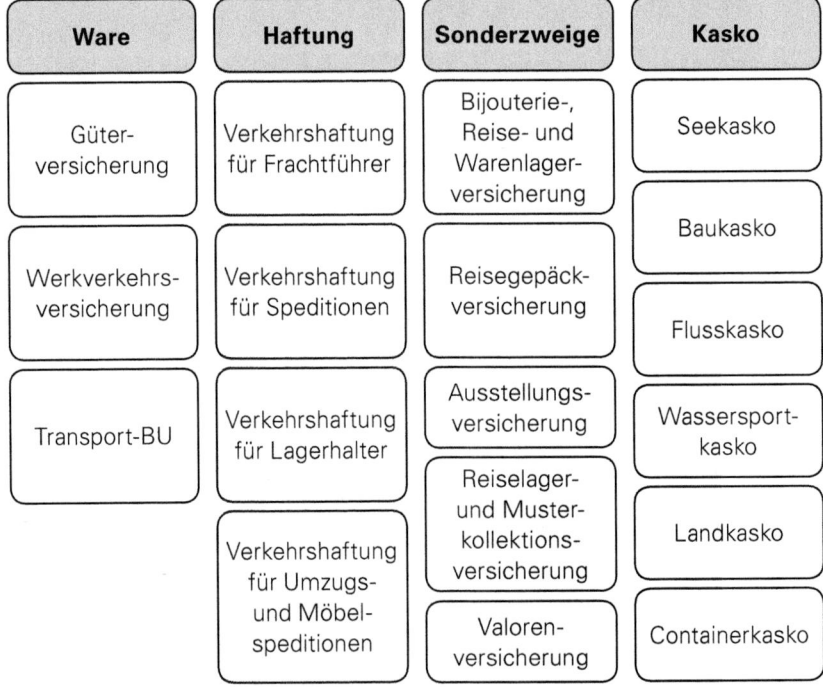

Abbildung 8: Übersicht über die wichtigsten Produkte der Transportversicherung (eigene Darstellung)

Unterscheidungsmerkmale

Die Transportversicherung kann weiter unterschieden werden nach

- der Art des versicherten Interesses (z. B. Kaskoversicherung für Schiffe und Landfahrzeuge, Güterversicherung und Nebenzweige wie Reiselager-Versicherung, Kühlgut- und Tiefkühlgut-Versicherung oder Haftungsinteresse) und der besonderen Form (z. B. Ausstellungsversicherung),

- dem Weg, den der Transport nimmt (Seetransport, Binnentransport, Luft-transport und kombinierte Transporte),
- der Dauer der Versicherung (Reise- und Zeitversicherung, Einzel- und laufende Versicherung).

Zielgruppe	Problem/Risiko	Lösung
Hersteller, Händler	BU-Schäden verursacht durch Transportschäden	Transportschaden-BU (TR-BU)
Hersteller, Händler	Frisch- und Tiefkühl-waren in stationären Kühleinrichtungen	Tiefkühlgut-Versicherung
Selbstständige Handelsvertreter, Hersteller, Händler	Kollektion von Textilien, Modeschmuck	Musterkollektions-Versicherung
Winzer, Getränkehersteller	Lagerung von flüssigen Gütern in Behältern	Tank- und Fassleckage-Versicherung
Textil- und Leder-bekleidungsbranche Tabakwarenhersteller Wäschereien	Transport und Lagerung von Gütern	Einheitsversicherung
Sämtliche Betriebe und Unternehmen	Reisegepäck während des Transports und Reiseaufenthalts Automaten einschließlich Inhalt Bankvaloren	Reisegepäckversicherung Automatenversicherung Bankvalorenversicherung
Schausteller	Schaustellergeschäfte, Gerätewagen	Schausteller-Versicherung
Schmuckhersteller, Juweliere	Warenlager	Reise- und Warenlager-Versicherung (RWL)
Sämtliche Gewerbebetriebe	Schlüsselverlust	Schlüsselverlust-Versicherung
Betriebe mit besonderen Sachen	Landfahrzeuge Luftfahrzeuge Schienenfahrzeuge Binnenschiffe Seeschiffe	Landkasko-Versicherung Luftkasko-Versicherung Landkasko-Versicherung Flusskasko-Versicherung Seekasko-Versicherung Werftkasko-Versicherung Hafen-/Baggerei-Kasko-Versicherung

Tabelle 9: Weitere Versicherungsmöglichkeiten in der Transportversicherung (eigene Darstellung)

2.2.3.1 Güterversicherungen

Bindeglied zur gewerblichen Versicherung

Die Güterversicherung ist für den Gewerbetreibenden eine unverzichtbare Versicherung. Sie stellt das Bindeglied zur gewerblichen Sachversicherung dar. Während die Sachversicherungen klar definierte Versicherungsorte kennen, ergänzt die Güterversicherung hier die Interessenlage des Versicherungsnehmers, da durch die Güterversicherung versicherte Sachen außerhalb des Versicherungsorts versichert sind – und zwar unabhängig davon, ob sie schon jemals am Versicherungsort waren oder nicht. Der Versicherungsschutz gilt auch unabhängig davon, ob sich die versicherten Sachen nur vorübergehend außerhalb des Versicherungsorts befinden oder ob sie, wie beim Verkauf, ständig aus dem Versicherungsort entfernt werden.

Sinn und Zweck der Güterversicherung

Gründe für eine Güterversicherung

- Die Haftung der Verkehrsträger (Frachtführer, Spediteure und Lagerhalter) ist der Höhe nach häufig nicht ausreichend.
- Die Haftung der Verkehrsträger ist dem Grunde nach zum Teil ausgeschlossen (z. B. bei höherer Gewalt, Naturkatastrophen oder unabwendbarem Ereignis).
- Die Durchsetzung der Ansprüche gegen den Verursacher ist oft schwierig und langwierig.
- Der Schadennachweis innerhalb der Transportkette ist of schwierig oder sogar unmöglich.
- Güterversicherungen sind in Handelsgeschäften z. T. vorgeschrieben (z. B. bei Akkreditivgeschäften/Lieferbedingungen).
- Beim Transport mit eigenen Fahrzeugen würde ohne Güterversicherung niemand für den entstandenen Schaden haften.
- Es sind weitergehende Aufwendungen und Kosten (z. B. Havarie-grosse) gedeckt.

 ▶ **Definitionen**

Akkreditiv

Bei internationalen Warenlieferungen ist das Akkreditiv eine übliche Form der Abwicklung des Zahlungs- und Kreditverkehrs. Es ist die Anweisung eines Käufers an seine Bank, eine Zahlung eines bestimmten Betrags gegen Vorlage bestimmter Dokumente, welche die Versendung der Ware beweisen, an den Warenverkäufer zu leisten. Das Akkreditiv wird von den Banken nach Standardbedingungen abgewickelt. Vielfach wird in den Akkreditiven der Nachweis über das Bestehen einer Güterversicherung gefordert.

Havarie-grosse

Havarie-grosse sind Aufwendungen bzw. Schäden, die vom Kapitän eines Schiffes veranlasst werden, um Schiff und Ladung aus einer unmittelbaren Gefahr zu retten. Hierzu kann ein vorsätzlich verursachter Schaden gehören, wenn z. B. Ladungsgüter über Bord geworfen werden (Seewurf), um das drohende Kentern des Schiffs zu verhindern. Der Schaden, der aus der Havarie-grosse entsteht, wird prozentual aufgeteilt auf das Schiff, die Fracht und die Ladung. Die Havarie-grosse-Kosten werden von einem Dispacheur ermittelt und über die Dispache verteilt.

Dispacheur = öffentlich bestellter Sachverständiger
Dispache = vom Dispacheur erstelltes Dokument zur Havarie-grosse

Produktvarianten der Güterversicherung:

- *Werkverkehrsversicherung*

Versicherungsschutz besteht für Transporte, die der Versicherungsnehmer mit eigenen, geliehenen, gemieteten oder geleasten Fahrzeugen mit eigenem Personal durchführt. Neben Handelsgütern, die befördert werden, können auch Werkzeuge und Kundengüter (die z. B. zu Reparaturzwecken befördert werden) versichert werden. Üblich ist eine Deckung nach benannten Gefahren.

Werkverkehr

- *Güterversicherung*

Wenn alle Transporte versichert werden sollen, ganz gleich ob diese mit eigenen oder fremden Transportmitteln (z. B. Post, Frachtführer, Paketdienst) durchgeführt werden, spricht man von der eigentlichen Transport- bzw. Güter- oder Warenversicherung. Das Standardbedingungswerk sind die DTV-Güter 2000, zuletzt herausgegeben in der Fassung 2011.

DTV-Güter 2000/2011

Die DTV-Güter 2000/2011 sehen in zwei separaten Bedingungswerken unterschiedliche Deckungsformen vor:

Deckungsformen

- Volle Deckung (Allgefahrendeckung),
- Eingeschränkte Deckung (ehemalige „Strandungsfalldeckung").

volle Deckung
eingeschränkte Deckung

Des Weiteren wird festgelegt, ob es sich um die Versicherung eines einmaligen Transports (Einzelversicherung) oder um eine laufende Versicherung (Rahmenvertrag bzw. Generalpolice) handeln soll. Für diese laufende Versicherung gibt es zusätzlich Bestimmungen.

Einzelversicherung oder Rahmenvertrag

- *Ausstellungsversicherung*

Die Messe- und Ausstellungsversicherung ergänzt als All-Risk-Deckung den Bereich der gewerblichen Sachversicherung und die Deckung der Güterversicherung mit stationärem Versicherungsschutz während Ausstellungen und Messen. In der gewerblichen Sachversicherung besteht Versicherungsschutz nur, wenn sich die versicherten Sachen am Versicherungsort befinden. Weiterhin wird die Güterversicherung ergänzt, da in der Güterversicherung in der Regel Versicherungsschutz nur auf dem Transportweg (Hin- und Rücktransport) besteht, jedoch nicht während des Aufenthalts bzw. des Auf- und Abbaus.

2.2.3.2 Haftungsversicherungen

Haftung

Die Verkehrshaftungsversicherung ist innerhalb der Transportversicherung eine eigene Versicherungssparte für die Haftung der Verkehrsträger (z. B. Frachtführer, Spediteure und Lagerhalter). Versicherungsschutz wird in den speziellen Frachtführer-, Speditions- und Lagerhalterpolicen angeboten. Die Haftungsversicherungen bieten in Abgrenzung zur Betriebshaftpflichtversicherung Versicherungsschutz für die gesetzliche Haftung und die vertragliche Haftung aus dem Verkehrsvertrag.

Pflichtversicherung

Nach § 7 a Güterkraftverkehrsgesetz (GüKG) besteht eine Versicherungspflicht für Personen, die gewerblichen Güterkraftverkehr auf der Straße betreiben und eine Erlaubnis zur Güterbeförderung benötigen (betrifft in der Regel Fahrzeuge ab 3,5 Tonnen zulässigem Gesamtgewicht).

nationales Transportrecht

Die gesetzliche Grundlage bilden das nationale Transportrecht, das im Handelsgesetzbuch geregelt ist, die Allgemeinen Geschäftsbedingungen, Individualvereinbarungen und das internationale Transportrecht.

Unterschieden werden im nationalen Transportrecht:

- Frachtgeschäft §§ 407 ff. HGB,
- Speditionsgeschäft §§ 453 ff. HGB,
- Lagergeschäft §§ 467 ff. HGB.

ADSp
VBGL

Allgemeine Geschäftsbedingungen sind z. B. die Allgemeinen Deutschen Spediteurbedingungen (ADSp) und Vertragsbedingungen für Güterkraftverkehrs-, Speditions- und Logistikunternehmer (VBGL).

Umfang der Haftung

Frachtführer

Der Frachtführer hat eine Gefährdungshaftung, die sich in die Bereiche Güterschäden und Vermögensschäden aufteilt. Güterschäden können entstehen durch Verlust oder Beschädigung der Güter. Vermögensschäden können in Verspätungsschäden, Fehler bei Einziehung von Nachnahmen und sonstige Vermögensschäden unterteilt werden.

Für Güterschäden haftet der Frachtführer in Höhe des Wertersatzes, maximal jedoch mit 8,33 Sonderziehungsrechten (SZR) je kg Rohgewicht. Für Schäden durch Lieferfristüberschreitung hat der Frachtführer maximal mit dem dreifachen Betrag des Frachtentgelts einzustehen.

Haftungskorridor

Durch AGB kann von der Regelhaftung in einem Haftungskorridor zwischen 2 SZR/kg und 40 SZR/kg abgewichen werden.

 ▶ **Definition**

Sonderziehungsrecht (SZR)

Das Sonderziehungsrecht (SZR) ist eine künstliche, 1969 vom Internationalen Währungsfonds (IWF) eingeführte Währung, die nicht auf den Devisenmärkten gehandelt wird. Sie setzt sich aus den Währungen US-Dollar, Euro, Japanischer Yen und Britischem Pfund zusammen. Der Gegenwert zum Sonderziehungsrecht wird täglich neu ermittelt und veröffentlicht. Der Gegenwert zu einem SZR in EUR betrug im Juli 2018 etwa 1,20 EUR.

Im internationalen Transportrecht richtet sich die Haftungsgrundlage nach dem verwendeten Verkehrsmittel:

internationales Transportrecht

Internationales Transportrecht

Straße CMR	Luftfahrt WA / MÜ	Eisenbahn COTIF / CIM	Binnenschiff CLNI	Seeschiff HGB / Hague Visby

Spediteur

Der Spediteur haftet für die fehlerhafte Besorgung und Organisation des kompletten Transports mit einer Verschuldenshaftung. Mit Vereinbarung der ADSp wird seine Haftung hierfür begrenzt.

Lagerhalter

Der Lagerhalter übernimmt die Aufbewahrung und Lagerung fremder Güter. Der Auftrag erfolgt meist durch Abschluss eines vom Transport gesondert erteilten Lagervertrages (disponierte Lagerung). Der Lagerhalter haftet in voller Höhe nach Verschuldensgrundsätzen. Eine Haftungsbegrenzung durch AGB, z. B. ADSp, ist üblich.

2.2.4 Ertragsausfallversicherungen

▶ **Beispiel**

In der Produktionshalle der BBIA-GmbH kommt es zu einem größeren Brandschaden. Die Ermittlung der Brandursache nimmt längere Zeit in Anspruch, danach müssen beim Neubau umfangreiche behördliche Auflagen hinsichtlich Lärm- und Emissionsschutz eingeplant und umgesetzt werden. Der Betrieb ist für einen Zeitraum von sieben Monaten nicht produktiv.

Die Grunddeckung im Bereich der Sachversicherung bezieht sich auf die Schäden an einer definierten Substanz, genauer gesagt auf die Sachschäden, also die Schäden an Gebäuden, an der Einrichtung und den Vorräten.

Grundsätzlich ausgeschlossen bleiben hierbei Ertragsschäden. Die Sach-/Grunddeckung bezieht sich entsprechend nur auf die Sachwerte des Betriebs, nicht aber auf dessen laufende Kosten und sein Interesse an Gewinnmaximierung.

Ertragsschaden
Unternehmensziel

Ziel eines Betriebs ist es, mit den Einnahmen aus der Betriebsleistung mindestens die betriebsnotwendigen Ausgaben zu decken. Darüber hinaus wird ein Gewinn angestrebt, der über die Existenzerhaltung hinaus eine langfristige Sicherung und Erweiterung der Betriebstätigkeit ermöglicht.

Störung des Betriebsablaufs

Mögliche Unterbrechungen und Störungen des Betriebsablaufs, die zu einer Verminderung der Betriebsleistung und damit zu einem Einnahmeausfall führen, stellen ein Betriebsrisiko dar. Ebenso stellt der Ertragsausfall bei der Vermietung gewerblicher Objekte einen erheblichen finanziellen Schaden für den Gebäudeeigentümer dar. Mindert der Mieter aufgrund eines Sachschadens, z.B. eines Leitungswasserschadens, die Miete, kann der Vermieter, sofern er diesen Ertragsausfall versichert hat, mit einer Entschädigung rechnen.

Gewinnausfall Finanzierung

Zu einem Ertragsausfall, z.B. infolge eines Brandschadens, kommen häufig – bedingt durch die Finanzierung von Produktionsanlagen mit einem hohen Fremdkapitalanteil – noch fortlaufende Schuldzinsen hinzu, deren Tilgung aufgrund des Produktionsausfalls und eingeschränkter Liquidität schwierig sein kann. Nicht zuletzt wegen der nicht absehbaren Dauer der Unterbrechung muss davon ausgegangen werden, dass Banken keine oder geringe Bereitschaft zeigen, beim Wiederaufbau der zerstörten Anlagen durch zusätzliche Kredite auszuhelfen.

Kreditwürdigkeit Sicherung der Arbeitsplätze

Die Kreditwürdigkeit eines Unternehmens kann durch den Abschluss einer Betriebsunterbrechungsversicherung (BU-Versicherung) erhöht werden. Manche Kreditinstitute verlangen zur Sicherung ihrer Finanzierung den Abschluss einer BU-Versicherung. Da mit der BU-Versicherung die Fortzahlung von Gehältern und Löhnen gesichert ist, dient sie letztlich auch der Sicherung von Arbeitsplätzen und dem Erhalt qualifizierten Personals.

Durch die zunehmende Automatisierung von Produktionsprozessen ist der Bedarf an BU-Versicherungsschutz gestiegen und sind BU-Risiken entstanden, die der Versicherungswirtschaft wesentlich höhere Haftungen abverlangen als beispielsweise das Feuer-Risiko.

Grundlage der BU-Versicherung

Grundlage der BU-Versicherung und Voraussetzung für einen regulierungsfähigen Schaden ist der eingetretene Sachsubstanzschaden durch eine versicherte Gefahr. Hier ist der Aufwand für die Wiederherstellung oder Wiederbeschaffung maßgeblich, der Vermögensfolgeschaden, der sich auf den Gewinn und die laufenden Kosten bezieht, bleibt jedoch unberücksichtigt!

Formen der Ertragsausfallversicherung

Neben den oben schon erwähnten besonderen Fällen der Ertragsschadenversicherung im Bereich der Betriebsschließungsversicherung und der Tierversicherung ist die Feuer-Betriebsunterbrechungsversicherung die am meisten nachgefragte Ertragsschadenversicherung.

Grundlagen der FBU-Versicherung

Grundlage der Feuer-Betriebsunterbrechungsversicherung sind die Allgemeinen Feuer-Betriebsunterbrechungsversicherungs-Bedingungen FBUB 2010, in der Praxis als „Groß-BU" bezeichnet. Den Gegenstand der Deckung schildert der § 1 FBUB 2010:

Gegenstand BU, Groß-BU

Wird der Betrieb des Versicherungsnehmers infolge eines Sachschadens nach diesem Vertrag unterbrochen oder beeinträchtigt, leistet der Versicherer Entschädigung für den dadurch entstehenden Ertragsausfallschaden.

Der Ertragsausfallschaden besteht aus den fortlaufenden Kosten und dem ausbleibenden Betriebsgewinn im versicherten Betrieb. Die „Groß-BU" orientiert sich an einer Versicherungssumme, die anhand der Wirtschaftszahlen des zu versichernden Betriebs gebildet wird.

Ertragsausfallschaden, Bildung der Versicherungssumme

Der VN kann wählen, ob er einen Ertragsausfallschaden durch Substanzschäden infolge Feuer, Leitungswasser, Sturm/Hagel, oder Einbruch-Diebstahl etc. versichern möchte. Zur Deckung von Schäden aus Gefahren, die die BU-Versicherung nicht abdeckt, kann eine Extended-Coverage-Versicherung (EC-Versicherung) abgeschlossen werden.

Neben der „Groß-BU" bieten die Versicherer eine „Mittlere BU" an. Die „Mittlere BU" wird angeboten über die Sonderbedingungen für die mittlere Feuer-Betriebsunterbrechungsversicherung (MFBU 2010), die zu den Substanzschadenversicherungs-Bedingungen, z. B. den AFB 2010, vereinbart wird. Die „Mittlere BU" ist ein rechtlich selbstständiger Vertrag.

Mittlere BU

Der Umfang der „Mittleren BU" ist identisch mit der „Groß-BU", lediglich die Ermittlung der Versicherungssumme ist vereinfacht. Ausgehend vom Umsatz wird der Wareneinsatz abgezogen.

Eine weitere Zusatz-Betriebsunterbrechungsversicherung ist die „Klein-BU", sie wird über die Zusatzbedingungen für die einfache Betriebsunterbrechungsversicherung (ZKBU 2010) angeboten. Die ZKBU 2010 kann wie die MFBU 2010 zu allen Substanzdeckungen vereinbart werden.

Klein-BU

Die Findung der Versicherungssumme ist gegenüber der „Mittleren BU" nochmals vereinfacht. Die Versicherungssumme der Substanzversicherung für Einrichtung und Vorräte bildet die Versicherungssumme der „Klein-BU". Die Versicherungssumme ist, da eine exakte Ermittlung in dieser Form nicht möglich ist, als Erstrisiko-Summe ausgebildet.

Neben den Betriebsunterbrechungsversicherungen zur Ergänzung der Sachversicherung bieten die Versicherer Versicherungsschutz für Ertragsausfallschäden auch zu den Technischen Versicherungen und zur Transportversicherung an. Die Ertragsausfallversicherung wird hier nach der Maschinen-Betriebsunterbrechungsversicherung nach den Bedingungen AM-BUB 2011 angeboten. Die weiteren TV-Sparten Elektronik-, Bauleistung- und Montageversicherung (ELBU, BLBU und MOBU) werden über Klauseln zu den AMBUB 2011 versichert.

TV-BU

Die Ertragsausfallversicherung als Ergänzung zu einer Gütertransportversicherung wird nur in Sonderfällen angeboten. Zu den vereinbarten Bedingungen wird per Klausel ein genau beschriebener Ertragsschaden versichert.

TR-BU

Versicherungsschutz wird für Güterfolge- und/oder Vermögensschäden geboten, die dem Käufer oder Verkäufer von Produktions- und Handelsgütern durch Schäden an den transportierten Gütern oder am Transportmittel entstehen können, z. B. Produktionsausfall bzw. Betriebsunterbrechung, Konventional-

oder Vertragsstrafen sowie nicht rechtzeitiges Eintreffen von Saison-Artikeln, Textilien oder Genussmitteln.

Güterfolge- und Vermögensschaden- klausel nach den DTV-Güter 2000/2011 Eine abgespeckte Form einer Ertragsausfalldeckung im Bereich der Güterversicherung bieten die beiden Klauseln für die Versicherung von Güterfolge- und reinen Vermögensschäden nach den DTV-Güter 2000/2011. Deren Deckungsumfang ist jedoch stark reduziert und summenmäßig niedrig ausgestaltet. Hier ist keine detaillierte Risikoprüfung erforderlich.

2.3 Lösungsansätze für die Versicherung von Photovoltaikanlagen

Schadenmöglichkeiten

Mögliche Schäden an den Bestandteilen von Photovoltaikanlagen können durch Feuer, Sturm, Überspannung und Schneedruck entstehen. Weitere Schadenmöglichkeiten liegen im Bereich Diebstahl, Hagel und Böswilligkeit.

Marktanbieter

Marktanbieter auf dem Versicherungssektor sind die Technischen Versicherer, die über die Elektronikversicherung Versicherungsschutz bereitstellen.

Angestrebte Versicherungslösung

Für die Versicherung von Photovoltaikanlagen eignet sich ein modulares System, in dem einzelne Module zu einem Rundum-Schutz zusammengestellt werden. Voraussetzung ist, dass die Photovoltaikanlage als versicherte Sache deklariert wird. Die VGB 2014 Proximus sehen in § 5 Nr. 3a) einen Ausschluss vor.

Weitere Schäden können über eine Elektronikversicherung nach den ABE 2011 unter Ausschluss der Gefahren Feuer und Sturm erreicht werden. Hier können dann auch weitere Versicherungsbausteine wie Solartechnik, Geotechnik und Wärmepumpensysteme eingeplant werden.

Die entgehende Einspeise-Vergütung als Folge eines Sachschadens wird durch eine Ertragsausfallversicherung (BU) versichert. Abweichend von dieser Regelung können sogenannte Aufdachanlagen versichert werden (VGB 2014 § 5 Nr. 4).

Sollte der Kunde auch die Gefahr während der Montage tragen, ist der Versicherungsschutz über eine Montageversicherung (AMoB 2011) zu ergänzen.

Zusammenfassung

Deckungskonzepte sind vom VR vorgegebene Vertragsbedingungen, die dem Kunden als Vertragsgrundlage vorgeschlagen werden. Sie bestehen aus den AVB, den Klauseln und weiteren Vertragsbestimmungen bis hin zu Obliegenheiten z. B. Sicherheitsvorschriften.

Die VR verwenden in der Regel AVBs, die an den Musterbedingungen des GDV angelehnt sind.

Unterschieden werden die Deckungskonzepte in der Regel nach Kundengruppen, wie z. B. Privatkunden, Gewerbekunden, Kunden der Land- und Forstwirtschaft sowie Industriekunden.

Innerhalb der Kundengruppen erfolgt dann eine Einteilung der Deckungskonzepte nach den versicherbaren Gefahren, wie z. B. Feuer, Sturm oder Glasbruch sowie Transportgefahren oder Gefahren, denen eine Maschine bei ihrer Nutzung ausgesetzt ist.

Die Gefahren können als Einzeldeckung über eine AVB oder als Gefahrengruppen innerhalb einer AVB angeboten werden, z. B. die Einzelgefahr Feuer über die AFB 2010 oder die Gefahrengruppen Feuer, Leitungswasser, Sturm und Hagel sowie Naturgefahren über die VGB 2016.

Aufgaben zur Selbstüberprüfung

1. Die Combined Ratio ist eine wichtige Kennzahl zur Beurteilung einzelner Versicherungssparten in der Sach- und Transportversicherung. Erläutern Sie, was unter dieser Kennzahl zu verstehen ist.

2. Führen Sie vier derzeit politisch relevante Themen an, die Auswirkungen auf die Sach- und Transportversicherung haben.

3. Erläutern Sie, inwieweit sich der demografische Wandel auf die Sachversicherung privater Risiken auswirkt.

4. Die Proximus Versicherung AG möchte sich in der Sach- und Transportversicherung auf bestimmte Wirtschaftszweige spezialisieren. Sie sind beauftragt, zur Entscheidungsfindung, neben der Einteilung nach den Rechtsformen, eine Aufteilung der Wirtschaftszweige möglicher Kundengruppen vorzunehmen.
   Nennen Sie fünf Wirtschaftszweige, die Sie für dieses Vorhaben geeignet halten. Begründen Sie Ihre Wahl.

5. In einer Informationsveranstaltung, in der es um den Verkauf von gewerblichen Sachversicherungen geht, werden Sie gebeten, die Ihrer Erfahrung nach zentralen Ziele von Unternehmen aufzuzeigen.
   Nennen Sie drei Ziele von Unternehmen.

6. In der gewerblichen Sachversicherung spielt die Vermittlung durch Versicherungsmakler eine große Rolle. Erläutern Sie in diesem Zusammenhang, was die „Maklerklausel" beinhaltet.

7. Ein Mitarbeiter in der Abteilung Gewerbliche Sachversicherung hat Sie gebeten, ihm die Begriffe „Mastervertrag", „D.I.C." und „D.I.L." zu erklären. Er hatte die Begriffe in einem Artikel der Zeitschrift „Versicherungswirtschaft" gelesen. Erklären Sie dem Mitarbeiter diese drei Begriffe.

8. Die Mitversicherung ist im großgewerblichen und industriellen Sachversicherungsgeschäft eine Möglichkeit, Risiken, die über der Zeichnungsgrenze liegen, zu versichern.
   a) Erläutern Sie den „Verteilungsplan" bei der Mitversicherung und nennen Sie seine einzelnen Bestandteile.
   b) Erklären Sie, welche Aufgabe die „Führungs- und Prozessführungsklausel" hat.

9. Die Versicherungsbedingungen im Bereich der privaten und gewerblichen Sachversicherung sind modular aufgebaut.
   a) Erläutern Sie den modularen Aufbau im Zusammenhang mit den AVB.
   b) Zeigen Sie auf, welche Bedeutung die Begriffe „PK", „SK" und „TK" bei der Bezeichnung der Klauseln haben.

10. Die Hausratversicherung stellt den Mittelpunkt der privaten Sachversicherung dar. Sie kann durch weitere Produkte, insbesondere aus dem Bereich der Transportversicherung, ergänzt werden.

    Nennen Sie fünf weitere Versicherungsmöglichkeiten, die die Hausratversicherung ergänzen können, und führen Sie jeweils ein Beispiel an.

11. Die Transportversicherung lässt sich in mehrere Sparten unterscheiden. Nennen und erläutern Sie diese Sparten.

12. Ein Händler erklärt Ihnen, dass er keine Güterversicherung benötigt, da der Frachtführer haftet. Führen Sie drei Gründe an, warum es sinnvoll sein kann, eine gesonderte Güterversicherung abzuschließen.

13. Die Güterversicherung wird in zwei Deckungsformen angeboten. Erläutern Sie beide Deckungsformen.

14. Der Gesetzgeber verwendet für die Verkehrsträger die Begriffe Frachtführer, Spediteur und Lagerhalter. Erläutern Sie die Begriffe und grenzen Sie die Tätigkeiten voneinander ab.

15. Die Haftung der Verkehrsträger ist der Höhe nach häufig durch Sonderziehungsrechte begrenzt. Erläutern Sie den Begriff der Sonderziehungsrechte und stellen Sie dar, in welcher Höhe ein Frachtführer für einen Güterschaden haftet.

Die Lösungshinweise finden Sie als kostenlosen Download unter:
www.bwv.de/fachwirtliteratur_loesungen
www.vvw.de → Service → Ergänzungen/Aktualisierungen

Kapitel 2

Kriterien der Produktgestaltung unter
Berücksichtigung von rechtlichen
und kalkulatorischen Rahmenbedingungen

Nachzuweisende Befähigung

Die angehenden Fachwirte/Fachwirtinnen für Versicherungen und Finanzen sollen die Kriterien der Produktgestaltung unter Berücksichtigung von rechtlichen und kalkulatorischen Rahmenbedingungen darstellen und beispielhaft anwenden können (gemäß Erläuterungsbroschüre, Qualifikationsinhalte und Handlungssituationen, 4.2).

Qualifikationsinhalte des Kapitels

Die Absolventen können im Einzelnen:

- die für die Produktgestaltung wichtigen rechtlichen Rahmenbedingungen anwenden (4.2.1)
- versicherte und nicht versicherte Gefahren, Sachen, Interessen und Kosten berücksichtigen (4.2.1)
- die Regeln zu Versicherungsort, Versicherungswert und Versicherungssumme anwenden (4.2.1)
- Leistungen und allgemeine und besondere Rechtsgrundlagen berücksichtigen (4.2.1)
- kalkulatorische Grundlagen anwenden (4.2.2)
- Produktvarianten für unterschiedliche Zielgruppen darstellen und die Verbandsbedingungen einordnen (4.2.3)

1. Die private und gewerbliche Sachversicherung

Handlungssituation

Die Produktakzeptanz der gewerblichen Sachversicherung hängt häufig von der Flexibilität der Vertragsbedingungen und den entsprechenden Klauseln ab. Für eine neu zu entwickelnde Bau-Kombipolice sollen Sie mögliche zusätzlich versicherbare Positionen entwickeln. Folgende Themenvorgaben wurden Ihnen von einem Führungskreis des Vertriebs genannt:

- Mitversicherung von Baumaterial auf Baustellen,
- Mitversicherung von Vertragsstrafen, falls ein Auftrag durch einen Versicherungsfall nicht rechtzeitig fertiggestellt werden kann.

In einer Arbeitsgruppe soll erarbeitet werden, welche Voraussetzungen für die rechtliche Gestaltung neuer Versicherungsprodukte beachtet werden müssen. Sie haben die Aufgabe übernommen, für die Arbeitsgruppe den Produktentwicklungsprozess zu erläutern und darzustellen.

1.1 Rechtliche und kalkulatorische Rahmenbedingungen

Neue Versicherungsprodukte sind nach den Vorschriften der allgemeinen Gesetze (z. B. BGB), der speziellen Gesetze (z. B. VAG und VVG) und letztendlich nach aufsichtsrechtlichen Verordnungen zu gestalten. Die rechtlichen Rahmenbedingungen der gewerblichen Versicherungen entsprechen den im Grundlagenband *Marketing und Vertrieb von Versicherungs- und Finanzprodukten für Privatkunden* (Köhne/Lange 2012: siehe S. 357, Hinweise zu § 305 BGB und § 10 (1) VAG) genannten Vorgaben. *neue Versicherungsprodukte*

Für das Verständnis der nachfolgenden Ausführungen sind im o. g. Grundlagenband die Hinweise in Kapitel 4,3.3 zum Vertragsinhalt und die Sparten-Informationen in Kapitel 4 zur Sachversicherung (hier inbesondere der Abschnitt 3.5.1) und zur Gebäude-Feuerversicherung (siehe hierzu auch §§ 142–149 VVG) von Bedeutung.

Die besonderen Spartenvorschriften des VVG zur Transportversicherung (§§ 130–141) werden nachstehend im Abschnitt Transportversicherung behandelt.

Aufsichtsrechtliche Mindestanforderungen an das Risikomanagement (MaRisk (VA))

In den MaRisk (VA) werden aufsichtsrechtliche Mindestanforderungen beschrieben und Vorschriften des § 64a VAG verbindlich ausgelegt. Die BaFin hat in einem Rundschreiben (MaRisk (VA) 3/2009) Empfehlungen gegeben, die mit Inkrafttreten von Solvency II verpflichtend werden. *MaRisk (VA)*

Die Anforderungen des Rundschreibens beziehen sich auf das Risikomanagement von wesentlichen Risiken wie Marktrisiko, Kreditrisiko, operationales Risiko, Liquiditätsrisiko, Konzentrationsrisiko, strategisches Risiko, Reputationsrisiko, versicherungstechnisches Risiko. Als Risiko wird die Möglichkeit des *wesentliche Risiken*

Nichterreichens eines explizit formulierten oder sich implizit ergebenden Ziels verstanden. Alle von der Geschäftsleitung identifizierten Risiken, die sich nachhaltig negativ auf die Wirtschafts-, Finanz- oder Ertragslage des Unternehmens auswirken können, werden als wesentlich erachtet. Zur Beurteilung der Wesentlichkeit hat sich die Geschäftsleitung einen Überblick über das Gesamtrisikoprofil des Unternehmens zu verschaffen. Die Bestimmung der wesentlichen Risiken ist das Ergebnis des unternehmensindividuellen Risikoprozesses und der unternehmensindividuellen Skalierung der Wesentlichkeit.

Die MaRisk (VA) wurde zum 1. Januar 2016 aufgehoben und durch die Umsetzung der Rahmenrichtlinie zum neuen europäischen Aufsichtsregime Solvabilität II in die nationale Gesetzgebung ersetzt. Die neuen Vorgaben sind in den §§ 23–32 VAG geregelt.

Steuerung des versicherungstechnischen Risikos

Für die Berücksichtigung von Rahmenbedingungen ist besonders das versicherungstechnische Risiko zu beachten. MaRisk (VA) sieht hier weitere Vorschriften vor. Die Steuerung des versicherungstechnischen Geschäfts umfasst zum einen mindestens die Anbahnung des Kundenkontakts, die Beratung, den Vertragsabschluss, die Antrags-, Vertrags-, Schaden- und Abschlussbearbeitung mit ihren einzelnen Arbeitsschritten, und berücksichtigt zum anderen qualitative Komponenten im Hinblick auf ein Customer-Relations-Management (Kundenbeziehungsmanagement oder Kundenpflege).

Die Risiken neuer Geschäftsfelder oder neuer Kapitalmarkt-, Versicherungs- und Rückversicherungsprodukte sind vorab auf alle wesentlichen internen und externen Einflussfaktoren zu untersuchen.

Abschlussbericht des Produktentwicklungsprozesses

Am Ende eines Produktentwicklungsprozesses könnte beispielsweise ein Abschlussbericht stehen, der

- die allgemeinen Eigenschaften des Produkts,
- die Preisfindung und das Produktdesign,
- die erwartete Profitabilität sowie
- deren Auswirkungen bei Abweichungen in den Annahmen

beinhaltet. Dabei sind Produktoptionen und -garantien von besonderem Interesse.

offizielle Freigabe des Produkts

Vor Anwendung und Verkauf des neuen Produkts hat durch die Geschäftsleitung eine offizielle Freigabe zu erfolgen.

1.2   Leitlinien für Versicherungsbedingungen

Die Privatversicherungsverträge wurden schon im Grundlagenband *Marketing und Vertrieb von Versicherungs- und Finanzprodukten für Privatkunden* (Köhne/ Lange 2012) und in der Ausbildungsliteratur zur Hausrat- und Wohngebäudeversicherung behandelt. Nachstehend werden ergänzend noch Besonderheiten und Überschneidungen zu anderen Versicherungssparten angesprochen.

Für die nachstehende Behandlung der privaten und gewerblichen Sachversicherung wurden die GDV-Musterbedingungen verwendet. Bedingungstexte: www.gdv.de/downloads/versicherungsbedingungen. Für die private Sachversicherung erfolgte ein Abgleich zum Bedingungswerk Proximus.

Zu den Aufgaben des Gesamtverbands der Deutschen Versicherungswirtschaft e.V. (GDV) gehört die Erstellung von Verbandsbedingungen, um die Mitglieder (VR) bei der Produkterstellung zu unterstützen.

GDV

Als Interessenverband verfügt der GDV mit seinen Fachbereichen über ein breites Know-how. Der Verband stellt den Mitgliedsunternehmen auch umfangreiches Zahlenmaterial zur Verfügung. Die Erstellung von Musterbedingungen dient auch einer Vereinheitlichung und damit einer Vergleichbarkeit der Versicherungsprodukte.

Musterbedingungen zur Standardisierung von Versicherungsprodukten

Aufgrund kartellrechtlicher Vorgaben und den Erleichterungen aus der Gruppenfreistellungsverordnung (GVO) des EG-Vertrags ist es Verbänden wie dem GDV jedoch untersagt, Tarife und Musterbedingungen verbindlich vorzugeben, weshalb z.B. Bedingungen stets als „unverbindliche Bekanntgabe" veröffentlicht werden, verbunden mit dem Hinweis, dass diese fakultativ verwendet werden können und abweichende Vereinbarungen möglich sind.

Unverbindlichkeit der Tarife und Musterbedingungen

Im Bereich der Sach- und Transportversicherung existiert eine Vielzahl verschiedener Musterbedingungen. Ausdruck dieser „Offenheit" der Bedingungen sind sogenannte Öffnungsklauseln. Sie besagen z.B. in der Transportversicherung, dass keine Güter bei den Ausschlüssen genannt sind; oder bei Fristen, wie z.B. der Lagerung oder der Kündigung von politischen Risiken, dass keine Werte vorgegeben sind. Das gilt auch für die Versicherungssummen. Es obliegt jedem VR selbst, anhand seiner persönlichen Risikosituation, seiner Zeichnungspolitik und seiner Annahmerichtlinien zu entscheiden, wie er sein Versicherungsprodukt konkret ausgestalten möchte.

Öffnungsklauseln

1.3 Grundsätzliche Regelung: Vermeidung von Doppelversicherungen

Zur Vermeidung von Doppelversicherungen hat der GDV Empfehlungen abgegeben (siehe Handbuch der Sachversicherung, Bd. I, Teil A, Versicherungstechnik). Im Innenverhältnis (VR zueinander) sollte in Abweichung von § 78 VVG wie folgt verfahren werden.

Grundsatz

Treffen Fremd- und Außenversicherung zusammen, so haftet im Verhältnis der VR zueinander allein der Fremdversicherer im Rahmen seines Vertrages. Darüber hinaus kommt im Außenverhältnis ggf. eine Haftung des Außenversicherers in Betracht.

Ausnahmen

Fremdversicherung

Bezieht sich jedoch die Fremdversicherung auf

- Speditionsgüter ohne genaue Bezeichnung des einzelnen Warenpostens oder Gegenstands nach Art, Maß, Zahl, Gewicht oder bestimmten Merkmalen,
- Gebrauchsgegenstände Betriebsangehöriger,
- Gegenstände von Gästen und Besuchern in einem Haushalt (Gast oder Besucher ist, wer sich bis zur Dauer von drei Monaten in diesem fremden Haushalt aufhält; der Aufenthalt setzt keine ständige Anwesenheit voraus),
- Eigentum von Gästen und Besuchern in Hotels und Fremdenheimen,
- Kraftfahrzeuge,

so haftet allein der Außenversicherer im Rahmen seines Vertrags. Darüber hinaus kommt im Außenverhältnis ggf. eine Haftung des Außenversicherers in Betracht.

Zusammentreffen von Verträgen mit Subsidiaritätsregelungen

Treffen Verträge mit Subsidiaritätsregelungen aufeinander, sollte sich der VR hierauf nicht berufen.

Zusammentreffen von Fremd- und Außenversicherung

Außenversicherung als Versicherung bestimmter Sachen

Die Regelungen über das Zusammentreffen von Fremd- und Außenversicherung finden keine Anwendung, wenn die Fremdversicherung zugleich eine Inbegriffsversicherung und die Außenversicherung eine Versicherung bestimmter Sachen ist.

Zusammentreffen von Erstrisikoversicherungen

Zusammentreffen von Erstrisikodeckungen

Treffen mehrere Erstrisikodeckungen zusammen, so haften die VR abweichend von § 78 Abs. 2 VVG im Verhältnis zueinander auf den Schaden anteilig nach Maßgabe der hierfür vorgesehenen Summen.

Dies gilt nicht für Entschädigungsgrenzen, die keine Erstrisikodeckungen darstellen. Hier erfolgt ein Ausgleich nach § 78 bs. 2 VVG.

Zusammenfassung

Die Grundlagen für die Entwicklung von Versicherungsprodukten sind im VAG und im Vorläufer der Solvency II, der MaRisk (VA), geregelt. Der Abschlussbericht eines Produktentwicklungsprozesses beinhaltet die allgemeinen Eigenschaften des Produkts, die Preisfindung und das Produktdesign, den erwarteten Profit sowie mögliche Abweichungen in den Annahmen. Vom GDV werden sogenannte. Musterbedingungen als unverbindliche Arbeitsgrundlage erstellt.

Weiterhin sind bei neuen Versicherungsprodukten die Vorschriften des VVG zu beachten, z. B. die Bestimmungen zur Doppelversicherung, die durch Empfehlungen des GDV bei Zusammentreffen von Fremd- und Außenversicherung für die Behandlung der Versicherungsunternehmen zueinander ergänzt werden.

2. Die private Sachversicherung

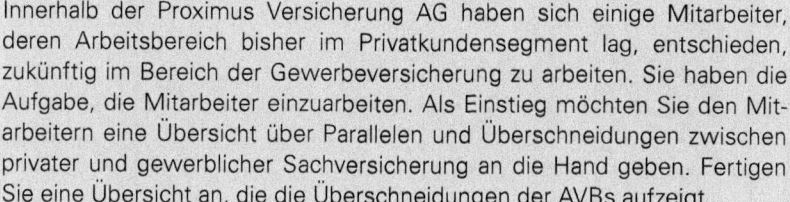

Handlungssituation

Innerhalb der Proximus Versicherung AG haben sich einige Mitarbeiter, deren Arbeitsbereich bisher im Privatkundensegment lag, entschieden, zukünftig im Bereich der Gewerbeversicherung zu arbeiten. Sie haben die Aufgabe, die Mitarbeiter einzuarbeiten. Als Einstieg möchten Sie den Mitarbeitern eine Übersicht über Parallelen und Überschneidungen zwischen privater und gewerblicher Sachversicherung an die Hand geben. Fertigen Sie eine Übersicht an, die die Überschneidungen der AVBs aufzeigt.

2.1 Hausratversicherung

Versicherte Sachen

In der Hausratversicherung sind Sachen versichert, die dem Haushalt des VN zur privaten Nutzung (Ge- und Verbrauch) dienen (Ziffer 8.1) VHB 2016. Im Zusammenspiel zwischen den „privaten" Versicherungsbedingungen und den Gewerbebedingungen ergeben sich Besonderheiten, die nachstehend erläutert werden.

Arbeitsgeräte und Einrichtungsgeräte, die dem Beruf oder dem Gewerbe dienen

■ *Eigene Arbeitsgeräte*

Neben den Sachen zur privaten Nutzung sind auch Arbeitsgeräte und Einrichtungsgegenstände, die ausschließlich dem Beruf oder dem Gewerbe dienen, mitversichert. Nicht unter diesen besonderen Einschluss fallen Handelswaren und Musterkollektionen (Ziffer 8.3.7 VHB 2016). Übt der VN innerhalb seiner Wohnung einen Beruf oder ein Gewerbe aus, sind die Arbeits- und Einrichtungsgegenstände nach der Definition der versicherten Sachen innerhalb der Hausratdeckung mitversichert. Hat der VN nun aber auch eine gewerbliche Sachdeckung abgeschlossen, würde eine Doppelversicherung entstehen.

Eine Lösung bietet die VHB 2016, indem nach Ziffer 10.1 Räume, die ausschließlich beruflich oder gewerblich genutzt werden, nicht zur Wohnung gehören. Sollten diese Räume aber ausschließlich durch die Wohnung des VN betreten werden können (sogenannte Arbeitszimmer), sind die Räume wieder Versicherungsort, sie gehören dann wieder zur Wohnung.

■ *Fremde Arbeitsgeräte*

Grundsätzlich sind in der Hausratversicherung fremde Sachen so wie eigene versichert (Ziffer 8.4 VHB 2016). Diese Aussage trifft auch auf Arbeitsgeräte zu, die der VN von seinem Arbeitgeber zur Verfügung gestellt bekommt. Häufig schließt der Arbeitgeber diese Sachen im Rahmen seiner gewerblichen Inhaltsversicherung mit ein, in diesem Fall besteht für diese Sachen eine Doppelversicherung, die man ggf. mit einer Regelung im Hausratvertrag abbedingen sollte.

Hausratgegenstände im Betrieb des Arbeitgebers

Außenversicherung

Arbeitnehmersachen

Über die Außenversicherung sind Hausratgegenstände auch außerhalb der Wohnung des VN versichert (Ziffer 7 VHB 2016). Voraussetzung für den Versicherungsschutz über die Außenversicherung ist, dass die Sachen nicht länger als drei Monate aus der Wohnung des VN entfernt werden. In der Versicherung des Arbeitgebers sind grundsätzlich keine Hausratgegenstände, auch nicht die eines Arbeitnehmers, versichert. Es kann nun aber im Interesse des Arbeitgebers liegen, dass durch die Betriebsversicherung auch Sachen der Arbeitnehmer versichert sind, z. B. wenn der Arbeitgeber vom Arbeitnehmer verlangt, dass sich Hausratgegenstände und Arbeitsgeräte am Arbeitsplatz befinden. Das ist abgesehen von Bekleidungsgegenständen der Fall, wenn z. B. Werkzeug grundsätzlich Eigentum des Arbeitnehmers ist, wie bei Friseuren, Goldschmieden etc. Diese Sachen des Arbeitnehmers können im Rahmen der Betriebsversicherung mitversichert werden, man spricht hier dann von Gebrauchsgegenständen Betriebsangehöriger.

Mit der Mitversicherung erfüllt der Arbeitgeber eine arbeitsrechtliche Fürsorgepflicht (ArbG Karlsruhe 6 Ca 230/84 vom 16.08.1984).

Um auch hier eine Doppelversicherung zu vermeiden, sind Gebrauchsgegenstände Betriebsangehöriger subsidiär versicherbar. D.h., Versicherungsschutz besteht über die Gewerbeversicherung nur dann, wenn keine andere Versicherung leistet.

Nach den AFB 2010 besteht für *Hausrat aller Art* (§ 3 Nr. 6e) AFB 2010) kein Versicherungsschutz. Dieser Ausschluss muss allerdings deklariert werden, da der Begriff *Hausrat* kein abschließender Begriff ist. Die VHB helfen hier mit der Deklaration auch nicht weiter, da neben der Normalklausel „Ge- und Verbrauch" diverse Sachen zum Hausrat gehören, so auch Arbeitsgeräte und Einrichtungsgegenstände, die ausschließlich dem Beruf oder dem Gewerbe dienen (in der bereits thematisierten Ziffer 8.3.7 VHB 2016).

Klarstellend regelt der § 6 Nr. 2 AFB 2010, dass Gebrauchsgegenstände Betriebsanghöriger nicht in den Wohnräumen der Betriebsangehörigen versichert sind. Die Versicherung soll dem Hausratversicherer vorbehalten bleiben. Wenn Versicherungsschutz über die AFB 2010 besteht, ist der Hausrat nur zum Zeitwert bzw. zum gemeinen Wert versichert (§ 7 Nr. 2c).

Hausratgegenstände in Gewerbebetrieben

Fremdversicherung

Vielfach kommt es vor, dass der Hausratkunde Gegenstände aus seinem Haushalt in Gewerbebetriebe bringt, z. B., wenn er Sachen zur Reparatur oder in die Reinigung oder Wäscherei gibt oder als Hotelgast sein Reisegepäck mit in ein Hotel nimmt.

Versicherungsschutz besteht dann in der Regel über die Außenversicherung seiner Hausratversicherung (Ziffer 12 VHB 2016). Versicherungsschutz besteht aber auch häufig über die Betriebsversicherung, da hier fremdes Eigentum mitversichert ist, soweit es seiner Art nach zu den versicherten Sachen gehört und dem VN zur

- Bearbeitung,
- Benutzung,
- Verwahrung oder
- zum Verkauf

in Obhut gegeben wurde (§ 3 Nr.4 AFB 2010).

In Hotels und sonstigen Beherbergungsbetrieben überschneidet sich der Versicherungsschutz aus den Sachdeckungen (Hausrat- und Gewerbeversicherung) eventuell noch mit der Haftung der Beherbergungsbetriebe für vom Gast eingebrachte Sachen. Dieses Risiko wird regelmäßig über die (Betriebs-)Haftpflichtversicherung des Wirts abgedeckt, allerdings zum Zeitwert.

Wertsachen und besondere Gegenstände

Wertsachen und Bargeld sind Hausratgegenstände. Sie werden in den VHB 2016 besonders herausgestellt (Ziffer 18.1 VHB 2016). Für Wertsachen und Bargeld sehen die Bedingungen Entschädigungsgrenzen (Ziffer 18.3 VHB 2016) vor.

Wertsachen, Bargeld

▶ Definition

Entschädigungsgrenzen begrenzen die Versicherungsleistung auf vereinbarte Höchstbeträge. Sie können als absolute Beträge oder in Prozent der Versicherungssumme oder als Kombination dieser Möglichkeiten vereinbart werden.

Die Entschädigungsgrenze begrenzt die Entschädigung und nicht den Schaden. Eine eventuelle Unterversicherung ist vor der Entschädigungsgrenze anzurechnen.

Entschädigungsgrenzen

Andererseits bieten die VR Spezialpolicen an, die Wertsachen wie z. B. Schmuck, Pelze und Kunstgegenstände versichern. Der Versicherungsschutz ist in den Spezialpolicen für den Kunden meist attraktiver (zum Beispiel kann der Marktwert als Entschädigung vereinbart werden). Wenn der Kunde den speziellen Versicherungsschutz dem generellen Schutz, den die Hausratversicherung bietet, vorzieht, entsteht keine Doppelversicherung, da die VHB 2016 in Ziffer 9.6 den Ausschluss von Sachen, die durch einen gesonderten Versicherungsvertrag versichert sind, vorsieht. Gibt der Kunde die Spezialversicherung auf oder wird sie notleidend, besteht wieder Versicherungsschutz im Rahmen der sonstigen Deckung und Berücksichtigung der Entschädigungsgrenzen.

Spezialpolicen

2.2 Wohngebäudeversicherung

Überschneidungen Wohngebäudeversicherung / Hausratversicherung

VR bieten zur Absicherung für überwiegend privat genutzte Gebäude die „Verbundene Wohngebäudeversicherung VGB 2016" an. Die VGB 2016 ist auf den Versicherungsschutz der Inhaltsversicherung der VHB 2016 angepasst. Dennoch kann es im Schadenfall zu Überschneidungen kommen.

eingefügte Sachen im selbst genutzten Einfamilienhaus

Überschneidungen kommen vor, wenn Eigentümer ihr Einfamilienhaus selbst nutzen und eine Wohngebäude- und Hausratversicherung besteht. Hier muss eine Regelung für Sachen, die in das Gebäude eingefügt werden, getroffen werden.

 ▶ **Beispiel**

Durch ein Feuer werden Gebäudeteile des selbst genutzten Einfamilienhauses beschädigt. Neben Schäden an der Tapete werden auch Teile des Fußbodenbelags beschädigt.

Wand- und Deckenverkleidung, Fußbodenbelag

Durch die VGB 2016 wird ein Gebäude mit seinen Bestandteilen und seinem Zubehör versichert (Ziffer 6 VGB 2016). Zu den Bestandteilen gehören auch die in ein Gebäude eingefügten Sachen, die durch ihre feste Verbindung mit dem Gebäude ihre Selbstständigkeit verloren haben.

Die in dem Beispiel angeführten Tapeten sind fest mit dem Gebäude verbunden. Bei den Fußbodenbelägen muss die Art der Verbindung geprüft werden. Um hier Überschneidungen zu vermeiden, hat der GDV „Betriebstechnische Hinweise" (Handbuch der Sachversicherung, Bd. I, Teil A, Versicherungstechnik) vorgegeben, nach denen wie folgt zu verfahren ist:

Wand- und Deckenverkleidung	Bodenbelag auf bewohnbarem Unterboden	Bodenbelag auf bewohnbarem Untergrund
Die Wohnzwecken dienenden Wand- und Deckenverkleidungen sowie Bodenbeläge werden unabhängig von deren Beschaffenheit dem Gebäude zugerechnet.	Ist der Bodenbelag auf bewohnbarem Unterboden verlegt, wird der Bodenbelag dem Hausrat zugeordnet. Dies gilt auch für Wand- und Deckenverkleidungen, soweit diese entfernt werden können, ohne dass die ursprünglich vorhandenen Verkleidungen zerstört werden.	Ist der Bodenbelag auf bewohnbarem Untergrund verlegt (z. B. Linoleum), kommt es auf die Art der Verlegung an. Ist ein zerstörungsfreies Trennen möglich, wird der obere Bodenbelag dem Hausrat zugerechnet. Ist eine Trennung nicht möglich, wird der Bodenbelag dem Gebäude zugerechnet. Ersatzanspruch besteht nur für den oberen Bodenbelag. Für den entwerteten Unterboden wird maximal ein Anspruch als Dämm- oder Isolierschicht gewährt.

Zur Abgrenzung regeln die VHB 2016 in Ziffer 9.1, dass Gebäudebestandteile, die nicht explizit als versicherte Sache bezeichnet sind, nicht mitversichert sind.

Regelungsbedarf besteht auch für die Frage, ob Einbaumöbel dem Gebäude oder dem Hausrat zuzurechnen sind.

Einbaumöbel

▶ Beispiel

Der Kunde eines selbst genutzten Einfamilienhauses möchte wissen, ob die Einbauküche durch die Gebäudeversicherung erfasst ist oder ob sie durch die Hausratversicherung versichert ist.

Zu klären ist die Frage, ob es sich um Einbaumöbel oder um Anbaumöbel handelt.

▶ Definition

Einbaumöbel sind Möbel, die entweder in die Bauplanung des Hauses einbezogen oder individuell aus nicht industriell vorgefertigten Teilen raumspezifisch angefertigt sind.

Einbaumöbel

Anbaumöbel sind Möbel, die serienmäßig produziert und nicht individuell für das Gebäude gefertigt sind. Sie werden lediglich mit einem gewissen Einbauaufwand an die Gebäudeverhältnisse angepasst.

Anbaumöbel

Einbaumöbel sind dem Gebäude, Anbaumöbel sind dem Hausrat zuzurechnen.

Einbruchmeldeanlagen sind in der Regel dafür gedacht, Hab und Gut der Gebäudenutzer zu schützen. Folglich würde eine Einbruchmeldeanlage auch der Hausratversicherung bzw. der Geschäfts-/Betriebsinhaltsversicherung zugeordnet werden müssen. Die Richtlinien für die Zuordnung sehen allerdings in Anlehnung an die oben dargestellten Grundsätze vor, dass Einbruchmeldeanlagen, die bereits in die Bauplanung einbezogen oder vom Gebäudeeigentümer nachträglich installiert werden, dem Gebäude zugeordnet werden.

Einbruchmeldeanlagen

Wird die Anlage nachträglich vom Mieter oder Pächter eingebracht, wird sie dem Inhalt zugeordnet. Voraussetzung ist, dass sich die Vertragsparteien von vornherein einig sind, dass die Einbruchmeldeanlage nach Auszug des Mieters/Pächters nicht im Gebäude verbleibt. Diese Regelung gilt unabhängig von der baulichen Ausführung der Einbruchmeldeanlage im Einzelfall.

Bringt ein Mieter Sachen in das Gebäude ein, regeln die VHB 2016 und die VGB 2016 die „Zuständigkeit": Unter die Hausratversicherung fallen vom Mieter eingebrachte Sachen (z. B. Bodenbeläge, Holzdecken, Wandverkleidungen, Tapeten, Anstriche, Einbaumöbel, Einbruchmeldeanlagen), soweit diese nicht in das Eigentum des Gebäudeeigentümers übergehen. Eine entsprechende Vereinbarung wird der Mieter mit dem Gebäudeeigentümer im Mietvertrag regeln.

durch Mieter eingebrachte Sachen

Sofern die ursprünglich vom Gebäudeeigentümer eingebrachten oder in dessen Eigentum übergegangenen Sachen durch den Mieter ersetzt werden, fallen diese Sachen auch weiterhin unter die Gebäudeversicherung.

Unter die Hausratversicherung des Mieters fallen die vom Gebäudeeigentümer eingebrachten Anbaumöbel bzw. -küchen.

▶ Beispiel

Ein Mieter übernimmt beim Einzug in die Mietwohnung vom Eigentümer des Gebäudes die vorhandene Anbauküche und einen Raumteiler, der das Wohnzimmer vom Esszimmer abtrennt. Der Raumteiler wurde individuell von einem Tischler hergestellt. Den vorhandenen und gemieteten Teppichboden im Wohnzimmer hat der Mieter auf seine Kosten durch Parkett ausgetauscht. Im Bad hat der Mieter das Waschbecken gegen ein größeres Waschbecken ausgetauscht und eine Duschwanne mit einer Duschkabine eingebaut.

Die **Anbauküche** ist nicht über die Gebäudeversicherung des Vermieters versichert, sie wird der Hausratversicherung des Mieters zugeordnet (Ziffer 8.3.2 VHB 2016 / Ziffer 7.2 VGB 2016).	Der **Raumteiler** ist über die Gebäudeversicherung versichert (Ziffer 7.2 VGB 2016 / Ziffer 9.1 VHB 2016).	Der vorhandene **Teppichboden** wurde nur ausgetauscht (durch Parkett). Das Parkett ist somit über die Gebäudeversicherung versichert (Ziffer 7.2 VGB 2016 / Ziffer 9.1 und 9.2 VHB 2016).

Das **Waschbecken** wurde ausgetauscht, auch hier erfolgt die Versicherung über die Gebäudeversicherung (Ziffer 7.2 VGB 2016 / Ziffer 9.1 und 9.2 VHB 2016).	Die **Duschwanne** und die **Duschkabine** wurden neu durch den Mieter eingefügt, die Versicherung erfolgt über die Hausratversicherung des Mieters. Mitversichert sind auch die Installationen (Ziffern 8.3.1 und 5.3 sowie 6.4.2 VGB 2016).

Wenn ein Kunde in das Gebäude eingefügte Sachen über seine Hausratversicherung versichern möchte und die Mitversicherung nicht klar erkennbar ist oder wenn er sie abweichend versichert haben möchte, besteht die Möglichkeit, die Klausel PK 7212 (10) einzuschließen. Die zu versichernden eingefügten Sachen werden dann im Versicherungsvertrag besonders aufgeführt.

 ▶ Beispiel

Der Eigentümer eines Einfamilienhauses möchte seine teure Wandvertäfelung in der Hausratversicherung mitversichern. Er befürchtet, dass die Vertäfelung gestohlen werden könnte.

Die Vertäfelung wäre gegen die Gefahren Feuer, Leitungswasser und Sturm/Hagel über die Gebäudeversicherung versicherbar. Beschädigungen beim Einbruchdiebstahl sind über die Hausratversicherung versichert (§ 8 g) VHB 2014). Einbruchdiebstahlschäden, also die Wegnahme der Vertäfelung, sind nur über die Klausel PK 7212 (10) versicherbar.

Die Wandvertäfelung sollte aus der Gebäudeversicherung als versicherte Sache ausgeschlossen werden, da sonst für die Gefahren Feuer, Leitungswasser und Sturm/Hagel Doppelversicherung besteht.

Antennen sind in der Wohngebäudeversicherung mitversichert, sie sind in der *Antennen*
Regel Gebäudezubehör (Ziffer 7.3 VGB 2016, siehe auch § 97 BGB). Die Hausratversicherung bietet für Antennenanlagen, die privat genutzt werden, ebenfalls Versicherungsschutz (Ziffer 8.3.3 VHB 2016). Sofern der VN ein eigenes
Einfamilienhaus bewohnt, besteht Doppelversicherung für eine Antennenanlage, sofern sie zu privaten Zwecken genutzt wird.

In einem Mehrfamilienwohnhaus kann Doppelversicherung auftreten, wenn
die Antennenanlage über eine (gewerbliche) Elektronikversicherung separat
versichert wird.

Mehrere Gebäudeeigentümer (WEG)

Eine Wohnungseigentümergemeinschaft (WEG) kann Versicherungsverträge *Wohnungseigentümer-*
für das gemeinschaftliche Objekt nur gemeinsam abschließen. In der Regel *gemeinschaft (WEG)*
schließt der durch die Eigentümerversammlung gewählte Verwalter den Versicherungsvertrag ab und lässt dieses in der Eigentümerversammlung bestätigen. Die einzelnen Eigentümer zahlen die Versicherungsprämie anteilig, je nach
Höhe ihres Miteigentumsanteils.

Für den einzelnen Wohnungseigentümer ist die Außenhaftung (VR/VN) für die *Haftung für Prämien-*
Prämie nur auf den Miteigentumsanteil begrenzt. Demnach müsste der VR, um *zahlung bei WEG*
wirksam qualifiziert zu mahnen, jedes Mitglied der WEG gesondert mahnen
(§ 10 Abs. 8 Satz 1 WEG).

In der Regel steht aber dem Verwalter eine Empfangsvollmacht zu, die im Fall
einer qualifizierten Mahnung ausreicht.

Welche Rechtsverhältnisse im Einzelnen vorliegen, kann der VR aus der Tei-
lungserklärung oder dem Hausverwaltervertrag mit der WEG entnehmen.

Die Versicherung bezieht sich auf das Gemeinschaftseigentum, das Miteigen-
tum und auf das Sondereigentum.

▶ **Definition**

- *Gemeinschaftliches Eigentum* sind das Grundstück sowie die Teile, Anlagen und *Gemeinschafts-*
  Einrichtungen des Gebäudes, die nicht im Sondereigentum oder im Eigentum ei- *eigentum*
  nes Dritten stehen.
- *Wohnungseigentum* ist das Sondereigentum an einer Wohnung in Verbindung mit *Wohnungseigentum*
  dem Miteigentumsanteil an dem gemeinschaftlichen Eigentum, zu dem es ge-
  hört.
- *Teileigentum* ist das Sondereigentum an nicht Wohnzwecken dienenden Räu- *Teileigentum*
  men eines Gebäudes in Verbindung mit dem Miteigentumsanteil an dem gemeinschaftlichen Eigentum, zu dem es gehört.

Hat ein Wohnungseigentümer Sondereigentum nachträglich in das Gebäude
eingefügt, fallen die „Gebäudeteile" nicht unter den Versicherungsschutz der
Wohngebäudeversicherung. Neu seit den VGB 2016 ist die Regelung, dass
nachträglich eingefügte Sachen des Mieters/Wohnungseigentümers – nur
durch zusätzliche Vereinbarung – über die Gebäudeversicherung versichert

werden können (Ziffer 7.6.1 VGB 2016). Zuvor hatte man diese Sachen zur Zuständigkeit der Hausratversicherung erklärt.

Die VGB 2016 sehen für Wohnungs- und Teileigentum eine besondere Regelung zum Schutz der Gemeinschaft vor. Ist der VR wegen des Verhaltens einzelner Wohnungseigentümer ganz oder teilweise leistungsfrei, so kann er sich hierauf gegenüber den übrigen Wohnungseigentümern wegen deren Sonder- bzw. Teileigentums sowie deren Miteigentumsanteile nicht berufen (Ziffer 10 VGB 2016).

Überschneidungen Wohngebäudeversicherung / Gewerbliche Versicherung

Wohngebäude dienen überwiegend Wohnzwecken. Möglich ist, dass bei einem Schaden die Wohngebäudeversicherung und die Hausratversicherung des Gebäudeeigentümers und des Mieters aufeinandertreffen. Die damit eventuell auftretenden Überschneidungen wurden bereits zuvor behandelt. Kommt zum Wohnanteil nun auch noch ein gewerblich genutzter Anteil hinzu, können weitere Überschneidungen zu den gewerblichen Versicherungsbedingungen auftreten.

 ▶ **Beispiel**

In einem Mehrfamilien-Wohnhaus befindet sich im Erdgeschoss eine Gaststätte. Die Gaststätte hat der Gebäudeeigentümer an eine Brauerei verpachtet, die wiederum die Gaststätte an einen weiteren Pächter verpachtet hat.

Das Gebäude hat der Eigentümer bei der Proximus Versicherung AG gegen Schäden durch Feuer, Leitungswasser, Sturm und Hagel versichert. Es gelten die Versicherungsbedingungen VGB 2016.

Die Brauerei hat die Thekenanlage und die komplette Kücheneinrichtung inkl. Kühlräume eingerichtet. Das weitere Mobiliar sowie die Waren hat der Betreiber (Pächter) eingebracht.

gewerbliche Einbauten Nach Ziffer 7 VGB 2016 ist das Wohngebäude mit seinen Bestandteilen und dem Gebäudezubehör versichert. Die weitere Definition Gebäudebestandteil und Zubehör (7.2 und 7.3 VGB 2016) klärt, dass die Einbauten im Rahmen der Wohngebäudeversicherung zunächst grundsätzlich mitversichert sind (primäre Risikoabgrenzung).

Durch die sekundäre Risikoabgrenzung des 7.6.1 VGB 2016 werden die Einbauten dann allerdings vom Versicherungsschutz (zunächst) ausgeschlossen, da die Einbauten nachträglich durch einen Mieter (auch Pächter) in das Gebäude eingefügt wurden.

Dieser Ausschluss ist sinnvoll, da der Gebäudeeigentümer kein Interesse an den Einbauten der Mieter und Pächter hat, diese sollen ihr Interesse selbst versichern. Eine Mitversicherung ist über die Wohngebäudeversicherung möglich (tertiäre Risikoabgrenzung), aber nicht sinnvoll. Hierzu hätte es einer „zusätzlichen Vereinbarung" (Ziffer 7.6 VGB 2016) bedurft.

Der Pächter wird sein Interesse über eine gewerbliche Inhaltsversicherung, z.B. AFB 2010, versichern. Nach § 3 Nr. 3 AFB 2010 handelt es sich hier um „bewegliche Sachen". Als bewegliche Sachen gelten auch in das Gebäude eingefügte Sachen, die der VN als Mieter auf seine Kosten angeschafft oder übernommen hat und für die er die Gefahr trägt.

Für dieses Beispiel auch interessant ist der Umstand, dass die VGB 2016 neuerdings auch explizit Terrassen zu den „weiteren Grundstücksbestandteilen" hinzugefügt haben (Ziffer 7.4 VGB 2016).   *Terrassen*

Aufräum- und Abbruchkosten

Die Wohngebäudeversicherung sieht regelmäßig die Mitversicherung von Kosten vor (Ziffer 11 VGB 2016): Kosten wie z.B. Aufräum- und Abbruchkosten sind bis 5 % der Versicherungssumme versichert. Voraussetzung für die Erstattung der Aufräum- und Abbruchkosten ist, dass versicherte Sachen aufgeräumt oder weggeräumt werden und dass die Kosten tatsächlich entstanden sind.

▶ **Beispiel**

Bei der Explosion eines Heizkessels werden Teile des Kessels durch die Kellerfenster nach außen geschleudert. Der VN beauftragt eine Fachfirma, die Teile des zerstörten Kessels einzusammeln und fachgerecht zu entsorgen. Die ebenfalls in Mitleidenschaft gezogenen weiteren Gebäudeteile wie Fenster etc. wurden ebenfalls entsorgt.

Die Entsorgungs- und Aufräumkosten wird der VR übernehmen, da sie notwendig sind und sich auf versicherte Sachen (Heizungsanlage und Fenster) beziehen. Dies wäre nicht der Fall, wenn Einbauten eines Mieters oder Pächters vom Schaden betroffen sind.

▶ **Beispiel**

In einem Wohn- und Geschäftsgebäude kommt es in der Gaststätte zu einem Feuerschaden. Neben der Thekeneinrichtung, die vom Pächter eingebaut wurde, wurden auch weitere Gebäudeteile beschädigt. Der Gastraum muss aufgeräumt werden, Gebäudeschutt und Teile der Thekeneinrichtung müssen entsorgt werden.

In diesem Fall übernimmt der Wohngebäudeversicherer nur die Kosten, die im Zusammenhang mit den versicherten Sachen entstehen. Das Entsorgen der Thekenanlage ist nicht versichert.   *Vergleich VGB/AFB*

Anders sieht es nun aber bei der bestehenden Inhaltsversicherung des Pächters aus. Auch die AFB 2010 sehen die Möglichkeit der Mitversicherung von Aufräum- und Abbruchkosten vor. Es handelt sich hier allerdings um eine fakultative Mitversicherung, d. h., die AFB 2010 sehen lediglich die Mitversicherungsmöglichkeit vor, der entsprechende Versicherungsschutz ist also nicht zwangsläufig gegeben. Die Mitversicherung dieser Kosten wird jedoch in aller Regel produktseitig von den VR vorgegeben.

Wenn Versicherungsschutz für Aufräum- und Abbruchkosten besteht, bezieht sich dieser auf Aufräum- und Abbruchkosten der *Schadenstätte*.

„Aufräum- und Abbruchkosten sind Aufwendungen für das Aufräumen der Schadenstätte einschließlich des Abbruchs stehengebliebener Teile."

 ▶ Exkurs: Schadenstätte

> Der Begriff Schadenstätte bezieht sich nicht nur auf das Gebäude selbst, sondern auch auf das Gebäudegrundstück, auf öffentliche Wege und Plätze und Nachbargrundsstücke.

Die AFB 2010 sehen also keine Einschränkung der Kosten auf das Aufräumen und Abbrechen „versicherter" Sachen vor.

Mietausfall

Die Wohngebäudeversicherung bezieht sich obligatorisch auch auf den Ersatz von Mietausfall. Die Versicherung deckt Mietausfallschäden, falls ein Mieter berechtigt ist, die Miete nach einem Versicherungsfall zu mindern oder wenn dem VN oder Wohnungsinhaber eine Nutzung der Wohnung nicht mehr zugemutet werden kann. Die rechtliche Grundlage für die Mietminderung ergibt sich aus dem Mietrecht (BGB).

Mietvertrag   Ein Mietvertrag ist ein Vertrag zur Überlassung auf Zeit (§ 535 BGB). Der Vermieter wird verpflichtet, dem Mieter die Sache zu überlassen, ihm regelmäßig den unmittelbaren Besitz zu verschaffen. Dabei muss die Sache frei von wesentlichen Fehlern sein.

Sachmängelhaftung   Es kommt nicht darauf an, ob der Vermieter den Mangel oder die Gebrauchsbeeinträchtigung verschuldet hat, ob die Schadenursache überhaupt in seinem Einflussbereich liegt und objektiv behebbar ist (Sachmängelhaftung). Mängel der Mietsache muss der Vermieter im Rahmen seiner Möglichkeiten beseitigen.

§ 536 BGB   Wenn die gemietete Wohnung mit einem Mangel behaftet ist, muss der Mieter nicht den vollen Mietzins zahlen (§ 536 BGB). Weiter hat der Mieter das Recht zur fristlosen Kündigung des Mietvertrags. Beseitigt der Vermieter trotz Aufforderung den Mangel nicht, kann neben der Mietminderung Schadenersatz *Schadenersatz*   verlangt werden (§ 536a BGB). Voraussetzung für den Schadenersatz ist allerdings, dass dem Vermieter ein Verschulden nachgewiesen wird. Eine Kostenübernahme für den Schadenersatz durch den VR ist nicht vorgesehen.

Mietminderung

Die Frage, wann eine Mietminderung berechtigt ist, lässt sich nur aus der ständigen Rechtsprechung beantworten (Einzelfallklärung). Bei einem erheblichen Mangel muss die Tauglichkeit der Wohnung aufgehoben oder gemindert sein. Die Mietminderung richtet sich nach dem Funktionswert (Aussage über Gebrauchs- und Betriebsfähigkeit und Sicherheit) und dem Geltungswert (subjektive Merkmale der Wertschätzung).

Eine leichte Störung liegt vor, wenn der Schlafraum nicht beheizt werden kann und die Zimmertemperatur nicht über 18 °C steigt (Mietminderung 5 % bis 10 %). Bei einer schwerwiegenden und länger andauernden Beeinträchtigung (z. B. teilweiser Heizungsausfall im Winter) ist ein Abzug von mehr als 20 % möglich.

Mängelbewertung

Faktoren für die Mängelbewertung sind:

Faktoren für die Mängelbewertung

Art und Umfang von Funktionseinbußen für den Mietgebrauch	Dauer und Häufigkeit der Beeinträchtigung	Qualitätsansprüche des Mieters im Hinblick auf die Miethöhe	Ausmaß der Folgebeeinträchtigung
	Absinken auf den Mindeststandard oder sogar dessen Unterschreitung	Berücksichtigung von Jahreszeit und Wohngegend	optische Auffälligkeit des Mangels

Für die Bewertung von Mietmängeln stehen Sachverständigen und Gerichten Hilfsmittel zur Verfügung, z. B. die Wertigkeitstabelle nach Aurnhammer.

Berechnung der Mietwertminderung

Hier werden die Zimmer der Wohnung eingeteilt und eine mögliche Beeinträchtigung berücksichtigt.

Wertigkeitstabelle nach Aurnhammer

Nutzungsart	Faktor
Wohn-, Esszimmer, Wohndiele	10
Elternschlafzimmer	9
Kinderschlaf-, Gästezimmer	8
Küche	7/6
Flur, Bad, WC, Arbeitsraum	4
Abstellraum, Speisekammer, Vorratskeller	2

Tabelle 1: Wertigkeitstabelle nach Aurnhammer/Kamphausen

Die Beeinträchtigungen sind nach einer Wertminderungsskala zu bemessen.

Wertminderungsskala
nach Aurnhammer

Beeinträchtigung	Faktor
keine	0,00
fast keine	0,10
noch leichte, geringe	0,20
mäßige	0,30
deutliche, schon etwas stärkere	0,40
starke	0,50
sehr starke	0,60
massive	0,90
vollständige, führt zur völligen Gebrauchs-unfähigkeit	1,00

Tabelle 2: Wertminderungsskala nach Aurnhammer/Kamphausen

▶ **Beispiel**

In einer Wohnung ohne einen unmittelbaren Außenbereich und sonstige Räume außerhalb der Wohnung (z. B. Keller) mit 72 qm Wohnfläche, für die 600 EUR an Mietkosten anfallen, befindet sich ein Wasserfleck an der Wohnzimmerdecke. Außerdem ist die Wand im Schlafzimmer durchfeuchtet, der Warmwasser-Boiler ist ausgefallen.

Raumnutzung	qm	Wert-zahl	Wohnwert-produkt	Minderungs-faktor	Produkt
Wohnzimmer	24	10	240	0,15	36
Schlafzimmer	16	9	144	0,40	57,6
Kinderzimmer	12	8	96	–	–
Küche	8	7	56	–	–
Bad	6	4	24	0,6	14,4
Flur/Abstellraum	6	4	24	–	–
Gesamt	72	42	584		108

Die Wohnwertminderung berechnet sich wie folgt:

(Produkt) 108	:	584 x 100 (Wohnwertprodukt)	= 18,48 %
		gerundet 20 % von 600 EUR	= **120 EUR**

Nebenkosten

Neben der Minderung der Miete, der sogenannten Kaltmiete, ist der Mieter auch berechtigt, die Zahlung der Nebenkosten, einzustellen. Die möglichen Nebenkosten und deren Höhe werden in den Mietverträgen festgelegt.

Betriebskosten im Sinne des § 27 Anlage 3 der Zweiten Berechnungsverordnung sind:

Betriebskosten

laufende öffentliche Lasten des Grundstücks (Grundsteuer)	Kosten der Wasserversorgung	Kosten der Entwässerung	Kosten der zentralen Heizungsanlage
Kosten der Hausreinigung und Ungezieferbekämpfung	Kosten der Straßenreinigung und Müllabfuhr	Kosten des Personen- und Lastenaufzugs	Kosten der zentralen Warmwasserversorgungsanlage
Kosten der Gartenpflege	Kosten der Sach- und Haftpflichtversicherung	Kosten der Schornsteinreinigung	Kosten der Beleuchtung
Kosten der Wascheinrichtung	Kosten der Gemeinschaftsantenne	Kosten für den Hauswart	

Es handelt sich um Kosten, die dem Eigentümer durch das Eigenheim, am Grundstück oder durch bestimmungsgemäßen Gebrauch des Grundstücks oder der Wirtschaftseinheit der Nebengebäude, Anlagen, Einrichtungen und des Grundstücks laufend entstehen.

Versicherungslösung VGB 2016

Nach den VGB 2016 ersetzt der VR den Ausfallschaden, wenn ein Mieter die Miete aufgrund eines Versicherungsfalls (Vorenthaltungsschaden) mindert. Ersetzt werden der Mietausfall und fortlaufende Mietnebenkosten.

Mietausfallregelung VGB

Weiterhin leistet der VR, wenn der Eigentümer (VN) Räume aufgrund eines Versicherungsfalles nicht nutzen kann und ihm die Beschränkung auf einen etwa benutzbaren Teil der Wohnung nicht zuzumuten ist (Alles-oder-Nichts-Prinzip). Ersetzt wird der ortsübliche Mietwert, der sich aus dem Mietspiegel oder der ortsüblichen Vergleichsmiete ergibt. Berücksichtigt wird dabei, dass das Vergleichsobjekt in derselben Gemeinde liegt. Es kommt dabei nicht auf die politische Zugehörigkeit, sondern auf ein einheitliches Wohngebiet an. Das Vergleichsobjekt muss die gleiche Art, Größe, Ausstattung, Beschaffenheit und Lage haben.

Alles-oder-Nichts-Prinzip

Haftzeit

Mietausfall (Brutto) oder Mietwert werden bis zu dem Zeitpunkt ersetzt, in dem die Wohnung wieder benutzbar ist. Die Möglichkeit der Benutzung muss gegeben sein, nicht die tatsächliche Benutzung. Diese Regelung gilt für maximal zwölf Monate seit dem Eintritt des Versicherungsfalls (Sachschaden), sofern der VN die Möglichkeit der Wiederbenutzung nicht schuldhaft verzögert (Fahrlässigkeit reicht).

Gewerbliche Mieträume

Nicht versichert ist der Mietausfall für gewerblich vermietete Räume. Die Mitversicherung kann vereinbart werden (Ziffer 13.3 VGB 2016). Alternativ kann aber auch über die eigenständige Mietverlustversicherung (ABM 2010) Versicherungsschutz erreicht werden. Eine Verlängerung der Haftzeit bis zu 24 Monate ist möglich.

Unterversicherungs-regelung
Die VGB 2016 bieten für den Bereich des Mietausfalls eine Erst-Risiko-Deckung. Eine separate Versicherungssumme für den Mietwert wird nicht gebildet, auch für die Prämienfindung ist die Höhe des Mietzinses und der Nebenkosten nicht anzugeben. Ist allerdings das versicherte Gebäude selbst unterversichert, wirkt sich die Unterversicherung im selben Verhältnis auch auf die Entschädigung aus der Mietausfallversicherung aus.

Nachhaftung
Anders die Versicherungsmöglichkeit über die ABM 2010. Es handelt sich hier um eine Vollwertversicherung mit Proportionalitätsregel. Zur Vermeidung einer möglichen Unterversicherung besteht die Möglichkeit, eine Nachhaftung zu vereinbaren (Klausel SK 8504 (10)). Der VR haftet dann über die Versicherungssumme hinaus bis zu der vereinbarten Nachhaftung.

Der VN ist verpflichtet, spätestens sechs Monate nach Ablauf eines Versicherungsjahres zu melden, welchen Mietwert er im abgelaufenen Geschäftsjahr erwirtschaftet hat. Wird die Versicherungssumme überschritten, so ist die Prämie für die überschießende Summe bis zur Höhe der vereinbarten Nachhaftung nachzuzahlen.

Wird die Versicherungssumme unterschritten, so wird die auf den überschießenden Betrag gezahlte Prämie bis zu einem Drittel der entrichteten Jahresprämie erstattet. Erfolgt keine fristgerechte Meldung, wird für das abgelaufene Versicherungsjahr die vereinbarte Versicherungssumme zuzüglich Nachhaftung abgerechnet.

Eine Unterversicherung nach Abschnitt A § 9 Nr. 2 ABM 2010 wird nicht geltend gemacht, wenn der Versicherungswert nicht höher ist als die Versicherungssumme zuzüglich der vereinbarten Nachhaftung.

Hat sich der Kunde entschieden, den Mietausfall über eine Mietausfallversicherung abzusichern, sollte er den Ausschluss in den VGB 2014 herbeiführen. Eine entsprechende vorgefertigte Klausel steht hierfür nicht zur Verfügung. Proximus bietet ihren Kunden eine Deckung über ABM nicht an.

Mietausfall und Hotelkosten

Dem VN und Eigentümer eines Hauses steht aus der Wohngebäudeversicherung eine Entschädigung des ortsüblichen Mietwerts zu, wenn die Nutzung des Hauses nicht mehr zumutbar ist. Wenn nun gleichzeitig für den VN eine

Hausratversicherung besteht, kann der Kunde neben der Kostenerstattung aus der Wohngebäudeversicherung auch noch Erstattung seiner Aufwendungen für eine notwendige Hotelunterkunft verlangen. Die Hotelkosten (Ziffer 13.3 VHB 2016) werden nach Vorlage der Rechnung bis zur vereinbarten Summe ersetzt. Eine Anrechnung der Mietwertentschädigung findet nicht statt. Es besteht keine Doppelversicherung.

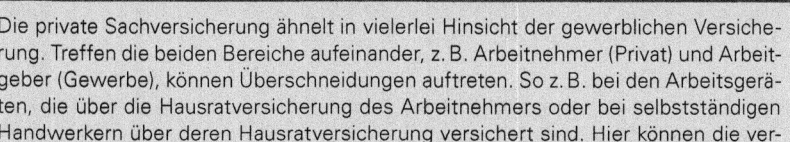

Zusammenfassung

Die private Sachversicherung ähnelt in vielerlei Hinsicht der gewerblichen Versicherung. Treffen die beiden Bereiche aufeinander, z. B. Arbeitnehmer (Privat) und Arbeitgeber (Gewerbe), können Überschneidungen auftreten. So z. B. bei den Arbeitsgeräten, die über die Hausratversicherung des Arbeitnehmers oder bei selbstständigen Handwerkern über deren Hausratversicherung versichert sind. Hier können die versicherten Sachen gleichzeitig auch über die Gewerbeversicherung versichert sein.

Die Versicherung von Wertsachen in der Hausratversicherung kann auf Spezialversicherungen aus der Transportversicherung treffen, eine bedingungsgemäße Abgrenzung ist hier gegeben.

Im Bereich der Wohngebäudeversicherung und der Hausratversicherung gibt es bei der Kostenposition Aufräumungs- und Abbruchkosten eine Besonderheit gegenüber der gewerblichen Sachversicherung. Diese Kosten sind nach den VHB VGB nur dann zu ersetzen, wenn versicherte Sachen aufgeräumt werden müssen. In der gewerblichen Sachversicherung ist die Begrenzung auf versicherte Sachen nicht vorgesehen.

Die Abgrenzung der versicherten Sachen führt in der Praxis oft zu Missverständnissen. Die Antwort auf die Frage „ob eine Küche eine Einbau- oder Anbauküche ist und ob diese vom Mieter oder Eigentümer des Gebäudes eingebracht ist, oder ob eine vorhandene Kücheneinrichtung lediglich durch den Mieter erneuert wurde" entscheidet, ob die Hausrat- oder die Wohngebäudeversicherung angesprochen ist.

Die Wohngebäudeversicherung ersetzt neben den Schäden an der Sachsubstanz, also dem Gebäude, auch Vermögensschäden. Die Wohngebäudeversicherung übernimmt die vom Mieter schadenbedingt nicht gezahlte Miete. Die Grundlage bildet das Mietrecht (BGB). Der Mietausfall wird für die Dauer von bis zu 12 Monaten durch den VR gezahlt.

3. Die gewerbliche Sachversicherung

Handlungssituation

Die Leitung der Abteilung Gewerbe der Proximus Versicherung AG konnte
Sie für einen Wechsel von der Privatkundenabteilung in die Gewerbeabtei-
lung gewinnen. Bevor Sie in Ihr neues Aufgabengebiet einsteigen, wollen
Sie sich einen Überblick über die Produkte der gewerblichen Sachversicherung verschaffen.

3.1 Versicherte und nicht versicherte Gefahren und Schäden, generelle Ausschlüsse

Musterbedingungen des GDV
Auch für die gewerbliche Sachversicherung bietet der GDV seinen Mitgliedsunternehmen Musterbedingungen an. Die geläufigste Deckung ist die Einzelversicherung einer bestimmten Gefahr. Die Art oder Ursache der (versicherten)
Schadenentstehung wird definiert und abgegrenzt. Darüber hinaus werden
aber auch All-Risk-Deckungen („Alles, was nicht ausdrücklich ausgeschlossen
ist, ist versichert"), angeboten.

generelle Ausschlüsse
Die AVB 2010 sehen grundsätzliche Ausschlüsse vor, die unabhängig von Ge-
fahren für alle Versicherungsbedingungen gelten. Nach § 2 AVB besteht kein
Versicherungsschutz für:

- Krieg,
- innere Unruhen,
- Kernenergie.

Weiterhin besteht eingeschränkter Versicherungsschutz bei grob fahrlässi-
ger oder und vorsätzlicher Herbeiführung des Versicherungsfalles (AFB 2010,
Teil B § 16).

3.1.1 Feuer (AFB 2010)

Brandbegriff
Der Brandbegriff der gewerblichen Versicherung ist wie auch die anderen Begriffe der „bestimmten Gefahren" – dank der Harmonisierung der Versicherungsbedingungen anlässlich der VVG-Reform – mit den Begriffen der privaten Sachversicherung (Hausrat- und Wohngebäudeversicherung) identisch. Ein Brand ist
demnach auch hier ein Feuer, das ohne einen bestimmungsgemäßen Herd entstanden ist oder ihn verlassen hat und sich aus eigener Kraft auszubreiten vermag.

Feuer
Lichterscheinung
Voraussetzung für eine Ersatzpflicht ist ein Feuer, das als offene Flamme bzw.
mindestens als Glut (Lichterscheinung) zu erkennen ist. Eine Lichterscheinung
ist für das menschliche Auge erst ab einer Temperatur von ca. 400° C erkennbar. Eine erkennbare Lichterscheinung liegt in der Regel nicht vor unter anderem bei:

- Verkohlen (thermische Zersetzung von Stoffen = Pyrolyse),
- Erhitzung durch Strom,

- Fermentation (Gärungsprozess durch Enzyme, Mikroorganismen etc.),
- Schwelzersetzung (Brandgefahr durch Düngemittel),
- Strahlung (z. B. Infrarotlicht bei Viehbestrahlung),
- Erhitzen, Selbsterhitzung (z. B. Heu, Kohlehalde).

▶ Definition

Eine Verbrennung ist eine unter Flammenbildung und Wärmeentwicklung ablaufen-de Reaktion von Stoffen mit Sauerstoff oder anderen Oxidationsmitteln nach Errei-chen der jeweiligen Entzündungstemperatur. Bei vollständiger Verbrennung von or-ganischen Brennstoffen entstehen vorwiegend Kohlendioxid und Wasserdampf, bei unvollständiger Verbrennung Ruß und Kohlenmonoxid.

Verbrennung

Für die Bestimmung eines Brandes als Schadenfall ist es notwendig, dass das Feuer seinen *bestimmungsgemäßen Herd verlassen* hat. Der Herd eines Feu-ers ist stets ein räumlicher Bereich. Hierzu zählen sowohl geschlossene Feuer-stätten wie Öfen als auch ungeschützte Feuer wie Streichholzflamme, Zigaret-tenglut oder Gasflamme. Ein bestimmungsgemäßer Herd dient objektiv dem Zweck, ein Feuer zu erzeugen oder einzuhegen.

bestimmungsgemäßer Herd

Durchaus strittig ist, ob ein ansonsten objektiv bestimmungsgemäßer Herd sei-nen bestimmungsgemäßen Charakter verliert, wenn der VN oder andere von ihm damit beauftragte Personen den Verbrennungsvorgang nicht herbeigeführt haben.

Solange ein Feuer den bestimmungsgemäßen Herd nicht verlassen hat, liegt kein Schadenfeuer vor. Hat das Feuer den Herd verlassen, muss es sich aus ei-gener Kraft – ohne Hinzutreten neuer Feuerquellen – ausbreiten (können). Zwin-gend müssen für die Ausbreitungsfähigkeit vorhanden sein:

Verlassen des Herdes

- Sauerstoff,
- brennbare Stoffe.

Voraussetzung für ein Feuer

Nicht ersatzpflichtig ist der sich kurzzeitig ausbreitende „Glimmbrand".

In der Regel nicht ausbreitungsfähig sind Feuer an Sachen, an denen sich das Feuer nicht aus eigener Kraft ausbreiten kann, wie natürliche oder künstliche Fasern (Kleidung, Teppiche etc. oder Kunststoffe z. B. im Teppichbodenbelag). Einige VR sind inzwischen dazu übergegangen, die sogenannten Sengschäden mit einem Sublimit in ihre Pauschaldeklaration aufzunehmen.

Ist ein Feuer ohne einen bestimmungsgemäßen Herd entstanden, handelt es sich immer um einen Brand im Sinne der AFB 2010, z. B. alle Formen der Selbstentzündung.

Gefahrenausschlüsse Feuer

Im § 1 Nr. 5 AFB 2010 werden Ausschlüsse für alle „Feuergefahren" aufge-führt. Nicht versichert sind:

Risikoausschlüsse Feuer

- Schäden durch Erdbeben, ohne Rücksicht auf mitwirkende Ursachen.
- Sengschäden; außer wenn diese dadurch verursacht wurden, dass sich eine versicherte Gefahr verwirklicht hat.

Sengschäden

Verbrennungs-
kraftmaschinen
- Schäden, die an Verbrennungskraftmaschinen durch die im Verbrennungsraum auftretenden Explosionen sowie Schäden auftreten, die an Schaltorganen von elektrischen Schaltern durch den in ihnen auftretenden Gasdruck entstehen.

Nutzfeuer
- Brandschäden, die an versicherten Sachen dadurch entstehen, dass sie zur Bearbeitung eines Nutzfeuers oder von Wärme oder zu sonstigen Zwecken Hitze ausgesetzt werden; dies gilt auch für Sachen, in denen oder durch die Nutzfeuer oder Wärme erzeugt, vermittelt oder weitergeleitet wird.

Die vorgenannten Ausschlüsse (Verbrennungskraftmaschinen und Nutzfeuer) gelten nicht für Schäden, die dadurch verursacht wurden, dass sich an *anderen Sachen* eine versicherte Gefahr gemäß § 1 Nr. 1 AFB 2010 verwirklicht hat.

Terror
Schäden durch Terror können wahlweise ausgeschlossen werden. Werden Schäden durch Terrorakte ausgeschlossen, erfolgt der Ausschluss ohne Rücksicht auf mitwirkende Umstände.

 ▶ **Definition**

Terrorakte
Terrorakte sind jegliche Handlungen von Personen oder Personengruppen zur Erreichung politischer, religiöser, ethnischer oder ideologischer Ziele, die geeignet sind, Angst oder Schrecken in der Bevölkerung oder Teilen der Bevölkerung zu verbreiten und dadurch auf eine Regierung oder staatliche Einrichtungen Einfluss zu nehmen.

Erweiterungsmöglichkeiten

Durch Klauseln können individuelle Risikogegebenheiten berücksichtigt werden.

SK 3101 (10): Brandschäden an **Räucher-, Trocken- und sonstigen Erhitzungsanlagen**. Versicherungsschutz besteht auch, wenn der Brand innerhalb der Anlage ausbricht.	SK 3103 (10): Bestimmungswidriger Wasseraustritt aus **Wasserlöschanlagen**	SK 3107 (10): Bestimmungswidriges Ausbrechen glühendflüssiger **Schmelzmassen**
SK 3113 (10): Bestimmungswidriges Ausbrechen von **Metallschmelzen**	SK 3105 (10): Fermentationsschäden an **Ernteerzeugnissen** (nicht Silage)	SK 3109 (10): Schwelzersetzungsschäden in der **landwirtschaftlichen Feuerversicherung**
SK 3113 (10): Brandschäden an Dampferzeugungsanlagen, Wärmetauschern, Abgasreinigungsfiltern und vergleichbaren technischen Anlagen		

Blitzschlag

Blitzschlag ist der unmittelbare Übergang eines Blitzes auf Sachen. Überspannungs-, Überstrom- oder Kurzschlussschäden an elektrischen Einrichtungen und Geräten sind nur versichert, wenn an Sachen auf dem Grundstück, auf dem der Versicherungsort liegt, durch Blitzschlag Schäden anderer Art entstanden sind.

Überspannungs-schäden

Spuren eines direkten Blitzschlags an anderen Sachen als an elektrischen Einrichtungen und Geräten oder Antennen werden Schäden anderer Art gleichgesetzt. Um Blitzschlag zu berücksichtigen, ist es ist nicht erforderlich, dass dieser einen Feuerschaden nach sich zieht (z. B. bei einem Trümmerschaden durch einen sogenannten kalten Blitzschlag).

kalter Blitzschlag

Arten eines Blitzschlags

Zündender Schlag	Kalter Schlag
stromschwach	stromstark
lange Dauer	kurze Dauer
Folge: meist Entzündung brennbarer Sachen	Folge: meist plötzliche Verdampfung von Wasser/Feuchtigkeit, d. h., der Folgebrand führt zu Sprengung von z. B. Holzstämmen Mauerwerk etc.

Sichere Zeichen eines kalten Schlags sind:

- Zersplitterung von Holz, Schmelzungen (Perlen), bläuliche Verfärbung von Metall, Verkohlung von Farben, abgeplatzter Putz, Schwärzungen von Mauerwerk, Blitzfiguren bei Tieren auf der Weide (Zeichnungen auf der Haut), Blitzmarken bei Tieren (Verbrennungen, Versengungen)

Zeichen eines kalten Schlags

Influenz (Ladungstrennung unter Einfluss eines elektrischen Feldes) ist nicht versichert.

Mitversicherung von Überspannungsschäden

In den Versicherungsbedingungen AFB 2010 wird eine klare Abgrenzung und Beschreibung von Spannungsschäden vorgenommen. Möglichkeit der Mitversicherung von Überspannungsschäden:

Mitversicherung von Überspannungs-schäden

- *SK 3114 (10)*: Überspannungsschäden durch Blitzschlag oder atmosphärische Elektrizität
- *SK 3111 (10)*: Überspannungsschäden durch Blitz in landwirtschaftlichen Betrieben

2016 ist der Überspannungsschaden in die Grundbedingungen der (privaten) Hausrat- und Gebäudeversicherung eingegangen, eine separate Klausel ist dort nicht mehr nötig (Ziffer 3.3 VGB 2016, bzw. Ziffer 3.3 VHB 2016).

▶ Definition

Explosion

Eine Explosion ist eine auf dem Ausdehnungsbestreben von Gasen oder Dämpfen beruhende, plötzlich verlaufende Kraftäußerung.

Behälterexplosion

Die Explosion eines Behälters (Kessel, Rohrleitung etc.) liegt nur vor, wenn seine Wandung in einem solchen Umfang zerrissen wird, dass ein plötzlicher Ausgleich des Druckunterschieds innerhalb und außerhalb des Behälters stattfindet. Wird im Innern eines Behälters eine Explosion durch chemische Umsetzung hervorgerufen, so ist ein Zerreißen seiner Wandung nicht erforderlich.

Unterdruck

Schäden durch Unterdruck (Implosionen) sind nicht versichert.

Ausgangspunkt einer Explosion	Nicht als Explosion angesehen werden
▪ Gas-Luft-Gemisch ▪ Dampf-Luft-Gemisch ▪ Staub-Luft-Gemisch ▪ in Behältern verdichtete Gase oder Dämpfe (einschließlich Gebrauch von Schusswaffen)	▪ Zerplatzen von Behältern durch Flüssigkeitsdruck ▪ Schäden durch Unterdruck (Implosion) ▪ Knallkörper (begleitende Verbrennungsvorgänge sind verantwortlich) ▪ Zerspringen von Turbinenschaufeln durch Zentrifugalkraft („Schwungradexplosion") ▪ „Nutzexplosion" und Betriebsschäden (explizit ausgeschlossen)

Für die Definition einer explosionsartigen Verbrennung kann Gas oder Dampf vor der Explosion vorhanden sein oder durch die Explosion gebildet werden.

Anprall oder Absturz eines Luftfahrzeugs, seiner Teile oder seiner Ladung

Luftfahrzeuge

Versichert sind nicht nur Brand- sondern auch Trümmerschäden. Was ein Luftfahrzeug ist, wird aus dem Luftverkehrsgesetz abgeleitet.

Luftverkehrsgesetz (LuftVG)

§ 1 (2) Luftverkehrsgesetz (LuftVG)

Luftfahrzeuge sind Flugzeuge, Drehflügler, Luftschiffe, Segelflugzeuge, Motorsegler, Frei- und Fesselballone, Rettungsfallschirme, Flugmodelle, Luftsportgeräte sowie sonstige für die Benutzung des Luftraums bestimmte Geräte, sofern sie in Höhen von mehr als dreißig Metern über Grund oder Wasser betrieben werden können.

Raumfahrzeuge, Raketen und ähnliche Flugkörper gelten als Luftfahrzeuge, solange sie sich im Luftraum befinden. Ebenfalls als Luftfahrzeuge gelten unbemannte Fluggeräte einschließlich ihrer Kontrollstation, die nicht zu Zwecken des Sports oder der Freizeitgestaltung betrieben werden (unbemannte Luftfahrtsysteme).

3.1.2 Einbruchdiebstahl, Vandalismus, Raub (AERB 2010)

Einbruchdiebstahl

Der Begriff Einbruchdiebstahl wird aus dem Strafgesetzbuch (StGB) abgeleitet.

- *§ 242 StGB*: Diebstahl
- *§ 243 StGB*: Besonders schwerer Fall des Diebstahls
- *§ 244 StGB*: Diebstahl mit Waffen, Bandendiebstahl, Wohnungseinbruchdiebstahl
- *§ 252 StGB*: Räuberischer Diebstahl

Die Bedingungen legen die versicherten Gefahren deklaratorisch fest. Ob die Gefahren versichert sind, entscheidet der Vertrag. Dies gilt auch für Gefahren und Schäden durch Einbruchdiebstahl, Vandalismus nach einem Einbruch sowie Raub. Der VR leistet hier Entschädigung für versicherte Sachen, die durch *Gefahrenauswahl*

- Einbruchdiebstahl,
- Vandalismus nach einem Einbruch,
- Raub innerhalb eines Gebäudes oder Grundstücks,
- Raub auf Transportwegen

oder durch den Versuch einer solchen Tat abhanden gekommen, zerstört oder beschädigt worden sind. Versichert ist die ausgeführte Tat oder der Versuch einer solchen Tat.

Ereignisort

Neben den Bestimmungen über den Versicherungsort kennen die AERB 2010 mit dem Begriff „Ereignisort" eine weitere Voraussetzungen für einen ersatzpflichtigen Schaden: Ein Schaden muss sich innerhalb des Ereignisorts verwirklichen (§ 1 Nr. 6 AERB 2010).

Alle nachstehend genannten Voraussetzungen von Einbruchdiebstahl, Vandalismus oder Raub müssen innerhalb der auf dem Versicherungsort gelegenen Räume von Gebäuden verwirklicht worden sein. Nicht versichert sind Sachen, die an den Ort der Herausgabe oder Wegnahme erst auf Verlangen der Täter herangeschafft werden.

Bei Raub auf Transportwegen beginnt der Transportweg mit der Übergabe versicherter Sachen für einen sich unmittelbar anschließenden Transport und endet an der Ablieferungsstelle mit der Übergabe. Versichert sind bei einem Transport nur die Sachen, die sich bei Beginn der Tat an dem Ort befunden haben, an dem die Gewalttat ausgeübt oder die Drohung mit Gewalt verübt wurde.

▶ **Beispiel**

Ereignisort

    Wenn ein Dieb durch ein eingeschlagenes Fenster in die Wohnung einbricht und dann durch eine offene Verbindungstür die Gewerberäume betritt, liegt kein Einbruchdiebstahl nach den AERB 2010 vor, da die ED-Merkmale nicht innerhalb des Ereignisorts verwirklicht wurden.

    Der umgekehrte Fall wäre gedeckt, da die Hausratversicherung nicht auf den Ereignisort abstellt.

Einbruchdiebstahl   Nach den AERB 2010 liegt Einbruchdiebstahl vor, wenn der Dieb

falscher Schlüssel a) in einen Raum eines Gebäudes einbricht, einsteigt oder mittels eines Schlüssels, dessen Anfertigung für das Schloss nicht von einer dazu berechtigten Person veranlasst oder gebilligt worden ist, oder mittels anderer Werkzeuge eindringt; der Gebrauch eines falschen Schlüssels ist nicht schon dann bewiesen, wenn feststeht, dass versicherte Sachen abhanden gekommen sind.

b) in einem Raum eines Gebäudes ein Behältnis aufbricht oder falsche Schlüssel oder andere Werkzeuge benutzt, um es zu öffnen.

c) aus einem verschlossenen Raum eines Gebäudes Sachen entwendet, nachdem er sich in das Gebäude eingeschlichen oder dort verborgen gehalten hatte.

Voraussetzung ist also, dass die Wegnahme zu dem Zeitpunkt erfolgt, an dem die Räume verschlossen waren; der Dieb muss das Gebäude öffnen, um es zu verlassen.

d) in einem Raum eines Gebäudes bei einem Diebstahl auf frischer Tat angetroffen wird und eines der Mittel gemäß Nr. 4a) aa) AERB 2010 oder 4a) bb) AERB 2010 anwendet, um sich den Besitz des gestohlenen Gutes zu erhalten.

richtiger Schlüssel e) mittels richtiger Schlüssel, die er innerhalb oder außerhalb des Versicherungsorts durch Einbruchdiebstahl oder außerhalb des Versicherungsorts durch Raub gemäß Nr. 4 AERB 2010 an sich gebracht hatte, in einen Raum eines Gebäudes eindringt oder dort ein Behältnis öffnet.

besondere Behältnisse Werden jedoch Sachen entwendet, die gegen Einbruchdiebstahl nur unter vereinbarten zusätzlichen Voraussetzungen eines besonderen Verschlusses versichert sind, so gilt dies als Einbruchdiebstahl nur, wenn der Dieb die richtigen Schlüssel des Behältnisses erlangt hat durch

aa) Einbruchdiebstahl gemäß Nr. 2b) AERB 2010 aus einem Behältnis, das mindestens die gleiche Sicherheit wie die Behältnisse bietet, in denen die Sachen versichert sind;

bb) Einbruchdiebstahl, wenn die Behältnisse, in denen die Sachen versichert sind, zwei Schlösser besitzen und alle zugehörigen Schlüssel außerhalb des Versicherungsorts verwahrt werden;

Schlüssel zu verschiedenen Schlössern müssen außerhalb des Versicherungsorts voneinander getrennt verwahrt werden;

Kombinationsschloss cc) Raub außerhalb des Versicherungsorts; bei Türen von Behältnissen oder Tresorräumen, die mit einem Schlüsselschloss und einem Kombinationsschloss oder mit zwei Kombinationsschlössern versehen sind, steht es dem Raub des Schlüssels gleich, wenn der Täter gegenüber dem VN oder einem seiner Arbeitnehmer eines der Mittel gemäß Nr. 4a) aa) AERB 2010 oder 4a) bb) AERB 2010 anwendet, um sich die Öffnung des Kombinationsschlosses zu ermöglichen

Diebstahl des richtigen Schlüssels f) in einen Raum eines Gebäudes mittels richtigem Schlüssel eindringt, den er innerhalb oder auch außerhalb des Versicherungsorts durch Diebstahl an sich gebracht hatte, vorausgesetzt, dass weder der VN noch der Gewahrsamsinhaber den Diebstahl der Schlüssel durch fahrlässiges Verhalten ermöglicht hatte.

▶ Definitionen

Raum: jeder abgegrenzte und allseitig umschlossene Teil eines Gebäudes, auch ein oben offener Bodenverschlag

Raum

Gebäude: ein unbewegliches, allseitig umschlossenes mit dem Grund und Boden verbundenes Bauwerk, das den Eintritt von Menschen gestattet und Unbefugte von dem Betreten abhalten kann

Gebäude

Einbruch: liegt vor, wenn der Dieb die äußere Umhüllung der Versicherungsräume gewaltsam zerstört (Einschlagen von Fenstern, Eintreten von Türen, Aufhebeln von Fenster und Türen, Zerstören der Außenhaut: Mauer, Dach, Boden)

Einbruch

Einsteigen: liegt vor, wenn der Dieb das Gebäude durch eine nicht dazu bestimmte Öffnung betritt und dabei Hindernisse, die am Gebäude selbst zu finden sind, überwindet (Erklimmen eines Balkons und Einsteigen in das offene Fenster)

Einsteigen

Andere Werkzeuge: sind z.B. Dietriche, Sperrhaken, Plastikkarten, Frequenzprüfgeräte

andere Werkzeuge

Behältnis: ist jeder Raum, der geeignet ist, Sachen aufzunehmen und sie allseitig zu umschließen; dient zur Aufbewahrung und zum Schutz von Sachen; es kommt hier nicht darauf an, wie der Dieb in den Raum des Gebäudes gekommen ist

Behältnis

Verschlossen: bedeutet nicht unbedingt, dass die Räume abgeschlossen sind

verschlossen

Erweiterungsmöglichkeiten

* *SK 4410 (10)*: Einbruchdiebstahlversicherung für Bargeld, Urkunden und sonstige Sachen in fahrbaren Zweigstellen; nicht versichert ist das widerrechtliche Wegfahren.
* *SK 4401 (10)*: Geschäftsfahrräder (analog Hausrat VHB 2016).

Vandalismus nach einem Einbruch

Die gewerbliche Einbruchdiebstahl-Versicherung kann auf Schäden durch Vandalismus nach einem Einbruch erweitert werden.

Der Täter muss auf eine der in § 1 Nr. 2 a, 2 e oder 2.f AERB 2010 bezeichneten Arten in den Versicherungsort eindringen und versicherte Sachen vorsätzlich zerstören oder beschädigen.

Eindringen in den Versicherungsort

Raub

Die Versicherungsmöglichkeiten für Raubschäden weichen von dem Muster der privaten Sachversicherung, den VHB 2016 ab. Grundsätzlich besteht die gewerbliche Raubversicherung aus zwei Elementen,

* dem Raubschaden innerhalb des Versicherungsorts und
* dem Raub auf Transportwegen.

Nach § 1 Nr. 4a) AERB 2010 liegt Raub liegt vor, wenn

Anwendung von Gewalt	Androhung von Gewalt	Unfall und sonstige unverschuldete Umstände
▪ gegen den VN oder einen seiner Arbeitnehmer Gewalt angewendet wird, um dessen Widerstand gegen die Wegnahme versicherter Sachen auszuschalten. Gewalt liegt nicht vor, wenn versicherte Sachen ohne Überwindung eines bewussten Widerstandes entwendet werden (Abgrenzung zum einfachen Diebstahl/Trickdiebstahl)	▪ der VN oder einer seiner Arbeitnehmer versicherte Sachen herausgibt oder sich wegnehmen lässt, weil eine Gewalttat mit Gefahr für Leib oder Leben angedroht wird, die innerhalb des Versicherungsorts – bei mehreren Versicherungsorten innerhalb desjenigen Versicherungsorts, an dem auch die Drohung ausgesprochen wird – verübt werden soll	▪ dem VN oder einem seiner Arbeitnehmer versicherte Sachen weggenommen werden, weil sein körperlicher Zustand unmittelbar vor der Wegnahme infolge eines Unfalls oder infolge einer nicht verschuldeten sonstigen Ursache wie beispielsweise Ohnmacht oder Herzinfarkt beeinträchtigt und dadurch seine Widerstandskraft ausgeschaltet ist

Wahlmöglichkeit des VN

Der VN kann hier wählen, viele VR bieten jedoch in ihrer Pauschaldeklaration standardmäßig beide Varianten mit einem jeweiligen Sublimit an.

Raub nach dem StGB

Wie bei der Einbruchdiebstahlversicherung lassen sich die Begriffe Raub aus dem Strafgesetzbuch ableiten.

- § 249 StGB Raub
- § 250 StGB Schwerer Raub

Transport

Bei Raubschäden auf Transportwegen muss ein Transport von Sachen durchgeführt werden. Führt ein Kunde außerhalb des Versicherungsorts lediglich Sachen mit sich, liegt kein Transport vor.

Die Raubversicherung außerhalb von Transportwegen stellt auf den VN oder seine Arbeitnehmer ab. Erweitert wird der Kreis der Personen auf geeignete volljährige Personen, denen die Obhut über die versicherten Sachen überlassen wird, bzw. die mit der Bewachung der versicherten Sachen beauftragt sind § 1 Nr. 4b) AERB 2010.

gewerblicher Geldtransport

Bei Raub auf Transportwegen ändert sich der Personenkreis; neben dem VN, der den Transport selbst durchführen kann, stehen dem VN sonstige Personen gleich, die im Auftrag des VN den Transport durchführen. Kein Versicherungsschutz besteht jedoch, wenn der Transportauftrag durch ein Unternehmen durchgeführt wird, das sich gewerbsmäßig mit Geldtransporten befasst. Für solche Unternehmen besteht allerdings die Möglichkeit, einen speziell auf ihre Belange zugeschnittenen Versicherungsschutz zu bekommen (§ 1 Nr. 5a) aa) AERB 2010).

geeignete und volljährige Personen

Die Personen (einschließlich des VN selbst), die den Transport durchführen, müssen für diese Tätigkeit geeignet und volljährig sein, § 1 Nr. 5a) bb) AERB 2010.

Zur Abgrenzung von Schäden durch Erpressung und Entführung, regeln die AERB 2010, dass bei Raubschäden auf Transportwegen Raub nur dann vorliegt, wenn die angedrohte Gewalttat an Ort und Stelle verübt werden soll, § 1 Nr. 5a) cc) AERB 2010.

Gewalttat an Ort und Stelle

Besondere Erweiterung für Raubschäden auf Transportwegen

Wenn der VN nicht selbst den Transport durchführt, ist der Versicherungsschutz erweitert. Versichert sind dann auch sogenannte Vertrauensschäden:

erweiterter Versicherungsschutz „Vertrauensschäden"

§ 253 StGB	§ 263 StGB	§ 242 StGB	
durch Erpressung, begangen an diesen Personen	durch Betrug, begangen an diesen Personen	durch Diebstahl von Sachen, die sich in unmittelbarer körperlicher Obhut dieser Person befinden	dadurch, dass diese Personen nicht mehr in der Lage sind, die ihnen anvertrauten Sachen zu betreuen

Entschädigungsgrenzen und besondere Voraussetzung bei höheren Transportsummen

Wegen der besonderen Gefahrenlage bei Transporten von versicherten Sachen und Bargeld werden Entschädigungsgrenzen für Raubschäden auf Transportwegen vorgesehen (§ 1 Nr. 5c) AERB 2010). Gestaffelt nach der Höhe der Entschädigung wird vorausgesetzt, dass der Transport durch eine Vielzahl von „geeigneten" Personen durchgeführt wird. So darf z. B. ein Transport bis zu einer Summe von 12.500 EUR durch eine Person, ein Transport bis zu einer Summe von 25.000 EUR durch zwei Personen und ein Transport über 250.000 EUR hinaus durch mindestens drei Personen mit Kraftwagen und außerdem unter polizeilichem Schutz durchgeführt werden.

Entschädigungsgrenzen

Erweiterungsmöglichkeiten

- *SK 4103 (10)*: Erweiterte Raubversicherung für Banken und Sparkassen, Herausgabe von Sachen außerhalb des Versicherungsorts, aber noch innerhalb Deutschlands
- *SK 4404 (10)*: Raub an Kunden in Geschäftsräumen von Banken und Sparkassen, während der Geschäftszeit Raub an Kunden
- *SK 4405 (10)*: Raub an Kunden vor Autoschaltern von Banken und Sparkassen, Raub an Kunden vor Autoschaltern und deren Zu- und Abfahrten
- *SK 4407 (10)*: Raub an Tag-/Nacht-Tresor-Kunden
- *SK 4408 (10)*: Raub vor Geldausgabeautomaten von Banken und Sparkassen
- *SK 4411 (10)*: Raub an Kunden vor Aus-/Eingabeterminals von Mietfachanlagen mit Selbstbedienungsservice bei Banken und Sparkassen

Nicht versicherte Schäden

Neben den generellen Ausschlüssen, die schon bei der Feuerversicherung angesprochen wurden, gibt es im Bereich der Einbruchdiebstahl-, Vandalismus- und Raubversicherung spezielle Risikoausschlüsse.

Ausschlüsse

Nicht versichert sind ohne Rücksicht auf mitwirkende Ursachen Schäden durch:

- Raub auf Transportwegen, wenn und solange eine größere als die vereinbarte Zahl von Transporten gleichzeitig unterwegs ist,

- Brand, Blitzschlag, Explosion, Anprall oder Absturz von Luftfahrzeugen, ihrer Teile oder Ladung oder bestimmungswidrig austretendes Leitungswasser; für Schäden gemäß § 1 Nr. 5b) dd) AERB 2010 gilt dieser Ausschluss nicht,

- Erdbeben,

- Überschwemmung.

3.1.3 Leitungswasser (AWB 2010)

Nässe-, Bruch- und Frostschäden

Die Leitungswasserversicherung beschreibt die versicherten Schäden, die obligatorisch versichert sind. Neben den Schäden, die das ausgetretene Leitungswasser verursacht (Nässeschäden), werden Bruchschäden und Schäden durch Frost behandelt. Der versicherbare Schaden liegt wie bei den anderen Sachgefahren in der Zerstörung oder Beschädigung sowie dem Abhandenkommen von versicherten Sachen.

Der Ursprung der Leitungswasserversicherung liegt im Bereich der Nässeschäden, später kam die Mitversicherung von Bruchschäden hinzu.

 ▶ **Definitionen**

Nässeschaden

Nässeschaden: Das „schädigende" Wasser im Sinne der Bedingungen ist Wasser, das

- aus den Rohren der Wasserversorgung (Zu- oder Ableitungen) oder damit verbundenen Schläuchen,

- aus sonstigen mit dem Rohrsystem verbundenen Einrichtungen der Wasserversorgung oder deren wasserführenden Teilen,

- aus den Anlagen der Warmwasser- oder Dampfheizung, Klima-, Wärmepumpen oder Solarheizungsanlagen, Wasserbetten und Aquarien

bestimmungswidrig ausgetreten ist. Weiterhin sind dem Wasser gleichgestellt:

- Sole, Öle, Kühl- und Kältemittel aus Klima-, Wärmepumpen- oder Solarheizungsanlagen sowie Wasserdampf.

Wasser

Wasser: Wasser ist begrifflich nicht definiert. Im Bereich des „Frischwassers" kann auf die Bedingungen der Versorgungsunternehmen AVB Wasser zurückgegriffen werden; für Abwasser – aber auch für Grenzfälle im Frischwasserbereich – ist auf den Sprachgebrauch des täglichen Lebens zurückzugehen.

Verschmutzungen des Wassers ändern nichts an dem Begriff Wasser.

Der Inhalt von Kläranlagen oder der Moorschlamm in Heilbädern ist dagegen kein Wasser.

Chemische Lösungen z. B. Chlorlaugen in Schwimmbädern sind dagegen Wasser.

Veränderungen des Aggregatzustands verändern auch die Eigenschaft des Wassers, eine Mitversicherung ist allerdings gegeben.

Schaden durch Wasser

Das Wasser muss die adäquate Ursache für den Sachschaden sein. Häufigste *Folgeschaden* Form ist der Durchnässungsschaden, hier wird eine versicherte Sache beschädigt oder zerstört, oder eine Sache kommt abhanden. Folgeschäden sind möglich und versichert, z. B.:

- Absturz durchnässter Gebäudeteile,
- Kurzschluss mit anschließendem Ausfall der Kühlanlage.

Nicht versichert ist der Wassermangel durch ausgetretenes Wasser wie Heizungsausfall.

▶ **Definitionen**

Rohre: sind dem Wasserdurchfluss dienende Behältnisse aus beliebigen Materia- *Rohre* lien. Regenabflussrohre sind in der Regel keine Rohre im Sinn der Bedingungen, Trockensteigleitungen zu Feuerlöschzwecken ebenso wie Zu- und Ableitungsrohre gelten als Rohre im Sinn der Bedingungen.

Die Rohre müssen der Wasserversorgung dienen, es können auch Rücklaufrohre der Wasseraufbereitungsanlage sein.

Bestimmungswidrigkeit: Bestimmungswidrig ist die mit ihrer ursprünglichen ob- *Bestimmungs-* jektiven und technischen Bestimmung nicht vereinbare Nutzung der Rohre, Einrich- *widrigkeit* tungen oder Anlagen.

Die subjektive und wirtschaftliche Bestimmung des Wassers muss beachtet werden.

Bruch- und Frostschäden

Versichert sind innerhalb von Gebäuden eintretende Frost- und sonstige Bruchschäden an versicherten

- Zu- oder Ableitungsrohren der Wasserversorgung und den damit verbundenen Schläuchen, oder
- Rohren der Warmwasser- oder Dampfheizung sowie Klima-, Wärmepumpen- oder Solarheizungsanlagen,

sofern diese Rohre nicht Bestandteil von Heizkesseln, Boilern oder vergleichbaren Anlagen sind.

Zusätzlich sind Frostschäden an den genannten versicherten Installationen ver- *versicherte* sichert. Nach § 1 Nr. 1b) aa) und bb) AWB 2010 sind das: *Installationen*

- Badeinrichtungen, Waschbecken, Spülklosetts, Armaturen (Wasser- und Absperrhähne, Ventile, Geruchsverschlüsse, Wassermesser) sowie deren Anschlussschläuche,
- Heizkörper, Heizkessel oder Boiler oder vergleichbare Teile von Warmwasserheizungs-, Dampfheizungs-, Klima-, Wärmepumpen- oder Solarheizungsanlagen.

„Innerhalb des Gebäudes" umfasst den gesamten Baukörper, einschließlich *innerhalb des* der Bodenplatte. Hier ist der durch Wände, Böden und Dach umbaute Raum *Gebäudes* gemeint.

2

Dachanlagen Rohre und Solarheizungsanlagen auf dem Dach gelten als Rohre innerhalb des
Bodenplatte Gebäudes. Soweit nicht etwas anderes vereinbart ist, sind Rohre und Installationen unterhalb der Bodenplatte (tragend oder nicht tragend) nicht versichert.

Bruch Ein Rohrbruch kann sich durch Frost oder jede beliebige Ursache ereignen. Ein
Bruch liegt vor, wenn das Material des Rohrs (einschließlich Dichtungen, Flan-
schen, Muffen, Verschraubungen, Druckausgleicher und Kniestücken) oder der
Einrichtung ein Loch oder einen Riss bekommt.

Bruchschäden außerhalb von Gebäuden

außerhalb von Der VR leistet Entschädigung für *außerhalb von Gebäuden* eintretende frostbe-
Gebäuden dingte und sonstige Bruchschäden an den Zuleitungsrohren der Wasserversor-
gung oder an den Rohren der Warmwasserheizungs-, Dampfheizungs-, Klima-,
Wärmepumpen-, oder Solarheizungsanlagen soweit

- diese Rohre der Versorgung versicherter Gebäude oder Anlagen dienen,
- die Rohre sich auf dem Versicherungsgrundstück befinden und
- der VN die Gefahr trägt.

Erweiterungsmöglichkeiten

Die Möglichkeiten der Erweiterung des Versicherungsschutzes sind in der Leitungswasserversicherung auf den Wasseraustritt aus Wasserlöschanlagen
(Klausel SK 5101) und der erweiterten Versicherung von Rohrleitungen (Klausel
SK 5201) begrenzt. Die Klausel SK 5101 (10) ersetzt die Sprinklerleckageversi-
cherung (Alternativ: ECB 2010 § 4 Wasserlöschanlagen-Leckage).

Die erweiterte Versicherung von Rohrleitungen sieht die Möglichkeit vor, den
Versicherungsschutz auf Zuleitungsrohre, die zwar auf dem Versicherungsgrundstück verlegt sind, jedoch nicht der Versorgung eines versicherten Gebäudes dienen, zu erweitern. Wahlweise kann auch der Versicherungsschutz
auf Schäden an Rohren ausgedehnt werden, die außerhalb des Versicherungsgrundstücks verlegt sind, soweit der VN zur Unterhaltung dieser Anlagen verpflichtet ist.

Nicht versicherte Schäden

Neben den allgemeinen Ausschlüssen der gewerblichen Sachversicherung sehen die AWB 2010 spezielle Risikoausschlüsse vor, § 1 Nr. 4 AWB 2010. Nicht versichert sind ohne Rücksicht auf mitwirkende Ursachen Schäden durch:

Regenwasser aus Fallrohren	Plansch- oder Reinigungswasser	Schwamm
Grundwasser, stehendes oder fließendes Gewässer, Überschwemmung oder Witterungsniederschläge oder einen durch diese Ursachen hervorgerufenen Rückstau	Erdbeben	Erdsenkung oder Erdrutsch; es sei denn, dass Leitungswasser die Erdsenkung oder den Erdrutsch verursacht hat
Brand, Blitzschlag, Explosion, Anprall oder Absturz eines Luftfahrzeugs, seiner Teile oder seiner Ladung	Leitungswasser aus Eimern, Gießkannen oder ähnlichen mobilen Behältnissen	Flüssigkeiten aus ortsfesten Wasserlöschanlagen (z. B. Sprinkleranlagen)

Der VR leistet keine Entschädigung für Schäden an:

- Gebäuden oder an Gebäudeteilen, die nicht bezugsfertig sind und an den in diesen Gebäuden oder Gebäudeteilen befindlichen Sachen,
- Sachen, die noch nicht betriebsfertig aufgestellt oder montiert sind oder deren Probelauf noch nicht erfolgreich abgeschlossen ist (Montageobjekte),
- ortsfesten Wasserlöschanlagen (abbedingbar).

3.1.4 Sturm AStB 2010

Die versicherte Gefahr Sturm zählt zu den Naturgefahren, wobei die Versicherungsbedingung AStB 2010 zu den Grundbedingungswerken zählt. Die AStB 2010 ist aber die Grundlage für die Erweiterung auf zusätzliche Elementargefahren. *Sturm*

Nach den AStB 2010 § 1 Nr. 2 ist Sturm eine wetterbedingte Luftbewegung von mindestens Windstärke 8 nach Beaufort (Windgeschwindigkeit mindestens 63 km/h). Der Nachweis obliegt dem VN, wobei es eine bedingungsgemäße Beweiserleichterung gibt. Danach wird Sturm unterstellt, *Windstärke 8, 63 km/h*

- wenn die Luftbewegung in der Umgebung des Versicherungsgrundstücks Schäden an Gebäuden in einwandfreiem Zustand oder an ebenso widerstandsfähigen anderen Sachen angerichtet hat, oder *Beweiserleichterung*
- der Schaden wegen des einwandfreien Zustands des versicherten Gebäudes oder des Gebäudes, in dem sich die versicherten Sachen befunden ha-

ben, oder der mit diesem Gebäude baulich verbundenen Gebäude nur durch Sturm entstanden sein kann.

Hagel

Hagel ist ein fester Witterungsniederschlag in Form von Eiskörnern. Hagelkörner zeichnen sich gegenüber anderen festen Niederschlägen der Atmosphäre wie Schnee und Graupel durch ihr breites Größenspektrum und besonders durch ihren schalenförmigen Aufbau aus. Hagel im eigentlichen Sinn beginnt bei 5 mm Durchmesser, darunter spricht man vom Schneehagel und Frostgraupel, und erreicht im Extremfall einen Durchmesser von 10–15 cm.

Schadenarten

Der VR leistet nach § 1 Nr. 1 AStB 2010 Entschädigung für versicherte Sachen, die zerstört oder beschädigt werden oder abhanden kommen:

unmittelbar

- durch die unmittelbare Einwirkung des Sturms oder Hagels auf versicherte Sachen oder auf Gebäude, in denen sich versicherte Sachen befinden; der Sturm wirkt dann *unmittelbar* ein, wenn er die zeitlich letzte Ursache des Sachschadens ist (durch Druck, Sog oder aufprallende Luft).

mittelbar

- dadurch, dass ein Sturm oder Hagel Gebäudeteile, Bäume oder andere Gegenstände auf versicherte Sachen oder auf Gebäude in denen sich versicherte Sachen befinden, wirft.

Folgeschaden

- als Folge eines Schadens an versicherten Sachen.
- durch die unmittelbare Einwirkung des Sturms oder Hagels auf Gebäude, die mit dem versicherten Gebäude oder Gebäuden, in denen sich versicherte Sachen befinden, baulich verbunden sind.
- dadurch, dass ein Sturm oder Hagel Gebäudeteile, Bäume oder andere Gegenstände auf Gebäude wirft, die mit dem versicherten Gebäude oder Gebäuden, in denen sich versicherte Sachen befinden, baulich verbunden sind.

Nicht versicherte Schäden

Neben den allgemeinen Ausschlüssen der gewerblichen Sachversicherung sehen die AStB 2010 spezielle Risikoausschlüsse vor. Nicht versichert sind ohne Rücksicht auf mitwirkende Ursachen Schäden durch:

- Sturmflut,
- Eindringen von Regen, Hagel, Schnee oder Schmutz durch nicht ordnungsgemäß geschlossene Fenster, Außentüren oder andere Öffnungen, es sei denn, dass diese Öffnungen durch Sturm oder Hagel entstanden sind und einen Gebäudeschaden darstellen,
- Brand, Blitzschlag, Explosion, Anprall oder Absturz von Luftfahrzeugen, ihrer Teile oder Ladung,
- Lawinen,
- Erdbeben.

Der VR leistet keine Entschädigung für Schäden an:

- Gebäuden oder an Gebäudeteilen, die nicht bezugsfertig sind, und an den in diesen Gebäuden oder Gebäudeteilen befindlichen Sachen,
- im Freien befindlichen beweglichen Sachen,

- Sachen, die an der Außenseite des Gebäudes angebracht sind (z. B. Schilder, Leuchtröhrenanlagen, Markisen, Blendläden, Antennenanlagen), elektrischen Freileitungen, einschließlich Ständer und Masten sowie Einfriedungen,

- Sachen, die noch nicht betriebsfertig aufgestellt oder montiert sind oder deren Probelauf noch nicht erfolgreich abgeschlossen ist (Montageobjekte).

3.1.5 Weitere Elementarschäden

Elementargefahren sind über zwei Bedigungswerke versicherbar, über die BWE 2010 sowie als Teil der ECB 2010. Der Deckungsumfang hinsichtlich Elementargefahren ist analog. Jedoch benötigt die ECB 2010 als Grunddeckung eine Feuerversicherung, die BWE sieht als Vertragsgrundlage eine Sturmversicherung (AStB 2010) vor.

3.1.6 Zusätzliche Gefahren (ECB 2010)

Im Bereich der Feuerversicherung besteht die Möglichkeit, weitere zusätzliche Gefahren, die fakultativ wählbar sind, als Ergänzung zur bestehenden Feuerversicherung (AFB 2010) hinzuzubündeln. Vereinbart werden dann die Allgemeinen Bedingungen für die Versicherung zusätzlicher Gefahren zur industriellen Feuerversicherung (ECB 2010).

Die EC-Versicherung (Extended Coverage, engl.: erweiterte Deckung) bietet die Wahlmöglichkeit, folgende Erweiterungen abzudecken:

versicherbare Gefahren EC-Deckung

innere Unruhen, böswillige Beschädigung, Streik, Aussperrung (§ 2)	Fahrzeuganprall, Rauch, Überschalldruckwellen (§ 3)	Wasserlöschanlagen-Leckage (§ 4)	Leitungswasser (§ 5)
Sturm, Hagel (§ 6)	Einbruchdiebstahl, Vandalismus nach einem Einbruch, Raub (§ 7)	Überschwemmung, Rückstau (§ 8)	Erdbeben (§ 9)
Erdsenkung, Erdrutsch (§ 10)	Schneedruck, Lawinen (§ 11)	Vulkanausbruch (§ 12)	

Die aufgeführten Gefahren werden in rechtlich selbstständigen Verträgen versichert. Sie können separat gekündigt werden, ohne dass die übrigen Vereinbarungen davon berührt werden.

Die Grundgefahren Leitungswasser, Sturm, Hagel, Einbruchdiebstahl, Vandalismus nach einem Einbruch und Raub können auch zu den Einzelbedingungen versichert werden. Die Gefahren in den Bedingungen werden gleichlautend beschrieben. Die weiteren Naturgefahren entsprechen den in den VHB 2016 und VGB 2016 aufgeführten Gefahren.

Sondervereinbarung und VSG 2010

Die nachstehenden Gefahren werden nur durch die ECB 2010 gedeckt. In Einzelfällen können sie aber auch Bestandteil einer Sondervereinbarung über eine „geschriebene Klausel" sein. Eine weitere Möglichkeit, die zusätzlichen Gefahren zu versichern, besteht über die Verbundene Sach-Gewerbeversicherung (VSG 2010).

Innere Unruhen, böswillige Beschädigung, Streik, Aussperrung

- *Innere Unruhen*
  Der VR leistet Entschädigung für versicherte Sachen, die unmittelbar durch Gewalthandlungen im Zusammenhang mit inneren Unruhen zerstört oder beschädigt werden oder in unmittelbarem Zusammenhang mit inneren Unruhen abhanden kommen.

  Innere Unruhen sind gegeben, wenn zahlenmäßig nicht unerhebliche Teile der Bevölkerung in einer die öffentliche Ruhe und Ordnung störenden Weise in Bewegung geraten und Gewalt gegen Personen oder Sachen verüben.

- *Böswillige Beschädigung*
  Der VR leistet Entschädigung für versicherte Sachen von betriebsfremden Personen, die unmittelbar durch böswillige Beschädigung zerstört oder beschädigt werden.

  Böswillige Beschädigung ist jede vorsätzliche Zerstörung oder Beschädigung von versicherten Sachen.

  Betriebsfremde Personen sind alle Personen, die nicht im Betrieb tätig sind. Nicht versichert sind ohne Rücksicht auf mitwirkende Ursachen Schäden, die im Zusammenhang mit Einbruchdiebstahl entstehen, mit Ausnahme von Schäden an versicherten Gebäuden.

- *Streik, Aussperrung*
  Der VR leistet Entschädigung für versicherte Sachen, die unmittelbar durch Streik oder Aussperrung zerstört oder beschädigt werden oder im unmittelbaren Zusammenhang mit Streik oder Aussperrung abhanden kommen.

  Streik ist die gemeinsam planmäßig durchgeführte, auf ein bestimmtes Ziel gerichtete Arbeitseinstellung einer verhältnismäßig großen Zahl von Arbeitnehmern.

  Aussperrung ist die auf ein bestimmtes Ziel gerichtete planmäßige Ausschließung einer verhältnismäßig großen Zahl von Arbeitnehmern.

nicht versicherte Schäden

Nicht versichert sind ohne Rücksicht auf mitwirkende Ursachen Schäden durch:

- Brand oder Explosion, es sei denn, der Brand oder die Explosion sind durch innere Unruhen entstanden,
- Erdbeben,
- Verfügung von hoher Hand.

Der VR leistet keine Entschädigung für Schäden an

- Gebäuden oder an Gebäudeteilen, die nicht bezugsfertig sind, und an den in diesen Gebäuden oder Gebäudeteilen befindlichen Sachen,

- Sachen, die noch nicht betriebsfertig aufgestellt oder montiert sind oder deren Probelauf noch nicht erfolgreich abgeschlossen ist (Montageobjekte), es sei denn, die Schäden entstehen durch Brand oder Explosion infolge von inneren Unruhen.

Für öffentlich-rechtliche Entschädigungsansprüche gilt: Ein Anspruch auf Entschädigung besteht insoweit nicht, als Schadenersatz aufgrund öffentlich-rechtlichen Entschädigungsrechts beansprucht werden kann.

öffentlich-rechtliche Entschädigungs-ansprüche

Fahrzeuganprall, Rauch, Überschalldruckwellen

Fahrzeuganprall

Fahrzeuganprall ist jede unmittelbare Berührung von Schienen- oder Straßenfahrzeugen mit versicherten Sachen oder Gebäuden, in denen sich versicherte Sachen befinden.

Nicht versichert bei der Gefahr Fahrzeuganprall sind ohne Rücksicht auf mitwirkende Ursachen:

nicht versicherte Schäden

- Schäden, die von Fahrzeugen verursacht werden, die vom VN, dem Benutzer der versicherten Gebäude oder deren Arbeitnehmer betrieben werden,

- Schäden durch Verschleiß,

- Schäden an Fahrzeugen,

- Schäden an Zäunen, Straßen und Wegen.

Rauch

Ein Schaden durch Rauch liegt vor, wenn Rauch plötzlich bestimmungswidrig aus den Feuerungs-, Heizungs-, Koch- oder Trockenanlagen (befindlich auf dem Grundstück, auf dem der Versicherungsort liegt), ausgetreten ist und unmittelbar auf versicherte Sachen einwirkt.

Nicht versichert bei der Gefahr Rauch sind Schäden, die durch die dauernde Einwirkung des Rauchs entstehen.

Überschalldruckwellen

Ein Schaden durch eine Überschalldruckwelle liegt vor, wenn sie durch ein Luftfahrzeug ausgelöst wurde, das die Schallgrenze durchflogen hat, und diese Druckwelle unmittelbar auf versicherte Sachen oder auf Gebäude, in denen sich versicherte Sachen befinden, einwirkt.

Nicht versichert bei den Gefahren Fahrzeuganprall, Rauch, Überschalldruckwellen sind ohne Rücksicht auf mitwirkende Ursachen Schäden durch

- Brand, Blitzschlag oder Explosion, Anprall oder Absturz von Luftfahrzeugen ihrer Teile oder Ladung,

- Erdbeben.

Der VR leistet zudem keine Entschädigung für Schäden an:

- Gebäuden oder an Gebäudeteilen, die nicht bezugsfertig sind, und an den in diesen Gebäuden oder Gebäudeteilen befindlichen Sachen,
- Sachen, die noch nicht betriebsfertig aufgestellt oder montiert sind oder deren Probelauf noch nicht erfolgreich abgeschlossen ist (Montageobjekte).

3.1.7 Cyberversicherung

Mit zunehmender Bedeutung hat sich die Cyberversicherung in den letzten Jahren am Markt etabliert. Aufgrund steigender Schadenereignisse ist die Sensibilität am Markt hoch.

Das Bedingungswerk des GDV kam zu einem Zeitpunkt, an dem einige VR bereits eigene Bedingungen entworfen hatten, die über den Deckungsumfang des GDV hinausausgehen.

In aller Regel weist die Cyberdeckung drei Dimensionen auf:

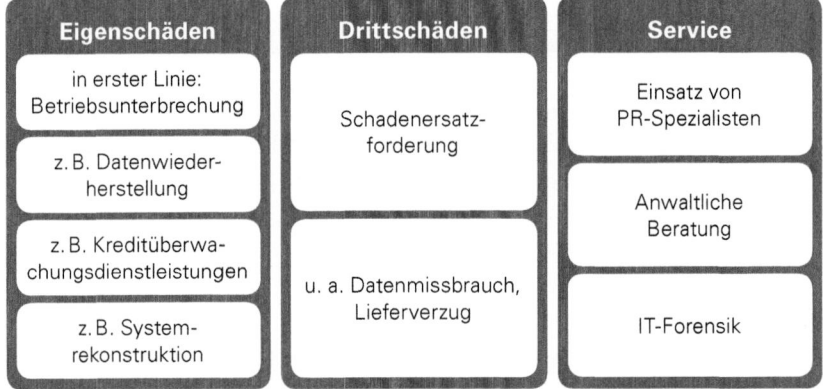

Eigenschäden	Drittschäden	Service
in erster Linie: Betriebsunterbrechung	Schadenersatzforderung	Einsatz von PR-Spezialisten
z. B. Datenwiederherstellung		Anwaltliche Beratung
z. B. Kreditüberwachungsdienstleistungen	u. a. Datenmissbrauch, Lieferverzug	IT-Forensik
z. B. Systemrekonstruktion		

Gerade vor dem Hintergrund der EU-Datenschutz-Grundverordnung dürfte die Sicherheit und Unversehrtheit gespeicherter Daten und der Schutz vor missbräuchlicher Datennutzung die Absatzmöglichkeiten der Cyberdeckung beflügeln.

3.1.8 Glasversicherung (AGIB 2016)

Anwendung der Glasversicherung

Die Glasversicherung wird im Bereich der privaten und gewerblichen Sachversicherung betrieben. Die AGIB 2016 sind die Grundlage für beide Bereiche. In der gewerblichen Sachversicherung spielt die Glasversicherung insbesondere bei der Versicherung von Schaufensteranlagen eine Rolle, weiterhin bei Spezialbetrieben wie Gärtnereien. Hier wird aber aufgrund der fehlenden Folgeschadendeckung grundsätzlich auf Spezialdeckungen zurückgegriffen.

Schäden an ausgestellten Waren und Dekorationsmitteln (Folgeschaden)

Schaufensterinhalt

Durch die Klausel PK 0735 (10) besteht die Möglichkeit, Schäden an ausgestellten Waren und Dekorationsmitteln hinter versicherten Scheiben (z. B. von Schaufenstern, Schaukästen und Vitrinen) zu versichern, wenn gleichzeitig ein ersatzpflichtiger Schaden durch Zerbrechen der Scheibe vorliegt und die Waren oder

Dekorationsmittel durch Glassplitter oder durch Gegenstände zerstört oder beschädigt worden sind, die beim Zerbrechen der Scheibe eingedrungen sind.

Die Mitversicherung erfolgt auf „erstes Risiko". Der VR leistet bis zu dem vereinbarten Betrag, erstattet jedoch höchstens den Wiederbeschaffungspreis unmittelbar vor Eintritt des Versicherungsfalls.

Werbeanlagen

Die Klausel PK 0753 (10) eröffnet die Möglichkeit, Werbeanlagen, und zwar Leuchtröhrenanlagen (Hochspannungsanlagen), Firmenschilder und Transparente, zu versichern. *Leuchtröhren-versicherung*

Der VR leistet Ersatz für Schäden an:

- Leuchtröhrenanlagen (Hochspannungsanlagen) für Schäden durch Zerbrechen der Röhren (Systeme), *Leuchtröhrenanlagen*

- sonstigen Teilen der Anlage für alle Beschädigungen oder Zerstörungen, soweit sie nicht eine unmittelbare Folge der durch den Betrieb der Anlage verursachten Abnutzung sind, *sonstige Teile*

- Firmenschildern und Transparenten für Schäden durch Zerbrechen der Glas- und Kunststoffteile. *Schilder und Transparente*

Schäden an Leuchtkörpern oder nicht aus Glas oder Kunststoff bestehenden Teilen (z. B. Metallkonstruktion, Bemalung, Beschriftung, Kabel) sind mitversichert, wenn gleichzeitig ein ersatzpflichtiger Schaden durch Zerbrechen am Glas oder Kunststoff vorliegt und entweder beide Schäden auf derselben Ursache beruhen oder der Schaden am Glas oder Kunststoff den anderen Schaden verursacht hat.

Schäden durch Brand, Blitzschlag, Explosion, Implosion, Anprall oder Absturz eines Luftfahrzeuges, seiner Teile oder seiner Ladung sind nicht mitversichert (2.2.1 AGIB 2016), soweit für diese Gefahr anderweitiger Versicherungsschutz besteht.

Kosten für Farbangleichungen unbeschädigter Systeme oder für sonstige Änderungen oder Verbesserungen sowie für Überholungen sind nicht entschädigungspflichtig. *keine Kosten für Farbabweichungen*

3.2 Substitution und Ergänzung

Die Vielfalt der zu versichernden Objekte im Bereich der gewerblichen Sachversicherung bedingt, dass Produkte, die die VR anbieten, sich teilweise ergänzen oder sogar ersetzen. Wichtig ist eine klare Abgrenzung der verschiedenen Versicherungsprodukte, damit keine Doppelversicherung auftritt. An einem Beispiel soll diese Aussage erläutert werden. *klare Abgrenzung der Versicherungsprodukte*

Der VN hat ein mittelständisches Unternehmen. In den Sozialräumen hat er für die Belegschaft für die Pausenversorgung Getränke- und Warenautomaten aufgestellt. Er beabsichtigt, in Kürze die Automaten auf Chipkarten umzustellen, derzeit ist aber für den Betrieb Bargeld erforderlich. Er sucht für diese Automaten die passende Versicherung.

Die Automaten sind im Rahmen der bestehenden Inhaltsversicherungen nicht versichert, gemäß § 3 Nr. 6g) AVB sind Automaten mit Geldeinwurf vom Versicherungsschutz ausgeschlossen. Der Ausschluss bezieht sich aber nur auf den Automaten selbst und auf das in ihm befindliche Bargeld. Die Vorräte in den Automaten sind versichert.

Um den Automaten ebenfalls zu versichern, bieten die Sachversicherer die Möglichkeit der Mitversicherung über die Klausel SK 1212 (10) Automaten. Abweichend von den dem Vertrag zugrunde liegenden Allgemeinen Versicherungsbedingungen sind Automaten mit Geldeinwurf (einschließlich Geldwechsler) samt Wareninhalt sowie Geldausgabeautomaten mitversichert. Der Geldinhalt dieser Automaten ist nur im Rahmen der für Bargeld vereinbarten Entschädigungsgrenze mitversichert. Die Versicherung gilt nicht für die Gefahr Einbruchdiebstahl und Raub.

Die elektronische Ausrüstung kann separat über eine Elektronikversicherung nach den ABE 2011 oder über eine Maschinenversicherung nach den AMB 2011 versichert werden. Der Versicherungsschutz der Technischen Versicherung bezieht sich in der Regel nicht auf den Inhalt der Automaten. Eine Mitversicherung ist aber durch eine Einzelvereinbarung möglich.

Letztendlich besteht die Möglichkeit, Versicherungsschutz über die Sparte Transportversicherung zu erlangen. Einige VR bieten hier die Automatenversicherung an. Durch die Automatenversicherung kann der Automat einschließlich der Ware und der Geldbeträge versichert werden.

Zusammenfassung

Das Bedingungswerk der gewerblichen Sachversicherung besteht aus Einzelbedingungen, die die verschiedenen versicherten Gefahren widerspiegeln. In den Bedingungen werden die versicherten Gefahren positiv aufgeführt und durch spezielle Risikoausschlüsse abgegrenzt. Für alle Gefahren bzw. Bedingungen gibt es die einheitlichen Risikoausschlüsse Krieg, innere Unruhen und Kernenergie.

Die Grundgefahren, wie z. B. Feuer, lassen sich durch individuelle Einschlüsse erweitern, z. B. durch die Klausel SK 3101 (10) Brandschäden an Räucheranlagen.

Der generelle Ausschluss von Schäden durch innere Unruhen kann durch die ECB 2010 versichert werden.

3.3 Versicherte und nicht versicherte Sachen und Interessen

Handlungssituation

Man bittet Sie, den neuen Auszubildenden der Schadenabteilung den Begriff der „versicherten Interessen" zu erläutern. Stellen Sie die Besonderheiten der Versicherung von beweglichem Inventar und Vorräten dar und berücksichtigen Sie die Möglichkeit der Versicherung fremden Eigentums.

Die Versicherungsbedingungen in der gewerblichen Sachversicherung (Grunddeckung) regeln die versicherten Sachen und somit den Versicherungsbedarf weitestgehend dadurch, dass sie auf die vertraglichen Regelungen im Antrag und im Versicherungsschein verweisen. Sie geben die Grundrichtung vor, die dem Kunden einen Überblick über die gefährdeten Einrichtungen und Güter gibt.

Unterscheidungen werden lediglich in der Abgrenzung Gebäude und Inhalt vorgenommen. Im Bereich Inhalt wird dann weiter unterschieden zwischen Eigentum und fremdem Eigentum.   *Gebäude und Inhalt*

Grundsätzlich ist zu beachten, dass nicht Sachen selbst, sondern immer das Interesse an einer Sache versichert wird, also z.B. das Eigentümer-, Mieter-, Pächter-, Nutzer- oder sonstige Interesse.   *Sachinteresse*

Sachen

Im Versicherungsvertrag werden die versicherten Sachen nicht einzeln aufgeführt (dies wäre ebenfalls möglich). Es werden lediglich Sachgruppen gebildet (§ 88 VVG). Hier ist von Sachen und von einem Inbegriff von Sachen, die versichert werden sollen, im Zusammenhang mit ihrem Wert die Rede. Der Begriff „Sachen" ist im Sachenrecht (BGB) geregelt. Unter „Sachinbegriff" wird eine als Einheit betrachtete Position verstanden.   *Sachinbegriff*

Gebäude § 3 (AFB, AWB, AStB)

Versichert sind die im Versicherungsvertrag bezeichneten Gebäude und sonstigen Grundstücksbestandteile wie Bäume, Sträucher, Zäune, Einfahrten, Hof- und Gehwegbefestigungen. Gebäude sind mit ihren Bestandteilen, aber ohne Zubehör versichert, soweit nichts anderes vereinbart ist. Der Hinweis auf eine mögliche Vereinbarung soll auf die bestehende Vertragsfreiheit (§ 305 BGB) hinweisen.   *Gebäude und Grundstücksbestandteile*

Was im Einzelnen versichert ist, regelt in der Industrieversicherung die „Positionen-Erläuterungen", im sonstigen gewerblichen Geschäft die jeweilige Einzeldeklaration.

Vom Mieter eingefügte Sachen sollen nicht versichert sein, können aber durchaus auch für den Mieter zur Einrichtung zählen, z.B. Wertschutzräume (Tresoranlagen), Datenschutzräume oder Trennwände. Sie sind nach § 3 Nr. 3 AVB 2010 über die Position Inhalt versichert (der VN ist hier Mieter).   *Mietereinbauten*

Nebengebäude   Jedes versicherte Gebäude wird in der Regel einzeln im Vertrag versichert (Einzeldeklaration je Gebäude). Das gilt auch für sogenannte Nebengebäude auf dem Grundstück. Der Vertrag kann aber auch für eine Mehrheit von Gebäuden gelten.

Grundstück   Das Grundstück selbst, also Grund und Boden, Wald und Gewässer, ist als nicht versicherte Sache vom Versicherungsschutz ausgeschlossen (§ 3 Nr. 6f) AVB 2010). Dieser Ausschluss ist nicht wesentlich, da diese Positionen nach dem BGB keine „Sachen" sind.

Wesentliche Bestandteile

Wesentliche Bestandteile sind untrennbar verbundene Bestandteile (§ 93 BGB), insbesondere auch Grundstücksbestandteile, die mit dem Grundstück nicht nur vorübergehend verbunden sind (§§ 94–95 BGB). Es ist auf die Festigkeit der Verbindung zu schließen, wenn die Lösung so erhebliche Schwierigkeiten bereitet, dass die Kosten der Trennung im Vergleich zum Wert des einen oder anderen Bestandteils verhältnismäßig hoch sind.

§ 94 BGB   Wurden bisher selbstständige Sachen in ein Gebäude eingebracht, ohne dass sie im Sinne des § 94 Abs. 2 BGB zur Herstellung des Gebäudes eingefügt worden sind, können sie Bestandteil sein, wenn die Gegenstände einander besonders angepasst oder zur Herstellung des Ganzen besonders angefertigt sind. Gebäudebestandteile im Sinne des § 94 Abs. 2 BGB sind:

- Teile der Ausstattung, durch deren Einfügen das Gebäude gerade zu dem geworden ist, was es darstellen soll und darstellt.

Es kommt also darauf an, ob und ggf. inwieweit nach der Anschauung des Verkehrs bei einer natürlichen Anschauung über Wesen, Zweck und Beschaffenheit des Gebäudes, die auch die Bedürfnisse der Wirtschaft berücksichtigt, die Einfügung der Gesamtanlage – hier den Häusern – ein bestimmtes Gepräge und eine besondere Eigenart gegeben hat.

Nicht wesentliche Bestandteile

Scheinbestandteile   Nicht wesentliche Bestandteile sind verlustlos trennbare Bestandteile und Scheinbestandteile (§ 95 BGB).

Scheinbestandteile sind bewegliche Sachen, auch wenn sie noch so fest mit dem Grund und Boden verbunden sind. Sie sind nur für einen vorübergehenden Zweck in das Gebäude eingefügt worden. Die Willensrichtung des Einfügenden ist maßgebend, muss aber mit dem nach außen in Erscheinung tretenden Sachverhalt in Einklang zu bringen sein, z. B. durch eine Vereinbarung zwischen Mieter und Pächter für die Dauer des Vertragsverhältnisses.

Eine längere Dauer der Einbindung in das Gebäude oder eine massive Bauweise ist kein Indiz gegen die Einstufung als „vorübergehend". Es besteht aber die Möglichkeit einer Absprache, dass nach Ablauf des Vertragsverhältnisses ein Rückbau vorgenommen werden muss, oder dass die Sachen zurückzugeben oder zurückzulassen sind. Entscheidend ist die „vertragliche Absprache" zwischen dem Vermieter und dem Mieter, eine Wahlmöglichkeit des Mieters reicht nicht aus.

Um für den Versicherungsvertrag Klarheit über die versicherten Sachen zu haben, bieten die VR Positionenerläuterungen an. Hier wird aufgeführt, was z. B. unter die Position „Gebäude" fällt. Die Positionenerläuterung muss mit dem Kunden vereinbart werden, damit sie Vertragsbestandteil wird. *Positionen-erläuterungen*

So gehören zur Position Gebäude „Positionenerläuterung":

* Baustoffe und Bauteile, die für den Bestand und die Herstellung eines Gebäudes eingefügt oder für den Einbau in ein Gebäude bestimmt sind, Blitzableiter; Fußbodenkanäle einschließlich Abdeckungen, Hauswasserver- und -entsorgung, Klimatisierung, Personenaufzüge, elektrische Leitungen, die unter Putz verlegt sind.

Versicherte Sachen während der Bauphase

Baustoffe

Baustoffe sind mitversichert; sie sollen in das Bauwerk eingefügt werden, also mit ihm verschmelzen. Die von den VR verwendete Deklaration zur Rohbauversicherung setzt aber Eigentum voraus, d. h., das Interesse der Baufirma soll nicht mitversichert sein.

Reparatur

Gebäudebestandteile sind auch solche Teile, die nur vorübergehend während einer Reparatur fachmännisch in das Gebäude eingefügt sind. Man spricht dann von Ersatzbestandteilen.

▶ Beispiel

Eine Abdeckplane, die während der Sanierung eines Flachdaches über die Dachlücke ausgebreitet und – soweit es die Bedingungen einer Reparatur zulassen – fachmännisch und ordnungsgemäß befestigt wurde, ist Bestandteil des Gebäudes, BGH 18.03.1992.

Werden Bestandteile vorübergehend vom Gebäude abgetrennt, besteht bei richtiger Auslegung der Gebäude Versicherungsschutz fort, solange die Abtrennung nicht etwa endgültig geworden ist (z. B. weil ein Gebäude anderweitig vervollständigt wurde).

Nicht versicherte Sachen

Folgende Sachen sind ausdrücklich vom Versicherungsschutz ausgeschlossen (Gebäude und Inhalt) § 3 Nr. 6f) AVB 2010:

* Baubuden, *nicht versicherte*
* Zelte, *Sachen und Gebäude*
* Traglufthallen.

Zubehör

Unter dem Begriff Zubehör werden untergeordnete Sachen, Hilfssachen verstanden. Zubehör sind bewegliche Sachen, die den wirtschaftlichen Zwecken der Hauptsache zu dienen bestimmt sind und zu dieser in einem entsprechenden räumlichen Verhältnis stehen, ohne jedoch Bestandteil der Hauptsache zu *Gebäudezubehör* *§ 97 BGB* sein. Sie sind allerdings nicht Zubehör, wenn die Beziehung nur eine vorübergehende ist oder wenn die Sache von der Verkehrsanschauung nicht als Zubehör angesehen wird (§ 97 BGB). Die Hauptsache muss hierbei noch nicht voll betriebsfertig sein. Merkmale für Zubehör sind folgende:

Merkmale für Zubehör

Nur bewegliche Sachen, nicht Grundstücke, können Zubehör sein.	Diese dürfen nicht schon wesentliche oder nicht wesentliche Bestandteile der Hauptsache sein.	Sie müssen dem wirtschaftlichen Zweck der Hauptsache zu dienen bestimmt sein.
Sie müssen vom tatsächlichen Benutzer der Hauptsache diesem Zweck dauernd zu dienen bestimmt sein, was bei kurzlebigen Sachen kurzfristig der Fall sein kann.	Das räumliche Verhältnis kann locker sein, muss aber irgendwie bestehen.	Die vorübergehende Beziehung schließt hier ebenso wie in § 95 BGB die Zubehöreigenschaft aus.

Letztendlich entscheidet die Verkehrsanschauung.

Einstufung von Zubehör

Wirtschaftlicher Zweck von Gebäuden ist es, Menschen, Tiere oder Sachen vor äußeren Einflüssen zu schützen. Bewegliche Sachen, die dem Gebäude untergeordnet und dazu bestimmt sind, diesen Schutzzweck zu verfolgen bzw. zu fördern, können Gebäudezubehör sein.

Im Gegensatz dazu stehen die sonstigen beweglichen Sachen, die durch das Gebäude und das Gebäudezubehör geschützt werden.

Bewegliche Sachen

Neben der Versicherung der Gebäude besteht die Möglichkeit, zwei weitere Gruppen,

- bewegliche Sachen der Betriebseinrichtung und
- Vorräte

zu versichern. Hier gewinnen jetzt neben den im Bereich der Gebäude angesprochenen Bedingungen (AFB, AWB und AStB) die AERB an Bedeutung.

Nicht versicherte bewegliche Sachen

Die AVB schließen einzelne Gruppen von Sachen grundsätzlich vom Versicherungsschutz aus, bieten aber über Klauseln die individuelle Mitversicherung an. Ausgeschlossen sind nach § 3 Nr. 6 AVB 2010:

- Bargeld und Wertsachen. Wertsachen sind Urkunden (z. B. Sparbücher und sonstige Wertpapiere), Briefmarken, Münzen und Medaillen, Schmucksachen, Perlen und Edelsteine, auf Geldkarten geladene Beträge, unbearbeitete Edelmetalle sowie Sachen aus Edelmetallen; hiervon ausgenommen sind Sachen, die dem Raumschmuck dienen.

▶ Definitionen

Bargeld: ist nach dem Sachenrecht im BGB keine Sache. Bargeld ist das direkt verfügbare Geld, Buch- bzw. Giralgeld als eingezahltes Geld für den bargeldlosen Zahlungsverkehr. Bargeld kann in in- oder ausländischer Währung vorliegen und befindet sich in Obhut des VN.
Medaillen, Orden und Plaketten sind keine Münzen und somit auch kein Bargeld.

Bargeld

Geldsurrogate: sind Hilfszahlungsmittel, die anstelle von (Bar-)Geld eingesetzt werden (Schecks, Wechsel). Sie sind grundsätzlich nicht zum Bargeld zu zählen. Ausgefüllte Schecks erfüllen den Begriff „Geldsurrogate", sie werden wie Wertpapiere behandelt.

Geldsurrogate

Bargeldersatz: sind Guthabenkarten, Eintrittskarten, Fahrkarten, Flugtickets, Hotelgutscheine, Jetons, Duschmarken, Getränke- und Essenmarken, Chips für Kfz-Waschanlagen, AnsteckNadeln anstelle von Eintrittskarten, V.I.P.- oder Backstage-Bändchen, aber auch Briefmarken, Bons, Schecks, Kreditkarten etc. Es handelt sich hierbei um sogenannte Ordnungsmittel, die, wenn sie einen Wert haben – also ein Recht verbriefen –, wie Wertpapiere einzuordnen sind.

Bargeldersatz

Urkunden: sind schriftlich fixierte, häufig beglaubigte Erklärungen. Ein Sachverhalt oder Tatbestand kann nachgelesen werden (z. B. Ausweis, Geburtsurkunde, Testament, Grundstückskaufvertrag, Patent, Staatsbürgerschaftsnachweis, aber auch Sparbücher und Wertpapiere).

Urkunden

Wertpapiere: sind vermögensrechtliche Urkunden, bei denen das Recht im Papier verkörpert und in der Urkunde verbrieft ist und deren Besitz zur Geltendmachung des Rechts notwendig ist. Dazu zählen Namenspapiere, Orderpapiere und Inhaberpapiere.

Wertpapiere

Sonstige Sachen

- Geschäftsunterlagen,
- zulassungspflichtige Kraftfahrzeuge, Kfz-Anhänger und Zugmaschinen,
- Hausrat aller Art,
- Automaten mit Geldeinwurf (einschließlich Geldwechsler) samt Inhalt sowie Geldausgabeautomaten, sofern es sich nicht um Vorräte handelt, (Mitversicherungsmöglichkeit siehe Klausel SK 1208 Geldautomaten).
- Anschauungsmodelle, Prototypen und Ausstellungsstücke, ferner typengebundene, für die laufende Produktion nicht mehr benötigte Fertigungsvorrichtungen.

Eigentum, fremdes Eigentum

Grundvoraussetzung bei der Versicherung von Einrichtung und Vorräten ist es, dass der VN

- Eigentümer (§ 3 Nr. 3a) AVB 2010) ist,
- die Sachen unter Eigentumsvorbehalt erworben oder mit Kaufoption geleast hat, die zum Schadenzeitpunkt noch nicht abgelaufen oder bereits ausgeübt war (§ 3 Nr. 3b) AVB 2010),
- die Sachen sicherungsübereignet (§ 3 Nr. 3c) AVB 2010) hat.

Eigentumsvermutung
fremdes Eigentum

Grundsätzlich besteht Eigentumsvermutung. In Erweiterung ist auch fremdes Eigentum, soweit es seiner Art nach zu den versicherten Sachen gehört, und dem VN

Versicherungs-
vereinbarung

in Obhut gegeben wurde, grundsätzlich eingeschlossen (§ 3 Nr. 4 AVB 2010) – es sei denn, dass zwischen VN und Eigentümer nachweislich eine Vereinbarung getroffen wurde, dass der Eigentümer selbst für Versicherungsschutz sorgt.

Fremdes Eigentum ist für Rechnung des Eigentümers und des VN versichert, in Fällen der erweiterten Deckung ist jedoch für den Wert das Interesse des Eigentümers maßgebend (§ 3 Nr. 4 AVB 2010).

Versicherung für fremde Rechnung (§ 12 AVB 2010 Teil B)

Der Versicherungsvertrag kann vom VN in eigenem Namen für das Interesse eines Dritten (Versicherten) genommen werden. Die Rechte aus dem Vertrag liegen ausschließlich bei dem VN, auch wenn sich der Versicherungsschein im Besitz des Versicherten befindet.

Bei der Entschädigungszahlung an den VN hat der VR ein Vorbehaltsrecht. Er kann die Zustimmung des Versicherten verlangen. Der Versicherte kann ohne Zustimmung des VN die Zahlung an sich nicht verlangen.

Besonderheiten in der Behandlung fremden Eigentums

Ausschluss fremdes
Eigentum

Nicht immer liegt es im Interesse des VN, dass fremdes Eigentum mitversichert ist. Um dies vertraglich zu manifestieren, kann der VN vereinbaren, dass fremdes Eigentum grundsätzlich ausgeschlossen wird (Klausel SK 1201 (10)).

Alternativ kann fremdes Eigentum ausgeschlossen werden, es sei denn, dass gegenüber dem Eigentümer nachweislich eine Verpflichtung zur Versicherung besteht (Klausel SK 1202 (10)).

Sollen fremde Sachen aufgrund einer Vereinbarung zwischen dem Eigentümer und dem VN nicht versichert werden, können auch nur diese vom Versicherungsschutz ausgeschlossen werden (Klausel SK 1203 (10)).

Regelung ARGE

Nimmt der VN an einer Arbeitsgemeinschaft (ARGE) teil, sind Sachen, die im Eigentum der ARGE stehen oder deren Betrieb dienen, auch versichert, wenn sie unter die versicherten Positionen fallen, aber nicht in der Obhut des VN stehen. Hat der VN die Sachen nicht beigestellt, sind sie nur in Höhe der Beteiligung des VN an der ARGE versichert. Sachen, die andere Teilnehmer der ARGE beigestellt haben, sind nicht versichert (Klausel SK 1205 (10)).

► Beispiel

Der VN hat sich an einer ARGE mit 40 % beteiligt. Es soll ein Einkaufszentrum ge-
baut werden. Der VN bringt Maschinen im Wert von 500.000 EUR in die ARGE ein.
Die Maschinen werden von dem VN und den anderen Teilnehmern genutzt. Die
ARGE selbst schafft ebenfalls Maschinen im Wert von 800.000 EUR an.

Die Maschinen, die der VN einbringt (beigestellt hat), sind grundsätzlich über die Versicherung des VN versichert.

Die anderen Maschinen sind für den VN nur in Höhe seines Anteils (40 % von
800.000 EUR = 320.000 EUR) versichert.

Mitversicherungsmöglichkeiten mit Haftungshintergrund

Der VN kann für den „Untergang" von Sachen, die er in Obhut nimmt, verantwortlich sein. Für Beherbergungsbetriebe und Pfandleihen sieht die gewerbliche Sachversicherung Mitversicherungsmöglichkeiten vor.

Haftung

Eigentum von Gästen in Beherbergungsbetrieben, das dem VN *nicht* zur Verwahrung übergeben wurde, ist bis zu der hierfür vereinbarten Versicherungssumme auf erstes Risiko versichert. Nicht versichert sind Kraftfahrzeuge, Bargeld und Wertpapiere.

Gäste in Hotels

Die VR begrenzen ihre Entschädigung je Gast auf einen vereinbarten Betrag
oder Prozentsatz der Versicherungssumme. Die Entschädigung wird nur geleistet, soweit der Gast Entschädigung nicht aus einem anderen Versicherungsvertrag beanspruchen kann; es handelt sich hier um eine subsidiäre Versicherung
(Klausel SK 1210 (10). Die Vereinbarung der Klausel SK 1210 (10) soll und kann
nicht den Abschluss einer Haftpflichtversicherung ersetzen.

**► Exkurs: Haftungsfragen für Garderobe und Wertsachen in
                 Beherbergungsbetrieben**

Der Betreiber eines Beherbergungsbetriebs haftet gegenüber dem Gast für Verlust,
Zerstörung oder Beschädigung seiner Sachen bis zum 100-Fachen des täglichen
Beherbergungspreises ohne Frühstück und Bedienungsgeld (mindestens bis zu
600 EUR und höchstens bis zu 3.500 EUR).

Die Haftung beinhaltet nur eingebrachte Sachen (Garderobe, Koffer, Schmuck etc.)
und gilt nur für die Zeit, in der diese vom Wirt sichergestellt wurden.

Für Wertgegenstände, Bargeld und Wertpapiere ist die Haftung auf 800 EUR begrenzt. Die Haftung des Betreibers ist unbegrenzt, wenn Schäden durch ihn oder
seine Mitarbeiter verschuldet wurden. Eine Haftung für Fahrzeuge und lebende Tiere besteht nur bei Abschluss eines Verwahrungsvertrags.

Generell ist jeder Wirt gesetzlich verpflichtet, auf Wunsch der Gäste deren Wertsachen aufzubewahren (im Rahmen der Zumutbarkeit). Lehnt der Wirt dies ab oder
verschuldet er oder sein Personal Beschädigungen oder Verlust an den eingebrachten Sachen, haftet er in vollem Umfang.

Rechtsgrundlage sind die §§ 701 ff. des Bürgerlichen Gesetzbuchs (BGB).

▶ **Beispiel**

Hotelgast Nike K. hat in ihrem Zimmer zwei Koffer abgestellt. In dem Koffer befinden sich Bekleidungsgegenstände und Schmuck. Bei der Anmeldung hat sie besonders wertvollen Schmuck und Bargeld zur Verwahrung im Hotelsafe übergeben.

Die eingebrachten Hausratgegenstände sind zunächst über die Hausratversicherung des Gastes im Rahmen der Außenversicherung mit ihrer Entschädigungsgrenze versichert. Sollte diese nicht bestehen oder „notleidend" sein, evtl. durch Nichtzahlung gemäß § 38 VVG, besteht im Rahmen der Klausel SK 1210 (10) eine Mitversicherungsmöglichkeit.

Die Mitversicherung über die Klausel ist auch gegeben, wenn die Entschädigungsgrenze der Hausrat-Außenversicherung greift.

Für die auf dem Zimmer befindlichen Schmucksachen besteht ebenfalls Versicherungsschutz, da diese wie der übrige Hausrat nicht in Verwahrung gegeben wurden. Eine evtl. bestehende Schmucksachen- oder Valorenversicherung wäre, wie die Hausratversicherung, vorleistungspflichtig.

Der Schmuck im Hotelsafe ist nicht versichert, hier hat das Hotel den Schmuck in Verwahrung genommen.

Sharing Economy

Sharing Economy

Der Begriff „Sharing Economy" fasst Firmen, Geschäftsmodelle, Plattformen und Communities zusammen, die eine geteilte Nutzung von ganz oder teilweise ungenutzten Ressourcen anbieten.

Schon in den 1950er Jahren war es in der Landwirtschaft bei insbesondere kleineren Betrieben (die einen eigenen Ankauf komplexer Maschinen nicht finanzieren konnten), üblich, in Form von Maschinenringen gemeinschaftlich Beschaffungen von teuren landwirtschaftlichen Geräten vorzunehmen. Gleichzeitig wurden vorhandene Maschinen, die partiell ungenutzt blieben, vom Besitzer innerhalb der Gemeinschaft verliehen.

Im Zuge der Digitalisierung von Produkten und Geschäftsmodellen sind in den letzten Jahren zahlreiche kommerzielle Netzwerke und Communities entstanden. Manche zielen auf einen regionalen Markt ab, andere agieren überregional. Geteilt werden heute Zimmer, Parkplätze, „weiße Ware", hochwertige Kameras, Baugeräte und vieles mehr.

Die o.g. Apps und Plattformen stellen die Versicherungswirtschaft vor Herausforderungen, da ihre Betreiber sich eine situative Deckung wünschen, d.h. eine Deckung nur für den Zeitraum der Verleihvorgänge.

In der Anschauung klassischer VR ist die Versicherung nur in Hochrisikozeiten allerdings eine negative Risikoauslese.

Hinzu kommt, dass sich bedauerlicherweise in vielen Communities Nutzer finden, die Nischen und Betrugsansätze in kürzester Zeit ausloten.

Eine wirksame Vermeidung von Unterschlagungsfällen ist in der Praxis schwer mit dem Sharing-Gedanken vereinbar.

Dennoch wächst das Sharing-Segment mit beachtlicher Geschwindigkeit. VR können sich dieser Entwicklung nicht gänzlich verschließen, sind aber gut beraten, frühzeitig mit Start-ups in die Beratung zu gehen, um als Grundlage für die Versicherbarkeit einen notwendigen Grad von Sicherheit sicherzustellen.

Pfandleihen, Klausel SK 1204 (10)

Der VR leistet Entschädigung für Pfandsachen nur, soweit der VN dem Verpfänder *Schadenersatz* leisten muss oder soweit er seine Ansprüche auf Darlehensrückzahlung, Zinsen oder Lagerspesen verloren hat. Versicherungswert und Grenze der Entschädigung ist der in einem Pfandbuch eingetragene Schätzwert der Pfandsachen.

Pfandsachen

Spediteure, SK 2702 (10)

Sachen, die der Spediteur aufgrund eines Speditions-, Fracht- oder Lagervertrags in Gewahrsam genommen hat, sind bis zu der hierfür vereinbarten Versicherungssumme versichert, und zwar – soweit nichs anderes vereinbart ist – auf erstes Risiko.

Entschädigung wird nicht geleistet, soweit Versicherungsschutz besteht aus einer:

- Betriebs- oder Verkehrshaftpflichtversicherung,
- Transportversicherung,
- durch den Versicherten oder in dessen Auftrag genommenen anderen Feuer-, Leitungswasser- oder Sturmversicherung,
- durch den Spediteur genommenen anderen Feuer-, Leitungswasser- oder Sturmversicherung, nach der die versicherten Sachen nach Art, Maß, Zahl, Gewicht oder sonstigen Merkmalen bezeichnet sind. Auch ohne Bezeichnung geht eine andere Feuer-, Leitungswasser- oder Sturmversicherung des Spediteurs voran, wenn die vorliegende Versicherung für mehrere Versicherungsorte, die andere dagegen nur für den durch den Schaden betroffenen Versicherungsort genommen ist. Diese Versicherung gilt nicht für die Gefahren innere Unruhen, böswillige Beschädigung, Streik, Aussperrung, Einbruchdiebstahl und Raub, Überschwemmung, Erdbeben, Erdrutsch, Erdsenkung, Schneedruck, Lawinen, Vulkanausbruch.

Gebrauchsgegenstände Betriebsangehöriger

Auch Gebrauchsgegenstände Betriebsangehöriger sind fremdes Eigentum im Sinne der Bedingungen. Mit der Mitversicherung erfüllt der Arbeitgeber eine arbeitsrechtliche Fürsorgepflicht.

Versicherungsschutz für Hausrat aller Art besteht allerdings nicht (§ 3 Nr. 6e) AVB 2010). Dieser Ausschluss muss deklariert werden, da der Begriff Hausrat kein abschließender Begriff ist. Die VHB helfen hier mit der Deklaration auch nicht weiter, da neben der üblichen Definition „Ge- und Verbrauch" diverse Sachen zum Hausrat gehören, so auch Arbeitsgeräte und Einrichtungsgegenstände, die ausschließlich dem Beruf oder dem Gewerbe dienen (Ziffer 8.3.7 VHB 2016).

Die VHB 2008 sahen durch die Klausel PK 7211 (10) den generellen Ausschluss von Arbeitsgeräten vor, gedacht war dieser Ausschluss aber eher für die sich in der Wohnung befindlichen Arbeitsgeräte. Die davorigen Bedingungen, z. B. AFB 87, sahen die Einschlussmöglichkeit als Subsidiärdeckung vor.

Durch die begrenzte Außenversicherung im Bereich der Hausratversicherung (Dauer und Höhe) kann es zu Deckungslücken kommen, die, falls der Arbeitgeber für die Schäden am Hausrat (Gebrauchsgegenstände Betriebsangehöriger) aufkommen muss, über gesetzliche oder vertragliche Haftung geregelt werden müssen.

Klarstellend normiert der § 6 Nr. 2 AVB 2010, dass Gebrauchsgegenstände Betriebsangehöriger nicht in den Wohnräumen der Betriebsangehörigen versichert sind.

Versicherung eingelagerter Gegenstände

Eine weitere Möglichkeit, Hausratgegenstände im Rahmen der Gewerbeversicherung zu versichern, besteht, wenn Hausratgegenstände eingelagert werden (Klausel SK 1206 (10). Die eigentliche Nutzung der Hausratgegenstände wird für die Dauer der Einlagerung aufgehoben.

Sonstige „Sachen"
Daten und Programme (§ 4 AVB 2010)

Daten und Programme sind keine Sachen, die Versicherung ist nur über § 4 AVB 2010 Daten und Programme möglich.

Schaden am Datenträger

Entschädigung für Daten und Programme erfolgt nur, wenn ein Schaden (Verlust, Veränderung, Nichtverfügbarkeit) am Datenträger (Datenspeicher für maschinenlesbare Informationen) durch einen dem Grunde nach versicherten Schaden verursacht wurde. Die Versicherung bezieht sich nur auf Daten und Programme, die für die Grundfunktion einer versicherten Sache notwendig sind.

Ersatz erfolgt für notwendige Daten und Programme einschließlich der Systemprogrammdaten aus Betriebssystemen über die Position, über die die Sache selbst versichert ist. Das gilt auch für Daten und Programme, die auf zum Verkauf bestimmten Datenträgern gespeichert sind (Handelsware).

Sonstige Daten und Programme

- serienmäßig hergestellte Standardprogramme,
- individuelle Programme,
- individuelle Daten,

die weder für die Grundfunktion einer versicherten Sache notwendig sind, noch auf einem zum Verkauf bestimmten Datenträger gespeichert sind.

Position Geschäftsunterlagen

Der Ersatz erfolgt ausschließlich über die Position Geschäftsunterlagen, § 5 Nr. 4 AVB 2010. Die Wiederherstellungsfrist beträgt zwei Jahre nach Eintritt des Versicherungsfalls.

Nicht versichert sind: *nicht versichert*

- Daten und Programme, zu deren Nutzung der VN nicht berechtigt ist (Raub-kopie), die nicht betriebsfertig oder nicht lauffähig sind oder sich nur im Arbeitsspeicher der Zentraleinheit befinden

- Kosten, die entstehen, weil Daten oder Programme durch Kopier- oder Zugriffsschutz oder vergleichbare Vorkehrungen wie Kopierschutzstecker gesichert sind. Hier handelt es sich in erster Linie um die (zunächst nicht versicherten) Kosten für den neuerlichen Lizenzerwerb. Hierfür wird oft im Rahmen der Elektronikversicherung eine Erstrisikoposition angeboten.

Positionen Erläuterungen

Auch im Bereich der Mobilien bieten die „Positionen Erläuterungen" eine Klärungshilfe für den VN und auch für den VR.   *Positionen Erläuterungen*

Betriebseinrichtung

Betriebseinrichtungen sind bewegliche Sachen (einschließlich der dazugehörigen Fundamente und Einmauerungen), soweit sie nicht unter die übrigen Positionen fallen. Solche Betriebseinrichtungen sind z. B.:

Antriebseinrichtungen (einschließlich Riemen, Seile und Ketten), Bedienungsbühnen, Behälter (soweit kein Verpackungsmaterial), Beleuchtungsanlagen (die mit dem Gebäude nicht fest verbunden sind), Brandbekämpfungseinrichtungen und -anlagen, Energieanlagen, Fertigungsvorrichtungen (soweit sie für die laufende Produktion benötigt werden), Kantineneinrichtungen, Klimaanlagen (die Betriebszwecken dienen), Lastenaufzüge, (elektrische) Leitungen (soweit sie nicht unter Putz verlegt sind), Maschinen, Trocknungsanlagen, Werbeanlagen, (versetzbare) Zwischenwände.

Nicht zur Position Betriebseinrichtung gehören zulassungspflichtige Fahrzeuge; sie können unter besonderer Position versichert werden.

Vorräte

Die Versicherung von Vorräten ist in den Versicherungsbedingungen nicht weiter erläutert. Wegen der Vielfalt der Waren kann auch keine zweckmäßige Unterteilung vorgenommen werden. Versichert sind alle im Antrag und Versicherungsschein angegebenen Waren und Warengruppen, die für die Art des Betriebs typisch sind. Hierunter fallen alle fertigen und halbfertigen Produkte, egal ob sie selbst hergestellt oder zugekauft wurden. Unter die Position Vorräte fallen:

Betriebsstoffe, Roh- und Hilfsstoffe, Verpackungsmaterial, Waren für Sozialeinrichtungen, wie z.B:

Handelsware, Hilfsstoffe, Rohstoffe, in Bearbeitung oder Reparatur genommene Sachen, Verpackungsmaterial, Waren von Zulieferern.

Besonderheiten bei der Versicherung von Vorräten

Handelt der VN mit Wertsachen (Briefmarken, Münzen, Medaillen, Schmucksachen, Perlen und Edelsteine, Telefonkarten, unbearbeitete Edelsteine sowie Sachen aus Edelmetall), sind diese abweichend von den AVB 2010 (§ 3 Nr. 6)   *Handel mit Wertsachen* versichert, soweit es sich um Vorräte handelt. Für die Versicherungssumme wird eine Entschädigungsgrenze vereinbart. Für den Minderwert von Sammlungen oder Serien durch Verlust einzelner Stücke wird kein Ersatz geleistet. Der VN muss über den Bestand der Wertsachen ein Verzeichnis führen und so aufbewahren, dass es nicht gleichzeitig mit den Sachen zerstört oder beschädigt werden kann (Klausel 1209 (10).

Zusammenfassung

Die versicherten Sachen stellen das Interesse dar, das ein Kunde an diesen Sachen hat. Das Interesse kann verschiedenartig sein, es geht vom Eigentümerinteresse bis hin zum Pächterinteresse und berücksichtigt die Behandlung der Versicherung fremden Eigentums.

Die AVB regeln, welche Sachen und Werte grundsätzlich abgesichert sind und welche nicht versichert sind. Weiterhin können besondere Interessen mitversichert werden, z. B. Sachen, die sich im Eigentum einer Arbeitsgemeinschaft (ARGE) befinden (Klausel SK 1205 (10).

Bei der Versicherung von Gebäuden kann auf das BGB zurückgegriffen werden, hier ist im Sachenrecht geregelt, was Gebäudebestandteile, Scheinbestandteile und Gebäudezubehör sind.

3.4 Versicherte und nicht versicherte Kosten

Handlungssituation

In letzter Zeit häufen sich die Fälle, in denen Kunden Feuerlöschkosten nach einem Löscheinsatz der Feuerwehr selbst übernehmen sollen. In Ihrem Team soll die grundsätzliche Behandlung und die Versicherungsmöglichkeit von Feuerlöschkosten besprochen werden. Sie haben die Aufgabe übernommen, Ihr Team über die Grundlagen zu informieren.

Kosten

Anders als in den Privatsparten Hausrat- und Wohngebäudeversicherung sind die versicherten Kosten in den gewerblichen Grunddeckungen in zwei Bereiche unterteilt.

obligatorische Kosten

1. Kosten, die im VVG geregelt sind (obligatorisch), Aufwendungsersatz

2. Kosten, die als Erweiterung angeboten werden (fakultativ)

fakultative Kosten

Die fakultativ angebotenen Kosten sind in den AVB als Option aufgeführt, sie werden dort abschließend behandelt, aber erst durch Vereinbarung Bestandteil des Vertrages.

Kostenschaden

Neben den in den Bedingungen behandelten Kosten wird zu den einzelnen Deckungen die Einbeziehung zahlreicher weiterer Kosten durch Klauseleinschluss angeboten. Grundlage für jeden Kostenschaden ist der vorweg eingetretene Sachsubstanz-Schaden, der Schaden an einer versicherten Sache (§ 3 AVB 2010) durch eine versicherte Gefahr (§ 1 AVB 2010).

Der Ersatz für Kostenschäden (§ 5 AVB 2010) und Aufwendungsersatz (§ 13 AVB 2010 Teil B) folgt dem Sachsubstanzschaden als Annex-Risiko. Das bedeutet, es muss ein Schadenereignis eingetreten sein bzw. unmittelbar bevorstehen. Das VVG kennt versicherte Kosten als Aufwendungsersatz.

Annex-Risiko

Aufwendungsersatz

Schadenabwendungs- oder Schadenminderungskosten

(§ 13 Nr. 1 Teil B AVB 2010)

Die Schadenabwendungs- oder Schadenminderungskosten sind bis zu dem Maximalwert der versicherten Position versichert, d. h., der Substanzschaden und der Kostenschaden sind auf die Höhe der Versicherungssumme der versicherten Position begrenzt. Eine Ausnahme von dieser Regelung besteht nur, wenn auf Weisung des VR weiter Abwendung oder Minderung betrieben werden soll.

Aufwendungsersatz bis zur Versicherungssumme

Nicht unter den Versicherungsschutz fallen Aufwendungen für Leistungen der Feuerwehr (oder anderer Institutionen, die im öffentlichen Interesse zur Hilfeleistung verpflichtet sind), wenn diese Leistungen im öffentlichen Interesse erbracht werden.

Feuerlöschkosten

Kosten für die Ermittlung und Feststellung des Schadens

(§ 13 Nr. 2 Teil B AVB 2010)

Fallen im Zuge der Ermittlung und Feststellung des Schadens Sachverständigenkosten an, werden diese nur ersetzt, sofern der VN vertraglich verpflichtet ist, einen Sachverständigen hinzuzuziehen oder wenn der VR den VN auffordert, einen Sachverständigen zu beauftragen. Der vorgenannte Aufwendungsersatz unterliegt der Abzugsmöglichkeit, z. B. bei einer Unterversicherung.

Sachverständigenkosten

Unterversicherung

Kostenersatz für fakultative Kosten

Ersetzt werden vereinbarte Kosten für tatsächlich entstandene notwendige Aufwendungen, ohne Berücksichtigung einer eventuellen Unterversicherung der betreffenden Position (Erst-Risiko):

fakultative Kosten

Aufräum- und Abbruchkosten	Feuerlöschkosten	Bewegungs- und Schutzkosten
Wiederherstellungskosten von Geschäftsunterlagen	Mehrkosten durch behördliche Wiederherstellungsbeschränkungen	Mehrkosten durch Preissteigerungen
Beseitigung von Gebäudeschaden (AERB 2010 § 5 Nr. 6)	Schlossänderungskosten (AERB 2010 § 5 Nr. 5)	

Mehrkosten durch behördliche Wiederherstellungsbeschränkungen und Preissteigerungen werden nur im Verhältnis der vom Schaden betroffenen Position
zum Versicherungswert der vom Schaden betroffenen Position ersetzt.

 ▷ **Beispiel**

VN Zeiler verwendet für die Herstellung seiner Produkte Rohstoffe, die starken
Preisschwankungen unterliegen. Die Versicherungssumme für die Position Waren
und Vorräte beträgt 900.000 EUR. Bei einem Feuer entsteht an den Waren und Roh-
stoffen ein Schaden in Höhe von 300.000 EUR.

Der Sachverständige Ritterbach ermittelt den Versicherungswert am Schadentag, er
beträgt 1.200.000 EUR. Die Wiederbeschaffung der Rohstoffe verteuert sich durch
Preissteigerungen auf 350.000 EUR.

Es besteht Unterversicherung: $\dfrac{\text{Schaden } 300.000 \text{ EUR x VS } 900.000 \text{ EUR}}{\text{VW } 1.200.000 \text{ EUR}}$

Die Entschädigung beträgt zunächst 225.000 EUR, die Unterversicherungsquote beträgt 25 %.

Durch die Mitversicherung der Mehrkosten für Preissteigerungen werden auch die
nach dem Schaden eingetretenen Preissteigerungen berücksichtigt. Gleichfalls wird
jedoch auch die Unterversicherungsquote von 25 % berücksichtigt.

Von den 50.000 EUR Mehrkosten werden deshalb nur 75 % übernommen.

Zu beachten ist, dass Mehrkosten innerhalb der Kostenposition nicht versichert sind,
wenn diese auf außergewöhnliche Ereignissen zurückzuführen sind.

Kostenersatz über Klauseleinschluss

Klauseleinschlüsse
- Sachverständigenkosten, SK 1302 (10)
- Aufgebots- und Wiederherstellungskosten für Urkunden, SK 1305 (10)

Klauseln für einzelne Sparten

„Sparten"-Klauseln
- Kosten für die Dekontamination von Erdreich (Feuer), SK 3301 (10)
- Erweiterte Schlossänderungskosten (ED), SK 4301 (10)

Zusammenfassung

Versicherte Kosten werden in obligatorische und fakultative Kosten unterteilt. Obligatorische Kosten sind Kosten, die im VVG geregelt sind, während fakultative Kosten
auf die Bedürfnisse des Kunden zugeschnittene Kosten sind, wie z. B. Aufräumkosten nach einem Schadenfall.

3.5 Versicherungsort

Handlungssituation

Die Proximus Versicherung AG plant den Launch einer neuen Produktlinie „Flexi Billy". Gegenstand ist unter anderem auch, die gewerbliche Inhaltsversicherung zu überarbeiten. Im Fokus soll die neue Flexibilität der Kunden stehen. Sie sind damit beauftragt, die besonderen Regelungen in den AVB Gewerbe darzustellen.

Die Bestimmungen in den Versicherungsbedingungen über den Versicherungsort betreffen ausschließlich bewegliche Sachen (§ 6 AVB 2010). Für die Position Gebäude ist eine spezielle Vorschrift nicht notwendig, da der Versicherungsort durch die Vereinbarungen im Antrag und dem Versicherungsschein geregelt ist.

Versicherungsort

Bewegliche Sachen, so lautet die Grundregel, sind nur innerhalb des Versicherungsorts versichert. Der Versicherungsort ist der im Versicherungsvertrag bezeichnete Betriebs- oder Geschäftsraum des VN innerhalb eines Gebäudes oder das als Versicherungsort bezeichnete Grundstück.

Grundregel bezeichnete Betriebsräume

Für die Einbruchdiebstahlversicherung gilt, dass Versicherungsschutz grundsätzlich nur innerhalb von Gebäuden besteht. Ein Gebäude ist dazu bestimmt, von Menschen betreten zu werden.

ED-Gebäudegebundenheit

Grundsätzlich fallen unter den Begriff Gebäude nicht:

- Schiffe,
- Kraftfahrzeuge,
- Eisenbahnwaggons,
- Bauwagen.

Eine Ausnahme von der Grundregel besteht für Sachen, die infolge eines eingetretenen oder unmittelbar bevorstehenden Versicherungsfalls aus dem Versicherungsort entfernt und in zeitlichem und örtlichem Zusammenhang mit diesem Vorgang beschädigt oder zerstört werden oder abhanden kommen. Diese Sachen werden so behandelt, als wenn sie sich am Versicherungsort befunden hätten (§ 6 Nr. 1b) AVB 2010).

Ausnahme von der Grundregel

Sofern Gebrauchsgegenstände Betriebsangehöriger mitversichert sind, sind diese nicht in den Wohnräumen der Betriebsangehörigen versichert. Es handelt sich hier in erster Linie um eine Bestimmung für Werkswohnungen auf dem Versicherungsgrundstück (§ 6 Nr. 2 AVB 2010).

Bargeld und Wertsachen

Eine besondere Bestimmung zum Versicherungsort ist für die Positionen „Bargeld und Wertsachen" vorgesehen.

Verschlussvorschriften   Generell gelten Bargeld und Wertsachen als nicht versichert (siehe „Positionen – Erläuterung"). Oftmals bieten VR jedoch ein Sublimit an, um diesen Ausschluss teilweise wieder abzubedingen. Allerdings gelten hierbei Verschlussvorschriften. Nur in verschlossenen Räumen oder Behältnissen der im Versicherungsvertrag bezeichneten Art sind Bargeld und Wertsachen versichert (§ 6 Nr. 3 AVB 2010). Während der Geschäftszeit oder während anderer zu vereinbarender Zeiträume wie die Mittagspause können Bargeld und Wertsachen auch außerhalb der Behältnisse aufbewahrt werden. Eine entsprechende Vereinbarung ist notwendig.

Juweliere   Ausgenommen von dieser Regelung sind Juwelier-, Uhrmacher- und Bijouteriegeschäfte. Für diese Betriebe gibt es eine auf deren Belange zugeschnittene Deklaration.

„Zahngold"   Für die Versicherung von Edelmetallen in Zahnarztpraxen und Zahnlabors kann vereinbart werden, dass verarbeitete und unverarbeitete Edelmetalle auch außerhalb von Behältnissen versichert sind (Klausel SK 1207 (10)).

   ▶ **Definition**

Behältnis   Ein Behältnis ist ein allseitig fest umschlossener Raum der geeignet ist, Sachen aufzunehmen.

Registrierkassen   Registrierkassen, elektrische und elektronische Kassen sowie Rückgeldgeber nach Geschäftsschluss sind nach den AERB Teil B § 11 Nr. 1d) zu entleeren und offen zu lassen. Bei dieser Regelung handelt es sich um eine Obliegenheit des VN.

Die VR vereinbaren in ihrer Pauschaldeklaration, welche Behältnisse für die Aufnahme der Wertgegenstände geeignet sind. So bieten manche VR z. B. für Bargeld in Registrierkassen Versicherungsschutz bis 25 EUR je Kasse, höchstens jedoch 250 EUR je Versicherungsfall.

Erweiterungen des Versicherungsorts

erweiterter Versicherungsort   Verfügt der Betrieb des Versicherungsnehmers über mehrere Betriebsstätten, so lässt sich oft nicht eindeutig bestimmen, wo sich versicherte bewegliche Sachen gerade befinden. Der VR räumt dann die sogenannte Freizügigkeit ein, d. h., die Sachen sind an dem Versicherungsgrundstück versichert, an dem sie sich gerade befinden.

Freizügigkeit   Die *Klausel SK 1401 (10)* zur Freizügigkeit zwischen Versicherungsorten mit je einer Versicherungssumme gilt nicht für Versicherungssummen auf erstes Risiko und Entschädigungsgrenzen.

Mit der *Klausel SK 1402 (10)* zur Freizügigkeit zwischen Versicherungsorten mit gemeinsamer Versicherungssumme wird für Versicherungssummen auf erstes Risiko und Entschädigungsgrenzen eine Summe durch Teilung der gemeinsamen Summen durch die Anzahl der Versicherungsorte ermittelt.

▶ **Beispiel**

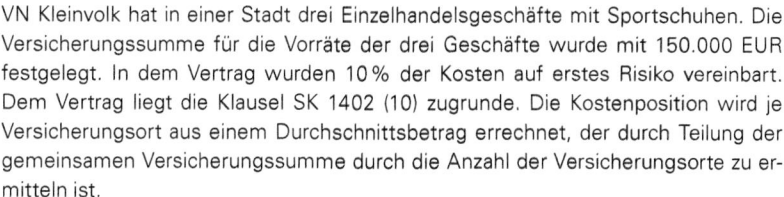

VN Kleinvolk hat in einer Stadt drei Einzelhandelsgeschäfte mit Sportschuhen. Die Versicherungssumme für die Vorräte der drei Geschäfte wurde mit 150.000 EUR festgelegt. In dem Vertrag wurden 10 % der Kosten auf erstes Risiko vereinbart. Dem Vertrag liegt die Klausel SK 1402 (10) zugrunde. Die Kostenposition wird je Versicherungsort aus einem Durchschnittsbetrag errechnet, der durch Teilung der gemeinsamen Versicherungssumme durch die Anzahl der Versicherungsorte zu ermitteln ist.

150.000 EUR Gesamtversicherungssumme : 3 Versicherungsorte

= 50.000 EUR (je Versicherungsort) x 10 % Kosten = 5.000 EUR Kostensumme

Es kommt bei expandierenden Firmen häufig vor, dass neue, bisher nicht im Versicherungsvertrag erfasste Betriebsgrundstücke hinzukommen. Um auch diese Gegebenheit nicht gänzlich unversichert zu lassen, bietet der VR die Vereinbarung der Klausel SK 2401 (10) für neu hinzukommende Betriebsgrundstücke an.   *neu hinzukommende Betriebsgrundstücke*

Die Klausel kann für die Gefahr Feuer, innere Unruhen, böswillige Beschädigung, Streik, Aussperrung, Fahrzeuganprall, Rauch, Überschalldruckwellen, Wasserlöschanlagen-Leckage, Leitungswasser sowie Sturm und Hagel vereinbart werden. Die vereinbarten Gefahren sind bis zu der vertraglich vereinbarten Zeit nach deren Hinzukommen mitversichert.

Hier sind bis zu einer festgelegten Summe neu hinzukommende Betriebsgrundstücke automatisch versichert. Voraussetzung ist: Der VN hat halbjährlich ein Verzeichnis einzureichen.

Abhängige Außenversicherung

Innerhalb festgelegter Grenzen bieten die VR auf Antrag Deckungsschutz für Sachen, die sich außerhalb des Versicherungsorts an nicht näher bezeichneten Orten befinden. Regelmäßig wird dies durch eine festzulegende eigene Versicherungssumme oder Höchstentschädigung und eine geografische Beschränkung limitiert.

Nach der Klausel SK 2402 (10), abhängige Außenversicherung, sind versicherte Sachen auch außerhalb des Versicherungsorts versichert. Es wird eine Entschädigungsgrenze oder eine besondere Versicherungssumme für die vorübergehend außerhalb befindlichen Sachen vereinbart. In der Einbruchdiebstahlversicherung bleibt die Gebäudegebundenheit bestehen.

Geografisch ist der Versicherungsschutz auf die Bundesrepublik Deutschland begrenzt. Die Vereinbarung der Außenversicherung ist subsidiär: Wenn der VN aus einer anderen Versicherung eine Entschädigung erhalten kann, ist diese vorleistungspflichtig.

Sofern eine Unterversicherung besteht, sind die Versicherungswerte der Sachen am Versicherungsort und außerhalb des Versicherungsorts zu berücksichtigen, letztere aber nur maximal mit den vereinbarten Entschädigungsgrenzen.

 ▶ **Beispiel**

VN Lara Kelly schließt eine Feuerversicherung für Betriebseinrichtung und Vorräte (Versicherungssumme 400.000 EUR als summarische Versicherung mit zusätzlich 40.000 EUR Vorsorge) ab. Der Versicherungswert beträgt 500.000 EUR. In der Pauschaldeklaration ist u. a. eine Außenversicherung (begrenzt auf 5 % der Versicherungssumme / maximal 10.000 EUR) eingeschlossen.

Außerhalb des Versicherungsorts werden Waren in Höhe von 9.400 EUR durch Feuer zerstört.

Versicherungssumme:	400.000 EUR
+ Vorsorge:	40.000 EUR
Gesamt:	**440.000 EUR**

$$\text{Entschädigung:} \qquad \frac{9.400 \times 440.000}{500.000} \qquad = 8.272,00 \text{ EUR}$$

Nach Klausel SK 2402 (10) sind bei Berechnung einer Unterversicherung auch die außerhalb des Versicherungsorts versicherten Sachen zu berücksichtigen, jedoch nur bis zu der dort genannten Entschädigungsgrenze.

 ▶ **Beispiel**

Versicherungssumme:	440.000 EUR
Versicherungswert am Versicherungsort:	490.000 EUR
Versicherungswert außerhalb des Versicherungsorts:	30.000 EUR
Schaden am Versicherungsort:	86.000 EUR

Entschädigung

Da die Außenversicherung auf 10.000 EUR begrenzt ist, gehen für die Berechnung in den Versicherungswert auch nur 10.000 EUR ein; der Versicherungswert insgesamt beträgt 500.000 EUR.

$$\frac{86.000 \times 440.000}{500.000} \qquad = 75.680,00 \text{ EUR}$$

Selbstständige Außenversicherung

Sollen versicherte Sachen nur außerhalb des Versicherungsorts versichert gelten, kann eine selbstständige Außenversicherung nach Klausel SK 2403 (10) vereinbart werden. Es wird eine eigenständige Versicherungssumme (eigene Position) gebildet. In der Einbruchdiebstahlversicherung bleibt auch hier die Gebäudegebundenheit bestehen.

Geografisch ist der Versicherungsschutz auf die Bundesrepublik Deutschland begrenzt. Die Vereinbarung der Außenversicherung ist subsidiär.

▶ **Beispiel**

Der VN schließt eine Industrie-Feuerversicherung mit folgenden Positionen ab:

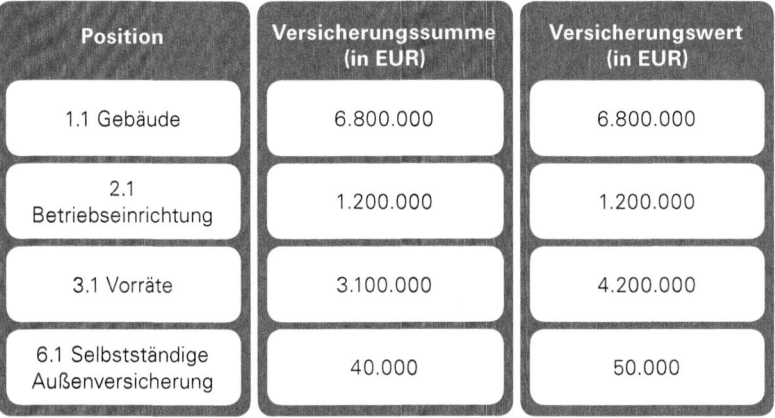

Position	Versicherungssumme (in EUR)	Versicherungswert (in EUR)
1.1 Gebäude	6.800.000	6.800.000
2.1 Betriebseinrichtung	1.200.000	1.200.000
3.1 Vorräte	3.100.000	4.200.000
6.1 Selbstständige Außenversicherung	40.000	50.000

Schaden außerhalb des Versicherungsorts   30.000 EUR

Unterversicherung wird für jede Position festgestellt. Die Unterversicherung im Bereich der Position 3.1 wirkt sich nicht auf die Entschädigung der Position 6.1 aus.

$$\frac{30.000 \times 40.000}{50.000} = 24.000 \text{ EUR}$$

Weitere Besonderheiten des Versicherungsorts bei Einbruchdiebstahl und Raub

Die Definition des Versicherungsorts für Raubschäden weicht von den Regelungen der anderen gewerblichen Sachsparten ab.

Raubschäden

Raub innerhalb eines Gebäudes	Raub auf Transportwegen
▪ Versicherungsort für Raub innerhalb eines Gebäudes oder Grundstücks ist das gesamte Grundstück, auf dem der Versicherungsort liegt, wenn das Grundstück allseitig umfriedet ist, § 6 Nr. 1c) AERB 2010. ▪ Voraussetzungen an die Beschaffenheit der Umfriedung werden nicht gestellt. Es muss aber erkennbar sein, dass ein Grundstück anfängt oder aufhört.	▪ Versicherungsort für Raub auf Transportwegen ist, soweit nichts anderes vereinbart ist, die Bundesrepublik Deutschland § 6 Nr. 1d) AERB 2010.

2

Schaukästen und Vitrinen

Die zusätzlich zu vereinbarenden Kostenpositionen im Bereich der Einbruch-diebstahlversicherung betreffen:

- Schaukästen und Vitrinen, *SK 4402 (10)*,
- Sparschränke und deren Inhalt, *SK 4409 (10)*,
- Bargeld, Urkunden und sonstigen Sachen in fahrbaren Zweigstellen, *SK 4410 (10)*.

Banken und Sparkassen

Für die Gefahr Raub stehen entsprechende Versicherungsmöglichkeiten für Banken und Sparkassen zur Verfügung:

- Raub an Kunden in Geschäftsräumen, SK 4404 (10),
- an Autoschaltern, SK 4405 (10),
- vor Geldausgabeautomaten bei Banken und Sparkassen, SK 4408 (10),
- vor Aus-/Eingabeterminals von Mietfachanlagen mit Selbstbedienungsservice, SK 4411 (10).

Zusammenfassung

Die gewerbliche Sachversicherung ist grundsätzlich ortsgebunden. Versicherte Sachen sind im/am vereinbarten Ort versichert. Für bestimmte Sachen, z. B. Bargeld, bestehen bestimmte Aufbewahrungsvorschriften.

Sollen auch außerhalb des Versicherungsorts Sachen versichert sein, kann Außenversicherung oder Freizügigkeit zwischen mehreren Versicherungsorten vereinbart werden.

3.6 Versicherungswert, Versicherungssumme

Handlungssituation

Im Rahmen von „Flexi Billy" soll die gewerbliche Sachversicherung an die private angepasst werden. Seitens des Vertriebs wurde in der letzten Zeit die sogenannte goldene Regel als Beispiel für eine notwendige Anpassung angeführt. Zur Vorbereitung auf eine Teambesprechung sollen Sie die Hintergründe dieser Regel erläutern.

Die Wertermittlung in der gewerblichen Sachversicherung gehört zu den Grundlagen der Schadenversicherung. An dieser Stelle sollen noch einmal kurz die Regelungen des VVG behandelt werden und danach die dazu passenden Bedingungsäquivalenzen:

Grundlage der Schadensversicherung

§ 74 VVG – Überversicherung	§ 75 VVG – Unterversicherung
Übersteigt die Versicherungssumme den Versicherungswert (versichertes Interesse) erheblich, können die Parteien verlangen, dass die Überversicherung per sofort beseitigt wird. Will sich der VN einen rechtswidrigen Vermögensvorteil verschaffen, ist der Vertrag nichtig. Die Prämie verbleibt bei dem VR bis zum Zeitpunkt der Kenntnis durch den VR.	Ist die Versicherungssumme erheblich niedriger als der Versicherungswert, kann der VR die Leistung entsprechend kürzen. Daraus ergibt sich die angestrebte Lösung: VS = VW = Vollwertprinzip.

Überversicherung
Unterversicherung

Verantwortlich ist der VN, er trägt Verantwortung (und Gefahr) für die Ermittlung. Die Mitwirkung des Vermittlers/Versicherers begründet ein Haftungsrisiko.

Die Versicherungssumme hat Einfluss auf die Berechnungsgröße der Prämie. Sie ist die Höchstgrenze für die Haftung des VR. Weiterhin ist sie die Berechnungsgrundlage für Zusatzdeckungen.

Für Abweichungen von dem Vollwertprinzip gilt die Taxversicherung § 76 VVG – Taxe. Hier wird die Festlegung des Versicherungswerts durch eine Vereinbarung zwischen dem VR und dem VN getroffen. Meist erfolgt eine solche Vereinbarung aufgrund eines vorliegenden Gutachtens, einer Taxe.

Taxversicherung

Eine weitere Abweichung ist die Erst-Risiko-Versicherung (§ 8 Nr. 5 AFB 2010). Jeder Schaden wird bis zu der vereinbarten Summe gezahlt, eine eventuell bestehende Unterversicherung wird nicht berücksichtigt. Der VR bezahlt den Schaden bis zur vereinbarten Versicherungssumme.

Erst-Risiko

Der VR übernimmt das „erste Risiko". Der VN muss u. U. das „zweite Risiko" tragen, nämlich den Teil des Schadens, der die Versicherungssumme übersteigt. Die Erstrisikoversicherung eignet sich für die Versicherung von Kosten bzw. für Sachen, bei denen eine exakte Ermittlung der Versicherungssumme schwer oder nicht möglich ist.

Versicherungswert

Der Versicherungswert § 88 VVG ist der Wert, der sich auf eine Sache oder den Inbegriff (§ 89 VVG) bezieht, den der VN zum Zeitpunkt des Eintritts des Versicherungsfalls für die Wiederbeschaffung oder Wiederherstellung der versicherten Sache in neuwertigem Zustand unter Abzug des sich aus dem Unterschied zwischen alt und neu ergebenen Minderwert aufzubringen hat (Zeitwert).

Der Versicherungswert und somit die zu versichernde Summe wird oft nach handelsrechtlichem Zahlenmaterial ermittelt. Diese Zahlen weichen sehr oft von den Richtlinien, die versicherungsvertraglich festgelegt sind, ab. Eine Fehleinschätzung der Werte kann für ein Unternehmen von existentieller Bedeutung sein.

Bedingungsregelung AVB am Beispiel der AFB 2010

Versicherungssumme

Die Versicherungssumme wird im § 7 Nr. 4 AFB 2010 behandelt. Die Versicherungssumme ist danach ein vereinbarter Betrag zwischen VN und VR, der dem Versicherungswert entsprechen soll.

Anpassungshinweis
Berechnungsformel

Der VN soll die Versicherungssumme für die Dauer des Vertrags anpassen. Ist die Versicherungssumme niedriger als der Versicherungswert, liegt Unterversicherung vor. Nach § 8 Nr. 4a) AFB 2010 wird mit der Berechnungsformel

Entschädigung = Schaden x Versicherungssumme : Versicherungswert

Positionen

je vereinbarter und versicherter Position die Entschädigung berechnet. Eventuell vereinbarte Entschädigungsgrenzen werden von der ermittelten Entschädigung berechnet.

Versicherungswert

Der Versicherungswert wird in § 7 AFB 2010 geregelt. Unterschieden wird nach dem Wert für

- Gebäude und
- bewegliche Sachen (technische und kaufmännische Betriebseinrichtung, Vorräte, sonstige Sachen und Wertpapiere).

abgeleitete
Versicherungssumme

Aus dem Versicherungswert wird die Versicherungssumme abgeleitet:

Höchstmöglicher Substanzschaden

+ Kostenschaden (auch Aufwendungsersatz)

+ Vorsorge für Schätzrisiko

+ Vorsorge für Preissteigerung

+ Vorsorge für Wertverbesserungen

+ Vorsorge für Neuanschaffungen

= **Versicherungssumme**.

Gebäude

Der Versicherungswert für Gebäude richtet sich danach, welche Form für die Versicherung gewählt wurde. Mögliche Formen sind die Neuwertversicherung, die Zeitwertversicherung und die Versicherung zum gemeinen Wert.

Versicherungswert Gebäude

Der Neuwert § 7 Nr. 1a) aa) AFB 2010 ist der Regelwert. Der Neuwert wird ermittelt aus dem ortsüblichen Neubauwert einschließlich Architektengebühren sowie sonstigen Konstruktions- und Planungskosten.

Neuwert

Durch das BGH Urteil vom 30.04.2008, das zu den AFB 1987 ergangen ist, wurde der Neuwertbegriff neu definiert. Die Neuwertversicherung soll den VN vor ungeplanten Wiederherstellungskosten schützen, die ihm durch den Versicherungsfall aufgezwungen werden.

Schutz vor ungeplanten Wiederherstellungs- kosten

Ist die Wiederbeschaffung aus tatsächlichen, rechtlichen oder wirtschaftlichen Gründen nicht mehr in gleicher, sondern nur noch in besserer Art und Güte möglich, so ist die nächstbessere und realisierbare Art und Güte zugrunde zu legen. Der ersetzende Neubauwert umfasst insbesondere unvermeidliche Mehrkosten infolge behördlicher Wiederaufbaubeschränkungen. Es kommt nicht auf die Form der behördlichen Vorgaben an, sondern darauf, ob sie zur Wiederherstellung objektiv erforderlich sind.

Ersetzt werden im Rahmen der versicherten Kosten bis zu dem hierfür vereinbarten Betrag die tatsächlich entstandenen Mehrkosten für die Wiederbeschaffung oder Wiederherstellung der versicherten und vom Schaden betroffenen Sachen, wenn die Wiederherstellung oder Wiederbeschaffung der Sache in derselben Art und Güte infolge Technologiefortschritts nicht möglich ist.

Die Neuwertversicherung kennt eine Zeitwertregelung. Danach wird der Neuwert nur noch angenommen, wenn der Zeitwert noch mindestens 40 % beträgt (Zeitwertvorbehalt). Bei den 40 % handelt es sich um einen Regelsatz der VR, es erfolgt aus kartellrechtlichen Gründen keine Vorgabe durch den GDV.

Zeitwertvorbehalt

Die Entwertungsgrenze stellt nach einem Urteil des BGH vom 30.09.2009 keine unangemessene Benachteiligung des VN dar. Der Zeitwertvorbehalt ist für den VN weder überraschend noch intransparent.

In der Praxis wird der Zeitwertvorbehalt für bestimmte Risiken schon häufig nicht mehr vereinbart. Die Rede ist hier von der sogenannten goldenen Regel.

Der Zeitwert § 7 Nr. 1a) bb) AFB 2010 ist der Versicherungswert, wenn er vereinbart wird oder wenn der Zeitwertvorbehalt greift. Der Zeitwert ergibt sich aus dem Neuwert des Gebäudes durch einen Abzug entsprechend seinem insbesondere durch den Abnutzungsgrad bestimmten Zustand.

Zeitwert

Der gemeine Wert § 7 Nr. 1a) cc) AFB 2010 ist als Versicherungswert zu vereinbaren, in den meisten Fällen wird er aber automatisch zum Versicherungswert, egal, ob Neuwert oder Zeitwert vereinbart ist.

gemeiner Wert

Der gemeine Wert ist der Versicherungswert, z. B. wenn Gebäude zum Abbruch bestimmt oder dauernd entwertet sind. Der gemeine Wert ist der vom VN erzielbare Verkaufspreis für das Gebäude oder Altmaterial.

Inhalt, technische und kaufmännische Betriebseinrichtung

Versicherungsformen   Wie schon bei der Gebäudeversicherung erwähnt, erstreckt sich die Möglichkeit der Versicherungsform auch in der Inhaltsversicherung vom Neuwert über den Zeitwert bis hin zur Versicherung zum gemeinen Wert.

Neuwert   Der Neuwert ist der Wiederbeschaffungspreis, der beim Kauf einer Sache
Wiederbeschaffung   gleicher Art und Güte zu entrichten ist, oder der Wiederherstellungspreis (§ 7
Wiederherstellung   Nr. 2a) aa) AFB 2010). Hinzu kommen:

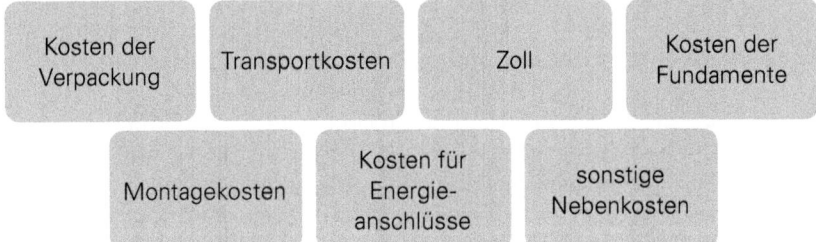

Nach den Versicherungsbedingungen ist der niedrigere Betrag (Wiederbeschaffung oder Wiederherstellung) maßgebend.

Zeitwert   Der Zeitwert ergibt sich aus dem Neuwert der beweglichen Sachen durch einen Abzug entsprechend ihrem insbesondere durch den Abnutzungsgrad bestimmten Zustand (§ 7 Nr. 2a) bb) AFB 2010).

Der Zeitwert ist der technische Wert, der die Wertdifferenz zwischen der zu erwartenden Lebensdauer einerseits und der Nutzungsintensität andererseits ausdrückt. Es sind nur solche Kriterien zu berücksichtigen, die den Zustand der Sache bestimmen. Dazu zählen auch äußere Einflüsse wie Verbiegen, Verbeulen oder Verschmutzen. Nicht berücksichtigt werden Mode oder technische Weiterentwicklung.

gemeiner Wert =   Der gemeine Wert ist der für den VN erzielbare Verkaufspreis für die Sache
erzielbarer   oder für das Altmaterial. Er ist Versicherungswert, wenn die Sache für ihren
Verkaufspreis   Zweck allgemein oder im Betrieb des VN nicht mehr zu verwenden ist (§ 7 Nr. 2a) cc) AFB 2010).

Sonstige Sachen

Nach § 3 Nr. 6h) AFB 2010 sind Anschauungsmodelle, Prototypen und Ausstellungsstücke, ferner typengebundene, für die laufende Produktion nicht mehr benötigte Fertigungsvorrichtungen nicht versichert. Besteht eine abweichende Vereinbarung, dass diese Sachen oder auch nur Teile davon versichert sind, ist der Versicherungswert entweder der Zeitwert oder der gemeine Wert (§ 7 Nr. 2 c AFB 2010).

▶ Beispiel

Sachen werden für das aktuelle Herstellungsprogramm nicht mehr benötigt. Es bestehen keine Lieferverpflichtungen mehr.

Die gleiche Regelung besteht für ohne Kaufoption geleaste Sachen oder geleaste Sachen, bei denen die Kaufoption bei Schadenantritt abgelaufen war, sowie für alle sonstigen beweglichen Sachen.

Der Versicherungswert von Wertpapieren ist bei: *Wertpapiere*

- Wertpapieren mit amtlichem Kurs der mittlere Einheitskurs am Tag der jeweils letzten Notierung aller amtlichen Börsen der Bundesrepublik Deutschland,
- Sparbüchern der Betrag des Guthabens,
- sonstigen Wertpapieren der Marktpreis.

Vorräte

Bei Vorräten handelt es sich um ganz oder teilweise hergestellte Erzeugnisse, Handelsware, verwertbare Abfälle und um sämtliche Materialien (ohne Ersatzteile), die zur Position Einrichtung gehören.

Der Versicherungswert ist der Wiederbeschaffungspreis oder der Wiederherstellungspreis, maximal aber der Verkaufspreis, mit dem der VN die Sachen verkauft hätte. Eine Erweiterung ist durch Verkaufspreisklauseln möglich.

Kosten der Wiederbeschaffung sind:

Kaufpreis

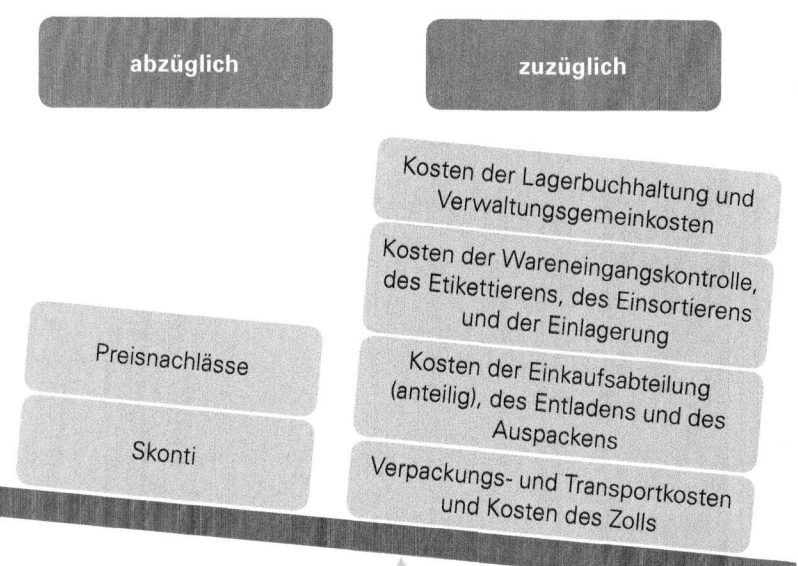

Kosten der Wiederherstellung sind:

Kaufpreis und Beschaffungskosten für Rohstoffe, Betriebs- und Hilfsstoffe und Zulieferungen

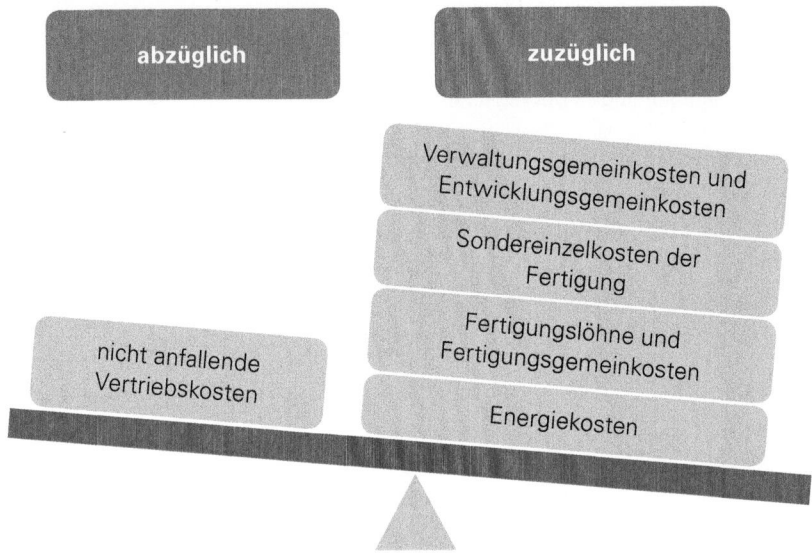

Vorsorgemöglichkeiten

Ermittlung der Versicherungssumme

Die exakte Ermittlung der Versicherungssumme ist für den Kunden wichtig, da er im Falle einer Unterversicherung bei der Entschädigung mit erheblichen Abzügen rechnen muss. Die Abzüge können so hoch sein, dass sie die Existenz des Kunden gefährden. Es liegt also im Interesse des Kunden, eine möglichst korrekte Summenermittlung durchzuführen.

Veränderungen

„Wartung" der Versicherungssumme

Eine einmal richtig ermittelte Versicherungssumme unterliegt aber auch Veränderungen, die ihrerseits durch die Veränderungen der Werte der versicherten Sachen hervorgerufen werden. Neben der Ermittlung der Versicherungssumme ist die „Wartung" der Versicherungssumme deshalb ebenso wichtig.

Wertzuschlagsklauseln mit Vorsorgeversicherung

Wertzuschlag

Für die Positionen Gebäude und Einrichtung besteht die Möglichkeit, Wertzuschlagsklauseln zu vereinbaren. Durch diese Maßnahme wird eine möglicherweise durch Preissteigerungen und/oder Neuanschaffungen entstehende Unterversicherung vermieden.

Klausel SK 1707 (10), Wertzuschlag mit Einschluss von Bestandserhöhungen:

SK 1707

Grundsumme

Wertzuschläge

Die Versicherungssummen für Positionen, zu denen dies besonders vereinbart ist, werden gebildet aus den Werten der versicherten Sachen auf der Preisbasis eines Basisjahres (z. B. 1980). Durch die Umrechnung erhält man eine Grundsumme und addiert den Wertzuschlag für Preissteigerungen.

Der VN überprüft zu Beginn jedes Versicherungsjahres die Wertzuschläge. Veränderungen gelten rückwirkend vom Beginn des Versicherungsjahres an, wenn sie innerhalb der ersten drei Monate des Versicherungsjahres beantragt wurden. Nachversicherungen von Bestandserhöhungen gelten rückwirkend, wenn sie innerhalb von drei Monaten beantragt wurden.

Nachversicherungen von Bestanderhöhungen

Meldefrist drei Monate

Der VR haftet bis zur Grundsumme zuzüglich doppeltem Wertzuschlag, sofern der Gesamtbetrag aus Grundsumme und Wertzuschlag bei Beginn des Versicherungsjahres ausreichend war und Bestandserhöhungen rechtzeitig und ausreichend nachversichert worden sind. Grundsumme und Wertzuschlag gelten als richtig bemessen, wenn sie durch eine dem VR eingereichte Schätzung eines Sachverständigen festgesetzt worden sind.

doppelter Wertzuschlag

Klausel SK 1707 (10), Wertzuschlag mit Einschluss von Bestandserhöhungen

Die Versicherungssummen werden wie folgt gebildet:

Bildung der Versicherungssumme

> Sachwerte auf die Preisbasis des Jahres 1980 (Grundsumme)
> + Wertzuschläge für Preissteigerungen

Die Wertzuschläge gleichen die Wertveränderungen 1980 zum aktuellen Wert aus.

▶ **Beispiel**

Gewerbliches Betriebsgebäude	
Neubauwert 2015	1.338.000 EUR
Umrechnung auf Wert 1980 (Faktor 2,230)	600.000 EUR
Hochrechnung auf Wert 2018 (Wertzuschlag Gebäude 2018 (1980): 2,385)	1.431.000 EUR
(enthaltener Wertzuschlag)	(831.000 EUR)
doppelter Wertzuschlag	+ 831.000 EUR
Maximale Entschädigung	**2.262.000 EUR** (Grundsumme + doppelter WZ)

Durch die Wertzuschlagsklausel wird die Anpassung der Versicherungssumme vorgenommen.

Anpassungsmöglichkeiten

1. Anpassung an allgemeine Preissteigerungen

Der VN überprüft zu Beginn eines jeden Versicherungsjahres die Wertzuschläge. Veränderungen gelten rückwirkend vom Beginn des Versicherungsjahres an, wenn sie innerhalb der ersten drei Monate des Versicherungsjahres beantragt werden.

allgemeine Preissteigerungen

2. Anpassung an individuelle Preissteigerung (Nachversicherungen)

Nachversicherungen von Bestandserhöhungen gelten rückwirkend, wenn sie innerhalb von drei Monaten beantragt werden.

▶ **Beispiel**

Die Firma Voss GmbH hat ihre Betriebsgebäude Werk 1 versichert, die Klausel SK 1707 ist beantragt.

Gebäude Wert 1980	600.000 EUR
WZ 2018: 2,385	1.431.000 EUR

Am 01.06.2018 wird ein Anbau Werk 2 mit einem Wert von 477.000 EUR errichtet. Die Firma beantragt die Nachversicherung.

Am 01.07.2018, ab der Entstehung der Wertveränderung, besteht Versicherungsschutz, der VR wird eine Prämienabrechnung vornehmen.

Gebäude Wert 2018 Werk 2	477.000 EUR
Wert 1980 Werk 2	200.000 EUR
Gesamter Wert 1980	800.000 EUR
(Werk 1 und Werk 2)	

Meldung nach drei Monaten

Hat der VN die Meldung erst nach drei Monaten vorgenommen, erfolgt die gleiche Umrechnung, allerdings mit Wertstellung der Meldung. Es besteht Versicherungsschutz für einen Schaden vor der Meldung, eine Unterversicherung wird berücksichtigt. Schäden, die vor der Meldung, aber innerhalb der Meldefrist eintreten, werden so behandelt, als wäre die Meldung sofort bei Wertveränderung erfolgt.

 ▶ **Beispiel**

Am 01.06.2018 wird ein Anbau mit einem Wert von 477.000 EUR errichtet. Die Firma Voss beantragt die Nachversicherung am 01.07.2018. Am 20.06.2018 ist ein Schaden eingetreten.

Höhere Haftung

Der Vorteil für den Kunden besteht bei der Vereinbarung der Wertzuschlagsklausel darin, dass der VR für die Preissteigerungen und die Anschaffungen bis zur Grundsumme zuzüglich doppeltem Wertzuschlag haftet. Voraussetzung: Die Grundsumme und der (einfache) Wertzuschlag waren bei Beginn des Versicherungsjahres ausreichend.

Die Bestandsveränderungen wurden rechtzeitig nachversichert.

Wertzuschlag ohne Einschluss von Bestandserhöhungen

Neben der Klausel Wertzuschlag mit Bestandserhöhung besteht die Möglichkeit, die Klausel *SK 1708 (10)* Wertzuschlag ohne Einschluss von Bestandserhöhungen zu vereinbaren. Die Versicherungssummen werden wie bei der Klausel *SK 1707 (10)* gebildet: Sachwerte auf die Preisbasis 1980 (Grundsumme) + Wertzuschläge für Preissteigerungen.

Die Wertzuschläge gleichen die Wertveränderungen 1980 zum aktuellen Wert aus. Lediglich die individuellen Bestandserhöhungen werden nicht mitversichert.

Vorsorgeversicherung für Bestandserhöhungen

Dies hat zur Folge, dass Neuanschaffungen nicht rechtzeitig nachversichert werden. Um dem entgegenzuwirken, wird dem Vertrag zusätzlich die Klausel *SK 1709 (10)* Vorsorgeversicherung für Bestandserhöhungen zugrunde gelegt. Für die Klausel wird eine separate Versicherungssumme gebildet.

Ähnlich wie bei der Stichtagsversicherung wird auch hier am Ende des Versicherungsjahrs anhand der effektiven Werte abgerechnet.

▶ **Beispiel**

Vorsorgeversicherungssumme 2.000.000 EUR zu 0,90 ‰ = 1.800,00 EUR

Hiervon wird zu Beginn des Versicherungsjahrs zunächst ein Drittel als Vorauszahlung erhoben: 600,00 EUR

Nach Ablauf des Versicherungsjahrs meldet der VN, dass insgesamt 1.200.000 EUR investiert wurden. Aus der Investitionssumme ist bei der Prämien-Abrechnung nur die hälftige Investitionssumme zu berücksichtigen:

600.000 EUR zu 0,90 ‰ = 540,00 EUR

Rückzahlung: 60,00 EUR

Die Versicherungssumme für das neue Versicherungsjahr wird um die volle Investitionssumme erhöht, die Vorsorge wird, sofern keine Änderung beantragt wird, auch für das nächste Versicherungsjahr fortgeschrieben.

Vorsorgeversicherung

Um eine Unterversicherung zu vermeiden, kann der VN eine Vorsorgeversicherung mit einer gesonderten Versicherungssumme als Vorsorge für eine etwaige Unterversicherung der zum vollen Wert versicherten Positionen bilden. Im Schadenfall wird die Summe dann unabhängig davon, welche Positionen vom Schaden betroffen sind, auf die unterversicherten Positionen aufgeteilt, *SK 1703 (10)* Vorsorgeversicherungssumme.

Vorsorge-versicherungssummen Klausel SK 1703 (10)

Die Vorsorgeversicherungssumme verteilt sich auf die Versicherungssummen der Positionen, für die sie vereinbart ist und bei denen Unterversicherung besteht, oder bei denen die Versicherungssumme wegen entstandener Aufwendungen für Abwendung oder Minderung des Schadens nicht ausreicht.

Aufteilung der Versicherungssumme

Für die Aufteilung ist das Verhältnis der Beträge maßgebend, um die die Versicherungswerte der einzelnen Positionen die Versicherungssummen übersteigen, und zwar ohne Rücksicht darauf, welche Positionen durch den Versicherungsfall betroffen sind.

▶ **Beispiel**

Vertragsspiegel der Undo AG:

Position 1.1 Gebäude Neuwert	5 Mio. EUR
Position 2.1 Einrichtung Neuwert	3 Mio. EUR
Position 3.1 Vorräte Neuwert	1 Mio. EUR
Position 5.1 Vorsorge Klausel SK 1703 (10)	3 Mio. EUR

Schadenszenario: 300.000 EUR im Bereich Betriebseinrichtung

festgestellte Versicherungswerte

Position 1.1 Gebäude	7 Mio. EUR
Position 2.1 Einrichtung	5 Mio. EUR
Position 3.1 Vorräte	1 Mio. EUR

Die Vorsorge wirkt sich auf alle Positionen aus. Die Gesamtsumme ohne Vorsorge beträgt 9 Mio. EUR

	V-Su (in EUR)	VW (in EUR)	UV (in EUR)	Schaden (in EUR)
Pos. 1.1	5 Mio.	7 Mio.	2 Mio.	
Pos. 2.1	3 Mio.	5 Mio.	2 Mio.	300.000
Pos. 3.1	1 Mio.	1 Mio.		
Summe	**9 Mio.**	**13 Mio.**	**4 Mio.**	**300.000**

Summenerhöhung je Position: $\dfrac{\text{Vorsorgesumme x UV je Position}}{\text{UV insgesamt}}$

Verteilung auf die Positionen

1.1 Gebäude	5,0 Mio. EUR
$\dfrac{\text{3 Mio. EUR (Vorsorge) x 2 Mio. EUR (UV Einrichtung)}}{\text{4 Mio. EUR (UV gesamt)}}$	1,5 Mio. EUR
Erhöhung der Position auf	6,5 Mio. EUR

2.1 Einrichtung	3,0 Mio. EUR
$\dfrac{\text{3 Mio. EUR (Vorsorge) x 2 Mio. EUR (UV Gebäude)}}{\text{4 Mio. EUR (UV gesamt)}}$	1,5 Mio. EUR
Erhöhung der Position auf	4,5 Mio. EUR
Entschädigung $\dfrac{\text{300.000 EUR (Schaden) x 4,5 Mio. EUR (VS)}}{\text{5,0 Mio. EUR (VW)}}$	**270.000 EUR**

Summarische Versicherung

Die in den AFB 2010 vorgesehene positionsweise Versicherung wird durch die summarische Versicherung aufgehoben. Eine vereinbarte Vorsorgeposition wird zu den Werten Einrichtung und Vorräte addiert, es wird eine Gesamtversicherungssumme gebildet.

 ▶ **Beispiel**

Vertragsspiegel der Undo GmbH:

Position Einrichtung (Neuwert)	300.000 EUR
Position Vorräte (Neuwert)	100.000 EUR
Position Vorsorge	300.000 EUR

Schadenszenario: 30.000 EUR (Betriebseinrichtung)

Versicherungswerte:

Position Einrichtung	500.000 EUR
Position Vorräte	100.000 EUR

In dem Fall der Undo GmbH besteht somit keine Unterversicherung.

Stichtagsversicherung

Für Betriebe mit einem Lager an Vorräten, deren Bestand im Laufe des Jahres stark schwankt, haben die VR eine Versicherungsmöglichkeit entwickelt, die schwankenden Bestandsverläufen folgen kann. Würde man stattdessen stets die höchstmögliche Summe als Versicherungsgrundlage wählen, würde dies zu einer Prämienbenachteiligung des Kunden führen.

Außerdem ist eine ständige Anpassung der Versicherungssumme an die Lagerwerte in der Praxis nicht durchzuführen. Neben dem unverhältnismäßigen Aufwand für den VN und den VR ist hier die Gefahr der Nichtanpassung als Hinderungsgrund anzuführen.

Für die Versicherung von Vorräten ab einer Größenordnung von 500.000 EUR besteht daher die pragmatische Möglichkeit, diese nach der Klausel *SK 1705 (10)* (Stichtagsversicherung für Vorräte) zu versichern. Der VN gibt den Wert an, den die Lagerbestände im Laufe des Versicherungsjahrs maximal erreichen können. An einem vereinbarten Stichtag im Monat wird eine Meldung des an diesem Tag vorliegenden Versicherungswerts vorgenommen. Diese Meldung ist spätestens innerhalb von zehn Tagen nach dem vereinbarten Stichtag vorzunehmen. Geschieht dies nicht, wird ersatzweise die Meldung des Vormonats herangezogen. Erfolgt die erste Meldung nicht, wird davon ausgegangen, dass die halbe Höchstsumme als Meldung gilt.

untere Summengrenze
Höchstsumme
Stichtagsmeldung
Prämienvorauszahlung

In Zeiten der RFID ist eine Inventarisierung und permanente Lagerstandsübersicht beim Kunden auf Knopfdruck möglich. Dennoch wird in der Praxis die Stichtagsversicherung häufig vernachlässigt, da man die aufwändige Abrechnung scheut. Ersatzweise wird eine Höchstversicherungssumme vereinbart, der VN zahlt aber nur für 70 % dieser Summe Beiträge.

Ersatzlösung wegen Abrechnungskosten

Hat der VN sich bei der Meldung geirrt (Schreib-, Rechen- oder Hörfehler), muss die Meldung unverzüglich berichtigt werden. Ist inzwischen ein Schaden eingetreten, muss der Kunde sein Versehen nachweisen.

Übersteigt die Stichtagsmeldung die vereinbarte Versicherungssumme (Höchstsumme), muss die Meldung trotzdem erfolgen. Die Meldung ist, sofern nichts anderes vereinbart wurde, ein Antrag auf Erhöhung der Versicherungssumme. Die Meldung hat folgende Wirkung:

Stichtagsmeldung übersteigt Versicherungssumme

- für den VN eine Antragsbindung von zwei Wochen,
- für den VR Annahme durch konkludente Handlung, wenn der VR nicht innerhalb der Antragsbindung ablehnt.

Antragsbindung

Wird die Höherversicherung vom VN nicht beantragt oder vom VR abgelehnt, erfolgt die Abrechnung im Schadenfall nach folgender Formel:

$$\frac{\text{Schaden x Versicherungssumme}}{\text{Stichtagswert}}$$

Prämienabrechnung   Der VN zahlt eine Vorausprämie, die sich aus der halben Versicherungssumme multipliziert mit dem Prämiensatz ergibt. Die monatlichen Meldungen werden addiert und zum Schluss der Versicherungsperiode wird eine Durchschnittssumme (arithmetisches Mittel) gebildet, die multipliziert mit dem Prämiensatz die endgültige Prämie ergibt. Diese Prämie wird mit der Vorausprämie verrechnet.

 ▶ **Beispiel**

Höchstversicherungssumme 500.000 EUR

Prämiensatz 0,80 ‰

Vorauszahlung 50 % von 500.000 EUR x 0,80 ‰ = 200 EUR

Meldung am Stichtag	Summe in EUR
01.01.	500.000
01.02.	450.000
01.03.	400.000
01.04.	475.000
01.05.	400.000
01.06.	300.000
01.07.	325.000
01.08.	400.000
01.09.	500.000
01.10.	450.000
01.11.	375.000
01.12.	250.000
Gesamt	**4.800.000** : 12 = 400.000 EUR

Durchschnittswert	Prämiensatz	Prämie	Vorausprämie
400.000 EUR	x 0,80 ‰	320 EUR	200 EUR

Nachzahlung 120 EUR

Summenausgleich (Summenkompensation)

positionsweise Versicherung   Die AVB sehen grundsätzlich eine positionsweise Versicherung vor. Um eine Unterversicherung zu vermeiden, können Positionen, die überversichert sind, anderen Positionen, die unterversichert sind, nicht benötigte Summenanteile abgeben.

gleich hoher Prämiensatz und/oder eine Position mit höherem Prämiensatz   Voraussetzung ist ein (mindestens) gleich hoher Prämiensatz. Auch eine Position mit höherem Prämiensatz kann einer Position mit niedrigerem Prämiensatz Summenteile abgeben. Die übersteigenden Versicherungssummen werden im Verhältnis der jeweils bestehenden Unterversicherung den einzelnen Positionen zugeordnet. Ein Summenausgleich ist nicht möglich, wenn Stichtagsversicherung, Vorsorge für Bestandserhöhungen (Wertzuschlag) oder Erst-Risiko-Versicherung vorliegt.

SK 1704 (10) Summenausgleich

Für die Aufteilung der Summen ist das Verhältnis der Beträge maßgebend, *Summenaufteilung*
um die die Versicherungswerte der einzelnen Positionen die Versicherungssummen übersteigen, und zwar ohne Rücksicht darauf, welche Positionen durch den Versicherungsfall betroffen sind.

▶ **Beispiel**

	VS in EUR	Beitragssatz	VW in EUR	Schaden in EUR
Gebäude:	3.900.000	1,9 ‰	3.600.000	232.560
Einrichtung:	2.250.000	1,9 ‰	2.500.000	110.000
Vorräte:	1.990.000	1,9 ‰	2.150.000	

Lösung:

Gebäude Überversicherung	300.000 EUR
Einrichtung Unterversicherung	250.000 EUR
Vorräte Unterversicherung	160.000 EUR
Unterversicherung insgesamt	410.000 EUR

Summenerhöhung je Position =

$$\frac{\text{Überversicherung insgesamt} \times \text{Unterversicherung je Position}}{\text{Unterversicherung insgesamt}}$$

Einrichtung   300.000 EUR x 250.000 EUR : 410.000 EUR = 182.926,82 EUR

Erhöhung der Versicherungssumme auf 2.432.926,82 EUR

Vorräte   300.000 EUR x 160.000 EUR : 410.000 EUR = 170.073,17 EUR

Erhöhung der Versicherungssumme auf 2.160.073,17 EUR

Entschädigung:

Gebäude =   232.560,00 EUR

$$\text{Einrichtung} = \frac{110.000 \text{ EUR} \times 2.432.926,82 \text{ EUR}}{2.500.000 \text{ EUR}} = 107.048,78 \text{ EUR}$$

Berechnung im Vergleich *ohne Summenausgleich:*

$$\text{Einrichtung} = \frac{110.000 \text{EUR} \times 2.250.000 \text{ EUR}}{2.500.000 \text{ EUR}} = 99.000 \text{ EUR}$$

Verzicht auf den Einwand der Unterversicherung

Unterversicherungs-
verzicht 1 % Grenze

Kleinere Wertveränderungen (auch Einschätzungsfehler) können durch die Klausel *SK 1702 (10)* (Verzicht auf den Einwand der Unterversicherung) „ausgebessert" werden. Anwendbar ist diese Möglichkeit, wenn der Schaden 1 % (auf dem Markt auch mit höherem Prozentsatz beobachtbar) des Gesamtbetrags der Versicherungssummen nicht übersteigt und nicht mehr als den vereinbarten Betrag beträgt. Die Klausel *SK 1702 (10)* darf nicht für die Stichtags- und Außenversicherung angewendet werden.

Unter Position 5.1 der Deklaration wird eine gesonderte Versicherungssumme als Vorsorge für eine etwaige Unterversicherung der zum vollen Wert versicherten Positionen gebildet. Im Schadenfall wird die Summe dann unabhängig davon, welche Positionen vom Schaden betroffen sind, auf die unterversicherten Positionen aufgeteilt.

Zusammenfassung

Der Der Wert der versicherten Sachen stellt den Wert dar, den der Kunde mit der Sache selbst verbindet. Die Grundlage bildet das VVG, hier sind die Bestimmungen über den Versicherungswert, die Unter- oder Überversicherung und die Taxwertregelung zu finden.

In den AVB ist geregelt, welcher Wert für die einzelnen Sachen (Gebäude, Inventar und Vorräte) zu berücksichtigen sind und wie diese im Einzelnen bewertet werden. Hier ist u.a. geregelt, welcher Wert für Sachen anzusetzen ist, die für das aktuelle Herstellungsprogramm nicht mehr benötigt werden (z.B. Formen und spezielle Werkzeuge).

Die Anpassung der Werte und Versicherungssummen an die stetige Wertentwicklung und Preisveränderung einerseits, aber auch Bestandsveränderungen durch Investitionen andererseits gibt den Kunden Planungssicherheit. Die gewerbliche Sachversicherung bietet z.B. nachstehende Anpassungsmöglichkeiten:

- Wertzuschlagsklauseln mit Vorsorgeversicherung
- Vorsorgeversicherung
- Summarische Versicherung
- Stichtagsversicherung
- Summenausgleich
- Unterversicherungsverzicht

3.7 Technische Versicherung

Die Technischen Versicherungen zählen zum Bereich der Sachversicherungen. Gemessen an ihrem Prämienaufkommen spielen die Technischen Versicherungen im Vergleich zu den Sparten der Sachversicherungen keine dominante Rolle. Gleichzeitig sind die Technischen Versicherungen zu einem festen Begriff auf dem Versicherungsmarkt geworden und stellen einen wesentlichen Teil der sogenannten Industrie-Versicherungen dar.

Teil der Sachversicherung

3.7.1 Maschinenversicherung

> **Handlungssituation**
>
> Die in einigen Punkten abweichenden Regelungen für die Versicherung von stationären gegenüber mobilen Maschinen und Geräten hat in letzter Zeit zu Kundenbeschwerden geführt. So hatte ein Kunde übersehen, dass in der Versicherung für stationäre Maschinen die Gefahr Feuer nicht versichert ist.
>
> Sie haben die Aufgabe bekommen, in einer Übersicht die abweichenden Regelungen darzustellen.

Die Versicherung von im Betrieb befindlichen Maschinen, maschinellen und elektrischen Anlagen oder sonstigen technischen Anlagen, Geräten und Systemen unterteilt sich in die Versicherung von stationären Anlagen (AMB-Deckung) und in die Versicherung von fahrbaren und transportablen Geräten (ABMG-Deckung).

AMB-Deckung
ABMG-Deckung

3.7.1.1 Versicherte Sachen / Interessen

Stationäre Maschinen nach AMB 2011.

Wann spricht man von einer Maschine? Wichtig ist die Klärung dieser Frage, um entscheiden zu können, ob eine Elektronik- oder Maschinendeckung angesprochen ist. Wie sieht es zum Beispiel mit einer gewerblichen Kaffeemaschine aus?

▶ **Definitionen**

Kraftmaschinen: Maschinen, mit deren Hilfe eine Energieform in eine andere umgewandelt wird, z. B. Motoren, Turbinen, Generatoren. So erzeugt man z. B. aus elektrischer Energie über den Elektromotor mechanische Energie oder aus Wasserkraft elektrische Energie.

Kraftmaschinen

Arbeitsmaschinen: Maschinen, mit deren Hilfe Stoffe gewonnen, erzeugt, bearbeitet oder transportiert werden, z. B. Pumpen, Zentrifugen, Drehbänke, Bearbeitungszentren, Druckmaschinen, Papiermaschinen, stationäre Kräne. Diese sogenannten. Produktionsmaschinen werden wiederum von Kraftmaschinen angetrieben, d. h., ihnen muss mechanische oder elektrische Energie zugeführt werden.

Arbeitsmaschinen

Fahrbare und transportable Maschinen nach ABMG 2011 sind Maschinen oder Geräte, die selbstfahrend oder transportabel sind und z. B. auf Aufliegern, LKW etc. transportiert werden. Dazu zählen z. B.

selbstfahrende-/
transportable
Maschinen

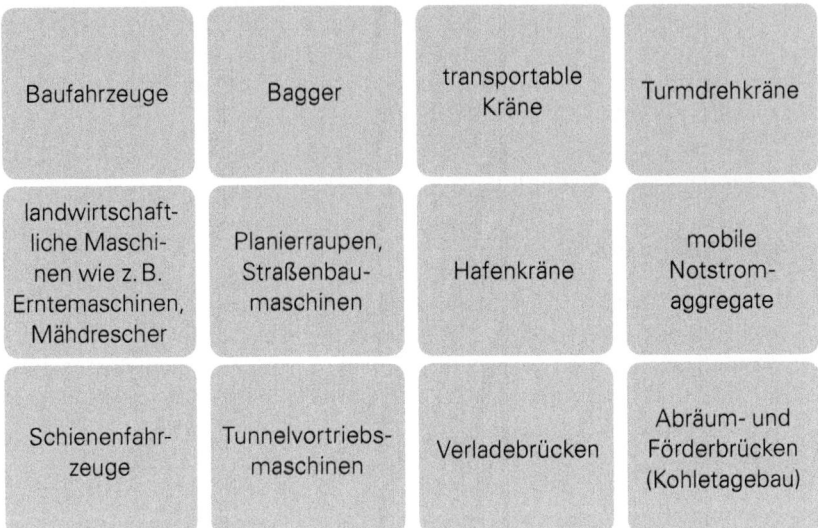

Baufahrzeuge	Bagger	transportable Kräne	Turmdrehkräne
landwirtschaftliche Maschinen wie z. B. Erntemaschinen, Mähdrescher	Planierraupen, Straßenbaumaschinen	Hafenkräne	mobile Notstromaggregate
Schienenfahrzeuge	Tunnelvortriebsmaschinen	Verladebrücken	Abräum- und Förderbrücken (Kohletagebau)

nicht versicherte
Maschinen

Nicht versicherbar über die Maschinen- und Kaskoversicherung von fahrbaren und transportablen Maschinen sind dagegen:

- Fahrzeuge, die ausschließlich der Beförderung von Gütern im Rahmen eines darauf gerichteten Gewerbes oder von Personen dienen,
- Wasser- und Luftfahrzeuge sowie schwimmende Geräte,
- Einrichtungen von Baubüros, Baucontainer, Baubuden, Baubaracken, Werkstätten, Magazinen, Labors und Gerätewagen.

Teilweise sind hierfür (hochpreisige) Sonderlösungen möglich.

Maschinenverzeichnis

Pauschaldeckung
Wand-zu-Wand-
Deckung
Einzeldeckung

Die Maschinenversicherung kann als Pauschalversicherung für alle stationären und maschinellen Geräte des Betriebs abgeschlossen werden. Dies lohnt sich vor allem für kleinere Unternehmen oder für Unternehmen mit häufig wechselnden Anlagen. Man nennt diese Deckungsform auch „Wand-zu-Wand"-Deckung. Ansonsten ist für stationäre wie für fahrbare Geräte die Einzelversicherung üblich.

Parameter eines
Maschinen-
verzeichnisses

In der Einzelversicherung werden im sogenannten Maschinenverzeichnis die zur Versicherung angemeldeten Maschinen mit ihren technischen und wirtschaftlichen Parametern aufgeführt, insbesondere sind dies:

keine Sachinbegriff-
versicherung,
§ 89 VVG

- Baujahr, Neuwert, Leistung, Drehzahl, Druck, Spannung, Beschreibung des Anlagenumfangs.

Die Maschinenversicherung versichert nicht einen Begriff von Sachen wie z. B. die Feuerversicherung.

▶ Beispiel

VN Koloniaris kauft nach Abschluss eines Maschinenversicherungsvertrags eine neue Maschine. Nun muss diese neue Maschine, um im Rahmen der Einzeldeckung versichert zu sein, zu diesem bestehenden Maschinenversicherungsvertrag angemeldet und im Maschinenverzeichnis mit den erforderlichen Parametern dokumentiert werden (anders verhält es sich bei der Wand-zu-Wand-Deckung).

Interesse des Versicherungsnehmers

Die Maschinenversicherung ist eine Versicherung für Rechnung „wen es angeht". Der VN ist in jeder Rechtsposition versichert, die ein Interesse an der Maschine hervorrufen kann.

Versicherung für Rechnung „wen es angeht"

Eigentümer-interesse	Sicherungs-nehmer-interesse, Sicherungs-geberinteresse	Vermieter-interesse, Mieter-interesse	Verpächter-interesse, Pächter-interesse	Verleiher-interesse, Entleiher-interesse

Zusätzlich wird auch durch Abschnitt A § 3 AMB 2011 / ABMG 2011 das Interesse Dritter an der Sache gedeckt. Voraussetzung ist, dass seitens des VN ein Interesse an der Sache besteht.

Interesse Dritter

▶ Beispiel

Kunde Hartung betreibt eine Spezialpapier-Fabrik. Um die zukünftige Energieversorgung der Fabrik langfristig sicherzustellen, plant der VN den Bau eines neuen GuD-Kraftwerks (Gas- und Dampfturbinenprozess) auf seinem Betriebsgrundstück.

Für die Finanzierung wird das GuD-Kraftwerk im Rahmen eines sogenannten Contracting-Models geplant.

Eigentümer und Bauherr des Kraftwerks wird das Stadtwerk sein, das Kraftwerk wird auf auf dem Betriebsgrundstück der Papierfabrik stehen. Den Betrieb bzw. die Betriebsführung übernimmt nach Fertigstellung das Personal der Papierfabrik. Die Energieversorgung der Papierfabrik wird zu 100 % aus dem GuD-Kraftwerk sichergestellt mit vertraglich vereinbarten (niedrigen) Preisen für Strom und Dampf.

Der VN für die Maschinenversicherung der Papiermaschinen versichert auch die Anlagen des GuD-Kraftwerks als Betreiber; mitversichert wird das Interesse des Eigentümers, der Stadtwerke.

Weiterhin besteht Versicherungsschutz für versicherte Maschinen, wenn sie nicht mehr dem VN gehören.

Besitzwechsel

Hat der VN die Sache unter Eigentumsvorbehalt verkauft, so ist auch das Interesse des Käufers versichert. Der VR leistet jedoch keine Entschädigung für Schäden, für die der VN als Lieferant (Hersteller oder Händler) gegenüber dem Käufer einzutreten hat oder ohne auf den Einzelfall bezogene Sonderabreden einzutreten hätte.

Eigentumsvorbehalt

3.7.1.2 Örtliche Begrenzung des Versicherungsschutzes

Betriebsgrundstück

Versicherungsschutz besteht nur auf dem im Versicherungsschein genannten Betriebsgrundstück. Der auf das Betriebsgrundstück beschränkte Versicherungsschutz ist für stationäre (ortsfeste) Maschinen ausreichend.

Einsatzort

Für fahrbare und transportable Geräte und Maschinen ist der Begriff des Betriebsgrundstücks um den Begriff des Einsatzorts infolge ihrer spezifischen Einsatzmöglichkeiten erweitert worden. Der Einsatzort ist entweder die Bundesrepublik Deutschland, Europa oder weltweit (je nach Gegebenheiten).

3.7.1.3 Versicherungssumme, Versicherungswert

Vollwertversicherung

In der Maschinenversicherung sind die zu versichernden Maschinen mit den jeweils gültigen Versicherungssummen anzumelden und zu dokumentieren. Die im Versicherungsvertrag für jede versicherte Sache genannte Versicherungssumme soll dem Versicherungswert entsprechen. Der VN soll die Versicherungssumme für die versicherte Sache während der Dauer des Versicherungsverhältnisses dem jeweils gültigen Versicherungswert anpassen. Dies gilt auch, wenn werterhöhende Änderungen vorgenommen werden.

Der Versicherungswert ist der gültige Neuwert:

gültiger Listenpreis der versicherten Sache im Neuzustand	➡	zuzüglich Bezugskosten (z. B. Kosten für Verpackung, Fracht, Zölle, Montage)	➡	ohne Berücksichtigung von Rabatten oder Preiszugeständnissen

Vorsteuerabzug

Ist der VN zum Vorsteuerabzug nicht berechtigt, so ist die Umsatzsteuer einzubeziehen.

Listenpreis

Wird die versicherte Sache nicht mehr in Preislisten geführt, so ist der letzte Listenpreis der Sache im Neuzustand zuzüglich der Bezugskosten maßgebend; dieser Betrag ist entsprechend der Preisentwicklung für vergleichbare Sachen zu vermindern oder zu erhöhen.

Kauf- oder Lieferpreis

Hatte die versicherte Sache keinen Listenpreis, so tritt an dessen Stelle der Kauf- oder Lieferpreis der Sache im Neuzustand zuzüglich der Bezugskosten; dieser Betrag ist entsprechend der Preisentwicklung für vergleichbare Sachen zu vermindern oder zu erhöhen.

Summe der Kosten zur Wiederherstellung der Sache

Kann weder ein Listenpreis noch ein Kauf- oder Lieferpreis ermittelt werden, so ist die Summe der Kosten maßgebend, die jeweils notwendig war, um die Sache in der vorliegenden gleichen Art und Güte (z. B. Konstruktion, Abmessung, Leistung) zuzüglich der Handelsspanne und der Bezugskosten wiederherzustellen. Dieser Betrag ist entsprechend der Preisentwicklung zu vermindern oder zu erhöhen.

Auch bei gebraucht gekauften Maschinen ist bei der Anmeldung zur Maschi- *gebraucht gekaufte*
nenversicherung der zum Anmeldezeitpunkt gültige Neuwert im Neuzustand *Maschinen*
der Maschine zu berücksichtigen.

Die Versicherungssumme dient als Prämienberechnungsgrundlage (Kalkulati- *Unterversicherung*
on) einer risikogerechten Prämie. Stellt sich im Schadenfall heraus, dass die
Versicherungssumme niedriger als der Versicherungswert zur Zeit des Eintritts
des Versicherungsfalls ist, so besteht eine klassische Unterversicherung.

3.7.1.4 Zusätzlich versicherte und versicherbare Sachen

In der Maschinenversicherung sind Maschinen, maschinelle Einrichtungen und *versicherte Anlagen*
sonstige technische Anlagen sowie fahrbare und transportable Geräte versicherbar.

Neben diesem definierten Anlagenumfang gibt es noch eine Reihe von Anlagenteilen, Verschleißteilen oder auch sogenannten Betriebsstoffen, die automatisch im Zusammenhang mit der versicherten Maschine ebenfalls als versichert
gelten. Ferner gibt es eine Reihe von Anlagenteilen, Verschleißteilen oder auch
sogenannten Betriebsstoffen, die nach Vereinbarung versicherbar sind, sofern
sie bei der Anmeldung zur Maschinenversicherung explizit aufgeführt wurden.

Nur wenn dies besonders vereinbart ist, sind zusätzlich versichert: *zusätzlich*
versicherbare
a) Zusatzgeräte, Reserveteile und Fundamente versicherter Sachen, *Anlageteile*

b) Ausmauerungen, Auskleidungen und Beschichtungen von Öfen,
   Feuerungs- und sonstigen Erhitzungsanlagen, Dampferzeugern und
   Behältern, die während der Lebensdauer der versicherten Sachen
   erfahrungsgemäß mehrfach ausgewechselt werden müssen.

Nur als Folge eines dem Grunde nach versicherten Sachschadens an anderen *Folgeschaden*
Teilen der versicherten Sache versichert sind Schäden an:

a) Transportbändern, Raupen, Kabeln, Stein- und Betonkübeln, Ketten, Seilen,
   Gurten, Riemen, Bürsten, Kardenbelägen und Bereifungen,

b) Öl- oder Gasfüllungen, die Isolationszwecken dienen,

c) Ölfüllungen von versicherten Turbinen (sofern vereinbart).

▶ Beispiel

Ein Stadtwerk betreibt ein Kraftwerk mit Stromerzeugung durch eine Dampfturbine.
Der in der Dampfturbine erzeugte Strom wird über einen Hochspannungstransformator 10/110 kV ins Stromnetz gespeist.

Durch einen kapitalen Lagerschaden in der Dampfturbine wird das Turbinenöl unbrauchbar bzw. ist verkohlt und muss erneuert werden. Die Ölfüllung der Turbine
beträgt 25.000 l, dies entspricht 280.000 EUR. Das Turbinenöl ist als Folgeschaden
nur versichert, sofern dies bei der Anmeldung zur Versicherung beantragt und im
Versicherungsvertrag dokumentiert wurde.

Bei einem Schaden am Hochspannungstransformator (Kurzschluss in einer Wicklung) wird die Ölfüllung des Trafos unbrauchbar und muss erneuert werden. Hier ist
die Ölfüllung des Trafos, sofern dieser versichert wurde, automatisch mitversichert.

nicht versicherte Grundsätzlich nicht versichert sind nachstehende Sachen (§ 1 Nr. 4 AMB 2011):
Sachen
- Wechseldatenträger,

- Hilfs- und Betriebsstoffe, Verbrauchsmaterialien und Arbeitsmittel,

- Werkzeuge aller Art,

- sonstige Teile, die während der Lebensdauer der versicherten Sachen erfahrungsgemäß mehrfach ausgewechselt werden müssen.

3.7.1.5 Summen- und Prämieanpassungen

Prämiengleitklausel Die im Jahr 1972 eingeführte Prämiengleitklausel für die Maschinenversicherung stellt sicher, dass die einmal richtig gebildeten und auf Basis März 1971 festgesetzten Versicherungssummen automatisch künftigen Preissteigerungen (analog Wertzuschlag in der Feuerversicherung für Gebäude und Betriebseinrichtung) – entsprechend den vom statistischen Bundesamt veröffentlichen Änderungen der Erzeugerpreise industrieller Produkte – angepasst werden. Hierbei greifen unterschiedliche Indizes für stationäre und fahrbare Geräte.

Prämien und Versicherungssummen werden im Versicherungsvertrag nach dem Stand der Löhne und Preise in der Investitionsgüter-Industrie von Januar/ März 1971 angegeben.

Angleichung der Eine Änderung dieser Löhne und Preise hat eine entsprechende Angleichung
Prämie und der der Prämien und Versicherungssummen zur Folge, wenn sich eine Veränderung
Versicherungssumme der Prämien um mehr als 2 % ergibt. Unterbleibt hiernach eine Angleichung der Prämien und Versicherungssummen, ist für die nächste Veränderung der Prozentsatz maßgebend, um den sich die Löhne und Preise gegenüber dem Zeitpunkt geändert haben, der für die letzte Angleichung maßgebend war.

Unterversicherung Unterversicherung besteht nur, soweit zum Zeitpunkt der Vereinbarung der Versicherungssumme nach dem Stand März 1971 Unterversicherung vorgelegen hätte.

  ▶ **Beispiel**

CNC-Bearbeitungsmaschine		Prämien-satz	Netto-prämie Stand 3/71	Netto-prämie Stand 2018
Neuwert in 2008	850.000 EUR			
Versicherungssumme 3/71				
Summenfaktor 2018 2,5945	339.024 EUR	0,35 %	1.186,58 EUR	6.205,22 EUR
Prämienfaktor 2018 4,6748	906.041 EUR			

▶ Beispiel

Kunde Marshall plant die Investition in eine neue 5-Farben-Offset-Druckmaschine. Gemäß Kaufvertrag liefert der Anlagenhersteller die komplette Druckmaschine frei Baustelle; des Weiteren sind im Kaufpreis Kosten für die Inbetriebnahme durch einen Monteur des Anlagenherstellers enthalten. Auf den Kaufpreis wurde ein Rabatt von 5 % gewährt.

VN Marshall führt in eigener Regie Arbeiten für die Fundamentierung sowie den Anschluss von Medien (Strom, Wasser, Druckluft) durch und wird auch die Montageleistung für die Installation der Druckmaschine an einen Dritten vergeben.

Für die Maschinenversicherung ist als „richtige" Versicherungssumme der Neuwert zu bilden aus:

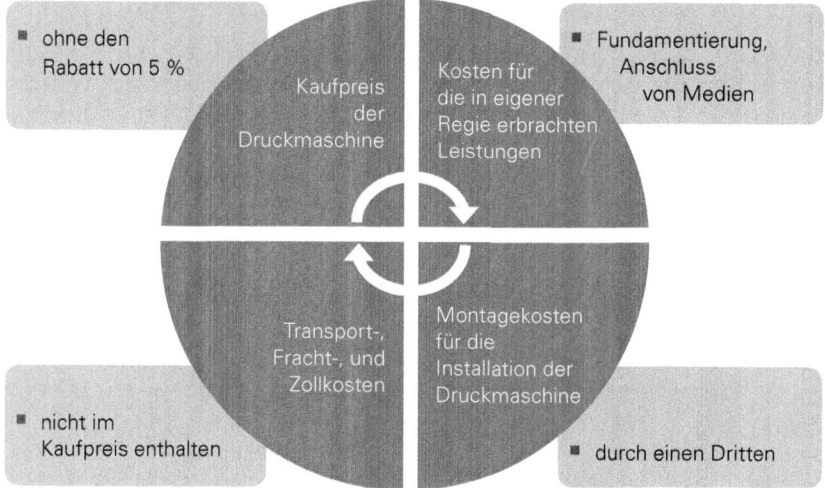

Bedeutung der Versicherungssumme

Die Bildung der richtigen Versicherungssumme hat für den VR zwei Funktionen: *Funktionen der Versicherungssumme*

- die Grundlage einer risikogerechten Prämienkalkulation auf der Basis des Neuwerts,

- die Prüfung im Schadenfall, ob der Versicherungswert niedriger ist als die Versicherungssumme, und ob daraus eine Ableitung einer Unterversicherung möglich ist

Die Maschinenversicherung ist somit eine Neuwertversicherung, auf deren Basis auch die „Neuwert-Prämie" kalkuliert wird, die aber im Totalschadenfall die Entschädigung „nur" zum Zeitwert vornimmt. *Totalschaden = Zeitwert*

Diese Besonderheit der Maschinenversicherung ist dadurch begründet, dass es sich bei der Maschinenversicherung um eine „Reparaturkostenversicherung" handelt. Sie ist insofern eine Reparaturkostenversicherung, als in der Maschinenversicherung nur rund 3–6 % aller Schadenfälle als Totalschadenfall reguliert werden. Dies bedeutet, dass fast alle Schäden in der Maschinenversicherung durch Reparaturen behoben werden können. *Reparaturkostenversicherung*

Die Kosten der Reparaturen sind im Wesentlichen durch die Ersatzteil- und Lohnkosten der Monteure und Hersteller bestimmt. Die Prämienkalkulation auf Basis des Anlagenneuwerts erfolgt so, dass steigende Reparaturkosten (Preissteigerung bei Ersatzteilen, steigende Lohnkosten) einkalkuliert werden.

Die Klausel zur Angleichung der Versicherungssummen und Prämien (Prämiengleitklausel für die Maschinenversicherung) stellt sicher, dass die Prämie sich der dynamischen Entwicklung der Schadenseite anpasst.

Die Prämiengleitklausel stellt somit das Gleichgewicht zwischen Schadenaufwand durch Reparaturkosten und Prämieneinnahmen her.

3.7.1.6 Schäden und Gefahren in der Maschinenversicherung

Sachsubstanzschäden

Die Maschinenversicherung ist eine Sachschadenversicherung. Der Sachsubstanzschaden ist eine Beeinträchtigung der Substanz, die den Wert oder die Brauchbarkeit der Sache mindert. Die Substanz muss zwar nicht verletzt, sie muss aber immerhin durch physikalische oder chemische Einwirkung beeinträchtigt sein. Der Zustand muss sich in substanzbezogener Weise nachteilig verändert haben.

unvorhergesehen eintretende Schäden Quotelung

Der VR leistet Entschädigung für unvorhergesehen eintretende Beschädigungen oder Zerstörungen von versicherten Sachen (Sachschaden). Unvorhergesehen sind Schäden, die der VN oder seine Repräsentanten weder rechtzeitig vorhergesehen haben noch mit dem (für die im Betrieb ausgeübte Tätigkeit) erforderlichen Fachwissen hätten vorhersehen können. Hierbei schadet jedoch „nur" grobe Fahrlässigkeit, die den VR dazu berechtigt, seine Leistung in einem der Schwere des Verschuldens entsprechenden Verhältnis zu kürzen. Wichtig: die grobe Fahrlässigkeit bezieht sich auf VN und Repräsentant, nicht zwangsläufig auf den Bediener der Maschine!

▶ Beispiel

Abgrenzung Schaden – Mangel

VN Gutermuth hat die Produktion in der Gummi-Industrie durch einen Neubau erweitert. Im Neubau befinden sich zehn neue Gummikneter, die alle in die Maschinenversicherung nach AMB 2011 eingeschlossen wurden.

Nach Ablauf der vom Hersteller im Werkvertrag vereinbarten Garantiezeit von 24 Monaten nach Inbetriebnahme kommt es zu einem kapitalen Getriebeschaden bei einem Antrieb eines Gummikneters. Der Schaden tritt für den VN unvorhergesehen ein, die Beschädigung (Zerstörung sämtlicher Zahnräder) stellt eindeutig eine Sachsubstanzveränderung dar. Der Schaden an dem einen Getriebe ist dem Grunde nach gemäß den Maschinenversicherungs-Bedingungen ersatzpflichtig.

Im Zuge der Schadenbearbeitung und Begutachtung durch den VR in Zusammenarbeit mit dem Lieferanten des Getriebes stellt sich heraus, dass die eigentliche Ursache des Schadens ein Konstruktionsfehler (falsches Material für die Zahnräder für die spezifische Anwendung und Last) des Lieferanten war.

Da die Getriebe der Gummikneter alle aus derselben Fertigung und Lieferung für den VN stammten, ist zu vermuten, dass auch die anderen neun Getriebe, die bis dato noch nicht zu Schaden gekommen sind, denselben Konstruktionsmangel aufweisen. Beim im Einvernehmen zwischen VN, VR und Lieferant vorsorglichen Öffnen eines weiteren Getriebes stellt sich auch tatsächlich derselbe Konstruktionsfehler heraus.

Die Kosten des ersten Schadens werden entschädigt – aus dem Konstruktionsfehler ist eine Substanzveränderung (Bruch der Zahnräder) als ein Schaden entstanden. Da es bei den neun anderen Getrieben noch nicht zum Schaden gekommen ist, bewegen sich diese Getriebe im Bereich des reinen Mangels.

Der erkannte Mangel ist auf Kosten des Versicherungsnehmers ggf. unter Anspruchstellung an den Lieferanten zu beseitigen. Mit Erkennung dieses Mangels treten gleichartige Schäden aus der erkannten Ursache (Konstruktionsfehler) nicht mehr unvorhergesehen auf und sind auch nicht versichert.

Kumulrisiko bei fahrbaren und transportablen Geräten

Insbesondere bei Baugeräteverleihfirmen besteht dann ein Großschadenpotenzial, wenn sich die Baugeräteflotte nicht im Einsatz befindet, also nicht vermietet ist und bei der Verleihfirma auf dem Betriebsgelände parkt. Bei Schäden durch Brand (Brandstiftung, Entzünden von Hydrauliköl etc.) kann so der gesamte versicherte Fuhrpark zerstört werden.

3.7.1.7 Versicherte und nicht versicherte Gefahren

Die Maschinenversicherung ist eine klassische All-Risk-Versicherung (All-Gefahren-Versicherung). Die versicherten Gefahren sind nicht vollumfänglich aufgeführt, sondern nur beispielhaft („Insbesondere sind versichert..."). Die ausgeschlossenen Gefahren werden vollumfänglich und explizit gemäß AMB 2011 und ABMG 2011 aufgeführt (abschließende Nennung).

All-Risk-Deckung

Ausgeschlossen gelten Schäden durch:

ausgeschlossene Schäden

Vorsatz des Versicherungsnehmers oder dessen Repräsentanten	Krieg, kriegsähnliche Ereignisse, Bürgerkrieg, Revolution, Rebellion, Aufstand	innere Unruhen
Kernenergie, nukleare Strahlung oder radioaktive Substanzen	korrosive Angriffe oder Abzehrungen	betriebsbedingte vorzeitige Abnutzung
betriebsbedingte normale Abnutzung	Mängel, die bei Abschluss der Versicherung bereits vorhanden waren und dem VN oder seinen Repräsentanten bekannt sein mussten	
übermäßigen Ansatz von Kesselstein, Schlamm oder sonstigen Ablagerungen	Einsatz einer Sache, deren Reparaturbedürftigkeit dem VN oder seinen Repräsentanten bekannt sein musste, soweit für sie ein Dritter als Lieferant, Werkunternehmer oder aus Reparaturauftrag einzutreten hat	

zusätzliche Ausschlüsse AMB 2011

Zusätzlich sind in der Maschinenversicherung von stationären Maschinen nach AMB 2011 im Gegensatz zur ABMG 2011 folgende Gefahren ebenfalls ausgeschlossen:

a) Brand, Blitzschlag, Explosion, Anprall oder Absturz eines Luftfahrzeuges, seiner Teile oder seiner Ladung

b) Kurzschluss, Überstrom oder Überspannung an elektrischen Einrichtungen als Folge von Brand oder Explosion

c) Erdbeben

d) Überschwemmung; Hochwasser

Abgrenzung zur Sachdeckung

Durch diesen Ausschlusskatalog werden die Gefahren vom Versicherungsschutz ausgeklammert, die über die Feuerversicherung und auch teilweise über die EC-Deckung (Überschwemmung, Erdbeben) gedeckt werden können.

zusätzliche Ausschlüsse ABMG 2011

Zusätzlich sind in der Maschinenversicherung von fahrbaren und transportablen Geräten nach ABMG 2011 Schäden während Seetransporten ausgeschlossen bzw. müssen explizit vereinbart werden.

Nur soweit dies besonders vereinbart ist, wird Entschädigung geleistet für Schäden

▪ bei Tunnelarbeiten oder Arbeiten unter Tage und

▪ Versaufen oder Verschlammen infolge der besonderen Gefahren des Einsatzes auf Wasserbaustellen.

Besondere Vereinbarungen zu den ABMG 2011

Durch besondere Vereinbarungen kann der Versicherungsschutz für fahrbare und transportable Maschinen eingeschränkt oder erweitert werden.

Klausel TK 3252 (11) – Ausschluss von inneren Betriebsschäden

Abweichend von Abschnitt A § 2 Nr. 1 und Nr. 2 ABMG 2011 (versicherte und nicht versicherte Gefahren) leistet der VR Entschädigung für unvorhergesehen eintretende Beschädigungen oder Zerstörungen an versicherten Sachen (Sachschaden) durch:

Verunfallung	Brand	Elementar
als unmittelbare Folge eines von außen her einwirkenden Ereignisses	durch Brand, Blitzschlag, Explosion (gilt nicht für Baubüros, -container, -buden, -baracken, Werkstätten, Magazine, Labors und Gerätewagen	durch Sturm, Eisgang, Erdrutsch, Erdbeben, Überschwemmung oder Hochwasser

Der VR leistet ohne Rücksicht auf mitwirkende Ursachen keine Entschädigung für innere Betriebsschäden und Bruchschäden.

Diebstahl

In der Maschinenversicherung für stationäre Maschinen nach AMB 2011 gilt das Diebstahlrisiko als ausgeschlossen.

In der Maschinenversicherung für fahrbare und transportable Geräte und Maschinen nach ABMG 2011 muss abweichend vom Inhalt einer All-Gefahren-Versicherung das Risiko des Abhandenkommens versicherter Sachen infolge von Diebstahl, Einbruchdiebstahl oder Raub zusätzlich im Versicherungsvertrag explizit vereinbart und versichert werden.

▶ **Beispiel**

Baugerätevermieter Strunkeich verleiht einem Kunden für vier Wochen einen Bagger für den Einsatz auf einer Baustelle. Nach Ablauf dieser Mietzeit wird der Bagger vom Mieter nicht mehr zurückgebracht; der Mieter hat in betrügerischer Absicht den Bagger weiterveräußert und somit unterschlagen. Der Mieter hat eine falsche Identität angegeben und der Bagger ist nicht mehr auffindbar. Der Baugerätevermieter meldet den „Diebstahlschaden" seiner Maschinenversicherung.

Der Maschinenversicherer, der sämtliche Geräte, die der Kunde vermietet, unter explizitem Einschluss des Risikos des Abhandenkommens versichert hat, lehnt die Ersatzpflicht des Schadens ab. Die Ablehnung ist korrekt, da es sich nicht um Abhandenkommen durch Diebstahl, Einbruchdiebstahl oder Raub handelt, sondern um den Tatbestand der Unterschlagung, die nicht als versichert gilt.

Im Unterschied zum Diebstahl ist bei der Unterschlagung nicht erforderlich, dass der Täter die Sache einem anderen wegnimmt. Hier wurde ja ein ordentlicher Mietvertrag unterzeichnet und der Bagger dem Täter überlassen.

Gerade für Verleihfirmen ist es notwendig, durch spezielle Vereinbarungen das Risiko der Unterschlagung mitzuversichern.

▶ **Beispiel**

VN Udert hat seinen Maschinenpark von CNC-Maschinen durch eine Maschinenversicherung nach AMB 2011 abgesichert. Im Maschinenverzeichnis sind die CNC-Maschinen mit Fundament und Stromverkabelung bis zur Mittelspannungsverteilung versichert. Die Werte hierfür wurden bei der Festlegung der Versicherungssumme berücksichtigt.

Am Wochenende wird in dem Betrieb eingebrochen und sämtliche Stromkabel zu den CNC-Maschinen werden entwendet. Der finanzielle Schaden für den VN ist enorm; hohe Reparaturkosten für die Verlegung von neuen Kabeln und ein längerer Produktionsausfall sind die Folge.

Das Diebstahlrisiko ist nicht über AMB 2011 versichert (somit auch nicht der Folgeschaden in Form von Produktionsausfall in der MBU-Versicherung).

Wurden im Rahmen des Diebstahls Beschädigungen an versicherten Maschinen, z. B. durch Vandalismus, verursacht, ist deren Reparatur über die Maschinenversicherung nach AMB 2011 wiederum versichert.

Ausschluss von Schäden

In der Maschinenversicherung besteht kein Versicherungsschutz für Schäden, für die ein Dritter als Lieferant (Hersteller oder Händler), Werkunternehmer

Schäden, die ein Dritter als Lieferant zu vertreten hat

oder aus Reparaturauftrag einzutreten hat. Dieser Ausschlusstatbestand wird im Folgenden relativiert.

Bestreitet der Dritte seine Eintrittpflicht, so leistet der VR zunächst. Ergibt sich nach Zahlung der Entschädigung, dass der Dritte für den Schaden eintreten muss und bestreitet der Dritte dies, so behält der VN einstweilen die bereits gezahlte Entschädigung.

§ 86 VVG

§ 86 VVG – Übergang von Ersatzansprüchen – gilt für diese Fälle nicht. Der VN hat seinen Anspruch auf Erstattung der Kosten nach den Weisungen des VR außergerichtlich und erforderlichenfalls gerichtlich geltend zu machen.

Die Entschädigung ist zurückzuzahlen, wenn der VN einer Weisung des VR nicht folgt oder soweit der Dritte dem VN Schadenersatz leistet. Hier wird in der Maschinenversicherung den Gewährleistungs- und/oder Garantieverpflichtungen der Hersteller, Lieferanten oder Reparaturfirmen Rechnung getragen.

 ▶ **Beispiel**

Papierhersteller Steimel hat seine Papiermaschine mit der neuen Pressen-Technologie der Schuhpresse nachgerüstet.

Bereits sechs Monate nach Abnahme kommt es zu einem kapitalen Schaden in der neuen Schuhpresse, genau genommen zu einem Bruch des Zylinderzapfens einer Presswalze. Infolge dessen wird auch die untere und obere Presswalze beschädigt; die Reparaturkosten betragen ca. 300.000 EUR, der Ausfallschaden (BU) für rund vier Wochen beläuft sich auf 1,5 Mio. EUR.

Der Schaden ist dem Grunde nach ersatzpflichtig im Rahmen der Maschinenversicherung. Der Kunde stellt gleichzeitig Gewährleistungs- bzw. Garantie-Ansprüche an den Lieferanten, der für die neue Schuhpresse im Werkvertrag 36-monatige Garantie zugesagt hat. Im Zuge von Besichtigungsterminen vor Ort und Gesprächen sowie der Aussagen eines vom VR eingeschalteten Sachverständigen wird die Vermutung bestätigt, dass aufgrund der mangelhaften Ausführung des Zylinderzapfens (der Übergang vom Zapfen zum Deckel wurde nicht ausgedreht und poliert, mit der Folge einer Kerbwirkung und eines beginnenden Anrisses durch dynamische Kräfte) der Lieferant im Rahmen der Gewährleistung und auch der Garantiezusage gemäß Werkvertrag zu haften hat.

Der Lieferant lehnt die Forderungen der Kostenübernahme im Rahmen der Gewährleistung und Garantie schriftlich ab, da nach *seinen* Erkenntnissen und Untersuchungen der Schaden aufgrund Mangelschmierung der Lager auf dem Zapfen der Presswalze schadenursächlich war und die Ölversorgung nicht im Liefer- und Leistungsumfang des Lieferanten enthalten war.

Der Maschinen- und MBU-VR reguliert den Schaden gemäß den vereinbarten Vertragsbedingungen, der Kunde macht seinen Anspruch auf Erstattung der Kosten nach den Weisungen des VR außergerichtlich und erforderlichenfalls gerichtlich geltend. Die Ansprüche gegen den Lieferanten umfassen aber nur den Sachschaden, da üblicherweise in Werk-, Liefer- und Kaufverträgen die Haftung der Lieferanten für Vermögensschäden ausgeschlossen gilt.

3.7.1.8 Weitere Gefahren innerhalb der All-Risk-Deckung

Alle anderen Gefahren, somit auch unbenannte Gefahren, gelten in der Maschinenversicherung nach AMB 2011 und ABMG 2011 versichert. Die beispielhafte Aufzählung der versicherten Gefahren in den Versicherungsbedingungen umfasst folgende Kategorien:

beispielhafte Aufzählung der Gefahren

Menschliches Versagen
Bedienungsfehler, unsachgemäßes Handeln oder Vorsatz Dritter

Technisches Versagen
aufgrund von Herstellungsfehlern (Konstruktions-, Material- oder Ausführungsfehler

Sonstiges technisches Versagen
Kurzschluss, Überstrom oder Überspannung, Versagen von Mess-, Regel- oder Sicherheitseinrichtungen, Wasser-, Öl- oder Schmiermittelmangel, Zerreißen infolge Fliehkraft, Überdruck oder Unterdruck

Äußere Einflüsse
Sturm, Frost oder Eisgang

Menschliches Versagen und Vorsatz Dritter

Durch zunehmend komplexere Maschinen nehmen Bedienungsfehler und unsachgemäßes Handeln als „versicherte" Schadenursachen durch menschliche Einwirkungen immer mehr zu. Des Weiteren werden ebenfalls Gefahren im Zusammenhang mit mutwilliger Beschädigung, Sabotage oder Böswilligkeit versichert, da sie nicht explizit ausgeschlossen sind.

menschliches Versagen

Lediglich wenn der VN oder dessen Repräsentanten (z. B. Geschäftsführer, Vorstand, gesamtverantwortlicher Betriebsleiter) den Schaden vorsätzlich herbeigeführt haben, entfällt die Ersatzpflicht.

▶ **Beispiel**

Baugeräteverleih Rodenbach (VN) verleiht einen Bagger an einen Kunden für eine Großbaustelle für drei Monate. Der Bagger wird bei seinem Einsatz auf der Baustelle nicht gerade pfleglich behandelt: Obwohl eine Signalleuchte Ölmangel anzeigt, fährt der Mitarbeiter den Bagger weiter, bis es zu einem Motorschaden kommt.

Der VR des VN Rodenbach (Verleihfirma, Eigentümer des Baggers) reguliert den Schaden über die Maschinenversicherung nach ABMG 2011 – selbst wenn der VR einen Vorsatz des Mitarbeiters des Kunden nachweisen kann, ist dieser Tatbestand des menschlichen Versagens (Vorsatz Dritter) versichert.

Zusammenfassung

Ein Vergleich der versicherten Gefahren

	Stationäre Maschinen	Fahrbare und transportable Maschinen
Versicherte Gefahren	AMB 2011	ABMG 2011
Brand, Blitzschlag, Explosion, Anprall	nicht versichert	versichert
Sturm, Frost, Eisgang	versichert	versichert
Erdbeben, Überschwemmung, Hochwasser	nicht versichert	versichert
Abhandenkommen durch Diebstahl, Einbruchdiebstahl	nicht versichert	versichert bei Vereinbarung
Transport	nur innerhalb des Betriebsgrundstücks	im gesamten Einsatzgebiet, außer auf See

3.7.1.9 Abgrenzung zwischen Sachversicherung und Maschinenversicherung

Bedingungs-
abgrenzungen

Die beiden Versicherungssparten der Sachversicherungen sind so aufeinander abgestimmt, dass eine Sache nicht gleichzeitig von beiden Versicherungen gegen dieselbe Gefahr versichert wird (Ausschluss der Doppelversicherung). Das Ereignis, das die versicherte Sache beschädigt oder zerstört, muss die Verwirklichung der in den Bedingungen genau definierten Gefahren darstellen; allerdings kann ein Schaden durch das Zusammentreffen mehrerer Ursachen entstehen, von denen jede für sich Kennzeichen eines selbstständigen Versicherungszweiges ist.

Feuerschäden

Es gibt Schadenereignisse, die zwar einem Brand oder einer Explosion ähneln, die aber nach den Begriffsbestimmungen der Feuerversicherung nicht unter die von dieser Versicherung versicherten Gefahren fallen.

▶ **Beispiel**

Schäden durch Kurzschluss, Überstrom oder Überspannung

VN Bonham hat für seinen Produktionsbetrieb eine Feuerversicherung abgeschlossen, eine Maschinenversicherung besteht nicht.

Während der Produktion kommt es zu einem „Feuerschaden" an einem elektrischen Antriebsmotor. In der Wicklung des Motors kommt es zu einem Kurzschluss. Der Kurzschluss äußert sich durch einen sogenannten Lichtbogen; durch den Kurzschluss (Berührung von stromführenden Kupferkabeln) fließen kurzfristig sehr hohe elektrische Ströme, die eine Temperatur bis zu 10.000 °C hervorrufen können.

Der Lichtbogen zerstört die Motorwicklungen durch Aufschmelzen von Material. Dieses Schadenbild geht einher mit Rauch- und Lichtentwicklung und ähnelt einem Feuer in dem Motor. Der Lichtbogen als Energiequelle wirkt für sehr kurze Zeit (ms-Bereich), dann sollte der Schutzschalter (Sicherung) fallen und die Stromzufuhr zum Motor unterbrechen.

Mit Unterbrechung der Energiezufuhr bricht auch der Lichtbogen zusammen. Es handelt sich also nicht um ein Feuer (verursacht durch elektrischen Strom), das sich selbstständig ausbreiten kann, da die Isolierungen und Materialien in elektrischen Maschinen aus nicht brennbaren Materialien hergestellt sind.

Der Schaden ist also nicht der Feuerversicherung zuzuordnen, sondern ist über die Maschinenversicherung gedeckt.

▶ **Beispiel**

Das gleiche Schadenszenario ereignet sich an einem Transformator, der mit Ölfüllung versehen ist.

Durch einen Kurzschluss in der Trafowicklung kommt es zu einem Lichtbogen innerhalb des Trafos, der durch seine Energie das Trafogehäuse aufreißt und das austretende Trafoöl explosionsartig entzündet.

Hier entfallen sowohl auf die Maschinenversicherung Kosten (Reparatur der Wicklung, die infolge des Kurzschlusses zerstört wurde) und Kosten auf die Feuerversicherung (Folgeschäden durch brennendes Trafoöl am Trafo selber oder an anderer Einrichtung).

Sturmschäden

In der EC-Versicherung sind Schäden durch Sturm versicherbar. Hier gilt: Als Sturm gilt eine wetterbedingte Luftbewegung von mindestens Windstärke 8. Diese Parameter sind in der Maschinenversicherung dagegen nicht definiert; nicht ausgeschlossen sind Schäden durch Sturm (ohne Grenzwerte), folglich gilt diese Gefahr in der Maschinenversicherung als versichert.

▶ **Beispiel**

Eine Windböe der Stärke 4 wirft einen versicherten Turmdrehkran um; der Schaden ist im Rahmen der Maschinenversicherung gedeckt.

Eine Windböe der Stärke 10 reißt Gebäudeteile ab, die in die versicherte Trafostation eines Aluminiumwerks geschleudert werden. Der Schaden ist im Rahmen der Maschinen- und auch MBU-Versicherung (Stillstand des gesamten Aluminiumwerks) gedeckt.

Sachversicherung erst ab Windstärke 8

Zu beachten ist demnach, dass in dem Bereich ab Windstärke 8 sowohl Deckung über die Maschinen- als auch über die EC-Versicherung (mit der versicherten Gefahr Sturm) besteht.

Sofern für technische Anlagen oder Maschinen eine Maschinenversicherung abgeschlossen wurde und der Kunde aufgrund der exponierten Lage, wenn z. B. diese Anlagen im Freien stehen (z. B. Raffinerie, Unternehmen der Chemiebranche, Recyclingbetriebe), auch die Gefahr eines Sturmschadens sieht und die EC-Deckung wünscht, muss zur Vermeidung einer Doppelversicherung eine klare Trennung erfolgen.

Variante 1

- Sturmschäden werden über die Maschinenversicherung abgesichert, für die gesamte technische Einrichtung ist der Sturmschaden über die EC versichert: Für die EC-Deckung muss eine um die maschinenversicherten Anlagen reduzierte Versicherungssumme aufgegeben werden.
- Zu beachten ist, dass im Totalschadenfall die Maschinenversicherung nur die Zeitwertentschädigung vorsieht, im Gegensatz zur Sach-EC-Versicherung.

Variante 2

- Sturmschäden werden komplett über die EC versichert, der Ausschluss der Gefahr Sturm für die versicherten Maschinen wird in der Maschinenversicherung vereinbart.
- Zu beachten ist hier, dass dann nur Sturm mit Windstärken ab 8 als versicherte Gefahr gilt.

Variante 3

- Beide Deckungen werden parallel abgeschlossen und durch besondere Vereinbarungen definiert, dass Sturmschäden nur bis Windstärke 7 für die versicherten Maschinen in der Maschinenversicherung gedeckt sind und darüber hinaus der Deckungsschutz über die EC-Versicherung gilt.

Explosion und Überdruck

Explosionsschäden sind über die Feuerversicherung und Überdruckschäden über die Maschinenversicherung gedeckt. Hier wird häufig diskutiert, ob es sich um einen Explosions- oder einen Überdruckschaden handelt, insbesondere wenn ein VN für die betroffenen Anlagen keine Maschinenversicherung abgeschlossen hat.

 ▶ **Definition**

Explosion

Überdruck

Überdruck ist der Ausgleich von einem höheren zu einem niedrigeren Druckniveau oder das Bersten von Komponenten durch z. B. Materialspannungen, Rohrreißer infolge von Materialfehlern, Ausdehnungen von Gasen und Dämpfen, Zerspringen von gefrorenen Behältern, Explosionen in Verbrennungskraftmaschinen und elektrischen Schaltanlagen.

> **Beispiel**
>
> In einem Dampfkessel kommt es infolge von Materialschwäche im Bereich der ein-
> gewalzten wasserführenden Rohre in die Wassertrommel zu einem Abriss dieser
> Rohre und zum Aufplatzen der Wassertrommel. Schlagartig wird das Wasser aus
> diesen aufgerissenen Komponenten mit Temperaturen um die 300 °C und einem
> Druck um die 80 bar in die Atmosphäre freigesetzt. Durch die Freisetzung und Ab-
> senkung auf Atmosphärendruck wird das Wasser explosionsartig verdampft (Volu-
> menvergrößerung um das Tausendfache). Diese Energie zerreißt die Kesseldecke.
>
> Rohrreißer und/oder Aufplatzen von Komponenten in Dampfkesselanlagen, auch
> wenn sie explosionsartig ablaufen, sind über die Maschinenversicherung durch die
> Gefahr Überdruck versichert.

> **Beispiel**
>
> In einem Dampfkessel mit Gasfeuerung wird die Kesselanlage aufgrund einer Stö-
> rung abgefahren. Nach Behebung der Störung wird der Kessel über das automati-
> sche Anfahrprogramm wieder hochgefahren. Bevor der Gasbrenner zünden kann,
> wird eine definierte Luftmenge zur Entlüftung und zum Ausspülen von Restgas im
> Brennraum durch den Kessel über den Lüfter gedrückt.
>
> Aufgrund eines undichten Gasventils strömt auch nach dem Abfahren der Kesselan-
> lage weiter Gas in den Brennraum. Gleichzeitig gibt es einen Fehler in der Steuerung
> der Belüftung der Kesselanlage vor dem Zünden.
>
> Beim Zünden des Brenners wird das im Brennraum befindliche Gas explosionsartig
> mit entzündet und der gesamte Bereich des Feuerraums der Kesselanlage (60 % der
> gesamten Kesselfläche) wird zerstört. Darüber hinaus hebt sich der Kessel durch
> die Druckwelle von den Fundamenten, Peripherieanlagen wie Wasserzuführung etc.
> reißen ab. Hier handelt es sich um einen Explosionsschaden im Sinne der Feuerver-
> sicherung.

Gerade in Schadenfällen, in denen es schwierig ist, die Schadenursache den
versicherten Gefahren der Maschinen- oder der Feuerversicherung zuzuordnen, werden häufig Sachverständige eingeschaltet.

TK 2909 (11)

Die Maschinenversicherung hat dem Rechnung getragen und die Klausel TK
2909 (11) (muss besonders vereinbart werden) zu den Maschinenversiche-
rungsbedingungen entwickelt:

> „Besteht auch eine Feuerversicherung und ist streitig, ob oder in welchem
> Umfang ein Schaden zu vorliegendem Vertrag oder als Feuerschaden anzu-
> sehen ist, so kann der VN verlangen, dass die Höhe des Schadens zu vorlie-
> gendem Vertrag und des Feuerschadens in einem gemeinsamen Sachver-
> ständigenverfahren festgestellt wird. Ein solches Sachverständigenverfah-
> ren können der VR des vorliegenden Vertrages, der Feuerversicherer und
> der VN auch gemeinsam vereinbaren.
>
> Das Sachverständigenverfahren kann durch Vereinbarung auf sonstige tat-
> sächliche Voraussetzungen des Entschädigungsanspruchs sowie der Höhe
> der Entschädigung ausgedehnt werden."

3.7.1.10 Umfang der Entschädigung

Teil- und Totalschaden

Im Schadenfall wird in der Maschinenversicherung zwischen Teilschaden und Totalschaden unterschieden. Ein Teilschaden liegt vor, wenn die Wiederherstellungskosten zuzüglich des Werts des Altmaterials nicht höher sind als der Zeitwert der versicherten Sache unmittelbar vor Eintritt des Versicherungsfalls. Sind die Wiederherstellungskosten höher, so liegt ein Totalschaden vor.

Zeitwert

Der Zeitwert ergibt sich aus dem Neuwert durch einen Abzug insbesondere für Alter, Abnutzung und technischen Zustand.

technische Nutzungsdauer

Jede technische Anlage oder Maschine unterliegt einer technischen Nutzungsdauer. So werden z. B. Kraftwerksanlagen mit einer technischen Nutzungsdauer von 40 bis 50 Jahren ausgelegt, Gabelstapler oder Radlader in rauen Betrieben (Steinbruch, Papierindustrie) mit maximal vier bis fünf Jahren. Am Ende dieser technischen Nutzungsdauer haben die Maschinen noch einen sogenannten Restwert. Lebensdauerverlängernde Maßnahmen, wie z. B. gute Wartung („vorbeugende Wartung"), Pflege, Reparaturen und Instandhaltung, insbesondere Austausch von Kernkomponenten, fließen in die individuelle Berechnung und Betrachtung des Abnutzungsgrads oder Zeitwerts ein und können die technische Nutzungsdauer verlängern.

Versicherte Sachen, die in verschiedenen Positionen bezeichnet sind, gelten auch dann nicht als einheitliche Sache, wenn sie wirtschaftlich zusammengehören. Werden versicherte Sachen in einer Sammelposition aufgeführt, so gelten sie nicht als einheitliche Sache, sofern sie eigenständig verwendet werden können.

Teilschaden

Im Teilschaden werden die notwendigen Wiederherstellungskosten ersetzt, insbesondere:

notwendige Wiederherstellungskosten

- Kosten für Ersatzteile und Reparaturstoffe,
- Lohnkosten und lohnabhängige Kosten, auch übertarifliche Lohnanteile und Zulagen, ferner Mehrkosten durch tarifliche Zuschläge für Überstunden sowie für Sonntags-, Feiertags- und Nachtarbeiten,
- De- und Remontagekosten,
- Transportkosten einschließlich Mehrkosten für Expressfrachten,
- Kosten für die Wiederherstellung des Betriebssystems, das für die Grundfunktion der versicherten Sache notwendig ist,
- Kosten für das Aufräumen und das Dekontaminieren der versicherten Sache oder deren Teile sowie Kosten für das Vernichten von Teilen der Sache, ferner Kosten für den Abtransport von Teilen in die nächstgelegene geeignete Abfallbeseitigungsanlage, jedoch nicht Kosten aufgrund der Einliefererhaftung.

weitere Kostenpositionen

Neben den notwendigen Wiederherstellungskosten sind auch eine Reihe von Kostenpositionen definiert, die nicht zu den notwendigen Wiederherstellungskosten gehören und auch nicht im Schadenfall ersetzt werden:

- Kosten einer Überholung oder sonstiger Maßnahmen, die auch unabhängig von dem Versicherungsfall notwendig gewesen wären,

- Mehrkosten durch Änderungen oder Verbesserungen, die über die Wiederherstellung hinausgehen,
- Kosten einer Wiederherstellung in eigener Regie, soweit die Kosten nicht auch durch Arbeiten in fremder Regie entstanden wären,
- entgangener Gewinn infolge von Arbeiten in eigener Regie,
- Mehrkosten durch behelfsmäßige oder vorläufige Wiederherstellung,
- Kosten für Arbeiten, die zwar für die Wiederherstellung erforderlich sind, aber nicht an der versicherten Sache selbst ausgeführt werden,
- Vermögensschäden.

Schadensuchkosten – Ursachensuche

Schadensuchkosten bzw. Kosten für die Ermittlung des Schadenumfangs sind zu den notwendigen Wiederherstellungskosten zu zählen, da diese die Wiederherstellung vorbereiten. Unabhängig davon wären sie auch nach dem VVG zu ersetzen.

Schadensuchkosten

Nicht zu entschädigen sind dagegen die Kosten für die Schadenursachensuche. Es handelt sich hier um Schadenverhütungskosten, die der VN aufwenden muss, um den Eintritt weiterer gleichartiger Schäden aus derselben Ursache zu verhüten und die er selbst zu tragen hat.

Kosten für Schadenursachensuche

Im Totalschaden wird der Zeitwert abzüglich des Werts des Altmaterials ersetzt.

Totalschaden

▶ Beispiel

Ein Dampfturbosatz, Baujahr 1978, ist mit einer Neuwertversicherungssumme gemäß Maschinenverzeichnis von 4 Mio. EUR versichert. Die Turbine hat einen kapitalen Schaden – Anstreifen des Läufers. Der Hersteller öffnet die Turbine und erstellt ein Reparaturkostenangebot in Höhe von 2,5 Mio. EUR.

Der Zeitwert der versicherten Turbine wird mit rund 40 % (aus 4 Mio. EUR = 1,6 Mio. EUR) ermittelt (Sachverständige, Erfahrungswerte).

Die Reparaturkosten mit ca. 2,5 Mio. EUR übersteigen den Zeitwert von 1,6 Mio. EUR; es liegt versicherungstechnisch ein Totalschaden vor.

Der VR erstattet somit maximal den Zeitwert in Höhe von 1,6 Mio. EUR abzüglich des Werts des Altmaterials. Der Wert des Altmaterials ist in vielen Fällen der Restwert und/oder der Schrottwert. Im beschriebenen Schadenfall stellt sich die Restwertbetrachtung etwas komplexer dar.

Ein Turbosatz besteht aus Turbine, Getriebe und Generator. Beschädigt und in den Totalschaden überführt wurde nur die Turbine; Getriebe und Generator sind unbeschädigt und einsetzbar. Der Zeitwert des Getriebes und des Generators wird im Abzug für Altmaterial berücksichtigt. Wenn z.B. 1,5 Mio. EUR Neuwert für diese beiden Komponenten entfallen, beträgt der Zeitwert bei 40 % hier 600.000 EUR, die in der Betrachtung Altmaterial einfließen, sodass sich eine Entschädigung von „nur" rund 1 Mio. EUR ergibt.

Erstrisikosummen

*zusätzliche
Kostenpositionen*

Für den Schadenfall – unabhängig ob Teil- oder Totalschaden – können für den Versicherungsfall zusätzliche Kostenpositionen im Versicherungsvertrag vereinbart werden. Soweit im Versicherungsvertrag vereinbart, sind über die Wiederherstellungskosten hinaus die nachfolgend genannten Kosten bis zur Höhe der jeweils hierfür vereinbarten Versicherungssumme auf erstes Risiko versichert:

- Luftfrachtkosten,
- Bewegungs- und Schutzkosten,
- Dekontaminations- und Entsorgungskosten für das Erdreich,
- Aufräumungs-, Dekontaminations- und Entsorgungskosten.

Luftfrachtkosten

▶ Beispiel

Kunde Moon hat ein CNC-Bearbeitungszentrum, Hersteller ist eine japanische Firma. Nach einem Schaden muss der gesamte Antrieb inkl. Spindel ausgetauscht werden.

Die notwendigen Wiederherstellungskosten betragen 60.000 EUR. In diesen Kosten sind Transportkosten für die Ersatzteile in Höhe von 7.500 EUR enthalten, da die Ersatzteile per Luftfracht angeliefert wurden. Transportkosten gehören zu den notwendigen Wiederherstellungskosten und werden erstattet, aber nur der „normale" Transport per LKW, Schiff und/oder Bahn – die geschätzten Kosten liegen bei 2.000 EUR. Der erhöhte Aufwand eines Lufttransports – 7.500 EUR im Verhältnis zu 2.000 EUR – wird nur erstattet, wenn für Luftfrachtkosten eine Erstrisikoposition vereinbart wurde.

Bewegungs- und Schutzkosten

Hier handelt es sich um Kosten, die der VN infolge eines dem Grunde nach versicherten Schadens aufwenden muss, wenn zum Zweck der Wiederherstellung oder Wiederbeschaffung der versicherten Sache andere Sachen bewegt, verändert oder geschützt werden müssen, insbesondere Aufwendungen für De- und Remontage, Durchbruch, Abriss oder Wiederaufbau von Gebäudeteilen oder für das Erweitern von Öffnungen.

Selbstbehalt

Abzugsfranchise

Der ermittelte Schadenbetrag wird je Versicherungsfall um den vereinbarten Selbstbehalt gekürzt. Entstehen mehrere Schäden, so wird der Selbstbehalt jeweils einzeln abgezogen. In der Maschinenversicherung wird der Selbstbehalt als Abzugsfranchise in Euro-Beträgen im Maschinenverzeichnis dokumentiert.

Die Wahl des Selbstbehaltes wird je Risikogegebenheit gewählt. Der Selbstbehalt soll sowohl den VR als auch den VN von der kostenintensiven Bearbeitung einer großen Anzahl kleinerer und kleinster Schäden (Bagatellschäden, häufig auch Verschleißschäden) entlasten.

In der Maschinenversicherung treten im Gegensatz zur Feuerversicherung deutlich mehr Frequenzschäden auf, d. h., in einem Versicherungsjahr ist die Wahrscheinlichkeit groß, dass an versicherten Sachen mehrere Schäden eintreten können.

Die Wahl des Selbstbehalts in der Maschinenversicherung fließt auch in die Kalkulation der Prämie ein; je höher der Selbstbehalt, desto stärker wird die Prämie rabattiert. Abhängig vom Risiko (Gewerbekunde, Industrie, Großindustrie) und vom möglichen Schadenpotenzial bewegen sich die Selbstbehalte von mindestens 250 EUR bis hin zu mehreren hunderttausend Euro. Bei fahrbaren und transportablen Geräten liegt das Mittel bei 2.500 EUR bis 10.000 EUR. Allerdings erhält der VR von Schäden unterhalb der Selbstbehalts keine Kenntnis – Rückschlüsse auf erwartbare größere Schäden oder auf die Pflege- und Wartungssituation beim Kunden werden erschwert.

▶ Beispiele

Druckerei Entwistle möchte seine zwei Bogenoffsetdruckmaschinen (Neuwert jeweils 2,2 Mio. EUR) durch eine Maschinenversicherung absichern. Das Großschadenpotenzial unter Gesichtspunkten einer Maschinenversicherung als Reparaturkostenversicherung liegt in einer Beschädigung der Zylinder in einem oder mehreren Druckwerken inkl. der Antriebe, z. B. bei Mehrfacheinzug von Bögen. Die geschätzten Reparaturkosten liegen bei ca. 200.000 bis 300.000 EUR. Ein solcher Schaden würde das Geschäftsergebnis des Unternehmens bedrohen.

Der Selbstbehalt wird mit 5.000 EUR so gewählt, dass Bagatellschäden nicht verwaltet werden müssen und die Prämie in einem angemessenen Rahmen bleibt. Bei einem Selbstbehalt von 1.000 EUR würde die Prämie ca. 20 bis 30 % höher liegen.

Das große LZ-Stahlwerk (Versicherungssumme Betriebseinrichtung: 300 Mio. EUR) mit einem geplanten Reparatur-/Instandhaltungsbudget von 30 Mio. EUR im Jahr wird in seinen Versicherungsabwägungen (Risikotragung, Risikoabwälzung) anders vorgehen.

Das ermittelte Großschadenpotenzial unter Gesichtspunkten einer Maschinenversicherung wird mit 5 Mio. EUR ermittelt (Schmiedepressen und Schmiedemaschinen). Selbst wenn in einem Jahr dieser Schaden eintritt, würde das Reparatur-/Instandhaltungsbudget auf 35 Mio. EUR erhöht werden und somit um rund 17 % außerplanmäßig überschritten werden.

Sofern diese Überschreitung des Budgets wichtige wirtschaftliche Ziele in einem Geschäftsjahr gefährdet, wird man sich für den Abschluss einer Maschinenversicherung entscheiden, mit Auswahl eines hohen Selbstbehalts um die 500.000 EUR, um nur das Großschadenpotenzial abzusichern und die Kosten für die Versicherung gering zu halten.

Sofern die Überschreitung des Budgets keine wichtigen wirtschaftlichen Ziele in einem Geschäftsjahr gefährdet, wird das Unternehmen auch keine Maschinenversicherung für dieses Risiko wählen.

Zusammenfassung

Die Maschinenversicherung teilt sich in zwei Bedingungswerke, die AMB 2011 für stationäre Maschinen und die ABMG 2011 für fahrbare Maschinen auf. Die Maschinen, die einzeldeklaratorisch versichert werden sollen, werden in einem zum Versicherungsschein gehörenden Maschinenverzeichnis aufgeführt.

Zusätzlich zu den Maschinen und Geräten können Zusatzgeräte und Fundamente von Maschinen versichert werden. Einige Zusatzteile sind nur versichert, wenn als Folge eines Sachschadens an versicherten Sachen ein Schaden aufgetreten ist (Folgeschaden), z. B. Kabel, Ketten und Bereifung.

Stationäre Maschinen sind innerhalb des Betriebsgrundstücks versichert, für mobile Maschinen ist zunächst der Versicherungsschutz auf die Bundesrepublik Deutschland begrenzt.

Ähnlich wie in der gewerblichen Sachversicherung kann die Aktualisierung der Versicherungssummen vereinbart werden.

Versichert sind in beiden Bedingungen unvorhergesehen eintretende Schäden. Schäden durch Feuer sind nur bei mobilen Maschinen und Geräten versichert (ABMG 2011).

Der Versicherungsschutz für mobile Maschinen und Geräte kann durch Vereinbarung der Klausel TK 3252 (11) auf Kaskoschäden begrenzt werden; die inneren Bruchschäden sind dann nicht versichert.

3.7.2 Elektronikversicherung ABE 2011

Handlungssituation

Durch Produktinnovationen und neue Technologien wie Smartphone, Tablet, Smart Home, IoT hat die Elektronikversicherung an Bedeutung gewonnen. Die Proximus Versicherung AG will dieser Situation Rechnung tragen und beschließt, künftig im Rahmen der „Flexi Billy" Produktreihe die Sachgefahren für elektronische Anlagen, Geräte und Systeme nicht mehr über die AFB, AWB und AERB sondern nur noch über die ABE zu versichern. Ihre Aufgabe ist es, den Vertriebskollegen eine detaillierte Gegenüberstellung der Deckung zu präsentieren.

rasante Technologie-entwicklung Die Elektronikversicherung ist eine Sachversicherung von in Betrieb befindlichen elektrotechnischen und elektronischen Anlagen, Geräten und Systemen. Kaum eine andere Versicherungssparte hat sich in den letzten Jahren so stark verändert wie die Elektronikversicherung. Der Grund liegt in der Veränderung der zu versichernden Sachen und dem rasanten Technologiefortschritt in der Elektronikbranche, der bewirkt, dass Geräte, die noch vor Kurzem als Innovation galten, als veraltet eingestuft werden.

Die Folgen dieses Branchentrends für die Elektronikversicherung sind beispielsweise die Reduzierung von Versicherungssummen durch Preisverfall: Niedrigpreisprodukte sind nicht mehr versicherungswürdig. Ein gutes Beispiel für diese Entwicklung ist z. B. der Mobilfunksektor. In den 90erJahren boomte der Markt für Mobiltelefone und damit auch der Bedarf an adäquatem Versicherungsschutz im Rahmen der Elektronikversicherung. Für die Verwendung im sogenannten C-Netz kosteten die Mobiltelefone noch rund 10.000 EUR. VR taten sich schwer, eine Deckung anzubieten. Heute sind Mobiltelefone in der Regel im Deckungsumfang der Elektronikversicherung enthalten.

3.7.2.1 Versicherte Sachen

In der Elektroniksachversicherung wird nur die Hardware im Gegensatz zur Software versichert. Versichert werden insbesondere elektrotechnische und elektronische Anlagen, Geräte und Systeme in folgenden Bereichen: *versicherbare Sachen*

- Informations- und Kommunikationstechnik (z. B. EDV-Anlagen, Großrechneranlagen, Telefonanlagen)
- Bürotechnik (z. B. Drucker, Faxgeräte, Kopiergeräte, Beamer)
- im Zusammenhang mit EDV-Technik auch die Klimatechnik, USV-Versorgung (unterbrechungsfreie Stromversorgung über Batteriepuffer) in Serverräumen
- Sicherungs- und Meldetechnik (z. B. Brandmeldeanlagen, Zugangskontrollen, Videoüberwachungen, Netzersatzanlagen)
- haustechnische Anlagen (z. B. Klima- und Lüftertechnik, Heizungssteuerung, Aufzugssteuerungen)
- Fernseh- und Rundfunkanlagen
- Funkanlagen
- Geldautomaten, automatische Kassenschalter (ohne geldwerten Inhalt)
- graphische Anlagen, Satz- und Reprotechnik (Druckvorbereitung, CAD-Systeme)
- Kino-, Theater- und Reklametechnik
- Anlagen der Materialuntersuchung
- Mess-, Prüf- und Regeltechnik
- Maschinensteuerungen, Prozessleitsysteme
- Medizintechnik
- Navigationsanlagen, Verkehrsteuerungen und -überwachungen

Der Hardware im Rahmen der Elektronikversicherung zugerechnet werden auch Datenträger (Datenspeicher für maschinenlesbare Informationen), sofern sie vom Benutzer (VN) nicht auswechselbar sind (Festplatten). *Hardware Datenträger*

Des Weiteren sind auch Daten (Software) versichert, wenn sie für die Grundfunktion der versicherten Sache notwendig sind, also wenn es sich um System-Programmdaten aus Betriebssystemen oder damit gleichzusetzende Daten handelt. *Daten*

3.7.2.2 Erweiterung des Versicherungsumfangs

Andere Daten und Datenträger

Daten und Datenträger

Für die Absicherung weiterer Daten oder Software kann man die Elektronikversicherung um eine Datenträgerversicherung erweitern. Sie springt ein, wenn die Daten infolge eines Sachschadens am Datenträger, auf dem sie gespeichert sind, oder an der Anlage, die diese verarbeitet, unlesbar geworden sind und nicht weiter verarbeitet werden können. Die Versicherung ersetzt dann die Kosten für die Wiederbeschaffung bzw. die Neueingabe (Entsprechung bei Schäden ohne Sachschaden: Cyber-Deckungen z.B. nach einem Hackerangriff).

TK 1911 (11) Wechseldatenträger und auswechselbare Datenträger

Die Erweiterung dieser Deckung wird in der Klausel TK 1911 (11) geregelt. Versichert gelten dann auch Wechseldatenträger oder durch den Benutzer auswechselbare Datenträger wie z.B. Magnetbänder, Wechselfestplatten, CDs, DVDs und die darauf befindlichen Daten. Ersetzt werden insbesondere zusätzlich Kosten für die Wiederherstellung von

- Daten,

zusätzliche Kosten

- betriebsfertigen und funktionsfähigen Standardprogrammen und individuell hergestellten Programmen, zu deren Nutzung der VN berechtigt ist,

soweit sich diese auf einem Datenträger befinden. Nicht versichert sind dagegen Kosten für die Wiederherstellung von Daten und Programmen, die sich nur im Arbeitsspeicher der Zentraleinheit befinden.

Entschädigung

Entschädigt werden Aufwendungen, die im Zusammenhang der Wiederherstellung des früheren, betriebsfertigen Zustands der Daten und Programme notwendig sind. Dies können sein:

maschinelle Wiedereingabe aus Sicherungsdatenträgern	Wiederbeschaffung, Wiedereingabe oder Wiederherstellung von Stamm- und Bewegungsdaten (einschließlich dafür erforderlicher Belegaufbereitung/ Informationsbeschaffung)	Wiederbeschaffung und Neuinstallation von Standardprogrammen, Wiedereingabe von Programmdaten individuell hergestellter Programme und Programmerweiterungen (z.B. Konfigurationen, Funktionsblöcke) aus beim VN vorhandenen Belegen (z.B. Quellcode)

Voraussetzung für den Versicherungsschutz

Voraussetzung für den Versicherungsschutz ist der Verlust, die Veränderung oder die Nichtverfügbarkeit der Daten oder Programme infolge

- Blitzeinwirkung und/oder
- eines dem Grunde nach versicherten Schadens an dem Datenträger oder der Datenverarbeitungsanlage, auf dem diese gespeichert waren.

Software

Ein Datenverlust ist jedoch nicht immer die Folge eines Schadens am Datenträger. Sollen auch noch andere Risiken mit abgesichert werden, so muss der
Unternehmer eine Softwareversicherung abschließen. Die Erweiterung dieser
Deckung wird in der Klausel TK 1928 (11) geregelt. Versichert werden zusätzlich Kosten für die Wiederherstellung von

*Softwareversicherung
TK 1928 (11)*

zusätzliche Kosten

- Daten sowie
- betriebsfertigen und funktionsfähigen Standardprogrammen und individuell
  hergestellten Programmen, zu deren Nutzung der VN berechtigt ist,

soweit sich diese auf einem Datenträger befinden. Nicht versichert sind auch
hier Kosten für die Wiederherstellung von Daten und Programmen, die sich nur
im Arbeitsspeicher der Zentraleinheit befinden.

Versichert gelten dann Verluste von Daten infolge eines dem Grunde nach versicherten Schadens an dem Datenträger oder der Datenverarbeitungsanlage,
auf dem diese gespeichert waren, und Verluste von Daten durch:

weitere Schäden

- Ausfall oder Störung der Hardware der Datenverarbeitungsanlage, der Hardware der Datenfernübertragungseinrichtungen und -leitungen, der Stromversorgung, Stromversorgungsanlage oder der Klimaanlage
- Bedienungsfehler (z. B. falscher Einsatz von Datenträgern, falsche Befehls-
  eingabe)
- vorsätzliche Programm- oder Datenänderungen durch Dritte in schädigender
  Absicht
- Über- oder Unterspannung
- elektrostatische Aufladung oder elektromagnetische Störung
- höhere Gewalt

Nicht versichert sind dagegen Verluste von Daten, die Veränderung oder die
Nichtverfügbarkeit der Daten/Programme durch Programme oder Dateien mit
Schadenfunktion wie z. B. Computerviren (Abgrenzung zu möglicher Cyber-De-
ckung).

nicht versichert

Entschädigt werden Aufwendungen, die im Zusammenhang für die Wiederherstellung des früheren, betriebsfertigen Zustands der Daten und Programme
notwendig sind, analog den versicherten Aufwendungen gemäß TK 1911 (11)
für Daten und Datenträger.

*Entschädigung analog
Klausel TK 1911 (11)*

Im Schadenfall übernimmt der VR die Kosten bis zur Höhe der Versicherungssumme, deren Höhe bei der Datenträger- bzw. Softwareversicherung von den
Datenmengen abhängt. Da eine Datenrekonstruktion zeitaufwändig und somit
teuer ist, empfiehlt es sich, eine ausreichend kalkulierte Versicherungssumme
zu vereinbaren. Die Summe wird in Zusammenarbeit mit dem VR ermittelt.

3.7.2.3 Voraussetzungen für den Abschluss der Datenträger- und Software-Versicherung, Bedingungen

Pflichten des Versicherungsnehmers

Mit dem Abschluss einer Datenträger- oder Softwareversicherung übernimmt der VN auch Pflichten: So hat er eine (branchen-) übliche Datensicherung vorzunehmen (mindestens einmal die Woche, teilweise täglich, selten stündlich) sowie darauf zu achten, dass die Dateien auf dem Sicherungsdatenträger so beschaffen sind, dass deren Rückübertragung möglich ist. Darüber hinaus muss er die Vorschriften und Hinweise des Herstellers zur Installation, Wartung und Pflege der Datenverarbeitungsanlage oder des Datenträgers beachten und übliche, ständig aktualisierte Schutzmaßnahmen gegen Computerviren vornehmen.

Insbesondere bei Abschluss der zusätzlichen Softwareversicherung im Rahmen der Elektronikversicherung bei einer gewünschten Versicherungssumme über 50.000 EUR werden umfangreiche Informationen seitens des VR vor Abschluss der Deckung gefordert. Diese Informationsabfrage dient dazu, die Risikoqualität des zu versichernden Betriebs einzuschätzen und einen risikogerechten Versicherungsbeitrag zu ermitteln und ggf. auch ein Risiko nicht zu zeichnen. Viele Fragen hängen eng mit der eingesetzten IT-Technik sowie mit entsprechenden Sicherheitsmaßnahmen zusammen.

 ▶ **Exkurs: Kopierschutzstecker**

Dongle

Kopierschutzstecker, auch Dongle, Hardlock oder Key genannt, dienen dazu, Software vor unautorisierter Vervielfältigung zu schützen.

Mit der Software wird beispielsweise ein Kopierschutzstecker ausgeliefert, der auf eine Schnittstelle des Rechners (Parallelport, meist aber USB) aufgesteckt wird. Die „gedongelte" Software kontrolliert dann bei Benutzung regelmäßig, ob der Kopierschutzstecker vorhanden ist, und verweigert bei Nicht-Vorhandensein den Dienst oder gibt beispielsweise nur noch eingeschränkt Programmfunktionen frei.

mögliche Ersatzregelung

Der Dongle als Hardwarekomponente ist in der Elektroniksachversicherung zu erfassen. Die Sachkosten eines Dongles betragen nur wenige Euro. Das Problem ist aber, dass bei Verlust und/oder Beschädigung des Dongles die Software nicht mehr genutzt werden kann.

Bei Vorlage des beschädigten Dongles wird die Lizenzfür die Softwarenutzung in der Regel kostenneutral erneut zur Verfügung gestellt. Bei Verlust des Dongles kann es vorkommen, dass der Dongle inkl. der Softwarelizenz neu erworben werden muss. Bei sehr hochwertiger Software können Dongles lokalisiert („getrackt") und deaktiviert werden.

3.7.2.4 Einzelversicherung – Pauschalversicherung

Die Elektronikversicherung ist eine Versicherung für Rechnung „wen es angeht". Der VN ist in jeder Rechtsposition versichert, die ein Interesse an der Anlage hervorrufen kann:

versichertes Interesse

- Eigentümerinteresse,

- Sicherungsnehmerinteresse, Sicherungsgeberinteresse,

- Vermieterinteresse, Mieterinteresse,

- Verpächterinteresse, Pächterinteresse,

- Verleiherinteresse, Entleiherinteresse.

Zusätzlich wird auch durch Abschnitt A § 3 ABE 2011 das Interesse Dritter an der Sache gedeckt. Voraussetzung ist, dass seitens des VN ein Interesse an der Sache besteht.

Die Elektronikversicherung wird heute in allen Geschäftsbereichen über alle Branchen hinweg angetroffen, angefangen bei landwirtschaftlichen Betrieben (die Tierfütterung wird heute vielerorts über Tablet gesteuert), Arztpraxen (Lasergeräte, medizinisch-technische Geräte), Kommunen und Städten (Verkehrsrechner und Leitsysteme), bis hin zu Industrieunternehmen und Rechenzentren (Großrechneranlagen).

Zielgruppen

Es gibt im Prinzip zwei Varianten der Versicherung elektronischer Geräte und Anlagen: Man kann die Geräte einzeln oder pauschal versichern. Bei der Einzelversicherung, die eher selten anzutreffen ist, sind nur die Geräte bzw. Anlagen versichert, die in der Police dokumentiert sind. Sollen zusätzliche Geräte oder Anlagen mit einbegriffen bzw. bestehende Geräte ausgetauscht und versichert werden, muss jede Neuanschaffung oder Erweiterung eigens gemeldet werden.

zwei Vertragsmöglichkeiten Einzelversicherung

In einer marktüblichen Pauschalversicherung hingegen ist die gesamte Elektronik versichert. Der Vorteil ist dabei, dass das Unternehmen (VN) innerhalb der Versicherungssumme Geräte und Anlagen erneuern oder austauschen kann, ohne dies dem VR jeweils mitteilen zu müssen. Erst nach Ablauf eines Versicherungsjahrs oder wenn die Versicherungswerte die vereinbarte Versicherungssumme (inklusive einer Vorsorgeversicherungssumme) übersteigen, meldet das Unternehmen der Versicherungsgesellschaft die veränderten Versicherungssummen. Unterbleibt die erforderliche Meldung innerhalb Monatsfrist, entfällt die Vorsorge für das laufende Versicherungsjahr.

Pauschalversicherung TK 1926 (11) Meldung erst nach Ablauf des Versicherungsjahrs

Neu hinzukommende Geräte sind automatisch versichert (allerdings: maximal Versicherungssumme plus Vorsorge).

automatische Mitversicherung neuer Geräte

Der Versicherungsschutz für Veränderungen beginnt abweichend von der sonstigen Regelung im § 1 Nr. 1 ABE 2011 bereits vor Betriebsfertigkeit, und zwar mit der Übergabe der versicherten Sachen am Versicherungsort.

Versicherungsschutz mit Übergabe

Die Versicherungssumme einer Anlagengruppe muss der Versicherungssumme der einzelnen Geräte, Anlagen und des Systems entsprechen, dazu müs-

Anlagengruppen

Anlagengruppen in der Pauschalversicherung

sen sämtliche Geräte, Anlagen und das System zu Beginn der Versicherung erfasst werden. Anlagengruppen in der Pauschalversicherung sind insbesondere:

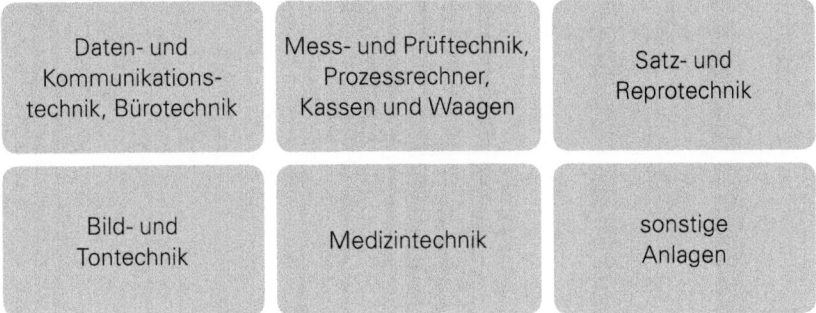

| Daten- und Kommunikationstechnik, Bürotechnik | Mess- und Prüftechnik, Prozessrechner, Kassen und Waagen | Satz- und Reprotechnik |
| Bild- und Tontechnik | Medizintechnik | sonstige Anlagen |

zusätzliche Versorgungstechnik

Ebenfalls im Zusammenhang mit den Anlagengruppen versichert sind:

- die dazugehörige Versorgungstechnik für Elektronikanlagen (wie Klimaanlagen, unterbrechungsfreie Stromversorgung, Netzersatzanlagen und Frequenzumformer),
- Leitungen,
- Erdkabel,
- der Leitungsführung dienende Vorrichtungen

innerhalb der versicherten Betriebsgrundstücke.

Die nachfolgend aufgeführten Anlagengruppen stellen ein Risiko dar, das in der Regel unerwünscht ist und von einigen VN nicht im Rahmen einer Elektronikversicherung gezeichnet wird. Erhöhte Risikogruppen sind

- elektronische Maschinen- und CNC-Steuerungen
- Geschwindigkeitsmessanlagen
- Verkehrszähl- und Überwachungsanlagen
- Verkehrsregelungsanlagen
- Fahrkarten- und Parkscheinautomaten
- Bohrloch- und Kanalfernsehanlagen
- Beulen- und Lecksuchmolche
- Tanksäulen und -automaten
- Autowaschanlagen inkl. dazugehöriger Steuerungen
- Großwiegeeinrichtungen (z. B. Fahrzeugwaagen)
- Fütterungscomputer
- Navigationsanlagen und Fahrzeugelektronik in Kraft-, Wasser- und Luftfahrzeugen
- Solaranlagen

Ebenfalls nicht versichert sind Vorführgeräte, Handelsware und zu Service-, Reparatur-, Wartungszwecken o. ä. überlassene fremde Anlagen und Geräte sowie Anlagen und Geräte, für die der VN keine Gefahr trägt, z. B. durch Haftungsfreistellung bei gemieteten Sachen.

Versicherungsort in der Elektronik-Pauschalversicherung

In der Pauschalversicherung besteht zunächst nur Versicherungsschutz am Versicherungsort. Erweitert werden kann der Versicherungsschutz für versicherte Anlagengruppen auch außerhalb des Betriebsgrundstücks über das sogenannte „Bewegungsrisiko". Hierdurch kann der Versicherungsschutz geografisch auf Europa erweitert werden (TK 1408 (11). Für die Erweiterung ist im Vertrag eine Höchstentschädigung und oft eine separate Selbstbeteiligung vereinbart.

Maschinensteuerung

Sämtliche industriellen Anlagen und Maschinen sind heutzutage computergesteuert, wenn nicht sogar mit aufwändigen Prozessleitsystemen ausgerüstet. Sofern ein Kunde in der Metallindustrie sich entschließt, eine neu gekaufte CNC-Bearbeitungsmaschine gegen Risiken des Betriebs zu versichern, wird sicherlich eine Maschinenversicherung abgeschlossen. Als Versicherungssumme wird der Kaufpreis zuzüglich Nebenkosten herangezogen. Im Kaufvertrag wird der Preis nicht differenziert nach mechanischen und elektronischen Komponenten aufgelistet.

Da es schwierig ist, eine genaue Trennung zwischen den mechanischen und elektronischen Komponenten vorzunehmen, ist es sinnvoll, die gesamte Maschine inkl. elektronischer Steuerung durch eine Maschinenversicherung zu versichern. Aus diesem Grund „sträuben" sich auch viele VR, nur die Elektronikkomponenten als Auslese von Risiken zu versichern bzw. eine Teileversicherung von Produktionsmaschinen anzubieten. Die meisten VR versichern daher die Maschinensteuerung explizit nur über ihre Maschinenprodukte und schließen diese Geräte konsequenterweise bei ihren Elektronikbedingungen aus.

3.7.2.5 Versicherungswert / Versicherungssumme

In der Elektroniksachversicherung sind die zu versichernden Anlagen, Geräte und Systeme – unabhängig von der Einzeldeklaration oder in Anlagengruppen zusammengefasst – mit den jeweils gültigen Versicherungssummen anzumelden und zu dokumentieren.

Vollwertversicherung
Neuwert

Die im Versicherungsvertrag für jede versicherte Sache genannte Versicherungssumme soll dem Versicherungswert entsprechen. Der Versicherungswert ist der gültige Neuwert. Der Neuwert ist der jeweils gültige Listenpreis der versicherten Sache im Neuzustand zuzüglich der Bezugskosten (z. B. Kosten für Verpackung, Fracht, Zölle, Montage) ohne Berücksichtigung von Rabatten oder Preiszugeständnissen.

Ist der VN zum Vorsteuerabzug nicht berechtigt, so ist die Umsatzsteuer einzubeziehen. Die Versicherungssumme dient als Prämienberechnungsgrundlage (Kalkulation) einer risikogerechten Prämie.

Unterversicherung

Stellt sich im Schadenfall heraus, dass die Versicherungssumme niedriger ist als der Versicherungswert zur Zeit des Eintritts des Versicherungsfalls, so besteht Unterversicherung.

3.7.2.6 Versicherungsort

Betriebsgrundstück

Versicherungsschutz besteht nur innerhalb des Versicherungsorts. Versicherungsort sind die im Versicherungsvertrag bezeichneten Betriebsgrundstücke.

mobile Technik
TK 1408 (11)

Durch die Versicherung von mobil eingesetzter Technik (Mobiltelefone, Laptops, Fernsehübertragungstechnik, Kameras, Filmausrüstung etc.) muss hier der Versicherungsort auf das Einsatzgebiet erweitert werden – innerhalb Deutschlands, europaweit oder sogar weltweit. Dies gilt auch, wenn diese versicherten Sachen in Kraft- und Wasserfahrzeugen fest eingebaut sind. Kein Versicherungsschutz besteht für in Luftfahrzeugen fest eingebaute Sachen. Die Erweiterung des Versicherungsorts wird in der Klausel TK 1408 (11) zur Elektroniksachversicherung definiert.

3.7.2.7 Versicherte und nicht versicherte Gefahren

All-Risk-Deckung

Die Elektronikversicherung ist eine klassische All-Risk-Versicherung; die versicherten Gefahren sind nicht vollumfänglich aufgeführt, sondern nur beispielhaft („Insbesondere sind versichert"). Die ausgeschlossenen Gefahren sind gemäß ABE 2011 vollumfänglich explizit aufgeführt.

Der VR leistet ohne Rücksicht auf mitwirkende Ursachen keine Entschädigung für Schäden

Risikoausschlüsse

durch Vorsatz des Versicherungsnehmers oder dessen Repräsentanten	durch Krieg, kriegsähnliche Ereignisse, Bürgerkrieg, Revolution, Rebellion, Aufstand	durch innere Unruhen
durch Kernenergie, nukleare Strahlung oder radioaktive Substanzen	durch Erdbeben	durch Mängel, die bei Abschluss der Versicherung bereits vorhanden waren und dem VN oder seinen Repräsentanten bekannt sein mussten
durch betriebsbedingte normale oder betriebsbedingte vorzeitige Abnutzung oder Alterung	durch Einsatz einer Sache, deren Reparaturbedürftigkeit dem VN oder seinen Repräsentanten bekannt sein musste	soweit für sie ein Dritter als Lieferant (Hersteller oder Händler), Werkunternehmer oder aus Reparaturauftrag einzutreten hat

Bestreitet der Dritte seine Eintrittspflicht, so leistet der VR zunächst Entschädigung. Ergibt sich nach Zahlung der Entschädigung, dass ein Dritter für den Schaden eintreten muss, und bestreitet der Dritte dies, so behält der VN zunächst die bereits gezahlte Entschädigung.

Alle anderen nicht in der Liste aufgeführten Gefahren gelten als versichert; also auch die klassischen Feuer-/EC-Gefahren, wie Brand, Blitzschlag, Explosion, Fahrzeuganprall, Überschwemmung, Sprinklerleckage, Wasserschäden etc.

Abgrenzung zur Feuer- und Elementarversicherung

Dadurch, dass in der Elektronikversicherung auch die Gefahren

mögliche Doppelversicherung

- Brand, Blitzschlag, Explosion, Fahrzeuganprall,
- Elementargefahren wie z. B. Sturm, Leitungswasser etc.,
- Abhandenkommen durch Einbruch, Raub etc.

versichert sind, gilt es, bei Abschluss einer Elektronikversicherung in Ergänzung zur Sach-/EC-Versicherung eine Doppelversicherung zu vermeiden.

Die durch die Elektronikversicherung versicherten Anlagen, Geräte und Systeme müssen zur Vermeidung einer Doppelversicherung in der Versicherungssumme der technischen und kaufmännischen Betriebseinrichtung in der Sach-/EC-Versicherung herausgezogen werden.

Geräteausschluss

Alternativ kann auch die Deckung der Elektronikversicherung durch Ausschluss der „doppelten" Gefahren (Vereinbarung durch Klauseln zu der Elektronikversicherung) in Abgrenzung zur Sach-EC-Versicherung reduziert werden.

Gefahrenausschluss

Der Ausschluss der Gefahren Brand, Blitzschlag, Explosion ist durch die Klausel zu den ABE 2011 TK 1210 (11) geregelt. Dieser Ausschluss in der Elektronikversicherung wird mit ca. 10 % Prämienrabatt bewertet; der Ausschluss anderer EC-Gefahren wird aufgrund einer in der Schadenbetrachtung untergeordneten Rolle mit geringerem Nachlass belegt.

TK 1210 (11)

▶ Hinweis

Der Ausschluss der Gefahren Brand, Blitzschlag, Explosion in der Elektronikversicherung durch Vereinbarung der Klausel TK 1210 (11) und das Belassen dieser Gefahren in der Feuerversicherung für die betroffenen Anlagen, Geräte und Systeme sorgt für eine klare Abgrenzung und birgt keine Deckungslücken.

klare Abgrenzung notwendig

In der Elektronikversicherung bleiben dagegen die Gefahren Schwelen, Glimmen, Sengen, Glühen oder Implosion auch durch Vereinbarung der TK 1210 (11) versichert.

▶ **Beispiel**

Privatbank Manhenke hat in angemieteten Büroräumen die gesamte Kommunikations- und Bürotechnik, insbesondere die Rechneranlage, Telefonanlage, Faxgeräte, Kopierer, Einbruchmelde- und Brandmeldeanlage, Zugangskontrollanlage und Zeiterfassung mit einer Pauschalversicherungssumme von 4,5 Mio. EUR durch eine Elektronikversicherung nach ABE 2011 abgesichert.

Gleichzeitig wurde diese Summe in der Summe für die Betriebseinrichtung gemäß Deklaration zur Sachversicherung berücksichtigt, also reduziert.

Nach einem Brandschaden in den Büroräumen wird das Schadenausmaß durch den Sachversicherer und durch Sachverständige festgestellt.

Bei dem Termin stellt sich heraus, dass für die elektronische Betriebseinrichtung eine separate Elektronikversicherung ohne Ausschluss des Feuerrisikos gemäß TK 1210 (11) besteht. Der Feuerversicherer wird somit nur den Schaden an der übrigen technischen und kaufmännischen Einrichtung regulieren, der Elektronikversicherer den Feuerschaden an den versicherten elektronischen Anlagen, Geräten und Systemen.

Die Sachverständigen – des Feuer- sowie ggf. des Elektronikversicherers – werden neben der Schadenregulierung auch den Auftrag erhalten, die Versicherungssummen zu überprüfen. Sie werden klären, ob für die Elektronikpauschalversicherung die richtige Neuwertsumme als Addition aller vorhandenen Anlagen der Gruppe Kommunikations- und Bürotechnik gewählt und diese Summe in der Feuerversicherung bzw. EC-Versicherung ausgeschlossen wurde.

Bauteileregelung

Bauelemente, Bauteile = unteilbare elektrische/ elektronische Einheit

Austauscheinheit = eine im Reparaturfall auszutauschende Einheit

Entschädigung für elektronische Bauelemente bzw. Bauteile der versicherten Sache wird nur geleistet, wenn eine versicherte Gefahr nachweislich von außen auf eine Austauscheinheit oder auf die versicherte Sache insgesamt eingewirkt hat. Für Folgeschäden an weiteren Austauscheinheiten wird jedoch Entschädigung geleistet. Diese Regelung wurde getroffen, um gerade bei Teilschäden die Abgrenzung vom Schaden zur betriebsbedingten normalen oder betriebsbedingten vorzeitigen Abnutzung oder Alterung für einzelne Komponenten klarer zu definieren.

Gerade bei Bauteilen bzw. -elementen der Mikroelektronik kommt es häufig ohne erkennbare äußere Spuren zu einem Nichtfunktionieren. Die Ursache für dieses Nichtfunktionieren muss – häufig mithilfe aufwändiger elektronischer Diagnoseverfahren – technisch abgeklärt werden.

Baugruppe = Zusammenfassung von Bauelementen

Aus wirtschaftlichen Gründen erfolgt daher in der Praxis häufig der Austausch einer gesamten Baugruppe ohne Ursachenprüfung. Der Nachweis eines versicherten Sachschadens in Abgrenzung zum Verschleiß ist somit nicht gegeben.

▶ Beispiel

Bei einem Computer versagt nach acht Betriebsjahren das Netzteil. Der VN kann kein Ereignis als Schadenursache nachweisen (z. B. Kurzschluss oder Überspannung aus dem Netz). Die Reparatur umfasst den Austausch des Netzteils, Kosten rund 500 EUR. Da nur das vom Schaden betroffene Bauteil (Netzteil) ausgetauscht wurde und der Nachweis einer von außen einwirkenden Gefahr nicht erbracht werden konnte, geht der VR von einem normalen Bauteilversagen aufgrund von Alterung aus und wird die Kosten nicht ersetzen.

Bei den sogenannten Netzplatinen trifft die Bauteileregelung zu; sofern das Netzteil aber aus mehreren elektronischen Einzelkomponenten besteht, die einzeln repariert werden können und üblicherweise auch werden (z. B. Transformator), sieht der Fall anders aus.

Röhren und Zwischenbildträger

Eine Vielzahl von elektrischen und elektronischen Anlagen, Geräten und Systemen arbeiten mit Röhren und Zwischenbildträgern, z. B. Röntgen-Drehanoden-, Regel- und Glättungsröhren in Computer-Tomographen, Hochfrequenzleistungsröhren, Kathodenstrahlröhren (CRT) in Aufzeichnungseinheiten von Foto-/Lichtsatzanlagen, Regel-/Glättungsröhren, Röntgenbildverstärkerröhren, Bildaufnahme-/Bildwiedergaberöhren (Medizintechnik), Linearbeschleunigerröhren.

Röhren und Zwischenbildträger

Soweit nichts anderes vereinbart ist, leistet der VR Entschädigung im Rahmen der Elektroniksachversicherung nach ABE 2011 für Röhren und Zwischenbildträger nur bei Schäden durch:

eingeschränkte Deckung

a) Brand, Blitzschlag, Explosion,

b) Einbruchdiebstahl, Raub, Vandalismus,

c) Leitungswasser.

Durch Vereinbarung der Klausel TK 1111 (11) zur Elektronikversicherung wird der Versicherungsschutz auf alle versicherten Gefahren gemäß ABE 2011 erweitert. Im Schadenfall wird aber von den explizit aufgeführten Röhren und Zwischenbildträgern gemäß Klausel TK 1111 (11) ein genau definierter Abzug des Einsatzes (in Prozent pro Monat) von den Wiederherstellungskosten für diese Teile vorgenommen. Diese Röhren sind somit durch die Klausel TK 1111 (11) zum Zeitwert gegen alle Gefahren mitversichert

TK 1111 (11) Zeitwertregelung

3.7.2.8 Umfang der Entschädigung

Im Schadenfall wird in der Elektronikversicherung zwischen Teilschaden und Totalschaden unterschieden. Ein Teilschaden liegt vor, wenn die Wiederherstellungskosten zuzüglich des Werts des Altmaterials nicht höher sind als der Zeitwert der versicherten Sache unmittelbar vor Eintritt des Versicherungsfalls. Sind die Wiederherstellungskosten höher, so liegt ein Totalschaden vor. Der Zeitwert ergibt sich aus dem Neuwert durch einen Abzug insbesondere für Alter, Abnutzung und technischen Zustand.

Teilschaden Zeitwert

Teilschaden

Wiederherstellungs-
wert abzüglich
Altmaterial

Entschädigt werden alle für die Wiederherstellung des früheren, betriebsfertigen Zustands notwendigen Aufwendungen abzüglich des Werts des Altmaterials. Aufwendungen zur Wiederherstellung sind insbesondere:

Kosten für Ersatzteile und Reparaturstoffe	Lohnkosten und lohnabhängige Kosten, auch übertarifliche Lohnanteile und Zulagen, ferner Mehrkosten durch tarifliche Zuschläge für Überstunden sowie für Sonntags-, Feiertags- und Nachtarbeiten	Demontage- und Remontagekosten
Transportkosten einschließlich Mehrkosten für Expressfrachten	Kosten für die Wiederherstellung des Betriebssystems, das für die Grundfunktion der versicherten Sache notwendig ist	Kosten für das Aufräumen und das Dekontaminieren der versicherten Sache oder deren Teile sowie Kosten für das Vernichten von Teilen der Sache, Kosten für den Abtransport von Teilen in die nächstgelegene geeignete Abfallbeseitigungsanlage

Totalschaden

Neuwert abzüglich
Altmaterial,
abweichende
Regelung

Im Gegensatz zur Maschinenversicherung wird in der Elektronikversicherung der Neuwert abzüglich des Werts des Altmaterials ersetzt. In nachfolgend beschriebenen Fällen wird von der Neuwertentschädigung abgewichen. Die Entschädigungsleistung ist auf den Zeitwert unmittelbar vor Eintritt des Versicherungsfalls begrenzt, wenn

- die Wiederherstellung (Teilschaden) oder Wiederbeschaffung (Totalschaden) unterbleibt oder
- für die versicherte Sache serienmäßig hergestellte Ersatzteile nicht mehr zu beziehen sind.

Wiederherstellungs-
frist zwei Jahre

Der VN erwirbt einen Anspruch auf den Teil der Entschädigung, der den Zeitwert übersteigt, nur, soweit und sobald er innerhalb von zwei Jahren nach Eintritt des Versicherungsfalls sichergestellt hat, dass er die Entschädigung zur Wiederherstellung der beschädigten oder zur Wiederbeschaffung der zerstörten oder abhanden gekommenen Sache verwenden wird.

▶ Beispiel

Ein städtische Schwimmbad „splash open" brennt ab. Das elektronische Equipment, wie Kassenautomaten, EDV-Anlagen, Zugangskontrollen und die Beschallungsanlage, wurde über eine separate Elektronikversicherung versichert.

Bei der Schadenbegutachtung wird der Schaden (Neuersatz) des elektronischen Equipments mit rund 100.000 EUR veranschlagt.

Die Stadt entschließt sich, aus wirtschaftlichen Gründen das Schwimmbad nicht wieder aufzubauen. Es erfolgt keine Wiederherstellung bzw. Neuanschaffung der elektronischen Anlagen, der VR wird die Stadt mit dem Zeitwert – hier 50.000 EUR – entschädigen.

▶ Beispiel

Der Verkehrsrechner der Kommune Oberpleis hatte vor 25 Jahren einen Anschaffungsneupreis von 500.000 EUR. Dieser Verkehrsrechner ist über eine Elektronikversicherung abgesichert.

Aufgrund eines Kurzschlusses im Versorgungsnetz wurden diverse Platinen und Netzteile beschädigt. Die Herstellerfirma informiert den Kunden, dass eine Reparatur nicht mehr möglich ist, da auf dem Markt für diese alte Anlage keine Ersatzteile mehr zu beziehen sind. Der Lieferant bietet der Kommune einen neuen Verkehrsrechner für 350.000 EUR an.

Der Kunde macht gegenüber der Versicherung einen Totalschaden geltend und fordert die Übernahme der Kosten in Höhe von 350.000 EUR. Der VR entschädigt in diesem Fall nur die theoretischen Reparaturkosten der beschädigten Teile, maximal den Zeitwert des versicherten Verkehrsrechners.

3.7.2.9 Zusätzlich versicherbare Kostenpositionen

Nur soweit dies im Vertrag besonders vereinbart ist, sind über die Wiederherstellungskosten hinaus die nachfolgend genannten Kosten bis zur Höhe der jeweils hierfür vereinbarten Versicherungssumme auf erstes Risiko versichert.   *Erstrisiko*

Aufräum-, Dekontaminations- und Entsorgungskosten	Dekontaminations- und Entsorgungskosten für das Erdreich	Bewegungs- und Schutzkosten
Kosten für Erd-, Pflaster-, Maurer- und Stemmarbeiten, Gerüstgestellung, Bergungsarbeiten	Bereitstellung eines Provisoriums	Luftfrachtkosten

3.7.2.10 Mehrkostenversicherung

TK 1930 (11)   Im Rahmen der Elektronik-Sachversicherung kann durch Vereinbarung der Klausel TK 1930 (11) eine Mehrkostenversicherung abgeschlossen werden.

Im Schadenfall kann verlorene Zeit für einen Unternehmer verlorene Kundschaft bedeuten. Deshalb gilt es, Betriebsunterbrechungen so kurz wie möglich zu halten. Provisorisches Ausweichen auf fremde Rechenzentren oder die zusätzliche Einstellung von Hilfskräften oder die Anmietung von zusätzlichen Geräten verursacht meist erhebliche Mehrkosten. Die Elektronik-Mehrkostenversicherung erstattet die finanziellen Aufwendungen (zeitabhängige Kosten) für:

mögliche Mehrkosten
- die Benutzung anderer Anlagen,
- die Anwendung anderer Arbeits- oder Fertigungsverfahren,
- die Inanspruchnahme von Lohn-Dienstleistungen oder Lohn-Fertigungsleistungen oder den Bezug von Halb- oder Fertigfabrikaten.

Es können auch zeitunabhängige Kosten versichert werden, insbesondere für einmalige Umprogrammierung, Umrüstung, behelfsmäßige oder vorläufige Wiederinstandsetzung.

Zusammenfassung

Die Elektronikversicherung ist eine Allgefahrenversicherung für elektronische Anlagen, Geräte und Systeme. Die Versicherung kann für Hardware (ABE 2011) und Softwareelemente in Form der Datenträgerversicherung (Klausel TK 1911 (11) bzw. der Softwareversicherung (Klausel TK 1928 (11)) angeboten werden. Für im Schadenfall erforderliche Mehraufwendungen besteht die Möglichkeit, schadenbedingte Mehrkosten zu versichern (Klausel TK 1930 (11).

Die Versicherung der Hardware kann als Einzeldeckung, z.B. für ein benanntes Messgerät, oder als Pauschalversicherung angeboten werden.

Die Elektronikversicherung ist eine Neuwertversicherung.

3.7.3 Montageversicherung

Handlungssituation

Die Proximus Versicherung AG will sich künftig vermehrt der Kundenzielgruppe „Maschinenbau" zuwenden. Die Montage- und die Garantieversicherung sind für diese Zielgruppe eine notwendige Risikoabsicherung. Sie haben von der Abteilung Marketing den Auftrag bekommen, fachliche Aussagen über die Montage- und Garantieversicherung für eine kleine Broschüre, die auf Fachmessen eingesetzt werden soll, zu liefern.

Ursprung   Die Montageversicherung wurde Anfang des 20. Jahrhunderts aus den Kas-
Montageversicherung   kobedingungen der Transportversicherung entwickelt, um die Möglichkeit zu schaffen, durch einen Versicherungsvertrag alle mit der Errichtung und Montage im Zusammenhang mit technischen Anlagen verbundenen Risiken abde-

2

cken zu können. Bis zu diesem Zeitpunkt musste eine Vielzahl von Einzelversicherungen abgeschlossen werden, die oft keinen ausreichenden Schutz boten oder zum Teil zur Doppelversicherung (Beispiel Transportversicherung) führten. Für die Entwicklung einer separaten Montageversicherung haben die Interessenverbände der deutschen Stahlbau-, Maschinen- und Apparatebauindustrie mit den führenden deutschen Versicherern aktiv zusammengearbeitet.

Während einer Montage, also während des Zusammenbaus beweglicher Sachen zu Bestandteilen einer zusammengesetzten Sache oder eines Grundstücks, und während der anschließenden Erprobung dieser zusammengesetzten technischen Sache ist die Wahrscheinlichkeit des Eintritts von Sachschäden mit unterschiedlichen Ursachen sehr hoch.

Das Risiko ist in der Entstehungsphase (Montagezeitraum) technischer Objekte wesentlich höher als während der vorangegangenen Fertigungsstadien bei den Herstellern und Lieferanten, und vor allen auch höher als während des nachfolgenden bestimmungsgemäßen Einsatzes der fertiggestellten technischen Sache. Dem Versicherungsbedürfnis kann daher nicht durch einen vorverlegten Beginn der Maschinenversicherung (Betriebsfertigkeit als Kriterium; siehe Kapitel Maschinenversicherung) genügt werden.

Risiko in der Entstehungsphase

Zielgruppen

Die Montageversicherung hat ein breites Einsatzgebiet, das von den produzierenden Unternehmen über landwirtschaftliche Betriebe, Unternehmen der Energieerzeugung bis hin zu den Anlagen-, Apparate- und Maschinenbauern reicht.

Einsatzgebiete

▶ **Beispiel**

VN Boelter betreibt eine Tankstelle. Er möchte die Geschäftstätigkeit durch den Neubau einer zusätzlichen Waschstraße auf dem Grundstück der Tankstelle erweitern. Die Investition beträgt rund 1 Mio. EUR.

Zur Absicherung dieser Investition fordert ihn die Hausbank auf, das Risiko in der Bauphase durch eine Versicherung abzusichern. Da eine Waschstraße hauptsächlich aus technischen Komponenten besteht, bietet die Montageversicherung hier die optimale Lösung.

▶ **Beispiel**

Bauer Schlörscheidt möchte die landwirtschaftlichen Abfälle zur Energieerzeugung nutzen. Er gibt den Bau einer Biogasanlage mit Erzeugung von Strom und Wärme in Auftrag.

Auch hier fordert die finanzierende Bank zur Absicherung des Kredits den Abschluss einer Versicherung, die so weit wie möglich alle Risiken während der Errichtungsphase abdeckt.

Eine Montageversicherung sichert den finanziellen Verlust von Schäden ab, die während der Errichtung eintreten und zu Lasten des Versicherungsnehmers gehen.

> ▶ **Beispiel**
>
> Anlagenbauer Cuerdo stellt Motoren für Blockheizkraftwerke her. Der VN liefert seine Motoren fast ausschließlich gemäß Liefervertrag mit Montageverpflichtung an die jeweiligen Kunden.
>
> Das Risiko von Beschädigungen, die während der jeweiligen Aufstellung und Anschlussarbeiten, die der VN bei den Kunden vornimmt, auftreten können und für die der VN im Rahmen des Liefervertrags zu haften hat, kann durch eine Montageversicherung abgefedert werden.

3.7.3.1 Versicherte Sachen

Lieferung und
Leistung

Versichert werden können alle Lieferungen und Leistungen, die für die Errichtung eines bezeichneten Montageobjekts (Konstruktionen, Maschinen, maschinelle und elektrische Einrichtungen und zugehörige Reserveteile) erforderlich sind, sobald sie erstmals innerhalb des Versicherungsorts abgeladen worden sind.

Versicherungs-
möglichkeiten

Versichert werden können in diesem Zusammenhang

Montagen von neuen Anlagen	Montagen von gebrauchten Anlagen	Montagetätigkeiten im Rahmen von Umbaumaßnahmen

Reparaturmontagen	Service- und Wartungsarbeiten an Anlagen

Montageausrüstung

Zur Erstellung eines Montageobjekts werden auch Geräte, Werkzeuge, Hilfsmaschinen, Gerüste sowie Baubuden und Baracken benötigt. Es handelt sich hierbei um Sachen, die man als Montageausrüstung bezeichnet und die auch im Zusammenhang mit einer Montageversicherung versichert werden können.

Des Weiteren besteht auch eine Versicherungsmöglichkeit für Autokräne, Baustellenfahrzeuge und schwimmende Sachen. Aufgrund der besonderen Gefährdung der Montageausrüstung und der fahrbaren und schwimmenden Sachen muss der Einschluss im Rahmen der Montageversicherung auch besonders vereinbart werden.

Eigentum des
Montagepersonals

Auch das Eigentum des Montagepersonals kann auf Auslandsbaustellen durch besondere Vereinbarung im Rahmen der Montageversicherung mitversichert werden.

fremde Sachen

Über das eigentliche Montageobjekt hinaus sind auch „fremde Sachen" über die Montageversicherung versicherbar, und zwar in Form einer zu vereinbarenden Erstrisikosumme. „Fremd" sind Sachen, die nicht Teil des Montageobjekts oder der Montageausrüstung und nicht Eigentum des VN oder desjenigen Versicherten sind, der den Schaden verursacht hat. Ist der Besteller VN oder

Mitversicherter, so gelten seine Sachen trotzdem als fremde Sachen. Der VR leistet Entschädigung für Schäden an fremden Sachen,

- wenn sie innerhalb des Versicherungsorts durch eine Tätigkeit beschädigt oder zerstört werden, die anlässlich der Montage durch den VN oder in dessen Auftrag an oder mit ihnen ausgeübt wird. Ist der Besteller VN oder Mitversicherter, so besteht Versicherungsschutz auch für Schäden durch eine Montagetätigkeit, die durch den Besteller oder in dessen Auftrag ausgeübt wird.

- die auch ohne eine Tätigkeit an oder mit ihnen beschädigt oder zerstört werden, soweit der VN vertraglich über die gesetzlichen Bestimmungen hinaus für solche Schäden haftet.

Entschädigung wird nur geleistet, soweit der VN oder die mitversicherten Unternehmen als Schadenverursacher von einem Dritten in Anspruch genommen werden. Dies gilt nicht für Schäden an Sachen des Bestellers, die dieser selbst verursacht.

Der Fremdeigentumsschutz ist nicht Haftpflichtversicherungsschutz; Tätigkeitsschadendeckungen in der Haftpflichtversicherung können teilweise einen vergleichbaren Schutz darstellen.   *Haftpflichtversicherung*

Ein entschiedenes Kriterium ist, dass der Montageversicherer im Gegensatz zum Haftpflichtversicherer nicht verpflichtet ist, unberechtigte Ansprüche gegen den VN abzuwehren.

▶ **Beispiel**

Die Firma BBFIA, Hersteller von Turbogetrieben, erhält den Auftrag, ein Getriebe innerhalb eines Dampfturbosatzes (Dampfturbine, Getriebe, Generator auf einen Rahmen) zu überholen. Der Hersteller schließt für dieses Risiko eine „Reparatur"-Montageversicherung ab, inkl. einer Erstrisikosumme für „fremde Sachen" in Höhe von 100.000 EUR.

Bei der Demontage des Getriebes beschädigt der Monteur des Herstellers die Kupplung auf der Generatorwelle. Der Liefer- und Leistungsumfang gemäß Reparaturvertrag umfasst nur die Überholung des Getriebes, die Generatorkupplung ist nicht Gegenstand des Auftrags.

Der Schaden an der Kupplung wird dennoch im Rahmen der Montageversicherung durch die Mitversicherung von „fremden Sachen" reguliert.

3.7.3.2 Montageobjekte mit Erstkonstruktionsmerkmalen (Prototypen)

Auch sogenannte Prototypen als Montageobjekte sind versicherbar und gehören unter Anwendung des Prinzips der Allgefahrendeckung zu den versicherten Sachen. Der Ausschlusskatalog der nicht versicherten Gefahren wird hier allerdings auf den Schutz durch Schäden von außen beschränkt, also auf den Teil des Risikos, den der Erstkonstruktionscharakter nicht beeinflusst. Der Montageversicherer will nicht für das Entwicklungsrisiko haften.   *keine Deckung für das Entwicklungsrisiko*

▷ **Beispiel**

Unter dem Gesichtspunkt der Reduzierung des CO_2-Austoßes bei großen Kohlekraftwerken, wird das CO_2-neutrale Kraftwerk durch CCS-Verfahren (CO_2-Abscheidung und -Speicherung, engl: Carbone Capture and Storage) angestrebt. CCS kostet im Mittel rund 13–15 % Wirkungsgrad, sodass im ersten Schritt die Effizienz der neuen Generation der Kohlekraftwerke durch Wirkungsgradsteigerung erzielt werden muss.

Wirkungsgradsteigerung bedeutet eine Erhöhung des Kesseldrucks und der Temperatur, was wiederum neue Werkstofftechnologien im Anlangenbau erfordert. Bei den zurzeit in Bau befindlichen Kohlekraftwerken werden Einspritztemperaturen über 700 °C „erprobt", eine mittelfristige Betriebserfahrung mit den neuen Werkstoffen liegt noch nicht vor.

So wird in der Montageversicherung z.B. die neue Titanbeschaufelung der Dampfturbosätze als „Prototyp" eingestuft und der Deckungsschutz beschränkt sich nur auf äußere Einwirkungen als Schadenursache.

3.7.3.3 Versichertes Interesse in der Montageversicherung

versichertes Interesse Der VN einer Montageversicherung ist in der Regel der Unternehmer, der mit dem Besteller des Montageobjekts einen Vertrag über die Montage bzw. Erstellung des Objekts geschlossen hat. Im § 4 AMoB 2011 wird geregelt, welches Interesse versichert ist. Versichert ist demnach das Interesse des Unternehmers und aller weiterer Unternehmer (einschließlich der Subunternehmer), die an dem Vertrag mit dem Besteller beteiligt sind.

Subunternehmer Subunternehmer sind (nach § 4 Nr. 2 AMoB 2011) Nachunternehmer, deren sich der VN bedient, um seine Verpflichtungen gegenüber seinem Besteller zu erfüllen. Versichert sind Schäden, die jeweils an den Lieferungen und Leistungen der Unternehmer entstehen.

subsidiäre Versicherung Die Montageversicherung ist eine subsidiäre Versicherung, d. h., der VR leistet keine Entschädigung, soweit für den Schaden eine Leistung aus einem anderen Versicherungsvertrag des VN oder eines Versicherten beansprucht werden kann (§ 4 Nr. 3 AMoB 2011).

Auftraggeber-(Besteller)-Interesse, Klausel TK 7364 (11) Durch besondere Vereinbarung kann der Versicherungsschutz auch das Interesse des Bestellers mit einschließen, soweit der Besteller nach dem Vertrag mit dem Unternehmer den Schaden zu tragen hätte. Der Versicherungswert wird einschließlich der Eigenleistung des Bestellers gebildet (Klausel TK 7364 (11): Mitversicherung Bestellerinteresse).

Abweichend von dem Grundschema, dass ein Unternehmer VN wird, kann auch der Besteller als VN auftreten. Versichert ist dann das Interesse des Bestellers und der Unternehmer, die an dem Vertrag mit dem Besteller beteiligt sind.

Klausel TK 7365 (11) Der Versicherungswert wird aus den endgültigen Herstellungskosten für das ganze Montageobjekt einschließlich der Eigenleistung des VN gebildet (Klausel TK 7365 (11): Besteller als VN).

Ein technisch kompliziertes Montageobjekt wird selten durch einen einzigen Unternehmer und dessen Monteure, sondern infolge der Spezialisierung der Lieferindustrie fast immer durch mehrere Unternehmen hergestellt.

▶ **Beispiel**

Landwirt Boelter als Auftraggeber plant den Neubau einer Biogasanlage. Er beauftragt ein Ingenieurbüro mit der Planung der gesamten Anlage, mit der Ausschreibung und Vergabe von Einzelgewerken sowie der Platzierung einer Montageversicherung. Die Vorgaben für das Projekt sind:

Die Planung und das Engineering liefert das Ingenieurbüro.	Der Stahlbau wird vom Unternehmer A geliefert.	Die Betonarbeiten für Fundamente und Fermenter liefert Unternehmer B.
Das BHKW-Modul wird von Unternehmer C geliefert.	Die Rohrleitung und das Pumpensystem liefert Unternehmer D.	Die Montageleistung und die Anschlussarbeiten sämtlicher Systeme wird an eine Montagefirma E vergeben.
Der Auftraggeber stellt auch Material und Werkzeug für die Arbeiten.		

Das Ingenieurbüro schließt eine Montageversicherungsvertrag für die Errichtung des gesamten Projekts gemäß den allgemeinen Montageversicherungsbedingungen AMoB 2011 ab, ohne weitere Zusatzvereinbarungen.

Im Laufe der Errichtungsphase werden die Betonarbeiten abgeschlossen, der Stahlbauunternehmer hat seine Leistung für die Errichtung der Stahlbauhalle für das BHKW erbracht. Diese Anlagenteile werden vom Besteller/Auftraggeber auch abgenommen. Gemäß dem abgeschlossenen Kauf- oder Liefervertrag tragen die jeweiligen Unternehmer für ihre Lieferung die Gefahr des zufälligen Untergangs bis zur Abnahme durch den Besteller. Danach geht automatisch die Gefahrtragung für den zufälligen Untergang auf den Besteller über.

Durch einen Sturm wird der errichtete und bereits abgenommene Stahlbau zerstört, es entstehen Kosten von 50.000 EUR.

Einen Tag später verursacht das vom Besteller beigestellte Werkzeug (Hubzeug) einen Schaden am BHKW-Motor, es entstehen Kosten von 35.000 EUR.

Der Montageversicherer leistet in beiden Fällen keine Entschädigung, da gemäß Kauf- oder Liefervertrag die Schäden zu Lasten des Bestellers/Auftraggebers gehen, im einen Fall wegen Verschuldens (beigestelltes, fehlerhaftes Hubzeug), im anderen Fall, weil der Besteller die Gefahr bereits trägt (die Teilabnahme ist bereits erfolgt).

Der Besteller/Auftraggeber muss den Schaden selbst beseitigen und die Reparatur durch einen Auftrag unter erneuter Vergütung durchführen lassen.

Der Einschluss der Bestellerinteressen oder die Versicherung des Bestellers als VN im Rahmen der Montageversicherung würde in beiden Schadenfällen die Ersatzpflicht der Schäden bewirken.

3.7.3.4 Versicherte Gefahren und Schäden

All-Risk-Deckung

Wie andere Sachsparten der Technischen Versicherungen bietet auch die Montageversicherung eine sogenannte Allgefahrendeckung, d. h., versichert sind sämtliche Gefahren bis auf solche, die ausdrücklich ausgeschlossen sind. Der VR leistet dann Entschädigung für unvorhergesehen eintretende Beschädigungen oder Zerstörungen von versicherten Sachen (Sachschaden) und Verluste von versicherten Sachen.

unvorhergesehen eintretende Schäden

Unvorhergesehen sind Schäden, die der VN oder die mitversicherten Unternehmen oder deren Repräsentanten weder rechtzeitig vorhergesehen haben noch mit dem für die im Betrieb auszuübende Tätigkeit erforderlichen Fachwissen hätten vorhersehen können, wobei nur grobe Fahrlässigkeit schadet und den VR dazu berechtigt, seine Leistung in einem der Schwere des Verschuldens entsprechenden Verhältnis zu kürzen.

Ausschlüsse

Ausgeschlossene Gefahren sind, bzw. der VR leistet ohne Rücksicht auf mitwirkende Ursachen keine Entschädigung für:

Schäden durch Vorsatz des VN, der mitversicherten Unternehmen oder deren Repräsentanten	Schäden oder Verluste durch normale Witterungseinflüsse, mit denen wegen der Jahreszeit und der örtlichen Verhältnisse gerechnet werden muss	Schäden, die durch betriebsbedingte normale oder betriebsbedingte vorzeitige Abnutzung oder Alterung verursacht werden
Verluste, die erst bei einer Bestandskontrolle festgestellt werden	Schäden, die später als einen Monat nach Beginn der ersten Erprobung eintreten und mit einer Erprobung zusammenhängen	Schäden durch Einsatz einer Sache, deren Reparaturbedürftigkeit dem VN oder seinen Repräsentanten bekannt sein musste
Schäden durch Mängel, die bei Abschluss der Versicherung bereits vorhanden waren und dem VN oder seinen Repräsentanten bekannt sein mussten	Schäden durch Beschlagnahme oder sonstige hoheitliche Eingriffe	Schäden durch Krieg, kriegsähnliche Ereignisse, Bürgerkrieg, Revolution, Rebellion oder Aufstand
Schäden durch Kernenergie, nukleare Strahlung oder radioaktive Substanzen		

Sachschaden

Eine versicherte Sache ist nur dann beschädigt oder zerstört (d. h., hat nur dann einen Sachschaden erlitten), wenn sie in ihrer Substanz sowie in ihrem Wert und ihrer Brauchbarkeit nachteilig verändert worden ist. Verändert ist eine Sache nur, wenn ihr Zustand von einem früheren Zustand abweicht. Allerdings darf der tatsächliche Zustand nicht mit einem Zustand verglichen werden, der zwar angestrebt war, in Wirklichkeit aber nie erreicht wurde. Diese reine mangelhafte Herstellung eines Montageobjekts ist kein Versicherungsfall.

Substanzschaden

Sofern aber aus einem Mangel infolge eines Konstruktions-, Material- oder Ausführungsfehlers eine Beschädigung eines Montageobjekts erfolgt, ist dieser Folgeschaden versichert. Von der Entschädigungsleistung ausgeschlossen sind dann aber die Kosten, die für die reine Mangelbeseitigung auch ohne Schaden hätten aufgewendet werden müssen.

Konstruktionsfehler

▶ Beispiel

Anlagenlieferant Örkens liefert für ein größeres Montageprojekt (Neubau einer petrochemischen Anlage) eine Kälteanlage. Bei der Inbetriebnahme zeigt sich, dass die Leistung der Kälteanlage gemäß Anforderung des Auftraggebers nicht zu 100 % erreicht wird. Als Ursache wird ein Konstruktionsfehler diagnostiziert.

Für den Anlagenlieferant ist diese Tatsache ein insbesondere finanzieller Schaden, da er gemäß Werk- oder Liefervertrag bis zur Abnahme für seine Lieferung haftet. Der Anlagenlieferant muss seine Lieferung auf eigene Kosten nachbessern, im schlimmsten Fall die Kälteanlage demontieren und neu fertigen.

Unabhängig davon, wie für das Gesamtprojekt die Montageversicherung abgeschlossen wurde (Besteller ist VN und alle Unternehmen gelten als mitversichert. Alternativ: der Anlagenlieferant hat für seine Lieferung eine separate Deckung platziert), liegt kein Sachschaden, sondern nur ein reiner Mangel vor, der nicht ersatzpflichtig ist.

Führt jedoch dieser Konstruktionsfehler, z. B. bei der Auswahl einer falschen Lagerung in der Kälteanlage im Probebetrieb, zu einem Schaden und der Kompressor der Kälteanlage wird vollkommen zerstört, bewegen wir uns m Bereich des in der Montageversicherung ersatzpflichtigen Sachschadens.

Der VR ersetzt dann die Kosten für die Reparatur und Neufertigung des Kompressors unter Abzug der Kosten, die für die reine Beseitigung des Mangels auch ohne Schaden hätten aufgewendet werden müssen – hier insbesondere De- und Remontagekosten.

Witterungseinflüsse

Schäden durch „normale" Witterungseinflüsse gelten ausgeschlossen, da es an der Unvorhersehbarkeit mangelt. Normale Witterungseinflüsse liegen vor, wenn im Voraus mit der Möglichkeit ihres Eintritts gerechnet werden muss und zwar entweder während der gesamten Montagedauer oder während der Montagephase, in der sich die Einflüsse auswirken können.

normale Witterungseinflüsse

Dagegen sind außergewöhnliche Witterungseinflüsse Ereignisse, die den Tatbestand der höheren Gewalt erfüllen und die im Rahmen der Montageversicherung als versichert gelten. Insbesondere sogenannte Naturkatastrophen haben für den Montageversicherer das höchste Schadenpotenzial. Durch Hurrikans,

außergewöhnliche Witterungseinflüsse Naturkatastrophen

Überflutungen, Erdbeben etc. können ein gesamtes Montageobjekt und damit die gesamte Versicherungssumme verlustig gehen. Gerade bei größeren Projekten wird daher für den Gefahrenkatalog Naturkatastrophen eine Höchsthaftung vereinbart, die unter der Projektversicherungssumme liegt.

Verluste

Bestandskontrolle

Verluste, die erst bei der Bestandskontrolle auffallen, gelten als nicht versichert. Der VR soll nicht für kleinere Diebstähle und Unterschlagungen oder gar für ein vermeintliches Manko haften, zumal der Nachweis eines echten Mankos oft schwer zu führen ist. Verschwinden größere Objekte auf der Baustelle, so wird der Verlust zumeist nicht erst durch eine Bestandskontrolle, sondern in der Regel sofort oder kurzfristig nach Eintreffen dieser Objekte auf der Baustelle entdeckt, und ist dann zu melden. Der Versicherungsschutz tritt dann in Kraft, wenn er unmittelbar benötigt wird.

Deckungserweiterungen

Nur wenn dies besonders vereinbart wird, leistet der VR Entschädigung für Schäden und Verluste durch:

a) innere Unruhen	b) Streik oder Aussperrung	c) betriebsbedingt vorhandene oder verwendete radioaktive Isotope

Die unter Punkt a) und b) zusätzlich versicherbaren Gefahren stellen für Unternehmen, die weltweit Montagen im Ausland durchführen, ein Risiko dar, das über die Montageversicherung abgesichert werden kann. Die Versicherung dieser Gefahr kann aber jederzeit durch den VR gekündigt werden, in der Regel mit einer Frist von 14 Tagen.

3.7.3.5 Versicherungsort

räumlicher Bereich der Baustelle

In der Montageversicherung ist der Versicherungsort der räumliche Bereich der Baustelle. Der versicherte Sachschaden muss sich demnach am Versicherungsort (also auf der Baustelle) ereignet haben.

Transportwege

Transportwege außerhalb des Versicherungsorts sind nicht gedeckt. Auch sind Schäden während des Transports zum Montageplatz nicht gedeckt, wenn sie in der Endphase des Transports und während des Entladens innerhalb des Versicherungsorts eintreten. Deckung bietet hier eine Transportversicherung.

Entladevorgang

Der Entladevorgang ist ausdrücklich vom Deckungsschutz in der Montageversicherung ausgeschlossen, wobei es nicht darauf ankommt, ob der Entladevorgang für den Schaden ursächlich war. Zeigt sich der Schaden an ausgepackten Sachen, so muss der VN beweisen, dass die Schäden nach Ende des Entladevorgangs eingetreten sind.

> **Beispiel**
>
> Der Auftrag des Kunden Kann umfasst die Herstellung und Lieferung FOB Hamburg (Risiko bis zum Verladen im Seehafen Hamburg) sowie die Inbetriebnahme einer Industrieofenanlage beim Endkunden in Finnland. Herr Kann schließt für dieses Risiko eine Montageversicherung ab.
>
> Die Ofenanlage wird seegerecht in einer Holzkiste verpackt und zum Seehafen Hamburg transportiert. Bei der Ankunft auf der Baustelle wird die Verpackungskiste ungeöffnet in ein Lager gestellt, da der Einbau in die gesamte Industrieanlage erst zu einem späteren Zeitpunkt erfolgen soll.
>
> Als man vier Wochen später die Kiste öffnet, stellt sich heraus, dass die Ofenanlage beschädigt ist. Die Beschädigung hat sich auf der Baustelle ereignet bzw. ist erst auf der Baustelle entdeckt worden; die Frage ist dabei, ob sich eine versicherte Gefahr in der Montageversicherung auf der Baustelle als Schaden auslösendes Ereingnis durch den Kunden nachweisen lässt. Die Vermutung liegt hier nahe, dass der Schaden während des Seetransports oder des Landtransports vom Entladehafen zur Baustelle eingetreten ist.

3.7.3.6 Versicherungssumme, Versicherungswert

Der Versicherungswert für das Montageobjekt ist der endgültige Kontraktpreis, der sich aus dem Vertrag mit dem Besteller ergibt und mindestens den Selbstkosten des Unternehmers zu entsprechen hat, einschließlich Fracht-, Montage- und Zollkosten, Gewinn sowie Lieferungen oder Leistungen.

Kontraktpreis

Der Versicherungswert für die Montageausrüstung ist der Neuwert aller versicherten Sachen einschließlich Fracht- und Montagekosten, die im Laufe der Montagearbeiten eingesetzt werden. Neuwert ist der Betrag, der aufzuwenden ist, um Sachen gleicher Art und Güte in neuwertigem Zustand wiederzubeschaffen oder sie neu herzustellen (maßgebend ist der niedrigere Betrag). Ist der VN zum Vorsteuerabzug nicht berechtigt, so ist die Umsatzsteuer einzubeziehen.

Montageausrüstung

Die Versicherungssumme ist der zwischen VR und VN im Einzelnen vereinbarte Betrag, der dem Versicherungswert entsprechen soll. Zu Beginn des Versicherungsschutzes wird für die versicherten Lieferungen und Leistungen eine vorläufige Versicherungssumme in Höhe des zu erwartenden Versicherungswerts vereinbart.

vorläufige Versicherungssumme

Nach Ende des Versicherungsschutzes ist die Versicherungssumme aufgrund eingetretener Veränderungen endgültig festzusetzen. Hierzu sind dem VR Originalbelege vorzulegen, z. B. die Schlussrechnung. Die endgültige Versicherungssumme hat dem Versicherungswert zu entsprechen.

Abrechnung

Selbstkosten eines Montageobjekts setzen sich zusammen aus den Herstellkosten, nämlich den Material- und Fertigungskosten einschließlich etwaiger Sondereinzelkosten der Fertigung und den anteiligen Verwaltungs-, Vertriebs- und Entwicklungsgemeinkosten. Auch Kosten für den Bezug von Halbfertigfabrikaten gehören zu den Selbstkosten.

Selbstkosten

Nebenkosten Den sogenannten Nebenkosten, wie z. B. Fracht-, Montage- und Zollkosten und Gewinn, kommen in der Montageversicherung einer besonderen Beachtung zu. Bei einer einzelnen Anmeldung eines Projekts zu einer Montageversicherung können diese Nebenkosten sicherlich leichter zu erfassen sein als bei vielen verschiedenen Aufträgen, die in einem Jahresumsatzvertrag enthalten sind.

 ▶ **Beispiel**

Kunde Ulm kauft eine Bogenoffset-Druckmaschine bei einem Hersteller. Der Kaufvertrag sieht vor, dass der Hersteller die Druckmaschine frei Haus liefert und einen Monteur für die Montageüberwachung und Inbetriebnahme abstellt. Der Auftragswert beträgt 1,5 Mio. EUR.

Kunde Ulm erstellt das Fundament selbst, mit eigenen Schlossern werden die Montage und der Anschluss der Maschine selbst durchgeführt; Peripherie wie Druckluft- und Elektroversorgung werden bei einem anderen Unternehmen bestellt.

Die gesamte Investition für die neue Druckmaschine beträgt 2 Mio. EUR. Für die Montageversicherung dieses Projekts wäre die Wahl der Versicherungssumme mit 1,5 Mio. EUR (Auftragswert gemäß Kaufvertrag mit dem Hersteller) falsch. Sämtliche Nebenkosten sind zu berücksichtigen; die richtige Versicherungssumme beträgt also 2 Mio. EUR.

Regelung bei Bei Jahresumsatzverträgen sind sämtliche Aufträge, die der VN abwickelt, ver-
Jahresverträgen sichert. Die Jahresumsatzverträge tragen der Tatsache Rechnung, dass es abgesehen vom Verwaltungsaufwand für den Kunden schwierig ist, für jeden Auftrag zu prüfen, ob alle Nebenkosten berücksichtigt sind.

In einem Schadenfall fordert der VR für das betroffene Projekt aber den jeweiligen Kauf-, Liefer- oder Werkvertrag an, um zu überprüfen, ob auch hier sämtliche Nebenkosten im Kontraktpreis bzw. Auftragswert enthalten waren.

Bei Jahresumsatzverträgen für die Montageversicherung werden die Nebenkosten, die nicht in jedem Auftrag enthalten sein müssen, pauschal über Erstrisikosummen für den Schadenfall erfasst.

3.7.3.7 Umfang der Entschädigung

Teil- und Totalschaden Wie in allen Technischen Versicherungen wird auch hier zwischen Teil- und Totalschaden unterschieden. Ein Teilschaden liegt vor, wenn die Wiederherstellungskosten zuzüglich des Werts des Altmaterials nicht höher sind als der Zeitwert der versicherten Sache unmittelbar vor Eintritt des Versicherungsfalls. Sind die Wiederherstellungskosten höher, so liegt ein Totalschaden vor. Bei einem Totalschaden wird der Zeitwert abzüglich des Wertes des Altmaterials entschädigt.

Wiederherstellung Entschädigt werden alle notwendigen Aufwendungen für die Wiederherstel-
abzüglich des Werts lung des Zustands unmittelbar vor Eintritt des Versicherungsfalls abzüglich des
des Altmaterials Werts des Altmaterials. Der Entschädigung sind nach Art und Höhe nur Kosten zugrunde zu legen, die in der Versicherungssumme berücksichtigt sind. Hier wird wieder Bezug genommen auf die Bildung der „richtigen" Versicherungssumme, die dem Versicherungswert entsprechen soll.

Wurde bei der Anmeldung zur Montageversicherung der Auftragswert, der Kontraktpreis gemäß Kaufvertrag, als Versicherungssumme gemeldet und enthielt dieser keine Kosten für die Montage, so werden im Schadenfall auch die Montagekosten nicht ersetzt. Da die Montageversicherung eine Sachversicherung ist, werden folgende Mehrkosten nicht entschädigt: *Mehrkosten*

- Überstunden, Sonntags-, Feiertags- und Nachtarbeiten,
- Eil- und Expressfrachten.

Da bei Schäden in der Errichtungsphase immer Zeitdruck im Hinblick auf die Einhaltung des Termins für die Abnahme besteht und daher für die Reparatur alle Möglichkeiten ausgeschöpft werden, um den Endtermin noch zu halten, ist es in der Montageversicherung üblich, die o. g. Kostenpositionen durch besondere Vereinbarungen (und mit Sublimit!) mitzuversichern.

Bei der Montageversicherung werden hauptsächlich neue Objekte versichert, sodass der Zeitwert auch dem Neuwert entspricht. Bei großen Projekten (z. B. dem Neubau von kompletten Industrieanlagen, Großkraftwerken etc.) beträgt die Montagedauer durchaus mehrere Jahre. Kommt es zum Ende der Montagezeit zu einem Schaden und das betroffene Teil ist bereits seit mehreren Jahren in der Anlage montiert, kann es strittig sein, ob hier der Zeitwert noch dem Neuwert entspricht. *Zeitwert gleich Neuwert*

Da auch gebrauchte Objekte in der Montageversicherung versicherbar sind, ist im Schadenfall der Zeitwert dieser gebrauchten Anlagen im Totalschadenfall die Entschädigungsleistung, auch wenn als Versicherungssumme der Neuwert versichert wurde. *gebrauchte Anlagen*

Schäden aus Mängel

Ein Mangel (Konstruktions-, Material- oder Ausführungsfehler) allein stellt im Sinne der Montageversicherung noch keinen Sachschaden dar. Tritt jedoch als Folge dieser Mängel ein Schaden ein, dann sind solche Kosten, die der VN, auch ohne dass der Schaden eingetreten wäre, für die Behebung des Mangels hätte aufwenden müssen, sobald er diesen erkannt hätte, von der Ersatzpflicht ausgeschlossen. Es handelt sich hier um die sogenannten „Ohnehinkosten". *Ohnehinkosten*

Durch Vereinbarung der Klausel TK 7723 (11) zur Montageversicherung können sowohl die für die Behebung des Schadens als auch für die Beseitigung des Mangels anfallenden De- und Remontagekosten in Höhe von 80 % ersetzt werden. *TK 7723 (11)*

Weitere Kosten

zusätzliche
Kostenpositionen

Soweit zusätzlich vereinbart, sind über die Wiederherstellungskosten hinaus die nachfolgend genannten Kosten bis zur Höhe der jeweils hierfür vereinbarten Versicherungssumme auf erstes Risiko versichert:

> **Mehrkosten für Luftfracht**

> Mehrkosten für **Erd- und Bauarbeiten** zur Beseitigung eines entschädigungspflichtigen Schadens an dem versicherten Montageobjekt

> **Aufräumkosten** bis zu 2–5 % der Versicherungssumme des Montageobjekts: Kosten, die infolge eines entschädigungspflichtigen Versicherungsfalls aufgewendet werden müssen, um die Trümmer zu beseitigen oder den Versicherungsort in einen Zustand zu versetzen, der die Wiederherstellung ermöglicht

> **Bergungskosten** bis zu 2–5 % Prozent der VS des Montageobjekts; Kosten, die infolge eines entschädigungspflichtigen Versicherungsfalles aufgewendet werden müssen, um die Reparatur der beschädigten versicherten Sache zu ermöglichen

3.7.3.8 Verhältnis zu anderen Versicherungszweigen

subsidiäre Deckung

Kann für einen Schaden eine Leistung aus einem anderen vom VN oder einem Versicherten abgeschlossenen Versicherungsvertrag beansprucht werden, dann ist eine Ersatzpflicht über die Montageversicherung nicht gegeben. Obgleich mit dieser Bestimmung jede Art einer anderen Versicherung gemeint ist, handelt es sich in der Praxis hierbei vor allem um separate

- Haftpflichtversicherungen,
- Feuerversicherungen,
- Maschinenversicherungen.

3.7.4 Garantieversicherung MGar 2011

Garantie vs.
Gewährleistung

Im Handel ist die Garantie eine unabhängig zur gesetzlichen Gewährleistungspflicht gemachte freiwillige und frei gestaltbare Einstandspflicht eines Händlers oder Herstellers gegenüber seinem Kunden.

Die Begriffe Garantie und Gewährleistung werden im üblichen Sprachgebrauch häufig vermischt und verwechselt. Ein wichtiger Unterschied zwischen Garantie und Gewährleistung (Nacherfüllungsverpflichtung) ist:

Schadenersatzleistung

- Die *Garantie* sichert eine unbedingte Schadenersatzleistung zu.

Nachbesserungspflicht

- Die *Gewährleistung* definiert eine zeitlich befristete Nachbesserungsverpflichtung ausschließlich für Mängel, die zum Zeitpunkt des Verkaufs bereits bestanden.

Im juristischen Sinn definiert eine Garantie die vertraglich vereinbarte Verpflich- *freiwillige Leistung*
tung eines Garanten. Abweichend hierzu ist die Gewährleistung direkt aus dem
Gesetz abzuleiten. Eine Garantie ist also eine zusätzliche, freiwillige Leistung
des Händlers und/oder des Herstellers. Die Garantiezusage bezieht sich häufig
auf die Funktionsfähigkeit bestimmter Teile (oder des gesamten Geräts) über
einen bestimmten Zeitraum. Bei einer Garantie spielt der Zustand der Ware
zum Zeitpunkt der Übergabe an den Kunden keine Rolle, da ja die Funktionsfähigkeit für den Zeitraum „garantiert" wird. Die Garantie ist jedoch üblicherwei- *Ausschluss der*
se ausgeschlossen, wenn die Ursache des Defekts beim Kunden liegt oder der *Garantie*
Kunde versucht hat, selbst eine Reparatur durchzuführen.

Die gesetzliche Gewährleistung bezieht sich auf die Mangelfreiheit des Kaufge- *§ 438 BGB*
genstands zum Zeitpunkt der Übergabe an den Käufer. Sie beträgt nach § 438
BGB generell 24 Monate. Der Kunde kann daher seine Rechte bei Lieferung
eines mangelbehafteten Gegenstands zwei Jahre lang geltend machen.

Gewährleistung neben Garantie

Auch wenn im Alltagssprachgebrauch häufig von „Garantie" gesprochen wird, *Wahlrecht*
wenn man eigentlich „Gewährleistung" meint handelt es sich dabei um zwei
völlig unterschiedliche Rechtsinstitute. Das gesetzliche Gewährleistungsrecht
bleibt auch neben einer eventuellen Garantie bestehen, sodass der Kunde während der gesetzlichen Gewährleistungsfrist wählen kann, ob er sich auf die Garantie oder seine Gewährleistungsrechte berufen möchte.

3.7.4.1 Versicherte Sachen in der Garantieversicherung

Versichert sind die im Versicherungsvertrag bezeichneten Maschinen, maschi- *Versicherungsschutz*
nellen Einrichtungen sowie sonstigen technischen Anlagen und Konstruktio- *während der*
nen während der vereinbarten Garantiezeit: *Garantiezeit*

a) bei Lieferungen ohne Montage, auch bei der Gestellung von Monteuren,
    mit dem Tage, an welchem der Versand der versicherten Sache erfolgt
    oder an welchem dem Besteller die Versandbereitschaft mitgeteilt wird

b) bei Lieferungen mit Montage, wenn die versicherten Sachen betriebsfer- *Garantiedeckung folgt*
    tig sind. Betriebsfertig ist eine Sache, sobald sie nach beendeter Erpro- *nach Abnahme*
    bung und soweit vorgesehen nach beendetem Probebetrieb abgenommen
    ist. Im lückenlosen Anschluss einer vorangegangenen Montage beginnt
    die Garantiedeckung somit mit erfolgter Abnahme durch den Auftraggeber
    bzw. Besteller.

3.7.4.2 Versicherte Gefahren

Der VR leistet Entschädigung für Folgeschäden an versicherten Sachen durch *Folgeschäden*

| Konstruktionsfehler | Materialfehler | Ausführungsfehler |

soweit sie der VN aufgrund seines Verkaufs- oder Liefervertrages zu vertre- *Beurteilung nach dem*
ten hat. Ob ein Konstruktionsfehler vorliegt, wird nach dem Stand der Technik *Stand der Technik*

zur Zeit der Konstruktion beurteilt, bei Material- oder Ausführungsfehlern nach dem Stand der Technik zur Zeit der Herstellung.

Dem Hersteller/Lieferanten wird für die von ihm liefervertraglich übernommene Garantie eine Art „Rückversicherung" gegeben, die zwar nicht das volle Risiko abdeckt, aber doch einen weitgehenden Versicherungsschutz bietet.

keine Kosten für die Fehlerbeseitigung — Es wird Versicherungsschutz gegen Folgeschäden geboten; die Kosten, die zur Beseitigung des Fehlers selbst erforderlich sind, werden nicht ersetzt. Der Hersteller oder Lieferant muss solche Kosten selbst tragen, gleichgültig, ob durch den Fehler bereits ein Schaden entstanden ist oder nicht. Unsachgemäßer Arbeit soll damit kein Vorschub geleistet werden.

Analog der Montageversicherung bei der Prototypenvereinbarung kann es nicht Aufgabe des VR sein, das Risiko aus der Entwicklung neuer Konstruktionsmethoden oder aus der Verwendung bisher nicht erprobten Materials zu übernehmen.

▶ Beispiel

Einem Hersteller von Getrieben unterläuft bei der Konstruktion durch die Auswahl falscher Materialien für die Zahnräder in diesem Einsatzbereich ein Fehler. Der Hersteller liefert und montiert die Getriebe im Rahmen eines Neubauprojekts für den Antrieb einer Förderanlage.

Der Hersteller schließt für die Montage eine Montageversicherung ab; gemäß Liefer- oder Werkvertrag muss der Hersteller auch eine dreijährige Garantieverpflichtung auf seine Lieferung und Leistung abgeben.

Der Konstruktionsfehler bleibt während der Montagezeit und auch im Probebetrieb unentdeckt und tritt erst sechs Monate nach der Abnahme während der Produktion auf: ein Getriebe fliegt auseinander.

Wäre der Schaden im Probebetrieb aufgetreten, hätte es sich um einen Montageschaden gehandelt. Der Garantie-VR ersetzt jetzt die Kosten für die Reparatur des beschädigten Getriebes (De- und Remontage, Neufertigung der beschädigten Teile, Transportkosten etc.) unter Abzug der Kosten für die Mangelbeseitigung selbst. Die Kosten für die Mangelbeseitigung beinhalten allein die De- und Remontage und Fertigung der falsch ausgelegten Zahnräder. Ersetzt werden also nur die Folgekosten, die aus dem Mangel entstanden sind.

Abgrenzung zur Haftpflichtversicherung — Der ersatzpflichtige Folgeschaden braucht nicht immer auf das mit dem Fehler behaftete Objekt beschränkt zu bleiben. Umherfliegende Teile, Bruchstücke können in der Nachbarschaft stehende Maschinen oder das Gebäude beschädigen. Solche Schäden sind auch dann nicht in der Garantieversicherung eingeschlossen, wenn der Hersteller/Lieferant hierfür einzutreten hat. Für diese Schäden kommt der (Produkt-)Haftpflichtversicherer des Herstellers bzw. Lieferanten auf. Die Garantieversicherung dagegen beschränkt sich stets auf die gelieferte und versicherte Sache selbst.

Der ersatzpflichtige Folgeschaden an der versicherten Sache braucht nicht immer in einer mechanischen Beschädigung oder Zerstörung zu bestehen. So kann z.B. durch einen Konstruktionsfehler ein Brand verursacht werden, der die versicherte Sache zerstört. Dieser Feuerschaden nur an der vom Hersteller gelieferten und versicherten Sache selbst wäre vom Garantieversicherer zu regulieren.

Entschädigungsleistung und Versicherungssumme

Die Entschädigungsleistungen und die Bestimmung der Versicherungssumme sind identisch mit den Regelungen der Montageversicherung.

Zusammenfassung

Die Montageversicherung versichert das Risiko in der Entstehungsphase (Montagezeitraum) und während der Erprobung. Die Montageversicherung ist eine Allgefahrenversicherung. Versichert werden Montagen an neuen und gebrauchten Anlagen, Umbaumaßnahmen und Reparaturmontagen sowie sonstige Service- und Wartungsarbeiten. Neben den Anlagen können auch Montageausrüstungen versichert werden. Über das Montageobjekt hinaus können „fremde Sachen" versichert werden, wenn diese durch die Montagetätigkeit beschädigt werden (Haftpflichtkomponente).

Versicherungsort ist der räumliche Bereich der Baustelle. Kein Versicherungsschutz besteht für den Transport von Anlagen oder Teilen einschließlich des Entladevorgangs.

Die Garantieversicherung sieht eine Schadenersatzleistung für den Fall vor, dass versicherte Sachen (Maschinen und Anlagen) durch Konstruktions-, Material- oder Ausführungsfehler entstehen, soweit der VN diese zu verantworten hat.

3.7.5 Bauleistungsversicherung

Handlungssituation

Aus der Abteilung Controlling haben Sie die Mitteilung bekommen, dass die Anzahl der Versicherungsverträge nach den ABU gegenüber den Verträgen nach den ABN auffällig niedrig ist. Man bittet Sie zu prüfen, wie zukünftig die Bedingungsstruktur der Proximus Versicherung AG aussehen sollte.

Die Errichtung von Bauwerken unterscheidet sich wesentlich von der Herstellung industrieller Produkte. In der Regel ist jedes Bauwerk einmalig. Vom Architekten bzw. Bauingenieur seinem späteren Zweck entsprechend entworfen und vom Statiker berechnet, wird es im Zusammenspiel verschiedener Bauhandwerker errichtet und ausgebaut und ist dabei während der Bauzeit meist für jedermann zugänglich.   *Bauwerk*

Die Anforderungen an die Örtlichkeit, den Baugrund, die Witterungsverhältnisse, die Konstruktion und die Baumaterialien bergen eine Vielzahl von Gefahren in sich, die leicht zu Schäden führen können. Diese Gegebenheit erfordert klare Rechtsverhältnisse. Diese werden geschaffen durch den Bauvertrag, den der   *Schadenpotenzial*
Rechtsverhältnis der
am Bau Beteiligten

Bauherr als Auftraggeber mit seinen Auftragnehmern, den Bauunternehmern und Handwerken, abschließt.

§§ 631 ff. BGB   Dem Bauvertrag liegen zunächst die Bestimmungen des Werkvertrags (§§ 631 ff. BGB) zugrunde. Hiernach hat der Auftragnehmer das Risiko für die von ihm zu erbringenden Leistungen und Sachen bis zur Abnahme durch den Auftraggeber allein zu tragen, d. h., er muss sämtliche Schäden, gleichgültig aus welcher Ursache sie entstanden sind, auf eigene Kosten beheben.

VOB   Als Ergänzung oder anstelle der Bestimmungen des Werkvertrags gemäß BGB kann die Vergabe- und Vertragsordnung für Bauleistungen (VOB) vereinbart werden.

VOB Teil B § 7   Hinsichtlich der Gefahrtragung wird damit der Auftragnehmer entlastet, denn nach der VOB Teil B § 7 gilt, dass der Bauunternehmer nur solche Gefahren zu tragen hat, denen er mit wirtschaftlich vertretbaren Mitteln begegnen kann. Werden seine Leistungen durch ein unabwendbares Ereignis beschädigt, dann erhält der Auftragnehmer einen Vergütungsanspruch gegenüber seinem Auftraggeber.

 ▶ **Beispiel**

Durch einen Wirbelsturm wird am Neubau eines Wohnhauses das teilweise gedeckte Dach abgehoben. Bauherr Jonas, Auftraggeber gemäß VOB Teil B § 7, muss Dachdecker Wolfgang die bis zum Schadenzeitpunkt ausgeführte Leistung bezahlen und für die Wiedereindeckung einen neuen Auftrag erteilen.

Trotz dieser Entlastung, die durch die VOB gegeben ist, bleibt das Risiko für den Auftragnehmer eines Bauauftrags erheblich. Risikozuschläge in den Angebotspreisen und Rückstellungen reichen selten aus, um ausreichende Reserven für größere Schäden zu bilden.

Auch die Haftpflichtversicherung kann nicht helfen, da der Auftraggeber bauvertragliche Erfüllungsansprüche hat, die in der Betriebshaftpflichtversicherung ausgeschlossen gelten.

3.7.5.1 Arten in der Bauleistungsversicherung

Man unterscheidet zwei Arten der Bauleistungsversicherung:

ABN 2011   ■ Allgemeine Bedingungen für die Bauleistungsversicherung von Gebäudeneubauten durch Auftraggeber (ABN 2011),

ABU 2011   ■ Allgemeine Bedingungen für die Bauleistungsversicherung von Unternehmerleistungen (ABU 2011).

Da für die Baustelleneinrichtung und Baugeräte eigene Bedingungen im Rahmen der Maschinenversicherung bestehen, trifft der Name „Bauwesenversicherung" nicht mehr ganz zu und wird heute nicht mehr verwendet.

ABBL 2018   Zum 01.01.2018 hat der GDV beide Bedingungswerke zusammengeführt. Die ABBL 2018 bilden beide Bedingungswerke ab. Gleichzeitig sind die Inhalte des Vertrags klarer formuliert und übersichtlicher gestaltet. So befinden sich zahlreiche Begriffserläuterungen direkt bei den jeweiligen Begriffen im Vertrag und nicht mehr in einem separaten Vertragsdokument.

Endet der Versicherungsschutz, wird im Gegensatz zu den vorherigen Modalitäten heute z. B. verständlicher zwischen Hochbau auf der einen und Tief- und Ingenieurbau auf der anderen Seite abgegrenzt. Dies hilft, den unterschiedlichen Risiken besser gerecht zu werden.

Weiterhin ist der Deckungsumfang nunmehr ausschließlich im eigentlichen Vertrag geregelt. Ergänzende Klauseln beinhalten nur noch Klarstellungen oder Erweiterungen, schränken den Versicherungsschutz aber nicht mehr ein. Proximus (so wie zahlreiche andere VR am Markt) wird zeitnah die hausinternen Bedingungsstrukturen anpassen, arbeitet derzeit aber noch mit den ABN und ABU 2011.

3.7.5.2 Vertragsformen und versicherte Sachen

Auf der Grundlage der Allgemeinen Bedingungen für die Bauleistungsversicherung von Gebäudeneubauten durch Auftraggeber (ABN 2011) wird dem Auftraggeber für einen Gebäudeneubau – unabhängig, ob Wohngebäude, Einfamilienhaus, Krankenhaus, Verwaltungsgebäude, Rechenzentrum – Versicherungsschutz für einen Einzelvertrag gegen eine dem Risiko entsprechende Einmalprämie geboten. Bauträger von Gebäudeneubauten haben die Möglichkeit, über die Klausel TK 5862 (11) zu den Bauleistungsversicherungsbedingungen ABN 2011 einen Jahresvertrag mit vereinfachter Einzelanmeldung zu einem fest vereinbarten Durchschnittsprämiensatz abzuschließen. *(Randnotiz: Gebäudeneubauten / Einzelvertrag / TK 5862 (11) / Jahresvertrag)*

Auf der Grundlage der Allgemeinen Bedingungen für die Bauleistungsversicherung von Unternehmerleistungen (ABU 2011) kann sich ein Bauunternehmer, d. h. ein Unternehmer, der Erd-, Pflaster-, Mauer- und Betonarbeiten ausführt, für den gesamten von ihm übernommenen Auftrag aus dem Bereich des Hoch-, Tief-, Ingenieur-, Straßen- und Wasserbaus gegen eine dem Risiko entsprechende Einmalprämie versichern. *(Randnotiz: Unternehmerleistungen)*

Derselbe Versicherungsschutz wird über die Klausel TK 6862 (11) zu den Bauleistungsversicherungsbedingungen (ABU 2011) als Jahresvertrag ohne Einzelanmeldung mit jährlicher Abrechnung nach festgelegten Prämiensätzen auf Leistungsgruppenbasis geboten. *(Randnotiz: TK 6862 (11) / Jahresvertrag)*

Durch Einschluss der Klausel TK 6364 (11) zu den Bauleistungsversicherungsbedingungen wird das in den ABU 2011 zunächst nicht gedeckte Auftraggeberrisiko gegen eine Zuschlagsprämie in den Versicherungsschutz mit einbezogen. Wenn ein Auftraggeber selbst eine Baumaßnahme versichern will, die keinen Gebäudeneubau darstellt, z. B. eine Kläranlage oder ein Kraftwerk, werden die ABU 2011 unter Einschluss der Klausel TK 6364 (11) zu den Bauleistungsversicherungsbedingungen ABU 2011 vereinbart. Der Auftraggeber ist dann der VN. *(Randnotiz: TK 6364 (11) / Auftraggeberrisiko)*

Bei der Bauleistungsversicherung handelt es sich in beiden Vertragsformen um eine Versicherung von Neubauleistungen, d. h., bestehende Gebäudesubstanz, Altbauten bei Sanierungsarbeiten etc. sind nicht Gegenstand der Versicherung. Werden also durch eine versicherte „Neu"-Baumaßnahme vorhandene Bauwerke oder Teile von Bauwerken unmittelbar bearbeitet (z. B. unterfan- *(Randnotiz: bestehende Bausubstanz)* gen), kann dieses Risiko über Klauseln zu den Bauleistungsversicherungen auf erstes Risiko mitversichert werden:

TK 6155 (11) ABU	TK 5155 (11) ABN	TK 5180 (11) ABN	TK 5181 (11) ABN
▪ Mitversiche- rung von Alt- bauten gegen Einsturz	▪ Mitversiche- rung von Alt- bauten gegen Einsturz	▪ Mitversiche- rung von Alt- bauten gegen Sachschäden infolge eines Schadens an der Neubau- leistung sowie infolge Lei- tungswasser, Sturm und Ha- gel	▪ Mitversiche- rung von Alt- bauten gegen Sachschäden

Liegt der Prämiensatz für Bauleistungsversicherungen in der Regel im Promillebereich (1– 3 ‰), so liegt der Prämiensatz für die Mitversicherung der Altbauklauseln in der Regel im Prozentbereich je nach Risiko (1– 3 %).

Versicherte Bauleistungen, Baustoffe und Bauteile

Sowohl die Bauleistungsversicherung von Gebäudeneubauten durch Auftraggeber (ABN 2011) als auch die Bauleistungsversicherung von Unternehmerleistungen (ABU 2011) nennen als versicherte Sachen die in dem Versicherungsschein bezeichneten Bauleistungen, Baustoffe und Bauteile.

Bauleistungen sind das Ergebnis von Bauarbeiten jeder Art. Hierunter fallen neben der eigentlich geschuldeten Bauleistung auch das Einrichten der Baustelle, z. B. das Aufstellen des Bauzauns und der Baubuden und andere Vorbereitungsmaßnahmen, z. B. das Aufrichten von Gerüsten oder Schlagen von Spundwänden.

Bauhilfsstoffe und aus ihnen zusammengesetzte Hilfsbauten, die nur vorübergehend Hilfsdienst leisten, z. B. Schalholz, sind durch die ABU 2011 generell, durch die ABN 2011 nur auf Antrag mitversichert.

Baugrund und Bodenmassen können, soweit diese nicht Bestandteil der Bauleistung sind, auf erstes Risiko versichert werden.

Versicherte und versicherbare Hilfsbauten sind von nicht versicherten Geräten abzugrenzen. In der Bauleistungsversicherung sind Hilfsbauten mitversichert, Geräte dagegen nicht. Wesentliches Kriterium für die Definition von Baugeräten ist, dass diese jederzeit unabhängig von der individuellen Beschaffenheit der Baustelle betrieben werden können. Baugeräte sind neben den fahrbaren und transportablen Baugeräten auch Stahlrohr- und Spezialgerüste, Stahlschalungen, Schalwagen und Vorbaugeräte, ferner Baubüros, Baubuden, Baucontainer, Baubaracken, Werkstätten, Magazine, Labors und Gerätewagen.

Ergebnis von Bauleistungen Bauhilfsstoffe Baugrund und Bodenmassen Abgrenzung Hilfsbauten und Geräte

Eine Wasserhaltung dagegen, die aus Brunnen, Pumpen und Rohrleitungen besteht, stellt eine individuell errichtete Funktionseinheit dar, die nicht unabhängig von der individuellen Beschaffenheit der Baustelle betrieben werden kann.

Wasserhaltung

Darüber hinaus ist die Bauleistungsversicherung von Gebäudeneubauten durch Auftraggeber nach ABN 2011 für eine schlüsselfertige Ausfertigung gedacht; sie schließt den gesamten Innenausbau ein.

Einrichtungsgegenstände

Damit zählen zu den versicherten Sachen auch als wesentliche Bestandteile einzubauende Einrichtungsgegenstände, z. B.

- Heizungs-, Elektro- und Sanitärinstallation,
- fest verbaute Einbauschränke.

Mitversichert werden können:

- medizinisch-technische Einrichtungen und Laboreinrichtungen,

zusätzlich versicherbar

- Datenverarbeitungs- und sonstige selbstständige elektronische Anlagen,
- Bestandteile von unverhältnismäßig hohem Kunstwert.

In Abgrenzung zur Montageversicherung sind dagegen maschinelle Einrichtungen für Produktionszwecke wie Kfz-Hebebühnen, Stromerzeugungsanlagen (Gasturbinen, Dampfturbinen, Motoren, Generatoren) Druckmaschinen etc. nicht über die Bauleistung versicherbar.

▶ Beispiel für Baugrund und Bodenmassen

- *Fall 1:* Bei einem Neubauprojekt ist vorgesehen, aufgrund der Bodenverhältnisse für die Gründungsmaßnahme durch einen Bodenaustausch die erforderliche Tragfähigkeit des Bodens herzustellen. In den Baukosten sind daher Kosten für den Bodenaustausch (also Baugrund und Bodenmassen) berücksichtigt und somit automatisch mitversichert.

- *Fall 2:* Bei einem Neubauprojekt ist nicht vorgesehen, Arbeiten an Grund und Boden vorzunehmen. In der Bausumme sind hierfür keine Kosten vorgesehen.

Durch sintflutartige Regenfälle wird in Fall 1 und Fall 2 der Baugrund derart aufgeweicht, dass es zu Erdbewegungen und Abrutschen von Bodenmassen kommt und die Baugrube zugeschüttet wird. In beiden Fällen muss die Baugrube von den Bodenmassen befreit und ein Bodenaustausch vorgenommen werden.

Nur in Fall 1 werden die Kosten hierfür ersetzt. In Fall 2 wären die Kosten hierfür ersetzt worden, sofern der VN für in der Bausumme nicht enthaltene Kosten für Baugrund und Bodenmassen eine Erstrisikoposition gebildet hätte.

3.7.5.3 Versicherte Gefahren

All-Risk-Deckung   Wie bei allen Technischen Versicherungen bildet die Bauleistungsversicherung eine Allgefahrendeckung mit Ausnahme der explizit aufgeführten und ausdrücklich ausgeschlossenen Gefahren.

Ausschlüsse   Der VR leistet ohne Rücksicht auf mitwirkende Ursachen keine Entschädigung für Schäden durch:

- Vorsatz des Versicherungsnehmers oder dessen Repräsentanten
- normale Witterungseinflüsse, mit denen wegen der Jahreszeit und der örtlichen Verhältnisse gerechnet werden muss
- normale Wasserführung oder normale Wasserstände von Gewässern
- nicht einsatzbereite oder ausreichend redundante Anlagen zur Wasserhaltung
- eine Unterbrechung (während und infolge) der Arbeiten auf dem Baugrundstück
- durch Baustoffe, die durch eine zuständige Prüfstelle beanstandet oder vorschriftswidrig noch nicht geprüft wurden
- Krieg, kriegsähnliche Ereignisse, Bürgerkrieg, Revolution, Rebellion, Aufstand
- innere Unruhen
- Streik, Aussperrung und Verfügungen von hoher Hand
- Kernenergie, nukleare Strahlung oder radioaktive Substanzen
- Schäden an Glas-, Metall- oder Kunststoffoberflächen sowie an Oberflächen vorgehängter Fassaden durch eine Tätigkeit an diesen Sachen

Die Versicherung von Schäden durch Brand, Blitzschlag, Explosion sowie durch Löschen oder Niederreißen muss gesondert vereinbart werden.

Schäden durch Gewässer   Die Versicherung von Schäden durch Gewässer und/oder durch Grundwasser, das durch Gewässer beeinflusst wird, infolge von ungewöhnlichem und/oder außergewöhnlichem Hochwasser muss über die hierfür vorgesehenen Klauseln ebenfalls gesondert vereinbart werden. Einerseits gelten dann Schäden durch Wassereinbrüche oder Ansteigen des Grundwassers versichert, wenn diese Ereignisse infolge eines anderen entschädigungspflichtigen Schadens *ZÜRS = EDV-gestütztes Zonierungssystem*   eintreten, des Weiteren sind außergewöhnliche Hochwasserschäden versichert, die regional (über ZÜRS) definierte Hochwasserstände übersteigen.

Diebstahlrisiko   Der Einschluss von Verlusten durch Diebstahl bei Bauleistungsversicherungen von Gebäudeneubauten durch Auftraggeber nach ABN 2011 ist möglich. Der Versicherungsschutz erstreckt sich jedoch nur auf mit dem Gebäude bereits fest verbundene und eingebaute Gegenstände.

▶ Beispiel

- *Fall 1:* Auf einer Baustelle werden Heizkörper, die in den Hotelneubau eingebaut werden sollen, angeliefert und in einem abgeschlossenen Lager bis zum Einbau zwischengelagert. Das Lager wird aufgebrochen und die Heizkörper werden entwendet.

Es liegt kein versicherter Sachschaden gemäß den Bauleistungsversicherungsbedingungen von Gebäudeneubauten durch Auftraggeber nach ABN 2011 vor.

- *Fall 2:* Die neugelieferten Heizkörper werden sofort nach Anlieferung eingebaut. Die eingebauten Heizkörper werden ebenfalls über das Wochenende entwendet.

Hier liegt ein versicherter Sachschaden gemäß den Bauleistungsversicherungsbedingungen von Gebäudeneubauten durch Auftraggeber nach ABN 2011 vor.

3.7.5.4 Versicherte Interessen

In der Bauleistungsversicherung von Gebäudeneubauten durch Auftraggeber nach ABN 2011 kommt schon zum Ausdruck, dass der Auftraggeber der VN ist. Versichert sind also die Interessen des Auftraggebers für Schäden, die zu seinen Lasten gehen. Versichert sind außerdem die am Bau beteiligten Auftragnehmer, und zwar jeder für Schäden an seiner Leistung, die zu seinen Lasten gehen.

VN am Bau beteiligte Auftragnehmer

Wird die Leistung eines Auftragnehmers beschädigt und ist dieser Schaden von einem anderen mitversicherten Auftragnehmer verursacht worden, wird der Bauleistungsversicherer zunächst Ersatz leisten und beim Schadenverursacher Regress nehmen, wenn und soweit der VR auf Rückgriffsansprüche nicht ausdrücklich gemäß Klausel TK 5868 (11) verzichtet hat.

Regressmöglichkeit Verzicht TK 5868 (11)

Der VR verzichtet auf den Übergang von Ersatzansprüchen gegen versicherte Unternehmer und Subunternehmer als Schadenverursacher wegen Schäden an versicherten Lieferungen und Leistungen, die sie nicht selbst erstellt haben; dies gilt jedoch nur, wenn oder soweit der Schadenverursacher gegen Haftpflichtansprüche nicht versichert ist. Schäden an Eigenleistungen des Bauherrn oder eines sonstigen Auftraggebers werden wie Auftraggeberschäden behandelt.

Bei Bauleistungsversicherungen von Unternehmerleistungen nach ABU 2011 ist im Allgemeinen der Bauunternehmer VN. Er besitzt bedingungsgemäß Versicherungsschutz für solche Schäden, die nach VOB zu seinen Lasten gehen, auch wenn der Schaden von einem seiner Nachunternehmer verursacht wurde. Trat der Schaden für den Nachunternehmer, Subunternehmer, dessen sich der Bauunternehmer zur Erfüllung seiner Leistung bedient hat, nicht unvorhergesehen ein und erlangt der Bauunternehmer damit einen Anspruch auf Behebung des Schadens, geht dieser Anspruch auf den VR über in dem Umfang, wie eine Ersatzleistung über den Versicherungsvertrag erfolgte.

Schäden zu Lasten des Bauunternehmers

▶ **Beispiele**

- *Fall 1:* Ein Subunternehmer schädigt schuldhaft die Leistung des Hauptunternehmers/Bauunternehmers oder eines anderen Nachunternehmers. Hier liegt ein Haftpflichtfall vor, da der Subunternehmer die Sache eines Dritten schädigt. Dabei spielt keine Rolle, ob der Schaden für den Subunternehmer unvorhergesehen war. Ein vorhandener Schadenersatzanspruch geht auf den Bauleistungsversicherer in dem Augenblick über, in dem er Entschädigung geleistet hat.

  Die Bauleistungsversicherung kann bei fehlendem Haftpflichtversicherungsschutz nicht einspringen, denn ein Subunternehmer ohne Haftpflichtversicherungsschutz kann nicht besser gestellt werden als ein Subunternehmer mit Haftpflichtversicherungsschutz.

- *Fall 2:* An der Bauleistung des Subunternehmers tritt ein Schaden ein, der für ihn unvorhergesehen, für den VN (Hauptunternehmer) aber nicht unvorhergesehen eingetreten ist.

  Der Bauleistungsversicherer leistet nur dann Entschädigung, wenn der Schaden für den VN unvorhergesehen war, sodass im vorliegenden Schadenbeispiel kein Versicherungsschutz besteht.

- *Fall 3:* An der Bauleistung des Subunternehmers tritt ein Schaden ein, der für ihn ebenso wie für den VN (Hauptunternehmer) unvorhergesehen eingetreten ist. Die Frage, zu wessen Lasten ein solcher Schaden geht, ist nicht von vornherein zu beantworten, da dies ausschließlich vom zwischen VN (Hauptunternehmer) und Subunternehmer abgeschlossenen Nachunternehmervertrag abhängt.

  - Geht der entstandene Schaden aufgrund des Nachunternehmervertrags zu Lasten des VN (Hauptunternehmer), so ist der VR diesem gegenüber zur Entschädigung verpflichtet.
  - Geht der Schaden gemäß Nachunternehmervertrag zu Lasten des Subunternehmers, bestehen Erfüllungsansprüche des VN (Hauptunternehmer) gegen den Subunternehmer, sodass nach der Erfüllung ein Schaden beim VN (Hauptunternehmer) nicht verbleibt. Eine Entschädigungspflicht des VN wird somit nicht ausgelöst.
  - Kommt jedoch der Subunternehmer seiner Erfüllungspflicht nicht nach, so geht der Schaden zu Lasten des VN (Hauptunternehmer), was wiederum die Ersatzpflicht des VR auslöst. Ein Rückgriff des VR gegen den Subunternehmer ist ausgeschlossen.

3.7.5.5 Versicherungssumme, Versicherungswert

endgültige Herstellungskosten

Analog der Montageversicherung sind sämtliche Kosten, die für die Herstellung anfallen, im Versicherungswert zu berücksichtigen. Der Versicherungswert sind die endgültigen Herstellungskosten für das gesamte versicherte Bauvorhaben einschließlich der Stundenlohnarbeiten, der Eigenleistungen des Bauherrn und des Neuwerts der Baustoffe und Bauteile sowie hierfür anfallende Kosten für Anlieferung und Abladen.

Ist die Versicherung von weiteren Sachen vereinbart, so ist deren Versicherungswert der Neuwert. Ist der VN zum Vorsteuerabzug nicht berechtigt, so ist die Umsatzsteuer einzubeziehen.

- Grundstücks- und Erschließungskosten,   *Grundstückskosten*

- Baunebenkosten, wie Makler-, Architekten- und Ingenieurgebühren, Finan-   *Baunebenkosten*
  zierungskosten und behördliche Gebühren.

Die Versicherungssumme ist der zwischen VR und VN im Einzelnen vereinbar-   *vorläufige Versiche-*
te Betrag, der dem Versicherungswert entsprechen soll. Zu Beginn des Versi-   *rungssumme*
cherungsschutzes wird für die versicherten Lieferungen und Leistungen eine
vorläufige Versicherungssumme in Höhe des zu erwartenden Versicherungswerts vereinbart.

Nach Ende des Versicherungsschutzes ist die Versicherungssumme aufgrund   *Abrechnung*
eingetretener Veränderungen endgültig festzusetzen. Hierzu sind dem VR Originalbelege vorzulegen, z. B. die Schlussrechnung. Die endgültige Versicherungssumme hat dem Versicherungswert zu entsprechen.

3.7.5.6 Entschädigungsleistung

Der VR leistet Entschädigung in Höhe der Kosten, die aufgewendet werden müs-   *Wiederherstellungs-*
sen, um einen Zustand wiederherzustellen, der dem Zustand unmittelbar vor Ein-   *kosten*
tritt des Schadens technisch gleichwertig ist. Der Zeitwert von Resten und Alttei-   *Restwert*
len wird angerechnet. Bei Totalschäden an versicherten Hilfsbauten und Bauhilfs-   *Hilfsbauten Zeitwert*
stoffen leistet der VR Entschädigung für das Material nur in Höhe des Zeitwerts.

Führt ein Mangel zu einem entschädigungspflichtigen Schaden, so leistet der
VR Entschädigung unter Abzug der Kosten, die zusätzlich aufgewendet werden
müssen, damit der Mangel nicht erneut entsteht. Zu den notwendigen Wiederherstellungskosten gehören:

- Vermögensschäden,   *keine Wiederherstel-*

- Schadensuchkosten und zusätzliche Aufräumungskosten, soweit nicht beson-   *lungskosten*
  dere Versicherungssummen vereinbart sind (meist mit Sublimit inkludiert),

- Mehrkosten durch Änderung der Bauweise, durch Verbesserungen gegenüber dem Zustand unmittelbar vor Eintritt des Schadens, durch behelfsmäßige Maßnahmen oder durch Luftfracht.

Bei Schäden, die zu Lasten des VN als Bauunternehmer nach ABU 2011 gehen,   *Schäden zu Lasten*
und für Schäden, die zu Lasten der mitversicherten Unternehmen gemäß ABN   *eines Bauunter-*
2011 gehen, gilt folgende Regelung: *nehmers*

Der VR leistet Entschädigung für die Kosten für die Wiederherstellung in eigener Regie des Unternehmers ohne Zuschläge für:

- Wagnis und Gewinn,   *Wagnis und Gewinn*

- nicht schadenbedingte Baustellengemeinkosten,

- allgemeine Geschäftskosten,

Dies gilt auch für Eigenleistungen des Bauherrn.

Abrechnung nach Leistungsverzeichnis

Wird nach dem Leistungsverzeichnis abgerechnet, so werden 90 % der Preise ersetzt, die in dem Bauvertrag vereinbart oder auf gleicher Grundlage ermittelt worden sind.

Zusammenfassung

Die Bauleistungsversicherung ist eine Allgefahrenversicherung. Versichert werden Bauwerke. Die Bauleistungsversicherung wird angeboten für Neubauleistungen durch Auftraggeber (ABN 2011) und für Unternehmerleistungen (ABU 2011). Neben der Neubauleistung können auch Schäden an der Altbausubstanz versichert werden.

Nicht versichert sind u. a. Schäden durch normale Witterungseinflüsse und Schäden durch Feuer. Gegen Schäden durch Diebstahl können in das Bauwerk eingebaute Sachen versichert werden.

Versichert sind nach den ABN die Interessen des Bauherrn sowie aller am Bauwerk beteiligten Firmen einschließlich der Planer.

Nach den ABU ist nur das Interesse des jeweiligen Unternehmers versichert. Das Auftraggeberrisiko kann mitversichert werden.

3.8 Ertragsausfallschäden

Handlungssituation

Sie haben auf Wunsch der Schulungsabteilung eine Schulung über Ertragsausfallschäden in der gewerblichen Sach- und Technischen Versicherung übernommen. Zur Einleitung in das Thema fertigen Sie ein Arbeitsblatt an, mit dessen Hilfe die Teilnehmer die Arten der Ertragsausfallversicherung kennenlernen sollen.

In Kap. 1, 2.2.4 wurden die Grundlagen für eine Ertragsausfallversicherung bereits behandelt. In diesem Kapitel wird die besondere Situation der Ertragsausfallversicherung nach den Bedingungen FBUB 2010, MFBU 2010 und ZKBU 2010 sowie der Technischen Versicherung behandelt.

Die Betriebsunterbrechungsversicherung folgt den versicherten Gefahren des Grundschutzes der Versicherung der Sach-Substanzschäden. Ein Feuer ist nach den AFB 2010 genauso ein Feuer, wie es nach den FBUB 2010 ein Feuer ist. Anders verhält es sich bei der Art der Schäden und bei der Frage nach der Bemessung der Versicherungssumme und des Versicherungswertes.

3.8.1 Gegenstand der Deckung

Sachschaden

Wird der Betrieb des VN infolge eines Sachschadens unterbrochen oder beeinträchtigt, leistet der VR Entschädigung für den dadurch entstehenden Ertragsausfallschaden.

Ertragsausfall

Der Ertragsausfallschaden besteht aus den fortlaufenden Kosten und dem Betriebsgewinn in dem versicherten Betrieb, die der VN bis zu dem Zeitpunkt, von dem an ein Unterbrechungsschaden nicht mehr besteht, längstens jedoch bis zum Ende der Haftzeit infolge der Betriebsunterbrechung oder -beeinträchtigung, nicht erwirtschaften konnte.

Der VR leistet keine Entschädigung, soweit der Ertragsausfallschaden vergrößert wird durch außergewöhnliche, während der Unterbrechung oder Beeinträchtigung hinzutretende Ereignisse. Gleiches gilt für behördlich angeordnete Wiederherstellungs- oder Betriebsbeschränkungen.

außergewöhnliche Ereignisse

Eine Entschädigung aus der BU-Versicherung darf nicht zur Bereicherung führen. Nach § 6 Nr. 1b) FBUB 2010 sind wirtschaftliche Vorteile, die dem VN nach Ablauf der Haftzeit entstehen, angemessen zu berücksichtigen.

Berücksichtigung wirtschaftlicher Vorteile über die Haftzeit hinaus

Grundsätzlich sind Schadenminderungskosten vom VR zu tragen (§ 83 VVG). Soweit der VN aber über die Haftzeit hinaus einen Nutzen von den Schadenminderungskosten hat, ist eine entsprechende Kürzung vorzunehmen.

▶ Beispiel

Der VN beschafft eine neue *größere* Maschine, da deren Beschaffung weniger Zeit in Anspruch nimmt als die Reparatur der beim Brand beschädigten Maschine. Die Wertverbesserung, die auch nach Ende der Haftzeit verbleibt, muss er sich anrechnen lassen

Steht dem VN zur Wiederherstellung oder Wiederbeschaffung zerstörter, beschädigter oder abhanden gekommener Sachen, Daten oder Programme nicht rechtzeitig genügend Kapital zur Verfügung, fällt dieser „Mangel" nicht unter den Versicherungsschutz.

Kapitalmangel

3.8.2 Betriebsgewinn und Kosten

Versichert sind gemäß § 1 Nr. 2a) FBUB 2010 der entgangene Betriebsgewinn sowie fortlaufende Kosten. Variable, also produktionsabhängig anfallende Kosten werden nicht ersetzt.

Betriebsgewinn

Aufgrund der Rechnungslegungsvorschriften wird unterschieden zwischen:

Betriebsgewinn

- Betriebsgewinn   (versichert)
- neutraler Gewinn   (auf Antrag versicherbar)
- außerordentlicher Gewinn   (nicht versicherbar)

Der Betriebsgewinn ist der aus dem normalen Betriebszweck erzielte Gewinn, also der Gewinn aus dem Absatz der im Betrieb hergestellten oder gehandelten Waren und/oder der Gewinn aus den erbrachten Dienstleistungen.

Der auf Antrag versicherbare neutrale Gewinn ist der regelmäßige Gewinn aus Nebenbetrieben wie z. B. einer Werkskantine.

neutraler Gewinn

Unter „außerordentlichem Gewinn" versteht man den Gewinn eines Betriebs, der nicht regelmäßig erzielt wird, d. h., der mit dem eigentlichen Fabrikations-, Handels- oder Gewerbebetrieb nicht zusammenhängt. Als Beispiel wären hier Gewinne aus Kapital-, Spekulations- oder Grundstücksgeschäften zu nennen.

außerordentlicher Gewinn

Geschäftskosten

Die wesentlichen Bestandteile der versicherten Kosten sind:

Löhne, Gehälter	Zinsen auf Fremdkapital	Abschreibungen auf nicht beschädigtes Anlagevermögen	Kosten zur Aufrechterhaltung der Betriebsbereitschaft

Fixkosten

Diese Kosten kann man als Fixkosten bezeichnen, da diese auch entstehen, wenn der Betrieb unterbrochen ist. Nicht versichert sind variable Kosten., d. h. vom laufenden Umsatz abhängige Kosten, da diese bei einer Betriebsunterbrechung nicht entstehen.

Hierunter fallen z. B.:

der Aufwand für Roh-, Hilfs- und Betriebsstoffe	bezogene Waren, sofern diese nicht der Betriebserhaltung dienen oder es sich hierbei nicht um Mindest- oder Vorhaltegebühren für den Fremdbezug von Energie handelt	Umsatzsteuer, Verbrauchssteuer und Zölle
Frachten und Porti	umsatzunabhängige Versicherungsprämien	Erfindervergütungen und Lizenzgebühren

nicht versicherte Kosten

Der VR leistet keine Entschädigung für:

- Aufwendungen für Roh-, Hilfs- und Betriebsstoffe sowie für bezogene Waren und Leistungen, soweit es sich nicht um Aufwendungen zur Betriebserhaltung oder um Mindest- und Vorhaltegebühren für Energiefremdbezug handelt,
- Umsatzsteuer, Verbrauchssteuern und Ausfuhrzölle,
- umsatzabhängige Aufwendungen für Ausgangsfrachten,
- umsatzabhängige Versicherungsprämien,
- umsatzabhängige Lizenzgebühren und umsatzabhängige Erfindervergütungen,
- Gewinne und Kosten, die mit dem Fabrikations-, Handels- oder Gewerbebetrieb nicht zusammenhängen.

3.8.3 Haftzeit

Regelzeit 12 Monate

Die Haftzeit legt den Zeitraum fest, für welchen der VR Entschädigung für den Ertragsausfallschaden leistet. Die Haftzeit beginnt mit Eintritt des Sachschadens. Die Haftzeit beträgt zwölf Monate, soweit nichts anderes vereinbart ist.

Ist die Haftzeit nach Monaten bemessen, so gelten jeweils 30 Kalendertage als ein Monat. Ist jedoch ein Zeitraum von zwölf Monaten vereinbart, so beträgt die Haftzeit ein volles Kalenderjahr.

Die maximale Dauer eines BU-Schadens hängt mit der gewählten Haftzeit zusammen, sie beträgt in der Regel zwölf Monate ab Eintritt des Sachschadens.

Dauer des BU-Schadens

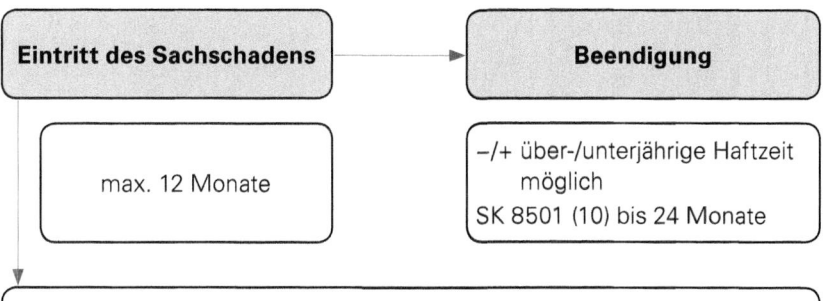

Folgende Klauseln sind in diesem Zusammenhang von Bedeutung:

- SK 8105 (10): Vergrößerung des Unterbrechungsschadens durch behördlich angeordnete Wiederherstellungs- oder Betriebsbeschränkungen,

behördliche Anordnungen

- SK 8702 (10): Weiterzahlung von Gehältern und Löhnen.

Löhne und Gehälter werden vom VR nur bis zu dem Zeitpunkt übernommen, zu dem die Weiterzahlung noch wirtschaftlich begründet ist. Mit der Klausel SK 8702 (10) erkennt der VR eine wirtschaftliche Begründung als gegeben an, die Angestellten und Arbeiter auch über den nächstzulässigen Entlassungstermin hinaus für den Betrieb zu erhalten.

Weiterzahlung von Gehältern und Löhnen

Nach den FBUB 2010 § 6 Nr. 1c) werden hingegen Kosten nur ersetzt, wenn sie rechtlich notwendig oder wirtschaftlich begründet sind. Lohn und Gehaltskosten können wirtschaftlich begründet sein, wenn der VN zur Wiederherstellung der Betriebsfertigkeit Mitarbeiter weiter beschäftigen muss.

▶ Exkurs: Kündigungsfristen von Arbeitsverhältnissen

Nach § 622 Abs. 1 BGB gilt für die Kündigung eines Arbeitsverhältnisses eine sogenannte Grundkündigungsfrist von vier Wochen zum 15. oder zum Ende eines Kalendermonats. Dauert das Arbeitsverhältnis länger an, verlängert sich nach § 622 Abs. 2 BGB die Kündigungsfrist.

Besteht das Arbeitsverhältnis zwei Jahre, gilt eine Kündigungsfrist von einem Monat zum Ende eines Kalendermonats. Nach fünf Jahren beträgt die Frist zwei Monate zum Ende eines Kalendermonats. Bei einem Arbeitsverhältnis, das 20 Jahre bestanden hat, gilt eine Kündigungsfrist von sieben Monaten zum Ende eines Kalendermonats.

Nach § 622 Abs. 5 Nr. 2 BGB kann im Arbeitsvertrag eine kürzere Kündigungsfrist vereinbart werden, wenn der Arbeitgeber in der Regel nicht mehr als 20 Arbeitnehmer (ohne Auszubildende) beschäftigt und die Kündigungsfrist vier Wochen nicht unterschreitet. Bei der Ermittlung der Zahl der beschäftigten Mitarbeiter werden Teilzeitbeschäftigte mit einer Arbeitszeit von nicht mehr als 20 Stunden pro Woche mit dem Faktor 0,5 und solche mit nicht mehr als 30 Stunden pro Woche mit dem Faktor 0,75 berücksichtigt.

Eine verkürzte Kündigungsfrist, bezieht sich nur auf die Grundkündigungsfrist aus § 622 Abs. 1 BGB. Die verlängerte Kündigungsfristen nach § 622 Abs. 2 BGB sind davon ausgenommen.

3.8.4 Positionen – Erläuterungen

Auch im Bereich der BU-Versicherung regeln die Positionen und Erläuterungen die versicherten Positionen.

Betriebsgewinn

Pos. 1 Betriebsgewinn und Kosten

- Der Betriebsgewinn ergibt sich aus dem Umsatz der im versicherten Betrieb hergestellten Erzeugnisse und gehandelten Waren sowie dem Gewinn aus Dienstleistungen.
- Zu den im versicherten Betrieb entstehenden Kosten zählen auch Gehälter, Löhne und Provisionen, soweit für sie nicht unter Pos. 2–5 eine separate Versicherungssumme ausgewiesen ist.
- Zu Pos. 1 gehören auch freiwillige Aufwendungen zur Altersversorgung und Unterstützung von Betriebsangehörigen, Aufsichtsratbezüge, Schenkungen, Spenden und freiwillige Wohlfahrtsleistungen sowie Tantiemen für Aufsichtsrat, Vorstand und Betriebsangehörige.

Löhne und Gehälter

Pos. 2 Gehälter; Pos. 3 Löhne der Facharbeiter; Pos. 4 Löhne der Nichtfacharbeiter

- Zu Pos. 2–4 gehören außer den Jahresbruttolöhnen die Arbeitgeberanteile zu den gesetzlichen Sozialabgaben, Berufsgenossenschaftsbeiträge, freiwillige soziale Leistungen, Beiträge zur Familienausgleichskasse, Zulagen für Akkord-, Überstundenarbeit und Feiertagsschichten, Leistungsprämien sowie vertraglich vereinbarte oder aus einem anderen Rechtsgrund regelmäßig gewährte Bezüge wie Gratifikationen, Urlaubsgelder und Sachleistungen.
- Sind bei den Positionen 3 und 4 unterschiedliche Haftzeiten vereinbart, ist festzulegen, nach welchen Merkmalen Facharbeiter bzw. Nichtfacharbeiter der jeweiligen Position zugeordnet wurden (z. B. nach Beschäftigungsstelle, Beschäftigungsart, Bruttowochenlohn oder Tarifgruppe).

Provisionen

Pos. 5 Provisionen und sonstige Bezüge der vertraglichen Vertreter

- Zu diesen Provisionen und sonstigen Bezügen gehören neben Baraufwendungen auch Sachleistungen.
- Es können auch nur bestimmte Provisionen und sonstige Bezüge versichert werden, z. B.:
  - Provisionen und sonstige Bezüge vertraglicher Vertreter, deren Gesamtbezüge einen bestimmten zu vereinbarenden Betrag jährlich übersteigen,
  - vertraglich garantierte Provisionen und sonstige Bezüge der Vertreter.

Schadenarten BU

- *BU-Schaden:* Durch ein Schadenereignis (z. B. Feuer) im Betrieb des VN werden versicherte Sachen beschädigt. Dadurch wird der Betriebsablauf unterbrochen.

- *BU-Folgeschaden:* Durch ein Schadenereignis (z. B. Feuer) werden versicherte Sachen im Betrieb des VN beschädigt. Dadurch wird der Betriebsablauf unterbrochen.

  Im Gegensatz zum BU-Schaden kommt es beim BU-Folgeschaden nur darauf an, dass im Betrieb des VN ein Sachschaden entsteht und in dessen Folge der Betrieb unterbrochen wird.

  Sachschäden in einem gegen Feuer und FBU versicherten Betrieb, die auf einen nach den AFB ersatzpflichtigen Schaden in Betrieben fremder Eigentümer zurückzuführen sind, sind Gegenstand der Feuerversicherung. Die sich aus solchen Sachschäden ergebenden FBU-Schäden sind in die Haftung des FBU-Versicherers eingeschlossen.

▶ **Beispiele**

Nach dem Ausfall der Stromerzeugung durch einen Brand im Elektrizitätswerk Bonn (fremder Betrieb) ist die Stromzufuhr zu den an das Verteilernetz dieses Kraftwerks angeschlossenen Betrieben unterbrochen. Schäden infolge des Stromausfalls sind:

Das Kühlhaus des FBU-versicherten Schlachthofs Rasengut wird unterbrochen. Dadurch verdirbt das in großen Mengen in den Kühlräumen gelagerte Gefrierfleisch.

Die Kühlanlage der FBU-versicherten Brauerei Stoddenmalz wird unterbrochen. Das darin gelagerte Bier verdirbt und muss vernichtet werden.

Der Elektroschmelzofen des FBU-versicherten Industriebetriebs Holzmare wird unterbrochen. Der aus flüssigem Metall bestehende Inhalt dieses Schmelzofens erstarrt. Für das Wiederanfahren des Ofens ist ein Herausbrechen der erstarrten Masse und eine Erneuerung der Ofenausmauerung erforderlich.

- *Wechselwirkungsschaden*

  Auswirkungen eines Sachschadens in einer Betriebsabteilung auf andere Betriebsabteilungen desselben Eigentümers – gleichgültig ob sie auf demselben oder auf verschiedenen, aber im Versicherungsschein als Betriebsstelle bezeichneten Grundstücken liegen.

  Voraussetzung für die Mitversicherung ist, dass der gesamte Betrieb in einem BU-Vertrag versichert ist, bzw. dass das (die) Grundstück(e), auf dem (denen) sich die Betriebsabteilungen befinden, in der Versicherungsurkunde als Betriebsstelle(n) dokumentiert sind.

  Der die Betriebsunterbrechung auslösende, ersatzpflichtige Sachschaden muss sich in einer dieser Betriebsstellen ereignen.

  Eine mögliche Erweiterung besteht mit den SK 8903 (10) zu Wechselwirkungen zwischen mehreren VN/Versicherten.

▶ **Beispiele**

1) In der Lederfabrik Maffey ereignet sich ein Brandschaden in der Betriebsabteilung Lederfärberei. Die Lederfärbemaschinen werden zerstört. Alle anderen vor- und nachgelagerten Betriebsabteilungen bleiben unbeschädigt. Infolge des Ausfalls der Lederfärberei können jedoch weder vor- noch nachgelagerte Betriebsabteilungen ihre betriebsübliche Leistung erbringen.

2) In der Metallwarenfabrik Ossborn werden die in den Lagern befindlichen Rohstoffe durch einen Einbruchdiebstahl entwendet. Alle anderen Betriebsabteilungen sind von dem Sachschaden nicht betroffen, können aber wegen der Nichtverfügbarkeit der Rohmaterialien keine Betriebsleistung erbringen.

3) Der Verkaufsraum des Einzelhandelsbetriebs Schlörscheidt brennt aus, der baulich getrennte Lagerraum und die darin gelagerten Handelsgüter bleiben unbeschädigt. Eine Betriebsleistung – nämlich der Verkauf von Handelsware – kann wegen der Nichtbenutzbarkeit des Verkaufsraums nicht erbracht werden.

4) „Eric's gute Stube" erzielt seinen Betriebsertrag aus dem Verkauf von Speisen und Getränken in eigenen Gasträumen und aus Vermietung und Bewirtschaftung eines Veranstaltungssaales. Ein Schadenereignis, in dessen Folge die Gasträume zerstört werden, führt zur Stornierung von Mietverträgen des vom Schaden nicht direkt betroffenen Saales.

■ *Rückwirkungsschaden*

Auswirkungen eines Sachschadens in Betrieben fremder Eigentümer auf den gegen FBU versicherten Betrieb, die in diesem Betrieb zu keinem Sachschaden geführt haben, sind nicht in die FBU-Versicherung eingeschlossen.

Eine Mitversicherung ist über die SK 8403 (10) Rückwirkungsschäden (Zulieferer) möglich.

 ▶ **Beispiele**

1) Die Firma Dolce Mucho stellt elektrische Kaffeemühlen her. Die dafür benötigten Metall- und Kunststoffteile produziert die Firma selbst. Das Verkabelungsmaterial und die Anschlussleitungen bezieht Dolce Mucho von der (Fremd-)Firma Elektro Quirrl. Die eigenen Produkte und die fremdbezogenen Teile montiert Dolce Mucho zu dem Fertigerzeugnis Kaffeemühle. Nach einem Brand bei Elektro Quirrl (Sachschaden) können Verkabelungsmaterial und Anschlussleitungen nicht mehr angeliefert werden. Obwohl im Dolce Mucho kein Sachschaden eingetreten ist, kann dieser Betrieb wegen des Ausbleibens der Zulieferung keine Fertigerzeugnisse mehr produzieren.

2) Die Firma Brock stellt Sportsitze her, die von der Firma Klose in diverse Automodelle eingebaut werden. Ruht die Produktion der Firma Brock infolge eines Brandschadens, so kann die Firma Klose diese Modelle solange nicht weiterproduzieren, bis sie entweder einen anderen Zulieferer für höherwertige Sportsitze gefunden hat oder die Firma Brock die Produktion wieder aufnimmt.

Abnehmer,
Rückwirkungsschaden

■ *Mitversicherung des Abnehmerrisikos*

Hier gilt die SK 8404 (10) Rückwirkungsschäden (Abnehmer).

Die Mitversicherung des Abnehmerrisikos wird auch „umgekehrter Rückwirkungsschaden" genannt. Hiermit ist gemeint, dass bei Ausfall des Abnehmers z. B. infolge eines Brandschadens der Abnehmer u. U. die Annahme der vom Zulieferer produzierten Teile verweigern kann. Dies würde dann wiederum beim Zulieferbetrieb zu Umsatzeinbußen führen.

Bei dem o. g. Beispiel zum Rückwirkungsschaden hieße dies: Die Firma Brock kann bzw. muss die Produktion drosseln, weil Klose die Sitze wegen mangelnder Produktion der Fahrzeuge nicht oder nicht im vollen Umfang benötigt.

Über die SK 8402 (10) (Weitere Versicherungsorte) besteht auch Versicherungsschutz für Ertragsausfallschäden des VN infolge von Sachschäden, die sich innerhalb der besonders vereinbarten weiteren Versicherungsorte in fremden Unternehmen ereignet haben.

weitere Versicherungsorte

Voraussetzung für den Versicherungsschutz ist, dass der Ertragsausfallschaden infolge von Sachschäden gemäß den dem Vertrag zugrunde liegenden AVB an Sachen eintritt, die dem VN gehören, die von ihm unter Eigentumsvorbehalt erworben oder zur Sicherung übereignet sind oder die er für seinen Betrieb gemietet, gepachtet oder geliehen hat.

3.8.5 Deckungserweiterungen

SK 8106 (10), Vertragsstrafen	SK 8107 (10), Wertverluste und zusätzliche Aufwendungen	SK 8108 (10), Zusätzliche Standgelder und ähnliche Mehraufwendungen
▪ Der VR leistet Entschädigung auch für Vertragsstrafen, die infolge eines versicherten Ertragsausfallschadens innerhalb der Haftzeit anfallen. Vertragsstrafen sind vor Eintritt eines Sachschadens vertraglich vereinbarte Leistungen wegen Nicht- oder Schlechterfüllung von Liefer- oder Abnahmeverpflichtungen.	▪ Der VR leistet Entschädigung auch für Wertverluste und zusätzliche Aufwendungen, die dadurch entstehen, dass vom Sachschaden nicht betroffene Roh-, Hilfs-, Betriebsstoffe und unfertige Erzeugnisse infolge eines versicherten Ertragsausfallschadens vom VN nicht mehr bestimmungsgemäß verwendet werden können.	▪ Der VR leistet Entschädigung innerhalb der Haftzeit auch für zusätzliche Standgelder und ähnliche Mehraufwendungen, die infolge eines Sachschadens gemäß den dem Vertrag zugrunde liegenden AVB anfallen, weil Lagerflächen nicht mehr zur Verfügung stehen oder Transportmittel nicht mehr entladen werden können.

Vertragsstrafen

Wertverluste und zusätzliche Aufwendungen

zusätzliche Standgelder und ähnliche Mehraufwendungen

3.8.6 Versicherungssumme

Für die Betriebsunterbrechungsversicherung ist die Ermittlung der Versicherungssumme durchweg schwieriger als in der Substanzdeckung, da hier andere Wirtschaftsfaktoren und ein zeitlich anders gelagerter Versicherungsfall (gedehnter Versicherungsfall) vorliegen. Gleiche Probleme treten bei der Berechnung des Versicherungswerts (Bewertungszeitraum) und bei der Berechnung der Schadenhöhe auf.

3.8.6.1 Ermittlung der Versicherungssumme FBUB (Position Antrag 1–5)

Betriebsertrag GuV

Die BU-Versicherung ist eine Vollwertversicherung. Der Versicherungswert und somit die Versicherungssumme entspricht dem Betriebsertrag (GuV). Die Versicherungssumme bestimmt die Höchstentschädigung.

Summenermittlungs-bogen

Die Versicherungssumme wird in der Regel aus allen versicherten Positionen gebildet (pauschal). Für die Ermittlung der Versicherungssumme bieten die VR eine Hilfestellung durch einen Summenermittlungsbogen an. Die Versicherungssumme kann nach dem Gesamtkostenverfahren oder nach dem Umsatzkostenverfahren ermittelt werden (§ 275 HGB).

Gesamtkostenverfahren (GKV)

Gesamtkosten-verfahren

▷ **Definition**

Das GKV ist ein Verfahren zur Ermittlung des Betriebsergebnisses in einer kurzfristigen Erfolgsrechnung, bei dem den Gesamtleistungen des Betriebs die Gesamtkosten, gegliedert nach Kostenarten, gegenübergestellt werden.

Beim GKV werden in der GuV die Kosten nach Art der verbrauchten Produktionsfaktoren gegliedert. Die Kostenarten sind:

Materialaufwand	Gehälter und Löhne	Abschreibungen

Die Fragestellung beim GKV lautet: Welche Kosten fallen an?

Umsatzkostenverfahren (UKV)

Umsatzkosten-verfahren

▷ **Definition**

Das UKV ist ein Verfahren der Gewinn- und Verlustrechnung zur Ermittlung des Periodenerfolgs. Im Unterschied zum GKV werden dabei die Aufwendungen nicht nach Aufwandsarten (Material, Personal, Abschreibungen), sondern nach Funktionsbereichen (Herstellung, Verwaltung, Vertrieb) unterschieden. Den Umsatzerlösen werden nur die Herstellungskosten gegenübergestellt, die ursächlich für die Umsätze waren.

Das UKV weist die Kosten nach Funktionsbereichen aus. Beim UKV erfolgt ein Ausweis der Kosten nach betrieblichen Funktionsbereichen. Das UKV will zeigen, in welchen Bereichen eines Unternehmens (Herstellung, Vertrieb, Verwaltung) die Kosten anfallen.

Die Zuordnung des umsatzbezogenen Aufwands eines Geschäftsjahrs zu diesen Unternehmensbereichen erfordert dann aber nicht eine Kostenartenrechnung, wie sie stets für das GKV erfolgt, sondern zudem eine (sehr einfache) Kostenstellenrechnung

Die Fragestellung beim UKV lautet: Wo fallen die Kosten an?

Der betriebswirtschaftliche Inhalt der BU-Summe

Die Subtraktionsmethode des Summenermittlungsbogens orientiert sich in den wesentlichen Punkten an der GuV nach dem Gesamtkostenverfahren. Die Versicherungssumme der BU-Versicherung orientiert sich somit an der Gesamtleistung eines Betriebs. Vereinfacht ergibt sich die Versicherungssumme aus

Subtraktionsmethode

Umsatz
+ Bestandsveränderungen
+ aktivierte Eigenleistungen
+ sonstige betriebswirtschaftliche Erlöse   (soweit Mitversicherung
                                            gewünscht und zulässig)
= Gesamtleistung
./. beschäftigungsabhängiger Aufwand (insbesondere Materialaufwand)
= Rohertrag
   und als „Faustformel"   Umsatz
                                            ./. Wareneinsatz
                                            ./. Energiekosten
                                            +   Sicherheitszuschlag
                                            Versicherungssumme

vereinfachte Summenbildung

Faustformel

Die rechtliche Grundlage liegt in den FBUB, der den Versicherungsumfang mit Betriebsgewinn + (fixe) Kosten definiert. Es handelt sich dabei im Wesentlichen um die Differenzierung aus der Betriebsleistung und dem Materialaufwand (= Rohergebnis/Rohertrag).

Rohertrag

Der Rohertrag dient häufig als Maßstab für die Bemessung der BU-Versicherungssumme. Im Bereich der Kostenstellenrechnung kommt es allerdings bei den unterschiedlichen Verfahren auch zu anderen „Rohergebnissen".

Bei der Anwendung der UKV werden die Kostenarten Materialaufwand, Personalaufwand und Abschreibungen auf die Kostenstellen Herstellung, Verwaltung und Vertrieb aufgeschlüsselt. Dabei spielt es keine Rolle, ob die Aufwendungen beschäftigungsabhängig (variabel) oder beschäftigungsunabhängig (fix) sind. Das hat zur Folge, dass beim Rohertrag des UKV bestimmte variable Aufwandsteile, die in den Positionen Vertrieb und Verwaltung enthalten sind, nicht abgezogen werden. Andererseits werden mit dem Abzug der Herstellungskosten aber auch variable Aufwandskosten herausgerechnet.

Die Größe „Rohertrag" enthält also beim UKV eine völlig andere betriebswirtschaftliche Aussage als beim GKV. Es verbietet sich damit für die BU-Summenermittlung der Zugriff auf den Rohertrag des UKV, insbesondere bei kleinen und mittelgroßen Kapitalgesellschaften. Unternehmen dieser Größenordnungen dürfen die Positionen 1–3 (Umsatzerlöse, Herstellungskosten der zur Erzielung der Umsatzerlöse erbrachten Leistungen, Bruttoergebnis vom Umsatz) sowie die Position 6 (Sonstige betriebliche Erträge) zu einer Position „Rohergebnis" zusammenfassen.

Umsatzerlöse

gemäß § 277 Abs. 1 HGB definieren sich wie folgt:

Erlöse aus Verkauf, Vermietung oder Verpachtung von für die gewöhnliche Geschäftstätigkeit typischen Erzeugnissen und Waren

+   Erlöse aus für die gewöhnliche Geschäftstätigkeit typischen Dienstleistungen

./.   Erlös-Schmälerungen (Mengenrabatte, Umsatzrabatte, Saisonrabatte, Treuerabatte, sonstige Preisnachlässe, Skonti, Retouren)

./.   Umsatzsteuern

  ./. / +   Bestandsveränderungen (Lagerbewegungen)
  Grund: Bei der GuV werden die gesamten Aufwendungen der Abrechnungsperiode von den Nettoerlösen abgezogen. Wird in der Periode mehr produziert als abgesetzt, so führt dies rechnerisch zu einer Erhöhung.

  Also: Vergleich der Lagerbestände am Ende der Periode mit denen am Anfang der Periode.

+   Aktivierte Eigenleistungen (über längeren Zeitraum)
  Selbst erzeugte und selbst verbrauchte Leistungen, z. B. selbst angefertigte Maschinen, Vorrichtungen, Wert erhöhende Großreparaturen wirken sich wie innerbetrieblicher Umsatz aus, deshalb sind sie den Nettoerlösen zuzurechnen.

+   Sonstige Erträge („Besondere Vereinbarung für Versicherung")
  Zählt zur gewöhnlichen Geschäftstätigkeit, ist aber keine eigene Position in der GuV, z. B. Verkäufe an Personal, Kantineneinnahmen, Stromabgabe an Dritte, Mitbenutzung des Fuhrparks durch Dritte, Arbeiten einer EDV-Abteilung, Schrotterlöse

  Hierzu zählen nicht:

  Außergewöhnliche und periodenfremde Erträge und auch aperiodische Positionen wie Erträge aus Anlageabgängen, Erträge aus der Herabsetzung von Pauschalwertberichtigungen, Erträge aus der Auflösung von Rückstellungen oder aus der Auflösung von Sonderposten mit Rücklagenanteil

+   Entschädigungen aus BU- und Vorräteversicherungen
  Regel: Versicherungswert ist im Bewertungszeitraum so zu ermitteln, als wäre die Unterbrechung nicht eingetreten. Der „reine Ausfallschaden" wird wie ein Umsatzerlös behandelt, nicht einzurechnen sind Schadenminderungskosten.

./.   Materialaufwand
  Aufwand für Roh-, Hilfs- und Betriebsstoffe und für bezogene Waren einschließlich Aufwendungen für bezogene Leistungen

+   Betriebsstoffe
  Anteil für die Betriebserhaltung, anzusetzen sind im Allgemeinen 50 %

+   Energiefremdbezug, z. B. Strom, Wärme, Gas
  Anteil für die Betriebserhaltung, anzusetzen sind im Allgemeinen 30 %, mindestens jedoch der verbrauchsunabhängige Anteil

./.   Umsatzabhängige Verbrauchssteuern und Ausfuhrzölle, Ausgangsfrachten, Porti, Versicherungen, Lizenzgebühren

▶ Hinweis

Ein Hilfsmittel zur Summenfindung ist die Deckungsbeitragsrechnung. Die Deckungsbeitragsrechnung dient u.a. der Ermittlung der kurzfristigen Preisuntergrenze eines Kostenträgers bzw. einer Produktart. Der Deckungsbeitrag ist ausgeglichen, wenn eine volle Deckung der Gesamtkosten durch den Absatz erfolgt.

Deckungsbeitrags-rechnung

Jedes Produkt, dessen Preis höher ist als die variablen, d. h. direkt zurechenbaren Kosten, ist ein Beitrag zur Deckung der fixen, d. h. nicht direkt zurechenbaren Kosten. Bevor durch Umsatz ein Gewinn erzielt werden kann, müssen zunächst die Kosten „gedeckt" werden. Sind die Kosten durch die einzelnen Deckungsbeiträge gedeckt, fallen mit jedem weiteren Deckungsbeitrag Gewinne an. Dieser Punkt wird Break-Even-Punkt genannt.

Break-Even-Punkt

Formel: Verkaufserlöse

./. variable Herstellungskosten der abgesetzten Leistung

./. variable Verwaltung- und Vertriebskosten

Deckungsbeitrag je Periode

3.8.7 Bewertungszeitraum

Die Ermittlung des Versicherungswerts erfolgt aus den fortlaufenden Kosten und dem Betriebsgewinn, der ohne Unterbrechung im Bewertungszeitraum erwirtschaftet wurde bzw. erwirtschaftet worden wäre (§ 5 Nr. 1 FBUB 2010).

Der Bewertungszeitraum beträgt 12 Monate, er endet mit dem Zeitpunkt, von dem an ein Ertragsausfallschaden nicht mehr entsteht, spätestens jedoch mit dem Ablauf der Haftzeit (§ 5 Nr. 2 FBUB 2010). Beträgt die Haftzeit mehr als 12 Monate (SK 8501 (10), beträgt der Bewertungszeitraum 24 Monate.

Eine Ermittlung des Versicherungswerts kann erst erfolgen, wenn der Betrieb wieder läuft, also nach Beendigung des BU-Schadens.

▶ Beispiel

Der Vertrag hat eine Laufzeit vom 01.01.2018 bis zum 01.01.2019

Ermittlung des Versicherungswertes

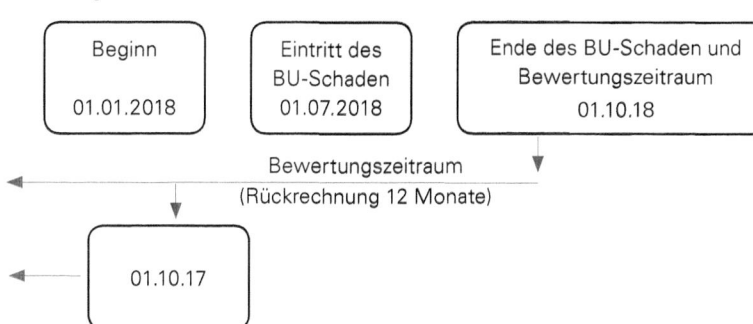

Die Ermittlung der Entschädigung erfolgt dann nach der Berechnungsformel des § 6 Nr. 2a) FBUB 2010

$$\frac{\text{BU-Schaden x Versicherungssumme}}{\text{Versicherungswert im Bewertungszeitraum}} = \text{Entschädigung}$$

Nachhaftung

Der VR haftet gemäß SK 8502 (10) über die Versicherungssumme je Position hinaus bis zu der vereinbarten Nachhaftung. Dies gilt nicht für vereinbarte Entschädigungsgrenzen und Versicherungssummen auf erstes Risiko.

Das Versicherungsjahr hat dem Geschäftsjahr zu entsprechen. Der VN ist verpflichtet, spätestens sechs Monate nach Ablauf eines Versicherungsjahres zu melden, welchen Betriebsgewinn und welche Kosten er im abgelaufenen Geschäftsjahr erwirtschaftet hat. Wird die Versicherungssumme einer Position überschritten, so ist die Prämie für die überschießende Summe bis zur Höhe der vereinbarten Nachhaftung nachzuentrichten.

Wurde die Versicherungssumme im abgelaufenen Versicherungsjahr geändert, so gilt als Versicherungssumme die Jahresdurchschnittssumme, die sich aus den jeweiligen Versicherungssummen unter Berücksichtigung der Zeiträume errechnet, in denen sie gegolten haben. Erfolgt keine fristgerechte Meldung, wird für das abgelaufene Versicherungsjahr die vereinbarte bzw. sich ergebende Jahresdurchschnittssumme zuzüglich Nachhaftung abgerechnet.

Eine Unterversicherung wird nicht geltend gemacht, wenn der Versicherungswert nicht höher ist als die Versicherungssumme zuzüglich der vereinbarten Nachhaftung.

Entschädigung, Rückvergütung und Nachzahlung sind für jede Position gesondert festzustellen und abzurechnen.

Die Bestimmungen zur Prämienrückgewähr gemäß den dem Vertrag zugrunde liegenden AVB bleiben unberührt.

3.8.8 Prämienrückgewähr

Meldung Da die Ermittlung der Versicherungssumme in der BU-Versicherung nur näherungsweise erfolgen kann, sehen die Versicherungsbedingungen eine Prämienrückgewähr (§ 9 FBUB 2010) vor. Eine mögliche Unterversicherung wird dadurch ausgeglichen. Der VN meldet spätestens vier Monate nach Geschäfts-/Versicherungsjahr die tatsächlichen Werte.

▶ **Beispiele für die Prämienrückgewähr**

Vertragslaufzeit 01.01.2012–01.01.2013	Prämiensatz 2 ‰
Vom Kunden gewünschte Versicherungssumme	10 Mio. EUR
Beitrag bei Beginn der Versicherungsperiode	20.000 EUR
Meldung nach Ablauf der Versicherungsperiode	8 Mio. EUR
Beitrag nach Ablauf der Versicherungsperiode	16.000 EUR
Gezahlter Beitrag nach Schätzung	20.000 EUR
Tatsächlicher Beitrag nach Geschäftsverlauf	16.000 EUR
Rückzahlung	4.000 EUR

Vertragslaufzeit 01.01.2018–01.01.2019	Prämiensatz 1 ‰
Vom Kunden gewünschte Versicherungssumme	9 Mio. EUR
Beitrag bei Beginn der Versicherungsperiode	9.000 EUR
Meldung nach Ablauf der Versicherungsperiode	5 Mio. EUR
Beitrag nach Ablauf der Versicherungsperiode	5.000 EUR
Gezahlter Beitrag nach Schätzung	9.000 EUR
Tatsächlicher Beitrag nach Geschäftsverlauf	5.000 EUR
Rückzahlung	3.000 EUR

Die Rückzahlung beträgt maximal ein Drittel der Prämie, also 3.000 EUR (§ 9 Nr. 1 FBUB 2010). *1/3-Regelung*

3.8.9 Mittlere und Einfache (Kleine) Betriebsunterbrechungsversicherung

Die mittlere Betriebsunterbrechungsversicherung ist in Ergänzung zu der „Groß-BU" eine Ertragsausfallversicherung mit vereinfachter Summenermittlung. Die Versicherungsbedingung ist eine Sonderbedingung (MFBU 2010), sie basiert auf den FBUB 2010. *mittlere Betriebsunterbrechungsversicherung*

Die Versicherungssumme wird anhand eines Summenermittlungsschemas des VN ermittelt, z. B. mit der Formel *Summenermittlungsschema*

Umsatz ./. Wareneinsatz einschließlich Fremdleistung = Versicherungssumme

Grundsätzlich besteht eine Nachhaftung (z. B. 33 1/3 %). Der VN muss die Versicherungssumme des abgelaufenen Versicherungsjahres innerhalb einer Frist von sechs Monaten melden (§ 2 Nr. 2a) MFBU 2010). Eine Unterversicherung liegt nur vor, wenn die gemeldete Summe niedriger ist als die tatsächlich erwirtschaftete Summe (§ 2 Nr. 3a) MFBU 2010). *Nachhaftung*

Die einfache (Klein-)BU-Versicherung (KBU) ist eine eigenständige Ertragsausfallversicherung. Die entsprechenden Versicherungsbedingungen heißen „Zusatzbedingung ZKBU 2010". Die Zusatzbedingung basiert auf den Grundbedingungswerken, z. B. AFB 2010, AWB 2010 oder AERB 2010. *(Klein-)BU-Versicherung*

Ersetzt werden die Betriebsgewinne und Kosten, die infolge der Betriebsunterbrechung während der Haftzeit nicht erwirtschaftet werden konnten. Die Haftzeit beträgt grundsätzlich zwölf Monate.

Vor dem Hintergrund der zuvor erläuterten Schwierigkeit bei der Ermittlung der passenden Versicherungssumme kommt nun eine Überraschung: Die Versicherungssumme der ZKBU ist die Summe der Inhaltsversicherung aus dem Hauptvertrag, ggf. zuzüglich der Einrichtung oder Vorräte, die durch den Vertrag nicht versichert sind, weil: *Summe der Inhaltsversicherung*

- sie bei einer anderen Gesellschaft „anzeigepflichtig" versichert sind,
- Sachen gar nicht versichert sind,
- eine Elektronikversicherung besteht.

erstes Risiko   Ansonsten ist die KBU ist eine Versicherung auf erstes Risiko.

Diese Versicherungssummenfindung ist zwar eine Quick & Dirty Lösung, allerdings dürfte die Summe in der Praxis selten genau stimmen, denn betriebswirtschaftlich besteht kein Zusammenhang zwischen der Versicherungssumme der Inhaltsversicherung und der zu versichernden Ertragskraft. Allerdings zeichnet sich diese Form der Betriebsunterbrechung auch hierdurch besonders aus.

Unterversicherung liegt nur vor, wenn die Versicherungssumme des Hauptvertrags zu niedrig bemessen ist (die KBU teilt das Schicksal des Inhaltsvertrags).

▶ Beispiel für die Berechnung einer Unterversicherung

Der Hauptvertrag weist eine 20-prozentige Unterversicherung auf

Der BU Schaden beträgt	30.000 EUR
./. wegen UV aus Hauptvertrag	6.000 EUR
Entschädigung	24.000 EUR

Weiterhin besteht die Möglichkeit einer Unterversicherung, wenn durch den Inhaltsvertrag nicht versicherte Sachen nicht berücksichtigt wurden.

▶ Beispiel

Durch die Inhaltsversicherung werden Einrichtungsgegenstände und Vorräte im Wert von 100.000 EUR versichert. Neben der Inhaltsversicherung besteht noch eine Elektronikversicherung. Die Versicherungssumme der Elektronikversicherung beträgt 20.000 EUR. In dem Inhaltsvertrag wurden die über die Elektronikversicherung versicherten Geräte vom Versicherungsschutz ausgeschlossen.

Die Versicherungssumme der KBU-Versicherung beträgt wie die Inhaltsversicherung 100.000 EUR.

Der angenommene BU-Schaden beträgt 36.000 EUR.

Nach § 3 ZKBU 2010 muss die Versicherungssumme dem Wert der Versicherungssumme des Sachvertrags zuzüglich der Versicherungssumme der Elektronikversicherung entsprechen. Somit ergibt sich folgende Abrechnung:

$$\frac{\text{BU-Schaden 36.000 EUR} \times \text{Versicherungssumme 100.000 EUR}}{\text{Versicherungswert 120.000 EUR}}$$

Entschädigung in Höhe von 30.000 EUR

3.8.10   Technische Betriebsunterbrechungs-Versicherung und Mehrkostenversicherung

TV-BU   Die Technischen Betriebsunterbrechungsversicherungen (kurz TV-BU) kommen für den durch einen Sachschaden verursachten Ertragsausfall (fortlaufende Kosten und entgangener Betriebsgewinn) oder für die durch den Sachschaden verursachten Mehrkosten auf. Jeder der Technischen Sachversicherungen ist prinzipiell durch eine entsprechende BU-/Mehrkostenversicherung ergänzbar. Untereinander unterscheiden sich diese BU-Versicherungen vor allem im Gegenstand der Versicherung und in der Sachschadendefinition.

3.8.10.1 Gegenstand der TV-BU-Versicherung

Wird die technische Einsatzmöglichkeit einer im Versicherungsvertrag bezeichneten betriebsfertigen Sache infolge eines auf dem Betriebsgrundstück eingetretenen Sachschadens unterbrochen oder beeinträchtigt, leistet der VR Entschädigung für den dadurch entstehenden Unterbrechungsschaden.

Unterbrechung nach Sachschaden

Unterbrechungsschaden

Der Unterbrechungsschaden besteht aus den fortlaufenden Kosten und dem Betriebsgewinn in dem versicherten Betrieb, die der VN innerhalb des Unterbrechungszeitraums, längstens jedoch innerhalb der Haftzeit nicht erwirtschaften kann, weil der frühere betriebsfertige Zustand einer beschädigten Sache wiederhergestellt oder eine zerstörte Sache durch eine gleichartige ersetzt werden muss.

fortlaufende Kosten und Betriebsgewinn

Versicherung von Festbeträgen je Produktionseinheit

Der Versicherungswert wird gebildet aus dem Produkt eines vereinbarten Festbetrags (Preisfaktor) und der Zahl der Produktions- oder Dienstleistungseinheiten (Mengenfaktor), die der VN in dem Bewertungszeitraum ohne Unterbrechung des Betriebs erzeugt hätte.

Preisfaktor

Mengenfaktor

▶ **Beispiel**

Die TV-BU findet Anwendung bei komplizierten Ausfallverhältnissen (z.B. bei stark verzweigter Fertigung), bei der BU-Versicherung von Bearbeitungsmaschinen und im Druckgewerbe. Der Preisfaktor muss bei Vertragsabschluss bzw. nach einer Anpassung so gebildet werden, dass eine Bereicherung ausgeschlossen ist. Um dies zu gewährleisten, werden in der Regel lediglich 80 % des tatsächlichen ermittelten Preises für den Preisfaktor zugrunde gelegt.

Im Schadenfall wird dann nur noch die ausgefallene Menge (Tonnen, Stück, Betriebsstunden, Liter etc.) ermittelt. Durch Multiplikation mit dem Preisfaktor ergibt sich der Entschädigungsbetrag.

Eine Druckerei mit einer 6-Farb-Offsetdruckmaschine schließt eine Maschinen-BU-Versicherung ab, Gegenstand der BU-Versicherung ist die Versicherung von Festbeträgen je Produktionseinheit. Der Stundensatz der Druckmaschinen liegt bei 1.000 EUR/h, wovon rund 50 % als Materialeinsatz (= variable Kosten) eingestuft werden, sodass sich ein versicherter Preisfaktor von 500 EUR/h ergibt. Die Produktionszeit wird mit 5.200 h p.a. (5-Tage-Woche, Dreischicht) bewertet:

Versicherungssumme	500 EUR/h x 5.200 h p.a	= 2.600.000 EUR p.a.
BU-Schaden mit drei Wochen Ausfall	24 h/Tag x 5 Tage/Woche x 3 Wochen	= 360 h
Entschädigungsberechnung	360 h x 500 EUR/h x 0,8	**144.000 EUR** abzüglich Selbstbehalt

Mehrkosten

Im Gegensatz zu fortlaufenden Kosten und dem Betriebsgewinn gelten Mehrkosten als versichert. Mehrkosten sind Kosten, die der VN innerhalb der Haftzeit aufwendet, um eine Unterbrechung oder Beeinträchtigung des Betriebs
abzuwenden oder zu verkürzen, weil der frühere betriebsfertige Zustand einer
beschädigten Sache wiederhergestellt oder eine zerstörte Sache durch eine
gleichartige ersetzt werden muss.

zeitabhängige und   Versichert werden Mehrkosten, die in dem Versicherungsschein als zeitabhän-
zeitunabhängige   gige und zeitunabhängige Kosten im Einzelnen bezeichnet sind und jeweils ge-
Mehrkosten   sondert eine Gruppe bilden.

- Fremdstrombezug in Form von Arbeitspreisen und Leistungsgebühren
- Netznutzungsentgelte in Form von Arbeitspreisen und Leistungsgebühren
- Einsatz anderer Maschinen oder maschineller Einrichtungen
- Anwendung anderer Fertigungsverfahren
- gemietete Maschinen, Anlagen, Rechner etc.
- Bezug von Halbfertigfabrikaten zur Weiterverarbeitung
- Bezug von Fertigfabrikaten

Schadenminderungs-   Diese Mehrkosten werden nur ersetzt, soweit ohne ihren Aufwand eine Be-
kosten   triebsunterbrechung infolge des Sachschadens eingetreten wäre. Es handelt
                       sich also um die Versicherung von Kosten, die nach der Terminologie der BU-
                       Versicherung Schadenminderungskosten darstellen.

Die DTV-BU darf dem Kunden nur empfohlen werden, wenn sichergestellt ist,
dass durch den Einsatz von Mehrkosten eine Betriebsunterbrechung im klassischen Sinne vermieden wird bzw. vermieden werden kann.

 ▷ **Beispiel**

Ein Automobilzulieferer betreibt eine Fertigungsstraße mit Platinenpresse und Um-
formpressenstraße. Die angelieferten Aluminiumcoils werden auf der Platinenpresse abgerollt und zu Blechen (Platinen) gestanzt. Diese Bleche werden in der Um-
formstraße zu Karosserieteilen umgeformt. Der Havarienotfallplan sieht vor, bei
Ausfall der Pressenstraße die Produktion in einen anderen Betrieb innerhalb des
Konzerns zu verlagern. Bei Ausfall der Platinenpresse sollen die fertigen Platinen als
Halbfabrikat auf dem Markt zugekauft werden.

Ein Betriebsstillstand und damit ein Risiko des Ertragsausfalls wird in dem Unternehmen nicht gesehen; das Risiko der internen Verlagerung und der Zukauf von Halbfab-
rikaten wird mit zeitabhängigen Mehrkosten p.a. von 2,5 Mio. EUR bewertet. Diese
Mehrkosten werden versichert.

Es kommt zu einem Schaden an der Platinenpresse, der aufgrund der Reparaturdau-
er einen Ausfall von sechs Wochen zur Folge hat. Die Marktsituation erlaubt es dem
Kunden nicht, Halbfabrikate in Form von Platinen zu beziehen. Der Stillstand verursacht somit einen Ertragsausfall (durch fortlaufende Kosten und einen verminderten
Betriebsgewinn), der nicht versichert ist; versichert sind nur zeitabhängige Mehrkosten. Der Ausfallschaden wird vom BU-VR nicht ersetzt.

Ausfall der öffentlichen Energieversorgung

Wird der im Versicherungsvertrag bezeichnete Betrieb des Versicherungsnehmers infolge des Ausfalls der öffentlichen Versorgung mit Gas, Strom, Wärme oder Wasser unterbrochen oder beeinträchtigt, leistet der VR Entschädigung für den dadurch entstehenden Unterbrechungsschaden.

öffentliche Versorgung

Soweit vereinbart, leistet der VR Entschädigung für die Kosten der Wiederherstellung oder Wiederbeschaffung von im Versicherungsvertrag bezeichneten Waren (Rohstoffe, Halb- oder Fertigfabrikate, Hilfs- oder Betriebsstoffe), die durch Verderb als Folge eines Ausfalls der öffentlichen Versorgung beschädigt oder zerstört werden, und/oder Sachschäden an technischen Betriebseinrichtungen, die als Folge eines Ausfalls der öffentlichen Versorgung beschädigt oder zerstört werden.

▶ **Beispiel**

Eine Großbäckerei im Münsterland stellt verschiedene Backwaren her. Der Kunde hat sich vor langer Zeit entschieden, eine Versicherung für den Ausfall der öffentlichen Energieversorgung abzuschließen und den Warenverderb ebenfalls mitzuversichern.

Als vor einigen Jahren im Münsterland durch Schnee- und Eislast Strommasten umknickten und die öffentliche Stromversorgung unterbrochen wurde, hatte die Großbäckerei den Ertragsausfallschaden und den Warenverderbschaden durch den VR ersetzt bekommen.

Das Schaden auslösende Moment dieser Deckungsform ist der Ausfall, d.h. die Nichtverfügbarkeit von Energie. Die Ursache für den Ausfall liegt außerhalb des Betriebsgrundstücks und Versicherungsorts im Bereich des Energieversorgers und ist für die Ersatzpflicht unerheblich. Es reicht, dass die Energie nicht mehr an der Grenzstelle des VN geliefert wird und die Großbäckerei als VN einen Betriebsunterbrechungsschaden und hier konkret einen Warenverderb erleidet.

Ein zentrales Kriterium dieser Versicherung ist die Integralfranchise von 30 Minuten; der Ausfall der Energieversorgung muss länger als 30 Minuten andauern, dann ersetzt der VR den Schaden im vollen Umfang. Bei dem Schadenereignis im Münsterland dauerte die Unterbrechung der Stromversorgung rund zehn Tage.

Durch den Abschluss dieser Versicherung wurde der Bäckerei der Ertragsausfall für zehn Tage vom VR ersetzt, zusätzlich wurden die Kosten für die verdorbene Ware (beim Stromausfall verbrannten die Backwaren in den Öfen) vom VR ersetzt.

Pönale: Versicherung von Vertragsstrafen für Terminverzug

Wird die technische Einsatzmöglichkeit des im Versicherungsvertrag bezeichneten Montageobjekts zum geplanten Zeitpunkt durch einen am Versicherungsort eingetretenen Sachschaden verzögert oder beeinträchtigt, leistet der VR Entschädigung für die im Liefer-/Werkvertrag zwischen dem Besteller und dem VN vereinbarte Vertragsstrafe für Terminverzug, die im Einzelnen im Versicherungsvertrag zu bezeichnen ist (es gibt jedoch meist ein kleineres Sublimit für „unbenannte" Risiken). Die Begriffe „fortlaufende Kosten und Betriebsgewinn" und „Unterbrechungsschaden" werden ersetzt durch den Begriff „Vertragsstrafe für Terminverzug".

Pönale = Vertragsstrafen

▶ **Beispiel**

Generalunternehmer Pesch erhält den Auftrag für den schlüsselfertigen Bau einer Brauerei. Im Werklieferungsvertrag mit dem Auftraggeber werden Termine für die Inbetriebnahme, den Probebetrieb und die Abnahme fixiert. Der Gesamtauftragswert beträgt 250 Mio. EUR.

Sofern der im Werklieferungsvertrag fixierte Abnahmetermin aus Gründen, die der Generalunternehmer zu vertreten hat, nicht gehalten wird, muss der Generalunternehmer pro Woche Verzögerung 0,5 % vom Auftragswert (maximiert 5,0 % vom Gesamtauftragswert) als Vertragsstrafe dem Auftraggeber zahlen.

Eine Verzögerung gemäß Werklieferungsvertrag löst immer ursachenunabhängig die Vertragsstrafe aus; der Generalunternehmer kann dieses Risiko durch die Versicherung mindern. Die Versicherung übernimmt diese Vertragsstrafen nur, sofern der Grund für die Verzögerung in einem gemäß Montageversicherung versicherten Sachschaden begründet liegt.

Auftragswert:		250.000.000 EUR
Vertragsstrafe:	0,5 % pro Woche	1.250.000 EUR pro Woche
	Eine Woche Verzug	1.250.000 EUR
	Zwei Wochen Verzug	2.500.000 EUR
	Drei Wochen Verzug	3.750.000 EUR
	Vier Wochen Verzug	5.000.000 EUR
Maximum	5 % vom Auftragswert	**12.500.000 EUR**
entsprechend	10 Wochen Verzug	

3.8.10.2 Haftzeit, Ausfallziffer

Haftzeit

Die Dauer der Haftzeit wird im Vertrag vereinbart. Als Versicherungssumme wird bei Haftzeiten bis zu zwölf Monaten immer die Jahressumme, bei Haftzeiten bis zu 24 Monaten immer die Zweijahressumme vereinbart.

unterjährige Haftzeit

In den Technischen BU-Versicherungen findet man fast immer unterjährige Haftzeiten von weniger als zwölf Monaten (oft z. B. drei Monate) bis maximal zwölf Monaten. Bei besonderen Risikoverhältnissen (Großindustrie, Großkraftwerke, Sondermaschinen mit langen Ersatzteillieferzeiten) sind auch überjährige Haftzeiten von mehr als zwölf Monaten üblich.

Ausfallziffer
Versicherungsschutz
für ausgesuchte
Maschinen

Im Gegensatz zur FBU-Versicherung, bei der der gesamte Betrieb als versichert gilt, wird in den Technischen BU-Versicherungen der Begriff der Ausfallziffer für die Auswahl der versicherten Maschinen als Teil des gesamten Betriebs Rechnung getragen. Die im Versicherungsvertrag für eine Sache/Maschine/Anlage genannte Ausfallziffer bezeichnet den prozentualen Anteil des Unterbrechungsschadens (Betriebsgewinn und fortlaufende Kosten, Mehrkosten etc.), der nicht erwirtschaftet wird, wenn diese Sache während des gesamten Bewertungszeitraums nicht betrieben werden kann.

Die Ausfallziffer gibt die Möglichkeit, exakt den Unterbrechungsschaden zu versichern, der bei Ausfall der betroffenen Maschine bzw. Anlage auch tatsächlich entsteht. Gleichzeitig wird nur die dadurch notwendige Versicherungsprämie erforderlich, da die Höhe der Ausfallziffer proportional zur Versicherungssumme ist. *Bewertung einzelner Maschinen*

Nachteilig ist allenfalls für den VN die Gefahr, durch eine zu niedrig bemessene Ausfallziffer in eine Unterversicherung zu geraten. Im Extremfall kann es zu einer doppelten Unterversicherung kommen durch eine

- zu gering gewählte Versicherungssumme,
- zu gering gewählte Ausfallziffer.

In der Praxis sind diese Nachteile allerdings von untergeordneter Bedeutung bzw. werden durch Instrumentarien der Nachhaftung (auf die Versicherungssumme) und Bandbreiten in der Wahl der Ausfallziffern (+/– x %-Punkte) abgefedert. *Nachhaftung*

3.8.10.3 Schadenminderung und Vorteilsausgleich

Die Obliegenheit des VN, im Schadenfall für eine Abwendung oder Minderung des Schadens zu sorgen, ergibt sich aus den Allgemeinen Versicherungsbedingungen. *Obliegenheit des VN*

Da sich die technischen BU-Schäden meist über einen längeren Zeitraum erstrecken, bestehen sehr gute Möglichkeiten, die Schadenhöhe durch gezielte Maßnahmen zu beeinflussen oder einen drohenden Ertragsausfall sogar abzuwenden. Die Schadenminderungspflicht hat damit in der Betriebsunterbrechungsversicherung eine Bedeutung wie in kaum einem anderen Versicherungszweig. Der Ersatz von Schadenminderungskosten beträgt im Schnitt mehr als ein Drittel der gesamten Entschädigung.

Aufwendungen, die der VN macht, um den Schaden abzuwenden oder zu mindern, hat der VR zu ersetzen, soweit *Kostenersatz durch den VR*

- sie den Umfang der Entschädigungspflicht des VR mindern,
- sie der VN den Umständen nach für geboten halten durfte,
- für den VN zumutbare Weisungen des VR zur Schadenabwendung/-minderung befolgt wurden.

Schadenminderungs-
maßnahmen

Mögliche Schadenminderungsmaßnahmen sind:

Beschleunigung der Lieferung von **neuen Maschinen** im Fall eines Totalschadens	Beschleunigung der Herstellung oder Beschaffung von **Ersatzteilen**	Durchführung **provisorischer** Reparaturen
Transport von Ersatzteilen per **Eil- und Luftfracht**	Anordnung von **Überstunden** oder Sonderschichten zur Reparaturbeschleunigung oder zur Wiederaufholung von Produktionsausfällen	**Anmietung** von Maschinen und Anlagen
Wiederinbetriebnahme von **stillgelegten** Anlagen	Bezug und Verkauf von **Halbfabrikat**	Verlagerung von Produktion auf **andere Betriebsstätten** etc.

nicht versicherter
Aufwendungsersatz

Gemäß AMBUB 2011 Abschnitt B § 12 ist vereinbart, dass Aufwendungen nicht versichert sind,

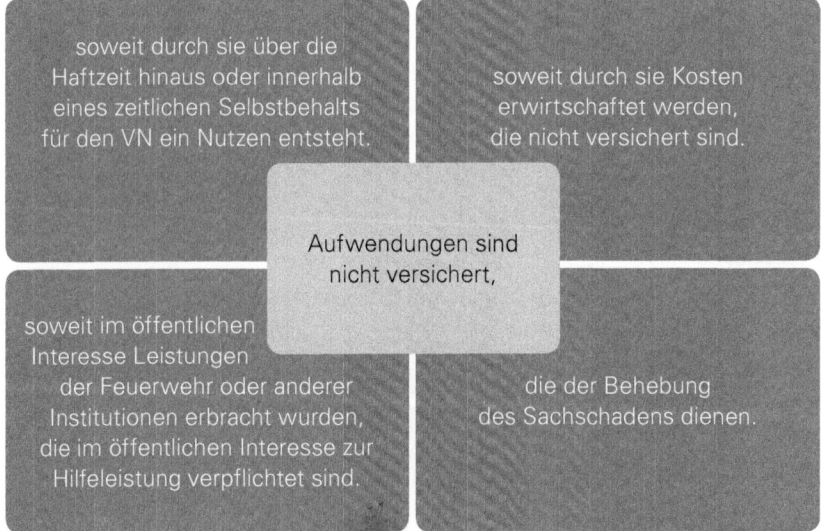

soweit durch sie über die Haftzeit hinaus oder innerhalb eines zeitlichen Selbstbehalts für den VN ein Nutzen entsteht.

soweit durch sie Kosten erwirtschaftet werden, die nicht versichert sind.

Aufwendungen sind nicht versichert,

soweit im öffentlichen Interesse Leistungen der Feuerwehr oder anderer Institutionen erbracht wurden, die im öffentlichen Interesse zur Hilfeleistung verpflichtet sind.

die der Behebung des Sachschadens dienen.

Nutzen über die Haftzeit hinaus

Die Aufwendung von Schadenminderungskosten mit dem Ziel, die Betriebsleistung zu erhalten, führt in manchen Fällen dazu, dass dem VN ein Nutzen auch über die Haftzeit hinaus entsteht: Bei laufend aufzuwendenden Schadenminderungskosten (z.B. Zukäufe, Transportkosten, Lohnverarbeitung) ist die

Abgrenzung meist recht einfach, weil Anfall von Kosten und Nutzen zeitlich zusammenfallen.

Anders ist dies bei einmaligen Schadenminderungskosten. Wird z. B. eine (teurere) Maschine mit höherer Leistungsfähigkeit beschafft, weil diese schneller lieferbar ist als ein gleichwertiger Ersatz für die zu Schaden gekommene Anlage, erzielt der VN auch nach Ende der Unterbrechung damit eine Verbesserung seiner Produktionskapazität. Gleiches gilt auch bei der Einrichtung von Provisorien, die über die Haftzeit hinaus genutzt werden.

Gemäß den AMBUB 2011 Abschnitt B § 12 werden Aufwendungen zur Schadenminderung nicht ersetzt, soweit dem VN dadurch über die Haftzeit hinaus ein Nutzen entsteht. Demnach sind laufend aufgewendete Schadenminderungskosten während der Haftzeit voll zu entschädigen, einmalig gezahlte Schadenminderungskosten sind über die gesamte Nutzungsdauer zu verteilen. Ersetzt wird dann nur der Anteil, der der Nutzung während der Haftzeit entspricht. Extreme Fernwirkungen, die im Übrigen auch schwer quantifizierbar sind, bleiben dabei jedoch außer Betracht.

▶ **Beispiel**

Erwirtschaftung nicht versicherter Kosten

Ein Stadtwerk betreibt ein GuD-Heizkraftwerk zur Erzeugung von Strom und Fernwärme. Die Anlagen sind sowohl in der Maschinen- als auch der Maschinen-BU-/ Strommehrkostenversicherung versichert. Versichert ist in der BU-Versicherung nur der Anteil der Stromerzeugung, der in Kraft-Wärme-Kopplung (KWK) erzeugt wird und zu einem Festpreis versichert gilt.

Über den (versicherten) Anteil des in KWK-Fahrweise erzeugten Stroms wird ein weiterer (nicht versicherter) Anteil von rund 20 % nur in reiner Stromerzeugung ohne Wärmeauskopplung erzeugt, der zu Spitzenzeiten an der Strombörse gehandelt wird.

Nach einem Schaden an einer Stromerzeugungsmaschine (Gasturbine) wird die Reparaturzeit auf neun Monate geschätzt. Als Schadenminderungsmaßnahme wird in Abstimmung zwischen Kunde, VR und dem Hersteller eine Leihmaschine eingesetzt.

Diese Schadenminderungsmaßnahme (Einsatz einer Leihmaschine mit monatlicher Leihgebühr) mindert den BU-Schaden durch Erwirtschaftung der versicherten Kosten (KWK-Stromerzeugung), und gleichzeitig erwirtschaftet die Leihmaschine, zum Nutzen für den VN, die nicht versicherten Kosten des Stromhandels.

3.9 Betriebsschließungsversicherung

Infektionsschutzgesetz (IfSG)

Betriebe, die Lebensmittel herstellen, verarbeiten oder verkaufen, müssen mit dem Risiko einer möglichen Betriebsschließung leben. Die gesetzliche Grundlage für eine solche Schließung ergibt sich aus dem Infektionsschutzgesetz (IfSG).

Selbst größte Sorgfalt und peinlichste Sauberkeit schützen nicht davor, dass ansteckende Krankheiten (z. B. Typhus oder Salmonellenerkrankungen) durch Kunden, Lieferanten und Mitarbeiter oder durch Vorräte, Waren, Rohstoffe und Arbeitsmaterialien in den Betrieb gelangen. Schon beim Verdacht einer Infektion müssen die Behörden im Interesse der Allgemeinheit Maßnahmen wie das Schließen des Betriebs, das Vernichten der Waren oder Tätigkeitsverbote ergreifen.

Während Kosten wie Löhne und Gehälter sowie Miete, Pacht und Steuern weiterlaufen, erzielt der Kunde bei einer Betriebsschließung keine Einnahmen mehr, darüber hinaus können zusätzliche Kosten für die Desinfektion, für Ermittlungs- und Beobachtungsmaßnahmen sowie für die Brauchbarmachung zur anderweitigen Verwertung oder für die Vernichtung von Vorräten und Waren entstehen.

Diese Kosten und Einbußen können die Existenz eines Betriebs bedrohen. Vor den wirtschaftlichen Folgen einer Betriebsschließung schützt die Betriebsschließungsversicherung (Allgemeine Bedingungen für die Versicherung von Betrieben gegen Schäden infolge Infektionsgefahr beim Menschen (Betriebsschließungsversicherung) – AVB BS). Umgangssprachlich ist der Begriff „Seuchen-BU" üblich.

Versicherungsbedarf   Die Betriebsschließungsversicherung ist für alle Betriebe geeignet, die Lebensmittel herstellen, bearbeiten, kaufen oder verkaufen – also z. B. für Fleischerhandwerksbetriebe wie Schlachtereien, Fleischwarengroßbetriebe und -fabriken, Feinkost-, Milch-, Fettbetriebe, Lebensmittelgeschäfte, Bäckereien, Fischgeschäfte, Lebensmittelfabriken sowie Konditoreien, Cafés, Gaststätten, Hotels, Pensionen, Eisdielen und Großküchen.

Leistungen   Die Betriebsschließungsversicherung ersetzt wahlweise:

fortlaufende Kosten	bei einer Betriebsschließung die fortlaufenden Kosten und die entgehenden Gewinne durch Zahlung einer vereinbarten Tagesentschädigung
Waren und Vorräte	den Wert eingezogener und vernichteter Vorräte und Waren – auch ohne Betriebsschließung – sowie die Kosten für deren Brauchbarmachung zur anderweitigen Verwertung oder deren Vernichtung
Löhne und Gehälter	bei Tätigkeitsverboten die Bruttolöhne und -gehälter für die betroffenen Mitarbeiter, ggf. auch die Kosten für Ersatzkräfte
Aufwendungen	Desinfektionsaufwendungen für Betriebsräume und -einrichtung sowie für Vorräte und Waren
behördliche Kosten	Kosten für behördlich angeordnete Ermittlungs- und Beobachtungsmaßnahmen

3.9.1 Meldepflichtige Krankheiten und Krankheitserreger

Meldepflichtige Krankheiten und Krankheitserreger im Sinne der Bedingungen sind z. B. die folgenden im Infektionsschutzgesetz genannten Krankheiten und Krankheitserreger: Botulismus, Cholera, Diphtherie, akute Virushepatitis, Masern, Tollwut, Tuberkulose, Typhus, mikrobiell bedingte Lebensmittelvergiftung sowie der Verdacht einer über das übliche Ausmaß einer Impfreaktion hinausgehenden gesundheitlichen Schädigung, weiterhin die Verletzung eines Menschen durch ein tollwutkrankes, -verdächtiges oder -ansteckungsverdächtiges Tier sowie die Berührung eines solchen Tieres oder Tierkörpers.

3.9.2 Nicht versicherte Gefahren und Schäden

Nicht versichert sind ohne Rücksicht auf mitwirkende Ursachen:

- Schäden durch Kriegsereignisse jeder Art, innere Unruhen, Überschwemmung, Rückstau, Erdbeben, Erdfall, Erdrutsch, Schneedruck, Lawinen, Vulkanausbruch, Grundwasser, Ableitung von Betriebsabwässern, nukleare Strahlung, radioaktive Substanzen, Kernenergie. *(allgemeine Risikoausschlüsse)*

- *Infizierte Vorräte und Waren:* Der VR haftet nicht für Schäden an Vorräten und Waren, die bereits zum Zeitpunkt der Übergabe an den VN oder der Einbringung in den versicherten Betrieb durch Krankheitserreger infiziert waren. *(besondere Risikoausschlüsse)*

- *Untaugliches Fleisch:* Der VR haftet nicht für Schäden an Schlachttieren, die nach der Schlachtung im Wege der amtlichen Fleischbeschau für untauglich oder nur unter Einschränkung tauglich erklärt werden. Das Gleiche gilt für Einfuhren, die der Fleischbeschau unterliegen.

- *Krankheiten und Krankheitserreger:* Der VR haftet nicht bei Prionenerkrankungen oder dem Verdacht hierauf. Der VR haftet nicht, wenn der VN oder seine mit der Durchführung oder Einhaltung von Gesetzen oder den dazu erlassenen Verordnungen Beauftragten von diesen schuldhaft abweichen und dadurch zu der behördlichen Maßnahme bzw. Empfehlung Anlass gegeben haben.

  Weiterhin haftet der VR nicht, wenn dem VN oder seinen zuständigen Beauftragten bei der Übergabe oder Einbringung von Vorräten und Waren in den versicherten Betrieb deren Infektion, der Verdacht einer Infektion oder eine Einschränkung der Tauglichkeit (einschließlich der Tauglichkeitserklärung im Rahmen der Fleischbeschau) bekannt waren.

Zusammenfassung

Die Ertragsausfallversicherung ersetzt durch Sachschäden verursachte Ausfälle des Ertrags, z. B. des Betriebsertrags oder den Mietausfall. Ein Sachschaden kann durch Feuer, Leitungswasser, Sturm, Einbruchdiebstahl, Natur- oder Elementarereignisse oder durch einen Schaden aus dem Bereich der Technischen Versicherung entstanden sein. Wird ein Betrieb unterbrochen, weil eine Krankheit nach dem Infektionsschutzgesetz im Betrieb aufgetreten ist, übernimmt die Betriebsschließungsversicherung die Ausfallkosten.

Neben den durch den Ausfall nicht erwirtschafteten Erträgen werden auch Fixkosten wie z. B. Löhne, Gehälter und Miete, die trotz Ausfall anfallen, vom VR übernommen.

Eine besondere Rolle innerhalb der Ertragsausfallversicherung nimmt die Minderung des Schadens ein, um einen Ausfall zu vermeiden oder ihn gering zu halten. Die Kosten, die der VN hierfür aufbringt, z. B. Anmietung von Büros und Produktionsstätten, werden von dem VR übernommen.

Die Ertragsausfallversicherung ersetzt Erträge und Kosten, die innerhalb der vereinbarten Haftzeit anfallen.

4. Transportversicherung

Handlungssituation

Als Mitglied einer Arbeitsgruppe haben Sie die Aufgabe, einem neuen Mitglied der Arbeitsgruppe, das bisher wenig Berührungspunkte mit der Sparte Transportversicherung hatte, die Produkte der Transportversicherung und mögliche Unterscheidungsmerkmale zwischen den einzelnen Produktkategorien aufzuzeigen.

Die Sparte „Transportversicherung" umfasst zum einen Produkte, die Güter *Exotensparte* bzw. Sachen in vollem Umfang absichern (*Güter- bzw. Kaskoversicherung*), und anderseits Produkte, die sich mit der Haftung von Verkehrsträgern (Frachtführer, Spediteure und Lagerhalter) auseinandersetzen und deren Haftung versicherungsvertraglich absichern (*Verkehrshaftungsversicherung*). Die Transportversicherung gilt als „Exotensparte". Dies hängt mit den Eigenarten der zu versichernden Risiken zusammen und mit der Gegebenheit, dass vielfach keine Standardprodukte existieren und Deckungen anhand der vorgegebenen Risiken zusammengestellt werden. Üblich ist die folgende Unterteilung der Produkte:

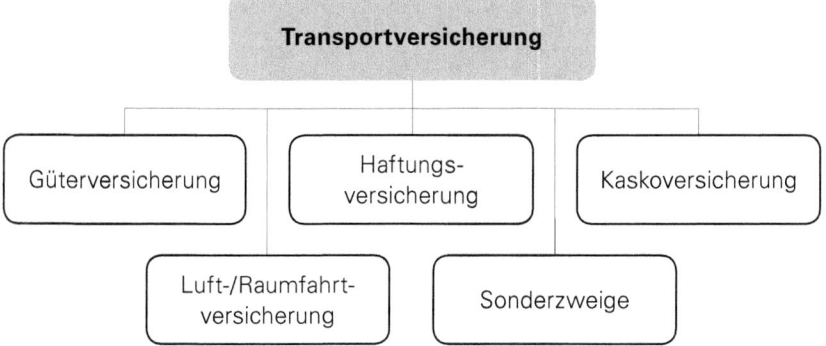

Abbildung 1: Produkte der Transportversicherung (eigene Darstellung)

Die Güterversicherung ist eine Schadenversicherung, die der Absender oder *Güterversicherung* Empfänger der versicherten Güter abschließt. Versichert werden die Güter gegen Verlust und Beschädigung während der Transporte und der damit verbundenen Lagerungen. Im Markt wird sie auch als Waren-, Warentransport-, Seewarenversicherung oder Generalpolice bezeichnet.

Die Verkehrshaftungsversicherung ist eine Haftpflichtversicherung, die der Ver- *Verkehrshaftungs-* kehrsträger abschließt, um seine Haftung aus einem *Verkehrsvertrag* (Fracht-, *versicherung* Speditions- und Lagervertrag) gegen Ansprüche des Absenders bzw. Empfängers gegen Schäden an den Gütern zu versichern.

Unter den Kaskoversicherungen im Bereich Transportversicherung versteht man *Kaskoversicherung* die Versicherung von Wasser-, Land- und Weltraumfahrzeugen gegen Beschädigung, Zerstörung oder Verlust (Transportmittelversicherung). Unterschieden werden in der Transportversicherung die Seekaskoversicherung, Flusskaskoversicherung, Wassersportkaskoversicherung sowie Landkaskoversicherung.

Luft- und Raumfahrt-versicherung

Hierzu gehören Kasko- und Haftpflichtdeckungen für Luft- und Raumfahrzeuge, ganz gleich ob es sich um Hersteller und Reparaturbetriebe von Luftfahrzeugen handelt, um Flughafenbetreiber, um Fluglinien oder um Eigentümer von Kleinflugzeugen sowie Flugschulen.

Sonderzweige

In der Kategorie Sonderzweige finden sich Sonderformen der Transportversicherung wie z. B. die Ausstellungs- und Einheitsversicherung für Textilbetriebe und Filmtheater wie auch die Reisegepäckversicherung und die Valorenversicherung (Schmucksachen, Geld, Wertpapiere etc).

Marktzahlen

Versicherungsart	Beiträge 2017 (in EUR)	Schäden 2017 (in EUR)	Schaden-quote Ø
Ware mit Krieg	714.441.102	611.063.850	85,5 %
Verkehrshaftung	259.259.784	135.399.488	52,2 %
Kasko	185.820.475	150.500.278	81,0 %
Luft-/Raumfahrt	58.088.766	34.531.001	59,4 %
Sonderzweige	401.512.454	188.098.030	46,8 %
TR gesamt	1.619.122.581	1.119.592.647	69,1 %

Tabelle 3: Geschäftsverlauf der Transportversicherung 2017
(GDV-Statistik mit Zahlen aus 54 Unternehmen mit einem Volumen von 90,9 % der Bruttobeitragseinnahmen aus 2017, siehe hierzu die aktuellen GDV-Jahrbücher unter www.gdv.de)

 ▶ **Tipp**

Transport-Informations-Service (TIS)

Informationen zur Geschäftslage der Transportversicherung gibt es im Transport-Informations-Service (TIS) des GDV unter www.tis-gdv.de. Dieses kostenlose Informationsportal bietet Verkehrsträgern, Herstellern, Versicherern und Vermittlern eine umfassende Informationsquelle zu allen Bereichen der Transportversicherung.

Besonderheiten im Versicherungsvertragsgesetz für die Transportversicherung

Entscheidend für die vertraglichen Vereinbarungen in den Verträgen der Transportversicherung sind die rechtlichen Grundlagen, die zwischen den Vertragsparteien zu beachten sind. Der Gesetzgeber hat auch im neuen VVG die Besonderheiten der Transportversicherung erkannt und darauf mit Vertragserleichterungen reagiert. Diesen Vertragserleichterungen liegen folgende Überlegungen zugrunde:

Verträge zwischen Kaufleuten

- In der Transportversicherung stehen sich Kaufleute gegenüber. Die Schutzfunktion des VVG für Verbraucher ist daher nicht erforderlich und würde die Freiheiten der Vertragspartner einschränken.

- Die Transportversicherung findet über Grenzen hinweg statt. Die Vertragspartner müssen daher auch internationale Gepflogenheiten berücksichtigen.   *weltweites Geschäft*

- Die Vielfalt der einzudeckenden Gefahren und Schäden lässt sich nicht standardisieren, sodass eine Reglementierung nur die Vertragsfreiheit einschränken würde.   *Vertragsfreiheit*

Alles-oder-nichts-Prinzip

VVG-Regelung	Besonderheit
§ 6 Beratung des VN	Gilt nicht für Großrisiken im Sinne des § 210 Abs. 2 VVG
§ 7 Information des VN	Gilt nicht für Großrisiken im Sinne des § 210 Abs. 2 VVG
§ 8 Widerrufsrecht des VN	§ 8 (3) VVG 1) Gilt nicht bei Verträgen unter 30 Tagen 2) Gilt nicht für Großrisiken im Sinne des § 210 Abs. 2 VVG
§§ 130 ff. Transportversicherung	z. B. § 137 VVG Herbeiführung des Versicherungsfalls: Leistungsfreiheit bei grober Fahrlässigkeit und Vorsatz andere Sparten: § 81 VVG bei grober Fahrlässigkeit: „Quotelung"
§ 209 Rückversicherung, Seeversicherung	VVG gilt nicht für Rückversicherung und die Versicherung gegen die Gefahren der Seeschifffahrt (Seeversicherung)
§ 210 Großrisiken, laufende Versicherung	Beschränkungen der Vertragsfreiheit im VVG gelten nicht für Großrisiken im Sinne des § 210 Abs. 2 VVG sowie für laufende Versicherungen

Tabelle 4: VVG-Regelungen für die Transportversicherung

Der Begriff des Großrisikos wird in § 210 Abs. 2 VVG definiert: *Großrisiko*

a) Sparten gemäß Nr. 4 bis 7, 10 Buchstabe b, 11 und 12 der Anlage A zum VAG, d. h. Schienenfahrzeugkasko, Luftfahrzeugkasko, See-, Binnensee-, Flussschifffahrtskasko, Transportgüter, Haftpflicht aus Landtransporten, Luftfahrzeughaftpflicht sowie See-, Binnensee- und Flussschifffahrtshaftpflicht

b) Kredit- und Kautionsversicherung

c) Risiken der gemäß Nr. 3, 8, 9, 10, 13 und 16 der Anlage A zum VAG erfassten Sach-, Haftpflicht- und sonstigen Sachversicherungen (für Transportversicherung: Haftpflicht aus Landtransporten (Nr. 10)) bei VN, die mindestens zwei der folgenden drei Merkmale überschreiten:
    - 6,2 Mio. EUR Bilanzsumme,
    - 12,8 Mio. EUR Nettoumsatzerlöse,
    - 250 Arbeitnehmer im Durchschnitt des Wirtschaftsjahrs.

▶ Definition

§ 53 VVG
laufende Versicherung

Wird ein Vertrag in der Weise geschlossen, dass das versicherte Interesse bei Vertragsschluss nur der Gattung nach bezeichnet und erst nach seiner Entstehung dem VR einzeln aufgegeben wird (laufende Versicherung), ist der VN verpflichtet, entweder die versicherten Risiken einzeln oder, wenn der VR darauf verzichtet hat, die vereinbarte Prämiengrundlage unverzüglich anzumelden oder, wenn dies vereinbart ist, jeweils Deckungszusage zu beantragen.

Die Form der laufenden Versicherung ist in der Güterversicherung die gebräuchliche Vertragsform. Sie wird vielfach auch als Generalpolice oder Industrie-Police bei den Versicherern bezeichnet.

▶ Beispiele

Großrisiko:

- Warenversicherung (Güterversicherung)
- Werkverkehrsversicherung
- Valorenversicherung
- Verkehrshaftungsversicherung für Frachtführer (jedoch nicht für Spediteure und Lagerhalter)

Laufende Versicherung (Transportversicherung)

- Warenversicherung (Güterversicherung)
- Alle Sparten, wenn das Bedingungswerk eine laufende Deklaration vorsieht, d. h., die zu versichernden Risiken müssen deklariert werden, es darf kein Festbeitrag vereinbart sein.

Zusammenhang zwischen BGB, Allgemeinen Geschäftsbedingungen (AGB), HGB und der Transportversicherung

Gefahrtragung

Für den Transportversicherer finden sich relevante Regelungen im BGB, z. B. bezüglich der Gefahrtragung bei Handelskäufen. Des Weiteren müssen sich trotz der Erleichterungen aufgrund des „Großrisikos" und der „laufenden Versicherung" die AVB des VR mit den gesetzlichen Regelungen zu den AGB (§§ 305 ff. BGB) messen lassen.

AGB

Haftung

Im Bereich des HGB sind für den Transportversicherer die Regelungen der §§ 407 ff. HGB von Bedeutung. Dort ist die Haftung der Verkehrsträger bei nationalen Transporten geregelt, die die Grundlage für Regresse im Bereich der Güterversicherung sind.

Seehandelsrecht

Die Regelungen zum Seehandelsrecht finden sich ebenfalls im HGB, im 5. Buch, beginnend ab §§ 476 ff HGB.

Internationale Bedingungen, Abkommen und Wordings

Institute Cargo Clauses (ICC)

Durch die Internationalisierung des Transportversicherungsgeschäfts, insbesondere durch den Einfluss des britischen Markts, ist es auch an den deutschen Seeplätzen üblich, dass englische Bedingungen verwendet werden. Hierzu zählen in erster Linie die Institute Cargo Clauses (ICC) – nicht zu verwechseln mit der gleich abgekürzten internationalen Handelskammer –, welche in drei Deckungsformen angeboten werden.

Besonders im Bereich der Seeschifffahrt gibt es internationale Abkommen, die über den Status von Bedingungswerken hinausgehen. Diese regeln beispielsweise die Haftung und Abwicklung von Schäden in internationalen Gewässern. Beispielhaft seien an dieser Stelle die Regelungen zur Havarie-grosse angeführt.

internationale Abkommen

▶ Exkurs: Havarie-grosse

Havarie-grosse ist ein internationaler Begriff in der (See-)Schifffahrt und bezeichnet Aufwendungen bzw. Schäden, die vom Kapitän eines Schiffes veranlasst werden, um Schiff und Ladung aus einer gemeinsamen Gefahr zu retten. Dazu kann auch ein vorsätzlich verursachter Schaden gehören, wenn z. B. Ladungsgüter über Bord geworfen werden (Seewurf), um das drohende Kentern des Schiffes zu verhindern. Der Schaden, der aus der Havarie-grosse entsteht, wird prozentual aufgeteilt auf das Schiff, die Fracht und die Ladung. Die Havarie-grosse-Kosten werden von einem Dispacheur ermittelt und über die Dispache verteilt. Regelungen zur Havarie-grosse finden sich im HGB sowie auf internationaler Ebene in den York-Antwerp-Rules (YAR).

Voraussetzungen für eine Havarie-grosse:

- Eine gegenwärtige oder unmittelbar bevorstehende erhebliche Gefahr bedroht das Schiff *und* die Ladung gemeinsam (z. B. Strandung oder Strandungsgefahr, Feuer an Bord). Ist nur das Schiff oder nur die Ladung in Gefahr gibt es keine Havarie-grosse.

- Durch außergewöhnliche Abwendungsmaßnahmen werden bewusst Schäden in Kauf genommen, die das Schiff und/oder die Ladung treffen (z. B. das Überbordwerfen von Containern oder das Fluten von Luken) oder Kosten wie Leichterkosten oder Bergelohn. Unbeabsichtigte oder ohnehin unabwendbare Schäden sind nicht Gegenstand der Havarie-grosse (z. B. Seewurf brennender oder verdorbener Ladung).

- Es muss die finale Rettung aus der gemeinsamen Gefahr von Schiff und Ladung erreicht werden. Maßnahmen, die z. B. im Bewusstsein des unvermeidlichen Schiffsverlustes lediglich dem Erreichen einer für die Ladungsabbergung günstigeren Stelle dienen, schließen die Havarie-grosse auch dann aus, wenn zuletzt wider Erwarten auch das Schiff gerettet wird.

- Schiff und Ladung müssen zusammen jeweils ganz oder teilweise gerettet worden sein. Gehen Schiff oder Ladung vollständig verloren, auch später, ist die Havarie-grosse ausgeschlossen.

Die im internationalen Güterverkehr geltenden Abkommen sind: Die CMR für den Straßengüterverkehr in Europa, Warschauer Abkommen (WA) und Montrealer Übereinkommen (MÜ) im Bereich der Luftfahrt sowie die COTIF/CIM für Eisenbahnverkehre.

Internationales Recht

umfrangreiche Weder die deutschen noch die englischen Bedingungswerke können jedes ver-
geschriebene sicherte Risiko umfassend beschreiben, sodass es mehr als in anderen Sparten
Bedingungen zur umfangreiche geschriebene Bedingungen gibt, die das gedruckte Bedingungs-
Ergänzung des werk ändern oder ergänzen. Vielfach finden sich in diesen geschriebenen Be-
Bedingungswerks dingungen Deckungserweiterungen oder die Reduzierung von Ausschlüssen.
Wordings Insbesondere bei größeren Maklern und Assekuradeuren sind eigenständige
Bedingungen (Wordings) sehr weit verbreitet.

Zusammenfassung

Die Transportversicherung unterliegt aufgrund ihrer historischen Bedeutung und des
weltweiten Aktionsradius besonderen Ausnahmeregelungen in Gesetzen, Übereinkommen und individuellen Vereinbarungen, die bei der Produktgestaltung besonders
berücksichtigt werden müssen.

4.1   Grundzüge der Transportversicherung (DTV-Güter 2000/2011)

Seeversicherung Die Güterversicherung hat ihren Ursprung in der Seeversicherung, weit bevor
andere Versicherungssparten überhaupt entstanden sind. Die Besonderheiten
und Eigenarten haben sich in den verschiedenen Bereichen bis heute nicht geändert.

 ### Definition

Güterversicherung Güterversicherung ist eine Form der Transportversicherung; versichert werden Güter gegen die typischen Gefahren des Transports oder nur gegen bestimmte Gefahren. Bedingungsgrundlagen können die DT V-Güter 2000/2011, ADS 1973/84, ICC
sowie die dazugehörigen Klauseln sein.

Schaden- und Die Güterversicherung gehört zu den Schadenversicherungen. Ersetzt wird im
Sachversicherung Schadenfall der tatsächlich eingetretene Vermögensschaden (Vermögensver-
lust) in Form eines Sach- bzw. Güterschadens. Die Güterversicherung ist zugleich eine Sachversicherung. Zum Schadenersatz des VR gehört neben dem
versicherten Gut üblicherweise der Ersatz von Aufwendungen und Kosten, wie
z. B. für die Bergung und Beseitigung.

DTV-Güter 2000 Im Jahr 2000 wurden die DTV-Güterversicherungsbedingungen 2000 (DTV-
ADS 1973/84 DTV Güter 2000) vorgestellt, die derzeit in der aktuell gültigen Fassung 2011 (DTV-
Güter 2000/2011) existieren, sowie zahlreiche neue Klauseln als Ersatz für die
bis dahin gültigen Besonderen Bedingungen für die Güterversicherung (ADS-
Güterversicherung 1973 in der Fassung von 1984). Die Abkürzung DTV steht
heute für „Deutsche Transport Versicherer", (früher der „Deutsche Transport-
versicherungs-Verband", der im GDV aufgegangen ist).

Für die Güterversicherung finden sich zwar auch weiterhin im VVG gesetzliche
Grundlagen (§§ 130 ff. VVG), dennoch haben die Transportversicherer seit jeher
eigene Versicherungsbedingungen zugrunde gelegt.

4.1.1 Versichertes Interesse

Ein Versicherungsvertrag kann nur entstehen, wenn ihm ein versicherbares Interesse zugrunde liegt. Das Nichtvorhandensein eines versicherten Interesses führt zur Unwirksamkeit des Versicherungsvertrags. Das versicherte Interesse ist die Grundvoraussetzung für einen Versicherungsvertrag.

Was ist das versicherte Interesse? Entscheidend ist, dass nicht die Sache selbst im Mittelpunkt der Betrachtung steht, sondern die Beziehung einer Person zu dieser Sache. Die Person hat demnach eine subjektive Beziehung zu dieser Sache, bei seiner Beschädigung oder Zerstörung empfindet sie aufgrund der Sachbeziehung die Veränderung des Gutes für sich als nachteilig, als Schaden. Ein Interesse hat insbesondere derjenige, der ohne Versicherung den Schaden tragen müsste.

Beziehung einer Person zu einer Sache

> Gegenstand der Güterversicherung kann jedes in Geld schätzbare Interesse sein, das jemand daran hat, dass die Güter die Gefahren der Beförderung sowie damit verbundener Lagerungen bestehen.

Ziffer 1.1.1 – DTV-Güter 2000/2011

Die Güterversicherung erweitert den üblichen Begriff des versicherten Interesses, da jedes in Geld schätzbare Interesse versichert werden kann.

in Geld schätzbares Interesse

▶ **Beispiel**

Beim Versendungskauf nach § 447 BGB geht die Gefahr des Verlustes mit der Übergabe an den Frachtführer vom Verkäufer auf den Käufer über. Auch wenn der Eigentumsübergang nach § 929 BGB noch nicht erfolgt ist, hat der Käufer ein Interesse daran, dass ihn die Güter schadenfrei erreichen. Schließlich müsste er den Kaufpreis auch dann bezahlen, wenn die Güter ihn nicht erreichen.

Versichert werden die im Versicherungsvertrag genannten Güter und/oder sonstige Aufwendungen und Kosten. Hierunter fallen z. B. Mehrkosten für Feiertags- oder Nachtarbeit, Luftexpresskosten, Kosten der Umladung oder der Betriebsunterbrechung (Ziffer 1.1.2 DTV-Güter 2000/2011).

Aufwendungen und Kosten

Mitversichert werden können auch der imaginäre Gewinn, Mehrwert, Zoll, Fracht (hierunter versteht man die Kosten für den Transport: Frachtentgelt), Steuern, Abgaben und sonstige Kosten (Ziffer 1.1.3 DTV-Güter 2000/2011).

Frachtkosten

▶ **Definitionen**

Der imaginäre Gewinn bezeichnet den erhofften, aber noch nicht realisierten Gewinn des Warenempfängers. Bei CIF-Verkäufen nach den Incoterms muss der Verkäufer einen zehnprozentigen imaginären Gewinn in die Versicherungssumme einschließen. Die Versicherung eines höheren Prozentsatzes ist möglich und üblich.

imaginärer Gewinn

Incoterms sind internationale Regeln für die einheitliche Auslegung der in Außenhandelsgeschäften üblichen Vertragsformeln. Sie werden von der ICC in Paris herausgegeben und enthalten exakte Regelungen für Außenhandelsverträge über den Gefahren- und Kostenübergang vom Verkäufer auf den Käufer und unter anderem auch zur Festlegung, wann eine Güterversicherung abzuschließen ist. Eine dieser elf Klauseln ist die Klausel „CIF" (cost, insurance, freight).

Incoterms

Gefahrtragung   Die Gefahrtragung kann für den VN ein Gestaltungsmerkmal für seine Güterversicherung sein. Daher ist es sinnvoll, sich bei den Deckungskonzepten zur
Güterversicherung ausführlicher mit den Incoterms und der Gefahrtragung zu
beschäftigen.

 ▶ **Definition**

Mehrwertversicherung   Im Gegensatz zum imaginären Gewinn spielt der Mehrwert insbesondere bei Roh-
stoffen, die an der Börse gehandelt werden, und bei der Versicherung von Importgü-
tern eine bedeutende Rolle. Erhöht sich der Einkaufspreis von Gütern während des
Transports, so hat der VN für den Mehrwert keinen Versicherungsschutz. Im Fall des
Totalverlustes kann er bei einem neuen Preisstand mit der Versicherungssumme
nicht die gleiche Menge Ersatzgüter kaufen. Über eine Mehrwertversicherung kann
der VN die Wertdifferenz versichern.

4.1.2   Versicherte Gefahren und Schäden

Der Versicherungsumfang der Güterversicherung ist sehr weitgehend. Ein Spe-
zifikum der Güterversicherung ist der Grundsatz „Universalität der Gefahren-
deckung".

Allgefahrendeckung   § 130 VVG regelt, dass „bei der Versicherung von Gütern gegen die Gefahren
der Beförderung zu Lande oder auf Binnengewässern sowie der damit verbun-
denen Lagerung der VR alle Gefahren trägt, denen die Güter während der Dauer der Versicherung ausgesetzt sind". Auch die DTV-Güter 2000/2011 „Volle
Deckung" sehen eine Allgefahrendeckung vor:

Ziffer 2.1 – DTV-Güter   Der VR trägt alle Gefahren, denen die Güter während der Dauer der Versi-
2000/2011   cherung ausgesetzt sind, sofern nichts anderes bestimmt ist. Der VR leistet
ohne Franchise Ersatz für Verlust oder Beschädigung der versicherten Güter
als Folge einer versicherten Gefahr.

Hierbei ist allerdings zu beachten, dass es neben der „Vollen Deckung" ein weiteres Bedingungswerk der DTV-Güter 2000/2011 gibt, welches nur einen eingeschränkten Versicherungsschutz bietet (umgangssprachlich bzw. in den ADS 1973/84 auch „Strandungsfalldeckung" genannt):

Der VR leistet ohne Franchise Ersatz für Verlust oder Beschädigung der versicherten Güter als Folge der nachstehenden Ereignisse:

a) Unfall des die Güter befördernden Transportmittels;
   ein Transportmittelunfall liegt auch vor bei Strandung, Aufgrundstoßen, Kentern, Sinken, Scheitern oder Beschädigung des die Güter befördernden Schiffes durch Eis

b) Einsturz von Lagergebäuden

c) Brand, Blitzschlag, Explosion, Erdbeben, Seebeben, vulkanische Ausbrüche und sonstige Naturkatastrophen, Anprall oder Absturz eines Flugkörpers, seiner Teile oder seiner Ladung

d) Überbordwerfen, Überbordspülen oder Überbordgehen durch schweres Wetter

e) Aufopferung der Güter

f) Entladen, Zwischenlagern und Verladen von Gütern in einem Nothafen/ Flughafen, der infolge des Eintritts einer versicherten Gefahr angelaufen, oder infolge einer Notlandung eines Luftfahrzeugs angeflogen wurde

g) Totalverlust ganzer Kolli beim Be-, Um-, oder Entladen eines Transportmittels

Ziffer 2.1 –
DTV-Güter 2000/2011
„Eingeschränkte
Deckung"

Bei der „vollen Deckung" ist zwar bestimmt, dass der VR alle Gefahren deckt, die während der Beförderung und Lagerung entstehen, damit einher geht aber nicht, dass auch alle damit zusammenhängenden Schäden an den Gütern versichert sind.

▶ Definitionen

Gefahr ist die konkrete/benannte Möglichkeit/Drohung der Entstehung oder des Eintritts von Schäden. Die Gefahr ist die Ursache eines Schadens. Beispiele: Sturm, Krieg, Streik, Feuer, Diebstahl.

Gefahr

Schaden ist im rechtlichen Sinn ein die Vermögenslage beeinflussendes Ereignis, das sich entweder in einer Minderung der Aktivwerte oder einer Erhöhung der Passivwerte des Geschädigten äußern kann. Der Schaden ist die Folgewirkung einer Gefahr. Beispiele: Totalverlust, Beschädigung, Bruch, Verderb.

Schaden

Nicht jeder Schaden resultiert aus einer versicherten Gefahr. Gegenstand der Transportversicherung sind nur solche Schäden, die auf eine versicherte Gefahr zurückzuführen sind.

versicherte Gefahr

Problematisch ist dies – insbesondere in der „eingeschränkten Deckung" – wenn mehrere Gefahren für einen Schaden verantwortlich sein können, aber nicht alle in Frage kommenden Gefahren auch versicherte Gefahren sind.

▶ **Beispiel**

Ein Schiff befördert Reis. Neben dem Reis sind im Schiff weitere Güter verladen. Durch einen Sturm dringt Seewasser in den Laderaum ein. Das Schiff muss aufgrund des Sturms die Route ändern. Dadurch verzögert sich die Reise. Das Schiff kommt später im Bestimmungshafen an. Das Seewasser hat beigeladene Güter durch Nässe beschädigt. Bis zur Ankunft des Schiffes im Hafen ist die Fäulnis der beigeladenen Güter auf den Reis übergegangen und hat ihn komplett befallen. Als Ursache für den Totalschaden kommen der Einbruch von Seewasser, die Nässe der beigeladenen Güter, die Beschaffenheit des Reises (sein innerer Verderb) und die Reiseverzögerung in Betracht.

Ermittlung der   In der Seeversicherung gilt der Grundsatz, dass nach der nächstliegenden Ur-
„causa proxima"   sache und nicht der entferntesten Ursache zu suchen ist. Diese Lehre wird als „causa proxima" bezeichnet. Gesucht wird nach der Gefahr, die dem Schaden nicht zeitlich, aber der Ursache nach am nächsten liegt. Erweitert wurde dieses Rechtsinstitut um den Verursachungsgrad („causa proxima in efficiency" – kumulierende Kausalität).

Kausalitätsbeurteilung   Grundsätze für die Kausalitätsbeurteilung (nach Enge 2012, S. 65):

- Der VR haftet für den Schaden, der unmittelbar durch die versicherte Gefahr oder als ihre unvermeidliche Folge eingetreten ist, sofern nicht die versicherte Gefahr ihrerseits die unvermeidliche Folge einer unversicherten Gefahr darstellt.

- Der VR haftet nicht für den Schaden, der durch eine unversicherte Gefahr oder ihre unvermeidlichen Folgen eingetreten ist, sofern nicht die unversicherte Gefahr ihrerseits die unvermeidliche Folge einer versicherten Gefahr darstellt.

- Hat ein Ereignis einen Schaden verursacht, so werden die Rechtsfolgen nicht dadurch geändert, dass später ein Ereignis eintritt, das den gleichen Schaden verursacht haben würde.

- Die Unterbrechung des Kausalzusammenhangs zwischen einem eingetretenen Ereignis und dem Schaden ist dann nicht zu berücksichtigen, wenn der Schaden durch das ursprünglich eingetretene Ereignis sicher verursacht worden wäre; die Unterbrechung des Kausalzusammenhangs ist jedoch dann zu berücksichtigen, wenn der Schaden nicht ohne das dazwischentretende Ereignis verursacht werden konnte.

In unserem Beispiel wäre zunächst der innere Verderb die zeitlich nächste Ursache für den Schaden. Innerer Verderb gehört zu den ausgeschlossenen Schäden („natürliche Beschaffenheit") und wäre nicht ersatzpflichtig. Selbiges gilt für die Reiseverzögerung. Ursächlich für den Schaden ist nach der „causa proxima" aber das Eindringen des Seewassers mit der Folge, dass die beigeladenen Güter feucht wurden. Der Schaden am Reis ist demnach versichert.

4.1.3 Nicht versicherte Gefahren und Schäden

Trotz des umfassenden Versicherungsschutzes durch die Allgefahrendeckung gibt es auch nicht versicherte Gefahren um das Risiko für den VR kalkulierbar zu machen.

Ausgeschlossen sind die Gefahren

ausgeschlossene Gefahren

- des Krieges, Bürgerkriegs oder kriegsähnlicher Ereignisse und solche, die sich unabhängig vom Kriegszustand aus der feindlichen Verwendung von Kriegswerkzeugen sowie aus dem Vorhandensein von Kriegswerkzeugen als Folge einer dieser Gefahren ergeben,

- von Streik, Aussperrung, Arbeitsunruhen, terroristischen oder politischen Gewalthandlungen, unabhängig von der Anzahl der daran beteiligten Personen, Aufruhr und sonstigen bürgerlichen Unruhen,

- der Beschlagnahme, Entziehung oder sonstiger Eingriffe von hoher Hand,

- aus der Verwendung von chemischen, biologischen, biochemischen Substanzen oder elektromagnetischen Wellen als Waffen mit gemeingefährlicher Wirkung, und zwar ohne Rücksicht auf sonstige mitwirkende Ursachen,

- der Kernenergie oder sonstiger ionisierender Strahlung,

- der Zahlungsunfähigkeit und des Zahlungsverzugs des Reeders, Charterers oder Betreibers des Schiffes oder sonstiger finanzieller Auseinandersetzungen mit den genannten Parteien, es sei denn, dass

  - der VN nachweist, dass er die genannten Parteien oder den beauftragten Spediteur mit der Sorgfalt eines ordentlichen Kaufmanns ausgewählt hat,

  - der VN bzw. Versicherte der Käufer ist und nach den Bedingungen des Kaufvertrags keinen Einfluss auf die Auswahl der am Transport beteiligten Personen nehmen konnte.

Der Ausschluss der Schäden durch die Gefahr Krieg erscheint logisch, zumal er in nahezu allen Versicherungssparten wiederzufinden ist. Selbiges gilt auch für die Gefahren des Streiks und der Beschlagnahme. Unlogisch erscheint es daher, dass über Ziffer 2.4.2 der DTV-Güter 2000/2011 ein Einschluss dieser Gefahren wieder möglich ist.

Krieg, Streik und Beschlagnahme

Ein Novum in der Schadenversicherung ist die Mitversicherung politischer Gefahren (auch „politische Risiken" genannt) in der Güterversicherung. Dieser Umstand ist den englischen Güterversicherungsbedingungen „Institute Cargo Clauses" (ICC) geschuldet, die seit jeher einen Einschluss vorsahen. Im Einzelnen existieren folgende Klauseln für den Einschluss dieser Gefahren, die immer speziell vereinbart werden müssen:

Mitversicherung politische Risiken

- Kriegsklausel nach den DTV-Güter 2000/2011

- Streik- und Aufruhrklausel nach den DTV-Güter 2000/2011

- Beschlagnahmeklausel nach den DTV-Güter 2000/2011

Kriegsklausel nach den DTV-Güter 2000/2011

- Die nach Ziffer 2.4.1.1 (Krieg) DTV-Güter 2000/2011 ausgeschlossenen Gefahren sind mitversichert.

- Gefahren der Kernenergie und „Dirty Bombs" bleiben ausgeschlossen.

- Versicherungsschutz besteht nur während Seetransporten sowie während Lufttransporten, mit zwei Ausnahmen: Postsendungen und Umladen zwischen zwei Seeschiffen innerhalb der vereinbarten Frist. Dann besteht auch Versicherungsschutz an Land.

- Kündigung der Klausel durch den VR ist innerhalb von zwei Tagen möglich.

Streik- und Aufruhrklausel bzw. Beschlagnahmeklausel nach den DTV-Güter 2000/2011

- Die nach Ziffer 2.4.1.2 (Streik/Aufruhr) bzw. Ziffer 2.4.1.3 (Beschlagnahme) DTV-Güter 2000/2011 ausgeschlossenen Gefahren sind mitversichert.

- Kündigung der Klausel durch den VR ist innerhalb von zwei Tagen möglich.

Waterborne und Airborne Agreement

▶ **Definition**

Das „Waterborne und Airborne Agreement" ist ein Übereinkommen in Zusammenhang mit der Versicherung des Kriegsrisikos in der Seewarenversicherung. Ursprünglich bestand in der Seewarenversicherung für Kriegsschäden auch Versicherungsschutz während der Lagerungen und Transporte an Land. Aufgrund der im spanischen Bürgerkrieg (1936–1939) gesammelten Erfahrungen mit enormen Wertkumulierungen in Häfen, Bahnhöfen und Lagern erwies sich dieses Kriegsrisiko als nicht versicherbar. Nach dem Waterborne Agreement sind nun Kriegsschäden an Land nicht versichert. Die Kriegsklauseln des deutschen und englischen Marktes regeln seither, dass Versicherungsschutz für Kriegsschäden nur an Bord eines Seeschiffes besteht. Später wurde der Waterborne-Grundsatz für die ständig zunehmenden Lufttransporte um die Airborne-Risiken erweitert

Unter Ziffer 2.4.1.4 der DTV-Güter 2000/2011 („aus der Verwendung von chemischen, biologischen ...") findet man den umgangssprachlichen Ausschluss „Dirty Bombs".

Dirty Bombs

▶ **Definition**

Dirty Bombs: Bezeichnung für radiologische Waffen, die aus einem herkömmlichen Sprengsatz bestehen, der bei der Detonation radioaktives Material in die Umwelt abgibt und diese großflächig kontaminiert. Dieser Ausschluss wurde aufgrund der Terrorgefahr und möglicher Kumulschäden, z. B. in Containerterminals und Häfen, mittels der „Dirty Bombs"-Klausel in den DTV-Güter 2000 vereinbart.

▶ **Beispiel**

Auf 7.200 Hektar Fläche wurden im Hamburger Hafen 2017 136,5 Mio. Tonnen Waren umgeschlagen. Der Warenwert, der dort lagert, beträgt mehrere hundert Millionen Euro. Schadensszenario: Terroristen fliegen mit einem Kleinflugzeug über die Hafenanlagen und geben eine giftige Substanz in die Atmosphäre ab. Diese verteilt sich durch den Wind auf dem gesamten Hafengelände. Die Container einschließlich der Güter werden kontaminiert. Es würde sich um einen Totalschaden handeln, für den der Transportversicherer aufkommen müsste. Dieses Kumulschadenrisiko ist unkalkulierbar groß. Selbst große Rückversicherer wie die Munich Re oder die Swiss Re sind nicht in der Lage, diese Schäden bzw. die hohen kumulierten Werte zu versichern.

Ausschluss „Zahlungsunfähigkeit des Reeders": Zu Beginn der 1980er Jahre häuften sich Fälle, bei denen ein Charterer trotz erhaltener Fracht die Charter-miete nicht an den Reeder bezahlte. Der Reeder übte daraufhin ein Pfandrecht an den Gütern aus, in der Form, dass er erneut die Frachtzahlung verlangte oder androhte, die Güter zur verkaufen. Dies hätte einen Verlust (Schaden) im Sinne der ADS 1919 dargestellt, obwohl die VR der Meinung waren, dass es sich um keine versicherte Gefahr der Seeschifffahrt handelte. Der BGH vertrat eine andere Auffassung, weshalb die VR im Zuge der Neufassung der ADS 1973/84 den Ausschluss dieser Gefahren formulierten, um die entstehenden Finanzrisiken nicht tragen zu müssen.

Charterer

Pfandrecht

Zu den nicht ersatzpflichtigen Schäden nach den DTV-Güter 2000/2011 gehö-ren Schäden, die verursacht wurden durch eine Verzögerung der Reise, inne-ren Verderb oder die natürliche Beschaffenheit der Güter, handelsübliche Men-gen-, Maß- und Gewichtsdifferenzen oder -verluste, die jedoch als berücksich-tigt gelten, sofern hierfür ein Selbstbehalt vereinbart ist, normale Luftfeuch-tigkeit oder gewöhnliche Temperaturschwankungen, nicht beanspruchungsge-rechte Verpackung oder unsachgemäße Verladeweise, es sei denn, der VN hat diese weder vorsätzlich noch grob fahrlässig verschuldet.

nicht ersatzpflichtige Schäden

Der VR leistet keinen Ersatz für mittelbare Schäden aller Art, sofern nichts an-deres vereinbart ist. Hierunter ist zu verstehen, dass dem Grunde nach nur Schäden ersetzt werden sollen, die unmittelbar aus der versicherten Sache entstehen. Güterfolge- und reine Vermögensschäden sollten eigentlich nie Ge-genstand der Güterversicherung sein. Aufgrund der Marktlage gibt es aber seit 1998 spezielle Klauseln für die Versicherung von Güterfolgeschäden und reine Vermögensschäden in der Güterversicherung.

mittelbare Schäden

▶ Definition

Ein Vermögensschaden im versicherungsrechtlichen Sinn liegt dann vor, wenn die-ser weder mit einem Personen- noch mit einem Sachschaden unmittelbar in Zusam-menhang steht. Man spricht bei diesen Schäden auch von den „reinen" Vermögens-schäden. Gemeint sind hier etwa Ersatzansprüche aus entgangenem Gewinn, aber auch wegen finanzieller Verluste, z. B. aufgrund verspäteter Anlieferung georderter Waren. Davon abzugrenzen sind die Güterfolgeschäden, die auch „unechte" Vermö-gensschäden genannt werden. Hierbei handelt es sich um Ersatzansprüche, die als Folge eines Sachschadens zusätzlich entstehen.

Güterfolge- und reine Vermögensschäden

Bei verderblichen Gütern kann erheblicher Schaden entstehen, wenn diese län-ger unterwegs sind als geplant. Selbst wenn die Verzögerung der Reise durch den Eintritt der versicherten Gefahr entsteht, ist der daraus entstehende Ver-derbschaden kein versicherter Schaden im Sinne der DTV-Güter 2000/2011. Ursächlich für den Schaden ist die innere Beschaffenheit des Gutes und nicht die Gefahr, die zur Verzögerung geführt hat. Versicherungsschutz würde nur dann bestehen, wenn die versicherte Gefahr unmittelbar einen Schaden an den versicherten Gütern hervorgerufen hat.

Verzögerung der Reise

innerer Verderb und natürliche Beschaffenheit

Die Güterversicherung soll Schäden decken, die unvorhergesehen und von außen auf die zu versichernde Sache einwirken. Übliche Ereignisse, die während eines normalen Transportverlaufs eintreten, sollen nicht erfasst werden. Typische Beispiele für inneren Verderb oder natürliche Beschaffenheit sind das Verfaulen von Obst, Fleisch, Fisch und Gemüse, die Selbsterhitzung von Kohle oder Rost von Metallen. Auch Bruch kann hierunter fallen, wenn er unvermeidlich (z. B. konstruktionsbedingt) eintritt.

handelsübliche Mengen- und Gewichtsverluste

Speziell bei Schüttgütern, die in Form von Bulkverladungen transportiert werden, treten diese Verluste auf. Eine besondere Form des Verlustes ist die Gewichtsabnahme von Gütern. Durch die Befahrung verschiedener Klimazonen mit einem Seeschiff ist es möglich, dass durch die Austrocknung Güter an Gewicht verlieren. Objektiv ist ein Verlust entstanden, der aber nicht durch die Güterversicherung gedeckt ist. Üblich ist bei den vorgenannten Ladungen ein Selbstbehalt in prozentualer Höhe.

 ▶ **Beispiel**

> Bei der Verladung im Hafen wird Getreide mit 12.000 Tonnen abgewogen. Während der Überfahrt von Südamerika nach Hamburg und der Durchfahrung der Klimazonen trocknet das Getreide, ohne hierbei einen Schaden zu nehmen. Bei der Entladung in Hamburg wird festgestellt, dass das Getreide nur noch 11.990 Tonnen wiegt. Rein objektiv betrachtet würde dies einen Verlust von 10 Tonnen bedeuten. Der Verlust beruht aber nicht auf Diebstahl oder Schwund sondern in der Beschaffenheit der Güter, die ursächlich für die Gewichtsabnahme ist.

Die unterschiedlichen klimatischen Verhältnisse, die als üblich anzusehen sind, und die dadurch entstehenden Schäden sind nicht Gegenstand der Güterversicherung. Dagegen nicht ausgeschlossen sind Schäden durch Niederschläge wie z. B. Regen, Schnee etc.

Besondere Fälle

Schiffsdunst = nicht versichert

- *Schiffsdunst:* Feuchte Luft im Schiffsraum im Vorstadium der Kondensierung (Schiffsschweiß) ist nicht versichert.

Schiffsschweiß = versichert

- *Schiffsschweiß*: Bezeichnung für Kondenswasser an den inneren Raumwandungen von Schiffen. Schiffsschweiß entsteht, wenn die Temperatur der Raumwandungen oder Schiffsteile unter die Taupunkttemperatur der Laderaumluft sinkt. Schiffsschweiß kann eine Ursache für Feuchteschäden beim Transport sein und ist versichert.

Ladungsdunst = nicht versichert

- *Ladungsdunst*: Feuchtigkeit, die von der Ladung ausgeht. Ladungsdunst bildet in einem Laderaum in Verbindung mit anderen Feuchtigkeitsursachen Schiffsdunst und ist nicht versichert.

Ladungsschweiß = versichert

- *Ladungsschweiß*: Niederschlag von Kondensationswasser an der Ladungsoberfläche. Ladungsschweiß entsteht, wenn die Temperatur der Ladungsoberfläche auf bzw. unter die Taupunkttemperatur der Laderaumluft sinkt. Ladungsschweiß kann eine Ursache für Feuchteschäden beim Transport sein und ist versichert.

Die Verpackung soll dazu dienen, Güter gegen die üblichen Gefahren und Schä-   *Verpackung*
den der Beförderung zu schützen. Zu unterscheiden ist die handelsübliche
von der beanspruchungsgerechten Verpackung. Handelsüblich ist eine Verpackung, wenn sie den Marktusancen der beteiligten Verkehrskreise entspricht.
Beispielsweise ist es üblich, dass Salatköpfe nicht einzeln verpackt, sondern
in einer offenen Kiste transportiert werden. Die Frage der beanspruchungsgerechten Verpackung richtet sich nach der Transportstrecke, dem verwendeten
Transportmittel und der Risikoaffinität der Güter.

Die unsachgemäße Verladeweise kann ebenfalls einen Verpackungsmangel   *unsachgemäße*
darstellen, wenn Güter im Transportmittel falsch oder fehlerhaft gestaut, ge-   *Verladeweise*
sichert oder verladen werden. Eine Leistungsfreiheit des VR tritt aber nur ein,
wenn dem VN ein Verschulden nachgewiesen werden kann. Die Beweislast
hierfür trägt der VR. Bei diesem Ausschlusstatbestand handelt es sich um einen subjektiven Risikoausschluss und somit um keine Obliegenheit.

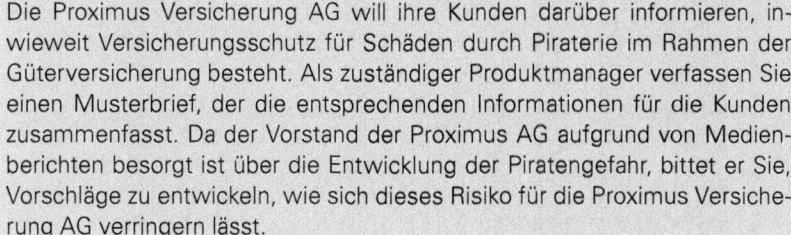

Handlungssituation

Die Proximus Versicherung AG will ihre Kunden darüber informieren, inwieweit Versicherungsschutz für Schäden durch Piraterie im Rahmen der
Güterversicherung besteht. Als zuständiger Produktmanager verfassen Sie
einen Musterbrief, der die entsprechenden Informationen für die Kunden
zusammenfasst. Da der Vorstand der Proximus AG aufgrund von Medien-
berichten besorgt ist über die Entwicklung der Piratengefahr, bittet er Sie,
Vorschläge zu entwickeln, wie sich dieses Risiko für die Proximus Versicherung AG verringern lässt.

Piraterie gilt als „Raub auf private Rechnung" und stellt nach den DTV-Güter   *Piraterie*
2000/2011 „volle Deckung" eine klassische und traditionell versicherte Gefahr
dar, insbesondere in der Seeschifffahrt.

Für Schäden durch Verlust der Güter, beispielsweise weil Piraten diese entwendet haben, besteht Versicherungsschutz. Selbiges gilt auch für Schadenab-
wendungs-, Schadenminderungs- und Schadenfeststellungskosten.

Lösegeldzahlungen, die geleistet werden, um Schiff und Ladung zu retten,   *Havarie-grosse*
gelten als versicherte Aufwendungen im Sinne einer Havarie-grosse und sind
vom VR zu erstatten. Kein Versicherungsschutz besteht allerdings bei der Deckungsform „eingeschränkte Deckung", wenn diese Schäden als Havarie-grosse geltend gemacht werden. Die Regelungen der „causa proxima" sind aber
entsprechend zu würdigen.

Laut Statistischem Bundesamt ist die Anzahl der Piratenüberfälle weltweit zu-   *Rückgang der*
rückgegangen. Während im Jahr 2010 445 Piratenüberfälle verzeichnet wur-   *Piratenüberfälle*
den, waren es im Jahr 2017 nur noch 180, Hauptangriffsgebiete sind die Küs-
ten Ost- und Westafrikas (vor Somalia und dem Golf von Guinea).

4.1.4 Dauer der Versicherung und Lagerungen

Beginn der Versicherung

Ziffer 8.1 der DTV-Güter 2000/2011 regelt, dass der Versicherungsschutz beginnt, sobald die Güter von der bisherigen Lagerstelle entfernt werden, zum Zweck der unverzüglichen Beförderung. Die Güter müssen also für die versicherte Reise bereits verpackt sein. Der innerbetriebliche Transport von der bisherigen Lagerstelle zum Ort der Verpackung zählt nicht zur versicherten Reise dazu.

unverzügliche Beförderung

Unverzüglich bedeutet, dass die Güter ohne schuldhaftes Zögern die versicherte Reise antreten müssen. Werden die Güter verpackt zur Laderampe gebracht und dann unmittelbar auf den LKW verladen und abtransportiert, besteht Versicherungsschutz ab dem Zeitpunkt, in dem die versicherten Güter vom Verpackungsort zur Laderampe gebracht werden. Kein Versicherungsschutz besteht dagegen, wenn die Güter am Vorabend an die Laderampe gestellt werden und der Transport mit dem LKW erst am nächsten Morgen beginnt, da hier das Merkmal der „unverzüglichen Beförderung" fehlt.

Ende der Versicherung

Für das Ende der Versicherung sieht Ziffer 8.2 der DTV-Güter 2000/2011 sechs Möglichkeiten vor, wobei vereinbart gilt, dass die zuerst eintreffende wirkt:

Ablieferungsstelle

- *Ablieferungsort, den der Empfänger bestimmt hat* (Ablieferungsstelle)

  Unerheblich ist, ob die vorgegebene Stelle der vorläufigen, vorübergehenden oder endgültigen Aufbewahrung dient. Sobald die Güter abgestellt sind, endet der Versicherungsschutz. Werden diese danach nochmals weitertransportiert, besteht kein Versicherungsschutz.

Weitertransport nach dem Ausladen am Bestimmungsort

- *Weitertransport nach dem Ausladen am Bestimmungsort bei Gefahrerhöhung*

  Üblicherweise richtet sich der Beitrag der Güterversicherung sowohl nach der Art der Güter, dem Transportmittel, der Verpackung und dem Transportweg. Wenn nun bei Ablieferung am Bestimmungsort entschieden wird, dass die Güter weitertransportiert werden, endet die Versicherung, wenn dies eine Gefahrerhöhung darstellt. Dies kann z. B. der Fall sein, wenn die Versicherung bis Shanghai Hafen vereinbart wurde. Schließt sich nun ein Transport ins Hinterland an, stellt dies eine nicht versicherte Gefahrerhöhung dar, da im Hinterland sehr schwierige Straßenverhältnisse herrschen, die der VR bei seiner Beitragskalkulation nicht berücksichtigt hat.

60 Tage nach Ausladen am Bestimmungsort

- *60 Tage nach Ausladen aus dem Transportmittel am Bestimmungsort*

  Erreichen die Güter nach dem Ausladen und weiteren 60 Tagen immer noch nicht den eigentlichen Bestimmungsort, endet die Versicherung. Die Frist beginnt mit dem Entladen. Die Ursache für die Verzögerung ist unerheblich. Die Versicherung bleibt nur dann in Kraft, wenn ein versichertes Ereignis die Verzögerung verursacht hat, z. B. ein Transportmittelunfall oder Aufruhr bei Mitversicherung der Streikklausel. Die Verzögerung ist dem VR anzuzeigen.

- *Bei Versendungen nach FOB und CFR mit Verstauung an Bord des Seeschiffs*

  Auch nach den Incoterms 2010-Klauseln FOB und CFR geht die Gefahr mit Ende der Verladung auf dem Schiff im Verschiffungshafen auf den Käufer über.

- *Mit Gefahrübergang, wenn die Güter aufgrund eines Schadens verkauft werden*

- *Sobald der vereinbarte Zeitraum von disponierten (verfügten) Lagerungen überschritten wird*

An dieser Stelle wird deutlich, dass Versicherungsschutz für Lagerungen, gleich, ob diese vom VN veranlasst wurden (disponierte Lagerungen) oder ob diese auf dem Transportverlauf beruhen (transportbedingte Lagerungen), nur während der Dauer der Versicherung gedeckt sind. Die Bestimmung ist aber nur für disponierte Lagerungen anwendbar.

Einher mit den Regelungen für die Dauer für die Versicherung gehen die Bestimmungen für die Lagerungen in der Güterversicherung:

- *Ziffer 9.1*: Bei Lagerungen der Güter während der Dauer der Versicherung ist die Versicherung für jede Lagerung auf 60 Tage begrenzt.

- *Ziffer 9.2*: Ist die Lagerung jedoch nicht durch den VN veranlasst worden, bleibt die Versicherung nur dann über den in Ziffer 9.1 genannten Zeitraum bestehen, wenn der VN nachweist, dass er keine Kenntnis von der zeitlichen Überschreitung der Lagerdauer hatte oder nach kaufmännischen Grundsätzen keinen Einfluss auf die Dauer nehmen konnte.

  Erlangt der VN Kenntnis von der zeitlichen Überschreitung, so hat er dies dem VR unverzüglich anzuzeigen. Dem VR gebührt eine zu vereinbarende Zuschlagsprämie.

- *Ziffer 9.3*: Bei den in Ziffern 9.1 und 9.2 genannten Fristen zählen der Tag der Ankunft und der der Abreise als zur Lagerung gehörend.

Ziffer 9.1 DTV-Güter 2000/2011 legt eindeutig fest, dass nur solche Lagerungen versichert sind, die während der Dauer der Versicherung (siehe Ziffer 8 der DTV-Güter 2000/2011) stattfinden. Vor- und Nachlagerungen vor Beginn und nach Ende des versicherten Transports sind nicht mitversichert.

Für disponierte Lagerungen besteht Versicherungsschutz für die Dauer von maximal 60 Tagen. Danach endet der Versicherungsschutz, unabhängig davon, ob das Gut möglicherweise nach 70 Tagen Lagerdauer dann zum endgültigen Ablieferungsort gebracht wird. Dies ergibt sich aus Ziffer 9.1 in Verbindung mit Ziffer 8.2.6 der DTV-Güter 2000/2011.

Bei Lagerungen, die nicht durch den VN veranlasst worden sind, besteht Versicherungsschutz auch über die vereinbarten 60 Tage. Entscheidend ist, dass sich diese aus dem Transportverlauf ergeben. Sollte z. B. die Ware von Stuttgart nach Hamburg mit dem LKW transportiert und dann unmittelbar auf ein

Seeschiff verladen werden, besteht auch dann Versicherungsschutz, wenn die Güter in Hamburg 90 Tage eingelagert werden müssen, weil das Seeschiff wegen schlechten Wetters erst mit drei Monaten Verspätung in Hamburg eintrifft.

 ▶ **Merksatz**

Vor- und Nachlagerungen sind nicht versichert

> Für Lagerungen, ganz gleich ob diese transportbedingt oder disponiert bzw. veranlasst sind, besteht nach den DTV-Güter 2000 Versicherungsschutz immer nur dann, wenn diese Lagerungen während der Dauer der Versicherung, d. h. zwischen Beginn (Ziffer 8.1) und Ende (Ziffer 8.2) der Versicherung, stattfinden. Vor- und Nachlagerungen sind nicht versichert.

4.1.5 Versicherungssumme und Versicherungswert

Ziffer 10 DTV-Güter 2000/2011

> Die Versicherungssumme soll dem Versicherungswert entsprechen. Versicherungswert ist der gemeine Handelswert oder in dessen Ermangelung der gemeine Wert der Güter am Absendungsort bei Beginn der Versicherung zuzüglich der Versicherungskosten, der Kosten, die bis zur Annahme der Güter durch den Beförderer entstehen, und der endgültig bezahlten Fracht.
>
> Interessen gemäß Ziffer 1.1.3 der DTV-Güter 2000/2011 sind nur aufgrund besonderer Vereinbarung mitversichert und wenn sie in der Versicherungssumme bzw. dem Versicherungswert enthalten sind. Imaginärer Gewinn zugunsten des Käufers ist mit 10 % des Versicherungswerts versichert.

Versicherungssumme, Höchsthaftungssumme

Die Versicherungssumme hat in der Güterversicherung Bedeutung für die Höhe der Entschädigung und für die Berechnung des Beitrags. Von der Versicherungssumme zu unterscheiden ist die Haftungssumme. Bei letzterer wird im Schadenfall keine Unterversicherung geltend gemacht, während bei der Versicherungssumme stets eine Berechnung der Unterversicherung erfolgt.

 ▶ **Beispiel**

Für ein Transportmittel ist ein Maximum von 1.000.000 EUR im Versicherungsvertrag vereinbart. Der Warenwert der Sendung beträgt 1.500.000 EUR. Es entsteht ein Schaden von 1.200.000 EUR. In Fall 1 ist das Maximum als Höchstversicherungssumme vereinbart, im zweiten Fall als Höchsthaftungssumme.

Fall 1: Der Versicherungswert (1.500.000 EUR) übersteigt die im Vertrag genannte Summe (Maximum, 1.000.000 EUR). Es liegt eine Unterversicherung vor. Der VN bekommt den Schaden nur anteilig ersetzt.

Formel: Entschädigung = Schaden x Versicherungssumme / Versicherungswert
1.200.000 EUR x 1.000.000 EUR / 1.500.000 EUR = 800.000 EUR

Fall 2: Der VR leistet maximal bis zur Höchsthaftungssumme, unabhängig von der Höhe des eigentlichen Schadens. In diesem Fall ersetzt der VR den eingetretenen Schaden bis maximal 1.000.000 EUR, da die Höchsthaftungssumme 1.000.000 EUR beträgt.

In diesem Zusammenhang wird auch des Öfteren der Begriff „Versicherung auf erstes Risiko" verwendet. Hierunter versteht man, dass der VR auf den Einwand einer Unterversicherung verzichtet. Erst-Risiko-Summen sind üblich bei Kostenpositionen z. B. für Bergungs- und Beseitigungskosten.

Versicherung auf erstes Risiko

Neben der Versicherungssumme ist das Maximum zu beachten: Unter Maximum wird die Obergrenze der Leistungspflicht des VR im Schadenfall für eine bestimmte Position (z. B. das Transportmittelmaximum) oder den ganzen Vertrag verstanden. Üblicherweise gibt es Maxima je Transportmittel (meistens noch mit einem Sublimit für Briefe, Päckchen und Pakete) sowie je risikotechnisch getrenntem Lager.

Maximum je Transportmittel bzw. Lager

Die Versicherungssumme soll dem Versicherungswert entsprechen, um eine Über- bzw. Unterversicherung zu vermeiden. Versicherungswert ist der Wert des zu versichernden Interesses. Dieser wird in Geld bestimmt.

4.1.6 Bestimmungen für den Schadenfall / Ersatzleistung

In der Klausel „Anweisungen für den Schadenfall" und im Bedingungswerk gehören zu den Pflichten des Versicherungsnehmers:

Pflichten des VN im Schadenfall

- die unverzügliche Schadenanzeige,
- das Abwenden und Mindern eines Schadens,
- die Befolgung von Anweisungen des VR,
- die Hinzuziehung eines Havariekommissars bzw. Sachverständigen,
- die Auskunfterteilung zum Zweck der Feststellung des Schadenfalls und des Umfangs der Leistungspflicht des VR,
- die Wahrung möglicher Regresse gegen Dritte.

Verletzt der VN diese Pflichten vorsätzlich oder grob fahrlässig, ist der VR leistungsfrei. Dies gilt allerdings nur dann, wenn die Verletzung Einfluss auf die Feststellung des Schadenfalles sowie auf die Feststellung und Höhe der Leistungspflicht des VR hatte.

▶ Definition

Der Havariekommissar ist eine vom VR bevollmächtigte neutrale Person oder Firma, die den am Schadenort eingetretenen Schaden der Ursache und Höhe nach festzustellen hat; er ist in der Regel ohne Vollmacht für Anerkennung oder Auszahlung des Schadens.

Havariekommissar

Nach Ziffer 16 der DTV-Güter 2000/2011 muss der VN einen versicherten Schaden innerhalb von 15 Monaten nach Ablauf des Transports bzw. der Verschollenheitsfrist (Ziffer 17.2: generell 60 Tage, in Europa 30 Tage) andienen. Dient der VN den Schaden nicht rechtzeitig schriftlich an, verwirkt er seinen Entschädigungsanspruch.

Schadenandienung und Verwirkung des Entschädigungsanspruchs

▶ Definition

Verschollenheit

Die Verschollenheit bezeichnet in der Güter- bzw. Kaskoversicherung den Zustand der Nichtauffindbarkeit von Gütern oder Schiffen. Die Verschollenheit ist eine Unterform des Totalverlustes.

Ersatzleistung

Wenn versicherte Güter in Verlust geraten sind oder beschädigt wurden, stellt sich die Frage, welche Ersatzleistung der VN erhält.

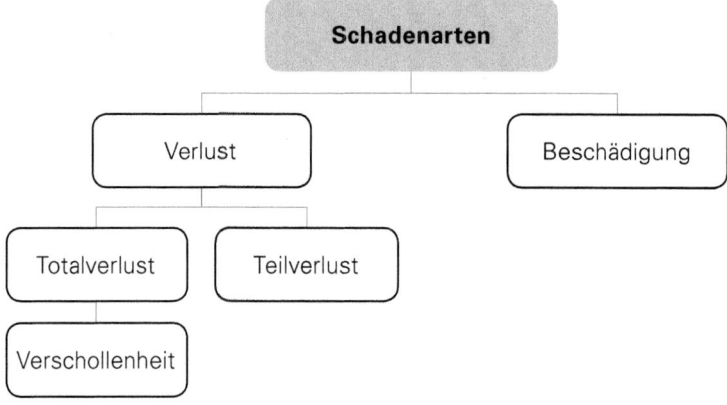

Abbildung 2: Schadenarten (eigene Darstellung)

Totalverlust

Entziehung von Gütern

Güter gelten als total verloren, wenn ihre äußere Substanz nicht mehr vorhanden ist, beispielsweise weil diese verdunstet, verbrannt oder ausgelaufen sind. Darüber hinaus kann man auch von einem Totalverlust sprechen, wenn die Güter dem Grunde nach noch vorhanden sind, diese aber dem VN dauerhaft entzogen sind. Typische Beispiele sind hierfür der Diebstahl oder die Beschlagnahme von Gütern. Von einem Totalverlust kann auch gesprochen werden, wenn z. B. Früchte total verdorben sind oder bei einem Vermischungsschaden es nahezu aussichtslos ist, die Bestandteile wieder voneinander zu trennen.

Teilverlust

Sind nur einzelne Teile der Güter beschädigt worden oder in Verlust geraten, spricht man vom Teilverlust. Führt allerdings der Teilverlust zur Entwertung der gesamten Sendung spricht man vom wirtschaftlichen Totalverlust.

▶ Beispiel

Bei einem 24-teiligen Porzellan-Kaffeeservice mit Tellern, Kaffeetassen und Kaffeetassenuntersetzern geraten vier Tassen in Verlust. Geht man davon aus, dass die vier Tassen nachbestellt werden können, besteht der Schaden lediglich im Verlust dieser vier Tassen. Da bei Porzellan, wie auch bei tierischen oder natürlichen Materialien, das Problem besteht, dass jede Serie der Güter optische Unterschiede aufweist und die neuen Tassen daher nicht zu den restlichen Teilen des Kaffeeservices passen, muss man in diesem Fall von einem wirtschaftlichen Totalschaden ausgehen: Das Kaffeeservice ließe sich nicht mehr zum Originalpreis verkaufen, der Restwert würde allerdings angerechnet.

Im Falle des Totalverlusts hat der VN Anspruch auf die volle Versicherungssumme. Sind nur einzelne Teile in Verlust geraten, ist auch nur der entsprechende Anteil vom VR zu ersetzen. Restwerte versicherter Sachen sind ebenso wie ersparte Aufwendungen und Kosten zu berücksichtigen. *Anrechnung von Restwerten*

Unter einer Beschädigung wird die äußere oder innere Veränderung bzw. Verschlechterung der Substanz einer Ware, die eine Minderung des Werts der Ware zur Folge hat, verstanden. Schäden sind z. B. Absplitterung, Abplatzen, Bruch, Beulen, Kratzer, Nässe/Feuchte, Korrosion, Schrammen, Verbiegen, Verbeulen, Verdrehen, Vermischung, Verschmutzung, Verderb, Aromaverlust, Geruchsannahme, Frischeverlust, Auftauen von Gefrierware. *Beschädigung*

Um den Schaden in Geldeinheiten zu ermitteln, benötigt man den sogenannten Gesundwert der Güter (gemeiner Handelswert bzw. gemeiner Wert im unversehrten Zustand) am Ablieferungsort. Außerdem muss der Krankwert ermittelt werden. Der Krankwert ist der Wert einer Ware im beschädigten Zustand zum Zeitpunkt und am Ort der Schadenfeststellung. *Gesundwert und Krankwert*

▶ **Beispiel**

Teile einer Obstlieferung wurden beschädigt. Der Versicherungswert beträgt 1.500 EUR. Der Wert des Obstes hat bei Ablieferung aber aufgrund einer Wertsteigerung 2.000 EUR betragen. Als Krankwert wurde vom Havariekommissar ein Betrag von 500 EUR festgestellt.

Der Wertunterschied zwischen Gesundwert (2.000 EUR) und Versicherungswert (1.500 EUR) beträgt 75 %. Der VR hat 75 % des Versicherungswertes zu ersetzen: 1.125 EUR.

Anstelle des Ausgleichs des reinen Schadens in Geldeinheiten hat der VN auch die Möglichkeit, vom VR die Kosten für die Wiederherstellung oder Wiederbeschaffung von beschädigten oder verlorenen Teilen zu verlangen. Hierunter fallen z. B. Kosten für Ersatzteile oder die Reparatur von Gütern. Sind letztere in Eigenleistung des VN möglich, so hat der VR auch diese Aufwendungen zu marktüblichen Konditionen zu ersetzen. *Wiederherstellung oder Wiederbeschaffung* *Reparatur*

▶ **Beispiel**

Ein Möbelhaus hat einen Holzschrank bestellt. Dieser wird beschädigt angeliefert: der Türgriff ist verkratzt. Der hauseigene Schreiner des Möbelhauses schleift den Türgriff ab und lackiert ihn neu. Der VR hat dem Möbelhaus die anteiligen Arbeitskosten und das Material zu ersetzen.

Ähnlich wie in der übrigen Schadenversicherung sehen auch die DTV-Güter 2000/2011 in Ziffer 17.5 eine Unterversicherungsregelung vor: *Unterversicherung*

Ist die Versicherungssumme niedriger als der Versicherungswert, so ersetzt der VR den Schaden und die Aufwendungen nur nach dem Verhältnis der Versicherungssumme zum Versicherungswert.

4.1.7 Risikofaktoren

Handlungssituation

Die Proximus Versicherung AG will den Absatz der Güterversicherung weiter ausbauen. In einer Vertriebsumfrage hat sich gezeigt, dass viele Ausschließlichkeitsvertreter den Absatz der Güterversicherung scheuen. Bei näherem Nachfragen liegen die Gründe hauptsächlich in der mangelnden Kenntnis des Produkts und der damit verbundenen Unsicherheit beim Verkaufsgespräch. Der Firmenkundenbereich beauftragt Sie mit der Erstellung eines Schulungskonzepts für den Außendienst. Hauptbestandteil einer ersten Schulung soll die Vermittlung der Risikofaktoren in der Güterversicherung sein.

Für die Beurteilung eines Risikos in der Güterversicherung – und somit für die Frage des Versicherungsschutzes und der Höhe des Beitrags – ist eine Standardisierung kaum möglich, da hier viele differenzierte Risikofaktoren von Bedeutung sind. Die folgenden zentralen Punkte lassen sich hier herausarbeiten:

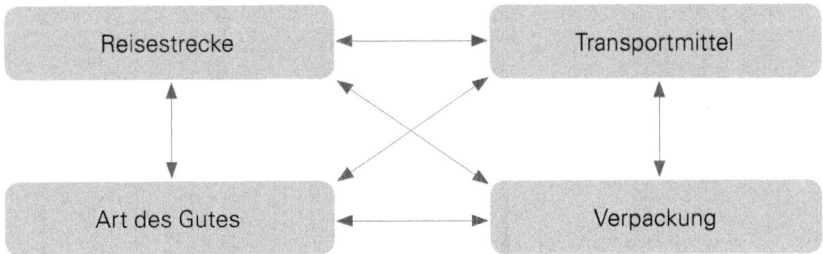

Abbildung 3: Risikofaktoren in der Güterversicherung (eigene Darstellung)

Daneben sind von Bedeutung der Umfang des Versicherungsschutzes („volle Deckung" oder „eingeschränkte Deckung"), ein vereinbarter Selbstbehalt (Franchise) und bei allen Merkmalen subjektive Einflüsse der beteiligten Personen.

- *Reisestrecke*

örtliche Verhältnisse

Klima, Straßenverhältnisse

Anhand der Reisestrecke kann der VR abschätzen, wie lange das Gut unterwegs sein wird. Während in Europa die Straßenverhältnisse gut bis sehr gut sind, ist dies in anderen Gebieten der Welt nicht unbedingt der Fall. Hinzu kommen die klimatischen Besonderheiten einzelner Länder wie z. B. tagelange Regenfälle und Hitze- oder Kälteperioden in asiatischen Ländern und Regionen. Außerdem gibt die Reisestrecke Auskunft über länderspezifische Hindernisse, z. B. bei der Einfuhr von Gütern (Zollabfertigung) oder den Möglichkeiten der Besichtigung im Schadenfall.

- *Transportmittel*

Eignung von Transportmitteln

Je nach Art des Gutes können Transportmittel für die Beförderung von Gütern unterschiedlich geeignet sein. Für die Beförderung von hochempfindlichen Sensoren ist die Bahn problematisch, bei verderblicher Ware eignet sich ein Transport mit dem Luftfahrzeug, um aufgrund der kurzen Transportdauer Schäden durch Verderb ausschließen zu können. In einem Flugzeug sind Güter geringeren mechanischen Belastungen ausgesetzt als in einem LKW.

Neben der Art des Transportmittels ist auch die Häufigkeit des Umladens zu berücksichtigen, da Schäden beim Be- und Entladen zu den häufigsten Schäden in der Güterversicherung zählen. Bei Transporten mit dem Schiff ist die Kenntnis über die Hafenanlagen wichtig. Gibt es z. B. für Schäden besonders anfällige Häfen, verfügt der Hafen über gesicherte Lagerstätten etc.? *Aus-, Ein- und Umladen*

Kenntnis der Hafenanlagen

▪ Art des Gutes

Die Risikoaffinität (Empfindlichkeit) von Gütern ist unterschiedlich. Hieraus ergeben sich verschiedene Anforderungen für die Verpackung und die Auswahl des Transportmittels. Je nach Art der Ware ergeben sich verschiedene Einflussfaktoren, wie Temperatur, Feuchte, Lüftung, Selbsterhitzung/Selbstentzündung, Geruch, Verunreinigung, mechanische Einflüsse, Schwund und Schädlingsbefall/Krankheiten. *Einflussfaktoren*

▪ Verpackung

Neben der Reisestrecke, dem verwendeten Transportmittel und der Art des Gutes ist festzulegen, welche Verpackung beanspruchungsgerecht ist, um Schäden zu verhindern. Vielfach wird der Transportversicherer jedoch vor vollendete Tatsachen gestellt, weil die Ware längst verpackt ist. Es verbleibt daher nur die Möglichkeit, über Selbstbehalte oder Beitragsanpassungen den Versicherungsschutz an das Risiko anzupassen. Wichtig ist in diesem Zusammenhang, dass der VN eine nicht beanspruchungsgerechte Verpackung (oder unsachgemäße Verladung) zu vertreten hat, sofern er diese vorsätzlich oder grob fahrlässig verschuldet hat. *beanspruchungs- gerechte Verpackung*

Aus Sicht der Transportversicherer dient die Verpackung in erster Linie dazu, Gut und Umwelt wechselseitig voreinander zu schützen. Hierzu gehört der nach innen gerichtete Schutz der Ware vor Substanzverlust. Die Verpackung hat das Gut dementsprechend gegen Verlust, Beschädigung, Diebstahl zu schützen. *Aufgaben der Verpackung*

Zur Verpackung gehört auch die richtige Verwendung von Verpackungs- und Polstermitteln, die Kennzeichnung von Packstücken („Vor Nässe schützen" etc.) und Korrosionsschutz bei rostempfindlichen Gütern. *Kennzeichnung*

▶ Tipp

Ausführliche Informationen zu den Transportrelationen, den verschiedenen Warenarten, zur Verpackung, Ladungssicherung und zu Containern finden sich im Internet unter www.tis-gdv.de.

4.1.8 Produktvarianten für unterschiedliche Zielgruppen

Handlungssituation

Ein Hersteller von Fertigungsmaschinen, die Müller-Maschinen GmbH, hat Kontakt mit der Proximus Versicherung AG aufgenommen. Der Kunde möchte seine Transporte versichern. Als Produktmanager für Transportversicherungen begleiten Sie den Ausschließlichkeitsvertreter zum Kunden und führen mit dem Kunden das Verkaufsgespräch. Im Mittelpunkt steht zunächst die Risikoermittlung, bevor Sie dann kalkulieren und ein Angebot abgeben.

individuelle Risikoprüfung

Die Güterversicherung orientiert sich üblicherweise beim Deckungsumfang am vorhandenen Risiko im Betrieb des VN. Standardisierte Deckungskonzepte sind hier selten. Da nur die Risiken im Vertrag berücksichtigt werden, die auch tatsächlich im Betrieb des VN vorhanden sind, ist die individuelle Risikoprüfung von Vorteil.

Risikoermittlung

Im Fokus bei der Risikoermittlung stehen neben den vom VN hergestellten Produkten die Roh-, Hilfs- und Betriebsstoffe. Je nachdem, ob es sich um einen Hersteller, Händler oder Reparaturbetrieb handelt, können diese unterschiedlich ausgestaltet sein. Berücksichtigt werden auch Investitionsgüter, die der VN zur Herstellung seiner Produkte benötigt. Üblicherweise sind dies Maschinen, die zum Teil einen sehr hohen Wert haben.

▶ Beispiel

Die Müller-Maschinen GmbH bezieht von Dritten u. a. Stahl, Schrauben, Platinen und Kabel, aus denen die Maschinen gefertigt werden. Aber auch Kartonagen für die Verpackung sowie Öl für die Schmierung der Maschinen werden importiert. Daneben liefert eine Druckerei die Bedienungsanleitung für die hergestellten Maschinen.

Zur Herstellung seiner Maschinen hat der Kunde sich vor kurzem eine neue Schneidemaschine gekauft. Die alte Maschine hat er nach Osteuropa weiterverkauft. Teilweise liefern ihm auch Fremdfirmen Maschinen, in denen die Müller-Maschinen GmbH dann die eigenproduzierte Steuerungstechnik einbaut.

Kenntnis über die Produkte und ihre Verpackung/Verladung

Der VN kennt seine Produkte am besten. Er kennt die besonderen Risiken seiner Produkte und weiß z. B., wie diese auf Kälte reagieren, ob diese rostempfindlich oder kopflastig sind. Ergänzend kann sich der VR im TIS Informationen über die Güter verschaffen. Auch der Kenntnis der Verpackung und Verladung kommt eine wichtige Bedeutung zu: Werden die Güter in Kisten oder Kartons verpackt? Lässt die Verpackung Rückschlüsse auf den Inhalt des Kartons zu? Wer nimmt die Verladung auf dem Transportmittel vor? Welche Korrosionsschutz-Methode (VCI-, Schutzschicht- bzw. Trockenmittelmethode) wird verwendet?

Handel findet heute über nationale Grenzen hinweg statt. Eine stark exportori-   *weltweiter Handel*
entierte Nation wie Deutschland lebt vom Handel mit dem Ausland. Die Über-
windung dieser physikalischen Grenzen vom Ort der Herstellung des Produkts
zum Verwendungsort erfolgt durch Transporte. Transporte nehmen in der Bewertung des Risikos der Güterversicherung daher eine wichtige Rolle ein. Unterschieden werden verschiedene Arten von Transporten:

- Bezüge/Importe und Versendungen/Exporte fakturierter Güter,   *Art der Transporte*

- Zwischentransporte zwischen eigenen und fremden Betriebs- und Lagerstätten (innerbetriebliche Transporte),

- Streckengeschäfte/Direktlieferungen (z. B. geht bei Händlern die Ware direkt
  vom Hersteller zum Empfänger, ohne dass diese der Händler physisch zu sehen bekommt),

- Muster- und Auswahlsendungen,

- Transporte zum Zweck der Vorführung, Demonstration und Präsentation,

- Transporte zum Zweck der Reparatur, Garantie und Gewährleistung,

- Transporte zum Zweck der Veredelung (z. B. von Textilien im Ausland) bzw.
  zum Fremdverpacken bei einem externen Dienstleister,

- Transporte von Investitionsgütern,

- Retouren und Rücksendungen.

▶ Definition

Von fakturierten Transporten spricht man, wenn für den jeweiligen Transport bzw.   *fakturierte Transporte*
die Sendung eine Handels- oder Proforma-Rechnung vorliegt. In der Faktura ist üblicherweise der Warenwert des Gutes zu finden, welcher das Risiko des VR darstellt.
Nicht fakturierte Transporte sind für den VR schwieriger einzuschätzen, da für den
Transport keine Handelsrechnung existiert, aber das Risiko im gleichen Maße vorhanden ist. Dies hat Auswirkung auf die Kalkulation des VR. Nicht fakturierte Transporte gehen weder in den Umsatz noch in eine Gesamtwerte-Aufstellung ein.

▶ Beispiel

Die Müller-Maschinen GmbH lässt eine Maschine zu einem potenziellen Interessen-
ten zum Zweck der Präsentation liefern. Anschließend wird die Maschine wieder zurück zur Müller-Maschinen GmbH transportiert. Für den Transport zum Interessen-
ten existiert keine Faktura. Auch nicht für den Rücktransport. Der VR trägt aber für
beide Transporte volles Risiko, wenn die Maschine beschädigt wird oder in Verlust
gerät. Im Umsatz des Kunden werden diese Transporte aber nicht berücksichtigt.

Für die Kalkulation ist es sehr wichtig, die einzelnen Warenströme (Art der   *Warenströme*
Transporte, Länder und beförderte Warenwerte) genau zu kennen. Erst wenn
diese genannt und beziffert sind, kann der VR mit diesen Angaben sein Risiko
beziffern und einen Beitrag kalkulieren.

▶ **Beispiel**

Unser Kunde hat aus seinen Abteilungen Vertrieb und Rechnungswesen die entsprechenden Angaben zusammengestellt. 90 % der Transporte werden mit Spediteuren abgewickelt, die wiederum 70 % der Transporte mit dem LKW durchführen, 25 % per Seefracht und 5 % per Lufttransport. Kleinsendungen werden per Post und mit Paketdiensten befördert. Die Aufteilung im Einzelnen:

Transporte/Land (Region)	BRD (in EUR)	Europa (in EUR)	Welt (in EUR)
Bezüge/Importe fakturierter Güter	2.000.000	3.000.000	10.000
Versendungen/Exporte fakturierter Güter	6.000.000	3.500.000	500.000
Zwischentransporte	10.000	k. A.	k. A.
Streckengeschäfte	70.000	5.000	k. A.
Muster- und Auswahlsendungen	5.000	2.000	500
Reparaturen etc.	12.000	k. A.	2.000
Veredelungstransporte etc.	1.000	k. A.	k. A.
Retouren und Rücksendungen	k. A.	k. A.	k. A.

Bildung der Versicherungssumme

Neben diesen Informationen benötigt der VR noch Angaben zur Bildung der Versicherungssumme (Fakturenwert: sollen Fracht, Zoll, Steuern, imaginärer Gewinn und Mehrwert mitversichert werden?) und zu den Maxima, die je Transportmittel bzw. Lager benötigt werden. Überschreiten letztere die Zeichnungskapazität des VR, muss sich dieser ggf. um eine Mitversicherung bemühen und weitere VR an dem Risiko beteiligen.

Ausstellungen und Messen

Reisegepäck und Musterkollektionen

Die Güterversicherung bietet die Option, die versicherten Güter auch während Ausstellungen und Messen (stationäres Risiko) zu versichern. Daneben ist es möglich, auch Reisegepäck oder Musterkollektionen mitzuversichern. Durch die verschiedenen Deckungsformen „volle Deckung" und „eingeschränkte Deckung" besteht die Möglichkeit, individuell auf die Bedürfnisse des VN abgestimmten Versicherungsschutz anzubieten, ggf. ergänzt um einen Selbstbehalt in Form einer Abzugs- oder Integralfranchise, wenn der Beitrag reduziert werden soll.

 ▶ **Definition**

Abzugsfranchise

Eine Abzugsfranchise ist ein Selbstbehalt (Franchise = Freiteil) am Schadenaufwand, den der VN bei jedem Schaden selbst trägt. Der VR tritt nach Abzug des vereinbarten Selbstbehaltes ein. Der Selbstbehalt kann sowohl als fester Betrag als auch als prozentuale Beteiligung vereinbart werden. Eine prozentuale Abzugsfranchise ist gebräuchlich bei der Versicherung von Flüssigkeiten in Fässern, Kanistern und Tanks. Wichtig ist, dass die Bezugsgrößen eindeutig definiert sind (z. B. je Palette, je Ladung, je Stück, je Flasche).

 ▶ **Definition**

Integralfranchise

Bei Vereinbarung einer Integralfranchise leistet der VR erst, wenn ein Schaden den vertraglich vereinbarten Freiteil (Prozentsatz vom Wert oder fester Betrag) übersteigt.

▶ **Beispiel**

Es gilt ein Selbstbehalt von 500 EUR vereinbart. Im ersten Fall als Abzugsfranchise und im zweiten Fall als Integralfranchise. Der eingetretene Schaden durch Verlust während des Transports beträgt 900 EUR.

Im ersten Fall wird der Selbstbehalt in voller Höhe vom Schaden abzogen. Der VR erstattet dem VN 400 EUR. Im zweiten Fall übersteigt der Schaden die Integralfranchise. Der VN bekommt vom VR den vollen Schaden, 900 EUR, ersetzt.

Neben der Vereinbarung eines Selbstbehalts ist in der Praxis bei größeren Verträgen üblich, den VN an einem positiven Verlauf des Vertrags zu beteiligen. Durch die Gewinnbeteiligung oder einen Schadenvorausrabatt kann der VR hierdurch das subjektive Risiko steuern. Der VN hat einen Anreiz für einen reduzierten Beitrag zur Güterversicherung, wenn er sich um die Vermeidung von Schäden bemüht.

Gewinnbeteiligung

Schadenvorausrabatt

Handlungssituation

Die Müller-Maschinen GmbH ist auch im Ausland aktiv. Der Kunde bittet Sie, ihm zu erläutern, welche Bedeutung die Gefahrtragung hat und welche Auswirkungen diese auf die Transportversicherung hat. Der Kunde bittet Sie auch, ihm zu erläutern, was in diesem Zusammenhang unter dem Begriff „Incoterms" zu verstehen ist.

Im Sinne der Lieferbedingungen bedeutet Gefahrtragung, dass zwischen Verkäufer und Käufer im Kaufvertrag vereinbart wird, wer die Gefahr des Verlusts oder der Beschädigung der Güter während des Transports trägt. Trägt der Verkäufer die Gefahr, so kann er vom Käufer keine Zahlung für verlorengegangene oder beschädigte Güter verlangen. Trägt der Käufer die Gefahr, so muss er die Güter trotz Verlust oder Beschädigung bezahlen. Derjenige, der die Gefahr trägt, hat also das finanzielle Risiko infolge eines Transportschadens und kann dieses über eine Güterversicherung abdecken.

Lieferbedingungen

Gefahr des Untergangs

Nationales Recht

Leistungsort – umgangssprachlich auch Erfüllungsort – im Sinne der deutschen Gesetze (§§ 447, 644 BGB, 29 ZPO) ist der Ort, an dem der Schuldner die Leistung zu erbringen hat. Im BGB regelt der Gesetzgeber sowohl den Platzkauf wie auch den Versendungskauf:

Leistungsort

- Platzkauf (*§§ 269, 446 BGB*)

  Käufer und Verkäufer befinden sich am gleichen Ort. Der Verkäufer muss die Güter bereitstellen. Der Käufer holt die Güter ab und trägt ab der Übergabe das Risiko.

Platzkauf

- Versendungskauf (*§ 447 BGB*)

  Käufer und Verkäufer sind nicht am gleichen Ort. Der Verkäufer sendet auf Verlangen des Käufers die Güter an den anderen Ort. Der Käufer trägt das Risiko ab der Übergabe an den Frachtführer bzw. Spediteur.

Versendungskauf

Verbraucher Eine Besonderheit besteht im geschäftlichen Verkehr mit Verbrauchern.

 ▷ **Definition**

Verbrauchsgüterkauf Ist der Käufer ein Verbraucher, legt § 478 Abs. 3 BGB abweichend von § 447 BGB fest, dass die Gefahr des Verlustes/der Beschädigung erst mit der Übergabe an den Verbraucher, d. h. mit der Ablieferung, auf den Verbraucher übergeht. Nach § 13 BGB ist ein Verbraucher jede natürliche Person, die ein Rechtsgeschäft zu einem Zweck abschließt, der weder ihrer gewerblichen noch ihrer selbstständigen beruflichen Tätigkeit zugerechnet werden kann.

Die Regelungen über den Gefahrübergang sind – mit Ausnahme des Verbrauchsgüterkaufs – dispositiver Natur. Daher wird jede der Vertragsparteien versuchen, die für sie vorteilhaftere Regelung zu vereinbaren.

Internationales Recht (Incoterms 2010)

Internationales Handelsrecht

Internationale Handelskammer

Wenn die Vertragsparteien ihren Sitz in verschiedenen Ländern haben, stellt sich – spätestens im Schadenfall – die Frage, welche Regelungen zur Gefahrtragung vereinbart oder welche nationalen Regelungen zugrunde zu legen sind, insbesondere dann, wenn hierüber in den Kaufverträgen keine eindeutigen Vereinbarungen getroffen wurden. Aus dieser Problematik heraus hat die Internationale Handelskammer (ICC) bereits im Jahr 1936 Regelungen geschaffen, die einheitlich und über Ländergrenzen hinweg zwischen den Vertragsparteien Klarheit schaffen sollen.

International Commercial Terms (icoterms)

Regelmäßig werden die International Commerical Terms (Incoterms) angepasst, um den Entwicklungen der Wirtschaft Rechnung zu tragen. Die Incoterms sollen vor allem die Art und Weise der Lieferung von Gütern regeln. Die Bestimmungen legen fest, welche Transportkosten der Verkäufer und welche der Käufer zu tragen hat und wer im Falle eines Verlusts der Güter das finanzielle Risiko trägt (Gefahrtragung bzw. Gefahrübergang).

Einbeziehung in den Kaufvertrag

Incoterms haben keine Gesetzeskraft; sie werden nur rechtskräftig, wenn sie zwischen Käufer und Verkäufer gültig vereinbart werden. Die Anerkennung durch Gerichte erfolgt nur bei Einbeziehung in einen Vertrag. Um rechtskräftig zu sein, muss im Vertrag z. B. erwähnt sein „CIP gemäß INCOTERMS 2010", wobei 2010 auf die jeweilige Version der Incoterms verweist. Sonderbestimmungen in einzelnen Verträgen zwischen den Parteien gehen den Incoterms vor. Die 11 Incoterms-Klauseln werden in vier unterschiedliche Gruppen eingeteilt:

Gruppe E	„E-Klausel" bzw. „Abholklausel"	
	EXW	ex work – ab Werk
Gruppe F	„F-Klauseln": Der Verkäufer hat den Haupttransport nicht zu bezahlen	
	FCA	free carrier – frei Frachtführer
	FAS	free alongside ship – frei Längsseite Schiff
	FOB	free on board – frei an Bord
Gruppe C	„C-Klauseln": Es handelt sich um sogenannte „Absender-klauseln", da der Verkäufer zwar den Haupttransport bis zum benannten Bestimmungsort oder Bestimmungshafen zu bezahlen hat, jedoch die Gefahrtragung beim Käufer liegt.	
	CFR	cost and freight – Kosten und Fracht
	CIF	cost, insurance, freight – Kosten, Versicherung, Fracht
	CPT	carriage paid to – frachtfrei
	CIP	carriage and insurance paid to – frachtfrei versichert
Gruppe D	„D-Klauseln": Es handelt sich um sogenannte „Ankunftsver-träge", da der Verkäufer alle Kosten und Gefahren bis zum benannten Bestimmungsort oder Bestimmungshafen trägt.	
	DAP	delivered at place – geliefert benannter Ort
	DAT	delivered at terminal – geliefert Terminal
	DDP	delivered duty paid – geliefert verzollt

Tabelle 5: Gruppen der Incoterms-Klauseln

Jede der Klauseln enthält eine Regelung zum Gefahrübergang. So geht z. B. bei der Klausel EXW die Gefahr vom Verkäufer auf den Käufer über, sobald der Verkäufer die Güter auf seiner Laderampe zur Abholung bereitstellt. Bei FOB, CFR und CIF geht die Gefahr auf den Käufer über, wenn die Ware an Bord des Schiffes im Verschiffungshafen verbracht ist, also auf dem Schiff abgesetzt wurde. Ist die Klausel CIP vereinbart, geht die Gefahr vom Verkäufer auf den Käufer mit der Übergabe an den ersten Frachtführer über.

Gefahrübergang bei EXW, FOB, CFR, CIF und CIP

Für den VN und auch den Transportversicherer sind die Klauseln CIF und CIP von besonderer Bedeutung. Das „I" im Namen („I" = Insurance = Versicherung) signalisiert, dass hier spezielle Versicherungsregelungen getroffen wurden.

CIF/CIP

Bei der CIF/CIP-Klausel wird der Verkäufer verpflichtet, zugunsten des Käufers eine Transportversicherung auf eigene Kosten abzuschließen. Besonders zu beachten hierbei ist, dass diese Transportversicherung

Versicherungspflicht

- nur zugunsten der Käufers gilt,
- nur während der Gefahrtragung des Käufers (CIP) bzw. nur während der See-reise gilt (CIF),

- nur den Mindestversicherungsschutz nach den Institute Cargo Clauses (C) gewährt,

- eine 10-prozentige Höherversicherung des Werts beinhaltet (Kaufpreis plus 10 %).

 ▶ **Tipp**

Weitere Informationen zu den Incoterms finden Sie beim GDV im TIS:
www.tis-gdv.de/tis/bedingungen/incoterms/inhalt.htm.

Auswirkung der Gefahrtragung auf die Güterversicherung

Grundsätzlich sollten Verkäufer und Käufer für den Teil der Reise, für den sie nach Kaufvertrag und Rechnungsstellung das kaufmännische Risiko tragen, eine Güterversicherung abschließen (Versicherung abhängig von der Gefahrtragung).

Schutz- und Konditionsdifferenzversicherung Darüber hinaus besteht z. B. für den Verkäufer die Möglichkeit, den Güterversicherungsvertrag dahingehend zu erweitern, dass Exporte auch dann versichert sind, wenn der Käufer infolge eines Transportschadens die Zahlung verweigert, obwohl der Schaden in seinem Gefahrtragungsbereich eingetreten ist, oder wenn bei Importen die eingekaufte Güterversicherung (CIF/CIP) einen Transportschaden nicht oder nicht ausreichend reguliert (Versicherung abhängig Gefahrtragung zuzüglich Schutz- und Konditionsdifferenzversicherungsklausel für die DTV-Güter 2000/2011).

unabhängig der Gefahrtragung Die am weitesten gehende Variante ist die Güterversicherung, unabhängig der kaufmännischen Gefahrtragung. In diesem Fall leistet der VR für alle versicherten Schäden und Verluste an den versicherten Gütern – unabhängig davon, in wessen Gefahrtragungsbereich die Schäden eingetreten sind (Versicherung unabhängig der Gefahrtragung).

 ▶ **Beispiel**

Einem Kaufvertrag liegt die Incoterms-Klausel CIF zugrunde. Nach der CIF-Klausel geht die Gefahr vom Verkäufer auf den Käufer mit der Verbringung auf dem Schiff im Verladehafen über.

Die Sendung besteht aus Ersatzteilen, die zunächst von München nach Hamburg per LKW und von dort weiter mit dem Seeschiff nach Japan gebracht werden sollen. Der Rechnungswert (110 %) ist mit 66.000 EUR angegeben. Dem Versicherungsvertrag, den der Verkäufer zugunsten des Käufers abgeschlossen hat, liegt die Regelung „abhängig der Gefahrtragung" zugrunde. Während der Seereise geht das Schiff unter und die Güter werden zerstört.

Der Verkäufer hat keinen Anspruch gegen den VR, da die Versicherung nur „abhängig der Gefahrtragung" abgeschlossen wurde. Der Gefahrübergang hat mit dem Absetzen des Gutes auf dem Seeschiff im Hamburger Hafen stattgefunden. Es würde aber ein Anspruch des Käufers auf Versicherung gegen den Verkäufer bestehen, da der Schaden im Gefahrtragungsbereich des Käufers entstanden ist und der Verkäufer nach der CIF-Klausel für die Seereise Versicherungsschutz vorhalten muss.

Handlungssituation

Die Müller-Maschinen GmbH hat sich entschieden, seine Transporte bei der Proximus Versicherung AG zu versichern. Entsprechend werden Sie gebeten, ein Angebot unter folgenden Maßgaben abzugeben: Versicherung aller Bezüge/Importe, Versendungen/Exporte und Zwischentransporte weltweit, keine Einzeldeklaration sondern summarische bzw. Umsatzmeldung, Versicherungsumfang „volle Deckung", Mitversicherung der Risiken Krieg, Streik und Aufruhr – ohne Selbstbeteiligung je Schadenfall. Es werden keine Ausstellungen/Messen besucht, es besteht kein Interesse an einer Reisegepäckversicherung. Im Jahr 2013 betrug der Gesamtumsatz des Unternehmens 10 Mio. EUR. Abrechnung nach Gesamtwerten oder Gesamtumsatz.

Dem Grunde nach hätte sich der VN auch dafür entscheiden können, nur einzelne Transporte zu versichern. Bei der Einzelversicherung wird ein einmaliger Transport mit einem Versicherungsvertrag gedeckt. Diese eher seltene Form kommt z. B. bei Transporten von Investitionsgütern oder Umzugsgütern vor.

Einzelversicherung

Der Beitrag berechnet sich nach dem Wert des Gutes. Häufig wird ein Mindestbeitrag vereinbart, der den eigentlichen Transportbeitrag um ein Vielfaches überschreitet, aber aufgrund der betriebswirtschaftlichen Fixkosten notwendig ist.

Mindestbeitrag

Üblich ist die Vereinbarung einer Rahmenpolice (Generalpolice, laufende Versicherung), in der je nach Bedarf sämtliche Transporte des Unternehmens (Bezüge, Versendungen, nicht fakturierte Transporte) pauschal versichert werden, ohne dass diese dem VR einzeln angezeigt werden müssen. Für den Kunden bringt dies den Vorteil, dass alle Transporte im Lauf eines Jahres automatisch versichert sind („Sleep-Easy-Deckung") und er nur einmalig die zur Abrechnung notwendigen Angaben zusammenstellen muss. Für den Abschluss der Vertrags ist eine genaue Analyse der versicherten Transporte erforderlich, damit auch Transporte berücksichtigt werden, die nicht fakturiert sind bzw. die nicht im Umsatz des Unternehmens enthalten sind, z. B. Rücksendungen, innerbetriebliche Transporte, Transporte zu Ausstellungen und Messen. Für die laufende Versicherung wird zusätzlich zu den DTV-Güter 2000/2011 die Klausel „Bestimmungen für die laufende Versicherung" (BIV) zugrunde gelegt, in der unter anderem Regelungen für die Anmeldung der Transporte enthalten sind.

Rahmenvertrag
Generalpolice
laufende Versicherung
BIV

Die Berechnung des Beitrages kann auf zwei Arten erfolgen: Zum einen in der Form der Abrechnung der insgesamt in einem Versicherungs- bzw. Geschäftsjahr beförderten Gesamtwerte, die der VN zu Beginn eines jeden neuen Versicherungsjahrs dem VR benennen muss. Dabei ist jedes Mal eine Unterteilung nach Ländergruppen erforderlich, um die für die verschiedenen Ländergruppen vereinbarten Beitragssätze richtig zuordnen und abrechnen zu können.

Abrechnung nach
Gesamtwerten

Zum anderen in Form der Umsatzabrechnung insbesondere bei größeren Policen. Zu Beginn der Versicherung bzw. bei erstmaliger Antragstellung kalkuliert der VR die Beiträge anhand der beförderten Gesamtwerte. Der VR setzt dann

Abrechnung auf
Umsatzbasis
Überprüfung

den errechneten Gesamtbeitrag ins Verhältnis zum Umsatz und errechnet hieraus den Umsatzbeitragssatz. Dieser gilt fortan für die kommenden Jahre. Problematisch ist hierbei allerdings, dass sich das Transportaufkommen des VN hinsichtlich der Länder im Lauf der Zeit ändern kann. Ist man bei der Kalkulation davon ausgegangen, dass z. B. nur 20 % der Importe aus Asien stammen und 80 % aus Deutschland, ändert sich das Risiko drastisch, wenn nun 60 % aus Asien und nur noch 40 % aus Deutschland bezogen werden. Der VR erhält also einen zu geringen Beitrag für das erhöhte Risiko.

Anhand der o. g. Angaben wird der Beitrag für die Generalpolice berechnet (die Beitragssätze beruhen auf Angaben aus dem Beitragstarif für Transportrisiken der Proximus Versicherung AG).

Bezüge und Importe	Deutschland	2.000.000 EUR	Beitragssatz 0,60 ‰
	Europa	3.000.000 EUR	Beitragssatz 1,00 ‰
	Welt	10.000 EUR	Beitragssatz 3,00 ‰*
Versendungen und Exporte	Deutschland	6.000.000 EUR	Beitragssatz 0,60 ‰
	Europa	3.500.000 EUR	Beitragssatz 1,00 ‰
	Welt	500.000 EUR	Beitragssatz 3,00 ‰*

Berechnung des Jahresbeitrags

Bezüge und Importe	Deutschland	2.000.000 EUR	x 0,60 ‰	1.200 EUR
	Europa	3.000.000 EUR	x 1,00 ‰	3.000 EUR
	Welt	10.000 EUR	x 3,00 ‰*	30 EUR
Versendungen und Exporte	Deutschland	6.000.000 EUR	x 0,60 ‰	3.600 EUR
	Europa	3.500.000 EUR	x 1,00 ‰	3.500 EUR
	Welt	500.000 EUR	x 3,00 ‰*	1.500 EUR
Pauschaler Beitrag für nicht fakturierte Transporte				200 EUR
Gesamtbeitrag (netto)				13.030 EUR

* einschl. Zulage für die Versicherung von Krieg und Streik 0,50 ‰

Tabelle 6: Abrechnung nach Gesamtwerten (eigene Darstellung)

Abrechnung nach Umsatz

Im ersten Jahr (genauer gesagt bei Vertragsabschluss) würde der VR wie bei der Abrechnung nach Gesamtwerten vorgehen (interne Rechnung). Er würde dann aber den Gesamtbeitrag von 13.030 EUR ins Verhältnis zum Umsatz (10 Mio. EUR) setzen.

Umsatzbeitragssatz Dies ergibt einen Umsatzbeitragssatz von ca. 0,13 %. Nur dieser Umsatzbeitragssatz würde im Versicherungsschein genannt und auch in den Folgejahren für die Abrechnung zugrunde gelegt. In den Folgejahren meldet der VN nur noch den jeweils im zurückliegenden Versicherungs- bzw. Geschäftsjahr erzielten Umsatz zur Abrechnung an.

1. Jahr	Umsatz 10,0 Mio. EUR	x 0,13 %	13.000 EUR
2. Jahr	Umsatz 11,2 Mio. EUR	x 0,13 %	14.560 EUR
3. Jahr	Umsatz 9,4 Mio. EUR	x 0,13 %	12.220 EUR

Tabelle 7: Berechnung des Jahresbeitrags (eigene Darstellung)

Es ist üblich, dass sowohl bei der Berechnung nach Gesamtwerten als auch bei der Umsatzabrechnung zu Beginn des Versicherungsjahrs ein Vorausbeitrag erhoben wird, der dem endgültigen Beitrag entsprechen soll. Daneben wird regelmäßig ein Mindestbeitrag vereinbart.

Voraus- und Mindestbeitrag

Güterversicherungen sind von der Versicherungssteuer befreit, wenn es sich um grenzüberschreitende Transporte handelt. In allen anderen Fällen – bei innerdeutschen Transporten – ist die Versicherungssteuer zu entrichten.

Versicherungssteuer

▶ Definition

Von der Besteuerung ausgenommen ist die Zahlung des Versicherungsentgelts für eine Versicherung beförderter Güter gegen Verlust oder Beschädigung als Transportgüterversicherung einschließlich Valorenversicherung und Kriegsrisikoversicherung, wenn sich die Versicherung auf Güter bezieht, die ausschließlich im Ausland oder im grenzüberschreitenden Verkehr einschließlich der Durchfuhr befördert werden; dies gilt nicht bei der Beförderung von Gütern zwischen inländischen Orten, bei der die Güter nur zur Durchfuhr in das Ausland gelangen. Die Besteuerung der Zahlung des Versicherungsentgelts für eine Haftpflichtversicherung bleibt unberührt.

§ 4 Abs. 10 Versicherungssteuergesetz

Für die Abrechnung bedeutet dies, dass bei einer Gesamtwerteabrechnung die innerdeutschen Transporte mit Versicherungssteuer abgerechnet werden müssen. Bei der Umsatzabrechnung ist eine Unterteilung nach Inlands- und Auslandsumsatz vorzunehmen. Ist dies nicht möglich, muss die Versicherungssteuer anteilig in Prozent des Gesamtumsatzes (Verhältnis der innerdeutschen und der grenzüberschreitenden Transporte) berechnet werden.

Aufteilung nach In- und Ausland

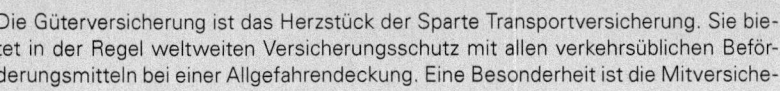

Zusammenfassung

Die Güterversicherung ist das Herzstück der Sparte Transportversicherung. Sie bietet in der Regel weltweiten Versicherungsschutz mit allen verkehrsüblichen Beförderungsmitteln bei einer Allgefahrendeckung. Eine Besonderheit ist die Mitversicherung von politischen Risiken wie Krieg, Streik und Aufruhr.

4.2 Transportrecht

Handlungssituation

Der Unternehmer Hans Schneller überlegt, in das Transportgewerbe einzusteigen. Er macht sich auch Gedanken, was auf ihn zukommt, wenn mal ein Transport „in die Hose geht". Als Produktmanager der Proximus Versicherung AG informieren Sie Herrn Schneller über die rechtlichen Rahmenbedingungen hinsichtlich der Haftung der Verkehrsträger.

  ▶ **Definition**

Verkehrsträger   Als Verkehrsträger kann im Transportrecht die Gesamtheit aller Unternehmen bezeichnet werden, die mit gleichen Verkehrsmitteln und auf gleichen Verkehrswegen identische Verkehrsdienstleistungen erbringen. Verkehrsträger sind der Straßengüterverkehr, der Eisenbahnverkehr, die Binnenschifffahrt, die Seeschifffahrt und der Luftverkehr.

Menge/Leistung	Einheit	2014	2015	2016
Beförderungsmenge				
Eisenbahnverkehr	1.000 t	365.003	367.314	363.512
Binnenschifffahrt	1.000 t	228.489	221.369	221.349
Seeverkehr	1.000 t	300.120	291.823	291.987
Luftverkehr	1.000 t	4.396	4.401	4.550
Rohöl-Rohrleitungen	1.000 t	87.728	90.660	92.208
Straßengüterverkehr	1.000 t	3.489.500	3.479.800	3.561.000
Beförderungsleistung				
Eisenbahnverkehr	Mio. tkm	112.629	116.632	116.164
Binnenschifffahrt	Mio. tkm	59.093	55.315	54.367
Rohöl-Rohrleitungen	Mio. tkm	17.541	17.714	18.761
Straßengüterverkehr	Mio. tkm	452.900	460.200	464.000

Tabelle 8: Verkehrsleistung in Deutschland: Güterbeförderung
(Quelle: Statistisches Bundesamt, www.destatis.de)

Organisation und Ablauf von Transporten

Güterverkehr   Für die Überwindung der Orte des Überflusses an Gütern und der Orte des Bedarfs an diesen Gütern bedient sich die verladende Wirtschaft der Experten aus dem Güterverkehrswesen.

  ▶ **Definitionen**

Absender   Der Absender ist der Vertragspartner des Frachtführers. Vom Absender erhält der Frachtführer die Güter zum Zwecke der Beförderung.

Versender bzw.   Versender bzw. Verlader ist ein Absender, der das Gut in die Obhut eines Dritten
Verlader   (Spediteur oder Frachtführer bzw. Verfrachter) gibt, um dieses zum Empfänger be-

fördern zu lassen. In der Regel ist der Absender der Hersteller des Gutes, dies kann aber auch ein Händler sein, der die Güter zu Kunden versenden will.

Wenn der Absender/Verlader die Güter nicht mit eigenen Transportmitteln beför- *Frachtführer bzw.* dert, beauftragt er fremde Unternehmen mit der Beförderung. Die Legaldefinition *Verfrachter* ergibt sich aus dem Frachtvertrag nach § 407 HGB. Danach ist Frachtführer, wer es gewerblich übernimmt, fremde Güter zu Lande, auf Binnengewässern oder mit Luftfahrzeugen zu befördern.

Der Spediteur ist nach deutschem Recht derjenige, der gewerbsmäßig die Versen- *Spediteur* dung von Gütern durch Frachtführer oder durch Verfrachter von Seeschiffen für Rechnung eines anderen (des Versenders) im eigenen Namen besorgt bzw. organisiert (§ 453 HGB). In der Praxis gibt es kaum noch Spediteure im obigen Sinn, sondern fast ausschließlich „Mischbetriebe": Der Spediteur besitzt auch Fahrzeuge und tritt gleichzeitig als Frachtführer auf (Spediteur im Selbsteintritt).

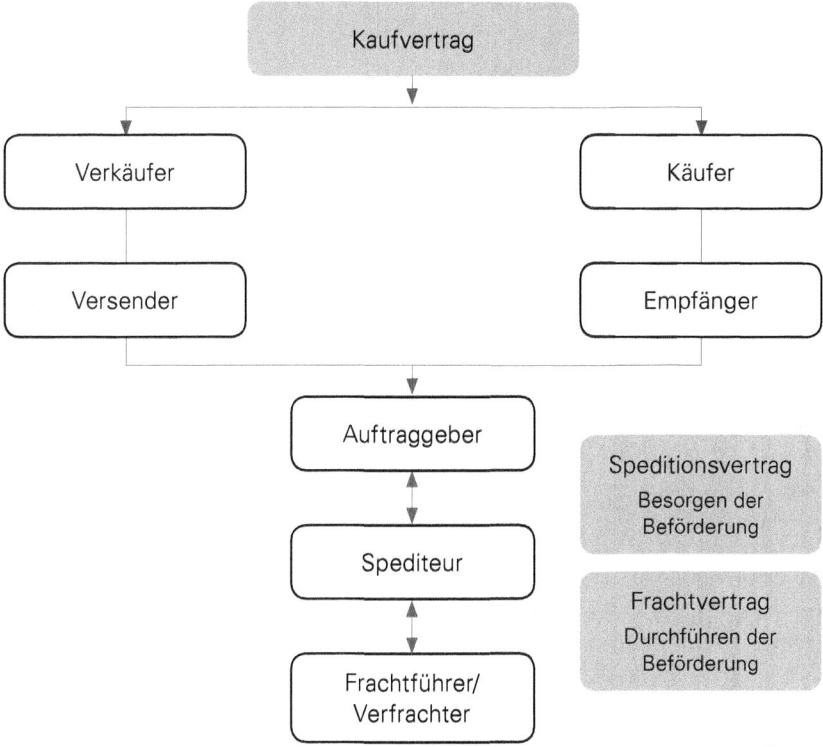

Abbildung 4: Vom Verkauf bis zum Versand (eigene Darstellung)

In der Praxis ist auch eine Unterscheidung zwischen nationalem und internati- *Rechtsgrundlagen* onalem Recht wichtig. Zum einen da Gütertransporte nicht an den nationalen Grenzen halt machen und zum anderen da internationale Transporte anderen Rechtsgrundlagen unterliegen. Während national nur noch eine Rechtsgrundlage für das Transportrecht Anwendung findet, wird im internationalen Recht noch nach dem Verkehrsträger (Straße, Schiff, Luftfahrzeug) unterschieden. Das nationale Transportrecht findet dann Anwendung, wenn der Übernahmeort und der Ablieferort im Inland (Deutschland) liegen.

4.2.1 Nationales Transportrecht

Rechtsgrundlage für die Haftung aus der gewerblichen Güterbeförderung ist das Handelsgesetzbuch (HGB). Die Bestimmungen über die Haftung des Frachtführers finden sich im Vierten Buch, Vierter Abschnitt, beginnend mit § 407 HGB.

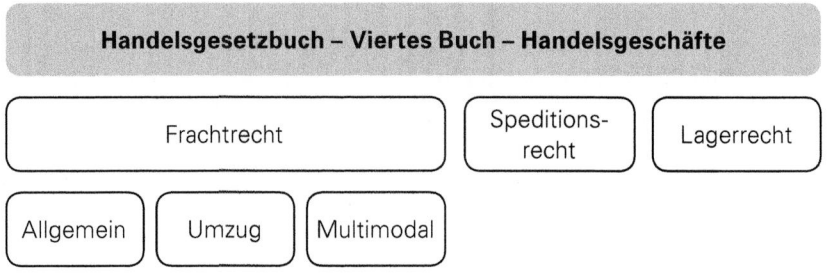

Abbildung 5: Aufbau des nationalen Transportrechts im HGB
(eigene Darstellung)

 ▷ **Definition**

§ 407 HGB
Frachtvertrag

(1) Durch den Frachtvertrag wird der Frachtführer verpflichtet, das Gut zum Bestimmungsort zu befördern und dort an den Empfänger abzuliefern.

(2) Der Absender wird verpflichtet, die vereinbarte Fracht zu zahlen.

(3) Die Vorschriften dieses Unterabschnitts gelten, wenn

1. das Gut zu Lande, auf Binnengewässern oder mit Luftfahrzeugen befördert werden soll und
2. die Beförderung zum Betrieb eines gewerblichen Unternehmens gehört.

Kaufleute
Verbraucher

Der Frachtvertrag bestimmt die Pflichten des Frachtführers und die Pflichten des Absenders. Obwohl §§ 407 ff. HGB Regelungen des Handelsrechtes sind, gelten diese gleichwohl für Kaufleute wie auch für Verbraucher.

Beteiligte am
Frachtvertrag

Beteiligte am Frachtvertrag sind demnach der Frachtführer, der Absender (Verkäufer) und mittelbar der Empfänger (Käufer). Vertragspartner sind allerdings nur der Frachtführer und der Absender (Verkäufer), wie die folgende schematische Übersicht der Beteiligten zeigt:

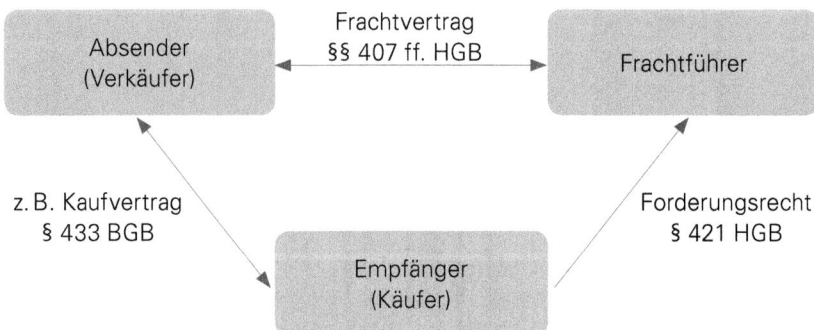

Abbildung 6: Beteiligte am Frachtvertrag (in Anlehnung an Wieske 2012)

Pflichten und Rechte des Absenders

a) *Pflichten des Absenders*

- Hauptpflicht: Frachtzahlung,

  Frachtzahlung

- Nebenpflichten: Verpackungspflicht, Kennzeichnungspflicht, Informationspflichten, Verladepflicht, Entladepflicht.

▶ Definition

Der Absender hat das Gut, soweit dessen Natur unter Berücksichtigung der vereinbarten Beförderung eine Verpackung erfordert, so zu verpacken, dass es vor Verlust und Beschädigung geschützt ist und dass auch dem Frachtführer keine Schäden entstehen. Soll das Gut in einem Container, auf einer Palette oder in oder auf einem sonstigen Lademittel, das zur Zusammenfassung von Frachtstücken verwendet wird, zur Beförderung übergeben werden, hat der Absender das Gut auch in oder auf dem Lademittel beförderungssicher zu stauen und zu sichern. Der Absender hat das Gut ferner, soweit dessen vertragsgemäße Behandlung dies erfordert, zu kennzeichnen.

§ 411 HGB Verpackung Kennzeichnung

Diese Verpflichtung trifft deshalb den Absender, weil er „sein Gut" am besten kennt. Die Verpackung muss einen normalen Transportablauf gewährleisten und sicherstellen, dass keine Schäden an dem Gut (u. a. bei geladenen Gütern) entstehen. Dies gilt auch für die Kennzeichnung auf der Verpackung (z. B. „zerbrechlich", Temperaturhinweise etc.).

Verpackungspflicht des Absenders

b) *Rechte des Absenders*

- Hauptrecht: Ankunft am Empfangsort, Kündigungsrecht,

  Weisungsrecht

- Nebenrechte: Weisungsrecht, Verlustvermutung.

Pflichten und Rechte des Frachtführers

a) *Pflichten des Frachtführers*

- Hauptpflicht: Transport an den Bestimmungsort/Ablieferung an Empfänger, Ablieferung innerhalb der vereinbarten oder üblichen Frist,

  Beförderungspflicht

- Nebenpflichten: Pflicht zur Einholung von Weisungen und Auskünften, Pflicht zur Einziehung der Nachnahme.

b) *Rechte des Frachtführers*

- Hauptrecht: Recht auf Frachtzahlung,

  Pfandrecht

- Nebenrecht: Frachtführerpfandrecht (zur Durchsetzung der Frachtzahlung).

4.2.2 Haftung des Frachtführers

Das HGB übernimmt den Grundsatz der Obhuts- bzw. Gefährdungshaftung. Ein Verschulden ist nicht erforderlich.

Gefährdungshaftung

a) Übernahme zur Beförderung und Ablieferung

Der Frachtführer haftet für den Schaden, der durch Verlust oder Beschädigung des Gutes in der Zeit von der Übernahme zur Beförderung bis zur Ablieferung oder durch Überschreitung der Lieferfrist entsteht.

§ 425 (1) HGB

Obhut

Maßgeblich für die Eintrittspflicht des Frachtführers ist der Umstand, dass ein Schaden während seiner Obhut entstanden ist. Eine Haftung trifft den Frachtführer aus der damit eingetretenen Vermögenseinbuße.

Übernahme zur Beförderung

Obwohl das HGB die „Übernahme" nicht näher definiert, ist diese dadurch gekennzeichnet, dass der Frachtführer, seine Gehilfen oder Unterfrachtführer den unmittelbaren Besitz an dem Gut erwerben. Dies tut er zur Erfüllung seiner frachtvertraglichen Pflichten. Übernimmt der Frachtführer auch die Verladung des Gutes, so beginnt die Übernahme mit der Bereitstellung durch den Absender und mit dem Willen des Frachtführers zur Ergreifung des Besitzes über das Gut, d. h. mit dem Beginn der Beladung. Die Übernahme muss zum Zweck der Beförderung erfolgen, d. h., der verfolgte Zweck der Übernahme, die Ortsveränderung in Richtung auf den Bestimmungsort, muss erfolgen.

Ablieferung beim Empfänger

Nach dem Ende der Beförderung erfolgt die Ablieferung beim Empfänger. Dieser Vorgang untergliedert sich ähnlich der Übernahme in der tatsächlichen Verschaffung der Gewalt (und des Besitzes) über das Gut, wie auch im Willen, die Sachherrschaft an der Sache zu erlangen.

Verkehrssitte

Für den Frachtführer ist der „Akt" der Ablieferung vollzogen, wenn er dem Empfänger gefahrlos die Möglichkeit verschafft, Besitz an dem Gut zu erlangen – beispielsweise durch Entfernung der Spriegel, Herabsenken des Ladeliftes oder Öffnen der Ladebordwand. Ergibt sich aus der Verkehrssitte oder abweichenden Vereinbarungen, dass der Frachtführer zu entladen hat, so sind diese ortsüblichen Sitten zu berücksichtigen.

Der Frachtführer hat seine Hauptpflicht aus dem Frachtvertrag erfüllt, wenn er das Gut an der vereinbarten Ablieferungsstelle an den berechtigten Empfänger abgeliefert hat.

b) Güter- und Verspätungsschäden (Lieferfrist)

Verlust

Kann ein Gut überhaupt nicht mehr abgeliefert werden, spricht man vom *Verlust*, unabhängig von der Tatsache, ob der Frachtführer freiwillig oder unfreiwillig den Besitz verloren hat und aufgrund welchen Ereignisses das Gut verloren ist (verbrannt, ausgelaufen, vermischt, verstreut, gestohlen).

Lieferfrist- überschreitung

Wird das Gut infolge einer Lieferfristüberschreitung oder eines Ablieferungshindernisses zum falschen Zeitpunkt oder gar nicht abgeliefert, fällt dies nicht unter einen Verlust.

Verlustvermutung

Kann der Verbleib eines Gutes nicht aufgeklärt werden oder verweigert der Frachtführer die Suche nach dem Gut, leitet sich nach Ablauf der in § 424 Abs. 1 HGB genannten Fristen ein Verlust her (sogenannte Verlustvermutung). Das Gut gilt verloren, wenn es weder innerhalb der Lieferfrist noch eines weiteren Zeitraums (der der Lieferfrist entspricht, mindestens jedoch 30 Tage) nicht abgeliefert wurde. Im Verkehr mit dem Ausland gelten 60 Tage.

Bei der Beschädigung führt eine innere oder äußere Veränderung der Substanz zu einer Wertminderung des objektiven Wertes des Gutes. Eine Entwertung kann durch Bruch, Verbiegen, Verbeulen, Verschrammen, Nässe, Annahme von Gerüchen, Verderb, Vermischung, Verkleben oder Auftauen begründet sein. Führt eine Beschädigung zu einem wirtschaftlichen Totalschaden, gilt sie weiterhin als Beschädigung und nicht als Verlust.

Beschädigung

Liefert der Frachtführer eine Ware nicht zu dem vereinbarten Zeitpunkt ab, können daraus Verspätungsschäden entstehen.

Verspätung

▶ **Definition**

Der Frachtführer ist verpflichtet, das Gut innerhalb der vereinbarten Frist oder mangels Vereinbarung innerhalb der Frist abzuliefern, die einem sorgfältigen Frachtführer unter Berücksichtigung der Umstände vernünftigerweise zuzubilligen ist (Lieferfrist).

§ 423 HGB Lieferfrist

Die Bestimmung knüpft an einen sorgfältigen Frachtführer und die Berücksichtigung der Umstände an. Selbst verursachte Reifenpannen, Maschinenschäden, Staus und Unfälle sind nicht geschützt.

Sorgfaltspflicht

c) Wertersatz

▶ **Definition**

(1) Hat der Frachtführer für gänzlichen oder teilweisen Verlust des Gutes Schadenersatz zu leisten, so ist der Wert am Ort und zur Zeit der Übernahme zur Beförderung zu ersetzen.

§ 429 HGB Wertersatz

(2) Bei Beschädigung des Gutes ist der Unterschied zwischen dem Wert des unbeschädigten Gutes am Ort und zur Zeit der Übernahme zur Beförderung und dem Wert zu ersetzen, den das beschädigte Gut am Ort und zur Zeit der Übernahme gehabt hätte. Es wird vermutet, dass die zur Schadensminderung und Schadensbehebung aufzuwendenden Kosten dem nach Satz 1 zu ermittelnden Unterschiedsbetrag entsprechen.

(3) Der Wert des Gutes bestimmt sich nach dem Marktpreis, sonst nach dem gemeinen Wert von Gütern gleicher Art und Beschaffenheit. Ist das Gut unmittelbar vor Übernahme zur Beförderung verkauft worden, so wird vermutet, dass der in der Rechnung des Verkäufers ausgewiesene Kaufpreis abzüglich darin enthaltener Beförderungskosten der Marktpreis ist.

Damit die Haftungsrisiken des Frachtführers kalkulierbar werden, orientiert sich die Schadenersatzleistung am Güterwert. Die Haftung des Frachtführers ist auf den Wert des Gutes, nicht auf den Schaden, begrenzt. Mittelbare Schäden, z.B. Güterfolgeschäden, hat er nicht zu ersetzen. Dies würde dem Prinzip entgegenstehen, die Risiken aus der Beförderung für den Frachtführer kalkulier- und versicherbar zu machen.

kein Ersatz von mittelbaren Schäden

Wertersatz bei Teil- und Totalverlust

Sind sämtliche beförderte Gegenstände der Sendung in Verlust geraten, spricht man vom Totalverlust. Der Frachtführer hat dann den gesamten Wert des Gutes (Sendung) am Ort und zur Zeit der Übernahme zur Beförderung zu ersetzen.

Marktpreis Zunächst wird vom Marktpreis ausgegangen oder, falls dieser nicht feststellbar ist, vom gemeinen Wert.

Die Regelungen für den Totalverlust gelten dem Grunde nach auch für den Teilverlust. Besteht eine Sendung aus mehreren einzelnen Teilen, z. B. Pakete, so sind für die Bestimmung des Wertersatzes nur die in Verlust geratenen Pakete zu berücksichtigen.

Wertersatz bei Beschädigung

Wertminderung Wird das Gut beschädigt abgeliefert, ist der Grad bzw. Zustand der Beschädigung bei der Ablieferung maßgeblich für die Ermittlung der Wertminderung. Die Wertminderung bemisst sich aus dem Wert zum Zeitpunkt und am Ort der Übernahme und dem Zustand des Gutes bei der Ablieferung.

d) Schadenfeststellungs- und sonstige Kosten

§ 430 HGB

▶ **Definition**

Bei Verlust oder Beschädigung des Gutes hat der Frachtführer über den nach § 429 zu leistenden Ersatz hinaus die Kosten der Feststellung des Schadens zu tragen.

Schadenfest-
stellungskosten § 430 HGB sieht eine Übernahme der Schadenfeststellungskosten vor, da es sich bei diesen Kosten um Aufwendungen handelt, die der infolge des Substanzschadens am Gut erlittenen Vermögenseinbuße nahe stehen.

▶ **Beispiel**

Zu den ersatzpflichtigen Kosten zählen insbesondere Aufwendungen für Sachverständige, Gutachter und Havariekommissare oder besonderes Personal zum Zweck der Schadenfeststellung. Regelmäßig nicht erstattungsfähig sind vom Geschädigten veranlasste Privatgutachten oder Kosten der Schadenandienung.

Schadenminderung Schadenminderungs- und -abwendungskosten sind nach § 430 HGB nicht zu erstatten, bei der Berechnung des Substanzschadens aber zu berücksichtigen.

§ 432 HGB
Ersatz sonstiger
Kosten

▶ **Definition**

Haftet der Frachtführer wegen Verlust oder Beschädigung, so hat er über den nach den §§ 429 bis 431 zu leistenden Ersatz hinaus die Fracht, öffentliche Abgaben und sonstige Kosten aus Anlass der Beförderung des Gutes zu erstatten, im Fall der Beschädigung jedoch nur in dem nach § 429 Abs. 2 zu ermittelnden Wertverhältnis. Weiteren Schaden hat er nicht zu ersetzen.

Kosten aus Anlass
der Beförderung Sonstige Kosten, die aus Anlass der Beförderung entstanden sind, hat der Frachtführer aufgrund § 432 HGB zusätzlich, d. h. ohne Haftungslimitierung nach § 431 HGB zu erstatten, wenn er für den Verlust oder die Beschädigung eines Gutes haftet. Hinsichtlich der Frachtkosten fallen hierunter die für den Transport im Voraus bezahlten Frachtkosten, nicht jedoch Kosten des Rücktransports zum Absender oder Reparaturbetrieb aufgrund Beschädigungen. Abgaben und sonstige Kosten aufgrund des Schadens sind nicht Gegenstand des Ersatzanspruchs.

§ 432 Satz 2 HGB regelt abschließend, dass den Frachtführer bei allen Schäden, die aufgrund Verlust, Beschädigung oder Überschreitung der Lieferfrist eintreten, über die in den §§ 425 bis 432 HGB geregelten Tatbestände keine Ersatzpflicht trifft. Insbesondere ergibt sich hieraus, dass Güterfolgeschäden generell nach dem Frachtrecht nicht beanspruchbar sind.

kein Ersatz von Güterfolgeschäden

e) Haftung bei sonstigen Vermögensschäden

> ### ▶ Definition
>
> Haftet der Frachtführer wegen der Verletzung einer mit der Ausführung der Beförderung des Gutes zusammenhängenden vertraglichen Pflicht für Schäden, die nicht durch Verlust oder Beschädigung des Gutes oder durch Überschreitung der Lieferfrist entstehen, und handelt es sich um andere Schäden als Sach- oder Personenschäden, so ist auch in diesem Falle die Haftung begrenzt, und zwar auf das Dreifache des Betrags, der bei Verlust des Gutes zu zahlen wäre.

§ 433 HGB Haftungshöchstbetrag bei sonstigen Vermögensschäden

Maßgeblich für eine Haftung aus Vermögensschäden sind weiterhin die nach der pVV (Pflichtverletzung, positive Vertragsverletzung) hergeleiteten Prinzipien. Allerdings werden diese für transportspezifische Risiken insoweit beschränkt, sofern diese mit der Ausführung der Beförderung vertraglicher Pflichten zusammenhängen. Branchenfremde Tätigkeiten eines Frachtführers wie speditionelle Verrichtungen, Lagerhaltung, Verpackungs- und Kommissionierungsarbeiten sind durch § 433 HGB nicht geschützt.

transportspezifische Risiken

Hat der Frachtführer die sonstigen Vermögensschäden zu vertreten, so hat er den dreifachen Betrag, der bei Verlust des Gutes zu zahlen wäre, zu ersetzen (z. B. Nichteindeckung einer Güterversicherung); bei Verlust, Beschädigung oder unrichtiger Verwendung von Urkunden hat der Frachtführer den einfachen Betrag zu vertreten, der bei Verlust des Gutes zu zahlen wäre. Für Nachnahmefehler haftet der Frachtführer nach § 422 HGB mit dem Betrag der Nachnahme.

Nachnahmefehler

f) Haftungshöchstgrenzen

Dem Frachtrecht liegt eine strenge Obhutshaftung zugrunde, die in der Regel ein Verschulden des Frachtführers nicht erfordert. Diese Anspruchserleichterungen für den Geschädigten sollen als Ausgleich für den Frachtführer durch Haftungshöchstbeträge begrenzt werden.

Haftungshöchstbetrag

> ### ▶ Definition
>
> (1) Die nach den §§ 429 und 430 zu leistende Entschädigung wegen Verlust oder Beschädigung der gesamten Sendung ist auf einen Betrag von 8,33 Rechnungseinheiten für jedes Kilogramm des Rohgewichts der Sendung begrenzt.
>
> (2) Sind nur einzelne Frachtstücke der Sendung verloren oder beschädigt worden, so ist die Haftung des Frachtführers begrenzt auf einen Betrag von 8,33 Rechnungseinheiten für jedes Kilogramm des Rohgewichts
> 1. der gesamten Sendung, wenn die gesamte Sendung entwertet ist,
> 2. des entwerteten Teils der Sendung, wenn nur ein Teil der Sendung entwertet ist.
>
> (3) Die Haftung des Frachtführers wegen Überschreitung der Lieferfrist ist auf den dreifachen Betrag der Fracht begrenzt.

§ 431 HGB

Haftungshöchstgrenzen bei Teil- und Totalverlust

8,33 SZR/kg   Die zu leistende Entschädigung des Frachtführers nach §§ 429 und 430 HGB ist auf 8,33 Rechnungseinheiten je Kilogramm begrenzt.

▶ Definition

Rechnungseinheiten
Sonderziehungsrecht
(SZR)

Unter dem Begriff „Rechnungseinheiten" wird das Sonderziehungsrecht (SZR) des Internationalen Währungsfonds (IWF) verstanden. Hierbei handelt es sich um eine „Kunstwährung", die sich aus einem Währungskorb mit dem Umrechnungskurs verschiedener Währungen zusammensetzt und nur geringen Kursschwankungen unterliegt. Seit 01.01.1999 besteht der Währungskorb aus US-Dollar, Euro, Japanischem Yen und Englischem Pfund. Am 08.07.2018 entsprach 1 SZR einem Gegenwert von 1,20 EUR (8,33 SZR = ca. 10 EUR). Maßgeblicher Zeitpunkt für den Umrechnungskurs ist der Tag der Übernahme des Gutes zur Beförderung, sofern nichts anderes vereinbart wurde. Die aktuellen SZR-Werte finden sich unter www.tis-gdv.de oder unter www.imf.org.

Rohgewicht der
Sendung

Bezugsgröße für die Anwendung der Rechnungseinheit ist das Kilogramm des Rohgewichts der Sendung. Das Rohgewicht, auch Bruttogewicht, umfasst das Gesamtgewicht des Gutes einschließlich der Verpackung.

Hat der Frachtführer für den Totalverlust der kompletten Sendung, nicht einzelner Teile, einzustehen, so ist bei der Berechnung der Entschädigung das Gesamtgewicht der Sendung anzuwenden. Ein Teilverlust ist anzunehmen, wenn einzelne Frachtstücke der Sendung in Verlust geraten. Für die Berechnung des Haftungshöchstbetrags kommt es darauf an, ob die gesamte Sendung oder ein Teil als „entwertet" anzusehen ist. Trifft letzteres zu, ist nur das Gewicht des entwerteten Teils der Sendung maßgeblich.

▶ Beispiel

Ein mit Hochglanzbroschüren beladener LKW gerät in Brand. Es handelt sich um einen Totalverlust. Das Ladungsgewicht der Druckstücke hat 3 Tonnen betragen, der Warenwert der Broschüren 75.000 EUR. Der Verlag fordert vom Frachtführer Schadenersatz in voller Höhe von 75.000 EUR. Der Wert eines SZR entspricht bei der Übernahme 1,1378 EUR zur Berechnung des Haftungsanspruchs:

Der Verlag hat einen Anspruch gegen den Frachtführer aus dem Frachtvertrag nach § 407 HGB. Eine bestimmungsgemäße Ablieferung ist nicht erfolgt. Der Frachtführer haftet für den Schaden nach § 425 HGB, da der Schaden zwischen Übernahme zur Beförderung und der (nicht erfolgten) Ablieferung entstanden ist. Haftungsausschlüsse nach §§ 426, 427 HGB bestehen nicht. Der Frachtführer hat zunächst nach § 429 HGB Wertersatz in Höhe von 75.000 EUR zu leisten. § 431 Abs. 1, 4 HGB regeln jedoch abweichend, dass die Haftung auf 8,33 SZR je kg begrenzt ist. Demnach errechnet sich:

Rohgewicht der Sendung (kg) x Wert eines SZR (in EUR) x 8,33 SZR = Entschädigung (in EUR)

3.000 kg x 1,1378 EUR x 8,33 SZR = 28.433,62 EUR

Der Geschädigte hat einen Anspruch gegen den Frachtführer auf 28.433,62 EUR. Weitergehende Ansprüche bestehen nicht. An diesem Beispiel lässt sich gut erkennen, warum für den Absender eine Güterversicherung sehr wichtig ist. Hat der Verlag keine Güterversicherung abgeschlossen, muss der Verlag die Differenz zwischen gesetzlicher Haftung und tatsächlichem Schaden, insgesamt also 46.566,38 EUR, selbst tragen.

Haftungshöchstgrenzen bei Beschädigung und Lieferfristüberschreitung

Die Haftungshöchstgrenzen bei Beschädigung des übernommenen Gutes ent-sprechen denen, die bei Teil- und Totalverlust des Gutes anzuwenden sind. Eine Unterscheidung ergibt sich nur dahingehend, dass bei der Beschädigung auf den „Teil" der Sendung abgestellt wird.

Teil der Sendung

Wird der Frachtführer wegen der Überschreitung der vereinbarten Lieferfrist in Anspruch genommen, ist seine Haftung auf den dreifachen Betrag des Fracht-entgeltes beschränkt. Die Fracht entspricht der nach § 407 HGB zu zahlenden Vergütung für die Beförderung der gesamten Güter und der gesamten Beför-derungsstrecke.

dreifacher Betrag

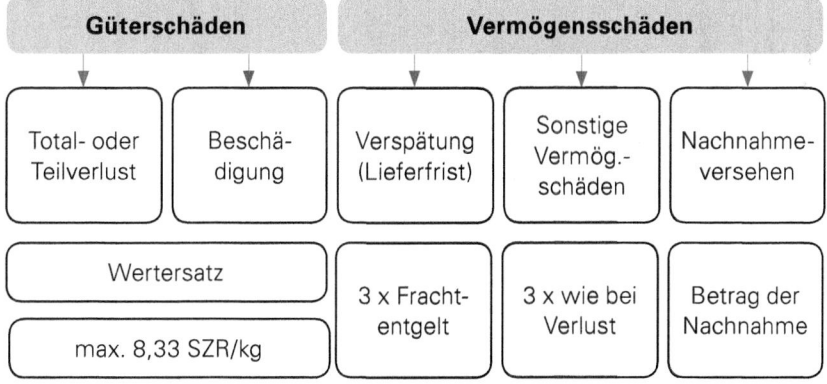

Abbildung 7: Die Regelhaftung des Frachtführers nach dem HGB
(eigene Darstellung)

g) Unbeschränkte Haftung („qualifiziertes Verschulden, grobe Schuld")

> Die in diesem Unterabschnitt und im Frachtvertrag vorgesehenen Haftungs-befreiungen und Haftungsbegrenzungen gelten nicht, wenn der Schaden auf eine Handlung oder Unterlassung zurückzuführen ist, die der Frachtfüh-rer oder eine in § 428 genannte Person vorsätzlich oder leichtfertig und in dem Bewusstsein, dass ein Schaden mit Wahrscheinlichkeit eintreten wer-de, begangen hat.

§ 435 HGB

In der Praxis häufen sich Fälle, in denen der Geschädigte Schadenersatz in un-begrenzter Höhe nach § 435 HGB fordert. Dies ist insbesondere der Fall, wenn bei hochwertigen Gütern die begrenzte Haftung mit 8,33 SZR/kg aus Sicht der Geschädigten nur einen unverhältnismäßigen Schadenausgleich vorsieht (ge-ringes Gewicht = geringe Haftung).

höherwertige Güter

Voraussetzungen der Haftungsdurchbrechung

Tun oder Unterlassen

Es gibt zwei Voraussetzungen für eine Haftungsdurchbrechung: Zum einen vorsätzliches Tun oder Unterlassen und zum anderen leichtfertiges Handeln in dem Bewusstsein, dass ein Schaden mit Wahrscheinlichkeit eintreten werde. Rechtlich ist das „qualifizierte Verschulden" eingeordnet zwischen der groben Fahrlässigkeit und dem Vorsatz.

Fahrlässigkeit

„Fahrlässig handelt, wer die im Verkehr erforderliche Sorgfalt außer Acht lässt" (§ 276 Abs. 1 Satz 2 BGB). Wird diese Sorgfaltspflicht in besonderem Maße außer Acht gelassen, kann von einer groben Fahrlässigkeit ausgegangen werden.

Vorsatz

Das bewusste und im Bewusstsein der Rechtswidrigkeit gewollte Verhalten wird als Vorsatz definiert. Es genügt nach § 435 HGB bereits jede Form des Vorsatzes, um eine Haftungsdurchbrechung zu bewirken.

Leichtfertigkeit

Leichtfertig handelt gemäß HGB, wer sich in besonders krasser Weise über Interessen seines Vertragspartners hinwegsetzt. Dies trifft auch dann zu, wenn grundlegende, auf der Hand liegende Sorgfaltspflichten verletzt und naheliegende Überlegungen nicht angestellt werden, oder wenn man sich über Bedenken in Anbetracht der Gefahren hinwegsetzt, die sich jedem aufdrängen müssen. Die Bewertung richtet sich nach objektiven Maßstäben des an den Tag gelegten Verhaltens. Im Ergebnis ist Leichtfertigkeit zwischen grober Fahrlässigkeit und Vorsatz anzusiedeln („bewusste grobe Fahrlässigkeit").

 ▶ **Beispiel**

> Leichtfertig sind z. B. fehlende Ein- und Ausgangskontrollen in Lagern, das Abstellen eines ungesicherten LKWs in Gebieten mit hoher Autodiebstahlrate oder unzureichende Kontrollen der Temperatur bei temperaturgeführten Gütern.

Neben dem Tatbestandsmerkmal der Leichtfertigkeit ist auf das Bewusstsein hinsichtlich des schädigenden Erfolgs abzustellen.

Bewusstseinsbildung

Nach höchstrichterlicher Auffassung ist es von Bedeutung, dass der Schädiger das Bewusstsein hatte, dass ein Schaden eintreten kann. Neben der Bewusstseinsbildung des Schadens an sich wird zudem auf das Bewusstsein der Wahrscheinlichkeit des Schadeneintrittes abgestellt. Dieses subjektive Tatbestandsmerkmal ist bereits gegeben, wenn ein unbeteiligter Dritter zu der Überzeugung gelangt, dass das „gerade noch mal gut gegangen ist". Die Wahrscheinlichkeit des Schadeneintritts war demnach hoch oder sehr naheliegend. Dem Schädiger muss bewusst sein, dass eine Wahrscheinlichkeit des Schadeneintrittes besteht. Er muss zu der Erkenntnis gelangen, dass durch sein (leichtfertiges) Verhalten mit Wahrscheinlichkeit ein Schaden entsteht.

Einlassungspflicht des Schädigers

Grundsätzlich hat der Geschädigte die Beweislast für das Vorliegen der die Haftung durchbrechenden Tatbestandsmerkmale. Den Frachtführer trifft eine prozessuale Einlassungspflicht (Aufklärungspflicht). Er hat insbesondere seine Transportorganisation in räumlicher, personeller und zeitlicher Hinsicht darzulegen.

h) Haftungsausschlüsse

Dem Frachtrecht liegt eine gerechte Interessenverteilung im Hinblick auf die Haftungsgrundsätze zugrunde. Insbesondere in § 435 HGB erfolgt eine Interessenverteilung zugunsten des Geschädigten, wenn dem Frachtführer ein schwerwiegendes verwerfliches Verhalten zukommt. Im Umkehrschluss und als weiterer Ausgleich für die verschärfte Haftung hat der Gesetzgeber Haftungsausschlüsse zugunsten des Frachtführers vorgesehen.

gerechte Interessenverteilung

Grob untergliedert ergeben sich nach § 426 HGB einfache Haftungsausschlüsse, nach § 427 HGB bevorrechtigte Haftungsausschlüsse und über § 425 Abs. 2 HGB Haftungsausschlüsse, wenn ein Verhalten des Absenders oder Empfängers bei der Entstehung des Schadens mitgewirkt hat.

▶ Definition

Der Frachtführer ist von der Haftung befreit, soweit der Verlust, die Beschädigung oder die Überschreitung der Lieferfrist auf Umständen beruht, die der Frachtführer auch bei größter Sorgfalt nicht vermeiden und deren Folgen er nicht abwenden konnte.

§ 426 HGB Haftungsausschluss

Für unvermeidbare Schäden hat der Frachtführer nach § 426 HGB nicht einzustehen. Auf die Versagung der Haftung kann sich der Frachtführer nur dann berufen, wenn er bei Schäden durch Verlust, Beschädigung und Überschreitung der Lieferfrist trotz größtmöglicher und den Umständen entsprechender Sorgfalt den Schaden nicht vermeiden konnte. Dies spricht dafür, dass der Frachtführer das Verschulden zu vertreten hat, ihn bei Unabwendbarkeit aber keine Haftung trifft. Maßgeblich sind objektive Kriterien eines „idealen" Frachtführers.

unvermeidbare Schäden

▶ Beispiel

Unabwendbar sind beispielsweise Brände, die von der Ladung ausgehen oder auf Brandanschläge zurückzuführen sind, oder bewaffneter Raub in einem Umschlagslager. Regelmäßig vermeidbar sind Schäden durch Wetter- und Witterungseinflüsse (Vorhersehbarkeit), Verkehrshindernisse und Unfälle (sofern nicht § 7 Abs. 2 StVG – unabwendbares Ereignis – Anwendung findet) und Mängel am Transportmittel.

Für Beförderungsrisiken, die über das normale Maß hinausgehen und nicht in den Verantwortungs- und Risikobereich des Frachtführers fallen, sieht der Gesetzgeber weitere Ausschlussgründe vor.

Ausschlüsse von der Haftung

Der Frachtführer ist von seiner Haftung befreit, soweit der Verlust, die Beschädigung oder die Überschreitung der Lieferfrist auf eine der folgenden Gefahren zurückzuführen ist:

§ 427 Abs. 1 HGB

1. vereinbarte oder der Übung entsprechende Verwendung von offenen, nicht mit Planen gedeckten Fahrzeugen oder Verladung auf Deck,
2. ungenügende Verpackung durch den Absender,
3. Behandeln, Verladen oder Entladen des Gutes durch den Absender oder den Empfänger,

4. natürliche Beschaffenheit des Gutes, die besonders leicht zu Schäden, insbesondere durch Bruch, Rost, inneren Verderb, Austrocknen, Auslaufen, normalen Schwund, führt,

5. ungenügende Kennzeichnung der Frachtstücke durch den Absender,

6. Beförderung lebender Tiere.

- *Offene Fahrzeuge und Deckverladung (§ 427 Abs. 1 Nr. 1 HGB)*

Schäden durch offene Transportmittel

Führt beispielsweise Rost an Metallen aufgrund der Verladung im vereinbarten offenen Transportmittel zu einem Schaden, ist ein Haftungsausschluss gegeben.

- *Verpackungsmangel (§ 427 Abs. 1 Nr. 2 HGB)*

beanspruchungs-gerchte Verpackung

Das Gut muss beanspruchungsgerecht verpackt sein, d. h. unter Berücksichtigung der eingesetzten Transportmittel, Strecken und üblicher Temperatureinwirkungen. Es ist auf einen normalen Transportverlauf abzustellen.

- *Behandeln, Verladen oder Entladen des Gutes (§ 427 Abs. 1 Nr. 3 HGB)*

fehlerhafte Behandlung des Guts

Schäden, die sich aus der fehlerhaften Behandlung, Ver- und Entladung durch den Absender (bzw. Empfänger) ereignen, muss sich der Frachtführer nicht zurechnen lassen.

▶ Definition

beförderungssicher, betriebssicher

§ 412 Abs. 1 HGB

Soweit sich aus den Umständen oder der Verkehrssitte nichts anderes ergibt, hat der Absender das Gut beförderungssicher zu laden, zu stauen und zu befestigen (verladen) sowie zu entladen. Der Frachtführer hat für die betriebssichere Verladung zu sorgen.

▶ Beispiel

Beförderungssicher bedeutet, dass die Ware durch beförderungsbedingte transportübliche Ereignisse nicht beschädigt werden darf, z. B. durch Erschütterung, Schwanken, Umfallen, Verschieben, Herabfallen, Notbremsung, Ausweichmanöver, Fliehkräfte bei Kurvenfahrten, schlechte Straßenverhältnissen und übliche Rangierstöße.

Betriebssicher bedeutet, dass der Frachtführer dafür zu sorgen hat, dass das Beförderungsmittel nach der Verladung während des Transports jeder Verkehrslage gewachsen ist, es dürfen z. B. weder Stabilität noch Bremsverhalten des Beförderungsmittels beeinträchtigt werden.

- *Natürliche Beschaffenheit des Gutes* (§ 427 Abs. 1 Nr. 4 HGB)

Beschaffenheits-schaden

Diese Regelung betrifft Güter mit erhöhter Schadensanfälligkeit (Risikoaffinität) trotz ordnungsgemäßer Durchführung des Transports („normaler Transportverlauf"). Die Aufzählung der Risikomerkmale ist nicht abschließend und auf weitere gleichartige Risikogruppen anwendbar. Ist eine besondere Beförderung vereinbart, z. B. eine gekühlte Beförderung mit einem Spezialfahrzeug, kann sich der Frachtführer auf den Ausschluss der Haftung nicht stützen, wenn sich ein Schaden aus der spezifischen Gefahr realisiert.

- *Ungenügende Kennzeichnung* (§ 427 Abs. 1 Nr. 5 HGB)

  Unterlässt der Absender eindeutige Hinweise auf das Handling des Gutes („zerbrechlich", „vor Nässe schützen") oder macht er fehlerhafte bzw. lückenhafte Angaben zur Ablieferung (Adresse etc.), tritt ein Anspruch gegen den Frachtführer aus diesen Schäden nicht ein.

  Hinweise zum Handling und zur Ablieferung des Gutes

- *Beförderung lebender Tiere* (§ 427 Abs. 1 Nr. 6 HGB)

  Tiere sind in besonderem Maß der Gefahr der Schädigung ausgesetzt. Der Frachtführer kann sich auf den Haftungsausschluss nur dann berufen, wenn er alle ihm obliegenden Weisungen befolgt hat. Diese können sich aus vertraglichen Vereinbarungen und den Regelungen der Viehverkehrsordnung ergeben.

  lebende Tiere

- *Mitverschulden des Absenders*

  § 425 Abs. 2 HGB greift den Gedanken der Schadensteilung auf, wie er bereits nach § 254 BGB für Mitverschulden des Beschädigten vorgesehen ist. Die Regelung stellt auf das Verhalten in Form der Schadenabwendungs- und Minderungspflicht ab. Die Ausprägung des mitwirkenden Verhaltens beeinflusst unmittelbar die Schwere des Verschuldens. Die Rechtsprechung tendiert in jüngster Zeit dazu, den Absender dazu zu verpflichten, den Frachtführer über besonders hohe Warenwerte zu informieren. Dies gilt auch, wenn ein ungewöhnlich hoher Schaden aus der geringsten Beschädigung zu erwarten ist. Ist das Mitverschulden so erheblich, kann sich daraus ein vollkommener Haftungsausschluss ergeben.

  Schadensteilung bei Mitverschulden

i) Abweichende Vereinbarungen („Korridorlösung")

▶ **Definition (Auszug)**

Abweichend von Absatz 1 kann die vom Frachtführer zu leistende Entschädigung wegen Verlust oder Beschädigung des Gutes auch durch vorformulierte Vertragsbedingungen auf einen anderen als den in § 431 Absatz 1 und 2 vorgesehenen Betrag begrenzt werden, wenn dieser Betrag

§ 449 (2) HGB abweichende Vereinbarungen

1. zwischen 2 und 40 Rechnungseinheiten liegt und der Verwender der vorformulierten Vertragsbedingungen seinen Vertragspartner in geeigneter Weise darauf hinweist, dass diese einen anderen als den gesetzlich vorgesehenen Betrag vorsehen, oder

2. für den Verwender der vorformulierten Vertragsbedingungen ungünstiger ist als der in § 431 Absatz 1 und 2 vorgesehene Betrag.

Ferner kann abweichend von Absatz 1 durch vorformulierte Vertragsbedingungen die vom Absender nach § 414 zu leistende Entschädigung der Höhe nach beschränkt werden.

Von der Regelhaftung mit 8,33 SZR/kg kann, wenn es sich um keinen Verbraucher handelt, durch vertragliche Vereinbarung zwischen den Parteien abgewichen werden, z. B. im Rahmen von AGB. Eine Abweichung ist nur möglich, wenn diese zwischen 2 und 40 SZR/kg liegt (Haftungskorridor). Außerdem muss in den vorformulierten Vertragsvereinbarungen die Abweichung in geeigneter Weise kenntlich gemacht werden (z. B. durch Fettdruck, Hervorhebung). Bei Verbrauchern ist eine Abweichung nur bei der Beförderung von Briefen oder briefähnlichen Sendungen zulässig.

Haftungskorridor 40 SZR/kg

Individualvereinbarung Noch weiter geht die Individualvereinbarung. Hier ist es möglich, nicht nur die Haftungshöhe (8,33 SZR/kg) generell abzuändern, sondern jegliche Bestimmung über die Haftung abzubedingen, so z. B. über Haftungsgrundsätze bzw. Haftungsausschlüsse. An eine Individualvereinbarung sind allerdings hohe Hürden geknüpft. Es muss sich um einen Vertrag handeln, dessen Bestimmungen im Einzelnen ausgehandelt wurden. Wird die vereinbarte Bestimmung mehrfach bei verschiedenen Vertragspartnern verwendet, handelt es sich um AGB und nicht mehr um eine Individualvereinbarung.

4.2.3 Internationales Frachtrecht

Während im Geltungsbereich des HGB für alle Beförderungen, ganz gleich ob diese zu Land, zu Wasser oder in der Luft stattfinden, die Regelungen des HGB gelten, ist bei internationalen Transporten die Zugrundelegung der richtigen Rechtsgrundlage schwieriger und komplexer.

Luft-, See- und Eisenbahnverkehr So gelten bei internationalen Transporten im Bereich der Luftfahrt das Warschauer Abkommen (WA) und das Montrealer Übereinkommen (MÜ). Im Bereich Eisenbahn finden die CIM Anwendung, im Bereich Binnenschifffahrt die CMNI, im Bereich Seeschifffahrt die Hague-Visby-Rules.

CMR Für den internationalen Straßengütertransport gilt das „Übereinkommen über den Beförderungsvertrag im internationalen Straßengüterverkehr", kurz CMR, von 1956. Die Regelungen in den CMR entsprechen nahezu den deutschen HGB-Bestimmungen, da bei der Neuregelung des HGB im Jahr 1998 in großen Teilen die Regelungen der CMR übernommen wurden. Allerdings gibt es im Bereich der Haftungshöhe einige Ausnahmen.

 ▶ Beispiel

> Die CMR sind zwingendes Recht. Abänderungen oder Ergänzungen sind nicht möglich, die Regelhaftung mit 8,33 SZR/kg gilt zwingend und ist nicht abänderbar. Bei Schäden durch Lieferfristüberschreitung sind diese nur auf den einfachen Betrag der Fracht begrenzt (vgl. HGB-Regelung: dreifacher Betrag der Fracht).
>
> Eine Übersicht der Haftungsnormen finden Sie beim GDV im TIS unter: www.tis-gdv.de/tis/bedingungen/transportablauf_haftung/inhalt.htm

4.2.4 Haftung von Spediteur und Lagerhalter

Speditions- und Lagerrecht Neben der Haftung des Frachtführers regelt das HGB in den §§ 453 ff. und §§ 467 ff. HGB das Speditions- und Lagerrecht. Die Regelungen bauen auf allgemeinen Bestimmungen des Frachtrechts auf, werden jedoch in einigen Punkten abgeändert.

Spediteur Verschuldenshaftung Der Spediteur hat eine Obhutshaftung bei der Obhut der Güter, bei der Vereinbarung zu Fixkosten, bei der Beförderung als Sammelladung und wenn er im Selbsteintritt tätig ist. Bei reiner speditioneller Tätigkeit, sprich bei der Vermittlung bzw. Besorgung von Transporten, trägt der Spediteur eine Verschuldenshaftung. Für die Obhutshaftung gelten die gleichen Haftungsgrenzen wie beim Frachtrecht. Bei Verschulden haftet der Spediteur dagegen unbegrenzt.

▶ Definitionen

Der Fixkosten-Spediteur vereinbart mit seinem Auftraggeber einen festen Frachtbetrag („Fixkosten", „zu festen Kosten") für die gesamte Abwicklung der Beförderung. Er haftet daher auch für alle Schäden, die während der Beförderung eingetreten sind, gemäß § 459 HGB wie ein Frachtführer.

Fixkosten-Spediteur

Der Sammelladungs-Spediteur stellt im Sammelladungsverkehr Einzelsendungen zusammen und leitet diese dann gemeinsam als Versandspediteur an einen Empfangsspediteur weiter. Eine Besonderheit ist, dass der Sammelladungsspediteur gemäß § 460 HGB wie ein Frachtführer haftet.

*Sammelladungs-
spediteur*

Selbsteintritt bezeichnet die Durchführung des vermittelten Geschäfts durch den Vermittler selbst. Dies ist häufig im Speditionsgewerbe der Fall, wenn der Spediteur den Transport mit eigenen Fahrzeugen durchführt (§ 458 HGB).

*Spediteur im
Selbsteintritt*

Die Aufgabe des Lagerhalters liegt in der Lagerung und Aufbewahrung von Gütern dritter Personen. Er haftet aus vermutetem Verschulden, d. h., nicht der Geschädigte muss dem Schädiger ein Verschulden nachweisen, sondern der Schädiger muss sich entlasten und beweisen, dass er für den Schaden nicht verantwortlich ist („exkulpieren", d. h. Beweislastumkehr).

*Haftung des
Lagerhalters*

Der Lagerhalter haftet für Güterschäden und Vermögensschäden in unbegrenzter Höhe. Ein Haftungsausschluss ist nur bei fehlendem Verschulden möglich. Aufgrund der unbegrenzten Haftung kraft Gesetz sollte die Haftung durch AGB eingeschränkt werden.

unbegrenzte Haftung

Allgemeine Deutsche Spediteurbedingungen (ADSp)

Die gesetzlichen Vorschriften im HGB sind abstrakt und ungenau. Im täglichen Speditionsgeschäft bedarf es sehr viel speziellerer Regelungen, weshalb im Jahr 1927 besondere Geschäftsbedingungen für Spediteure entwickelt wurden. Die Allgemeinen Deutschen Spediteurbedingungen (ADSp) in der zuletzt gültigen Fassung von 2017 werden von nahezu 90 % der deutschen Spediteure verwendet.

*ADSp
AGB des Spediteurs*

Durch den in Teilen dispositiven Charakter des HGB haben die Spediteure die Möglichkeit genutzt, um auch von der Haftung nach dem HGB abzuweichen.

*Abweichung von der
gesetzlichen Haftung*

Die ADSp gelten für Speditions-, Fracht-, Lager- und sonstige zum Speditionsgewerbe gehörende Geschäfte (jedoch nicht für Umzugsgut, Schwergut und reine Verpackungstätigkeiten).

Haftungs-grundsatz	▪ Obhutshaftung bei Obhut, Fixkosten, Sammelladung und Selbsteintritt ▪ Verschuldenshaftung bei reiner speditioneller Tätigkeit
Haftungs-umfang	▪ Güterschäden (Verlust, Beschädigung) ▪ Verspätungsschäden ▪ Reine Vermögensschäden
Haftungs-grenzen	Güterschäden: ▪ 8,33 SZR/kg; max. 1,25 Mio. EUR/Schadenfall; ▪ Bei reiner Seebeförderung: 2 SZR/kg. Bei multimodal unter Einschluss der Seebeförderung und unbekanntem Schadenort: 2 SZR/kg Lieferfristüberschreitung: ▪ 3-facher Betrag des Frachttentgeltes Sonstige Vermögensschäden: ▪ 3 x wie bei Verlust; max. 125.000 EUR Lager: ▪ Bei Güterschäden: 8,33 SZR/kg; max. 35.000 EUR/Schadenfall; ▪ Bei Inventurdifferenzen: 8,33 SZR/kg; max. 70.000 EUR/Jahr ▪ Andere als Güterschäden: max. 35.000 EUR/Schadenfall Lieferfristüberschreitung: ▪ Max. 2,5 Mio. EUR/Schadenereignis
Wichtigste Haftungs-ausschlüsse	▪ Unabwendbares Ereignis, höhere Gewalt ▪ Verpackungs-/Kennzeichnungsfehler, Be- und Entlade-fehler des Auftraggebers
Besonder-heiten	▪ Verpflichtung zur Eindeckung einer Verkehrshaftungs-versicherung zu marktüblichen Bedingungen ▪ Pflicht zur Besorgung der Versicherung des Gutes (wenn ein Auftrag dazu vorliegt oder der Spediteur ein Interesse des Auftraggebers vermuten darf) ▪ Die ADSp finden keine Anwendung bei Verkehrsverträ-gen mit Verbrauchern

Tabelle 9: Wesentliche Inhalte der ADSp im Hinblick auf die Haftung
(Quelle: GDV TIS)

Zusammenfassung

Das Transportrecht regelt die Haftungsgrundlagen für alle mit der Beförderung, Organisation und Lagerung von Gütern zusammenhängenden Sachverhalte. Wesentlich sind die Unterscheidung von Frachtführer, Spediteur und Lagerhalter sowie die damit verbundenen Haftungsprinzipien. Besonders herauszustellen ist die während der Beförderung begrenzte Haftungshöhe auf einen Betrag von 8,33 Sonderziehungsrechten je Kilogramm (SZR/kg) bei einer zugrunde liegenden Gefährdungshaftung.

4.3 Verkehrshaftungsversicherung für Frachtführer, Spediteure und Lagerhalter (DTV-VHV 2003/2011)

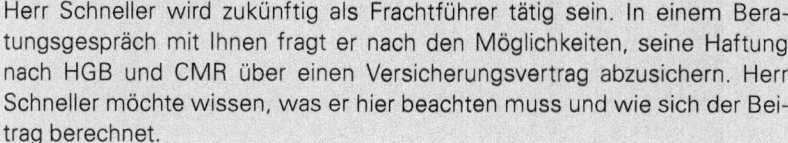

Handlungssituation

Herr Schneller wird zukünftig als Frachtführer tätig sein. In einem Beratungsgespräch mit Ihnen fragt er nach den Möglichkeiten, seine Haftung nach HGB und CMR über einen Versicherungsvertrag abzusichern. Herr Schneller möchte wissen, was er hier beachten muss und wie sich der Beitrag berechnet.

Frachtführer, Spediteure und Lagerhalter haben ein starkes Interesse daran, ihre umfangreiche Haftung nach dem Transportrecht und ggf. nach den internationalen Abkommen abzusichern. Mit der Verkehrshaftungsversicherung bietet die Versicherungswirtschaft hierfür das passende Produkt.

Die Verkehrshaftungsversicherung ist eine Haftpflichtversicherung mit den klassischen Haftpflichtelementen, dennoch gehört sie zur Sparte Transportversicherung (sowohl aufsichtsrechtlich als auch im Spartenberichtswesen).

Der GDV hat im Jahr 2003 (Überarbeitung 2008 und 2011) eine unverbindliche Empfehlung für die Versicherung der Haftung der Frachtführer, Spediteure und Lagerhalter herausgegeben. Die Verwendung des als „GDV-Modell" bekannten Bedingungswerks steht jedem VR frei, insbesondere auch die Umformulierung der einzelnen Bestimmungen. *GDV-Modell*

Im Güterkraftverkehrsgesetz (GüKG) ist geregelt, dass deutsche Frachtführer die Haftung nach dem HGB über eine Verkehrshaftungsversicherung absichern müssen, wenn für die Beförderungen im Inland Fahrzeuge eingesetzt werden, die ein zulässiges Gesamtgewicht von über 3,5 Tonnen haben. Diese vom Gesetzgeber „Haftpflichtversicherung" genannte Versicherung ist also eine Pflichtversicherung. Zuständige Ordnungsbehörde für den Güterverkehr ist das Bundesamt für Güterverkehr (BAG) in Köln. *gesetzliche Pflichtversicherung*

▶ Definition

(1) Der Unternehmer ist verpflichtet, eine Haftpflichtversicherung abzuschließen und aufrechtzuerhalten, die die gesetzliche Haftung wegen Güter- und Verspätungsschäden nach dem Vierten Abschnitt des Vierten Buches des Handelsgesetzbuches während Beförderungen, bei denen der Be- und Entladeort im Inland liegt, versichert. *Haftpflichtversicherung § 7 a GüKG*

(2) Die Mindestversicherungssumme beträgt 600.000 EUR je Schadensereignis. Die Vereinbarung einer Jahreshöchstersatzleistung, die nicht weniger als das Zweifache der Mindestversicherungssumme betragen darf, und eines Selbstbehalts sind zulässig. *Mindestversicherungssumme*

(3) Von der Versicherung können folgende Ansprüche ausgenommen werden: *Ansprüche, die ausgenommen werden können*

   1. Ansprüche wegen Schäden, die vom Unternehmer oder seinem Repräsentanten vorsätzlich begangen wurden,

2. Ansprüche wegen Schäden, die durch Naturkatastrophen, Kernenergie, Krieg, kriegsähnliche Ereignisse, Bürgerkrieg, innere Unruhen, Streik, Aussperrung, terroristische Gewaltakte, Verfügungen von hoher Hand, Wegnahme oder Beschlagnahme seitens einer staatlich anerkannten Macht verursacht werden,

3. Ansprüche aus Frachtverträgen, die die Beförderung von Edelmetallen, Juwelen, Edelsteinen, Zahlungsmitteln, Valoren, Wertpapieren, Briefmarken, Dokumenten und Urkunden zum Gegenstand haben.

Versicherungs-
nachweis

(4) Der Unternehmer hat dafür zu sorgen, dass während der Beförderung ein Nachweis über eine gültige Haftpflichtversicherung, die den Ansprüchen des Absatzes 1 entspricht, mitgeführt wird. Das Fahrpersonal muss diesen Versicherungsnachweis während der Beförderung mitführen und Kontrollberechtigten auf Verlangen zur Prüfung aushändigen.

4.3.1 Gegenstand der Versicherung

Verkehrsverträge

Gegenstand der Verkehrshaftungsversicherung (VHV) sind Verkehrsverträge, d. h. Fracht-, Speditions- und Lagerverträge, die der VN als Frachtführer im Straßengüterverkehr, Spediteur oder Lagerhalter abgeschlossen hat. Voraussetzung für den Versicherungsschutz ist weiter, dass die Tätigkeiten des VN in der Betriebsbeschreibung ausdrücklich genannt sind.

 ▶ **Definition**

Betriebs-
beschreibung (BB)

Die Betriebsbeschreibung (BB) ist ein individueller Fragebogen des VR und dient der Risikoerfassung. Mit Vertragsabschluss wird die BB Vertragsbestandteil. Nur Tätigkeiten, die in der BB genannt und die im Vertrag dokumentiert wurden, sind Gegenstand des Versicherungsschutzes. Der BB kommt damit eine wesentlich höhere Bedeutung zu als ein normaler Fragebogen bzw. Antrag. Die BB soll mindestens einmal jährlich aktualisiert werden.

Werkvertrag
Produkthaftung

Nicht Gegenstand der VHV sind Werkverträge, z.B. reine Verpackungsarbeiten ohne Transportauftrag, oder Logistik-, Paletten- und Lohnfuhrverträge. Hintergrund hierfür ist, dass z.B. für den Werkvertrag (§ 631 BGB) im BGB eine unbegrenzte Haftung vorgesehen ist. Wird der Frachtführer durch eine ausgeführte Tätigkeit direkt an den Gütern zum „Hersteller", bestehen sehr hohe Haftungsrisiken, da er dann auch der sehr weitreichenden Produkthaftung unterliegen würde.

 ▶ **Beispiel**

Hat der Spediteur losgelöst von einem Verkehrsvertrag den Auftrag bekommen, bei importierten Fernsehgeräten ein 240 Volt-Netzteil einzubauen, unterliegt er nicht der Haftung nach dem HGB-Speditionsrecht, sondern der Haftung nach dem BGB-Werkvertragsrecht (Erfolg wird geschuldet) mit unbegrenzter Haftung.

Vorsorgeversicherung

Ähnlich wie in den Bedingungen der Allgemeinen Haftpflichtversicherung ist in den VHV eine Vorsorgeversicherung vorgesehen. Versichert werden sollen Tätigkeiten, die nach Abgabe der Betriebsbeschreibung neu aufgenommen wurden. Hierzu zählt z. B., wenn ein Spediteur nun auch als Frachtführer im Selbsteintritt oder als Lagerhalter tätig wird. Nicht unter die Vorsorgeversicherung fallen z. B. die Erweiterung des Geltungsbereichs, die Ausführung von Logistikverträgen oder die Beförderung von ausgeschlossenen Gütern.

Der Versicherungsschutz im Rahmen der Vorsorgeversicherung beginnt direkt mit Aufnahme der neuen Tätigkeit. Der VN ist verpflichtet, innerhalb eines Monats nach der Aufnahme der Tätigkeit dies dem VR anzuzeigen. Unterlässt er die Anzeige oder kommt eine Einigung mit dem VR über den Beitrag nicht zustande, entfällt der Versicherungsschutz der Vorsorgeversicherung rückwirkend. *Anzeigepflicht neuer Risiken*

4.3.2 Risikobegrenzungen

Ausgeschlossen vom Versicherungsschutz sind die Gefahren aus der Beförderung und Lagerung von

- Gütern, die der VN als Verfrachter (in der See- und Binnenschifffahrt), Luftfrachtführer oder Eisenbahnfrachtführer im Selbsteintritt (tatsächlich) selbst ausführt, *Verfrachter*

- speziellen Güterarten (z. B. Mobiltelefone, Spirituosen, Unterhaltungs- und Telekommunikationselektronik, Zigaretten, Umzugsgut, zu befördernde oder abzuschleppende Fahrzeuge etc.), *spezielle Güterarten*

- Schwergut sowie Großraumtransporten, Kran- oder Montagearbeiten.

Ausgeschlossen sind auch die bereits erwähnten Produktionsleistungen, werkvertragliche oder sonstige nicht speditions-, beförderungs- oder lagerspezifische Tätigkeiten, wenn diese über die primäre Vertragspflicht eines Frachtführers, Spediteurs oder Lagerhalters nach dem deutschen HGB hinausgehen. *Produktionsleistungen*

Die Ausschlüsse, insbesondere die speziellen Güterarten, legt jeder VR selbst nach eigenem Ermessen fest. Hintergrund der Ausschlüsse sind zum einen Risikobegrenzungen, weil es hierfür Spezialbedingungswerke gibt (z. B. für Schwergut- und Kranarbeiten), anderseits soll dem VR nicht die Möglichkeit genommen werden, für einzelne Güter und Tätigkeiten individuelle Regelungen zu vereinbaren.

4.3.3 Umfang der Haftung

Versichert gilt in der VHV die verkehrsvertragliche Haftung des VN nach Maßgabe der deutschen gesetzlichen Bestimmungen, insbesondere nach dem HGB und marktüblichen AGB (z. B. den ADSp). Mitversichert gilt auch die Haftung nach internationalen Abkommen wie der CMR, dem Warschauer Abkommen und dem Montrealer Übereinkommen sowie weiterer internationaler Regelungen. Versichert wären auch weitere individuelle Rechtsgrundlagen, z. B. eigene AGB bzw. Rahmenverträge, vorausgesetzt, der VR hat dem Einschluss dieser Bedingungen zugestimmt. *verkehrsvertragliche Haftung*

4.3.4 Umfang des Versicherungsschutzes und Geltungsbereich

Die VHV umfasst die Befriedigung begründeter und die Abwehr unbegründeter Schadenersatzansprüche, die gegen den VN als Auftragnehmer eines Verkehrsvertrags erhoben werden. *„passive Rechtsschutzversicherung"*

▶ Beispiel

Spediteur Hagedorn nimmt Frachtführer Schneller wegen eines in Verlust gerate-
nen Fernsehers in Regress. Herr Schneller reicht die Unterlagen an den VR weiter.
Dieser prüft anhand der rechtlichen Grundlagen, ob der Anspruch begründet und ein
Schadenersatz zu leisten ist. Ist der Regressanspruch unbegründet, wird der VR den
Anspruch gegenüber Spediteur Hagedorn zurückweisen.

Aufwendungen Daneben ersetzt der VR Aufwendungen und Kosten, z. B. für die Schadenab-
und Kosten wendung und -minderung, gerichtliche und außergerichtliche Kosten sowie für
die Havarie-grosse. Der VR ersetzt auch Beförderungsmehrkosten aus Fehl-
leitungen, wenn diese zur Verhütung eines ersatzpflichtigen Schadens erforderlich sind, und Bergungs-, Beseitigungs- und Vernichtungskosten. Üblicherweise sind die letztgenannten Kosten mit einem Fixbetrag oder prozentual je
Schadenereignis begrenzt.

Geltungsbereich Im Versicherungsvertrag wird auch der Geltungsbereich festgelegt. Für Spediteure empfiehlt sich ein weltweiter Geltungsbereich. Für Frachtführer und
Lagerhalter reicht der Geltungsbereich innerhalb der Staaten Europas aus. Es
obliegt der Risikoeinschätzung des jeweiligen VR, wie er den räumlichen Geltungsbereich seiner VHV ausgestalten will.

4.3.5 Ausgeschlossene Ansprüche

klassische Neben den klassischen Ausschlüssen (Naturkatastrophen, Krieg, Streik, Dir-
Ausschlüsse ty Bombs, Kernenergie, Beschlagnahme, Personenschäden, Vorsatz etc.) und
der Subsidiaritätsklausel finden sich auch spezifische, mit dem Risiko des Verkehrsträgers zusammenhängende Ausschlüsse.

sensible Güter Hierzu zählen besonders sensible Güter wie Umzugsgut, Valoren, lebende Tiere und Pflanzen, da diese Güter eine besondere Behandlung mit Spezialwissen
und Spezialfahrzeugen erfordern.

Zur Abgrenzung von anderen Sparten dient der Ausschluss von Ansprüchen,
die üblicherweise durch eine Betriebs-, Produkt-, Umwelt-, Gewässerscha-
den-, Kraftfahrzeug-, Privathaftpflicht- und Kreditversicherung gedeckt sind
oder hätten gedeckt werden können.

Eigenschäden aus Nicht versichert sind Eigenschäden des VN. Hierzu zählt die Nichterfüllung der
Nichterfüllung Leistungspflicht bei Verkehrsverträgen. Dies ist z. B. der Fall, wenn sich der
Frachtführer verkalkuliert hat und sich entscheidet, den Transport nicht durchzuführen. Der VN trägt sein kaufmännisches bzw. wirtschaftliches Risiko weiterhin selbst.

Vertragsstrafen Der Versicherungsschutz sieht vor, dass Haftungsansprüche nach Maßgabe
der gesetzlichen Normen und internationaler Übereinkommen abgedeckt sind,
weshalb Vertragsstrafen, Lieferfristgarantien, Bußgelder, Geld- und Verwal-
tungsstrafen nicht vom Versicherungsumfang abgedeckt sind. Dies gilt auch
für Ansprüche aus der fehlerhaften Verwendung, der Weiterleitung oder Rück-

zahlung von Vorschüssen (Frachten oder Miete) oder Erstattungsbeträgen (Zölle und Einfuhrumsatzsteuern etc).

Das amerikanische Recht sieht neben dem Schadenersatz für Güter- und Vermögensschäden weiter vor, dass der Schädiger auch einen Betrag als „Wiedergutmachung" an den Geschädigten zu leisten hat. Diese als „punitive" oder „exemplary damages" bezeichnete Strafzahlung ist vom Versicherungsschutz der VHV nicht erfasst. *amerikanisches Recht*

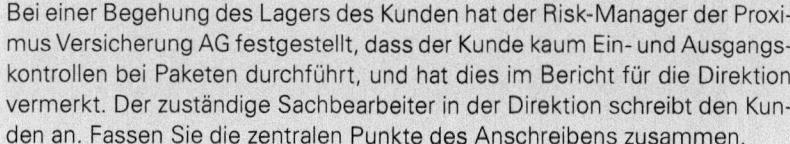

Handlungssituation

Bei einer Begehung des Lagers des Kunden hat der Risk-Manager der Proximus Versicherung AG festgestellt, dass der Kunde kaum Ein- und Ausgangskontrollen bei Paketen durchführt, und hat dies im Bericht für die Direktion vermerkt. Der zuständige Sachbearbeiter in der Direktion schreibt den Kunden an. Fassen Sie die zentralen Punkte des Anschreibens zusammen.

Mängel in der betrieblichen Organisation können schwerwiegende Auswirkungen auf die Haftung haben. Im schlimmsten Fall kann dies zu einem Wegfall der Haftungsgrenzen nach § 435 HGB führen. Der VR wird den Kunden nach Bekanntwerden eines solchen Mangels dazu auffordern, den Mangel innerhalb einer angemessenen Frist abzustellen. Kommt der Kunde dieser Aufforderung nicht nach und entsteht aus diesem Mangel ein Schaden, ist der VR berechtigt, diesen Schaden abzulehnen. *Betriebsorganisation*

Nicht versichert sind Ansprüche aus Carnet-TIR-Verfahren. Die hieraus entstehenden Schäden sind Abgaben öffentlich-rechtlicher Natur und deshalb vom Versicherungsschutz ausgeschlossen. *Carnet-TIR-Verfahren*

▶ Definition

Das Carnet TIR ist ein Zolldokument auf Grundlage des Abkommens über vereinfachte Grenzabfertigung unter Zollverschluss für Warentransporte im Hinblick auf die Erhebung von Zöllen und Steuern, die über eine oder mehrere Grenzen zu einer Bestimmungszollstelle durchgeführt werden. Voraussetzung ist, dass die Ware in einem Fahrzeug verplombt transportiert wird. *Carnet TIR*

4.3.6 Obliegenheiten

Die Obliegenheiten haben eine besondere Bedeutung. Sie helfen vor dem Versicherungsfall, durch Handlungsmaßgaben Schäden zu vermeiden oder zu reduzieren. Nach dem Versicherungsfall dienen sie dazu, den Schadenumfang, die Schadenursache oder die Regressführung sicherzustellen.

In den VHV wurden typische transportspezifische Tatbestände übernommen, die aufgrund der Erfahrungen aus der Rechtsprechung als geeignet erschienen, die Risiken bzw. Gefahren von Schäden zu begrenzen. *typische Risiken*

Der VN ist beispielsweise *vor Eintritt des Versicherungsfalles* verpflichtet,

- nur einwandfreie Fahrzeuge, Anhänger und sonstiges Equipment zu verwenden,

- bei temperaturgeführten Transporten nur Fahrzeuge mit ATP-Zertifikat und Kühlschreiber zu verwenden (einschließlich der regelmäßigen Kontrolle der ordnungsgemäßen Funktionsweise),

- nur Fahrzeuge mit zwei voneinander unabhängigen Diebstahlsicherungen einzusetzen und diese auch bei Verlassen des Fahrzeugs zu aktivieren,

- die Fahrzeuge gegen Diebstahl und Raub zu sichern,

- behördliche Vorschriften zu beachten und sicherzustellen, dass alle zur Transportdurchführung erforderlichen Unterlagen vorliegen,

- Schnittstellenkontrollen durchzuführen und zu dokumentieren,

- Mitarbeiter und Subunternehmer sorgfältig auszuwählen und zu überwachen.

 ▶ **Definitionen**

ATP-Zertifikat
Das ATP ist ein Abkommen der meisten EU-Staaten, welches den internationalen Transport leicht verderblicher Lebensmittel regelt. Das ATP-Zertifikat bescheinigt, dass das verwendete Fahrzeug über die entsprechenden Kühlanlagen und Isolationsausbauten verfügt. Im grenzüberschreitenden Verkehr ist das Zertifikat zwingend.

Schnittstelle
Schnittstelle ist nach Übernahme und vor Ablieferung des Gutes durch den Spediteur jede Übergabe des Gutes von einer Rechtsperson auf eine andere, jede Umladung von einem Fahrzeug auf ein anderes, jede (Zwischen-)Lagerung (Ziffer 1.12 ADSp 2017). Die Schnittstelle dient dazu festzustellen, wo der Schaden entstanden ist, damit dieser dem Verursacher eindeutig zugerechnet werden kann.

Subunternehmer/Frachtführer

Subunternehmer bzw.
Fremdfrachtführer
Der Subunternehmer führt im Auftrag eines Spediteurs oder Frachtführers die Verträge aus. Hierzu schließt der Spediteur oder Frachtführer mit dem Subunternehmer einen Verkehrsvertrag. Dies ist z. B. der Fall, wenn der vertragliche Frachtführer aus Kapazitätsgründen den Transport nicht selbst durchführen kann. Nach § 437 HGB unterliegen sowohl der vertragliche wie der ausführende Frachtführer (Subunternehmer) einer gesamtschuldnerischen Haftung.

Nach *Eintritt des Versicherungsfalls* hat der VN u. a. folgende Obliegenheiten nachzukommen:

- unverzügliche Anzeige jedes Schadenfalles einschließlich der Vorlage der zur Beurteilung notwendigen Unterlagen,

- Schadenabwendungs- und -minderungspflicht,

- Verbot, Versicherungs- und Regressansprüche abzutreten,

- Anzeige jedes Diebstahls, Raubs oder Verkehrsunfalls bei der Polizei,

- Regressansprüche gegen Dritte zu wahren und Reklamationsfristen zu beachten.

Obliegenheits-
verletzung
Verletzen der VN oder seine Repräsentanten die Obliegenheiten vorsätzlich oder grob fahrlässig, ist der VR von der Verpflichtung frei, vorausgesetzt, dass die Verletzung der Obliegenheit weder für den Eintritt noch für die Feststellung

des Versicherungsfalls oder den Umfang der Leistungspflicht ursächlich war. Bei Arglist kommt es auf die Kausalität hingegen nicht an, diese führt generell zur Leistungsfreiheit.

Anders als in § 28 VVG gilt in der VHV weiterhin das strenge „Alles-oder-nichts-Prinzip" (anstatt der „Quotelung"), welches aufgrund der Ausgestaltung der VHV als laufende Versicherung gesetzlich möglich ist.

„Alles-oder-nichts-Prinzip"

4.3.7 Begrenzung der Versicherungsleistung

Ziffer 8 der VHV sieht eine Begrenzung der Versicherungsleistung je Schadenfall, je Schadenereignis sowie je Versicherungsjahr für alle Schadenereignisse vor.

Versicherungsleistung

Üblicherweise erfolgt hier bei den einzelnen VR eine Maximierung für Fracht-, Speditions- und Lagerverträge. Diese werden dann noch weiter unterteilt in Güter- bzw. Güterfolge- sowie reine Vermögensschäden. Bei Lagerverträgen ist für Lagerinventurdifferenzen ein Höchstbetrag üblich. Für qualifiziertes Verschulden (§ 435 HGB) wird zumeist noch eine separate Begrenzung je Versicherungsjahr vereinbart. Ebenfalls gilt für die Vorsorgeversicherung eine spezielle Summenbegrenzung.

Sublimit

Neben den Summenbegrenzungen ist es üblich, das subjektive Risiko zu reduzieren, indem ein Selbstbehalt je Schadenfall vereinbart wird. Dies ist insbesondere bei Manko- oder Fehlmengen sinnvoll. Bei größeren Policen hat sich die Vereinbarung einer Gewinnbeteiligung oder eines Schadenvorausrabatts (SVR) als praktikabel erwiesen.

Reduzierung des subjektiven Risikos

Zusammenfassung

Ausgehend von den Haftungsgrundlagen des Transportrechts bietet die Verkehrshaftungsversicherung dem Verkehrsträger Versicherungsschutz aus Verkehrsverträgen im Rahmen einer klassischen Haftpflichtdeckung, gleichwohl dieses Produkt der Sparte Transportversicherung zugerechnet wird. Zu den Besonderheiten gehören die Pflichtversicherung sowie die besondere Erfassung der zu versichernden Risiken über eine Betriebsbeschreibung.

4.4 Werkverkehrsversicherung

Handlungssituation

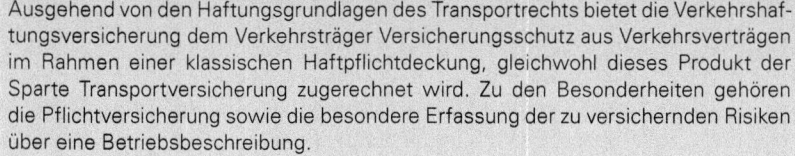

Der Kunde Kellner Elektrotechnik betreibt einen mittelständischen Elektrotechnik-Betrieb. Hierfür setzt er Kunden- und Servicefahrzeuge ein, die er für die Neuinstallationen und Reparaturarbeiten bei Kunden einsetzt. In den Fahrzeugen befinden sich neben Werkzeugen auch Ersatzteile und Servicematerial. Sie beraten Herrn Kellner bezüglich des erforderlichen Versicherungsschutzes auf Transportwegen.

Transporte mit eigenen Fahrzeugen
Neben der klassischen Gütertransportversicherung (Ziffer 4.1) gibt es auch die Möglichkeit, Versicherungsschutz für die Fälle anzubieten, in denen der VN Transporte eigener Güter ausschließlich mit eigenen, gemieteten, geleasten oder geliehenen Fahrzeugen durchführt.

Beförderungen im Werkverkehr
Bei diesen Transporten spricht man von Beförderungen im Werkverkehr. Nach den gesetzlichen Bestimmungen von § 1 des GüKG liegt Werkverkehr dann vor, wenn folgende Voraussetzungen erfüllt sind:

Voraussetzungen § 1 GüKG

(1) Güterkraftverkehr ist die geschäftsmäßige oder entgeltliche Beförderung von Gütern mit Kraftfahrzeugen, die einschließlich Anhänger ein höheres zulässiges Gesamtgewicht als 3,5 Tonnen haben.

(2) Werkverkehr ist Güterkraftverkehr für eigene Zwecke eines Unternehmens, wenn folgende Voraussetzungen erfüllt sind:

1. Die beförderten Güter müssen Eigentum des Unternehmens oder von ihm verkauft, gekauft, vermietet, gemietet, hergestellt, erzeugt, gewonnen, bearbeitet oder instand gesetzt worden sein.

2. Die Beförderung muss der Anlieferung der Güter zum Unternehmen, ihrem Versand vom Unternehmen, ihrer Verbringung innerhalb oder – zum Eigengebrauch – außerhalb des Unternehmens dienen.

3. Die für die Beförderung verwendeten Kraftfahrzeuge müssen vom eigenen Personal des Unternehmens geführt werden oder von Personal, das dem Unternehmen im Rahmen einer vertraglichen Verpflichtung zur Verfügung gestellt worden ist.

4. Die Beförderung darf nur eine Hilfstätigkeit im Rahmen der gesamten Tätigkeit des Unternehmens darstellen.

Werkverkehrs-versicherung
Für die Versicherung dieser Transporte gibt es eine spezielle Güterversicherung: die Werkverkehrsversicherung (auch Autoinhaltsversicherung genannt).

Versicherung eigener Güter
Im Gegensatz zur großen Gütertransportversicherung versichert dieses Produkt nur die eigenen Güter des Versicherungsnehmers bzw. die Güter die seinem Geschäftszweck dienen (z. B. Kundenware zur Reparatur oder Auslieferung), wenn die Transporte mit eigenen Fahrzeugen durchgeführt werden. Andere Transporte sind nicht versichert.

Deckung benannter Gefahren
Der Werkverkehrsversicherung liegen eigene Versicherungsbedingungen zugrunde, die nicht auf den DTV-Güter 2000 basieren. Üblicherweise besteht Versicherungsschutz nur zu benannten Gefahren, hierzu gehören z. B.:

- Unfall des Transportmittels,
- Schäden durch Notbremsungen und Ausweichmanöver,
- Schäden durch Achsenbruch und Platzen von Reifen,
- Elementarereignisse und höhere Gewalt,
- Brand, Explosion und Blitzschlag,
- Diebstahl ganzer Kolli,

- Einbruchdiebstahl in das Fahrzeug,
- Diebstahl oder Unterschlagung des ganzen Fahrzeugs,
- Raub und räuberische Erpressung.

Ein besonderes Merkmal ist der Versicherungsschutz in der Nachtzeit durch *Nachtzeitklausel* eine Nachtzeitklausel. In vielen Bedingungswerken hängt der Versicherungsschutz gegen die Gefahren des Diebstahls und Einbruchdiebstahls in der Nachtzeit (22 bis 6 Uhr) davon ob, wo das Fahrzeug abgestellt wird. Werden die Anforderungen an den Abstellplatz wie umfriedetes Grundstück, Garage oder bewachter Parkplatz nicht erfüllt, besteht kein Versicherungsschutz, es sei denn, es ist ein besonderer Selbstbehalt je Schadenfall vereinbart.

Unter Umständen ist der Deckungsumfang einer Werkverkehrsversicherung *Argumente für eine* nicht ausreichend, daher ist der Abschluss einer Güterversicherung (z. B. als *Güterversicherung* laufende Versicherung, General-Police etc.) bei folgenden Sachverhalten bzw. Risiken sinnvoll:

- Die Transporte werden auch durch andere Verkehrsträger durchgeführt, z. B. durch Frachtführer, Spediteure, Post, Luftfahrzeuge, Schiffe, Eisenbahnen etc.
- Die Mitversicherung zusätzlicher Gefahren/Schäden wie Krieg, Streik/Aufruhr, Beschlagnahme, Güterfolge- und Vermögensschäden etc. ist gewünscht.
- Die Mitversicherung zusätzlicher Kosten wie Bewegungs- und Schutzkosten, Bergungs- und Beseitigungskosten etc. ist gewünscht.
- Die Versicherung von fremdem Interesse ist erforderlich, z. B. bei CIP- oder CIF-Verkäufen.
- Beim Besuch von Ausstellungen und Messen, wenn der Aufenthalt auf der Ausstellung bzw. Messe mitversichert werden soll.
- Die Mitversicherung weiterer Deckungsbausteine wie Reisegepäck, Reiselager und Musterkollektionen etc. ist gewünscht.

Der Beitrag in der Werkverkehrsversicherung richtet sich nach der Art der be- *Beitragsberechnung* förderten Güter, dem vereinbarten Geltungsbereich sowie der Versicherungssumme, die sich nach dem Maximum je Fahrzeug bzw. je Schadenereignis oder nach der Summe aller Fahrzeuge berechnet. Üblich ist ein fester Jahresbeitrag ohne jährliche Anmeldung der beförderten Transportwerte.

Zusammenfassung

Die Werkverkehrsversicherung ist nur für den Transport eigener Güter mit eigenen Fahrzeugen geeignet, da sie nur einen abgespeckten Deckungsumfang bietet. Wird Versicherungsschutz für größere Versicherungssummen oder erweiterte Deckungen bzw. Risiken benötigt, ist der Abschluss einer großen Gütertransportversicherung zu empfehlen.

5. Kalkulatorische Grundlagen

Grundlagen zur Beitragskalkulation

Informationen über das versicherungstechnische Risiko

Das versicherungstechnische Risiko bezeichnet das Risiko von Verlusten oder negativer Wertveränderungen der Versicherungsverbindlichkeiten, das sich aus unangemessenen Preisfestlegungen und nicht angemessenen Rückstellungen ergibt.

Die Steuerung des versicherungstechnischen Geschäfts erfolgt mittels Annahme- und Zeichnungsrichtlinien, die jährlich zu überprüfen sind. Die Zeichnungsrichtlinien müssen sowohl sachliche Regeln (Art und geografische Herkunft des Geschäfts) als auch personenbezogene, quantitative Zeichnungsgrenzen beinhalten und Ausschlüsse klar festlegen.

Die Tarifberechnung sollte auf Basis ausreichender Informationen über alle Risiken erfolgen und – sofern erforderlich – eine formale Bestätigung des Bestehens einer adäquaten Rückversicherungsdeckung vor Beginn der Vertragslaufzeit mit einschließen. Für die Steuerung der einzelnen Arbeitsschritte sollten im Unternehmen risikorelevante Kennzahlen eingesetzt werden, die hinreichend dem Ursache-Wirkungs-Zusammenhang für finanzielle Verluste aus diesem Arbeitsschritt Rechnung tragen (Stornoquote, Anzahl der Zeichnungsrichtlinienüberschreitungen). Die Verantwortlichen für die Steuerung der Arbeitsabläufe sind festzulegen, ebenso sind die Verantwortlichkeiten für die Entscheidungen über Prämienhöhe, Frequenz und den Umfang von Nachkalkulationen festzulegen und zu dokumentieren.

Entscheidungen über die Prämienhöhe und die Frequenz und den Umfang von Nachkalkulationen sind ebenfalls schriftlich festzuhalten und laufend an die Geschäftsleitung und den Verantwortlichen Aktuar (soweit vorhanden) zu berichten.

5.1 Netto-Risikoprämie (Erwartungsschaden)

Die vom VN zu zahlende Prämie stellt für den VR den Gegenwert seiner Leistung dar. Die Leistung des VR besteht in der Bereitstellung des vom Kunden gewünschten Versicherungsschutzes. Neben den tatsächlichen Kosten für die Risikoübernahme beinhaltet die Prämie weitere Bestandteile. Die Risikokosten und die Betriebskosten sowie der Gewinnzuschlag bilden die Bruttoprämie, die sich noch um die Kosten für die mögliche unterjährige Zahlung der Prämie durch den VN und die Versicherungssteuer erhöht. Wenn es sich um eine

Prämie zu einer Feuerversicherung, einer Wohngebäudeversicherung mit Einschluss der Feuerversicherung und einer Hausratversicherung handelt, wird in die Bruttoprämie auch noch die Feuerschutzsteuer eingerechnet.

Grundlage für die Prämienkalkulation ist die „reine" Risikoprämie. Die „reine" Risikoprämie ist der Betrag, der benötigt wird, um den kalkulierten Schadenerwartungswert auszugleichen. Sie steht also idealerweise fest, da dem VR Erfahrungswerte über den bisherigen Schadenverlauf und den möglichen zu erwartenden Schäden vorliegen.

„reine" Risikoprämie
Erwartungsschaden

Die Risikokosten setzen sich zusammen aus folgenden beiden Werten:

- Schadenkosten (Erwartungswert),

Erwartungswert

- Schadenkosten (Überschaden).

Überschaden

Die aus den Risikokosten abgeleitete Risikoprämie ist dann die „reine" Risikoprämie, die die Schadenkosten des Erwartungswertes abdeckt. Die Schadenkosten des Überschadens werden mit einem Risikozuschlag abgedeckt.

Risikozuschlag

Die Ermittlung der Schadenaufwendungen ist das klassische Feld der Versicherungsmathematik. Sie stellt den Kern einer Prämienkalkulation dar. Die schadenseitige Kenngröße der Kalkulation ist der Schadensatz.

▶ Definition

Der Schadensatz ist eine Kennzahl der Schadenstatistik. Er wird in Promille angegeben. Die Berechnung erfolgt aus dem Schadenaufwand und der Versicherungssumme aller beobachteten Risiken (auch derer, die nicht vom Schaden betroffen sind). Der Schadensatz zeigt, ob der für die Risiken vorgesehene Prämiensatz ausreichend ist. Ein Beispiel:

Schadensatz

Der Schadenaufwand der Sparte Feuer Gebäude beträgt 20 Mio. EUR.

Die Versicherungssumme aller Risiken in diesem Bereich beträgt 20 Mrd. EUR. Der Schadensatz beträgt 0,02 Mrd. : 20 Mrd. x 1000 = 1 ‰.

Zu den Schadenaufwendungen gehören auch die Schadenregulierungskosten, da nach derzeitiger Rechnungslegung die Schadenregulierungskosten vollständig dem Schadenaufwand zugeschlagen werden.

▶ Definition

Schadenregulierungskosten sind externe und interne Kosten der Schadenbearbeitung. Externe Schadenregulierungskosten sind Personal- und Sachkosten, die durch den Einsatz von Schadenregulierern (z. B. Sachverständige, Gutachter, Ermittler und Rechtsanwälte) entstehen. Interne Schadenregulierungskosten sind Kosten der eigenen Mitarbeiter, Sachkosten und Gemeinkosten.

Schadenregulierungs-kosten

Die Schadenkosten werden vom GDV in Statistiken ausgewiesen. Die Statistiken dienen den VR zur Prämienkalkulation. Bei Kalkulationsstatistiken des GDV ist zu beachten, dass nur die direkt zurechenbaren, externen Schadenregulierungskosten enthalten sind, da nur diese im Einzelschaden enthalten sein können, während die Gemeinkosten im Betriebskostensatz enthalten sind.

GDV-Statistiken

Entsprechend dem individuellen versicherungstechnischen Äquivalenzprinzip sollen die Schadenerwartungskosten den „reinen" Risikokosten entsprechen. Da Versicherung aber nur dann vorliegt, wenn ein Kollektiv, also eine Vielzahl von Risiken, vorhanden ist, ist das individuelle Äquivalenzprinzip Grundlage für das kollektive Äquivalenzprinzip.

Jedes einzelne Risiko bringt eine „reine" Risikoprämie auf, die seinem Anteil an den gesamten erwarteten Schadenkosten entspricht. Somit ergibt die Summe dieser Anteile den Schadenerwartungswert für alle beobachteten Risiken.

Prämien-
differenzierung
Gleiche Schadenerwartungswerte werden mit gleichen Prämien belegt (Äquivalenzprinzip). Im Umkehrschluss bedeutet das, dass ungleiche Schadenerwartungswerte ungleiche, also differenzierte Risikoprämien ergeben.

Für diese Differenzierung müssen sich unterschiedliche Risikomerkmale ableiten lassen. Wenn die „reine" Risikoprämie anhand von Risikomerkmalen schon bei Abschluss des Versicherungsvertrags erfolgt, spricht man von primärer Prämiendifferenzierung.

5.2   Sicherheitszuschlag (für eventuelle Überschäden)

Sicherheitszuschlag
Überschaden
Unterschaden
Die künftigen Schadenentwicklungen sind unvorhersehbar. Sie können daher eine empfindliche Störung des Äquivalenzverhältnisses auslösen. Neben den Erwartungsschäden muss deshalb bei der Kalkulation ein Sicherheitszuschlag für eventuelle Überschäden berücksichtigt werden. Werden die Schadenerwartungen unterschritten, liegt ein Unterschaden vor.

Eine Möglichkeit, einen Überschaden zu mindern, also einer Verlustwahrscheinlichkeit entgegenzuwirken, ist die Festlegung eines Risikozuschlags. Der Risikozuschlag dient als Ausgleich für die Streuung der Schadenverteilung.

risikopolitisches
Instrument
Der VR legt für bestimmte Risiken einen Risikozuschlag fest. Dadurch erreicht er im Voraus eine verminderte Verlustwahrscheinlichkeit. Andererseits kann der VR aber auch den Wahrscheinlichkeitswert für einen Verlust vorgeben und über die Schadenverteilung die entsprechende Höhe des Risikozuschlags berechnen. Die Festlegung eines Risikozuschlags ist demnach ein risikopolitisches Instrument des VR.

Betriebskosten

Betriebskosten-
zuschlag
Die Kosten für den Versicherungsbetrieb müssen in die Bruttoprämie und somit in die Prämienkalkulation einbezogen werden. Die Betriebskosten erfassen die Kosten für den Vertrieb und die Verwaltung inkl. der Schadenregulierungskosten, die als Schadengemeinkosten nicht auf einen einzelnen Schaden ausgewiesen werden. Die Betriebskosten werden der Risikoprämie als Betriebskostenzuschlag zugerechnet. Die Betriebskosten liegen in der Regel fest; sie wirken sich nicht allzu stark auf das Risikogeschäft aus. Die Höhe ist bei der Kalkulation bekannt.

5.3 Groß- und Kumulschadensensitivität

Was Groß- und Kumulschäden sind, wird anschaulich, wenn man an die Schadensituation der Sturmversicherung nach den Stürmen Kyrill (Januar 2007) und Emma (März 2008) denkt. Aber auch andere Naturschäden wie Erdbeben verursachen Jahr für Jahr Milliardenschäden. Für den VR stellen solche Schadenereignisse eine besondere Herausforderung dar. Zum einem muss die Bearbeitung gesichert sein, zum anderen muss das notwendige Risikokapital zur Verfügung stehen.

Groß- und Kumulschäden

Milliardenschäden durch Feuer, Sturm und Erdbeben

Das Großschaden-/Katastrophenrisiko und das Kumulrisiko bestehen darin, dass unvorhersehbar ein Risiko mit einem besonders großen Schadenhöhenpotenzial betroffen sein kann. Das bedeutet, dass bei der Annahme eines Risikos mit einem großen Schadenhöhenpotenzial auf ausreichende Rückversicherung geachtet wird. Meistens wird ein solches Risiko im Vorfeld, im Zuge der Mitversicherung (Beteiligungsverhältnis: siehe hierzu die Ausführungen in Kapitel 1) geteilt

Schadenhöhenpotenzial, Rückversicherung, Mitversicherung

Bei einem Großschaden liegt die Gefahr darin, dass ein einzelnes Risiko betroffen ist, während bei einem Kumulschaden von ein und demselbem Schadenereignis gleichzeitig mehrere Risiken eines VR betroffen sind. Demnach ist bei der Zeichnungskapazität neben der höchstmöglichen Einzelsummenbelastung auch die geografische Gefährdung durch Kumulbildung zu beachten.

Großschaden, Kumulschaden, Zeichnungskapazität

Im Bereich der Güterversicherung besteht ein besonderes Risiko aufgrund der immer größer werdenden Kapazität der Containerschiffe. In den letzten Jahrzehnten war festzustellen, dass der Trend zu weniger, aber wesentlich größeren Schiffen als bisher geht.

Containerschiffe

▶ Beispiel

Das derzeit größte Containerschiff der Welt ist die „CMA CGM Antoine de Saint Exupery" der französischen Reederei CMA CGM. Dieses im Januar 2018 in Betrieb genommene Schiff, das zu einer ganzen Flotte gleichartiger Schiffe gehört, hat eine Länge von 400 Metern und eine Breite von 59 Metern. Die CMA CGM Antoine de Saint Exupery kann insgesamt 20.776 20-Fuß-Standardcontainer laden, davon 1.600 Kühlcontainer, so viele wie kein Schiff zuvor. Die Baukosten des Schiffs betrugen ca. 190 Mio. US-Dollar. Geht man davon aus, dass der Inhalt eines Containers einen durchschnittlichen Wert von ca. 50.000 EUR hat, würde der Gesamtwert von 20.776 geladenen Containern knapp 1 Mrd. EUR betragen.

▶ Definition

Die Twenty-foot Equivalent Unit (Abkürzung TEU, dt.: Standardcontainer) ist eine international standardisierte Einheit zur Zählung von ISO-Containern verschiedener Größen und zur Beschreibung der Ladekapazität von Containerschiffen sowie des Umschlags von Containerterminals. Die Maße der Container sind genormt: Ein 20-Fuß-Container ist 6,058 Meter, ein 40-Fuß-Container 12,192 Meter lang. Die Breite beträgt einheitlich 8 Fuß (2,438 Meter), die Standardhöhe 8 Fuß und 6 Zoll (2,591 Meter).

Standardcontainer (TEU)

Für den Transportversicherer ergeben sich aus der Verwendung von immer größeren Containerschiffen mehrere Problemfelder in Bezug auf Groß- und Kumulschäden:

Effizienz

Reedereien sind darauf bedacht, die Schiffsflotte möglichst effizient einzusetzen. Während früher viele kleinere Schiffe unterwegs waren, sind heute wenige, dafür aber immer größere Schiffe unterwegs. Dies spart Personal- und Betriebskosten. Die „CMA CGM Antoine de Saint Exupery" verfügt z. B. nur über 18 Besatzungsmitglieder.

Maximum je Transportmittel

Die Güterversicherung ist so gestaltet, dass im Versicherungsvertrag ein Maximum pro Transportmittel als vereinbart gilt. Ein VN kann also auf einem Transportmittel maximal den vereinbarten Betrag ausschöpfen. Im Hinblick auf Risikotragfähigkeit und Solvenz stellt dies den Transportversicherer vor keine besondere Herausforderung. Benötigt ein Kunde ein hohes Maximum, z. B. über 10 Mio. EUR, hat der VR die Möglichkeit, im Rahmen der Mitversicherung andere VR an diesem Risiko zu beteiligen oder entsprechende Rückversicherungsverträge zu schließen.

unbekanntes Kumul

Ein Problem ergibt sich für den VR aber dann, wenn auf demselben Schiff Container von verschiedenen Kunden befördert werden. Das im Vertrag vereinbarte Maximum gilt für jeden Kunden separat. Es gibt aber kein Maximum für das Schiff insgesamt. Üblich ist, speziell bei Policen auf Basis der Gesamtwerte- oder Umsatzabrechnung, dass der VN dem VR nicht mehr anzeigt, welches Schiff er für den Transport verwendet. Oftmals wäre ihm dies auch gar nicht möglich, da der Spediteur oder Reeder die entsprechende Wahl trifft, ohne dass der VN hiervon Kenntnis erhält. Für den VR ergibt sich hierdurch ein „unbekanntes Kumul".

 ▷ **Beispiel**

Die VN A, B, C und D haben bei der Proximus Versicherung AG eine Güterversicherung abgeschlossen. Das Maximum je Transportmittel beträgt bei A 3 Mio. EUR, bei B und C jeweils 7 Mio. EUR und bei D 10 Mio. EUR. Jedes Unternehmen bezieht und verschickt täglich mehrere Container aus bzw. nach Asien. Durch einen Zufall befinden sich auf der „CMA CGM Antoine de Saint Exupery" von allen vier VN Container unter Ausschöpfung der vereinbarten Höchstversicherungssumme je Transportmittel. Würde die „CMA CGM Antoine de Saint Exupery" nun sinken, hätte die Proximus Versicherung AG einen Gesamtschaden von mindestens 27 Mio. EUR zu tragen. Dieses unbekannte Kumul kann der Erstversicherer nur über entsprechende Rückversicherungsverträge absichern.

Kasko

Neben den Schäden an den beförderten Gütern auf dem Transportmittel ist es denkbar, dass der Transportversicherer auch das Schiff, zumindest mit einem Anteil, über eine Schiffskaskoversicherung versichert hat. Dies bedeutet, dass der VR hierdurch möglicherweise ein doppeltes Risiko trägt: den Schaden am Schiff und an den beförderten Gütern, allein bei der „CMA CGM Antoine de Saint Exupery" rund 190 Mio. US-Dollar. Hinzu kommen ggf. auch Aufwendungen und Kosten.

▶ **Definition**

Die Seekaskoversicherung ist eine Sparte der Transportversicherung; versichert *Seekaskoversicherung*
werden Seeschiffe gegen Totalverlust und Teilschäden (verursacht durch die Gefahren der See), Verschollenheit, Verfügung von hoher Hand oder Piraterie. Als Bedingungswerk werden die DTV-ADS 2009 sowie ggf. noch die Vorgängerversionen und englische Bedingungen zugrunde gelegt.

Informationen zur Seekaskoversicherung und zu den Bedingungen finden sich im TIS unter www.tis-gdv.de.

Angesichts der großen Kapazitäten der modernen Containerschiffe ist im Falle *Abwicklung der*
einer Havarie-grosse die Anzahl der betroffenen Wareneigentümer kaum noch *Havarie-grosse*
zu überblicken. Die Abwicklung der Havarie-grosse, die auch bei kleinen Schiffen schon mehrere Jahre in Anspruch nehmen kann, nimmt damit viel Zeit in Anspruch.

Auch die Vergrößerung von Lagerflächen und Ausstellungs- bzw. Messehallen *Lagerstätten und*
ebenso wie die Steigerung der Warenwerte bei Maschinen und elektronischen *Messehallen*
Komponenten führen zu einer Steigerung des Kumul- und Großschadenrisikos in der Transportversicherung.

Rückversicherung

Besonderheiten in der Rückversicherung der Transportversicherung sind die *Besonderheiten in der*
Allgefahrendeckung, das Bewegungsrisiko, die subjektiven Einflussfaktoren *Rückversicherung*
und das Risiko des Totalverlustes; diese erschweren es dem Rückversicherer, wie in anderen Sparten auf einheitliche Prognosen zurückzugreifen. Dies betrifft sowohl das Großschaden-, als auch das Klein- und Mittelschadenrisiko.

Eine weitere Spezifik der Rückversicherung in der Transportversicherung ist die *politische Risiken*
Mitversicherung von politischen Risiken wie Krieg, Streik und Aufruhr sowie Beschlagnahme. In anderen Sparten ist gerade die Rückversicherung ein Grund, diese Gefahren nicht zu zeichnen. Der Güterversicherer bietet dagegen über die entsprechenden Klauseln Versicherungsschutz. Dies ist historisch bedingt, da eine Kumulierung auf Seeschiffen – der Versicherungsschutz galt früher nur für die Seereise – überschaubar war. Durch die Weiterentwicklung der Güterversicherung zu einer Haus-zu-Haus-Deckung, einschließlich der Deckung während des Landtransports und der Lagerungen an Land, musste die Versicherung dieser Gefahren jedoch angepasst werden.

In nahezu allen Versicherungszweigen erfolgt eine Betrachtung von Beiträgen *Geschäftsjahr*
und Schäden auf Geschäftsjahresbasis. In der Transportversicherung wählt *Zeichnungsjahr*
man jedoch aus rein praktischen Gründen das Zeichnungsjahr als Basis, da es vielfach nicht möglich ist, Schäden und Beiträge dem entsprechenden Geschäftsjahr zuzuordnen (z. B. weil sich die Zahlung des Beitrags länger hinzieht oder weil bei einer Havarie-grosse die Abwicklung von Schäden sehr lange dauert).

▶ Definition

Zeichnungsjahr

In der Transportversicherung werden Schadenaufwand und Prämieneinnahmen den jeweiligen in einem bestimmten Geschäftsjahr gezeichneten Verträgen – dem sogenannten Zeichnungsjahr – zugeordnet. Auch wenn ein Schaden im Jahr 2015 eingetreten ist und die Schadenzahlung 2017 erfolgt, wird der Schaden dem Jahr 2015 zugerechnet. Dies gilt auch für Beiträge, wenn z. B. Endabrechnungen aufgrund verzögerter Umsatz-/Gesamtwertemeldung erst Jahre später erstellt werden. Aus Rückversicherungssicht bedeutet dies, dass dem Rückversicherer zum Bilanzstichtag keine verlässlichen Angaben des Erstversicherers vorliegen, weshalb die Zeichnungsjahre über viele Jahre rückwirkend abgewickelt werden.

RV-Verträge

Die in der Rückversicherung üblichen Vertragsformen, wie z. B. der Quoten-RV-, Summenexzedenten-RV-, Einzelschadenexzedenten-RV-, Stopp-Loss-RV- oder Kumulschadenexzedenten-RV-Vertrag, finden auch in der Transportversicherung Anwendung.

5.4 Zeichnungskapazitäten

Produktionsfaktor
Risikotransferkapazität

Die Zeichnungskapazitäten eines VR sind Bestandteil der Produktionsfaktoren eines Versicherungsunternehmens. Sie stellen die Risikotransferkapazität dar. Neben der Risikotransferkapazität gehört die Dienstleistungskapazität zu den Produktionsfaktoren.

Leistungsvermögen
des VR

Kapazitätsgrenze

Die Zeichnungskapazität bezeichnet das Leistungsvermögen des VR bei der Übernahme von einzelnen Risiken. Das können Risiken sein, die wegen ihrer Schadenerwartungswerte für den VR nicht beherrschbar sind, da verfügbares Sicherheitskapital nicht zur Verfügung steht oder ausreichender Rückversicherungsschutz nicht vorhanden ist. Weiterhin ist es denkbar, dass durch die Übernahme einzelner Risiken die Streuung der Gesamtschadenverteilung im Kollektiv gestört wird. Die Kapazitätsgrenze ist vor allem von Groß- und Kumulschadenpotenzialen abhängig.

5.5 Prämienempfehlung GDV

unverbindliche
Prämienempfehlungen
des GDV

Risikoprämien

Wichtig ist die Feststellung, dass Verbandstarife grundsätzlich unverbindliche Prämienempfehlungen sind, die der GDV seinen Mitgliedsunternehmen zur Unterstützung der unternehmenseigenen Prämienkalkulation zur Verfügung stellt. In den Tarifen wird die Risikoprämie angegeben, die anhand des vorliegenden Datenmaterials ermittelt wurde. Das Datenmaterial liefern die Mitgliedsunternehmen, indem sie Bestands- und Schadendaten, wie z. B. die Schadenursachenstatistik, liefern.

Firmentarif

Am Beispiel des Ende 2009 erstellten Firmentarifs Gewerbe/Industrie wird im Folgenden auf die Inhalte von Verbandstarifen eingegangen werden. Der Firmentarif beinhaltet Aussagen zu den Einzeltarifen:

- Feuer-Inhalt (inkl. KBU),
- Feuer-Gebäude,
- Feuer-Betriebsunterbrechung (inkl. Haftzeiten),

- ED (inkl. KBU),
- Leitungswasser-Inhalt (inkl. KBU),
- Leitungswasser-Gebäude.

Weiterhin bietet er im Bereich Feuer Hinweise über den Brandschutz.

Struktur des Firmentarifs

Summeneinschränkung

Der Tarif befasst sich mit Versicherungssummen bis 50 Mio. EUR für die Inhaltsversicherung bzw. 5 Mio. Mark 1914 für Gebäude und bis 1 Mio. EUR für KBU. Für die FBU ist die Einjahressumme maßgeblich.

Summen-einschränkung

Je Sparte gibt es Aussagen zu:

Struktur

- Betriebsarten,
- Summenabhängigkeit,
- regionalen Unterschieden,
- Bauartklassen,
- Entlastungseffekten durch Selbstbehalte,
- KBU und
- Haftzeiten.

Der Firmentarif liefert neben der für Versicherungsmathematiker nachvollziehbaren und umsetzbaren Verfahrensbeschreibungen auch relevante Informationen zu Zwischenschritten, damit mit diesen Parametern gerechnet werden kann, z. B. Kupierungsgrenzen, Normierung Brandschutz und Credibilityfaktoren.

Der vorliegende Risikoprämientarif ist eine „Berechnung von Durchschnittskosten für die Deckung eines genau beschriebenen Risikos in der Vergangenheit".

Durchschnittskosten

Auf Grundlage der vergangenheitsbezogenen Daten der Risikostatistiken Sach bzw. Allgemeine Sach und Industrielle Sach des GDV werden unter Anwendung mathematisch-statistischer Verfahren Schätzwerte für das Schadengeschehen errechnet, die mit hoher Wahrscheinlichkeit die Schadenstruktur für zukünftige Zeiträume repräsentieren.

Wahrscheinlichkeits-rechnung

Durch zufällig auftretende Großschäden kann der Schadensatz für eine Betriebsart, insbesondere wenn diese schwach besetzt ist, untypisch hoch werden, sodass eine zuverlässige Schätzung der durchschnittlichen Schadenerwartung dieser Betriebsart nicht möglich ist. Umgekehrt führt bei Betriebsarten mit geringen Stückzahlen das (zufällige) Ausbleiben von Großschäden zu einer Unterschätzung des Schadensatzes. Die Kupierung und Umverteilung ermöglicht die Bereinigung des Einflusses von zufälligen Großschäden.

Großschäden

Verlaufsklasseneinteilung

Abhängigkeit von Versicherungssummen

Es ist zu beobachten, dass für unterschiedliche Betriebsarten der Schadensatzverlauf in Abhängigkeit der Höhe der Versicherungssumme variiert. Dabei ist ein degressiver, ein konstanter und ein progressiver Verlauf festzustellen. Aus diesem Grund und wegen des sehr breiten Anwendungsbereichs (von kleinsummigen Gewerberisiken bis zu 50 Mio. EUR) ist es notwendig, diesen Sachverhalt zu modellieren. Dazu werden die Betriebsarten in drei unterschiedliche „Verlaufsklassen" eingeteilt.

Schadenerfahrungen

Um für schwach besetzte Betriebsarten statistisch sicherere Aussagen treffen zu können, ist es sinnvoll, über ein Credibilityverfahren die Schadenerfahrung einer größeren Einheit mit einer grundsätzlich ähnlichen Schadenerwartung anteilsmäßig heranzuziehen.

Kupierung von Schäden
Franchisenklassen

Die Kupierung (Stutzung) von Schäden erfolgt auf Basis der gemeldeten Einzelschäden, um den Einfluss von zufällig auftretenden bzw. ausbleibenden Großschäden auf einzelne Betriebsarten zu eliminieren. Zur Ermittlung einer Kupierungsgrenze werden zunächst die Einzelschäden normiert: Die Inflationsbereinigung erfolgt für die Inhaltsschäden mit Hilfe des vom Statistischen Bundesamt veröffentlichten „Erzeugerpreisindex gewerblicher Produkte". Neben der Inflation sind als weitere Einflussfaktoren auf den Schadendurchschnitt die mit der Versicherungssumme deutlich ansteigenden Schadendurchschnitte sowie die Bewertung der Franchisenklassen im Tarif zu beachten.

Verfahren zur Verlaufsklasseneinteilung

betriebsartenspezifische Abhängigkeiten
Ausgleichsverfahren

Verlaufsklassen werden gebildet, um die betriebsartenspezifischen Abhängigkeiten des Schadensatzes von der Versicherungssumme berücksichtigen zu können. Die Einteilung der Betriebsarten in Verlaufsklassen erfolgt auf Ebene der Credibilitygruppen, da in vielen Fällen zu wenige Schäden für eine Bewertung auf Ebene der Betriebsarten vorliegen. Auch kann bei den Betriebsarten einer Credibilitygruppe von vergleichbaren Schadenverläufen ausgegangen werden (Modellierung der stetigen Abhängigkeit nach dem Ausgleichsverfahren).

Ziel einer Kalkulation ist es, robuste Schadensätze für Kombinationen von Tarifmerkmalen zu ermitteln. Dabei können einige Kombinationen so schwach besetzt sein, dass eine zuverlässige Bewertung aufgrund eigener Schadenerfahrung nicht vorgenommen werden kann.

Zufallsschwankungen

Hinzu kommt, dass auch durchschnittlich besetzte Tarifzellen Zufallsschwankungen unterworfen sind. Zur Stabilisierung der Kalkulationsergebnisse ist es notwendig, die aus dem Datenmaterial unmittelbar berechneten Schadensätze unter Anwendung mathematisch-statistischer Ausgleichsverfahren um eventuelle Zufallseinflüsse zu bereinigen. Ein solches Ausgleichsverfahren ist z. B.

Marginalsummenverfahren

das sogenannte Marginalsummenverfahren. Es stellt eine Methode dar, die auf bedarfsgerechte Ergebnisse in den Randverteilungen abzielt.

Summenabhängigkeit des Schadensatzes

Bei Firmen zeigt sich (je nach Sparte unterschiedlich) eine deutliche Abhängigkeit des Schadensatzes von der Versicherungssumme, der durch einen einfachen funktionalen Zusammenhang modelliert werden kann und die gemessenen Schadensätze gut approximiert (annähert).

Credibilityverfahren

Der auf Ebene der Betriebsarten erzielte Ausgleich im Kollektiv reicht oft nicht aus, um zufällige zeitliche Schwankungen im Schadensatz zu vermeiden. Dies gilt selbst dann, wenn zufällig auftretende Großschäden kupiert und die Zeitreihe um den Einfluss der sich zeitlich ändernden Bestandszusammensetzung bezüglich weiterer Tarifmerkmale (z. B. für Feuer-Inhalt: Versicherungssummenverteilung) bereinigt wird.

Kollektivausgleich

Die schwankenden Schadensätze insbesondere bei schwächer besetzten Betriebsarten sind aus risikotechnischer Sicht nicht sachgerecht. Somit besteht die Aufgabe, systematische, nicht zufallsbedingte Unterschiede im zeitlichen Schadenverlauf der einzelnen Betriebsarten zu erkennen und diese durch ein Zu- bzw. Abschlagssystem auf einen für alle Risiken (eines größeren Kollektivs) gleichen Grundschadensatz umzusetzen.

Zu- und Abschlagssystem

Der Credibility-Ansatz trägt diesem Gedanken Rechnung, indem er den anzusetzenden Schadensatz als gewichteten Mittelwert zwischen der individuellen Schadenerfahrung der Betriebsart und der Schadenerfahrung des übergeordneten Kollektivs, der Credibilitygruppe, berechnet. Die als Gewichtungsfaktoren verwendeten Credibility-Koeffizienten hängen von dem Volumen der Betriebsart sowie von einem davon unabhängigen Strukturparameter ab, der die „räumliche" und zeitliche Heterogenität des Kollektivs widerspiegelt.

gewichtetes Mittel
Heterogenität des Kollektivs

Gemäß der Meldeanleitung zur Risikostatistik Sach bzw. Allgemeine Sach des GDV umfassen die von den Unternehmen gemeldeten Daten einerseits die Schadenaufwendungen für die im Berichtsjahr gemeldeten Schäden und andererseits die Versicherungssummen der am Jahresende bestehenden Verträge. Vertragsab- bzw. -zuwanderungen oder Vertragsanpassungen während des Statistikjahrs führen dazu, dass die mittlere Versicherungssumme der Verträge nicht mit der am Jahresende ermittelten übereinstimmt und so der Schadensatz zu hoch bzw. zu tief ermittelt wird. Zur Bereinigung dieses Effekts wird die Versicherungssumme auf den Wert zur Jahresmitte korrigiert, wobei ein gleichmäßiger Zu- und Abgang im Laufe des Jahrs unterstellt wird.

Jahresstatistik des GDV

Auszug aus dem Betriebsartenverzeichnis

Betriebsartenverzeichnis

Elektrowaren, Elektronik, Musikalien, Papier
17310 Computer-, Telekommunikations-, Unterhaltungselektronikhandel
17320 Fotogeschäft
17330 Elektrowarenhandel (ohne Computer-, Telekommunikations-, Unterhaltungselektronik)
17340 Musikalien-, Musikinstrumentenhandel
17350 Schreibwaren-, Papierwaren-, Buch-, Zeitschriftenhandel
17360 Spielwarenhandel

Durchschnittliche Bewertung je Brandschutzanlage (Ausschnitt)

Bewertung Brandbekämpfungsanlage inkl. Branderkennungsteil:

Unterkategorie	Bewertung
Bau	51 %
Rohstoffe	50 %
Metall	49 %
Elektrotechnische und elektronische Produkte	53 %
Textil	55 %
Getränke	44 %
Nahrungs- und Genussmittelherstellung (ohne Backwaren und ohne Süßwaren)	49 %
Büro und Verwaltung	44 %
Gastronomie	40 %
Transport	48 %
Reparatur, Reinigung, Wartung	43 %
Getränke, Nahrungs- und Genussmittel	0 %
Feuergefährliche Stoffe	50 %
Eigenständige Lager	52 %

Die durchschnittliche Bewertung für aufgeschaltete Brandmeldeanlagen liegt für Inhalt bei 10 %.

Bauartklassen   **Schadensatzunterschiede Bauartklasse**

Die Bauartklassen sind wie folgt definiert:

Bauartklasse 5 (neu):
Gebäude(-komplexe) aus nicht brennbaren Baustoffen/Bauteilen, die nicht in die Bauartklassen 6 oder 7 einzustufen sind. Der Anteil der aus brennbaren Baustoffen hergestellten Bauteile darf jeweils bezüglich

- Tragwerk,
- Außenwandflächen,
- Decken- bzw. Dachflächen (ausgenommen Dachpappe)

nicht mehr als 30 % aller Gebäude des zu tarifierenden Bereichs betragen.

Bauartklasse 6 (neu):
Gebäude(-komplexe), die ganz oder teilweise aus brennbaren Baustoffen/Bauteilen (Ausnahme: feuerhemmende Ausführung) einschließlich Isolierungen/Verkleidungen hergestellt wurden und die nicht in die Bauartklasse 7 einzustufen sind.

Bauartklasse 7 (neu):
Gebäude(-komplexe) mit Außenwänden überwiegend aus Holz oder mit weicher Dachung. Bisher werden fast ausschließlich die alten Bauartklassen zur Risikostatistik gemeldet. Sie sind wie folgt definiert:

Bauartklasse 1 (alt):
Gebäude mit massiven Außenwänden oder Stahl- oder Holzfachwerk mit Stein-/Glasfüllung oder Stahl-, Holz- oder Stahlbetonkonstruktion mit raumseitiger Wandplattenbekleidung aus nichtbrennbaren Baustoffen (Klasse A: DIN 4102), jeweils mit hartem Dach.

Bauartklasse 2 (alt):
Gebäude mit Außenwänden überwiegend aus Holz oder mit weicher Dachung.

Tarifierungsgrundsätze Feuer

- *Brandschutztechnische Trennung von Bereichen mit höherer Betriebsgefahr*: Der Trend zur Zusammenfassung möglichst vieler Abteilungen und Betriebsteile (z. B. Produktion und Lager) unter einem Dach ohne wirksame brandschutztechnische Unterteilungen hat im Brandfall zwangsläufig die Ausweitung des Schadens zur Folge. Dies betrifft nicht nur die unmittelbaren Auswirkungen des Brands, sondern auch die Brandfolgeschäden. Der VR muss deshalb an einer möglichst wirksamen Trennung zwischen einzelnen Betriebsteilen (Komplexe, Brandabschnitte oder feuerbeständig abgetrennte Räume) interessiert sein. *Brandschutz*

- *Bauart der Gebäude*: Das Schadenrisiko eines Industriebetriebs hängt in erheblichem Maß von der Bauart des Gebäudes ab. Die Bauart ergibt sich aus dem Zusammenwirken der Einzelbauteile (insbesondere Tragwerke, Außenwände, Dächer). Die Bewertung der Bauteile erfolgt aufgrund ihrer Feuerwiderstandsdauer und der Brennbarkeit ihrer Baustoffe. *Bauart*

- *Gefahrerhöhungen*: Hilfs- und Nebenbetriebe sowie sonstige Anlagen, die eine wesentliche Gefahrerhöhung darstellen, sind in der Tarifierung durch einen Beitragszuschlag zu berücksichtigen. Eine wesentliche Gefahrerhöhung liegt vor, wenn der Beitragssatz des Hilfs- oder Nebenbetriebs erheblich, z. B. 50 %, über dem Beitragssatz für den Hauptbetrieb liegt. Typische Beispiele für gefahrerhöhende Einrichtungen sind Lackierereien und Betriebe der Holz- und Kunststoffbearbeitung. Die Höhe des erforderlichen Zuschlags hängt von der Größenordnung der Gefahrerhöhung ab. Wichtige Risikomerkmale sind Lage und Ausdehnung innerhalb des Betriebs, Ansammlung von brennbaren Stoffen in unmittelbarer Umgebung der gefahrerhöhenden Einrichtung und mögliche Brandschutzmaßnahmen. Auf einen Zuschlag kann verzichtet werden, wenn die betreffenden Einrichtungen feuerbeständig abgetrennt sind oder durch eine anerkannte automatische Objektschutz-Feuerlöschanlage geschützt werden. *Gefahrerhöhung*

- *Einrichtungen und Maßnahmen zur Brandverhütung und -bekämpfung, örtliche Feuerlöschverhältnisse*: Für wirkungsvolle Maßnahmen zur Brandverhütung und -bekämpfung können hohe Rabatte gewährt werden. Die Einhal- *Brandverhütung und -erkennung*

tung gewisser Standard-Maßnahmen wird dabei vorausgesetzt und ist nicht rabattierbar. Als Standardmaßnahmen gelten z. B. das Einhalten von Sicherheitsvorschriften, die Bereitstellung von Feuerlöschern, eine sichergestellte Löschwasserversorgung und das Vorhandensein einer öffentlichen Feuerwehr. Rabattwürdige Einrichtungen und Maßnahmen betreffen z. B. die Brandentdeckung und -meldung (Brandmeldeanlage, Bewachung), Brandbekämpfung (Feuerlöschanlagen, eigene Feuerwehr) sowie organisatorische Maßnahmen (Sicherheitsorganisation, Schutz des Werksgeländes, Rauchverbot).

Tarifierungsgrundsätze Einbruchdiebstahl

Betriebsart
- *Betriebsart*: Das Einbruchsrisiko unterscheidet sich deutlich je nach Art der gehandelten Waren. So ist z. B. ein Elektrogerätehandel höher gefährdet, wenn auch Unterhaltungselektronik angeboten wird, ein Textilwarenhandel muss höher eingestuft werden, wenn auch Leder und Pelze gehandelt werden, ein Kiosk mit Tabakwaren erfordert einen höheren Beitrag als ein reiner Zeitungskiosk.

Tarifzone
- *Tarifzone*: Das Einbruchsrisiko ist in Großstädten und Ballungsgebieten höher als im ländlichen Raum (Tarifzonen 1–5).

Lage
- *Lage des Risikos, bewohntes oder unbewohntes Gebäude*: Geschäfte in unbewohnten Gebäuden und/oder Gewerbegebieten, in denen die nächsten bewohnten Gebäude weit entfernt sind, sind mit einem Risikozuschlag zu belegen.

Sicherungen
- *Sicherungen*: Mechanische oder elektronische Sicherungen sowie organisatorische Maßnahmen (Bewachung) können einen Rabatt rechtfertigen, wenn sie nicht ohnehin Voraussetzung für eine Zeichnung des Risikos sind.

Summenstaffel
- *Versicherungssummenstaffel*: Der Prämiensatz richtet sich nach der Höhe der Versicherungssumme. Je höher die Versicherungssumme, desto niedriger ist der Prämiensatz.

Franchiseklassen
- *Franchiseklassen*: Der Tarif in der Einbruchdiebstahlversicherung sieht verschieden hohe Selbstbehaltstufen vor.

Tarifierungsgrundsätze Leitungswasser

Der Tarif unterscheidet in Gebäude und Inhaltsversicherung.

Gebäude
Im Bereich der Gebäudeversicherung wird unterteilt nach
Tarifregionen
- Tarifregionen (Zone 1–4),
Inhalt
im Bereich der Inhaltsversicherung nach
Betriebsart
- Betriebsart,
Summenstaffel
- Versicherungssummenstaffel.

Tarifierungsgrundsätze Sturm

Der Tarif unterscheidet in Gebäude und Inhaltsversicherung.

Gebäude
Im Bereich der Gebäudeversicherung wird unterteilt nach
Tarifregion
- Tarifregionen (Zone 1 und 2),
Bauart
- Bauartklassen,

- Versicherungssummenstaffel,

im Bereich des Inhalts nach

- Bauartklassen.

Summenstaffel

Zusammenfassung

Grundlage für die Kalkulation bilden die Mindestanforderungen für das Risikomanagement (VA) und die Bestimmungen von Solvency II. Hier werden die Steuerung des versicherungstechnischen Geschäfts und die Zeichnungsrichtlinien behandelt sowie die Verantwortlichkeit für die Tarifberechnung und Dokumentation festgelegt. Der Tarif soll die Risikokosten einschließlich Sicherheitszuschlag und Betriebskosten widerspiegeln. Als Kennzahl dient der Schadensatz. Besonders beachtet werden muss das Katastrophen- und Kumulrisiko, auch in Hinblick auf abzuschließende Rückversicherungsverträge.

Als Grundlage für die Kalkulation dienen eigene Risikostatistiken sowie Prämienempfehlungen des GDV.

6. Produkte

Handlungssituation

Die Proximus Versicherung AG will dem Trend der regenerativen Energie folgen. Aus diesem Grund sollen die VGB erweitert werden. Die Vorgabe ist, künftig auch Photovoltaikanlagen und weitere Anlagen der regenerativen Energie durch die Gefahren der Elektronikversicherung abzusichern.

Erarbeiten Sie eine Produktvariante für die neuen Deckungsbausteine.

6.1 Produktvarianten für unterschiedliche Zielgruppen

Zielgruppen

Für einzelne Zielgruppen bieten die VR auf dem Sektor der Produkte Speziallösungen an. Die Zielgruppenbildung wird ausführlich im Grundlagenband „Marketing und Vertrieb von Versicherungs- und Finanzprodukten für Privatkunden" (Köhne/Lange 2012) beschrieben. Die dort aufgezeigten Ansätze lassen sich auch auf die gewerbliche Versicherung anwenden.

Kriterium Funktionen

Von Versicherungsgesellschaften häufig angesprochene Zielgruppen sind Gastronomie, Bauhauptgewerbe, Baunebengewerbe und Handwerker sowie das Kfz-Gewerbe. Diese Zielgruppen werden nach Funktionen der Kunden ausgewählt.

Kriterium Größe
Multi-Risk
VSG 2010

Ein anderes Auswahlkriterium ist die Größe der Kunden (Kleinbetriebe, mittelständische Betriebe oder Großbetriebe). Bei diesem Kriterium werden die Versicherungsprodukte an die Betriebsgröße angepasst, hier besteht häufig die Möglichkeit, sogenannte Mittelstandspolicen anzubieten, die oft als Multi-Risk-Policen ausgestaltet sind (siehe hierzu auch in Kapitel 1 die Ausführungen zur Verbundenen Sach-Gewerbeversicherung VSG 2010).

Versicherungsunternehmen werben auf ihren Internetseiten mit der Möglichkeit, für spezielle Zielgruppen besondere Produktvarianten zu bieten.

 ▶ **Beispiel**

Unsere Geschäftseinheit Firmenkunden hat sich im Markt der kleinen und mittleren Unternehmen mit einem überzeugenden Konzept eine starke Position aufgebaut. Vor allem Gewerbe-, Handels- und Handwerksbetriebe, Dienstleistungsunternehmen sowie Freiberufler sind unsere Zielgruppen-Schwerpunkte. Neben Standardprodukten für den gesamten Markt liegt unsere Kompetenz in innovativen und individuellen Deckungskonzepten für spezielle Risiken.

Pauschaldeklaration
summarische
Versicherung

Um die Versicherungsprodukte besser den einzelnen Zielgruppen zuordnen zu können, verwenden die VR Pauschaldeklarationen, mit denen sie die Produkte beschreiben und deren Umfang festlegen (lat. declaratio: „Kundmachung", „Offenbarung"). In der Pauschaldeklaration werden die einzelnen Versicherungsmöglichkeiten zusammengefasst, wie z. B. in der Geschäftsversicherung die Positionen technische und kaufmännische Betriebseinrichtung und Vorräte sowie Vorsorgepositionen. Hauptbestandteil der Pauschaldeklaration in der

Geschäftsversicherung ist die Zusammenfassung der Versicherungssummen der einzelnen Positionen zu einer Gesamtversicherungssumme (summarische Versicherung).

Zusätzliche Einschlüsse von standardmäßig nach den AVB ausgeschlossenen Gefahren, Sachen und Kosten werden in Pozent der Gesamtversicherungssumme vereinbart. Die einzelnen Positionen werden durch Höchstbeträge oder durch die Versicherungssumme begrenzt. In vielen Fällen steht auch für die zusätzlichen Einschlüsse noch einmal der Betrag der Gesamtversicherungssumme zur Verfügung.

zusätzliche Einschlüsse

Höchsthaftung für Einschlüsse

6.2 Produktvarianten für die Zielgruppe Transport

Die Güterversicherung sieht über das Bedingungswerk DTV-Güter 2000/2011 einen umfassenden Versicherungsschutz vor, der durch spezielle Klauseln für bestimmte Gefahren und Schäden wie z. B. Krieg, Streik, Beschlagnahme etc. erweitert werden kann. Trotz dieses umfassenden Versicherungsschutzes im Bedingungswerk ist es erforderlich, in geschriebenen Bedingungen das zu versichernde Risiko detailliert zu beschreiben.

Nicht jedes Unternehmen hat den gleichen Bedarf an Versicherungsschutz. Während Herstellungs- und Produktionsbetriebe neben den Bezügen von Roh- und Betriebsstoffen auch die fertigen Erzeugnisse versichern wollen, besteht bei einem Händler oft nur der Bedarf, die verkauften Produkte zu versichern.

Eine reine Vertriebsgesellschaft ohne eigenes Lager operiert nur vom Schreibtisch aus. Hier ist es denkbar, dass dieses Unternehmen direkt bei Herstellern Waren bestellt und diese dann direkt zu den Kunden der Vertriebsgesellschaft geliefert werden (Streckengeschäfte bzw. Direktlieferungen).

Streckengeschäfte

Bei Herstellungsbetrieben stehen auch innerbetriebliche Transporte im Fokus. Hierunter sind z. B. (nicht fakturierte) Transporte zwischen eigenen und fremden Betriebsstätten zu verstehen. Denkbar ist auch, dass das Unternehmen weltweit tätig ist und über Vertriebgesellschaften verschiedene Transporte abwickelt.

innerbetriebliche Transporte

Führt das Unternehmen in erster Linie mit eigenen Fahrzeugen Transporte durch, besteht auch die Möglichkeit einer reduzierten Güterversicherung in Form einer Werkverkehrsversicherung (siehe Kapitel 4.4).

Werkverkehr

Dienstleistungsunternehmen erzielen neben dem Bezug und Versand von Gütern zum Teil auch bedeutende Umsätze im Dienstleistungsbereich, die aber keine unmittelbare Auswirkung auf die transportierten Güter haben. Dies muss bei der Berechnung eines Umsatzbeitrags berücksichtigt werden. Von Bedeutung im Hinblick auf das zu versichernde Risiko sind die sogenannten Beistellungen.

Dienstleistungs- unternehmen

▶ Definition

Unter Beistellung versteht man, wenn ein Auftraggeber seine Waren einem Hersteller überlässt, der diese zur Herstellung seine Produkte verwendet. So liefern z. B. Reifenhersteller Fahrzeugherstellern Reifen, die Fahrzeughersteller verkaufen das Fahrzeug als Endprodukt einschließlich der Reifen.

Beistellung

Bei Dienstleistungstätigkeiten besteht die Problematik, dass das versicherte Unternehmen nur Dienstleistungen an der Beistellung vornimmt – z. B. die Justierung oder Programmierung von Software –, das beigestellte Gut an sich aber nicht in den Gesamtwerten bzw. Umsätzen erscheint, da das Unternehmen nur die Dienstleistung berechnet.

Ende der Versicherung Nach Ziffer 8.2 der DTV-Güter 2000/2011 endet der Versicherungsschutz, sobald die Güter an die Stelle gebracht sind, die der Empfänger bestimmt hat (Ablieferungsstelle). Dabei ist es unerheblich, ob es sich um eine nur vorläufige Aufbewahrungsstelle handelt. Das betrifft z. B. Hersteller von Fertigungsmaschinen, die vor die Situation gestellt sind, dass das Fundament der Produktionshalle bei Ablieferungstermin noch nicht fertiggestellt ist.

Daher ist es für solche Fälle sinnvoll, das Ende der Versicherung zu verlängern, z. B. in der Form, dass der Versicherungsschutz erst zehn Tage nach Ablieferung endet.

Zielgruppen- Die Beispiele machen deutlich, dass es je nach Zielgruppe unterschiedliche
orientierung Bedürfnisse in der praktischen Ausgestaltung des Versicherungsschutzes gibt. Aufgabe des Güterversicherers ist es, die individuelle Risikosituation des VN zu erkennen und bereitzustellen. Vielfach scheitert dies aber an dem vorhandenen Risiko im Hinblick auf den hierfür zu berechnenden Beitrag.

Bausteinprinzip Um zielgruppengerechte Produkte zu ermöglichen, in denen Risiko und ermittelter Beitrag auf die spezifischen Interessen des VN zugeschnitten sind, sieht das GDV-Modell in der Verkehrshaftungsversicherung ein Bausteinsystem vor. So hat der Frachtführer ausschließlich das Interesse, seine Haftung aus der Beförderung von Gütern zu versichern, während das Interesse des Spediteurs darin besteht, Fehler aus der Organisationstätigkeit abzusichern und das des Lagerhalters darin, Schäden bei der Aufbewahrung von Gütern abzusichern.

Zusammenfassung

Die Produkte eines Versicherungsunternehmens werden in Privat-, Gewerbe- und Industrierisiken unterteilt. Innerhalb dieser Gruppen wird eine weitere Differenzierung nach Zielgruppen vorgenommen. Die für die Zielgruppen relevanten Deckungsbausteine können als Baukastensystem oder als Kompaktschutz angeboten werden.

Aufgaben zur Selbstüberprüfung

1. Zur Vermeidung von Doppelversicherungen hat der GDV eine Empfehlung abgegeben, wonach die VR im Innenverhältnis abweichend von § 78 VVG verfahren sollen.
   a) Stellen Sie dar, wie die Haftung vom Zusammentreffen von Fremd- und Außenversicherung geregelt ist.
   b) Nennen Sie die Ausnahmen von dieser Regel.

2. In einem Schadenfall kann es zu Überschneidungen der Wohngebäude- und Hausratversicherung kommen. Erläutern Sie an einem Beispiel, wie die Versicherungsbedingungen die vom Mieter in das Gebäude eingefügten Sachen behandeln.

3. Die Wohngebäudeversicherung sieht den Ersatz von Mietausfallschäden vor.
   a) Erläutern Sie die rechtliche Grundlage, die einen Mieter berechtigen, die Miete zu mindern.
   b) Führen Sie fünf Faktoren für die Mängelbewertung an.

4. Neben der Mietminderung ist der Mieter auch berechtigt, die Nebenkosten zu mindern. Nennen Sie fünf mögliche Nebenkosten (Betriebskosten).

5. Wenn ein Eigentümer im Rahmen seiner Wohngebäudeversicherung für das eigengenutzte Einfamilienhaus eine Mietwertentschädigung und aus seiner Hausratversicherung Hotelkosten beansprucht, kommt es augenscheinlich zu einer Doppelversicherung. Erläutern Sie, warum hier keine Doppelversicherung vorliegt.

6. Die AVB (Gewerbe) sehen gefahrenunabhängige generelle Ausschlüsse vor. Nennen Sie drei Ausschlüsse und bilden Sie je ein Beispiel.

7. Die versicherte Gefahr Feuer kann durch individuelle Risikogegebenheiten durch Vereinbarung von Klauseln vereinbart werden. Nennen Sie fünf mögliche Klauseln.

8. Bei den Arten des Blitzschlags wird zwischen dem „zündenden Schlag" und dem „kalten Schlag" unterschieden. Charakterisieren Sie die beiden Arten des Blitzschlags.

9. Bei der Gefahr Explosion werden häufig Schäden gemeldet, die im Sinne der Versicherungsbedingungen keine Explosionen sind. Führen Sie zwei Beispiele hierzu an.

10. Die AERB 2010 kennen den Begriff „Ereignisort".
    a) Definieren Sie diesen Begriff.
    b) Führen Sie ein Beispiel an.

11. Nach den AERB 2010 handelt es sich auch um einen Einbruchdiebstahl, wenn der Täter falsche Schlüssel oder andere Werkzeuge benutzt.
    a) Definieren Sie den Begriff „falscher Schlüssel".
    b) Nennen Sie zwei Beispiele für „andere Werkzeuge".

12. In der Raubversicherung werden an die Personen, die den Transport durchführen, Voraussetzungen geknüpft. Erläutern Sie diese Voraussetzungen.

2

13. Um seine Spuren zu verwischen, legt der Einbrecher am Versicherungsort Feuer. Der VN beansprucht neben dem Ersatz für entwendete Sachen auch Ersatz für die vom Feuer beschädigten Sachen. Regulieren Sie den Schaden.

14. Die Leitungswasserversicherung ersetzt neben Schäden durch Zerstörung oder Beschädigung auch Schäden durch Abhandenkommen von versicherten Sachen. Führen Sie ein Schadenbeispiel an.

15. Nennen Sie sechs Risikoausschlüsse der Leitungswasserversicherung.

16. In der Sturmversicherung werden die Schadenarten in unmittelbare, mittelbare und Folgeschäden unterschieden. Führen Sie je ein Schadenbeispiel an.

17. Erläutern Sie, wie Schäden an der Neubauleistung und der Altbausubstanz beim Umbau eines Bürogebäudes gegen Schäden durch Leitungswasser und Sturm versichert werden können.

18. Eine Möglichkeit der Mitversicherung von Elementarschäden bietet die EC-Deckung (ECB 2010). Neben den Elementarschäden besteht die Möglichkeit der Versicherung weiterer Gefahren. Beschreiben Sie diese Gefahren.

19. Die gewerbliche Glasversicherung bietet den Einschluss von Schäden von ausgestellten Waren, Dekorationsmitteln und Werbeanlagen. Begründen Sie die Notwendigkeit der Mitversicherung.

20. Die Versicherung von Gebäuden unterscheidet Gebäudebestandteile und Gebäudezubehör sowie sonstige Grundstücksbestandteile. Führen Sie je ein Beispiel an und erläutern Sie die Mitversicherung.

21. Erklären Sie den Begriff „Positionenerläuterung".

22. In der Versicherung beweglicher Sachen wird grundsätzlich davon ausgegangen, dass der VN Eigentümer ist.
    a) Nennen Sie die weiteren Sachen, die ausdrücklich mitversichert sind.
    b) Stellen Sie dar, unter welchen Voraussetzungen fremdes Eigentum versichert ist.
    c) Erläutern Sie in diesem Zusammenhang die Regelung der ARGE-Klausel.

23. Daten und Programme sind unter bestimmten Voraussetzungen versicherte „Sachen". Erläutern Sie die Mitversicherung.

24. Erläutern Sie, was nach der Positionenerläuterung unter die Position „Vorräte" fällt.

25. Unterscheiden Sie bei der Versicherung von Kosten obligatorische und fakultative Kosten.

26. Erläutern Sie, was unter den Begriffen „abhängige Außenversicherung" und „Freizügigkeit" zu verstehen ist.

27. Neben der abhängigen Außenversicherung besteht auch die Möglichkeit einer selbstständigen Außenversicherung. Unterscheiden Sie diese beiden Formen.

28. In der Neuwertversicherung gibt es den Zeitwertvorbehalt. Erläutern Sie, was darunter zu verstehen ist.

29. Die Veränderung des Versicherungswertes in der Gebäudeversicherung wird in der Regel durch die Vereinbarung der gleitenden Neuwertversicherung reguliert. Daneben gibt es die Möglichkeit, eine Wertzuschlagsklausel zu vereinbaren. Grenzen Sie diese beiden Systeme voneinander ab.

30. Die AFB 2010 sehen eine positionsweise Versicherung vor.
    a) Erklären Sie den Begriff der positionsweisen Versicherung.
    b) Erläutern Sie den Begriff „summarische Versicherung" und grenzen Sie diesen von der positionsweisen Versicherung ab.

31. Erläutern Sie drei Vorteile einer Stichtagsversicherung.

32. Die Maschinenversicherung ist – wie die gewerbliche Sachversicherung – eine Interessenversicherung. Versichert ist das Interesse des Versicherungsnehmers als Eigentümer. Nennen Sie die weiteren Rechtspositionen, die das Interesse an der Maschine hervorrufen können.

33. Der Versicherungswert in der Maschinenversicherung ist der gültige Neuwert.
    a) Erläutern Sie diesen Neuwert.
    b) Erläutern Sie den Wert, wenn die Maschine nicht mehr in Preislisten geführt wird oder kein Listenpreis vorhanden ist.

34. Die Maschinenversicherung unterscheidet bei Anlagenteilen zwischen Teilen, die nur versichert sind, wenn dieses gesondert vereinbart ist, und Teilen, die nur dann versichert sind, wenn ein Sachschaden an anderen Teilen der versicherten Sachen entstanden ist. Führen Sie je ein Schadenbeispiel an.

35. Die technische Versicherung ist eine „Allgefahrendeckung". Führen Sie an, aus welcher Stelle der Versicherungsbedingungen sich diese Aussage ableitet.

36. Nennen Sie
    a) fünf Ausschlüsse aus den ABMG 2011.
    b) vier zusätzliche Ausschlüsse der AMB 2011.
    Erläutern Sie in diesem Zusammenhang die Kaskoklausel TK 3252 (11).

37. Die Elektronikversicherung wird in der Regel als Elektronik-Pauschalversicherung angeboten. Führen Sie die Vorteile an, die gegenüber der Einzelversicherung bestehen.

38. Erläutern Sie, was unter der „Bauteileregelung" zu verstehen ist.

39. Nennen Sie vier Versicherungsmöglichkeiten innerhalb der Montageversicherung und gehen Sie dabei auch auf die Versicherungsmöglichkeit von Montageversicherungen ein.

40. In der Bauleistungsversicherung kann, neben der Neubauleistung, auch die bestehende Bausubstanz versichert werden. Erläutern Sie die mögliche Mitversicherung.

41. In der Bauleistungsversicherung spielen Schäden durch Witterungseinflüsse eine bedeutende Rolle. Schildern Sie die Regelung für Witterungsschäden nach den VOB und erläutern Sie, in welchem Umfang die ABN 2011 Versicherungsschutz bieten.

42. In der Ertragsausfallversicherung (Betriebsunterbrechungsversicherung) richtet sich die Höhe der Versicherungssumme unter anderem nach der Haftzeit und dem Bewertungszeitraum. Erläutern Sie diese Begriffe.

43. Die Transportversicherung gilt innerhalb der Versicherungswirtschaft als Exotensparte. Erläutern Sie die Gründe für dieses Novum.

44. Erläutern Sie die Begriffe „Großrisiko" und „laufende Versicherung" und nennen Sie jeweils ein passendes Produkt aus der Transportversicherung. Welche Besonderheiten sieht der Gesetzgeber im VVG für „Großrisiko" und „laufende Versicherung" vor?

45. Der Gesetzgeber regelt im Güterkraftverkehrsgesetz die Voraussetzungen für Transporte im Werkverkehr. Nennen Sie die vier Voraussetzungen.

46. Die Beitragsentwicklung der Transportversicherung ist abhängig von der Entwicklung des Imports und Exports. Erläutern Sie, warum die Transportversicherer den Auf- und Abschwung der Wirtschaft erst mit Verzögerung in ihren Verträgen spüren.

47. In welchen Fällen bzw. Risikosituationen würden Sie dem Versicherungsnehmer anstatt einer Werkverkehrsdeckung eine „große" Güterversicherung (General-Police, laufende Versicherung) empfehlen? Erläutern Sie.

48. Als Leiter der Produktentwicklung überlegen Sie sich, in der Güterversicherung das „Alles-oder-nichts"-Prinzip einzuführen. Erläutern Sie, was darunter zu verstehen ist und ob dies rechtlich zulässig ist.

49. Erläutern Sie den Begriff „Havarie-grosse".

50. Erläutern Sie den Unterschied zwischen „Voller Deckung" und „Eingeschränkter Deckung" und arbeiten Sie heraus, ob Schäden während des Be- und Entladens versichert sind.

51. Im Jahr 2005 hat der GDV die Verwendung der Dirty-Bombs-Klausel empfohlen. Erläutern Sie den HIntergrund für die Herausgabe dieser Klausel und stellen Sie den Inhalt der Klausel dar.

52. Der Versicherer leistet nur dann, wenn sich ein versicherter Schaden aus einer versicherten Gefahr zugetragen hat. Erörtern Sie an einem praktischen Beispiel die Rechtslehre der „causa proxima".

53. Ein Versicherungsvertrag kann nur dann bestehen, wenn ihm ein versicherbares Interesse zugrunde liegt. Besteht Ihrer Meinung nach Versicherungsschutz, wenn ein Hehler gestohlene Ware über eine Güterversicherung auf dem Transport versichern möchte? Begründen Sie Ihre Aussagen.

54. Erläutern Sie die Begriffe „Schiffsdunst", „Schiffsschweiß", „Ladungsdunst" und „Ladungsschweiß".

55. Ein Kunde lässt Ware zu seinem Käufer liefern. Am 01.05. trifft die Ware auf der Laderampe ein. Der Käufer nimmt diese entgegen. In der darauffolgenden Nacht wird die Ware von der Laderampe gestohlen. Erläutern Sie das Ende des Versicherungsschutzes in der Güterversicherung und prüfen Sie, ob in diesem Beispiel Versicherungsschutz besteht.

56. Wenngleich die Zahl der Piratenangriffe in den letzten Jahren zurückgegangen ist: Auch die Güterversicherung kann von Piraterieschäden betroffen sein. Erläutern Sie, ob und inwiefern Piraterie in der Güterversicherung gedeckt ist.

Die Lösungshinweise finden Sie als kostenlosen Download unter:
www.bwv.de/fachwirtliteratur_loesungen
www.vvw.de → Service → Ergänzungen/Aktualisierungen

Kapitel 3

Regeln der Annahmepolitik im Hinblick
auf die betriebswirtschaftlichen
und vertrieblichen Auswirkungen

Nachzuweisende Befähigung

Die angehenden Fachwirte/Fachwirtinnen für Versicherungen und Finanzen sollen die Annahmepolitik im Hinblick auf die betriebswirtschaftlichen sowie vertrieblichen Auswirkungen erläutern und begründen können (gemäß Erläuterungsbroschüre, Qualifikationsinhalte und Handlungssituationen, 4.3).

Qualifikationsinhalte des Kapitels

Die Absolventen können im Einzelnen:

- objektive und subjektive Risiken unterscheiden und benennen (4.3.1)
- die Annahmepolitik der VR und die damit verbundenen Möglichkeiten der Vertragsgestaltung erfassen und begründen (4.3.1)
- Anträge gestalten (4.3.1)
- Umsatz- und Ertragsorientierung einander gegenüberstellen (4.3.2)
- Auswirkungen der Annahmepolitik auf den Kapitalmarkt erkennen (4.3.3)
- Auswirkungen der Annahmepolitik auf die Vertriebssteuerung erläutern (4.3.4)

1. Annahmerichtlinien

Handlungssituation

Proximus plant im Rahmen der „Flexi Billy" Produktlinie die Überarbeitung der Annahmerichtlinien. Einige Branchen und Risiken haben sich im Lauf der Zeit als mehr oder weniger schadenintensiv erwiesen als ursprünglich angenommen. Sie sind an der Neuausrichtung der Annahmerichtlinien im Bereich der gewerblichen Feuerversicherung beteiligt. Ihre Aufgabe ist es zunächst, ein Arbeitspapier zur Auswirkung von Brandstiftung auf das objektive und subjektive Risiko zu erstellen.

Annahmerichtlinien vermitteln Kunden und Vermittlern ein Bild darüber, welche Produkte der VR bevorzugt anbietet und entsprechend gezielt bewirbt und welche Produkte nur unter ganz bestimmten Bedingungen erhältlich sind. In die Annahmerichtlinien werden die Versicherungsprodukte aufgenommen, die nur unter erschwerten Bedingungen gezeichnet werden, bzw. die Produkte und Risiken, die auf gar keinen Fall angeboten werden.

Annahmerichtlinien sind Bestandteil der Risikopolitik eines VR, sie steuern die Zusammensetzung des Versicherungsbestands. Im Folgenden wird die Bedeutung des objektiven Risikos und des subjektiven Risikos für die Annahmepolitik der VR betrachtet.

Ausgehend von gezielten Informationen zu den Risiken trifft die Annahme- bzw. Risikopolitik Entscheidungen darüber, welche Risiken neu in den Bestand aufgenommen und welche Maßnahmen getroffen werden können, um das Risiko zu minimieren (Underwriting). Diese Möglichkeiten der Vertragsgestaltung und die damit verbundene Ausgestaltung des Antrags werden näher beleuchtet ebenso wie der Aspekt, ob die Kapazität (vgl. Solvabilität) des VR für die Übernahme eines Riskos ausreicht.

1.1 Objektives und subjektives Risiko

In Kapitel 2 wurden die Produkte vorgestellt, die die VR ihren Kunden zur Absicherung der Risiken anbieten. Zur Absicherung der Risiken wird der VN im Rahmen des Prozesses der Risikobewältigung das Versicherungsmanagement nutzen. Die Risikobewältigung zielt zum einen darauf ab, Risiken zu vermeiden, zu vermindern oder zu begrenzen, zum anderen legt sie fest, ob Risiken zu transferieren oder selbst zu tragen sind. Ein ganzheitliches Risikomanagementsystem betrachtet die Risikobewältigung als kontinuierlichen Prozess.

Risikomanagement

Wenn der VN dem VR sein Risiko überträgt, es also in eine Risikogemeinschaft transferiert, muss der VR prüfen, ob das ihm angebotene einzelne Risiko in seinen Versicherungsbestand passt. Der Versicherungsbestand ist ein vom VR gebildetes Kollektiv, das aus zahlreichen gleichen und ungleichen Risiken gebildet wird.

Versicherungsbestand
Versicherungsfähigkeit

Deckungskapazität Der VR wird dabei auf die Verfügbarkeit von ausreichenden Deckungskapazitäten und bezahlbaren Versicherungskonditionen achten. Der VR muss prüfen, ob die Risiken, die ihm zur Übernahme angeboten werden, versicherungsfähig sind. Folgende Punkte sind zu prüfen:

die Unvorhersehbarkeit des möglichen Schadenereignisses (Zufälligkeit)	die Einschätzbarkeit des Schadenbedarfs	die Kalkulierbarkeit einer Prämie mittels historischer Erfahrungswerte und Statistiken	das Vorhandensein eines Risikokollektivs

Kollektiv Das einzelne Risiko, welches der VR vor Einbringung in das Kollektiv prüfen muss, wird differenziert nach

- objektivem Risiko und
- subjektivem Risiko.

 ▶ **Definition**

objektives Risiko Das objektive Risiko bezeichnet Faktoren, die ein Risiko ausmachen und von Dritten erkannt und nachgeprüft werden können.

Hierzu zählt zum Beispiel die Betriebsart, die Branche, die Nachbarschaft, die Bauart eines Gebäudes, die Größe der Fensterscheiben, die Art der eingesetzten Rohstoffe etc. Im Gegensatz zum subjektiven Risiko ist das objektive Risiko nicht in den Charaktereigenschaften des VN oder der versicherten Person begründet.

Da objektive Risikomerkmale statistisch valide sind, werden diese zur Prämienkalkulation bevorzugt eingesetzt.

Bedeutung für die Antragsprüfung Die (Be-)Wertung und Beurteilung des objektiven Risikos erfolgt durch die Antragsprüfung. Die Antragsprüfung ist Teil des Produktionsprozesses des Versicherungsbetriebs. Für diesen Teil des Produktionsprozesses entnimmt der VR dem Antrag und den begleitenden Fragebögen und Risikobeschreibungen – wie z. B. dem Lageplan, der dem VR aufzeigt, wo auf dem Versicherungsgrundstück die zu versichernden Objekte liegen und wie die Umgebung (Nachbarschaft) gestaltet ist – die Informationen, die er für die Beurteilung des Einzelrisikos benötigt. Weitere Informationen liefern der Besichtigungsbericht und die Sicherungsbeschreibung.

Der Besichtigungsbericht, der z. B. der Risikoprüfung eines Gewerbebetriebs dienen kann, enthält Daten wie: *Besichtigungsbericht*

allgemeine Angaben wie Umsatz, Zahl der beschäftigten Personen und Zertifizierungen	Angaben zur Betriebsart	Beschreibung der Bauart der Gebäude
Informationen zur Brandschutzorganisation, Brandschutzeinrichtung, Brandentdeckung bzw. -meldung und Feuerwehr	Informationen über den Schutz des Betriebs wie Zugangskontrollen, Bewachung, Beleuchtung	allgemeine Angaben zum Betrieb wie Lage, Nachbarschaft, Ordnung und Sauberkeit
	Wertverteilung	

Die gewonnenen Informationen lassen sich in zwei Gruppen einteilen.

1) Objektive Kriterien des zu versichernden Risikos

Die objektiven Kriterien bzw. Merkmale beziehen sich auf das zu versichernde Objekt selbst. Hier sind folgende Faktoren zu berücksichtigen: *Risikomerkmale*

- der Umfang des Versicherungsschutzes, also die Frage, gegen welche Ereignisse der Versicherungsschutz ausgerichtet sein soll,
- der Versicherungsort,
- versicherte Sachen und andere Sachverhalte wie Fremdnutzung.

2) Subjektive Merkmale des VN

Die subjektiven Merkmale befassen sich mit der Person des VN und den von ihm ausgehenden Gefahren wie:

- Leichtsinn,
- mangelnde Sorgsamkeit,
- mangelnde Zuverlässigkeit.

▶ Beispiele für subjektive Risikomerkmale

- Schadenquoten (Schadenverlauf des individuellen Risikos in der Vergangenheit),
- Schadenpotenziale (künftig mögliche Schadenverläufe),
- bestehende präventive Risikomaßnahmen (Schadenvermeidung und Schadenverminderung),
- bestehende reaktive Risikomaßnahmen (Schadenherabsetzung).

Definition

subjektives Risiko

Unter subjektivem Risiko versteht man alle Risiken, die auf menschlichen Eigenschaften beruhen und in Zusammenhang mit der versicherten Gefahr stehen.

Risikoprüfung

Im Rahmen der Risikoprüfung ist zu ermitteln, ob aufgrund des subjektiven Risikos zu erwarten ist, dass der Versicherungsfall mit einer höheren Wahrscheinlichkeit eintritt als es das objektive Risiko vermuten lässt.

In der Natur der Sache liegt es, dass subjektive Kriterien nicht eindeutig zu erfassen und klassifizieren sind. Daher eignet sich das subjektive Risiko nur bedingt zur Prämiendifferenzierung. Das subjektive Risiko soll durch Formulierung von Obliegenheiten nivelliert werden.

Die Risikoprüfung gibt Aufschluss darüber, ob ein Risiko übernommen werden kann oder nicht.

Die VR teilen die Risiken auf in:

wünschenswerte
Risiken
- wünschenswerte Risiken: Risiken, die im Tarif des VR enthalten sind.

anfragepflichtige
Risiken
- anfragepflichtige Risiken mit Zeichnungsbeschränkungen zu Risiken, zu denen der Tarif keine Aussagen über die Prämienhöhe trifft. Der VR behält sich vor, nach der Risikoprüfung seine Prämienvorstellung zu nennen.

unerwünschte Risiken
- unerwünschte Risiken mit Zeichnungsausschlüssen und Zeichnungsverboten zu Risiken, die grundsätzlich nicht übernommen werden.

Annahmerichtlinien

Die Entscheidungsgrundlage für die Annahme bilden die Annahmerichtlinien des VR. In den Annahmerichtlinien hat der VR festgelegt, welche Risiken in welcher Höhe in den Versicherungsbestand übernommen werden können. Abweichungen von den Annahmerichtlinien sind in der Regel nicht diskutabel, sie müssen mit der Risikopolitik des Unternehmens in Einklang gebracht werden. Ausnahmen können nur akzeptiert werden, wenn andere, günstige Risikoumstände vorliegen.

Ausnahmen
bei günstigen
Risikoumständen

Beispiel

Annahmerichtlinien
der Proximus
Hausratversicherung

Keine Risikoübernahme im Bereich der weiteren Elementarschäden:

- Wochenend-, Ferien-, Gartenhäuser, Zweitwohnungen,
- Zwei oder mehr Vorschäden in den letzten zehn Jahren.

Annahmerichtlinien können sich auf unterschiedliche Merkmale beziehen. Nachstehend sind einige Beispiele für mögliche Annahmerichtlinien aufgeführt. Die Annahmerichtlinien können sich auf eine komplette Sparte wie z. B. die Wohngebäudeversicherung oder lediglich auf einzelne Gefahren wie z. B. die Leitungswasserversicherung innerhalb der Wohngebäudeversicherung beziehen.

Geografische Merkmale:

- Versicherungsschutz wird nur innerhalb der ZÜRS-Zone 1–3 (Zonierungssystem für Überschwemmung, Rückstau und Starkregen) angeboten.
- Versicherungsschutz ist nur innerhalb der Bundesrepublik Deutschland möglich.

Bauliche Merkmale:

- Versicherungsschutz wird nur für massiv gebaute Häuser angeboten.
- Versicherungsschutz ist abhängig vom Gebäudealter und Erhaltungszustand.

▶ Beispiel

Der Tarif zur Geschäftsinhaltsversicherung findet ausschließlich Anwendung für Risiken in Gebäuden, die überwiegend (mindestens 50 %) der Bauartklasse I oder II zuzuordnen sind (massive Umfassungswände aus Stein oder Beton sowie Stahl- oder Holzfachwerk mit Stein- bzw. Glasfüllung, jeweils mit harter Dachung). Die Bausubstanz muss mit technisch mangelfreien Elektro- und Sanitäranlagen ausgestattet und das Leitungswassersystem in einem einwandfreien Zustand sein.

Betriebsarten

Es erfolgt keine Übernahme von Risiken im Bereich von:

- Vergnügungseinrichtungen,
- Recyclingbetrieben,
- Freizeitparks.

▶ Beispiel

Befinden sich innerhalb des Gebäudes oder innerhalb von 5 Meter Entfernung Rotlicht-Etablissements, Tanzlokale, Diskotheken, Nachtlokale oder Lager mit feuergefährlichen oder explosiblen Stoffen, ist das Risiko in der Geschäftsinhaltsversicherung nicht versicherbar.

Bestehende Schutzeinrichtungen

Voraussetzung für die Risikoübernahme ist das Vorhandensein von:

- Anlagen der Branderkennung und -bekämpfung,
- Sicherungsvorkehrungen wie Einbruchmeldeanlagen.

▶ Beispiel

Folgende Mindestsicherungen müssen vorhanden sein:

- Alle Zugangstüren und Tore der Versicherungsräume besitzen außen bündige, zweitourige Profil-Zylinderschlösser (Profil-Zylinderschlösser, die zwei Schlüsselumdrehungen zulassen) oder außen bündige Profil-Zylinderschlösser mit mindestens 20 mm aussperrendem Riegel.
- Es ist ein Schutzbeschlag aus Metall angebracht, der von außen nicht abschraubbar ist. Bei Zargen (Türrahmen) aus Holz ist ein stabiles Schließblech mit sicherer Befestigung angebracht.

Versicherte Sachen

Ein Risikoausschluss erfolgt für bzw. bei:

- Abwasserrohre außerhalb des Gebäudes,
- technische Einrichtungen, z. B. PCs, die älter als zehn Jahre sind,
- negativen Informationen über den Kunden.

Vorschadenbelastung

▶ Exkurs: Bonitätsprüfung bei Neukunden gemäß Bundesdatenschutzgesetz (BDSG)

Bonitätsprüfung   Informationen über den Kunden können auf der Erfahrung des VR mit dem Kunden oder aus der des Vermittlers basieren. Darüber hinaus erfahren die VR auch durch eine Besichtigung des Risikos durch eigene Mitarbeiter von negativen Gegebenheiten.

Bei der Antragsprüfung wird teilweise auch eine Bonitätsprüfung des Kunden vorgenommen. Das Ergebnis kann zur Verweigerung des Vertragsabschlusses führen. Diese Bonitätsüberprüfungen, die in der Regel über Auskunfteien durchgeführt werden, sind durch die BDSG-Novelle nicht eingeschränkt. VR haben ein berechtigtes Interesse, Bonitätsdaten bei Auskunfteien nach § 29 BDSG abzufragen.

 ▶ Tipp

Informieren Sie sich darüber, welche unabdingbaren Rechte Betroffene (natürliche Personen, über die Daten bei öffentlichen oder nicht-öffentlichen Stellen gespeichert sind) nach dem Bundesdatenschutzgesetz haben.

Vertragslaufzeit   *Laufzeit des Vertrags*

Bei sehr kritischen Betriebsarten werden nur Verträge vereinbart

- mit jährlicher Laufzeit,
- ohne automatische Vertragsverlängerung.

Zeichnungshöhe

Die Zeichnungshöhe ist auf 100 Mio. EUR für die kumulierte Original-Versicherungssumme für Gebäude, Inhalt und BU pro Versicherungsort/Betriebsstelle begrenzt. Die Höhe kann auch davon abhängen, ob es sich um Allein- und Führungsgeschäft oder Beteiligungsgeschäft handelt.

Die Zeichnungshöhe eines einzelnen Risikos hängt von der Zusammensetzung des Versicherungsbestands eines VR ab. Einzelrisiken dürfen nicht so groß sein, dass sie die Struktur der Bestandszusammensetzung negativ beeinflussen. Hat ein VR z. B. einen Bestand an versicherten Gebäuden von 1.000 Objekten mit einer Größenordnung von je 500.000 EUR Versicherungssumme, ist es verständlich, das er kein Risiko in seinen Versicherungsbestand übernehmen kann, bei dem sich ein Schaden in Höhe von 2 Mio. EUR realisieren kann.

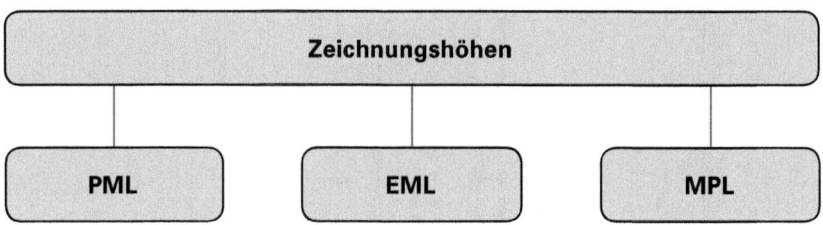

Abbildung 1: Zeichnungshöhen (eigene Darstellung)

Probable Maximum Loss (PML)

Die VR ermitteln die Zeichnungsmöglichkeit eines Risikos, indem sie nicht die Versicherungssumme als Maximum annehmen, sondern den geschätzten wahrscheinlichen Höchstschaden unter Berücksichtigung aller Risikogegebenheiten. Durch die PML-Betrachtung kann ein übernommenes Risiko realistisch dargestellt werden. Der PML geht in der Regel von 100 % des Wertes eines Komplexes aus (Totalschaden).

Für den VN sind der PML, seine Berechnung und mögliche Fehler in der Kalkulation ohne jede Bedeutung. Es handelt sich um eine interne Berechnung des VR.

Bedeutung des PML für den VN

Für den VR ist die präzise und nachvollziehbare Berechnung von größter Wichtigkeit: Überzeichnet er sich unwissentlich, geht er große finanziellen Risiken ein, da er das Risiko, das er bei zutreffender Kalkulation in eine Rückversicherung oder Beteiligung geben hätte, nun alleine tragen muss. Dies kann dramatische Folgen haben – nicht zuletzt für den Underwriter, auf den die Fehlberechnung zurückgeht.

▶ Definitionen

Der PML ist der geschätzte, wahrscheinlich höchste Schaden, mit dem man bei vorsichtiger Betrachtungsweise bei einem einzelnen Ereignis unter Berücksichtigung der Risikogegebenheiten rechnen muss.

PML (Probable Maximum Loss)

Ein Komplex wird von einem oder mehreren Gebäuden oder Lagern im Freien gebildet, die untereinander keine, jedoch zu anderen Gebäuden und Lagern im Freien eine räumliche oder bauliche Trennung aufweisen.

Komplex

Eine PML-Überschreitung und damit eine Fehleinschätzung kann erfolgen bei:

PML-Überschreitung/ Fehleinschätzung

Änderungen wie erhöhter oder verringerter Gefährdung durch neue Technologien, Inflation oder Wertzuschläge

unterschiedlichen PML-Definitionen

ungenügenden Risikoinformationen

Mangel an Erfahrung

Einfluss von subjektiven Faktoren

Die Folge einer PML-Überschreitung wäre die Haftung des VR bis zur Versicherungssumme, da die Versicherungssumme die Obergrenze der Entschädigung darstellt. Um dieses Risiko für den VR zu minimieren, kann ein Haftungslimit eingezogen werden.

EML (Estimated Maximum Loss)   Zur Beurteilung eines Risikos, aber nicht unbedingt zur Berechnung der Zeichnungshöhe, kann auch der geschätzte Höchstschaden, der Estimated Maximum Loss, herangezogen werden.

EML

▶ Definition

Der geschätzte Höchstschaden (EML) ist derjenige Schaden, der auf ein *einmaliges Ereignis* zurückzuführen ist, dessen Umfang unter Berücksichtigung aller Faktoren innerhalb oder außerhalb des betroffenen Betriebs beurteilt wird. Diese Faktoren können den Umfang des Schadens vergrößern oder verringern – unter Ausschluss von möglichen, aber wenig wahrscheinlichen, außergewöhnlichen oder verheerenden Umständen (unvorhergesehene Ereignisse, terroristische Anschläge, Sabotage, Angriffe aus dem All) oder Kombinationen von Umständen.

Dachverband Insurance Europe   Mit dem MPL (Maximum Possible Loss) bietet der Dachverband Insurance Europe (ehemals CEA, Comité Européen des Assurances) eine weitere Betrachtungsmöglichkeit. Der Begriff MPL wird meist im Rückversicherungsgeschäft oder im internationalen Bereich verwendet.

MPL (Maximum Possible Loss)

▶ Definition

Der mögliche Höchstschaden ist derjenige, der sich ereignen kann, wenn die ungünstigsten Umstände in mehr oder weniger ungewöhnlicher Weise zusammentreffen, wenn z. B. ein Feuer nicht oder nur unzureichend bekämpft werden kann und nur durch ein unüberwindbares Hindernis angehalten wird oder mangels Nahrung zum Erlöschen kommt.

Besonderheiten in der Transportversicherung

In der Güterversicherung besteht die Besonderheit, dass sich der Versicherungsschutz – von Lagerungen abgesehen – nicht auf einen bestimmten Risikoort bezieht. Während bei Lagerungen dieselben Kriterien wie in der Sachversicherung anzuwenden sind, müssen bei der Risikoeinschätzung für die Transporte andere Risikomerkmale im Vordergrund stehen, hierzu gehören die folgenden objektiven Merkmale:

- Reisestrecke (einschl. Klima, politische Situation etc.),
- Transportmittel (Kraftfahrzeug, Schiff, Luftfahrzeug, Eisenbahn etc.),
- Art des Gutes ((Temperatur-)Empfindlichkeit, Wert etc.),
- Verpackung (Kiste, Karton, Kennzeichnung, Korrosionsschutz etc.).

Die künftigen Anforderungen an die Zeichnungshöhe stellt die Güterversicherung vor besondere Herausforderungen. Containerschiffe mit einer Ladekapazität von 18.000 Containern sind schon heute Realität.

In der Verkehrshaftungsversicherung gehören zu den objektiven Merkmalen beispielsweise Angaben über die Art der beförderten Güter, z. B. ob diese diebstahlgefährdet sind, sowie Informationen zu den eingesetzten Fahrzeugen oder zum Geltungsbereich. Außerdem spielen die vereinbarten Haftungsnormen eine große Rolle in der Risikobeurteilung.

Von Bedeutung sind bei der Risikoeinschätzung für Transporte auch die subjektiven Merkmale. Hierzu zählen in der Güter- und Verkehrshaftungsversicherung z. B. Informationen über die Entstehung von Schäden. Mangelhafte Ausbildung, schlecht bezahltes Personal oder kaufmännische Unzulänglichkeiten in der Dokumentation sind Anzeichen für ein schlechtes subjektives Risiko.

1.2 Annahmepolitik und die damit verbundenen Möglichkeiten der Vertragsgestaltung

Annahme- und Zeichnungsrichtlinien sind regelmäßig den aktuellen Schadenentwicklungen und -erfahrungen anzupassen. Aufgrund neuer Technologien, Forschung und Entwicklung sind Schadeneintritt- und Ausbreitungspotentiale in den verschiedenen Betriebsarten Änderungen unterworfen.

Annahme- und Zeichnungsrichtlinien

Der Einsatz von SmartHome z. B. kann aktiv auf das Schadenpotential einwirken: So bieten einige VR Kooperationen mit Herstellern von Wassermeldern und -stoppern: Detektiert der (mobile) Wassermelder Nässe, sendet er einen Alarm. Der in die Leitung zu verbauende Wasserstopper registriert sowohl kleinste Durchflüsse (in Zeiten, in denen eigentlich kein Wasser fließen sollte, z. B. nachts) wie auch ungewöhnlich hohe Durchflüsse, die auf einen Rohrbruch schließen lassen, und sperrt den Wasserzulauf. Damit ist das Ausbreitungspotential erheblich reduziert. Hausratversicherer belohnen dies mit der Subvention der Geräte und einem Nachlass auf die Hausratprämie.

> Die Steuerung des versicherungstechnischen Geschäfts erfolgt mittels Annahme- und Zeichnungsrichtlinien, die regelmäßig zu überprüfen sind und sowohl
> - sachliche Regeln (Art und geografische Herkunft des Geschäfts),
> - quantitative Zeichnungsgrenzen beinhalten und
> - Ausschlüsse
> klar festlegen müssen.

Solvency II

Die Annahmepolitik des VR wird auch von Solvency II beeinflusst. Die VR werden einerseits die höheren Kosten für das für eine Versicherung erforderliche Haftungskapital an den VN weitergeben. Andererseits müssen die VR ihr Haftungskapital stärker an den übernommenen Risiken ausrichten. Die VR werden also die zu übernehmenden Risiken differenzierter als bisher analysieren und ihre Annahmerichtlinien danach gestalten.

Einfluss von Solvency II auf die Annahmepolitik

▶ Exkurs: Solvency II

EU-Richtlinie

Seit Januar 2016 ist die Richtlinie Solvency II europaweit in Kraft getreten. Hierdurch wurde ein einheitliches europäisches Versicherungsaufsichtsrecht gewährleistet. Insbesondere Solvabilitätsvorschriften und Eigenkapitalausstattung der VR unterliegen strengen Vorschriften. Die Solvenzkapitalanforderung sollte anrechnungsfähige Eigenmittel in einer Höhe widerspiegeln, die den Versicherungs- und Rückversicherungsunternehmen die Möglichkeit gibt, signifikante Verluste auszugleichen; gleichzeitig sollte die Solvenzkapitalanforderung den VN und Begünstigten hinreichende Gewähr dafür bieten, dass Zahlungen bei Fälligkeit geleistet werden. Um sicherzustellen, dass Versicherungs- und Rückversicherungsunternehmen unter Berücksichtigung von Veränderungen in ihrem Risikoprofil kontinuierlich anrechenbare Eigenmittel halten, die die Solvenzkapitalanforderung abdecken, sollten diese Unternehmen die Solvenzkapitalanforderung mindestens einmal jährlich berechnen und ständig überwachen, und neu berechnen, sobald sich das Risikoprofil entscheidend ändert.

An das Risikomanagement werden jedoch auch qualitative Mindestanforderungen formuliert. Ee gelten darüber hinaus umfangreiche Publikationspflichten.

 ▶ **Beispiel**

Annahmerichtlinie zur Photovoltaikversicherung für Anlagen mit einer Leistung bis 150 KWp

Das Feuerrisiko (d. h. Brand, Blitzschlag, Explosion gemäß Klausel TK 1210 zu den ABE 2011) für Neuzugänge ist nicht mehr versicherbar, sofern die Photovoltaikanlage auf folgenden Gebäuden bzw. auf Gebäuden mit folgenden Betriebsarten montiert ist:

- Landwirtschaftliche Betriebe / Gebäude,
- Gebäude, deren Außenwände ganz oder überwiegend aus Holz, Holzfachwerk mit Lehmfüllung oder Kunststoff bestehen,
- Dacheindeckungen, die ganz oder überwiegend aus Holz, Reet, Schilf, Stroh oder Kunststoff bestehen.

positive und negative Abgrenzung

Annahmerichtlinien können positiv begründen, indem sie aufzeigen, was versichert werden kann, oder negativ abgrenzen, indem sie Auskunft geben, welche Risiken auf gar keinen Fall versichert werden. Am folgenden Beispiel wird aufgezeigt, dass Proximus beide Formen gewählt hat. Darüber hinaus sind die Annahmerichtlinien auch Bestandteil der AVB geworden, sodass jeder Kunde sich bei Vertragsabschluss über die Annahmerichtlinien vorab informieren kann.

 ▶ **Beispiel**

Annahmerichtlinien Proximus Gewerbe:
- Angenommen werden nur Risiken in den Zonen 1 und 2 nach ZÜRS.
- Versichert werden können Gebäude massiver Bauart, die ständig genutzt werden (kein Leerstand).
- Nicht versichert werden Betriebsarten Rotlicht, Diskotheken, Shisha-Bars, Handel mit oder Herstellung von Munition, Recyclingbetriebe.

Nicht gezeichnet werden können
- Risiken mit einer Schadenquote von > 60 % in den letzten fünf Jahren,
- Grundstücke, die innerhalb der letzten fünf Jahre durch Überschwemmung oder Starkniederschlag überflutet wurden (Elementar),
- Risiken in den Zonen 3 und 4 nach ZÜRS (Elementar).

Die Annahmerichtlinien werden von den VR meist nur im Kreis der Vermittler bekanntgegeben. Die nachstehende Pressemitteilung der Proximus Versicherung AG zeigt jedoch, dass VR ihre Annahmerichtlinien auch offen kommunizieren, wenn sie sich davon einen positiven Werbeeffekt versprechen.

▶ Beispiel

Die Proximus Versicherung AG hat ihre Annahmerichtlinien in der Elementarschadenversicherung flexibilisiert. Seit diesem Jahr ist es – abweichend zu den oben genannten Regelungen – auch möglich, Gebäude gegen Elementarschäden zu versichern, die in den letzten zehn Jahren einen Vorschaden bis 5.000 EUR aufgrund von Elementargefahren wie Überschwemmung, Schneedruck, Lawinen oder Erdbeben hatten und in den ZÜRS-Zonen 1 oder 2 liegen.

Für private und gewerbliche Elementarschadenversicherungen mit einem Vorschaden gilt ein erhöhter obligatorischer Selbstbehalt von 10 % des Schadens, mindestens 1.000 EUR, höchstens aber 5.000 EUR.

Dadurch haben Vermittler jetzt die Möglichkeit, Kunden einen Elementarschutz für Gebäude anzubieten, die bereits einen Vorschaden hatten, um so die zusätzlichen Gefahren zu versichern. Die Elementarschadenversicherung der Proximus Versicherung AG hat somit ein weiteres Plus: Rückstauschäden sind in der Police mit abgedeckt und müssen vom Kunden nicht gesondert versichert werden.

▶ Tipp

Machen Sie sich mit den Annahmerichtlinien in Ihrem Unternehmen zu den Sparten der gewerblichen Sachversicherung, der Technischen Versicherung und der Transportversicherung vertraut.

1.2.1 Selbstbehalte

Die Möglichkeit, den VN an den Schäden zu beteiligen, ist eine Vertragsgestaltungsmöglichkeit für VN und VR. Durch Selbstbehalte kann ein VN den Versicherungsschutz bezahlbar gestalten. Gleichzeitig gibt es dem VR die Möglichkeit, den VN durch eine direkte Beteiligung an der Schadenleistung zu noch mehr Vorsicht anzuhalten. Selbstbehalte sind keine Erfindung der modernen Versicherungstechnik, wie der kleine Blick in die Versicherungsgeschichte zeigt.

bezahlbare Gestaltung des Versicherungsvertrags durch Selbstbehalte

▶ Exkurs: Selbstbehalte im 15. Jahrhundert

Schon im 15. Jahrhundert wurde in der Seeversicherung (Artikel 6 der Verordnung von Barcelona zum internationalen Seehandel von 1484) festgeschrieben, dass lediglich sieben Achtel des Wertes eines Risikos versicherbar sein sollen. Durch diesen Selbstbehalt wollte das Gesetz den Versicherten veranlassen, alle Sorgfalt anzuwenden, um Schäden zu verhindern oder so gering wie möglich zu halten.

Selbstbehalte im 15. Jahrhundert

Eine Selbstbeteiligung des VN sollte dann in Erwägung gezogen werden, wenn auf der Seite des VN genügend Kapital zur Selbsttragung vorhanden ist. Der VR wird auf eine Selbstbeteiligung drängen, wenn die möglichen Schäden im Wesentlichen Frequenzschäden mit geringer Tragweite sind. Sogenannte Bagatell- und Frequenzschäden sollten nicht versichert werden, da es sich hier oft nur um „Geldwechselgeschäfte" handelt.

Gründe für eine Selbstbeteiligung

▶ Beispiel

Ist kein Selbstbehalt vereinbart, kann ein Kunde auch einen Schaden in Höhe von 1,00 EUR geltend machen. Die beim VN und VR entstehenden Aufwendungen und Kosten für die Schadenbearbeitung stehen dann allerdings in keinem Verhältnis zum entstandenen Schaden.

Franchise

Selbstbeteiligungen (Selbstbehalte) kann man auch so verstehen, dass diese von einem Kunden immer dann zu zahlen sind, wenn der Versicherungsschutz nicht ausreichend vereinbart wurde (Selbstbeteiligung „am hinteren Ende"). Unter Selbstbeteiligung im gebräuchlicheren Sinn versteht man allerdings die vereinbarte Beteiligung des VN („am vorderen Ende"). Die Selbstbeteiligung wird auch Franchise genannt.

Franchisen reduzieren die Anzahl und die Aufwendungen gerade bei (kleineren) Frequenzschäden, während sie bei zu Großschäden geneigten Gefahren nur begrenzte Wirkung entfalten. Der VN wird sich bei seinem Risikomanagement darüber Gedanken machen, ob er unbedeutende Risiken konsequenterweise im Risikoeigenbehalt lassen soll.

Wirkung der Franchisen

Franchisen wirken sich positiv auf die benötigte Rückversicherungskapazität und die Größe des vorzuhaltenden Risikokapitals aus. Die wesentlichen Gründe für eine Selbstbeteiligung sind:

- Der Verbraucher erhält einen Versicherungsschutz, der in seinen finanziellen Rahmen passt.
- Der Selbstbehalt ist begrenzt und finanziell überschaubar.
- Der existenzbedrohende Teil des Risikos wird auf den VR transferiert.

▶ Definitionen

Selbstbeteiligung/ Franchise

Für die Beteiligung des VN am Schaden existiert in der Versicherungswirtschaft keine einheitliche Verwendung der Begriffe. In der Praxis werden die Begriffe „Franchise", „Selbstbehalt", „Selbstbeteiligung" und „Eigenbehalt" oft synonym verwendet:

Franchise

Der Begriff „Franchise" wird nachfolgend als Oberbegriff verwendet. Er umfasst alle Varianten der Beteiligung des VN am Schaden.

absoluter Selbstbehalt

Ist ein absoluter Selbstbehalt vereinbart, trägt der VN unabhängig von der Schadenhöhe den vereinbarten Betrag selbst. Das bedeutet, dass die Entschädigung um den vereinbarten Betrag gekürzt wird.

Integralfranchise

Ist eine Integralfranchise vereinbart, trägt der VN den Schaden nur bis zum vereinbarten Betrag selbst, sofern der Schaden die vereinbarte Integralfranchise nicht übersteigt. Ist der Schaden jedoch größer als die vereinbarte Integralfranchise, kommt diese nicht zum Tragen.

prozentualer Selbstbehalt

Bei einem prozentualen Selbstbehalt ist der VN mit einem prozentualen Anteil von der konkreten Schadensumme am Schaden beteiligt.

dynamischer Selbstbehalt

Bei einem dynamischen Selbstbehalt ist der VN mit einem prozentualen Anteil der Versicherungssumme am Schaden beteiligt. Letztlich wirkt sich dies aber wie ein absoluter Selbstbehalt aus.

Ein zeitlicher Selbstbehalt wird in der Ertragsausfallversicherung verwendet. Er wird nach Ausfalltagen und nicht nach einem Prozentsatz oder einem festen Geldbetrag bemessen. In anderen Sparten ist der ZSB auch als Wartezeit bekannt (z.B. Krankenversicherung). *zeitlicher Selbstbehalt*

Der Begriff wird zwischen Erst- und Rückversicherern verwendet. Der Eigenbehalt ist der Anteil des Erstversicherers an einem Risiko, den dieser nicht an den Rückversicherer weitergibt. *Eigenbehalt*

Darüber hinaus finden sich zahlreiche weitere versicherungstechnische Instrumente, die eine ähnliche Wirkung wie Franchisen entfalten. Hierunter fallen insbesondere die Höchstentschädigung und die Deckungseinschränkung . Zudem werden Franchisen in der Praxis oft in Kombination mit weiteren Merkmalen angewendet, beispielsweise *Höchstentschädigung* *Deckungseinschränkung*

- Schwellenwerten (z. B. Minimum, Maximum, Höchstgrenzen, gestoppte Franchise),
- Intervallen (z. B. Jahreshöchstentschädigung, zeitliche Franchise) bzw.
- Bezugsgrößen (z. B. Versicherungssumme, Schadenhöhe).

Absoluter Selbstbehalt

Diese Form der Franchise ist in der Regel einfach verständlich und im Schadenfall für alle Beteiligten nachvollziehbar. VN und Sachbearbeiter können rasch erkennen, ob ein Betrag, und wenn ja welcher, als Schadenzahlung ausgekehrt wird. Mit der Einführung eines absoluten Selbstbehaltes werden insbesondere bei Gefahren mit Neigung zu kleineren Frequenzschäden (bzw. deren Kumule) die Schadenstückzahlen in Abhängigkeit von der Höhe des absoluten Selbstbehaltes reduziert. Bei Gefahren mit regelmäßigem Großschadenpotenzial zeigen absolute Selbstbehalte hingegen kaum Auswirkungen. *absoluter Selbstbehalt*

Über die Laufzeit des Vertrags unterliegt der absolute Selbstbehalt inflatorischen Effekten, wenn er nicht über einen Mechanismus angepasst wird. Dieser Mechanismus kann sich z. B. aus statistischen Erhebungen ableiten (u. a. mithilfe von Daten des Statistischen Bundesamtes) oder aber aus einer Koppelung von Beitragsentwicklung und Höhe des Selbstbehaltes bestehen (so u. a. in der privaten Krankenversicherung). Diese zusätzlichen Anpassungsmechanismen verhindern zwar einen Wertverlust, erschweren aber wiederum die Verständlichkeit des absoluten Selbstbehaltes.

Zeitlicher Selbstbehalt (ZSB)

Der zeitliche Selbstbehalt wird in der Regel in der Technischen Versicherung angeboten. In der Versicherung von Ertragsausfällen im Bereich der Maschinen- oder Elektronikversicherung sowie im Bereich der Mehrkostenversicherung wird ein Selbstbehalt von zwei bis drei Tagen vereinbart, um Kleinschäden vom Versicherungsschutz auszunehmen. Für Ertragsausfallschäden im Rahmen von Cyber-Deckungen gelten meist wenige Stunden als zeitlicher Selbstbehalt. *zeitlicher Serlbstbehalt (ZSB) in der Technischen Versicherung*

48-Stunden-Klausel In der Feuer-Betriebsunterbrechungsversicherung wird ein ZSB durch die Vereinbarung der Klausel SK 8701 erreicht. Obwohl die Klausel den Begriff „Selbstbehalt" nicht erwähnt, wirkt sie aber dennoch wie ein ZSB. Die SK 8701 besagt als „48-Stunden-Klausel", dass für Unterbrechungen oder Beeinträchtigungen des Betriebs von weniger als 48 Stunden keine Entschädigung geleistet wird.

Prozentualer Selbstbehalt

prozentualer
Selbstbehalt:
inflationsunabhängig
Im Gegensatz zum absoluten Selbstbehalt ist der prozentuale Selbstbehalt inflationsunabhängig, da die „automatische Anpassung" über den inflationsbedingt steigenden Schadenaufwand erfolgt.

Insbesondere für den VN erschließen sich aber Höhe und Wirkung dieser Franchise nicht unmittelbar, da der VN die finanzielle Belastung zumeist anhand eines absoluten (Euro-)Wertes beurteilt. Im Gegensatz zum absoluten Selbstbehalt wird der VN aber über die volle Bandbreite möglicher Schäden gleichmäßig an der Schadensumme beteiligt.

Diese gleichmäßige Beteilung führt jedoch in der Praxis sowohl bei sehr kleinen als auch bei großen Schäden zu ungünstigen Effekten. Bei kleinen Summen wird der VN nur mit minimalen Beträgen am Schadenaufwand beteiligt – oftmals dürften die Kosten für Kalkulation und Erläuterung des Selbstbehaltes die Höhe der Selbstbeteiligung überschreiten. Bei großen Schäden wird der VN regelmäßig die Grenze seiner wirtschaftlichen Leistungsfähigkeit erreichen oder sogar überschreiten – letztlich wird damit der Sinn einer Versicherung ad absurdum geführt.

Kombination mit
einer absoluten
Unter- und Obergrenze
Zumeist wird der prozentuale Selbstbehalt daher mit einer absoluten Unter- und Obergrenze kombiniert (Beispiel Bewegungsrisiko Elektronik: „SB 25 %, mindestens 500 EUR, maximal 10.000 EUR"). Außerhalb der prozentualen Bandbreite wirkt ein solcher begrenzter, prozentualer Selbstbehalt daher wie ein absoluter Selbstbehalt und unterliegt damit ebenfalls den inflatorischen Effekten.

 ▶ **Beispiel**

In der Güterversicherung wird ein prozentualer Selbstbehalt bei der Versicherung von Flüssigkeiten verwendet, z. B. je Flasche, Fass oder Kesselwagen.

Dynamischer Selbstbehalt

Da dem VN die Höhe der Versicherungssumme nicht jederzeit geläufig sein wird, wird er in der Regel auch Schwierigkeiten haben, die Höhe des Selbstbehaltes ad hoc nachzuvollziehen. Entsprechend ist der Beratungs- und Erklärungsbedarf hier höher. Ist die zugrunde liegende Versicherungssumme zudem mit einem Anpassungsmechanismus für inflatorische Effekte versehen, wirkt dieser prozentuale Selbstbehalt wie ein absoluter Selbstbehalt mit Inflationsausgleich.

Vereinbarung einer Selbstbeteiligung

Wenn zu einer Gewerbeversicherung eine Selbstbeteiligung vereinbart werden soll, wird im Vertrag eine entsprechende Vereinbarung übernommen. Die AVB, z. B. die AFB 2010, sehen keine Regelung vor, ob die Versicherungssumme gekürzt oder ungekürzt angegeben wird.

▶ **Beispiel**

Zu einer Feuerversicherung wird ein Selbstbehalt bei gekürzter Versicherungssumme vereinbart. Die Selbstbeteiligung beträgt 25 %.

*gerkürzte
Versicherungssumme*

Die um den SB gekürzte Versicherungssumme beträgt 900.000 EUR. Für die Prämienberechnung wird diese gekürzte Versicherungssumme berücksichtigt.

Im Schadenfall wird ein Versicherungswert von 1,5 Mio. EUR festgestellt.

Der eingetretene Schaden beträgt 500.000 EUR.

Leistungsabrechnung:
Schaden 500.000 EUR x Versicherungssumme 1,2 Mio. EUR (900.000 : 75 x 100) : Versicherungswert 1,5 Mio. EUR = Entschädigung 400.000 EUR.

Von der Entschädigung wird der Selbstbehalt von 25 % abgezogen, der VN erhält 300.000 EUR als Ausgleich für den Schaden.

▶ **Tipp**

Vergleichen Sie im Tarif für die Maschinenversicherung, welche Auswirkung die Vereinbarung verschiedener Selbstbehalte auf den Beitrag hat.

1.2.2 Höchsthaftung

Zwischen dem VN und dem VR kann vereinbart werden, dass eine Entschädigung nur bis zu einer bestimmten Höchsthaftung zu leisten ist. In der Wirkung ist die Höchsthaftung mit der Selbstbeteiligung vergleichbar, nur dass der Kunde hier seine Selbstbeteiligung in der Spitze des Risikos trägt. Er trägt die Gefahr, dass der Schaden oberhalb der vereinbarten Höchsthaftung liegt.

Auch die Vereinbarung einer Höchsthaftung ist, wie die Selbstbeteiligung, keine Errungenschaft der neuzeitlichen Versicherungstechnik.

▶ **Exkurs: Höchsthaftung anno 1830**

Gerade einmal 19 Paragraphen umfasst die „Allerhöchste Confirmation der Statuten des Feuerassecuranz-Vereins" in Altona von 1830 – „Versicherung auf Feuersgefahr, auf Gebäude, Waren, Mobilien, Produkte u. s. w., so weit es die Landesgesetze gestatten, ausgenommen auf bares Geld, Wechsel und Dokumente, Pulvermühlen, Pulvermagazine, Prätiosen und Gegenstände der Liebhaberei, deren Barwert nicht zuvor speziell genehmigt worden ist. Doch bleibt es der Direction im Allgemeinen unbenommen, Versicherungsanträge abzuweisen, ohne Gründe dafür anzugeben" (siehe „Chronologische Sammlung der im Jahre 1830 ergangenen Verordnungen und Verfügungen für die Herzogthümer Schleswig und Holstein")

Aggregate Limit
(gemeinsame
Begrenzung)

Die Höchsthaftung muss sich nicht auf die absolute Höhe eines Schadens beziehen, sie kann auch so vereinbart werden, dass die Leistung des VR für alle Schäden einer Versicherungsperiode auf das Haftungslimit begrenzt ist. In der Versicherungspraxis spricht man hier von „Aggregate Limit" (gemeinsame Begrenzung).

 ▶ **Beispiel**

> Im Versicherungsvertrag haben VN und VR vereinbart, dass für die Risiken der EC-Sach und EC-BU nachfolgende generelle Jahreshöchstentschädigungen gelten:
>
> a) innere Unruhen, böswillige Beschädigung, Streik, Aussperrung: 25 Mio. EUR
>
> e–f) und i–k) Sturm, Hagel, Einbruchdiebstahl, Vandalismus, Raub, Erdsenkung, Erdrutsch, Schneedruck, Lawinen, Vulkanausbruch: 5 Mio. EUR
>
> g–h) Überschwemmung, Erdbeben: 20 % der Versicherungssumme, max. 5 Mio. EUR

1.2.3 Wirkung der Annahmerichtlinien in Verbindung mit dem VVG

vorvertragliche
Anzeigepflicht
gemäß VVG

Der VN hat alle ihm bekannten Umstände, die für die Übernahme der Gefahr erheblich und dem VR nicht bekannt sind, vollständig und richtig anzuzeigen (§ 19 Nr. 1 VVG). Die vorvertragliche Anzeigepflicht erstreckt sich auf alle gefahrerheblichen Umstände. Gefahrerheblich sind Umstände, nach denen der VR in Textform gefragt hat und die geeignet sind, auf den Entschluss des VR Einfluss auszuüben. Der VR hat eine Frageobliegenheit. Mit dieser Regelung will das VVG das Beurteilungsrisiko, ob ein Umstand gefahrerheblich ist oder nicht, bei dem VR belassen.

Die Anzeigepflicht hat der VN nur bis zur Abgabe seiner Vertragserklärung zu erfüllen. Im Zeitraum zwischen der Antragstellung und dem Zustandekommen des Versicherungsvertrags ist er zur Nachmeldung veränderter Umstände nur noch bei ausdrücklicher Nachfrage des VR verpflichtet.

Hat der VN einen gefahrerheblichen Zustand nicht angezeigt, hat der VR folgende Möglichkeiten zu reagieren:

Prüfung des objektiven Tatbestands	Prüfung des subjektiven Tatbestands	Prüfung formaler Fragen wie Belehrung, Einhaltung von Fristen
Hier ist zu beurteilen, ob ein gefahrerheblicher Umstand vorliegt.	Die Frage lautet hier: Welcher Verschuldensvorwurf trifft den VN?	Der VR muss den VN über die Folgen von Falschangaben in einer gesonderten Mitteilung in Textform belehren
	vorsätzlich	
	grob fahrlässig	
	leicht fahrlässig	
	schuldlos	§ 19 Nr. 5 VVG
	arglistig	

Ist ein gefahrerheblicher Vorgang unrichtig oder nicht angezeigt worden, stehen folgende Sanktionen zur Verfügung:

Rücktritt vom Vertrag	Kündigung	Vertragsanpassung	Leistungsfreiheit (nur bei Kausalität)

Abbildung 2: Rechtsfolgen bei Verletzung vorvertraglicher Anzeigepflicht

Das Rücktrittsrecht des VR ist ausgeschlossen, wenn dieser den Vertrag auch bei Kenntnis der nicht angezeigten Umstände (ggf. zu anderen Bedingungen) geschlossen hätte. Hätte also der VR das Risiko gegen Zuschlag versichert, entfällt das Rücktrittsrecht.

Die Beweislast dafür, dass der VR das Risiko, wenn auch mit einem Risikozuschlag, versichert hätte, liegt beim VN. Der VN wird sich demnach auf die *Annahmerichtlinien* des VR berufen, der diese dann, in einem eventuellen Prozess gemäß § 142 Zivilprozessordnung (ZPO), offenlegen muss.

Wirkung der Annahmerichtlinien

Der VR wird, wenn er das Risiko behalten muss, einen Zuschlag entsprechend des Risikos nehmen. Ist der Zuschlag höher als 10 % oder schließt der VR die Übernahme für den nicht angezeigten Umstand aus, ist der VN berechtigt, den Vertrag zu kündigen.

Die Annahmerichtlinien wirken sich nicht nur auf die vorvertragliche Anzeigepflicht aus, sie haben auch Einfluss auf Gefahrerhöhungen und die Verletzung einer vertraglichen Obliegenheit. Dem VR steht das Recht eines *Teilrücktritts* oder einer *Teilkündigung* des Vertrags zu. Nach § 29 Abs. 1 VVG bezieht sich dieses Recht nicht auf die übrigen Vertragsteile – es sei denn, der VR kann darlegen, dass er den Vertrag nicht allein für die übrigen Teile unter gleichen Bedingungen abgeschlossen hätte. Gleiches gilt für den Fall der Leistungsfreiheit.

Gefahrerhöhungen und die Verletzung einer vertraglichen Obliegenheit

▶ **Definition**

Liegen die Voraussetzungen, unter denen der VR wegen einer Verletzung der Vorschriften über die Gefahrerhöhung ganz oder teilweise leistungsfrei ist, nur bezüglich eines Teils der Gegenstände oder Personen vor, auf die sich die Vereinbarung bezieht, ist auf die Leistungsfreiheit Absatz 1 entsprechend anzuwenden.

Leistungsfreiheit, § 29 VVG Abs. 3

Nicht nur bei der vorvertraglichen Anzeigepflicht und den vertraglichen Obliegenheiten wirken die Annahmerichtlinien des VR ein, sondern auch bei der Frage, ob der VR bei der Veräußerung eines versicherten Objekts mit dem Erwerber den Vertrag fortsetzen würde. Der § 97 VVG führt im Absatz 1 an, dass der Erwerber innerhalb eines Monats nach dem Eigentumsübergang den VR informieren muss.

Anzeige der Veräußerung, § 97 VVG

Unterbleibt die Anzeige, kann der VR leistungsfrei werden, wenn er darlegen kann, dass der Vertrag, den er mit dem Veräußerer geschlossen hatte, nicht mit dem Erwerber geschlossen worden wäre. Die Darlegungs- und Beweislast liegt beim VR, der ggf. unter Hinzuziehung seiner Annahmerichtlinien erklären muss, warum er mit der Person des Erwerbers kein Vertragsverhältnis eingegangen wäre.

 ▶ **Beispiel**

In den Annahmerichtlinien hat der VR aufgenommen, dass Gebäudeversicherungen nicht übernommen werden, wenn der Antragsteller mehr als drei Vorschäden in den letzten fünf Jahren hatte.

Das versicherte Gebäude wurde am 01.03. veräußert (Datum der Grundbucheintragung, der Erwerber hatte Kenntnis vom Bestehen des Versicherungsvertrags).

Am 02.08. ereignet sich ein Feuerschaden. Der Erwerber meldet sich daraufhin bei dem VR und verlangt die Regulierung des Schadens. Nachforschungen des VR haben ergeben, dass der Erwerber schon zahlreiche Gebäude-Feuerschäden bei anderen VR gemeldet hatte. Die vermuteten Brandstiftungen konnten dem Erwerber aber nicht nachgewiesen werden, die Ermittlungsverfahren wurden jedes Mal eingestellt.

Der VR wird leistungsfrei, wenn er nachweisen kann, dass er den Vertrag mit dem Erwerber nicht eingegangen wäre. Als Beweis gelten die Annahmerichtlinien.

abweichende Regelungen in der Transportversicherung In der Transportversicherung bestehen bei der Verletzung der Anzeigepflicht und bei Gefahrerhöhungen abweichende Regelungen. Die entsprechenden Bestimmungen finden sich in §§ 131, 132 VVG. Darüber hinaus machen die Transportversicherer von den Abweichungsmöglichkeiten aufgrund der Bestimmungen zum Großrisiko und der laufenden Versicherung Gebrauch.

1.2.4 Annahmerichtlinie und Brandstiftung

Die Zahl der vorsätzlichen Brandstiftungen nach §§ 306 – 308 StGB hält sich in der Bundesrepublik Deutschland auf einem hohen Niveau. So wurden in 2017 18.891 Fälle von Brandstiftung polizeilich erfasst. Die Schäden gehen in die Millionen, ganz abgesehen von Gesundheitsschäden und den Menschenleben, die durch solche Schäden zu beklagen sind.

Den Ursachenermittlungen ist zu entnehmen, dass sich Brandstiftungsschäden im Wesentlichen innerhalb eines Firmen- oder Privatgeländes ereignen. Nur ca. ein Drittel aller Brandstiftungen haben ihren Ursprung außerhalb von Gebäuden. 20 % der Brandstifter haben einen persönlichen Bezug zum Brandobjekt. Die Brandlegungen finden überwiegend außerhalb der regulären Arbeitszeit statt.

Zur Abwendung eines Feuerschadens ist grundsätzlich ein funktionierendes Brandschutzmanagement erforderlich. Ein wichtiger Teil des Brandschutzmanagements beschäftigt sich hierbei auch mit dem Schutz gegen Brandstiftung. In der Praxis haben sich folgende Maßnahmen bewährt:

Brandschutzmanagement als Schutz gegen Brandstiftung

ständige Überwachung der Einfahrten zu Werk- und Betriebsgebäuden, z. B. durch Pförtner oder Kameras mit Aufschaltung auf einen Monitor in einer ständig besetzten Stelle	Zugangskontrollen der Mitarbeiter, Besucher, Fremdfirmen und Lieferanten	Einfriedung des Betriebsgeländes mit einer Höhe von mindestens 2 Meter und mit Übersteigsicherung
Verwendung einbruchhemmender Verglasung oder Vergitterung der Fenster an der Straßenfront	Be- und Ausleuchtung des Werk- und Betriebsgeländes	Überwachung mit Hilfe von zuverlässigen Einbruchmeldeanlagen
Freilandüberwachung, Zaunmelder	Lagerung brennbarer Materialien im Freien mit einem Mindestabstand von ■ 10 Meter zur Außenzäunung ■ 5 Meter zu Gebäuden	Anordnung der Abfallsammelstelle mit einem Mindestabstand von 10 Meter zu Gebäuden

Im Hinblick auf die Handlungssituation ist zu prüfen, ob alle vorgenannten Punkte in den neu zu formulierenden Annahmerichtlinien berücksichtigt werden können. Die Auswirkungen der Annahmerichtlinien auf die Vertriebssteuerung werden im Abschnitt 7 dieses Kapitels behandelt.

1.2.5 Die Annahmepolitik im Rahmen der Transportversicherung

▶ **Beispiel**

Viele Transportversicherer bieten die Güterversicherung an, die Versicherungsschutz für den tatsächlichen Schaden am versicherten Gut durch Beschädigung und Verlust bietet. Wesentlich seltener sind dagegen die Transport-Betriebsunterbrechungs- oder -Pönaleversicherung sowie die Einheitsversicherung, eine Kombination aus Sach-, Haftpflicht- und Güterversicherung für Textilbetriebe und Filmtheater.

Transport-BU

Einheitsversicherung

Ist die Entscheidung über ein Produkt getroffen, stellt sich für den VR die Frage nach dem versicherten Risiko. Denkbar ist z. B. in der Güterversicherung, dass sich ein VR dazu entscheidet, bestimmte Güter oder Länder nicht versichern zu wollen. Oder er belegt diese mit speziellen Zuschlägen, Selbstbehalten oder Risikoausschlüssen. In der Verkehrshaftungsversicherung zählen hierzu beispielsweise die Beförderung von Kraftfahrzeugen mit großen Autotransportern oder die Beförderung von Umzugsgut, Schwergut und Kranarbeiten. Die Beförderung von Komplettladungen bestimmter Güter kann für den VR aufgrund der hohen Risikolage ein Motiv sein, diese nur mit Einschränkungen zu versichern.

versichertes Risiko

Auszug aus den Zeichnungsrichtlinien eines Transportversicherers

- **Versicherbare Produkte**
    1. Warenversicherung (Güterversicherung)
    2. Werkverkehrsversicherung
    3. Verkehrshaftungsversicherungen für Frachtführer, Spediteure und Lagerhalter
    4. Wassersportkaskoversicherung
    5. Ausstellungsversicherung
    6. Reisegepäckversicherung gewerblich
    7. Valorenversicherung gewerblich

- **Nicht versicherbare Produkte und Sachen**

    Nicht versicherbare Produkte:
    1. Wäscheschutzversicherung
    2. Tank- und Fassleckageversicherung
    3. Einheitsversicherung für Textilbetriebe und Filmtheater
    4. See-, Fluss- und Baukaskoversicherungen
    5. Transport-Betriebsunterbrechungs- und -Pönaleversicherungen
    6. Kühlhausversicherungen

    Nicht versicherbare Sachen/Betriebe/Betriebsarten:
    1. Geld- und Werttransporte
    2. Wassersportkaskoversicherungen, die ihren Liegeplatz außerhalb Europas haben (ausgenommen Beteiligungen)

Die in den Tarifen als anfragepflichtig gekennzeichneten Risiken werden nur von Fall zu Fall gezeichnet.

Auszug einer Annahmerichtlinie zur Verkehrshaftungsversicherung

Besondere Risiken

besondere Risiken in der Verkehrshaftungsversicherung

Für die Beförderung der nachstehenden Güter kann nur im Ausnahmefall Versicherungsschutz geboten werden. Sie sind somit anfragepflichtig:

- Kraftfahrzeuge,
- lebende Tiere,
- Umzugsgut,
- Unterhaltungselektronik- und Telekommunikationsgeräte (hierzu gehören auch Handys), Spirituosen, Champagner, Tabakwaren, soweit es sich jeweils um Vollladungen handelt. Mitversichert sind diese Güter jedoch als Sammelladung.

Schwergut/Kranarbeiten können generell nicht versichert werden.

Zeichnungsgrenzen (Auszug)

Produkt/Grenzen	Intern	RV-Vertrag
Waren-/Güterversicherung		
▪ je Transportmittel/transportbedingte Lagerung	4.000.000 EUR	8.000.000 EUR
▪ disponierte Lagerungen bis 60 Tage	4.000.000 EUR	8.000.000 EUR
▪ disponierte Lagerungen über 60 Tage	2.000.000 EUR	Anfrage RV
Wassersportversicherung (Kasko)	1.000.000 EUR	1.500.000 EUR
Verkehrshaftungsversicherung (Kasko)		
▪ je Schadenfall	3.000.000 EUR	6.000.000 EUR
▪ je Schadenereignis	6.000.000 EUR	6.000.000 EUR

Politische Risiken

Die Gefahren von Krieg sowie Streik, Aufruhr und Beschlagnahme können nur im Rahmen der entsprechenden DTV-Klauseln bzw. ICC-Klauseln versichert werden. Diese sind, wenn die Risiken gedeckt werden sollen, zwingend und ohne Abänderung zu vereinbaren.

Gefahren aus der Verwendung von chemischen, biologischen, biochemischen Substanzen oder elektromagnetischen Wellen als Waffen mit gemeingefährlicher Wirkung, und zwar ohne Rücksicht auf sonstige mitwirkende Ursachen, sind gemäß Klausel ausgeschlossen. Diese ist zwingend und ohne Abänderung zu vereinbaren.

Dirty Bombs

▶ **Tipp**

Politische Risiken ändern sich relativ rasch. Versuchen Sie mithilfe des Internets zu ermitteln, in welchen Ländern für den Transportversicherer ein hohes Risiko besteht, politische Risiken zu versichern.

Link-Tipp: http://www.exclusive-analysis.com/

Link-Tipp: politische Risiken

Zusammenfassung

Annahmerichtlinien sind Bestandteil der Annahmepolitik eines VR und zeigen dessen Risikophilosophie und Zeichnungsgrenzen auf. Sie regeln, welche Voraussetzungen vorliegen müssen, damit ein VR bereit ist, ein ihm angetragenes Risiko zu übernehmen.

Für die Annahme sind das subjektive und das objektive Risiko entscheidend.

Wie sich die Risikolage darstellt, erfährt der VR durch den Antrag und die zusätzlichen Erklärungen des Kunden.

Das Risiko kann der VR durch Vereinbarungen verschiedener Formen der Selbstbeteiligung des VN und durch Vereinbarung von Höchsthaftungen beeinflussen.

2. Die Rolle der Rückversicherung

Handlungssituation

Bedingt durch Hochwasser- und Hagelschäden in den vergangenen Jahren will die Proximus AG prüfen, ob die bestehenden Rückversicherungsverträge für einige Produkte an die sich ändernden Umstände angepasst werden müssen. Sie haben die Aufgabe zu kontrollieren, ob die Annahmerichtlinien und die Zeichnungskapazität noch im Einklang sind. Dabei sollen auch die Rückversicherungspartner mit einbezogen werden.

Rückversicherung Die Annahmerichtlinien bestimmen die Zeichnungspolitik des VR. Sie steuern, welche Risiken in den Versicherungsbestand fließen. In den vorangegangenen Abschnitten wurden die Einflüsse und die Faktoren betrachtet. Zusammenfassend ergibt sich folgendes Bild:

Der VR gibt durch die Annahmerichtlinien bekannt, welche Risiken er zeichnen will. Weiterhin wird aufgeführt, welche Risiken generell nicht übernommen werden. Die Vorauswahl treffen der Vertrieb und die Risikoprüfung des VR. Versicherungswünsche, die nicht erfüllbar sind, werden zurückgewiesen, Versicherungswünsche, die nur mit zusätzlichen Vereinbarungen erfüllbar sind, müssen neu verhandelt werden. Risiken, die der Art nach in den Versicherungsbestand passen, werden weiter bearbeitet.

 ▶ **Beispiel**

Die Annahmerichtlinien des VR besagen, dass Betriebe, die Holz be- und verarbeiten nur versichert werden, wenn entsprechende Brandentdeckungs- und bekämpfungsanlagen vorhanden sind. Nicht versichert werden Betriebe, die neben der Holzbearbeitung auch noch geschäumte Kunststoffe verarbeiten.

Risikoprüfung Die Vermittler reichen dem Underwriting Anträge zur Prüfung ein:

■ Ein Stuhlhersteller führt neben Schreiner- auch Polsterarbeiten durch. Der Antrag auf Inhalts- und Betriebsunterbrechung muss abgelehnt werden.

■ Betriebe, die z. B. keine Funkenlöschanlage haben, können nicht versichert werden. Die Anträge werden noch einmal an den Vermittler zurückgegeben, damit dieser mit dem Kunden ggf. eine Vereinbarung über den Einbau trifft.

■ Anträge von Betrieben, die versicherbar sind, werden weiter bearbeitet.

Zeichnungskapazitäten In dem vorgenannten Beispiel wurden Prüfungen vorgenommen, die sich auf die Art und die speziellen Risikomerkmale des Betriebes beziehen. Die anschließende Bearbeitung muss nun sicherstellen, dass die Risiken der Höhe nach in den Versicherungsbestand passen. Dies ist deshalb wichtig, da Versicherungsunternehmen Zeichnungskapazitäten einhalten und die Homogenität des Risikoportfolios sicherstellen müssen.

Welche Probleme im Hinblick auf die Zeichnungskapazität auftreten können, wusste die Versicherungswirtschaft schon in der Vergangenheit. So ist in der Chronik der Mecklenburgischen Versicherung a.G. zu lesen:

▶ Exkurs

„Auch die Feuerversicherungs-Gesellschaft hat mit Ausnahme allein des Jahres 1811, wo wegen der Drangsale der Zeiten beschlossen wurde, bis zum 2. März 1812 alle vorkommenden Brandschäden auf dem Lande nur noch zu zwei Drittel zu entschädigen, den Grundsatz der Gewährung voller Entschädigung stets durchführen können und ist von so schweren Heimsuchungen, dass sie nur theilweise Entschädigung hätte leisten können, nie betroffen worden."

Zeichnungskapa-
zität „noch" ohne
Rückversicherung

Die erste Rückversicherungsgesellschaft wurde erst später, im Jahr 1846, in Köln gegründet.

Die Entscheidung, ob ein Risiko eines bestimmten Umfangs versichert werden kann, hängt demnach von der Belastung ab, die ein einzelnes Risiko mit sich bringt, und von der Frage, wie das Gesamtportfolio belastet wird.

Hat der Versicherungsbestand der holzverarbeitenden Betriebe eine maximale Zeichnungshöhe von 500.000 EUR je Betriebsstätte, ist es nicht möglich, einen Betrieb in die Versicherungsgemeinschaft aufzunehmen, der eine Belastung von 3 Mio. EUR bringt. Dem VR steht nun die Möglichkeit offen, den Versicherungswunsch abzulehnen oder das Risiko „versicherbar" zu gestalten.

Gestaltungsmöglichkeiten bestehen für den VR, indem er die Mitversicherung anstrebt. Bei der Mitversicherung werden Teile der Risikosumme auf andere Erstversicherer übertragen und damit die Versicherungssumme, die der einzelne VR tragen kann, angepasst. Die Mitversicherung ist die primäre Risikoteilung mit einem oder mehreren Erstversicherern (siehe hierzu Kapitel 1).

Gestaltungsmöglich-
keiten des VR

Mitversicherung
(primäre Risikoteilung)

Wenn der VR den Weg der Mitversicherung nicht beschreiten will oder wenn die Anteile der an der Mitversicherung selbst zu zeichnenden Summe noch außerhalb des Zeichnungsrahmens liegen, wird der VR die Lösung über die Rückversicherung anstreben.

Rückversicherung
(sekundäre
Risikoteilung)

Rückversicherung bedeutet, dass der Erstversicherer (Zedent) einen Teil der von ihm selbst übernommenen Risiken weiter an einen oder mehrere Rückversicherer (Zessionar) transferiert. Die Rückversicherung ist die sekundäre Risikoteilung:

Risikotransfer

- Durch die Rückversicherung wird die Kapazität des Erstversicherers beeinflusst.
- Die Rückversicherung hat Einfluss auf Wachstum, Umsatz und Gewinn des Erstversicherers.
- Durch Rückversicherung wird die Streuung der Gesamtschadenverteilung im Versicherungsbestand beeinflusst.

Auswirkungen

*Rück-
versicherungsformen*

Die Beteiligung des Rückversicherers erfolgt in der Beteiligung an den Schäden des Erstversicherers. Die Höhe der Beteiligung hängt ab von der Höhe des Anteils oder der Quote und der Auswahl der Rückversicherungsform. Die Grundtypen der Rückversicherungsformen werden eingeteilt in die

*proportionale
Rückversicherung*

- *proportionale Rückversicherung,*

  (hier übernimmt der Rückversicherer einen bestimmten Anteil an allen Schäden ohne Rücksicht auf deren Größe)

und die

*nichtproportionale
Rückversicherung*

- *nichtproportionale Rückversicherung,*

  (hier übernimmt der Rückversicherer an einzelnen Schäden einen Anteil, wenn der Schadenbetrag eine bestimmte Grenze (Priorität) übersteigt)

proportionale RV	**nichtproportionale RV**
- Quoten-RV - Summenexzedenten-RV	- Einzelschadenexzedenten-RV - Kumulschadenexzedenten-RV - Jahresüberschadenexzedenten-RV

Abbildung 3: Rückversicherungsformen (eigene Darstellung)

Handlungssituation

Ermitteln Sie, welche Wirkungsweise die einzelnen Rückversicherungsformen erzielen und für welche Risiken bzw. für welche Schäden die einzelnen Verträge in den Sparten der Sachversicherung zu empfehlen sind.

*Rückversicherungs-
prämie und Rück-
versicherungsprovision*

Für die Beteiligung am Risiko zahlt der Erstversicherer dem Rückversicherer eine Prämie. Im Gegensatz zur Mitversicherung handelt es sich hierbei nicht um die Originalprämie entsprechend dem Anteil, sondern um eine bei Abschluss des Rückversicherungsvertrags festgelegte Prämie. Der Erstversicherer entlastet sich also in seiner Risikotragung, hat auf der anderen Seite aber auch Prämieneinbußen. Die Prämieneinbuße wird durch Rückversicherungsprovisionen gemildert, die der Rückversicherer dem Erstversicherer für das übertragene Versicherungsgeschäft zahlt.

Zusammenfassung

Der VR kann seine Annahmerichtlinien durch die Einbeziehung der Mitversicherung an geänderte Verhältnisse anpassen.

Eine weitere Möglichkeit, die Zeichnungskapazität zu erhöhen, ist die Wahl einer Rückversicherungslösung.

3. Gestaltung des Antrags

Handlungssituation

Die Marketingabteilung hat im Rahmen von „Flexi Billy" die Aufgabe erhalten, die Antragsformulare an das neue Firmendesign anzupassen. Ihre Aufgabe ist es, die Abteilung Marketing bei der Zusammenstellung der notwendigen Bestandteile eines Antrags zu unterstützen.

Der Antrag eines Kunden auf Übernahme eines Risikos ist zunächst ein rechtlicher Vorgang. Der Antrag ist eine einseitige, empfangsbedürftige Willenserklärung. Für die Antragstellung bieten VR in der Regel Formulare an. Eine Antragstellung ist auch „formlos" möglich, aus verwaltungstechnischen Gründen und aus Gründen der Rechtssicherheit sollte eine Antragstellung jedoch möglichst auf den vom VR vorgesehenen Formularen erfolgen. Versicherungsmakler verwenden für die Antragstellung, die sie im Auftrag ihres Kunden vornehmen, häufig eine Deckungsaufgabe.

empfangsbedürftige Willenserklärung

Im Rahmen ihrer Digitalisierungsstrategie setzen einige VR auf die Möglichkeit, online Verträge abzuschließen.

Erfolgt eine Policierung automatisiert, d. h. ohne menschliches Zutun, spricht man von einer „Dunkelverarbeitung". Die sonst gegebene Kontrollinstanz muss nun in der Plausibilisierung der online-Eingaben erfolgen.

Dunkelverarbeitung

▶ Definitionen

Eine Deckungsaufgabe ist ein „Antragsersatz": Ein Versicherungsmakler gibt im Namen seines Kunden dem VR ein Risiko in Deckung. Der Makler hat sich durch einen Maklerauftrag hierfür von dem Kunden bevollmächtigen lassen. Die Deckungsaufgabe, auch Deckungsnote genannt, enthält alle wichtigen Hinweise, die der VR für seine Annahmeentscheidung und seine Entscheidung über die Deckung benötigt. Meist wurde die durch die Deckungsaufgabe „bestellte" Versicherung im Vorfeld zwischen dem VR und dem Makler besprochen. Oft wird auch nur noch das vom VR abgegebene Angebot vom Makler gegengezeichnet und mit den technischen Daten und seiner Unterschrift versehen.

Deckungsaufgabe

Ein Maklerauftrag ist die Bezeichnung für einen Geschäftsbesorgungsvertrag zwischen einem Versicherungsinteressenten und einem Versicherungsmakler.

Maklerauftrag

3.1 Aufsichtsrechtliche Vorschriften bei der Gestaltung von Antragsformularen

Wenn mehrere Verträge durch ein Antragsformular versichert werden sollen, gibt es nach § 10a Versicherungsaufsichtsgesetz (VAG) besondere Vorschriften für die Gestaltung der Antragsvordrucke.

Gestaltung von
Antragsvordrucken

§ 10 a VAG

▷ **Definition**

Antragsvordrucke dürfen nur so viele Anträge auf Abschluss rechtlich selbstständiger Versicherungsverträge enthalten, dass die Übersichtlich-, Lesbar- und Verständlichkeit nicht beeinträchtigt werden. Der Antragsteller ist schriftlich und unter besonderer Hervorhebung auf die rechtliche Selbstständigkeit der beantragten Verträge (einschließlich der für sie vorgesehenen Versicherungsbedingungen) sowie auf die jeweils geltenden Antragsbindungsfristen und Vertragslaufzeiten hinzuweisen.

Funktionen des
Versicherungsantrags

Grundlegende Funktionen eines Versicherungsantrags:

- Mittel der Bedarfsfindung,
- Mittel der Beschreibung des beabsichtigten Versicherungsschutzes,
- Grundlage der Datenerfassung,
- Bestandteil des Rechtsverhältnisses.

3.2 Bestandteile des Antrags

Ein Versicherungsantrag besteht aus mehreren Teilen, die zusammengenommen die Antragsunterlagen bilden:

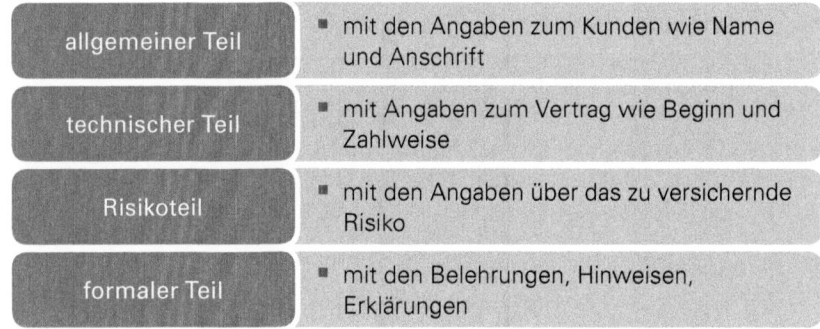

allgemeiner Teil	- mit den Angaben zum Kunden wie Name und Anschrift
technischer Teil	- mit Angaben zum Vertrag wie Beginn und Zahlweise
Risikoteil	- mit den Angaben über das zu versichernde Risiko
formaler Teil	- mit den Belehrungen, Hinweisen, Erklärungen

Nicht unmittelbar zum Antrag gehören

- die gesetzlichen Informationen mit dem Produktinformationsblatt und den Kundeninformationen sowie
- das Beratungsprotokoll.

Diese Informationen (§§ 1 und 4 VVG-InfoV) und das Beratungsprotokoll (§ 61 VVG) sind dem VN neben den AVB bei der Antragstellung zu übergeben bzw. spätestens mit der Übersendung des Versicherungsscheins auszuhändigen.

Der Antrag enthält eine Erklärung des Antragstellers, dass er die Informationen bekommen hat oder dass er mit einer späteren Übersendung einverstanden ist.

a) Allgemeiner Teil

allgemeine Angaben

Der allgemeine Teil enthält Angaben zum Antragsteller wie Anschrift, Kommunikationsmöglichkeiten (Telefon, Fax und E-Mail), Rechtsform sowie Firmen-Homepage.

b) Technischer Teil

Der technische Teil erhält Angaben zu der zu zahlenden bzw. vereinbarten Prämie und die gewünschte Zahlungsweise inkl. des Zahlungswegs wie z. B. SEPA-Lastschriftmandat oder SEPA-Firmenlastschrift-Mandat mit der Gläubiger-Identifikationsnummer und Mandatsreferenz.

technische Angaben wie Prämie oder Zahlungsweise

Weitere Angaben betreffen den gewünschten Beginn und den Ablauf des Vertrags und eventuelle Wartezeiten zu Verträgen mit Naturgefahren. Verbunden mit der Laufzeit des Vertrags erfolgt eine Belehrung über die mögliche Vertragsverlängerung bei einer vereinbarten Laufzeit von mindestens einem Jahr (§ 11 Abs. 4 VVG).

Beträgt die Vertragsdauer mindestens ein Jahr, verlängert sich der Vertrag gemäß Verlängerungsklausel von Jahr zu Jahr, wenn er nicht spätestens drei Monate vor Ablauf schriftlich gekündigt wird.

Verlängerungsklausel

c) Risikoteil

Die Risikoangaben sind abhängig von der Versicherungssparte. Die Risikoangaben des Antrags einer Sach-Gewerbe-Versicherung sind:

Angaben über Risikoverhältnisse

- Angaben zum Versicherungsort, Betriebsgrundstück (Haupt- und Nebenbetriebe),
- Angaben zur Betriebsart (ggf. mit Hinweis auf Homepage) sowie zu möglichen Nebentätigkeiten,
- Angaben über Vor-, Mit- oder Nebenversicherung und Vorschäden,
- allgemeine Risikofragen wie Besitzverhältnisse, Lage des Gebäudes, Umgebung/Nachbarschaft,
- spezielle Risikoangaben: diese werden in der Regel durch spezielle Risikofragebögen erhoben. Die Fragebögen werden durch eine zusätzliche Vereinbarung Antrags- und Vertragsbestandteil.

Versicherungsumfang

Für die Bestimmung des Versicherungsumfangs sind generell zu klären:

Wahl der versicherten Gefahren, z. B. Feuer, Leitungswasser und Naturgefahren	Versicherungssummen und zu versichernde Objekte, z. B. Gebäude, Inhalt und sonstige Sachen	Wahl der Versicherungsform, z. B. feste Summe, Wertzuschlag, gleitender Neuwert
Versicherung des Verkaufspreises	Franchisen	besondere Vereinbarungen und Sublimits

Versicherungsumfang zur Ertragsausfallversicherung

Für die Ertragsausfallversicherung sind folgende Informationen relevant:

- Angaben zu Haftzeit,
- Nachhaftung,
- Versicherungssummen für Betriebsgewinn und Kosten, Gehälter und Gewinn.

Gesamthaftung und Wertverteilung

Diese werden definiert durch:

- Angaben zu Komplexen,
- PML/Höchstschaden.

Versicherungsumfang in der Technischen Versicherung

In der Technischen Versicherung kann der Versicherungsumfang pauschal dargestellt werden, z. B. in der Elektronik-Pauschalversicherung. Der VR führt dann die versicherten Sachen oder Objektgruppen auf, die pauschal in einer Versicherungssumme versichert sind.

In der Maschinenversicherung ist es jedoch auch gängig, jede Maschine, jedes Gerät oder jede Anlage einzeln, je nach dem individuellen Gefährdungsgrad, zu bewerten. Die einzelnen Objekte, z. B. ein Radlader, werden in das hierfür vorgesehene Objekt-/Geräteverzeichnis (Anlagenverzeichnis) aufgenommen.

Kommen weitere Objekte hinzu, wird die laufende Nummerierung fortgesetzt; werden Objekte vom Versicherungsschutz ausgeschlossen, wird lediglich vermerkt, welche Position ab welchem Zeitpunkt nicht mehr versichert ist.

Muster Anlagenverzeichnis

Verzeichnis der zu versichernden Sachen (Positionen ohne Angabe der Versicherungssumme sind *nicht* versichert!)	
Art der Maschine oder Objekt-beschreibung	Radlader
Hersteller	Meierwerk
Typ/Fabrik-Nr., Serien-Nr.	HL 23569
Leistung/Drehzahl	200 kW
Zusatzgeräte, Reserveteile und sonstiges Zubehör	Schaufel
Baujahr	2016
Versicherungssumme 3/71	40.000 EUR
Selbstbeteiligung	10 %, mindestens 1.000 EUR, höchstens 5.000 EUR
Bei Diebstahl, Raub, Plünderung und Unterschlagung	25 %, mindestens 1.000 EUR, höchstens 5.000 EUR
Prämiensatz 3/71	8,5 ‰
Prämie Wert 3/71	340,00 EUR
Prämie für das 1. Versicherungsjahr *(Prämienfaktor 2018 = 5,3078)*	1.804,65 EUR
Pos. Nr. 02	
Pos. Nr. 03	

d) Formaler Teil

Im Antrag sollte eine Belehrung des Antragstellers über die vorvertraglichen Anzeigepflichten erfolgen. Diese Belehrung erfüllt die Verpflichtung, die dem VR im § 19 Nr. 5 VVG auferlegt wird. Danach hat der VR den VN durch besondere Mitteilung in Textform auf die Folgen einer Anzeigepflichtverletzung hinzuweisen. Unterbleibt die Information, kann sich der VR im Fall der Verletzung der vorvertraglichen Anzeigepflicht nicht auf sein Rücktrittsrecht berufen.

Belehrung

§ 19 Nr. 5 VVG

Hinweise und Erläuterungen

Im formalen Teil des Antrages gibt es weitere Antragsbestandteile.

- *Prämienanpassungsmöglichkeiten*

  Sehen die Versicherungsbedingungen die Möglichkeit einer Prämienanpassung vor, wird der VR in den Hinweisen und Erläuterungen im Antrag auf diese Möglichkeit hinweisen, z. B. in der Glasversicherung.

Prämienanpassung

- *Einwilligungserklärung, Erklärung zur Datenverarbeitung*

  Neben den Risikodaten, die er zur Beurteilung der Risikolage benötigt, erhebt der VR auch personenbezogene Daten. Diese Daten dürfen nach dem Bundesdatenschutzgesetz (BDSG, neu geregelt in 2018) erhoben, verarbeitet oder genutzt werden. Das Datenschutzrecht bezeichnet dieses als Datenverwendung. Die Verwendung der allgemeinen personenbezogenen Daten (z. B. Alter oder Adresse) ist erlaubt, wenn es der Zweckbestimmung eines Vertragsverhältnisses dient. Die neue Fassung des BDSG ist seit dem 25.05.2018 mit der Datenschutz-Grundverordnung (DSGVO) anwendbar.

Datenschutzklausel

  Bereits 2012 hat der GDV Inhalte der später in Kraft getretenen DSGVO vorweggenommen: Mit dem „Code of Conduct" zum Datenschutz haben die VR bereits wichtige Selbstverpflichtungen vorgenommen (z. B. Pseudonymisierung der Daten). Aus gutem Grund: Daten sind der elementare Rohstoff des Versicherungsbusiness.

  Nicht nur Kranken- und Lebensversicherer verfügen über hochsensible Daten und fallen deshalb unter den § 203 des Strafgesetzbuches (Verschwiegenheitspflicht von Ärzten, Anwälten und Versicherern). Auch Risikoinformationen wie Einbruchschutz und Engpass-Maschinen in der Produktion dürfen nicht in falsche Hände geraten.

  Durch die DSGVO wurden insbesondere die Sanktionen bei Verstößen klarer gefasst. Die Verordnung selbst ist hinsichtlich der Formulierung "berechtigtes Interesse" weicher und öffnet Grauzonen, die eigentlich durch die Verordnung eingeschränkt werden sollten.

Der VR verwendet allgemeine personen- und sachbezogene Daten und lässt sich die Speicherung und die weitere Verwendung vom Antragsteller genehmigen. Die Genehmigung umfasst die Datenverwendung

zur Risikobeurteilung und Vertragsabwicklung sowie zur Prüfung der Leistungspflicht	zur Risikobeurteilung durch Datenaustausch mit einem Vorversicherer	zur gemeinschaftlichen Führung von Datensammlungen im (Proximus-)Konzern
zur Risikobeurteilung und Abwicklung der Rückversicherung	durch andere Unternehmen/Personen innerhalb und außerhalb des (Proximus-)Konzerns, denen der VR Aufgaben ganz oder teilweise zur Erledigung überträgt	zur Verhinderung des Versicherungsmissbrauchs bei der Risikobeurteilung und bei der Klärung von Ansprüchen aus dem Versicherungsverhältnis durch Nutzung eines Hinweis- und Informationssystem (HIS)

Das neue HIS betreibt die Informa Insurance Risk and Found Prevention GmbH (IIRFP). Das Unternehmen wurde eigens für den Betrieb der Auskunftei gegründet.

HIS (Hinweis- und Informationssystem)

▶ Definition

Das „Hinweis- und Informationssystem" (HIS) sammelt Indizien, die dem VR bei der Suche nach Betrugsfällen helfen. Die zusammengetragenen Daten führen nicht automatisch zum Verlust des Versicherungsschutzes.

Im HIS befinden sich Einträge zur

- Antrags-, Vertrags- und Leistungsabwicklung durch Auskunfteien,
- Beratung und Information über Versicherungs- oder sonstige Finanzdienstleistungen durch den VR anderer ausgewählter Gesellschaften des (Proximus-)Konzerns oder den zuständigen Vermittler.

Assistance

besondere Sensibilität

▶ Exkurs: Assistanceleistung

Bei der Abwicklung von Auftragsverhältnissen zwischen VR und Assisteur werden in starkem Maße auch personenbezogene Daten der Kunden erhoben, genutzt und verarbeitet. Im Umgang mit Daten ist eine besondere Sensibilität (siehe hier DS-GVO!) gefordert, die sich auch in den rechtlichen Regeln niederschlagen muss, die dem Auftragsverhältnis zwischen VR und Assisteur zugrunde liegen. Neben der Datenschutzerklärung ist also ein entsprechender Vertrag zwischen dem VR und dem Assisteur erforderlich. In dem Vertrag werden u. a. die Regeln zur Datenverwendung festgeschrieben.

Einwilligungserklärung für Verbraucher (Werbeeinwilligung)

Zusätzlich ist eine Einwilligungserklärung für Verbraucher vorgesehen, mit der erklärt wird, dass ein Telefonanruf durch den VR und den Vermittler erwünscht ist. Diese Erklärung erfüllt die Vorschrift nach dem Gesetz gegen den unlauteren Wettbewerb (UWG). Nach § 7 UWG ist ein Werbe-Telefonanruf eines Verbrauchers ohne dessen vorherige *ausdrückliche Einwilligung* eine unzumutbare Belästigung. Bei einem sonstigen Marktteilnehmer ist zumindest eine mutmaßliche Einwilligung erforderlich. Von einigen VR wird diese Erklärung auch als separate Erklärung außerhalb des Antrags angefordert.

Werbeeinwilligung

telefonische Werbung

Die BDSG regelt die Datenverarbeitung und -nutzung zum Zweck der Werbung. Die Rechtsgrundlage bildet der § 28 Abs. 3, 3 a und 4 BDSG. Danach ist eine schriftliche Einwilligung für schriftliche Werbung und Werbung per Telefon, Telefax, E-Mail oder SMS notwendig.

schriftliche Werbung

Hinweise zur Annahmefrist

Der VR kann einen Antrag innerhalb einer Frist von einem Monat annehmen. Die Frist beginnt mit dem Tag der Antragstellung. Weiterhin hat der VR die Pflicht, dem Vermittler unverzüglich die Annahme oder Ablehnung eines vermittelten Geschäfts mitzuteilen (§ 86a HGB).

Annahmemitteilung gegenüber dem Vermittler

Außerdem hat der Hinweis zu erfolgen, dass die selbstständige Abgabe von Deckungszusagen Vermittlern verboten und ohne rechtliche Wirkung für den VR ist, und dass Nebenabreden nur dann verbindlich sind, wenn der VR sie schriftlich oder durch Aufnahme in den Versicherungsschein oder Nachtrag genehmigt.

Deckungszusagen

Letztendlich folgt die Beantragung mit der Belehrung über den Widerruf gemäß § 8 VVG durch die Unterschrift des Kunden.

Widerruf

3.3 Vereinbarung der Vertragsgrundlagen

Durch den Antrag vereinbaren VN und VR die Verwendung der Bedingungen, die dem Vertrag zugrunde liegen sollen. Neben den AVB werden auch die Anwendung entsprechender Zusatz- und Sonderbedingungen oder -vereinbarungen sowie geschriebene oder vom VR vorgefasste Klauseln Vertragsbestandteil. Bei Versicherungsvereinen auf Gegenseitigkeit kommt zu den AVB noch die Satzung der Gesellschaft hinzu.

Vereinbarung der AVB

Handlungssituation

AVB gelten als allgemeine Geschäftsbedingungen (AGB) im Sinne des BGB. Schlagen Sie im BGB nach, welche Anforderungen für die Einbeziehung von AGB in einen Vertrag allgemein beachtet werden müssen.

Zu den Versicherungsbedingungen gehören auch die Positionenerläuterungen (siehe Kapitel 2), die Deklarationen und die entsprechenden Sicherheitsvorschriften.

Deklarationen

▶ Definition

Deklarationen unterteilen sich in Grund- und Pauschaldeklarationen und sind Zusammenstellungen versicherter Sachen und Entschädigungs- bzw. Höchstgrenzen des von dem VR übernommenen Versicherungsschutzes. Die Deklarationen können sich auf eine oder mehrere versicherte Gefahren beziehen. Sie geben dem VN einen genauen Überblick über die versicherten Leistungen. In der Sachversicherung werden z. B. die versicherten Kosten in den Bedingungen nur deklaratorisch erwähnt, durch den Antrag (Pauschaldeklaration) werden diese Kosten dann tatsächlich versichert. Der VN kann, wenn die in den Deklarationen aufgeführten Positionen sein Risiko nicht genau treffen oder wenn die vom VR angebotenen Summen für ihn nicht ausreichen, eine Höherversicherung beantragen.

Pauschaldeklaration

Die Pauschaldeklaration ist vornehmlich im Bereich der Geschäftsversicherung zu finden. Sie stellt eine besondere Form der Deklaration dar, deren Kernstück die summarische Versicherung sowie die Vorsorgeversicherung ist. Darüber hinaus enthält die Pauschaldeklaration zusätzliche Einschlüsse im Bereich der versicherten Sachen und Kosten, die in den AVB normalerweise nicht automatisch versichert sind.

Die Einschlüsse sind auf bestimmte Prozentsätze der summarisch vereinbarten Versicherungssumme und auf bestimmte absolute Beträge limitiert. Die Beiträge für diese „zusätzlichen Einschlüsse" sind im Grundbeitrag eingerechnet, Erhöhungen der Entschädigungsgrenzen sind durch Beitragszuschläge zu erreichen. Der Vorteil für den Vermittler liegt darin, dass Beratungsfehler vermieden werden können.

▶ Beispiele für mögliche Deklarationen

Proximus Versicherung AG

Pauschaldeklaration für die Geschäfts- und Betriebsversicherung

Soweit nichts anderes vereinbart ist, gelten die genannten Kosten und Sachen für die beantragten Gefahren summarisch, d. h. in einer Position mit einem Betrag in Höhe der Versicherungssumme, höchstens bis 2.500.000 EUR, als zusätzlich versichert.

Die Versicherung der genannten Positionen erfolgt auf erstes Risiko (d. h. ohne Anrechnung einer Unterversicherung). Das gilt nicht für die Positionen B), C), E).

	Position in Kurzübersicht	Entschädigungs-grenze	Gefahren
A)	Aufräumungs-, Abbruch-, Bewegungs- und Schutzkosten	VSU	F, E, W, S, N
B)	Preisdifferenz-Versicherung	VSU	F, E, W, S, N
C)	Mehrkosten durch behördliche Wiederherstellungsbeschränkungen (ohne Restwerte)	VSU	F, E, W, S, N
D)	Berücksichtigung von behördlichen Wiederherstellungsbeschränkungen für Restwerte	VSU	F, E, W, S, N
E)	Mehrkosten durch Technologie-fortschritt	VSU	F, E, W, S, N

Tabelle 1: Pauschaldeklaration Geschäfts- und Betriebsversicherung

Proximus Versicherung AG

Pauschaldeklaration für die gewerbliche Gebäudeversicherung

Soweit nichts anderes vereinbart ist, gelten die genannten Kosten und Sachen für die beantragten Gefahren summarisch, d. h. in einer Position mit einem Betrag in Höhe der Versicherungssumme, höchstens bis 2.500.000 EUR, als zusätzlich versichert.

Die Versicherung der genannten Positionen erfolgt auf erstes Risiko (d. h. ohne Anrechnung einer Unterversicherung). Das gilt nicht für die Positionen B), C) und E).

	Position in Kurzübersicht	Entschädigungs-grenze	Gefahren
A)	Aufräumungs-, Abbruch-, Bewegungs- und Schutzkosten	VSU	F, W, S, N
B)	Preisdifferenz-Versicherung	VSU	F, W, S, N
C)	Mehrkosten durch behördliche Wiederherstellungsbeschränkungen (ohne Restwerte)	VSU	F, W, S, N
D)	Berücksichtigung von behördlichen Wiederherstellungsbeschränkungen für Restwerte	VSU	F, W, S, N
E)	Mehrkosten durch Technologie-fortschritt	VSU	F, W, S, N

Tabelle 2: Pauschaldeklaration für die gewerbliche Gebäudeversicherung

Proximus Versicherung AG

Deklaration für Industrie und Großgewerbe

Deckungserweiterungen für Industrie und Großgewerbe zur Betriebsunterbrechungsversicherung

Die nachfolgenden Deckungserweiterungen haben – sofern nicht ausdrücklich vom Versicherungsschutz ausgenommen – für Gefahren und Schäden Gültigkeit, für die Versicherungsschutz beantragt wird.

Zusätzliche Einschlüsse Die Entschädigung auf erstes Risiko ist für diese Deckungserweiterungen insgesamt auf 10 % der Versicherungssumme, maximal 5.000.000 EUR begrenzt.	Sublimit in EUR
▪ Wertverluste und zusätzliche Aufwendungen an unbeschädigten Roh-, Hilfs- und Betriebsstoffen, die nicht mehr bestimmungsgemäß verwendet werden können ▪ Vertragsstrafen ▪ Zusätzliche Standgelder ▪ Sachverständigenkosten, soweit der entschädigungspflichtige Schaden 25.000 übersteigt ▪ Vergrößerung von Unterbrechungsschäden durch Wiederaufbau- oder Betriebsbeschränkungen	Je 1 % aus der Versicherungssumme, mindestens 5.000, maximal 500.000
Überspannungsschäden durch Blitz; Selbstbehalt je Schadenfall: 12.500 EUR	100.000
Zusätzliche Einschlüsse Die Entschädigung auf erstes Risiko ist für diese Deckungserweiterungen insgesamt auf 10 % der Versicherungssumme, maximal 5.000.000 EUR begrenzt.	**Sublimit in EUR**
Unterbrechungsschäden durch nicht duplizierte Datenträger	–
Zulieferer- und Abnehmer-Rückwirkungsschäden in Europa Selbstbehalt je Schadenfall: 5 %, mindestens 12.500 EUR *Ausnahme: bei Ausfall von Versorgungsleistungen (Strom, Wasser, Gas, Fernwärme) gilt ein zeitlicher Selbstbehalt von 24 Stunden* Gilt nur für die Gefahren Feuer, Leitungswasser und EC ohne die Gefahren Sturm (e), Überschwemmung (g), Erdbeben (h) und unbenannte Gefahren (u)	maximal 250.000

Tabelle 3: Industriedeklaration Betriebsunterbrechungsversicherung

Proximus Versicherung AG	
Pauschaldeklaration für die Elektronik-Pauschalversicherung	
Soweit nichts anderes vereinbart ist, gelten die unter A – F genannten Kosten und Sachen als zusätzlich versichert.	
Position in Kurzübersicht	
A)	Vorsorgeversicherung für die während des jeweiligen Versicherungsjahres eintretenden Veränderungen (Erweiterungen, Austausch, hinzukommende Anlagen und Geräte) in Höhe von 30 % der Versicherungssumme
B)	Für mobile Geräte besteht auch außerhalb des Versicherungsortes Versicherungsschutz (Geltungsbereich Europa).
C)	Schadenbedingte ■ Aufräum-, Dekontaminations- und Entsorgungskosten ■ Dekontaminations- und Entsorgungskosten für Erdreich ■ Bewegungs- und Schutzkosten ■ Kosten für Erd-, Pflaster-, Maurer- und Stemmarbeiten, Gerüstgestellung bis insgesamt 10.000 EUR
D)	Versicherungsschutz für die Ersatzanlage während des schadenbedingten Ausfalls der versicherten Sache
E)	Berücksichtigung des Technologiefortschritts bei Ermittlung der Entschädigungsleistung
F)	Die zur versicherten Hardware gehörende Software bis 5.000 EUR
	Bei anderem Versicherungsbedarf können höhere Versicherungssummen gegen Mehrbeitrag gewählt werden.

Tabelle 4: Pauschaldeklaration für die Elektronik-Pauschalversicherung

Sicherheitsvorschriften

Sicherheitsvorschriften sind in der Sachversicherung ein gebräuchliches Mittel, um Schadenverhütung zu betreiben. Die Sicherheitsvorschriften teilen sich in

■ generelle Sicherheitsvorschriften und

■ spezielle Sicherheitsvorschriften

generelle und spezielle Sicherheitsvorschriften

auf. Die Sicherheitsvorschriften gehen u. a. auf staatliche Gesetze, aber auch auf Verwaltungsakte zurück, z. B. Unfallverhütungsvorschriften der Berufsgenossenschaft. Antragsfragen werden nicht selbst Vertragsbestandteil, sondern können nur Rechtsfolgen aus deren Nicht- oder Falschbeantwortung auslösen. Der VR beruft sich auf gesetzliche Sicherheitsvorschriften und weitestgehend auf Sicherheitsvorschriften, die er mit dem VN vereinbart. Eine bloße Beschreibung des Risikos im Antrag oder in dessen Anlagen, wie z. B. spezielle Risikofragebögen, oder Antworten auf Antragsfragen sind in der Regel nicht als vereinbarte Sicherheitsvorschriften auszulegen.

Gesetze und Verwaltungsakte

Rechtslage

Die Versicherungsbedingungen der Sachversicherung befassen sich ebenfalls, in Ergänzung zum VVG, mit vertraglich vereinbarten Sicherheitsvorschriften. So werden z. B. im § 11 (Teil B) AFB 2010 Sicherheitsvorschriften vertraglich vereinbart.

Bedingungsregelung

vereinbarte
Sicherheitsvorschriften

Der VN hat die versicherten Räume genügend häufig zu kontrollieren, während einer vorübergehenden Betriebsstilllegung (z. B. Betriebsferien) eine genügend häufige Kontrolle des Betriebs sicherzustellen und Datensicherung zu betreiben.

Bei Verletzung der vertraglichen Obliegenheiten kann der VR zur Kündigung berechtigt oder auch ganz oder teilweise leistungsfrei sein.

Verantwortung für
Verstöße

Die AFB 2010 sehen die Möglichkeit vor, durch Klauseln die Verantwortlichkeit für Verstöße gegen Sicherheitsvorschriften abzumildern.

Klausellösungen

Klausel SK 3601 Verantwortlichkeit für Verstöße gegen Sicherheitsvorschriften

1. Die „Brandverhütungs-Vorschriften für Fabriken und gewerbliche Anlagen" sind im Betrieb ordnungsgemäß bekanntzumachen.
2. Ist dies geschehen, so ist der VN nicht verantwortlich für Verstöße gegen gesetzliche, behördliche und vertragliche Sicherheitsvorschriften, die ohne sein Wissen und ohne Wissen seiner gesetzlichen Vertreter oder Repräsentanten begangen werden.

Weitere Abweichung ist durch folgende Klauseln geregelt:

Nichtanwendung von
Sicherheitsvorschriften

SK 3604 Nichtanwendung von Sicherheitsvorschriften

1. Auf Gebäude, die nur Wohn-, Büro- oder Sozialzwecken dienen, sind die Regeln der Klausel SK 3602 „Elektrische Anlagen" und die vereinbarten sonstigen Sicherheitsvorschriften nicht anzuwenden. Dies gilt nicht, wenn sich in den Gebäuden elektronische Datenverarbeitungsanlagen befinden.
2. Nr. 1 gilt entsprechend für einzelne Räume, die nur Wohn-, Büro- oder Sozialzwecken dienen und von den übrigen Teilen des Gebäudes feuerbeständig getrennt sind. Dies gilt nicht, wenn sich in den Räumen elektronische Datenverarbeitungsanlagen befinden.

vorübergehende
Abweichung von
Sicherheitsvorschriften

SK 3605 Vorübergehende Abweichung von Sicherheitsvorschriften

Vorübergehende Abweichungen von Sicherheits- und Betriebsvorschriften bei Bau-, Umbau- und Reparaturarbeiten auf dem Versicherungsort gelten, soweit sie durch zwingende technische Gründe veranlasst sind und bei ihrer Durchführung die gebotene erhöhte Sorgfalt beobachtet wird, nicht als Vertragsverletzung im Sinne des Abschnitt B § 8 AFB 2010, und wenn derartige Abweichungen gleichzeitig eine Gefahrerhöhung darstellen, auch nicht als Verstoß gegen Abschnitt B § 9 AFB 2010. Abweichungen über die im Versicherungsvertrag vereinbarte Dauer hinaus gelten nicht mehr als vorübergehend.

SK 3602 Elektrische Anlagen

elektrische Anlagen

1. Der VN hat die elektrischen Anlagen alle 12 Monate auf seine Kosten durch einen von der VdS Schadenverhütung GmbH oder einer gleichermaßen qualifizierten Zertifizierungsstelle anerkannten Sachverständigen prüfen und sich ein Zeugnis darüber ausstellen zu lassen. In dem Zeugnis muss eine Frist gesetzt sein, innerhalb derer Mängel beseitigt und Abweichungen von den anerkannten Regeln der Elektrotechnik, insbesondere von den einschlägigen VDE-Bestimmungen, sowie Abweichungen von den Sicherheitsvorschriften, die dem Vertrag zugrunde liegen, abgestellt werden müssen.

2. Der VN hat dem VR das Zeugnis unverzüglich zu übersenden und die Mängel fristgemäß zu beseitigen sowie dies dem VR anzuzeigen.

3. Die Rechtsfolgen von Verletzungen der Obliegenheiten nach Nr. 1 und 2 ergeben sich aus Abschnitt B §§ 8, 9 AFB 2010.

SK 3603 Prüfung von elektrischen Anlagen

Abweichend von der Regelung der Klausel SK 3602 „Elektrische Anlagen" verzichtet der VR auf die nächstfällige Prüfung, falls bei einer Prüfung gemäß Nr. 1 der Klausel SK 3602 keine erheblichen Mängel festgestellt werden.

In der Einbruchdiebstahl-Versicherung ist die Übernahme eines Risikos oft vom Vorhandensein von Sicherungseinrichtungen, wie z. B. einer Einbruchmeldeanlage, abhängig. Im Antrag vereinbart der VR mit dem VN diese Sicherungsvorkehrungen. Sofern die Sicherungen vorhanden sind, wird das durch den VN bestätigt. Müssen die Sicherungen erst installiert werden, wird mit dem VN eine Frist für die Installation vereinbart.

Einbruchdiebstahl-Versicherung

Damit dem VN die Rechtsfolgen deutlich werden, nimmt der VR im Antrag einen besonderen Hinweis auf:

▶ **Beispiel**

Die vorstehend gemachten Angaben zu den Sicherungen sind Mindestsicherungen und gelten als vertraglich vereinbart. Eine Beeinträchtigung, Funktionsuntüchtigkeit oder Nichtanwendung dieser Sicherungen kann uns unter den Voraussetzungen des § 28 VVG berechtigen, den Vertrag zu kündigen bzw. die Leistung in einem Versicherungsfall zu verweigern oder zu kürzen. Wurde für das Anbringen zusätzlicher Sicherungen eine Frist vereinbart, so sind Sie verpflichtet, diese Sicherungen bis zum angegebenen Termin anbringen zu lassen. Erfolgt dies bis zu dem genannten Termin nicht und tritt danach ein Versicherungsfall ein und hatte das Fehlen der vereinbarten zusätzlichen Sicherungen Einfluss auf den Schadeneintritt, die Feststellung des Versicherungsfalles und/oder die Schadenhöhe, so sind wir unter den Voraussetzungen des § 28 VVG berechtigt, die Leistung zu verweigern oder zu kürzen.

besonderer Hinweis auf Sicherungsvorkehrungen

Beratungsdokument

Das VVG sieht Beratungs- und Dokumentationspflichten für den VR und den Vermittler vor.

▪ Beratungs- und Dokumentationspflicht des Vermittlers

Beratungspflicht des Vermittlers

Schadenersatz bei Falschberatung

Dokumentation in Textform

Eine gute Beratung sollte für jeden Vermittler selbstverständlich sein. Zum Schutz des Kunden schreibt das VVG für alle Vermittler eine Beratungs- und Dokumentationspflicht bei Vertragsabschluss vor (§ 61 VVG). Bei Falschberatung macht sich der Vermittler selbst schadenersatzpflichtig, wenn dem VN hierdurch ein Schaden entsteht (§ 63 VVG). Das Ergebnis der Beratung muss der Vermittler in Textform dokumentieren und diese Beratungsdokumentation dem VN aushändigen.

Die Beratungs- und Dokumentationspflicht ist eine eigene Rechtspflicht des Vermittlers. Gegen Schadenersatzansprüche wegen Falschberatung kann sich der Vermittler durch eine eigene Vermögensschaden-Haftpflichtversicherung, die für die meisten Vermittler gesetzlich vorgeschrieben ist, absichern. Wenn bei gebundenen Vermittlern der VR die uneingeschränkte Haftungsübernahme erklärt hat, haftet der VR für Falschberatung durch den Vermittler.

▪ Beratungspflicht des VR

Beratungspflicht VR

Analog der Beratungspflicht des Vermittlers ist auch der VR selbst zur Beratung des VN verpflichtet. Für den Kunden macht es deshalb keinen Unterschied, ob ein Angestellter des VR oder der Vermittler die Beratung durchführt.

Beratungspflicht abhängig vom Anlass

Eine Beratungspflicht des VR besteht nur, soweit für die Beratung ein Anlass besteht. In welchem Umfang eine Beratung zu erfolgen hat, hängt von den Anforderungen an das Versicherungsprodukt, der Person des VN und der zu zahlenden Prämie ab. Dabei sind die Wünsche und Bedürfnisse des Kunden zu erfragen. Der VR ist zudem zur Nachfrage verpflichtet, wenn eine qualifizierte Beratung allein aufgrund der Angaben, die der Kunde von sich aus macht, nicht möglich ist.

Grenzen der Beratungspflicht

Kein Anlass zur Beratung sieht das Landgericht Wuppertal (Az.: 9 S 102/12) dann, wenn der VR einen bislang beitragspflichtigen Risikoeinschluss künftig kostenlos anbietet. Nach Ansicht des Gerichts ist der VR nicht dazu verpflichtet, den VN unaufgefordert darüber zu informieren.

einmalige Beratungspflicht

Die dem VR und dem Vermittler obliegende Beratungspflicht ist nur einmal zu erfüllen. Wird der Kunde bei Abschluss des Vertrags durch den Vermittler beraten, so erfüllt der Vermittler mit seiner Beratung zugleich die Beratungspflicht des VR. Für Beratungsfehler haften der Vermittler und der VR. Eine Beratungspflicht des VR besteht nicht, wenn der Vertrag mit dem VN von einem Versicherungsmakler vermittelt wird.

Beratung während der Vertragslaufzeit

Über die Beratungspflicht des Vermittlers hinausgehend ist der VR wie ein Makler zur Beratung während der Laufzeit des Vertrags verpflichtet, soweit für den VR ein Anlass für eine Nachfrage an den VN bzw. eine Beratung des VN erkennbar ist.

Die Beratung, die der Vermittler oder der VR durchführt, muss schriftlich in einem Beratungsprotokoll festgehalten werden. Bei der Erstellung des Beratungsprotokolls ist zu beachten, dass die Dokumentation möglichst genau den Verlauf des Beratungsgespräches wiedergibt. Das Protokoll sollte folgende Punkte festhalten: *Inhalt des Beratungsprotokolls*

Beratungsanlass	Befragung	Beratungsinhalt	Rat des Vermittlers
▪ persönliche Daten des Kunden ▪ weitere bei der Beratung anwesende Personen ▪ Thema der Beratung ▪ Vorkenntnisse des Kunden	▪ Wünsche und Bedürfnisse ▪ Anlageziele ▪ bestehende Produkte ▪ vorhandene Risiken ▪ Vorversicherungen ▪ zur Verfügung stehendes Einkommen/ Kapital	▪ Erläuterungen zu den Risiken des Kunden ▪ unterschiedliche Möglichkeiten der Absicherung ▪ Fragen des Kunden ▪ Produktbesonderheiten	▪ Empfehlung ▪ Begründung ▪ Entscheidung des Kunden mit Begründung

Handlungssituation

Besorgen Sie sich das Formular für das Beratungsprotokoll Ihres Unternehmens und machen Sie sich mit den Fragestellungen des Beratungsprotokolls vetraut.

Verzicht auf die Beratung oder Dokumentation

Der VN kann jedoch auch auf die Beratung oder Dokumentation verzichten. Ein Verzicht auf Beratung und Dokumentation kann dadurch begründet sein, dass der VN sich mit einem eindeutigen Antrag zum Abschluss einer bestimmten Versicherung an den VR wendet. Allerdings werden an einen solchen Verzicht hohe Anforderungen gestellt. Gefordert wird eine gesonderte schriftliche Erklärung sowie ein ausdrücklicher Hinweis darauf, dass sich ein Verzicht nachteilig auf spätere Schadenersatzansprüche auswirken kann. Für die Verzichtserklärung gelten strenge Anforderungen gegenüber dem VR (§ 6 Abs. 3 VVG) bzw. gegenüber dem Vermittler (§ 61 Abs. 2 VVG). *Verzichtserklärung*

▪ *Anforderungen an die Verzichtserklärung*

Es muss eine gesonderte Erklärung des VN in schriftlicher Form vorliegen, mit einem ausdrücklichen Hinweis auf eventuelle Nachteile bei späteren Schadenersatzansprüchen.

▪ *Ausnahme von der Beratungs- und Dokumentationspflicht*

Keine Beratungs- und Dokumentationspflicht besteht für Verträge, wenn es sich um Fernabsatz handelt. Ein solcher liegt z. B. vor, wenn eine Versicherung bei einem Direktversicherer im Internet abgeschlossen wird. *Fernabsatz*

Regelung bei Großrisiken

Eine Beratungsdokumentation bei Großrisiken (siehe Kapitel 1) ist nicht erforderlich.

3.4 Besonderheiten in der Transportversicherung

Die bedeutenden Sparten der Transportversicherung, Güter- und Verkehrshaftungsversicherung, können aufgrund der Bestimmungen der §§ 53, 209, 210 VVG (Laufende Versicherung, Seeversicherung und Großrisiko) von den gesetzlichen Vorschriften abweichen bzw. unterliegen nicht dem VVG. Dies führt dazu, dass formale Anforderungen an Anträge nicht dieselbe Bedeutung haben wie in anderen Sparten.

Der Transportversicherer hat dennoch ein Interesse an der Risikoermittlung und benötigt daher ebenfalls grundlegende Informationen über das zu versichernde Risiko. Die in der Güterversicherung relevanten Informationen sind:

- Angaben über versicherte Güter (neu, gebraucht, reparaturbedürftig),
- Verpackung (unverpackt, verpackt, in Kisten, Kartons, mit Korrosionsschutzmethode),
- verwendete Verkehrsträger und Transportmittel (Frachtführer, Spediteure, Post, private Kurier-, Eil- und Paketdienste, LKW, Schiff, Flugzeug),
- Art der Transporte (Bezüge, Versendungen, innerbetriebliche Transporte etc.) und Geltungsbereich (Deutschland, Europa, weltweit),
- Zusammensetzung der Versicherungssumme (Fakturenwert, Mitversicherung von imaginären Gewinn, Mehrwert, Zoll, Steuern etc.),
- Höhe der erforderlichen Maxima für Transporte und Lagerungen (als Höchstversicherungs- oder Höchsthaftungssumme),
- Gewünschter Deckungsumfang (Volle Deckung, Eingeschränkte Deckung, Mitversicherung von Ausstellungen/Messen und Reisegepäck, Selbstbehalt, Versicherung von politischen Risiken),
- Gefahrtragung (unabhängig, abhängig, von Haus zu Haus, Incoterms),
- Anmelde-/Deklarationsverfahren (Einzelmeldung, summarische Meldung von Umsatz oder Gesamtwerten).

In der Werkverkehrsversicherung beziehen sich die Risikofragen auf die versicherten Güter, den Geltungsbereich der Transporte, die Höchstversicherungssumme bzw. das Tagesmaximum in den Fahrzeugen, die Sicherung der Fahrzeuge und ggf. auf die gewünschte Deckungsform (benannte Gefahren oder All-Risk).

Für eine Risikoermittlung in der Ausstellungsversicherung benötigt der VR z. B. Angaben zu den ausgestellten Gütern (z. B. ob Stand und Standeinrichtung mitversichert werden sollen), die Versicherungssumme, Name, Ort und Dauer der Ausstellung, ob sich der Versicherungsschutz auch auf die Hin- und Rückreise beziehen soll, welcher Deckungsumfang gewünscht ist etc.

In der Verkehrshaftungsversicherung wird unterschieden, ob ein Frachtführer oder ein Spediteur bzw. Lagerhalter versichert werden soll. Für den Frachtführer genügen einfache Risikofragen, beim Spediteur und Lagerhalter muss aufgrund der Komplexität des Risikos die Betriebsbeschreibung verwendet werden.

Frachtführer

▶ Beispiel

Um eine Risikoeinschätzung für einen Frachtführer vorzunehmen, beziehen sich die Fragen im Antrag auf: Haftungsgrundlagen, vereinbarten Ersatzwert, Gütergruppen, welche Genehmigungen (GüKG/EG-Lizenz) vorliegen, welche Fahrzeuge eingesetzt werden (Anzahl, Gewicht, Sonderaufbauten wie Silo-, Tank- oder Kühlfahrzeuge), Geltungsbereich, Einsatz von Subunternehmern, Fremdfrachtführern, Beförderung fremder Trailer, Container, Wechselbrücken, ob der VN Belabelungstätigkeiten vornimmt etc.

Risikoeinschätzung für Frachtführer

Das Risiko eines Frachtführers ist über ein Antragsformular standardisierbar. Bei Spediteuren und Lagerhaltern hat sich das Tätigkeitsfeld in den vergangenen Jahren stark verändert. Eine pauschale Risikobeurteilung ist daher nicht mehr möglich, stattdessen sind umfangreiche Informationen über die Tätigkeiten (und damit die Risiken) erforderlich.

Spediteure und Lagerhalter

Handlungssituation

Überlegen Sie anhand des HGB, welche Fragestellungen zur Risikoeinschätzung eines Spediteurs und Lagerhalters für den VR interessant sein könnten. Informieren Sie sich hierfür auch über das Leistungsangebot eines Spediteurs (z. B. über die Websites von Spediteuren.

Zusammenfassung

Die Gestaltung eines Antrags muss neben den Anforderungen des Marketings im Wesentlichen den rechtlichen Vorschriften genügen. Die Bestandteile des Antrags sind:

- der allgemeine Teil mit Angaben zum Kunden,
- der Technische Teil mit den Angaben zur Vertragsabwicklung,
- der Risikoteil mit den technischen Angaben und der Risikolage,
- der formale Teil mit den Belehrungen, Hinweisen und Erklärungen sowie den gesetzlichen Informationen (Produktinformationsblatt und Kundeninformation) und dem Beratungsprotokoll.

Weiterhin sollte eine Erläuterung des Versicherungsumfanges z. B. durch Deklarationen vorhanden sein.

4. Umsatz- gegenüber Ertragsorientierung

Handlungssituation

Sie haben die Aufgabe erhalten, Ihre Produktentwicklungsgruppe über die aktuelle Umsatzlage der Proximus-Sachverträge zu informieren. Auf einer Strategietagung wurde eine interne Studie vorgestellt, die Sie auf die Belange Ihrer Gruppe ausarbeiten sollen.

Wachstum und Gewinn als zentrales Unternehmensziel

Umsatz wird im Allgemeinen als Wachstum, Ertrag als Gewinn bezeichnet. Das Erzielen von Gewinnen gehört auch bei Versicherungsunternehmen – unabhängig davon, ob sie Aktiengesellschaften sind oder nicht – zu den zentralen Zielen. Auch Versicherungsvereine auf Gegenseitigkeit und öffentlich rechtliche Versicherungsunternehmen haben ein Gewinnstreben – sie sind ertragsorientiert.

Das Wachstum eines Versicherungsunternehmens kann anhand der folgenden Kriterien beschrieben bzw. gemessen werden:

internes Wachstum

Wachstum kann intern oder extern erfolgen. Internes Wachstum wird durch die Steigerung des Bestands durch den Versicherungsabsatz (Neugeschäft) erreicht. Die Instrumentarien internen Wachstums sind:

- Gestaltung der Sortimentspolitik,
- Gestaltung der Produkte,
- Preisverhalten,
- Absatzverfahren.

externes Wachstum

Externes Wachstum kann durch Kooperation, Kauf von Versicherungsbeständen, Portfolioübernahmen, Fusionen und Übernahmen von Versicherungsgesellschaften erzielt werden.

▷ **Tipp**

Die Versicherungswirtschaft befindet sich in einem stetigen Wandel. Informieren Sie sich darüber, welche Kooperationen, Fusionen und Übernahmen von Versicherungsgesellschaften und -beständen es in den letzten Jahren gegeben hat. Stellen Sie Überlegungen an, warum die betroffenen Unternehmen diesen Weg eingeschlagen haben.

Umsatzdenken

Es wird allgemein angenommen, dass der Umsatz eines Versicherungsunternehmens und die Höhe der Prämieneinnahme zentrale Kriterien für Bedeutung, Größe, Leistungsfähigkeit, Image und Prestige des Unternehmens sind. So zielen die Rankings meistens auf die Prämieneinnahme. Die Gewinngröße jedoch bleibt weitestgehend unbeachtet, nicht zuletzt weil sich Umsatz leichter planen lässt als Gewinn!

Der Ertrag eines Versicherungsunternehmens kann einerseits aus dem Versicherungsgeschäft, bzw. aus den einzeln betriebenen Versicherungszweigen und andererseits aus dem Kapitalanlagegeschäft (siehe Kapitel 3, 5 und 6) resultieren.

Für die Durchsetzung der Zielvorstellung eines Versicherungsunternehmens sind die Annahmepolitik und die mit ihr verbundenen Annahmerichtlinien probate Mittel. Um aber die Annahmepolitik umsetzen zu können, ist zunächst die Frage nach dem Ziel eines Unternehmens zu stellen. Ein Versicherungsunternehmen wird sich ein Formalziel, das Unternehmensziel, setzen. Das Formalziel beschreibt, was erreicht werden soll und wofür das Unternehmen existiert (Unternehmensphilosophie).

Formalziel (Unternehmensphilosophie)

Liegt das Unternehmensziel fest, werden die Mittel festgelegt, mit denen man die Ziele erreichen kann. Die Zielerfüllung wird beeinflusst durch das Programm des Versicherungsunternehmens, das häufig als „Sachziel" oder „Unternehmenszweck" bezeichnet wird. Hier wird festgelegt,

Sachziel (Unternehmenszweck)

- welche innerbetrieblichen Leistungen erbracht werden.
- welche Absatzprodukte zur Verfügung stehen sollen.

Es ist also zu klären, was produziert werden soll.

Die unterschiedlichen Dimensionen von Unternehmenszielen sind:

Zieldimensionen

- die Zielart,
- das Zielausmaß,
- der Zeitbezug,
- die Eindeutigkeit bzw. die Mehrdeutigkeit der Zielerfüllung.

Die Zielart legt den erwünschten Zustand der Wirklichkeit der Art nach fest, z. B. Umsatz, Gewinn und Wachstum. Die Ziele des Versicherungsunternehmens können miteinander konkurrieren. Wenn z.B. eine unternehmerische Aktivität die Erfüllung des Ziels der Umsatzsteigerung oder -maximierung ermöglichen soll, kann dadurch das Ziel der Gewinnsteigerung oder -maximierung negativ beeinflusst werden. Zielkonkurrenzen sind nicht erwünscht, sie müssen durch die Einordnung in ein Zielsystem durch die Entscheidungsträger gesteuert werden. Eine Steuerung ist u. a. durch die Annahmepolitik möglich.

konkurrierende Ziele

Mehr Wachstum kann aber auch ergänzend (komplementär) auf das Ziel der Gewinnsteigerung einwirken, indem mehr Wachstum gleichzeitig mehr Gewinn generiert. Andererseits kann, wie das obige Beispiel zeigt, auch eine Konkurrenzsituation auftreten, indem mehr Wachstum weniger Gewinn nach sich zieht.

komplementäre Ziele

▶ **Beispiel**

Die Proximus Versicherung AG will künftig den Bestand an Feuer-Industrie-Versicherungsverträgen erweitern. Man erwartet für das nächste Jahr (Ziel-Zeitbezug) eine Umsatzsteigerung von 20 % (Zielhöhe), bezogen auf die Prämie. Im Vordergrund soll allerdings das Unternehmensziel stehen, die Umsatzrentabilität von 5 % einzuhalten.

Marktanalysen, Unternehmensstatistiken und den Statistiken des GDV ist zu entnehmen, dass einige Betriebsarten, z. B. Holz- und Kunststoffverarbeitung und Recycling, besonders schadenanfällig sind.

Die Entscheidungsträger beschließen deshalb, diese Betriebsarten grundsätzlich nicht zu versichern, und geben zusammen mit der „Umsatzaktion" eine entsprechende Annahmerichtlinie heraus.

 ▶ **Definition**

Umsatzrendite

Die Umsatzrendite ist der Gewinnanteil bezogen auf den Umsatz. Sie drückt den Gewinn in Prozent der Bruttoprämie aus.

Auswirkung der Tarifprämie auf Umsatz und Ertrag

zu niedrig tarifierte Prämie

Zu niedrig kalkulierte Tarifprämien können sich negativ auf die Ertragslage eines VR auswirken. Diese können zu einem vermehrten Kundenzufluss führen, der sich umsatzsteigernd auswirkt. Die Risikoprämie für die Deckung der Schäden würde jedoch nicht ausreichen, sodass ein steigender Umsatz in diesem Fall zu einer Verminderung des Ertrags führen würde.

zu hoch tarifierte Prämie

Ist der Tarif so gestaltet, das die Tarifprämie deutlich über der Marktprämie liegt, kann das zur Folge haben, dass der VR das für die Deckung notwendige Kollektiv für Spitzenrisiken nicht füllen kann, weil Kunden sich anderweitig um Versicherungsschutz bemühen. Er wird dann versuchen, unter Zuhilfenahme eines Rückversicherers einen Kollektivausgleich herbeizuführen. Dies wird sich wiederum auf den Ertrag auswirken, da Rückversicherer für Spitzenrisiken geringe bis keine Rückversicherungsprovisionen zahlen. Die Prämienkalkulation des VR würde dadurch negativ belastet, da die erhöhten Kosten nicht weitergegeben werden können.

Bestandsaufbau

Auswirkungen auf den Bestandsaufbau

Der Bestand eines VR ist eine bekannte Größe. Der VR hat die Arbeitsleistung für die Verarbeitung der aus dem Bestand sich ergebenen Veränderungen gemessen, die damit verbundenen Kosten sind ihm bekannt. Mit dem Umsatz eines Unternehmens ist größtenteils die „Neuproduktion", also der Absatz von neuen Versicherungsverträgen, oft unter Abrechnung des Vertragsstornos, gemeint. Die Größe des Neugeschäfts ist vom Absatzerfolg abhängig. Wenn der geplante Absatz realisiert wird, zieht der jetzt größere Bestand zunächst höhere Anlaufkosten nach sich. Zusätzliche Mitarbeiter müssen für die Antragsbearbeitung, die Bestandsverwaltung und die Schaden- und Leistungsseite eingestellt und eingearbeitet werden. Die Prämien, die nach Abzug der Abschlusskosten und des Risikoanteils übrig bleiben, sollen die Kosten decken. Da die Prämienteile dem Unternehmen aber nicht gleich in voller Höhe zufließen, wächst der Ertrag nicht im gleichen Umfang wie der Umsatz. Anlaufkosten und zeitlich verzögerte Umsätze haben negative Auswirkungen auf die Ertragslage.

▶ Beispiel

Der GDV stellt im Rahmen der GBV-Jahresabschluss-Statistik (Geschäftsberichte der Versicherungen) aus den handelsrechtlichen Jahresabschlüssen der Versicherungsunternehmen die Kosten zusammen.

Die Betriebskostenquote (Aufwendungen für den Versicherungsbetrieb f. e. R. in Prozent der verdienten Beiträge f. e. R.) unterliegt stets einer besonders genauen Beobachtung der Unternehmensführung.

Die Abschlusskostenquote ist hingegen relativ konstant (ca. 10 %) und steht daher weniger im Fokus.

Zusammenfassung

Die Philosophie eines Versicherungsunternehmens basiert auf den unternehmerischen Zielvorstellungen bzw. -leitlinien. Sie kann ertrags- oder umsatzorientiert sein.

Eine umsatzorientierte Strategie wird verfolgt, wenn in einem kurzfristigen Zeithorizont hohe Wachstumsraten, wachsende Marktanteile etc. erreicht werden sollen. Die mit der Umsatzorientierung verknüpfte Risikobereitschaft des VR kann dazu führen, dass risiko- und beitragsrelevante Einschränkungen in Tarifen und Annahmerichtlinien gelockert werden. Es besteht hier die Gefahr, dass sich der Bestand im Hinblick auf den Deckungsbeitrag und die Schaden-Kosten-Quote verschlechtern.

Bei einer ertragsorientierten Zeichnung stehen langfristige und nachhaltige Wachstums- und Bestandsziele im Vordergrund. Zwar wird auch hier eine Wachstumsstrategie verfolgt, allerdings soll diese im Einklang mit einer risikogerechten Zeichnung stehen. Das Wachstum wird daher geringer ausfallen, da eine Selektion zugunsten von „guten Risiken" im Hinblick auf Risiko und Beitrag weiterhin an erster Stelle steht. Bei einer ertragsorientierten Unternehmensstrategie ist der VR risikoavers.

5. Auswirkung der Annahmepolitik auf Kapitalanlagen

Kapitalanlage-
rentabilität

Eine weitere zentrale Funktionszielgröße des Unternehmens ist (im Finanzie-
rungsbereich) die Steigerung der Kapitalanlagerentabilität.

Kerngeschäft

Werterhaltung der
Kapitalanlagen

Das Kerngeschäft eines Versicherungsunternehmens bildet das Risikogeschäft, der Risikoausgleich im Versicherungskollektiv. Es wird in der Praxis als
das versicherungstechnische Risiko bezeichnet. Neben dem Kerngeschäft beschäftigt sich der VR auch mit Kapitalanlagen, dem sogenannten nichttechni-
schen Risiko. Das Risiko liegt hier in der Werterhaltung der Kapitalanlagen.

Eigenkapital

Die Erhaltung des Kapitals eines Versicherungsunternehmens sollte das oberste Ziel des Anlage- und Kapitalmanagements eines VR sein. Das Eigenkapital
sollte nicht vermindert werden und die reale Kaufkraft im Falle der Inflation soll
erhalten bleiben.

Kundengelder

Bedeckung der
Schadenreserve

Neben dem Eigenkapital verwaltet der VR auch Kundengelder, die er als Vorausprämie für die Deckung der Schäden eines Versicherungsjahrs oder einer
bestimmten Periode, z. B. für die Dauer der Bauzeit bei einer Bauleistungs-Ob-
jektversicherung, einnimmt. Es handelt sich hier um eine Zwischenkapitalanla-
ge. Die Prämie wird geparkt, bis sie zur Schadenbedeckung benötigt wird. Dieses eingenommene Kundengeld stellt Verbindlichkeiten des VR gegenüber seinen Kunden dar. Die Bedeckung der Schadenreserve soll gewährleistet sein.

Art der Kapitalanlagen

Die Höhe der Kapitalanlage folgt der Bestandsentwicklung der in Deckung
genommenen Risiken, so haben Wachstum und Veränderungen der zu versichernden Risiken unmittelbar Einfluss auf die Höhe und die Art der Kapitalanlagen.

▶ **Tipp**

Überlegen Sie, mit welchen Methoden allgemein die Rentabilität von Kapitalanlagen gemessen und verglichen werden kann.

Die Entscheidungen eines Versicherungsunternehmens über Umsatzziele un- *Solvabilitäts-*
terliegen Beschränkungen, z. B. in Form der Solvabilitätsvorschriften zur Förde- *vorschriften*
rung des Erhaltungsziels der Versicherungsgesellschaft und damit der Einhaltung und Erfüllung der vertraglichen Verpflichtungen aus dem Risikogeschäft.

Der VR erstellt ein Risikoprofil, aus dem ersichtlich ist, wie die eingegangenen
Risiken abgesichert sind. Die Absicherung hat so zu erfolgen, dass für das Versicherungsunternehmen kein eigenes Risiko entsteht, durch das z. B. die dauernde Erfüllbarkeit der Versicherungsverträge beeinträchtigt oder das Kapital
der Anleger vernichtet wird.

Risiken müssen so eingeschätzt werden, dass die kalkulierte Prämie zum Ri- *Risikokapital*
sikoausgleich führt. Durch entsprechende Rückversicherungsverträge können
die dennoch entstehenden Risiken minimiert werden. Das Restrisiko, das bei
dem VR verbleibt, muss durch das Risikokapital (Eigenmittel des VR) abgesichert werden.

▶ **Beispiel**

Die Proximus Versicherung AG beabsichtigt, im Bereich der Sachversicherung die
Tierlebensversicherung einzuführen. Die Risikostatistiken, die zur Kalkulation vorliegen, sehen einen Schadenbedarf in Höhe von 3 Mio. EUR vor. In der Anfangszeit
wird ein Rückversicherungsvertrag mit einer Quote und einem Jahresschadenma-
ximum genommen. Das verbleibende Restrisiko wird auf 500.000 EUR festgelegt.
Die 500.000 EUR müssen der neuen Sparte als Risikokapital zur Verfügung stehen.
Eigenmittel werden zur Abdeckung der Risiken eingesetzt.

Zusammenfassung

Das nichttechnische Risiko/Geschäft zielt auf die Werthaltung der Kapitalanlagen eines VR. Die Erhaltung des Kapitals sollte das oberste Ziel eines VR sein.

Durch die Steigerung des Bestands und des Umsatzes würde – wenn nicht gleichzeitig eine Steigerung der Kapitalanlagen erfolgt – die Eigenkapitalquote eines Versicherungsunternehmens sinken.

Sinken Ertrag und Gewinn eines Unternehmens, hat das Auswirkungen auf die Kapitalanlagen, da für die Anlage nur begrenzte Mittel zur Verfügung stehen.

Risiken, die nicht ausreichend kalkuliert wurden und durch andere Mittel wie z. B.
Rückversicherung keinen Risikoausgleich erfahren, müssen als Restrisiko bewertet
werden. Das Restrisiko ist durch das Risikokapital (Eigenmittel des VR) abzusichern.

6. Annahmepolitik und Liquidität der Kapitalanlage

Handlungssituation

Sie haben die Aufgabe übernommen, anlässlich einer Vertriebstagung den Teilnehmern zu erläutern, wie wichtig eine jederzeitige Liquidität Ihres Unternehmens ist und wie sich eine veränderte Annahmepolitik auf die Liquidität auswirken kann.

Liquidität

Kapitalanlagen sind so vorzunehmen, dass jederzeit die Liquidität des Versicherungsunternehmens sichergestellt ist (§ 54 Abs. 1 VAG). So lautet ein Anlagegrundsatz des Versicherungsaufsichtsgesetzes.

Für die Annahmepolitik des VR bedeutet das, dass sich bei einer riskanten Annahmepolitik die Prämieneinnahme durch Hereinnahme von Risiken zwar erhöhen kann, auf der anderen Seite aber genügend liquide Geldmengen zur Verfügung stehen müssen, um die wachsenden Schadenzahlungen (Höhe oder Frequenz) sicherzustellen. Die Liquidität der Kapitalanlage muss gewährleistet sein.

Kapitalarten: Fremd- und Eigenkapital

Anlagegrundsätze für Fremdkapital

Die Kapitalanlage des VR richtet sich nach der Kapitalart. Ein Versicherungsunternehmen hat unterschiedliche Kapitalarten zur Verfügung. Das Fremdkapital, das zur Erfüllung der vertraglichen Risikoübernahme vorhanden ist, und das Eigenkapital. Für das Fremdkapital sieht das VAG Anlagegrundsätze vor. Das Versicherungsunternehmen wird durch ein Kapitalanlageprogramm sicherstellen, dass diese Anlagegrundsätze eingehalten werden.

Anlagegrundsätze

§ 54 VAG

§ 54 VAG Anlagegrundsätze für das gebundene Vermögen

(1) Die Bestände des Sicherungsvermögens (§ 66) und das sonstige gebundene Vermögen gemäß Absatz 5 (gebundenes Vermögen) sind unter Berücksichtigung der Art der betriebenen Versicherungsgeschäfte sowie der Unternehmensstruktur so anzulegen, dass möglichst große Sicherheit und Rentabilität bei jederzeitiger Liquidität des Versicherungsunternehmens unter Wahrung angemessener Mischung und Streuung erreicht wird.

(2) Das gebundene Vermögen darf nur angelegt werden in:

1. Darlehensforderungen, Schuldverschreibungen und Genussrechten;
2. Schuldbuchforderungen;
3. Aktien;
4. Beteiligungen;
5. Grundstücken und grundstücksgleichen Rechten;
6. Anteilen an Organismen für gemeinschaftliche Anlagen in Wertpapieren und für andere Anlagen, die nach dem Grundsatz der Risikostreuung angelegt werden, wenn die Organismen einer wirksamen öffentlichen Aufsicht zum Schutz der Anteilinhaber unterliegen;

7. laufenden Guthaben und Einlagen bei Kreditinstituten;

8. in sonstigen Anlagen, soweit diese nach Artikel 21 oder Artikel 22 der Dritten Richtlinie Schadenversicherung oder Artikel 23 oder Artikel 24 der Richtlinie über Lebensversicherungen zulässig sind.

Darüber hinaus darf das gebundene Vermögen nur angelegt werden, soweit dies die Aufsichtsbehörde bei Vorliegen außergewöhnlicher Umstände im Einzelfall auf Antrag vorübergehend gestattet und die Belange der Versicherten dadurch nicht beeinträchtigt werden.

§ 66 VAG Sicherungsvermögen *§ 66 VAG*

(1) Der Vorstand des Unternehmens hat schon im Laufe des Geschäftsjahrs Beträge in solcher Höhe dem Sicherungsvermögen zuzuführen und vorschriftsmäßig anzulegen, wie es dem voraussichtlichen Anwachsen des Mindestumfangs nach Absatz 1a entspricht. Die Aufsichtsbehörde kann hierüber nähere Anordnung treffen.

(1a) Der Umfang des Sicherungsvermögens muss mindestens der Summe aus den Bilanzwerten

1. der Beitragsüberträge,

2. der Deckungsrückstellung,

3. der Rückstellung
   a) für noch nicht abgewickelte Versicherungsfälle und Rückkäufe,
   b) für erfolgsunabhängige Beitragsrückerstattung,
   c) für unverbrauchte Beiträge aus ruhenden Versicherungsverträgen,

4. der Teile der Rückstellung für erfolgsabhängige Beitragsrückerstattung, die auf bereits festgelegte, aber noch nicht zugeteilte Überschussanteile entfallen,

5. der Verbindlichkeiten aus dem selbst abgeschlossenen Versicherungsgeschäft gegenüber VN sowie

6. der als Prämie eingenommenen Beträge, die ein Versicherungsunternehmen zu erstatten hat, wenn ein Versicherungsvertrag oder ein in § 1 Abs. 4 genanntes Geschäft nicht zustande gekommen ist oder aufgehoben wurde,

entsprechen.

▶ **Definition**

Sicherungsvermögen

Das Sicherungsvermögen entspricht der Höhe nach im Wesentlichen der Summe aus fast allen versicherungstechnischen Rückstellungen zuzüglich der Verbindlichkeiten aus dem selbst abgeschlossenen Versicherungsgeschäft gegenüber den VN.

Einfach gesagt handelt es sich bei dem Sicherungsvermögen um Kapitalanlagen, die aus dem Versicherungsgeschäft stammen und mit Geldern der VN finanziert sind.

▶ Definition

gebundenes Vermögen

Das sonstige gebundene Vermögen entspricht in seiner Höhe der Summe aus den restlichen versicherungstechnischen Rückstellungen und Verbindlichkeiten sowie den versicherungstechnischen Rechnungsabgrenzungsposten, soweit diese nicht bereits durch das Sicherungsvermögen bedeckt sind.

Es handelt sich bei dem sonstigen gebundenen Vermögen um Verpflichtungen aus einzelnen Versicherungsverträgen. Das Schutzinteresse des einzelnen VN sowie des gesamten Versicherungsbestands stehen hier im Vordergrund.

Zusammenfassung

Die Annahmepolitik eines VR hat folgende Auswirkungen auf die Kapitalanlage:

- Eine riskante Annahmepolitik bedingt einen erhöhten Liquiditätsbedarf. Dies manifestiert sich in erhöhter Schadenfrequenz und Schadenhöhe.

- Die Gelder der VN dienen zur Sicherung der Risiken, es handelt sich versicherungstechnisch um Fremdkapital, das besonders zu schützen ist.

- Reicht das zur Sicherung einbehaltene Kapital nicht aus, muss der VR Eigenkapital einsetzen. Das Eigenkapital ist freies Vermögen des VR und unterliegt nicht den strengen Anlagevorschriften des Sicherungsvermögens und des sonstigen gebundenen Vermögens.

7. Auswirkungen der Annahmepolitik auf die Vertriebssteuerung

Handlungssituation

Die Proximus Versicherung AG prüft derzeit, inwieweit es strategisch sinnvoll sein könnte, sich von einigen Geschäftsfeldern zu trennen, da hier anhaltende Verluste und fehlendes Know-how zu beobachten sind. Sie haben in diesem Zusammenhang die Aufgabe, eine neue Annahmerichtlinie zu entwerfen und Vorschläge zu unterbreiten, wie der Vertrieb künftig mit den Bestands- und Neukunden umgehen soll.

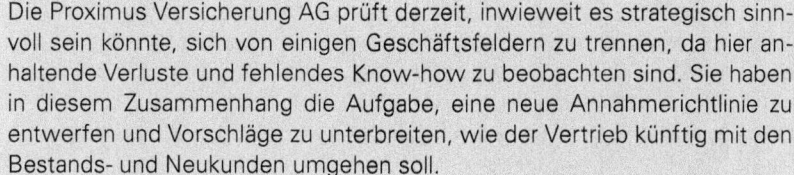

Der VR stellt Versicherungsschutz langfristig zur Verfügung, indem er Risiken angemessen bewertet und Prämien bedarfsgerecht kalkuliert. Die Annahmepolitik eines VR regelt den Zufluss von einzelnen Risiken in das Versicherungskollektiv. Durch eine Vorsteuerung betreibt der VR eine Annahme- bzw. Selektionspolitik. Risiken, die für die Versichertengemeinschaft unerwünscht sind, führen zur Ablehnung des Risikos. Schwere Risiken unterliegen einer besonderen Risikoprüfung, „wünschenswerte" Risiken dagegen werden vom Versicherungsmarkt umworben.

Zufluss zum Versicherungskollektiv

Die Absatzorgane der VR reagieren unterschiedlich auf die Annahmerichtlinien der VR. Versicherungsmakler und ungebundene Mehrfachvermittler versuchen bei einer Ablehnung, die Risiken ihrer Kunden bei anderen VR zu platzieren, für die diese Risiken evtl. nur schwere Risiken darstellen. Gebundene Ausschließlichkeitsvermittler dürfen wegen ihrer vertraglichen Bindung an einen VR die Risiken nicht an andere VR vermitteln.

Reaktion der Absatzorgane auf abgelehnte Risiken

Die Annahmerichtlinien eines VR wirken also direkt auf die Absatzorganisationen ein. Während die ungebundenen Vermittler bei der Risikoauswahl auch vermehrt diejenigen VR für wünschenswerte Risiken berücksichtigen, die „Ausnahmerisiken" versichern, wird der gebundene Vermittler leer ausgehen, er kann diese Kunden nicht bedienen.

Mit der Annahmepolitik, ein bestimmtes Risiko nicht zu übernehmen, geht der VR bei einem Teil der Absatzorganisation das Risiko ein, dass sich Vermittler anderen VR zuwenden.

Die Regelung, dass ein Vermittler, der Einfirmenvermittler ist, nicht an andere Unternehmen vermitteln darf, stellt ein Wettbewerbsverbot dar (§ 86 Abs. 1 HGB). Die Versicherungswirtschaft (GDV) hat für die gebundenen Vermittler in Zusammenarbeit mit dem Bundesverband Deutscher Versicherungskaufleute e. V. (BVK) und dem Bundesverband der Geschäftsstellenleiter der Assekuranz e. V. (VGA) im Jahr 1992 für dieses Problem eine Lösung geschaffen. Die sogenannte „Ventillösung" dient der Aufrechterhaltung der Wettbewerbsfähigkeit des Einfirmenvertreters.

„Ventillösung" für Wettbewerbsverbot

Die Ventillösung

Der VR, an den der Einfirmenvermittler durch einen Agenturvertrag gebunden ist, schafft durch die Ventillösung eine Möglichkeit, Risiken über einen anderen VR oder Makler abzudecken. Dies geschieht, indem der VR einer Stelle des Hauses die Aufgabe überträgt, Verbindungen zu den anderen VR oder speziellen Ventilmaklern herzustellen. Ein direkter Kontakt zwischen dem Einfirmenvertreter und dem VR, der das Risiko übernimmt, findet in der Regel nicht statt. Da Versicherungsvermittler für den Geschäftsbetrieb registriert werden müssen, laufen die „innerbetrieblichen Ventillösungen" über eine Vermittlungsgesellschaft, die als Mehrfachvermittler oder als Makler tätig ist. Die Steuerung läuft aber nach wie vor über den VR, für den der Einfirmenvermittler tätig ist.

VR gesteuert Maklerlösung

Die zweite Möglichkeit ist, dass der VR einen „externen Makler" beauftragt, für die Einfirmenvermittler tätig zu werden. Die Einfirmenvermittler wenden sich dann zur Lösung ihres Versicherungsproblems direkt an den Makler.

Risiken, die vermittelt werden

Über die Ventillösung können folgende Risiken vermittelt werden:

Risiken, deren Versicherung das Unternehmen nicht betreibt	Risiken, die das Unternehmen aufgrund seiner jeweiligen Annahmerichtlinien nicht zeichnet
Risiken, die das Unternehmen im Einzelfall aus subjektiven Gründen nicht zeichnet	Risiken, die das Unternehmen aufgrund des Schadenverlaufs oder aus anderen Gründen kündigt. Dies gilt nicht, wenn die Kündigung wegen Nichtzahlung der Prämie oder einer Änderungskündigung zur Sanierung des Vertrags erfolgt ist.

Ausnahmen

Die Vereinbarung über über die Ventillösung ist nicht auf die Lebens- und Krankenversicherung anwendbar. Für die Vermittlung des Risikos gibt es eine Bagatellgrenze von etwa 1.500 EUR.

Französisches Modell

In Frankreich ist es den Einfirmenvermittlern in der Regel gestattet, die Risiken, die ihr VR nicht anbietet, an andere VR zu vermitteln. Diese Ventillösung ist auch in Deutschland möglich, wegen ihres französischen Ursprungs wird sie „französisches Modell" genannt. In der Praxis ist dieses Modell nicht häufig anzutreffen.

Schwere Risiken

Wird eine ungewöhnlich hohe Versicherungssumme beantragt bzw. werden die bedingungsgemäßen Grenzwerte erheblich überschritten, müssen die zur Versicherung gelangenden Objekte in einer Dokumentation (z. B. einer Bewertungshilfe) festgehalten werden. Gleiches gilt für Risiken, die ihrer Art nach durch die Annahmerichtlinien der VR als schwere Risiken eingestuft werden.

▶ **Beispiel**

> Dem Vertreter der Proximus Versicherung AG hat man ein Risiko aus dem Bereich „Offshore" angetragen. Da die Proximus Versicherung AG „Windräder auf See" generell nicht versichert, bedient sich der Vertreter des hausinternen Maklers, der das Risiko bei einem anderen Industrieversicherer eindeckt.

Das Versicherungspotenzial im Gewerbe- und Industriegeschäft verändert sich durch eine Verdrängung vom produzierenden Gewerbe hin zum Dienstleistungsgewerbe. Dadurch sinken die Versicherungssummen. Der Wettbewerb, der unter den Versicherungsgesellschaften entsteht, führt dazu, dass die Marktrentabilität nachlässt und einige VR „aussteigen". *Marktrentabilität*

Die verbleibenden Risiken des produzierenden Gewerbes werden durch hohe Annahmevoraussetzungen als „schwer" eingestuft. Diese Risiken werden speziell auf deren Versicherbarkeit überprüft. Die VR haben für die Beurteilung schwerer Risiken Richtlinien aufgestellt, die umfassende Kenntnisse über das Risikomanagement erfordern. Die Vermittler der Ausschließlichkeitsorganisation benötigen in der Regel für die Beurteilung personelle Unterstützung von Spezialisten des VR (Underwriter). Viele gebundene Vermittler trauen sich nicht zu, die erhöhten Anforderungen, die an die Risikobeurteilung gestellt werden, zu erfüllen. Hier hat also die Marktentwicklung über die Annahmerichtlinien dazu geführt, dass Teile der Absatzorganisation vom Markt verdrängt werden. Die VR können über die Vertriebssteuerung eingreifen, indem sie verstärkt fachliche und personelle Unterstützung vorhalten.

Wünschenswerte Risiken

„Prämienumsätze sind gut formulierbare Ziele, und ihre Erreichung ist leicht kontrollierbar. Viele Anreizsysteme im Versicherungsunternehmen, besonders im Absatzbereich, beziehen sich auf Umsatzgrößen, nicht auf Gewinngrößen; dies gilt vor allem für die Gestaltung der Provisionen für die Versicherungsvermittler", so Dieter Farny in seinem Standardwerk über die Versicherungsbetriebslehre (2006, S. 325 f.). *Prämienumsätze*

Dieser Aussage folgend kann festgehalten werden, dass Provisionsregelungen als Vertriebssteuerungsinstrument eingesetzt werden, um Unternehmensziele zu erreichen. Für wünschenswerte Risiken wird der VR Provisionsanreize geben, um den gewünschte Umsatz zu erreichen. So wird z. B. im Bereich der Sachversicherung für die Vermittlung einer Hausratversicherung ein höherer Provisionssatz als für die Vermittlung einer Feuer-Industrieversicherung gezahlt. *Provisionsregelungen*

Wenn der VR den Absatz bei schweren Risiken einschränken will, kann er dieses ebenfalls unter Mithilfe der Provision oder Courtage erreichen. So können die Provisionssätze herabgesetzt werden. Die Provision wird dann nur aus der Grundprämie gezahlt, also ohne die Anteile für Risikozuschläge.

weitere Wertanreize Es bleibt festzuhalten, dass sich der Versicherungsmarkt naturgemäß besonders um die wünschenswerten Risiken bemühen wird. Der Anreiz für die Vermittler wird nicht nur auf der Prämienumsatzseite (Provision folgt Prämie) ansteigen, auch andere Vergütungskriterien wie Beteiligungen an Schadenentwicklungen des betreuten Bestands, Storno- oder Mahnquoten etc. werden
Honorarberatung zunehmend berücksichtigt. Für gewerbliche Risiken kann hier auch die Honorarberatung eine Lösung sein.

Zusammenfassung

Die Annahmepolitik hat unterschiedliche Auswirkungen auf die Vertriebssteuerung.

Bei Verschärfung der Annahmerichtlinien oder Aufgabe einzelner Geschäftsfelder
wird sich die Maklerorganisation andere Partner für die nicht mehr wünschenswerten Risiken suchen. Der Ausschließlichkeitsorganisation muss ein Weg über eine
Ventillösung oder das sogenannte Französische Modell ermöglicht werden.

Aufgaben zur Selbstüberprüfung

1. Bei der Prüfung, ob ein Risiko in den Versicherungsbestand übernommen werden kann, muss der VR die Versicherungsfähigkeit überprüfen.
   a) Nennen Sie die Kriterien für diese Prüfung.
   b) Erläutern Sie die Begriffe „objektives" und „subjektives" Risiko und führen Sie je zwei Risikomerkmale an.

2. Sie haben die Aufgabe übernommen, die Annahmerichtlinien für die gewerbliche Sach- und Transportversicherung neu zu gestalten.
   a) Führen Sie je drei Risiken an, die die Proximus Versicherung AG nicht übernehmen sollte. Begründen Sie Ihre Auswahl.
   b) Nennen Sie Steuerungsinstrumente des versicherungstechnischen Geschäfts.

3. In der großgewerblichen und in der industriellen Sachversicherung spielt im Zusammenhang mit den Annahmerichtlinien die Zeichnungshöhe eine große Rolle.
   a) Erläutern Sie, die Begriffe „PML" und „EML".
   b) Nennen Sie vier Gründe, wie es zu einer Fehleinschätzung des PML kommen kann.

4. Führen Sie zwei Gründe an, die für die Vereinbarung einer Selbstbeteiligung des VN sprechen.
   Erläutern Sie in diesem Zusammenhang den Begriff „Integralfranchise".

5. Erläutern Sie die Anwendungsmöglichkeit eines zeitlichen Selbstbehaltes (ZSB), und führen Sie an, was unter der 48-Stunden-Klausel (Klausel SK 8701) zu verstehen ist.

6. Die Annahmerichtlinien kennen eine direkte Verbindung zum VVG. Erläutern Sie in diesem Zusammenhang den Begriff „Frageobliegenheit".

7. Stellen Sie die Bedeutung der Rückversicherung auf die Annahme der Risiken durch den Erstversicherer heraus.

8. Unterscheiden Sie proportionale und nichtproportionale Rückversicherung.

9. Versicherungsmakler verwenden für die Einbringung von Risiken häufig Deckungsaufgaben. Erläutern Sie den Begriff der Deckungsaufgaben.

10. Führen Sie an, aus welchen Teilen ein Versicherungsantrag besteht, und erklären Sie in diesem Zusammenhang die gesetzlichen Informationen und die Rolle des Beratungsprotokolls.

11. In der Technischen Versicherung kann der Versicherungsumfang pauschal dargestellt werden. Bei größeren Risiken werden Maschinen, Geräte oder Anlagen einzeln bewertet.
    Erklären Sie die Funktion des Anlagenverzeichnisses und nennen Sie fünf Bestandteile des Anlagenverzeichnisses.

12. In der Verkehrshaftungsversicherung zählt die Beförderung von Kraftfahrzeugzeugen zu den „schweren Risiken". Erläutern Sie die Gründe hierfür, und nennen Sie weitere „schwere Risiken" in der Verkehrshaftungsversicherung.

13. Erläutern Sie, warum die immer größer werdenden Containerschiffe für den Transportversicherer problematisch sind.

14. In der Transportversicherung werden vielfach keine klassischen Anträge verwendet. Erläutern Sie die Gründe dieser rechtlichen Besonderheit.

15. Ein Kunde beabsichtigt, einen einzelnen Transport zu versichern. Er fragt Sie, welche Informationen Sie zur Risikoeinschätzung benötigen. Beschreiben Sie vier Risikofaktoren für die Risikobeurteilung in der Transportversicherung.

16. Die Verkehrshaftungsversicherung verwendet für die Risikoerfassung von Spediteuren und Lagerhaltern die Betriebsbeschreibung. Erläutern Sie, warum das Risiko des Spediteurs nicht standardisiert werden kann.

17. In einem Versicherungsvertrag müssen Vertragsgrundlagen vereinbart werden. Neben der Vereinbarung der AVB müssen auch Deklarationen und Pauschaldeklarationen vereinbart werden.
    a) Erläutern Sie die Begriffe „Deklaration" und „Pauschaldeklaration".
    b) Nennen Sie je fünf mögliche Bestandteile der Deklarationen.

18. Sicherheitsvorschriften sind ein gebräuchliches Mittel, um Schadenverhütung zu betreiben.
    a) Nennen Sie zwei vereinbarte Sicherheitsvorschriften nach den AFB 2010.
    b) Durch Klauseln können weitere Sicherheitsvorschriften vereinbart werden, bzw. werden durch Klauseln die Verantwortlichkeit für Verstöße gegen Sicherheitsvorschriften abgemildert. Nennen Sie zwei mögliche Klauseln aus dem Bereich der gewerblichen Sachversicherung.

19. Schildern Sie, inwieweit sich ein Tarif auf Umsatz und Ertrag eines VR auswirken kann.

Die Lösungshinweise finden Sie als kostenlosen Download unter:
www.bwv.de/fachwirtliteratur_loesungen
www.vvw.de → Service → Ergänzungen/Aktualisierungen

Kapitel 4

Auswirkungen der Entwicklung
neuer Produkte auf die betrieblichen Kernprozesse

Nachzuweisende Befähigung

Die angehenden Fachwirte/Fachwirtinnen für Versicherungen und Finanzen sollen die Auswirkungen der Entwicklung neuer Produkte auf die betrieblichen Kernprozesse beschreiben können (gemäß Erläuterungsbroschüre, Qualifikationsinhalte und Handlungssituationen, 4.4).

Qualifikationsinhalte des Kapitels

Die Absolventen können im Einzelnen:

- im Zuge der Kundenberatung darstellen, wie sich Veränderungen der Lebenssituationen der Privatkunden im Verlauf der Vertragsdauer auswirken (4.4.1)

- die rechtlichen Rahmenbedingungen im Verlauf der Vertragsdauer prüfen (4.4.1)

- Vertragsgestaltung und Gestaltungsrechte als Möglichkeit der Bestandssicherung und Kundenbindung einsetzen (4.4.2)

- Maßnahmen zur Bestandspflege, Bestandserhaltung und zum Bestandsausbau vorschlagen (4.4.2)

- Beendigungsmöglichkeiten durch den VN und den VR skizzieren (4.4.3)

- die Auswirkung auf die Leistungsbearbeitung anhand von Versicherungsfällen der einzelnen Produktarten beachten (4.4.4)

- Deckungsumfang und Risikoausschlüsse berücksichtigen (4.4.4)

- mögliche Beteiligungen des Kunden am Risiko entwerfen (4.4.4)

- den formellen und materiellen Leistungsanspruch kontrollieren (4.4.4)

- Abgrenzungen zu anderen Leistungsträgern bearbeiten (4.4.4)

1. Auswirkungen auf den Vertrieb

Handlungssituation

In der gewerblichen Sachversicherung ist die Beantwortung von Risikofragen im Antrag für den Kunden oft mit erheblichen Schwierigkeiten verbunden. Sie entwickeln für die Antragsaufnahme ein Besichtigungssystem
durch speziell geschulte Vertriebspartner und stellen dabei die rechtlichen
Besonderheiten, die durch die Besichtigung entstehen, heraus.

Die Produktion von Versicherungsverträgen und somit von Versicherungsschutz wird durch die Tatsache bestimmt, dass die Absatzprozesse zum Teil
vor der Leistungserstellung erfolgen. Im Idealfall finden der passende Kunde,
der informierte Vermittler und die richtige Produktwelt zueinander.

Absatzprozesse erfolgen vor der Leistungserstellung

Damit der VR den Produktionsprozess einleiten und steuern kann, gibt der Kunde zunächst Informationen über sich und das zu versichernde Risiko. Die Informationen kann der Kunde direkt an den VR geben (Direktversicherung), oder er
bedient sich eines Vermittlers bzw. eines Versicherungsvertriebs.

Produktionsprozess

Der Vertrieb gehört zum betrieblichen Kernprozess eines Versicherungsunternehmens. Durch den Vertrieb wird der Kontakt zum Kunden aufgenommen und
gepflegt. Der Vertrieb hat die Aufgabe, die Kundenwünsche zu erfassen, den
Kunden zu beraten und zu unterstützen.

Aufgabe des Vertriebs

Der Vertrieb macht den Kunden auf Risiken des täglichen Lebens, die seinen
Alltag negativ beeinflussen können, aufmerksam und zeigt auf, mit welchen
Mitteln die Risiken beherrschbar sind (Risikomanagement). Nach der Erfas-
sung des Risikos ist es die Aufgabe des Vertriebs, den Kundenwunsch, das
Risiko gegen Prämie abzuwälzen, an den VR zu übermitteln. Der VR prüft den
Kundenwunsch und setzt diesen in eine Vertragsform, in den Versicherungs-
vertrag um.

Risikomanagement

Die Vertragsform wird durch rechtliche Vorschriften vorgegeben und orientiert
sich in vielen Fällen an standardisierten Angeboten, die der VR für bestimmte Kundengruppen bereits „vorgefertigt" hat. Hier findet man Produkte wie
die Verbundene Hausratversicherung, die Verbundene Wohngebäudeversicherung, aber auch die genormte Betriebsversicherung für kleinere Betriebe. Die
VR verwenden häufig eigene Produktnamen für die Standardprodukte: Fami-
lienversicherung, Hausbesitzer-Versicherung oder Betriebs-Pauschalversiche-
rung sowie Begriffe wie Betriebs-Vielschutz-Versicherung.

standardisierte Produkte

Neben den standardisierten Angeboten und Verträgen bieten die VR selbstverständlich auch individuelle Versicherungsprogramme an. Hier ist es dann aber
erforderlich, dass der Kunde seinen Versicherungsbedarf kennt und der Vermittler ausreichende Kenntnisse hat, die Wünsche so umzusetzen, dass eine
differenzierte Vertragsgestaltung möglich ist.

individuelle Produkte

Zur Erreichung des Ziels ist eine klare Sprache notwendig und der Wunsch aller drei beteiligten Seiten, eine optimale Lösung zu finden. Häufig ist zu beobachten, dass diese Abstimmung bei Großrisiken mit einem hohen Prämienaufkommen tendenziell eher möglich ist.

Neue Produkte

Die Produkte, die die VR anbieten, sind in den meisten Fällen Jahrzehnte erprobt, vielfach kopiert und durch Gesetze und Rechtsprechung so eingeschränkt, dass kaum Platz für neue Produkte besteht.

Marketingkonzepte Häufig resultieren die neuen Produkte seitens eines VR aus modernen Marketingkonzepten. So ist z. B. die Versicherung von neuen Energieanlagen weniger das Ergebnis der Umsetzung neuer Produktideen, sondern vielmehr die Verbindung bestehender Produkte, z. B. der Gebäude- und der Elektronikversicherung, die im Rahmen des Marketings als „neues" Produkt beworben wird.

 ▶ **Exkurs: Versicherung von Windkraftanlagen**

Spätestens seit der Energiewende mussten sich die VR auch mit Risiken der erneuerbaren Energien beschäftigen. Dazu gehören beispielsweise Windenergie, Sonnenenergie (Solarthermie, Photovoltaik), Meeresenergie, Bioenergie (einschließlich Deponiegas und Klärgas), Hydroenergie und Erdwärme.

Die Versicherung von Windenergieanlagen ist ein hochkomplexes Thema. Fehlte dem VR mangels entsprechender Erfahrung zunächst das Wissen um die technischen Grundlagen und die entsprechenden Schadenpotenziale, haben sich im Lauf der Zeit typische Gefahren und Schäden dieser Anlagen herauskristallisiert, wie z. B. Getriebe- oder Fundamentschäden, Wellen im Rotorgurt (= Bruch der Rotorblätter) etc.

Seit einigen Jahren beschäftigen sich die VR auch mit der Abdeckung von Cyber-Risiken. Diese als „Feuerversicherung des 21. Jahrhunderts" geltende Versicherung soll Eigen- und Fremdschäden bei Unternehmen versichern, die Opfer eines Hacker- oder Cyberangriffes wurden. Gegenstand der Deckung können sowohl Forensikkosten als auch die Wiederherstellung von Daten, Vermögensschäden bei Kunden, Betriebsunterbrechung etc. sein. Dieses Produkt befindet sich noch im Entwicklungsstatus.

Produktideen Fehlende Produktideen können Nachwirkung des regulierten Marktes, der einheitliche Versicherungsbedingungen kannte, sein. Angesichts neuer Herausforderungen z. B. im Zusammenhang mit der oben beschriebenen Energiewende muss die Versicherungswelt auf eine neue Produktwelt abzielen, die Problemlösungen für die Kunden bringt, ohne sie mit der Produktgestaltung zu überfordern. Dabei kommt es nicht nur auf Variantenwachstum, sondern auf Kundenorientierung und auf die Frage an, wie der Kunde das Produkt wahrnimmt, wenn er es im Leistungsfall benötigt.

Der Prozess der Markteinführung

Wenn ein VR ein neues Produkt auf den Markt bringt, sind verschiedene Prozesse zu berücksichtigen. Neben den risikopolitischen Überlegungen, den rechtlichen Vorschriften und der wirtschaftlichen Notwendigkeit muss der Absatz geplant werden und müssen die Verkaufsunterlagen sowie die Arbeitsmittel erstellt werden. Neben den erforderlichen Antragsunterlagen, zu denen auch die Versicherungsbedingungen, die Produktinformationen und Tarife gehören, ist die Erstellung folgender Unterlagen und Tools wichtig:

- Prospekte zur Veranschaulichung und Erläuterung der Risiken des Kunden und zur Präsentation der Lösungen, die das Versicherunsprodukt für das Kundenproblem bereithält, Hilfsmittel zur Ermittlung des Bedarfs wie Summenermittlungsbögen und Anlageverzeichnisse, Analysebögen,

- Schulungsunterlagen,

- Leitfäden für die Einwandbehandlung,

- sonstige Verkaufshilfen, Kundenlisten, Informationen über Kundengruppen,

- Beratersoftware zur Erstellung von Angeboten und Tarifberechnungen.

Die Einführung eines neuen Produkts ist meist mit einer Auftaktveranstaltung verbunden. Bei diesem Kick-off werden den Vermittlern die neuen Produkte und die mit ihrer Markteinfüthung verknüpften Zielsetzungen präsentiert.

Die Vermittler sollen die mit dem neuen Produkt gegebenen Absatzchancen erkennen und in der Lage sein, ihren Kunden die Produkteigenschaften nahezubringen und aufzuzeigen, inwiefern diese ihre Wünsche und Bedürfnisse nach Risikoabsicherung befriedigen.

1.1 Kundenberatung

Ein Kunde ist eine natürliche oder juristische Person, die daran interessiert ist, mit einer anderen Person in eine Geschäftsbeziehung zu treten. Versicherungskunden sind Personen, die ihr Risiko durch Abgabe einer Prämie auf einen VR übertragen wollen – sie sind an einem Risikotransfer interessiert.

Risikotransfer

Da die „Ware" Versicherung eine beratungsintensive Ware ist, ist die Beratung des Kunden von besonderer Bedeutung. Die Kundenberatung bezieht sich auf die Bereiche des allgemeinen Risikomanagements und darauf, wie der Kunde seine verbleibenden Risiken abdeckt. Im Vordergrund steht weniger die preisliche Beratung, sondern die differenzierte Planung und Gestaltung der Risikoabsicherung.

Beratungsintensität der „Ware" Versicherung

Grundlage der Kundenberatung ist die gesetzliche Vorgabe, die wirtschaftliche Notwendigkeit sowie nicht zuletzt auch der moralische Anspruch, seinen Vertragspartner wie vereinbart zu behandeln.

Die Kundenberatung erfolgt nicht nur über den Vermittler; mit dem Kernprozess der Kundenberatung sind mehrere Betriebsstellen befasst. Die erste Anlaufstelle für die Kundenberatung ist natürlich der Vertrieb mit seinen Vermittlern. Die weitere Beratungsfunktion übt der sogenannte Innendienst aus, den man in dieser Funktion allerdings besser mit Innenvertrieb bezeichnet. Die Mitarbeiter der Vertragsverwaltung haben Einblick in die Vertragssituation des Kunden, sie kennen Marktveränderungen und verfügen über Informationen über Änderungen im Umfeld des Kunden, so z. B. wenn sich die Vergütung für die Abgabe von Strom aus dem Betrieb einer Photovoltaikanlage verändert.

Kernprozess der Kundenberatung

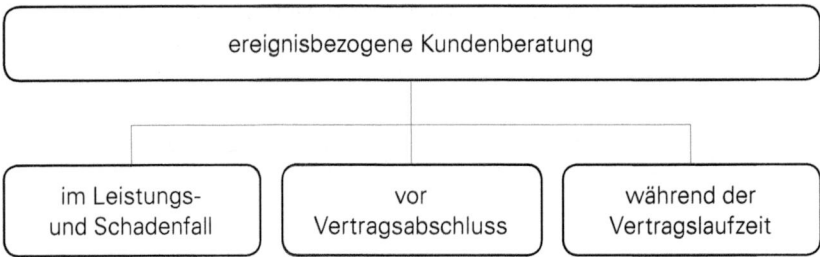

Abbildung 1: Ereignisbezogene Kundenberatung (eigene Darstellung)

Kundenberatung im Leistungs- und Schadenfall

Aufgaben der Schadenregulierung

Neben den Vermittlern und dem Innendienst führen auch die Schaden- und Leistungsbearbeiter Kundenberatungen durch. Sie halten den Kontakt zu den Kunden aufrecht und zeigen ihnen Maßnahmen auf, wie z. B. ein Schaden kostengünstig behoben werden kann, welche Sofortmaßnahmen z. B. zur Trocknung oder Rettung vorgenommen werden können oder wie der Betrieb im Fall einer Unterbrechung schnell wieder aufgenommen werden kann.

Eine weitere Aufgabe der Schadenregulierung ist es, den Kunden über Schwachstellen des Versicherungsschutzes und der Schadenverhütungsmaßnahmen zu beraten, die im Zuge der Schadenbearbeitung festgestellt wurden.

Beratung vor Vertragsabschluss

Beratung vor Vertragsabschluss § 6 VVG

Beratungsintensität

Die Beratung des Kunden zu den angebotenen Versicherungsverträgen ist nach § 6 VVG vom VR durchzuführen. Nach dem VVG hat der VR eine anlassbezogene Beratungspflicht. Um die Beratung durchführen zu können, muss der VR die Wünsche und Bedürfnisse des Kunden erfragen. Die Beratung durch den VR muss an die Schwierigkeit der angebotenen Versicherung angepasst sein. D. h., der VR muss abschätzen, ob es sich um ein leicht verständliches oder ein komplexes Produkt handelt, und er muss dabei die persönliche Situation des Kunden und seinen Kenntnisstand berücksichtigen, was sich in der Praxis häufig als problematisch erweist. Erleichternd regelt das Versicherungsvertragsgesetz, dass der Beratungsaufwand in einem angemessenen Verhältnis zu der zu zahlenden Prämie stehen muss. Ein Kunde kann z. B. nicht eine Beratung mit einem Zeitaufwand von einer Stunde zu einer Glasversicherung seiner Wohnung erwarten.

Neben der Beratung muss der VR unter Berücksichtigung der Komplexität des angebotenen Vertrags dokumentieren, welche Wünsche der Kunde hatte und welche Ratschläge erteilt wurden.

Dokumentation

Textform

Die Dokumentation der Beratung muss der VR klar und verständlich abfassen und vor Abschluss des Vertrags in Textform dem Kunden übermitteln. Eine mündliche Übermittlung ist möglich, wenn der VN dies wünscht oder wenn der VR vorläufige Deckung gewährt hat. In beiden Fällen muss aber die Textform nachgeholt werden.

Möchte der VN keine Beratung, kann er durch eine gesonderte schriftliche Erklärung darauf verzichten. Zu beachten ist, dass der VR ausdrücklich darauf hinweisen muss, dass der Verzicht für den Kunden nachteilig sein kann.

Beratungsverzicht

Informiert und dokumentiert der VR nicht, kann er schadenersatzpflichtig werden. Die Beratungs- und Dokumentationspflicht gilt nicht für Großrisiken.

Ausnahme Beratungspflicht für Großrisiken

▶ Tipp

Schlagen Sie im VVG nach, was unter Großrisiken im Sinne des VVG zu verstehen ist, und versuchen Sie zu begründen, warum der Gesetzgeber bei diesen Risiken eine Ausnahme von der allgemeinen VVG-Regelung vorgesehen hat.

In vielen Fällen wird die Beratung bei Abschluss des Versicherungsvertrags durch einen Versicherungsvermittler durchgeführt. In diesem Fall ist die Beratungspflicht des Vermittlers nach § 61 VVG zu erfüllen, eine nochmalige Beratung durch den VR ist dann nicht mehr erforderlich. Der Versicherungsvermittler ist hier für den VR Erfüllungsgehilfe nach § 278 BGB.

Beratung durch Vermittler § 61 VVG

Hat ein Versicherungsmakler die Beratung durchgeführt oder kommt der Versicherungsvertrag im Fernabsatz zustande, entfällt die Beratungspflicht des VR. Der Vermittler hat ebenso wie der VR die Beratung zu dokumentieren (§ 62 VVG) und er haftet für die Folgen einer Verletzung (§ 63 VVG).

Versicherungsmakler haben gegenüber den gebundenen Vermittlern eine erweiterte Beratungspflicht. Sie haben neben der Beratung, die ein gebundener Vermittler durchführen muss, auch anzugeben, auf welcher Markt- und Informationsgrundlage er seinen Rat erteilt hat (§ 60 VVG).

erweiterte Beratungspflicht der Versicherungsmakler

Hat der Makler mit dem Kunden einen Maklervertrag abgeschlossen, ist der Makler verpflichtet, eine genaue Risikoanalyse durchzuführen (Risiko- und Objektprüfung). In der Analyse werden die Risiken des Kunden aufgeführt, erklärt und bewertet und Absicherungsmöglichkeiten aufgezeigt (Markt-, Angebots- und Deckungsanalyse). Im Gegensatz zum gebundenen Vermittler muss der Makler auch über Risiken informieren, die später nicht zu einer Absicherung durch einen Versicherungsvertrag führen.

Beratung während der Vertragslaufzeit

Die Beratung, die der VR vor Abschluss des Vertrags vornehmen muss, ist nach § 6 Nr. 4 VVG auch nach Vertragsabschluss während der Dauer des Versicherungsverhältnisses durchzuführen. Voraussetzung für die Beratung ist ein durch den VR erkennbarer Anlass für die Beratung.

erkennbarer Anlass

Der Vermittler ist nicht zur Beratung während der Vertragsdauer verpflichtet. Da er aber der verlängerte Arm des VR ist, wird er die laufende Beratung für den VR durchführen. Er übernimmt die Funktion des Erfüllungsgehilfen.

keine Beratungspflicht durch Vermittler

Beratungspflicht für Makler

Makler dagegen haben die gleiche Beratungsverpflichtung, die sie schon vor Abschluss des Versicherungsvertrages hatten. Der Makler ist schließlich der „Bundesgenosse" des Kunden, er hat die unabhängige Beratung vertraglich garantiert.

Wenn der Versicherungsvertrag von einem Makler vermittelt wurde, entfällt die Beratungspflicht des VR. Eine separate Beratung durch den VR ist nicht erforderlich, da auf beiden Seiten sachverständige Parteien handeln.

Beratungshilfen durch den VR

eingeschränkte Beratungsmöglichkeit der Vermittler

Vermittler haben bei der Vielfalt der Produkte mit den verbundenen Beratungsmöglichkeiten und den vorhandenen Risiken leider nur eine eingeschränkte Beratungsmöglichkeit. Insbesondere beim sogenannten schweren Geschäft fehlen oft die Möglichkeiten, vor Ort ein Risiko so zu beurteilen, dass der VR eine Zeichnung durchführen kann.

Checklisten meist nicht ausreichend

VR bieten hier Hilfen an, insbesondere für die Besichtigung, aber auch für die Beratung, in der es um die Ausgestaltung des Vertrags geht, um die Frage nach ausreichenden Versicherungssummen und einer möglichen automatischen Anpassung. Diese Hilfe kann sich nicht auf Risikochecklisten beschränken, denn die Anwender müssen auch den Inhalt dieser Listen verstehen.

eigene Besichtiger Freelancer

Die in der Handlungssituation angesprochenen Besichtigungen werden entweder durch fest angestellte Mitarbeiter des VR oder durch externe, von dem VR beauftragte Beratungsfirmen (Freelancer) durchgeführt. Diese Fachvertriebe erhalten für ihre Beratertätigkeit ein Gehalt oder Honorar. Eine Abhängigkeit der Provision vom Versicherungsvertrag sollte wegen der Objektivität nicht gegeben sein.

Haftung

Hat ein Mitarbeiter des VR oder ein durch den VR Beauftragter die Besichtigung vor Ort durchgeführt und das Risiko in Augenschein genommen, wird sich der VR kaum auf eine Verletzung der vorvertraglichen Anzeigepflicht durch den VN berufen können. Der VN kann darauf hoffen, dass der „Besichtiger" alle erkennbaren Risikogegebenheiten erfasst und bewertet hat.

Anerkennung TK 2819 (11)

Für die Technische Versicherung kann, wenn der VR das Risiko besichtigt hat, die Klausel „Anerkennung" vereinbart werden (AMB 2011 Klausel TK 2819 (11). Der VR erkennt an, dass ihm durch die Besichtigung alle Gefahrumstände bekannt geworden sind, welche zu diesem Zeitpunkt für die Beurteilung des Risikos erheblich waren.

Besondere Beratungsansätze in der Transportversicherung

Großrisiko und laufende Versicherung

Die klassische Transportversicherung ist ein Großrisiko und bei Jahresverträgen auch eine laufende Versicherung. Die Verpflichtung zur Aufnahme eines Beratungsprotokolls besteht daher nicht (§ 6, 6 VVG). Dies gilt auch für die Verkehrshaftungsversicherung für Frachtführer und bei Speditionen, wenn diese als laufende Versicherung ausgestaltet ist. Während die Transportversicherung nach den DTV-Güter 2000 keine Vorsorgeversicherung kennt, ist zumindest eine Vorsorgedeckung in der Verkehrshaftungsversicherung nach dem GDV-Modell enthalten, jedoch deckt diese neu hinzukommende Risiken nur sehr eingeschränkt ab.

Die Beratung des Kunden ist daher insbesondere während der Vertragslaufzeit von Bedeutung – aufgrund sich ändernder rechtlicher oder wirtschaftlicher Bestimmungen, Erfahrungen aus Schadenfällen oder geänderter Geschäftstätigkeit des Versicherungsnehmers.

1.2 Veränderungen der Lebenssituation im Verlauf der Vertragsdauer

Veränderungen der Lebenssituationen bringen meistens auch Veränderungen der Risiken mit sich, die im Umfeld der Kunden liegen. Für den VR bedeuten die Veränderungen, dass der vereinbarte Versicherungsschutz möglichst an die veränderten Situationen angepasst werden muss.

Änderungsrisiko

Vom Änderungsrisiko spricht man in der Versicherungslehre, wenn sich Bedingungen der bekannten und konstanten Wahrscheinlichkeitsverteilung verändern. Das Änderungsrisiko kann sich auf einzeln versicherte Risiken oder auf die Gesamtschadenverteilung auswirken. Die Veränderung darf nicht vorhersehbar sein, vorhersehbare Änderungen werden durch die Prämienkalkulation ausgeglichen. Unterschiedliche Risikoursachenbereiche, die ein Änderungsrisiko nach sich ziehen können, werden von Farny (2006, Seite 90 f.) wie folgt unterschieden:

- *Risikoursachenbereich Natur*
  (Veränderungen von klimatischen Risikoursachen)

- *Risikoursachenbereich Technik*
  (technische Veränderungen im Bereich der Güterproduktion, der Werkstoffe und der Transporttechnik)

- *Risikoursachenbereich Wirtschaft*
  (Veränderungen der wirtschaftlichen Strukturen und Prozesse)

- *Risikoursachenbereich Gesellschaft*
  (Veränderungen von Strukturen, Verhaltensweisen und Werturteilen in der Gesellschaft)

- *Risikoursachenbereich Staat*
  (Veränderungen des Verhältnisses des Staates zum Bürger, zur Gesellschaft, zur Wirtschaft, ausgeprägt vor allem durch Änderungen von Gesetzen)

- *Risikoursachenbereich zwischenstaatliche Beziehungen*
  (Veränderungen im Verhältnis der Staaten zueinander)

Risikoursachenbereiche

Risiken unterliegen zum einen zeitlich bedingten Veränderungen. Die Änderungen sind zunächst inflationsbedingt oder sie kommen direkt aus dem Bereich des VN oder seiner unmittelbaren Umgebung. Versicherungsverträge sind zum anderen in der Regel langfristig abgeschlossene Verträge, sodass sich die Veränderungen auch auf die vertraglichen Inhalte auswirken können.

Vertragsdauer
geplante Laufzeit
reale Vertragsdauer
Kündigungsklausel

Die Vertragsdauer ist in der Sachversicherung und in der Transportversicherung eine Größe, die schlecht mit der Lebenssituation eines Privatmenschen in Einklang zu bringen ist. Die geplante Laufzeit von Versicherungsverträgen beträgt in der Regel drei Jahre, in den gewerblichen Versicherungszweigen oft nur ein Jahr bzw. bei Objekt- und Transportversicherungen einen entsprechend kürzeren Zeitraum. Die reale Vertragsdauer ist mit Ausnahme der o. g. Objekt- und Transportversicherungsverträge länger. Eine Wohngebäudeversicherung und eine Hausratversicherung können schon einmal über Jahrzehnte, also über eine Generation hinweg, bestehen. Der Grund liegt in der automatischen Vertragsverlängerung. Wenn die geplante Vertragslaufzeit mindestens ein Jahr beträgt, verlängert sich der Vertrag, wenn eine der beiden Vertragsparteien den Vertrag nicht spätestens drei Monate vor dem Vertragsablauf schriftlich kündigt (§ 10 VVG).

„intelligente"
Versicherungsverträge

Veränderungen in der Lebenssituation der Menschen haben auch Auswirkungen auf Versicherungsverträge, die den Kunden im Lauf seines Lebens begleiten. Versicherungsverträge sollten deshalb so „intelligent" sein, dass sie sich den veränderten Lebenssituationen anpassen. Hier bietet das Lebensphasenmodell eine interessante Perspektive, die Bedeutung von Lebenssituationen für mögliche Vertragsveränderungen zu betrachten und zu analysieren (vgl. dazu Kapitel 4 des Grundlagenbands „Marketing und Vertrieb von Versicherungs- und Finanzprodukten für Privatkunden" (Köhne/Lange 2012)).

Die Veränderungen im Privatkundengeschäft resultieren meist aus der Änderung der Zahl der Haushaltsmitglieder, des Haushaltseinkommens oder des Vermögens. Nachstehend sind einige Beispiele aufgeführt, aus der die notwendigen Vertragsänderungen abgeleitet werden können.

 ▶ **Beispiel**

private Sachwerte
Hausratversicherung

Mit dem Einstieg in das Berufsleben und dem ersten selbst verdienten Geld beginnt die Privatperson, Sachwerte, zunächst Bekleidung und Accesoires, anzuschaffen. Die Absicherung der Sachwerte kann, wenn durch die elterliche Hausratversicherung kein ausreichender Versicherungsschutz mehr besteht, durch eine eigene Hausratversicherung erfolgen.

Im weiteren Lebensverlauf ist dann durch die Ansammlung von Sachwerten die Versicherungssumme der Hausratversicherung anzupassen. Sie sollte dann wieder so dimensioniert sein, dass die Kinder mit ihren eigenen Sachwerten ausreichend mitversichert sind. Wenn man bei der Hausratversicherung bleibt, sollte auch die Möglichkeit berücksichtigt werden, besondere Gegenstände durch eine Spezialdeckung zu versichern. Denkbar sind hier die Privatrisiken innerhalb der Transportversicherung (siehe hierzu Kapitel 1). In der Lebenssituation von Senioren gilt es, besondere Absicherungsmöglichkeiten und die Möglichkeit der Reduzierung der Versicherungssumme bei einem Wechsel in ein Altersheim zu beachten.

Summenanpassung

Die Hausratversicherung kann solche Lebenssituationen nicht automatisch „ausgleichen", d. h., die Versicherungssumme und der Leistungsumfang können nur individuell verändert und angepasst werden. Veränderungen der Versicherungssumme in der Hausratversicherung können nur aufgrund von Veränderungen der allgemeinen Lebenshaltungskosten erfolgen. In der Hausratversicherung wird der Preisindex für „Verbrauchs- und Gebrauchsgüter ohne Nahrungsmittel und ohne normalerweise nicht in der Wohnung gelagerte Güter" aus dem Verbraucherpreisindex für Deutschland (VPI) herangezogen.

Wohnungswechsel

Veränderungen der Lebenssituationen sind häufig mit einem Wohnungswechsel verbunden. Die Hausratversicherung begleitet den VN mit dem Versicherungsschutz in die neue Wohnung (Ziffer 16.1 VHB 2016). Während des Wohnungswechsels besteht Versicherungsschutz in beiden Wohnungen, in der alten Wohnung allerdings nur noch für zwei Monate nach dem Umzugsbeginn.

Sonstige Veränderungen der Lebenssituationen

Eine Veränderung der Lebenssituation tritt auch ein, wenn sich Ehegatten oder Partner einer eheähnlichen Lebensgemeinschaft und Lebenspartnerschaft trennen. Zieht der VN aus der „Ehewohnung" aus und bleibt der Ehegatte in der bisherigen Wohnung zurück, bietet die Hausratversicherung Versicherungsschutz in der neuen Wohnung. Für den VN handelt es sich um einen Umzug. Versicherungsschutz besteht aber in diesem besonderen Fall auch weiter in der bisherigen Wohnung, längstens bis zum Ablauf von drei Monaten nach der nächsten, auf den Auszug des VN folgenden Prämienfälligkeit (Ziffer 16.6.1 VHB 2016). Sind beide Partner VN und einer zieht aus der bisherigen Wohnung aus, sind zunächst beide Wohnungen versichert, die neue Wohnung allerdings auch nur noch bis zum Ablauf von drei Monaten nach der nächsten, auf den Auszug des VN folgenden Prämienfälligkeit. Ziehen beide Partner aus der bisherigen Wohnung aus, erlischt nach drei Monaten nach der nächsten, auf den Auszug der VN folgenden Prämienfälligkeit (Ziffer 16.6.2/3 VHB 2016) der Versicherungsschutz. In allen Fällen der Trennung ist eine Beratung durch den VR und/oder Vermittler ratsam, damit u. a. die Versicherungsverträge neu dimensioniert und ausgestattet werden.

Trennung von Ehegatten und Partnern

Auch für den Fall des Todes des VN sehen die VHB 2016 eine Regelung vor. Der Vertrag endet bei Tod des VN nach vollständiger und dauerhafter Haushaltsauflösung, spätestens jedoch zwei Monate nach dem Tod des VN. Nutzt ein Erbe die Wohnung in derselben Weise wie der verstorbene VN, wird der Vertrag mit dem Erben fortgeführt.

Tod des VN

Gewerbeversicherung

Auf Betriebe und Unternehmen kann das Lebensphasenmodell eines Menschen nicht ohne Weiteres angewendet werden. Betriebe und Unternehmen haben keine Phase des Ruhestands im Alter und kein natürliches Ende. Ein Betrieb ist daher auf Dauer angelegt, es sei denn, es wird von Anfang an ein Ende geplant, so z. B. bei der Expo 2000 in Hannover.

Betriebe und Unternehmen

Die Unternehmensphilosophie legt die Mission des Unternehmens, seinen Zweck oder seinen Auftrag fest und vermittelt Kunden und Mitarbeitern, wie das Unternehmen wahrgenommen werden möchte, Aus der Unternehmensphilosophie werden Ziele definiert. Ein zentrales Ziel ist die Wirtschaftlichkeit

Wachstum des Unternehmens Anpassungsnotwendigkeit

und das Wachstum des Unternehmens. Wirtschaftlichkeit und Wachstum bringen Veränderungen mit sich, die wiederum Auswirkungen auf die Werte des Unternehmens haben. Veränderte Werte haben Auswirkungen auf:

- Versicherungswerte und damit auf Versicherungssummen,
- Betriebsstätten,
- Sortimentsgestaltung,
- Produktionsprogramme und -verfahren.

Wertzuschlag oder Höchsthaftsummen

Die Betriebsversicherungen sollten eine Anpassungsmöglichkeit der Versicherungssummen an die Versicherungswerte vorsehen. In der gewerblichen Sachversicherung kann dies entweder durch die Wertzuschlagsklausel mit Bestandserhöhung oder durch die Wertzuschlagsklausel ohne Bestandserhöhung in Verbindung mit der Vorsorgeversicherung erfolgen, oder der VR bietet eine Versicherung an, die sich an Höchstversicherungssummen und nicht an vorhandenen Werten orientiert. Der Prämienausgleich für höhere tatsächliche Werte erfolgt über die Ausrichtung des Tarifs am Umsatz.

▶ Beispiel

Der VN hat die technische und kaufmännische Betriebseinrichtung mit einer Versicherungssumme in Höhe von 3 Mio. EUR versichert. Die Klausel SK 1707, Wertzuschlag mit Einschluss von Bestandserhöhungen, ist vereinbart. Der Wertzuschlag beträgt 200 %. Die Versicherungssumme 1990 beträgt somit 1 Mio. EUR.

Für Neuanschaffungen und Wertveränderungen durch Preissteigerungen steht im Versicherungsfall, vorausgesetzt der Kunde hat die Neuanschaffungen rechtzeitig gemeldet, der doppelte Wertzuschlag zur Verfügung. Ein Schaden würde bis zu einer Summe von 5 Mio. EUR zu zahlen sein.

Hätte der Kunde seinen Betrieb umsatzabhängig versichert, hätte der VR mit ihm eine Höchsthaftsumme vereinbaren müssen. Der Vorteil liegt hier darin, dass Neuanschaffungen nicht gemeldet werden müssen und keine Anmeldefristen zu beachten sind. Der Nachteil ist, dass eine Überschreitung der Höchsthaftsumme zu Lasten des VN geht.

Ein weiterer Nachteil der Höchsthaftsumme ist die Prämienberechnung. Beim Wertzuschlag zahlt der Kunde nur für die tatsächlich vorhandenen Sachwerte, da sie die Versicherungssumme bilden, während er bei der Umsatzprämie auch mehr Prämie zahlt, wenn sich lediglich der Umsatz, aber nicht die Sachwerte erhöhen (Beispiel: Autohäuser und die Auswirkung der Abwrackprämie 2009).

Vorsorgesumme

Vorsorge

Vertragsvereinbarungen über Vorsorgesummen passen den Versicherungsschutz nur zeitlich begrenzt an. Eine individuelle Vertragsanpassung ist immer erforderlich (vgl. Kapitel 2 zur Möglichkeit der Vereinbarung der Stichtagsklauseln).

Neue Betriebsgrundstücke

Bei Veränderungen in einem Unternehmen sind nicht nur Veränderungen von Sachwerten in den Blick zu nehmen, sondern auch Eröffnungen und Einrichtungen von Filialbetrieben, Niederlassungen und neue Betriebsstätten.

Die gewerbliche Sachversicherung ist an einen festen Ort, den Versicherungsort, gebunden. Umzugsregelungen, wie sie aus der Hausratversicherung bekannt sind, gibt es in den GDV-Bedingungswerken nicht. Einige VR bieten im Rahmen einer besonderen Klausel oder im Grundbedingungswerk eine ähnliche Regelung wie in der Hausratversicherung an (automatischer Übergang auf die neuen Geschäfts- und Betriebsräume).

Für neu hinzukommende Betriebsgrundstücke kann die Klausel SK 2401 (10) und für die Betriebsunterbrechungsversicherung die Klausel SK 8401 (10) vereinbart werden (siehe hierzu auch die Ausführungen in Kapitel 2).

Klausel
SK 2401/8401 (10)

4

Sortimentsgestaltung, Produktionsprogramme und -verfahren

Die Sortimentsgestaltung und Veränderungen der Produktionsprogramme und -verfahren lassen sich in der Versicherungspraxis nicht durch Automatismen in den Griff bekommen, da ihre Auswirkungen auf die möglichen Risikolagen des VN zu unterschiedlich sein können.

Veränderung im Sortiment oder Programm

Veränderungen der Sortimentsgestaltung können z. B. dazu führen, dass Waren aus dem neuen Sortimentsprogramm nicht versichert sind. Die Versicherungsverträge für einen Handelsbetrieb beschreiben im Antrag und im Versicherungsschein die Art der Ware. Nur die Ware, die explizit genannt ist, ist auch versichert. Will der Kunde seine Handelsware ergänzen, muss dies mit dem VR vereinbart werden.

▶ Beispiel

Der Kunde hat bei der Proximus Versicherung AG eine Modeboutique versichert. Im Antrag hat er angegeben, dass Damenoberbekleidung versichert sein soll. Zu Weihnachten nimmt er auch Schmucksachen aus Gold und Silber mit in sein Verkaufssortiment. Nach § 3 Nr. 1 AERB 2010 sind nur die im Versicherungsvertrag (Deklaration) bezeichneten Sachen versichert. Der VR wird im Fall eines Einbruchdiebstahls für entwendeten Schmuck keinen Ersatz leisten.

Änderungen des Produktionsprogramms oder -verfahrens führen häufig zu einer Veränderung der Risikolage, die Möglichkeit, dass hier eine Gefahrerhöhung vorliegt, ist groß. Bei einer Gefahrerhöhung könnte der VR u. U. leistungsfrei sein.

Gefahrerhöhung durch neue Produktionsprogramme/-verfahren

▶ Beispiel

Der Kunde hat bei der Proximus Versicherung AG einen metallverarbeitenden Betrieb versichert. Die Lackierarbeiten wurden bislang durch einen Fremdbetrieb ausgeführt. Der Kunde hat sich entschlossen, diese Arbeiten künftig selbst durchzuführen, und hat eine Spritzkabine eingebaut. Diese Veränderung des Produktionsprogramms stellt eine Gefahrerhöhung dar (§ 9 Teil B AFB 2010), der Kunde darf eine Gefahrerhöhung nicht vornehmen.

Gefahrerhöhung

Hier gilt also die Regel: Verletzt der VN diese Pflichten grob fahrlässig, so ist der VR berechtigt, seine Leistung in dem Verhältnis zu kürzen, das der Schwere des Verschuldens des VN entspricht.

Abweichung von Sicherheitsvorschriften

Umstellungen des Produktionsprogramms oder -verfahrens bringen häufig Umbaumaßnahmen mit sich. Für die vorübergehende Abweichung von Sicherheitsvorschriften wird mit dem VN die Klausel SK 3605 (10) vereinbart (für die BU-Versicherung SK 8605 (10)).

Betriebsstilllegungen

Veränderungen innerhalb eines Betriebs können auch dazu führen, dass ein Betrieb oder weite Bereiche des Betriebs stillgelegt werden. Für Betriebsstilllegungen und die damit verbundenen „Veränderungen" wird mit dem VN die Klausel SK 3607 (10) vereinbart (für die BU-Versicherung SK 8607 (1)).

Veränderungen im Bereich des Transportgewerbes

Güterversicherung

In der Güterversicherung können sich die versicherten Transporte verändern. Dies hätte, wie oben beschrieben, speziell in der Umsatzabrechnung Auswirkungen auf die Kalkulation – aber auch dann, wenn im Vertrag nur bestimmte Transporte versichert sind. Die Erhöhung des Werts von Maschinen kann von Bedeutung sein, wenn die im Vertrag vereinbarten Maxima je Transportmittel nicht mehr ausreichend sind. Neue und geänderte Produktionsverfahren könnten das Risiko der Art der Güter bestimmen, beispielsweise wenn diese besonders anfällig gegen Bruch sind. Bei der Mitversicherung von politischen Risiken kann der Ausbruch von Kriegen, Aufruhr oder die Veränderung im politischen Machtgefüge Auswirkung auf das Risiko in der Güterversicherung haben.

Verkehrshaftungs-versicherung

In der Verkehrshaftungsversicherung sind viele verschiedene Risikoänderungen denkbar. So kann ein Sofa-Spediteur, der bisher keine Transporte selbst durchgeführt hat, künftig im Selbsteintritt Güter befördern oder er schließt mit Auftraggebern Individualvereinbarungen bzw. erhöht die vereinbarte Haftung. Beim Frachtführer kann die Ausweitung des Geltungsbereichs oder die Verwendung weiterer zusätzlicher Fahrzeuge Anlass sein, den Versicherungsvertrag entsprechend zu ändern.

1.3 Veränderungen rechtlicher Rahmenbedingungen im Verlauf der Vertragsdauer

Privatrecht

Auch durch die Rechtsprechung der obersten Gerichte kann Bedarf zur Anpassung von Vertragsvereinbarungen entstehen. Versicherungsverträge beruhen auf den allgemeinen privatrechtlichen Vorschriften und den Allgemeinen Versicherungsbedingungen. Der Versicherungsvertrag ist ein schuldrechtlicher Vertrag, der nach dem Grundsatz der Vertragsfreiheit abgeschlossen wird. Versicherungsverträge werden auf eine bestimmte Dauer abgeschlossen. Die für die Versicherungsdauer maßgeblichen Vertragsbestimmungen werden durch Vereinbarung zwischen dem VN und dem VR verbindlich für die vorgesehene Vertragsdauer festgelegt.

Änderungen von Gesetzen und Versicherungsbedingungen haben in der Regel keine Auswirkung auf die einzelnen Vertragsgestaltungen, es sei denn, das Gesetz sieht ausdrücklich einen Eingriff in bestehende Vertragsverhältnisse vor.

Die größte Veränderung der letzten Jahre, die Einfluss auf bestehende Vertragsverhältnisse hatte, war die Reform des Versicherungsvertragsgesetzes im Jahr 2008. Für bestehende Versicherungsverträge hatte das neue VVG ab dem 01.01.2009 Gültigkeit. Die Versicherungsbedingungen für bestehende Verträge mussten so geändert werden, dass sie konform mit der neuen gesetzlichen Regelung waren.

VVG 2008
Eingriff in „Altverträge"

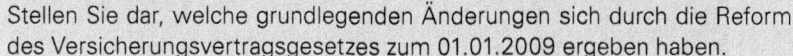

Handlungssituation

Stellen Sie dar, welche grundlegenden Änderungen sich durch die Reform des Versicherungsvertragsgesetzes zum 01.01.2009 ergeben haben.

Will der VR bestehende Vertragsbestimmungen auch für laufende Verträge ändern, ist das nur möglich, wenn die Änderung ausschließlich Abweichungen zugunsten des VN mit sich bringen. Nun können aber Änderungen gesetzlicher Regelungen oder eine neue Rechtsprechung Anpassungen der bestehenden AVB notwendig machen. Dem VR bleibt dann nur die Möglichkeit, einzelvertragliche Änderungen durchzuführen (Änderungsvertrag § 311 I BGB). Änderungsvorbehaltungsklauseln in den AVB sind möglich, aber wegen der Transparenz (§ 307 BGB) problematisch. Das VVG selbst ermöglicht nur eine einseitige Bedingungsanpassung für die Sparten Lebens-, Berufsunfähigkeits- und Krankenversicherung (§§ 164, 176, 203 VVG).

Möglichkeiten der Änderung laufender Verträge

Wenn Versicherungsbedingungen unwirksam werden, kann der VR, wenn er dies in den AVB mit dem VN vereinbart hat, die Versicherungsbedingung ändern, ergänzen oder ersetzen, ohne dass dadurch der restliche Vertragsinhalt berührt wird. Dazu ist der VR aber nur berechtigt, wenn diese Bestimmung in den Versicherungsbedingungen in Folge eines der nachstehenden Ereignisse unwirksam ist:

Bedingungsanpassung

- Änderung bestehender oder Inkrafttreten neuer Gesetze und Verordnungen,
- Erlass einer höchstrichterlichen Entscheidung,
- Erlass eines bestandskräftigen Verwaltungsaktes (z. B. von der Bundesanstalt für Finanzdienstleistungsaufsicht).

Die Anpassung wird dem VN spätestens sechs Wochen vor dem Inkrafttreten der Veränderung in Textform übermittelt. Der VN hat durch die Änderung ein außerordentliches Kündigungsrecht des gesamten Vertrages.

Stellt die Aufsichtsbehörde (BaFin) im Rahmen der laufenden Aufsicht fest, dass ein Eingriff in die Versicherungsbedingungen notwendig ist, um die Belange der Versicherten zu schützen, ist diese Maßnahme nach § 81 VAG möglich.

laufende Aufsicht
§ 81 VAG

Eine Kontrolle und ein Eingriff in die AVB erfolgt in der Regel durch Gerichte. Hier besteht neben der Einzelklage eines VN auch die Möglichkeit des Verbandsklageverfahrens. Die Gerichte können überprüfen, ob die Bestimmungen der AVB überraschend, unklar oder intransparent sind und die VN unangemessen benachteiligen.

Einzelklage
Verbandsklageverfahren

*weitere
Veränderungen
Vermittlerrichtlinie*

Eine weitere Veränderung erfolgte durch die Vermittlerrichtlinie, die im weiteren Verlauf auch in das neue VVG eingearbeitet wurde. Die Versicherungsvermittlung ist durch die gesetzliche Neuregelung zum erlaubnispflichtigen Gewerbe geworden.

*Solvency II
MaRisk*

Weitere rechtliche Rahmenbedingungen, die unmittelbar auf die Versicherungsverträge einwirken, sind die Bestimmungen von Solvency II und die ehemaligen Regelungen der MaRisk (VA), mittlerweile eingearbeitet in das VAG, die schon angesprochen wurden.

*steuerliche
Veränderungen*

Eine weitere Veränderung der Rahmenbedingungen kann z. B. auch durch geänderte Steuergesetze erfolgen (vgl. die Ausführungen über die Änderung der Feuerschutzsteuer in Kapitel 2). Ein weiteres Beispiel hierfür ist die veränderte Regelung der Versicherungssteuerpflicht bei Versicherungspaketen. Das Bundesministerium der Finanzen (BMF) hat mit Schreiben vom 31.07.2013 zum Urteil des Bundesfinanzhofs (BFH) vom 13.12.2011 ausgeführt:

> Sind bei einer Mehrgefahrenversicherung („Versicherungspaket") einzelne Versicherungen nach § 4 VersStG von der Besteuerung ausgenommen, kann eine Steuerbefreiung nur in Anspruch genommen werden, wenn das auf die steuerfreie Versicherung entfallende Versicherungsentgelt im Versicherungsvertrag gesondert ausgewiesen ist.

▶ Beispiel

*Veränderungen
rechtlicher Rahmen-
bedingungen in der
Transportversicherung*

Die angesprochene VVG-Reform hatte weniger Auswirkung auf die Transportversicherung als auf andere Sparten, da nach wie vor umfangreiche Erleichterungen im VVG für Großrisiken und die laufende Versicherung vorgesehen sind. Dagegen wirken andere rechtliche Rahmenbedingungen entscheidend auf bestehende Versicherungsverträge in der Transportversicherung ein.

Neues Seehandelsrecht

Am 25.04.2013 ist ein neues deutsches Seehandelsrecht in Kraft getreten. Eine wesentliche Änderung betraf die Haftung des Verfrachters für Feuer und nautisches Verschulden, die nun nicht mehr kraft Gesetz ausgeschlossen ist. Der VN als Verfrachter oder Spediteur muss daher, wenn er sich weiter auf diesen Ausschluss berufen will, dies individuell oder in allgemeinen Geschäftsbedingungen mit seinen Kunden vereinbaren.

Güterversicherung

Auch in der Güterversicherung können neue gesetzliche Vorschriften, wie z. B. Verpackungsnormen nach DIN Auswirkungen auf den Versicherungsschutz haben. Beispiel hierfür sind die Änderungen bei der Klassifikation von Seeschiffen nach dem ISM-Code.

Zusammenfassung

Produkte des VR können in verschiedenen Formen dem Vertrieb zur Vermarktung zur Verfügung gestellt werden. Aufgabe des Vertriebs ist es, Produkte und Kundenwünsche in Einklang zu bringen und notwendige Produktänderungen mit dem Produktmanagement abzustimmen.

Um vor allem komplexe, erklärungsbedürftige Versicherungsprodukte dem Kunden nahezubringen, ist die Kundenberatung von zentraler Bedeutung. Die Produktberatung erstreckt sich von der Phase vor Vertragsabschluss über die Phase der Betreuung während der Laufzeit bis zur Beratung in Leistungs- und Schadenfällen.

Bei der Kundenberatung sind die Beratungspflichten, die das VVG vorsieht, zu beachten. Nach § 6 VVG hat der VR eine anlassbezogene Beratung durchzuführen, bei der sich die Intensität nach der persönlichen Situation des Kunden richtet. Dem Vermittler obliegt eine Beratungspflicht nach § 61 VVG, Maklern nach § 60 VVG. Jede Beratung muss dokumentiert werden.

Der VR stellt Beratungshilfen in Form von Besichtigern und Underwritern zur Verfügung. Die Haftung für erkennbare Risikosituationen liegt dann bei diesen Mitarbeitern. In der Technischen Versicherung kann dies durch eine Standardklausel vereinbart werden.

Veränderungen während der Vertragslaufzeit werden je nach Lebens- bzw. Betriebssituation schon in den Produkten (AVB) berücksichtigt, so z. B. In der Hausratversicherung der Tod des VN, eine Ehescheidung oder ein Umzug. In der Gewerbeversicherung können Änderungen, z. B. bei der Veränderung von Versicherungswerten, der Betriebsstätte, der Sortimentsgestaltung oder des Produktionsverfahrens eintreten.

Auch rechtliche Rahmenbedingungen können zur Notwendigkeit der Produktanpassung führen Die im Jahr 2008 erfolgte Änderung des VVG ebenso wie Änderungen in der Steuergesetzgebung und im Seehandelsrecht sind hier zu nennen.

2. Auswirkungen auf den Betrieb

Handlungssituation

In den Gestaltungsvorschlägen des GDV finden Sie den Hinweis, dass eine Prämienanpassungsklausel von den Mitgliedsunternehmen selbst entworfen werden muss, ein Vorschlag des GDV kann aus kartellrechtlichen Gründen nicht erfolgen. Sie haben die Aufgabe innerhalb eines Teams übernommen, die Grundvoraussetzungen für eine solche Anpassungsklausel vorzustellen.

neue Versicherungs-
produkte

Neue Versicherungsprodukte wirken sich auf den Betrieb eines Versicherungsunternehmens in unterschiedlicher Weise aus. Zunächst ist der Bereich der Produktentwicklung angesprochen. Neue Produkte erhalten ihren Entstehungsimpuls in der Regel durch die Kundennachfrage und entsprechende Informationen durch die Absatzorganisationen. Oftmals sind es aber auch Fremdimpulse, z. B. das Agieren der Konkurrenz (Versicherungsprodukte sind inhaltlich nicht zu schützen) oder geänderte Rahmenbedingungen (siehe Kapitel 4, 1.2

Lebenszyklusmodell
Vormarkteinführung

und 1.3). Entsprechend dem Lebenszyklusmodell von Produkten wird diese Phase als Phase der Vormarkteinführung (Phase von der Produktidee, über Vorbereitungstätigkeiten bis zur Marktreife) bezeichnet.

Einführung

Auf die Phase der Vormarkteinführung folgt die Phase der Einführung. In dieser Phase ist ein wachsendes Neugeschäft zu bearbeiten, Abgänge (Storno) treten kaum auf. In den Phasen der Vormarkteinführung und der Einführung sind hohe Betriebskosten zu erwarten. Auch die Risikokosten sind noch verhältnismäßig hoch, da in der Anfangsphase eine vorsichtige Kalkulation im Fall neuartiger oder statistisch noch nicht erfasster Risiken erfolgt. Die weiteren Phasen des Lebenszyklusmodells (Wachstum, Reife, Sättigung, Degeneration und Nachmarktausscheidung), werden später behandelt.

Neue Produkte bedingen neue Tarifkalkulationen und die Schaffung neuer Versicherungsbedingungen sowie Annahmerichtlinien. Diese Arbeiten betreffen das sogenannte Risikogeschäft. Weiterhin müssen im Betrieb die Voraussetzungen für die Verarbeitung der neuen Produkte geschaffen werden. Das bedeutet, dass umfassende Informationen und intensive Schulungen der Mitarbeiter in den Antrags-, Betriebs- und Schadenabteilungen sichergestellt werden müssen. Diese Aufgaben betreffen das sogenannte Dienstleistungsgeschäft.

2.1 Vertragsgestaltung und Gestaltungsrechte als Möglichkeit der Bestandssicherung und Kundenbindung

Gestaltungstechniken

Die Gestaltungstechniken, die dem VR zur Verfügung stehen, beschränken sich weitgehend auf die Gestaltung der Versicherungstechnik. Das nichttechnische Geschäft ist strengeren Regeln unterworfen (siehe Kapitel 3).

Bedingungsformen

Ein neues Produkt kann als Rahmen eines einzelnen Versicherungsvertrags mit einheitlichem Bedingungswerk oder als ein verbundenes Bedingungswerk konzipiert werden. Einzelne selbstständige Versicherungsverträge können zu einer sogenannten gebündelten Police zusammengefasst werden. Die einzelnen Verträge sind dabei rechtlich unabhängig voneinander, sie werden nur durch einen gemeinsamen Mantel zusammengehalten. Ein Herausbrechen aus dem Mantel und eine eigenständige Fortführung oder Beendigung einzelner Verträge ist möglich.

▶ Beispiele

Gestaltungsformen

- ▪ *Einzelner selbstständiger Vertrag:*
  Feuerversicherung AFB

- ▪ *Verbundene Versicherung:*
  Wohngebäudeversicherung VGB

- ▪ *Gebündelte Versicherung:*
  Gebündelte Betriebsversicherung bestehend aus den AFB, AWB, AStB

Es besteht auch die Möglichkeit, einzelne selbstständige Verträge mit verbundenen Verträgen in einer gebündelten Versicherung zusammenzufassen, z. B. im Rahmen einer Hausbesitzer-Versicherung, die aus der verbundenen Versicherung, der Wohngebäudeversicherung (VGB), der Einzelversicherung Glasversicherung (AGlB) und der Haftpflichtversicherung (AHB) besteht. Diese Formen werden in der Praxis auch häufig als Modul- oder Bausteinversicherung bezeichnet.

Modul-, Bausteinmodell

Rahmenverträge, Generalpolicen, laufende Versicherung

In Kapitel 2 wurde schon die Grundfunktion der laufenden Versicherung beschrieben. Die laufende Versicherung findet vornehmlich in der Transportversicherung Anwendung, sie kann aber auch im Bereich der Technischen Versicherung eingesetzt werden. Vom Prinzip her ist die laufende Versicherung ein Leervertrag, der mit Leben gefüllt wird, wenn dazu Anlass besteht. Anlässe sind Einzelrisiken, die in den vorgegebenen Vertragsrahmen passen.

laufende Versicherung

Die Generalpolice gibt dem VN das Recht, durch „Anmeldung" Versicherungsschutz in vereinbarten Grenzen durch einseitige Willenserklärung herbeizuführen.

Generalpolice

Der Jahresvertrag begründet Versicherungsschutz, z. B. für ein der Art nach bezeichnetes Montageobjekt, ohne dass es noch einer Anmeldung bedarf. Besonders in diesem Zusammenhang findet man häufig die Möglichkeit der Versicherung sämtlicher Montageobjekte eines Unternehmens durch sogenannte Jahresumsatzverträge. Hier tritt der Jahresumsatz als Prämienbemessungsgrundlage an die Stelle von Versicherungssummen für die einzelnen Objekte.

Jahresvertrag

Jahresumsatzvertrag

▶ Beispiel

Bauleistungsversicherung

Der Kunde, eine Baugesellschaft, hat sich auf den Bau von „konventionellen Einfamilienhäusern", spezialisiert. Drei Viertel aller Bauvorhaben sind kleinere Objekte, der Rest sind Großaufträge mit unterschiedlichsten Anforderungen.

Da es zu arbeitsintensiv wäre, für jedes dieser Objekte einen Einzelvertrag auszustellen, kann für die Versicherung mehrerer gleichartiger Risiken ein Vertrag mit fest vereinbarten Beitragssätzen und Bedingungen vereinbart werden, zu dem die einzelnen Risiken angemeldet werden können. Es handelt sich hier um einen Rahmenvertrag mit Einzelanmeldungen. Im Rahmen werden die Vertragsbedingungen festgehalten, die Einzelobjekte müssen dann beim VR angemeldet werden, damit Versicherungsschutz besteht. Auch hier ist wie bei der Versicherung einzelner Objekte der Nachteil, dass einzelne Objekte vergessen werden (laufende Versicherung).

Ratsam wäre hier der Abschluss eines Jahresumsatzvertrags. Eine Vielzahl nahezu identischer Risiken gilt automatisch ohne Anmeldung zu den vorher vereinbarten Konditionen als versichert. Die Beitragsberechnung erfolgt auf Basis des Jahresumsatzes.

Für die einzelnen Großaufträge sind aufgrund der unterschiedlichen Risikomerkmale einzelne Verträge erforderlich. Nur so kann eine angemessene Risikoprüfung und Beitragsermittlung stattfinden. Wegen der geringen Anzahl der Projekte und der unterschiedlichen Größenordnungen erscheint ein Rahmenvertrag mit Einzelanmeldungen nicht geeignet.

Montageversicherung (Generalvertrag)

▶ Beispiel

Ein Elektromaschinenbauer stellt Elektromotoren in unterschiedlichen Leistungsklassen her. Die Elektromotoren werden teilweise nur an die Endkunden geliefert, bei größeren Motoren erfolgt die Lieferung inklusive Montageleistung und Inbetriebnahme durch den VN.

Das Risiko für den VN wird differenziert betrachtet; nur die größeren Elektromotoren ab einer Leistung von 500 kW, die inklusive Montage und Inbetriebnahmetätigkeiten geliefert werden, sollen durch eine Montageversicherung abgesichert werden.

Der Kunde wird in diesem Fall einen Montageversicherungsvertrag als Generalvertrag abschließen und alle Aufträge und Projekte, die diesen Kriterien entsprechen, einzeln zu den Bedingungen des Generalvertrags anmelden.

Ein Konkurrenzunternehmen mit gleichgelagertem Liefer- und Leistungsumfang sieht ein anders gelagertes Risiko. Dieser VN möchte den gesamten Liefer- und Leistungsumfang über eine Montageversicherung absichern. Der Kunde wird in diesem Fall einen Montageversicherungsvertrag als Jahresvertrag abschließen, alle Aufträge und Projekte sind damit pauschal über den Jahresumsatz erfasst und versichert.

Montageversicherung (Jahresumsatzvertrag)

▶ Beispiel

Ein VN hat eine Montageversicherung als Jahresumsatzvertrag abgeschlossen. Der VN generiert durch den Liefer- und Leistungsumfang (Herstellung und Lieferung von Spritzgussmaschinen) einen Jahresumsatz von 30 Mio. EUR, der als versichert gilt. Nur mit Kenntnis dieses Jahresumsatzes kann der VR das Risiko nicht einschätzen.

Für die Prämienbemessung und Kalkulation seiner Zeichnungsquote, die durch das PML bestimmt wird, ist es für den VR entscheidend, ob der Kunde nur neue Anlagen liefert oder auch laufende Anlagen überholt oder instandsetzt (gebrauchte Montageobjekte), und in welchem Verhältnis der Umsatz für neue und gebrauchte Anlagen steht. Des Weiteren ist es für den denkbaren größtmöglichen Schaden entscheidend, in welchen einzelnen Auftragswerten das Anlagenvolumen sich bewegt – bis z. B. 1 Mio. EUR je Auftrag, maximaler Auftragswert 5 Mio. EUR. Die Fragen des VR lauten deshalb:

- Wie viele Aufträge, entsprechend Einzelrisiken, werden pro Jahr abgewickelt?
- Wo befinden sich die Abnehmer? Hauptsächlich in Europa, wo ggf. eine Schadenbesichtigung kostengünstiger abzuwickeln ist als in Asien oder Südamerika?
- Bedient sich der VN bei der Montage vor Ort eigenen Personals oder werden hauptsächlich Fremdfirmen beauftragt?

Bei einer laufenden Versicherung sind die versicherten Interessen bei Vertrags- *Interesse nach*
schluss nur der Gattung nach bezeichnet. Später, nach ihrem Entstehen, wer- *Gattung festgelegt*
den sie dem VR einzeln aufgegeben. Dabei kann es, wie im obigen Beispiel *VVG-Regelung*
aufgeführt, vorkommen, dass Anmeldungen durch den VN versäumt werden.
Die sich aus einem solchen Versäumnis ergebenen Rechtsfolgen sind im VVG, *VVG-Regelung*
in Kapitel 1, Abschnitt 6 geregelt.

§ 53 VVG regelt die Anmeldepflicht. Hiernach hat der VN die Risiken einzeln *§ 53 VVG Anmeldung*
anzumelden oder eine Deckungszusage zu beantragen.

Nach § 54 VVG soll der VR für nicht angemeldete Risiken nicht grundsätzlich *Leistungsfreiheit*
leistungsfrei sein. Nur bei Vorsatz und bei grober Fahrlässigkeit ist eine Leistungsfreiheit des VR vorgesehen. In den anderen Fällen ist der VN zur unverzüglichen Nachmeldung berechtigt. *Nachmeldung*

Liegt Vorsatz oder grobe Fahrlässigkeit vor, ist der VR außerdem berechtigt, *Kündigungs-*
den laufenden Vertrag (Rahmen) fristlos zu kündigen. Für bereits angemeldete *möglichkeit*
Einzelrisiken bleibt der Versicherungsschutz allerdings bestehen. Der VR soll
sich so von einem VN trennen können, der sich nicht an die vertraglichen Vereinbarungen hält. Die Prämienzahlungspflicht besteht bis zu dem Zeitpunkt, an
dem die Kündigung wirksam wird.

Für die laufende Versicherung sind die Bestimmungen für die Verletzung der *weitere*
Anzeigepflicht, der Gefahrerhöhung und der Obliegenheitsverletzung in den *VVG-Regelungen*
§§ 56 bis 58 VVG geregelt. Es empfiehlt sich ein Vergleich dieser Bestimmungen mit den allgemeinen Vorschriften in Kapitel 1, Abschnitt 2 des VVG.

Innerhalb der laufenden Versicherung kann ein Versicherungsschein für ein ein- *Einzelpolice Zertifikat*
zelnes Risiko (Einzelpolice) oder ein Versicherungszertifikat ausgestellt werden
(§ 55 VVG). Der VR ist nur gegen Vorlage der Urkunde zur Leistung verpflichtet.

Rechtliche Einordnung der Vertragsgestaltung

Die Vertragsgestaltung mündet in das Rechtsgeschäft eines Versicherungsver- *Rechtsgeschäft*
trags. Der Versicherungsvertrag enthält rechtliche Beschreibungen, die in Allgemeinen Versicherungsbedingungen, Sonderbedingungen, Klauseln und geschriebenen Texten im Versicherungsschein festgehalten sind. Die Gesamtheit
der Versicherungsbedingungen sind die Geschäftsbedingungen des VR. Weiterhin wird festgelegt, welche Obliegenheiten zu erfüllen sind und welche Zah-
lungsmodalitäten vereinbart wurden. Zusätzlich zählen zu den rechtlichen Beschreibungen auch die Verbraucherinformationen und die Produktinformationen.

Die Geschäftsbedingungen unterliegen einer Kontrolle. Allgemeine Versiche- *AGB*
rungsbedingungen werden in der Regel nur im Großgeschäft individuell ausgehandelt. Individuelle Vertragsabreden haben stets Vorrang vor Allgemeinen
Geschäftsbedingungen (§ 305 b BGB). Im Allgemeinen sind die Versicherungsbedingungen Allgemeine Geschäftsbedingungen. Sie unterliegen somit der
Kontrolle des AGB-Rechts. Die AGB-Kontrolle erfolgt durch die Gerichte. Eine

BaFin-Kontrolle nach Vorauskontrolle durch das BaFin ist nicht vorgesehen, das BaFin kann nur durch
§ 81 VAG die Prüfung nach § 81 VAG „eingreifen".

Das AGB-Recht kennt im Wesentlichen zwei Kontrollinstrumente:

- § 305 c I,II BGB
- §§ 307 ff. BGB

▷ Tipp

Nehmen Sie das BGB zur Hand und lesen Sie den Wortlaut der §§ 305 bis 307 BGB.

Überraschende und unklare Versicherungsbedingungen § 305 c I und II BGB

Eine AVB-Regelung kann überraschend sein, die Regelung wird dann nicht Bestandteil des Vertrags. Ist die Regelung inhaltlich zu beanstanden, ist sie unwirksam, an ihre Stelle tritt die jeweils einschlägige gesetzliche Vorschrift (§ 306 II BGB).

Die anderen AVB-Regelungen, die nicht überraschend oder inhaltlich zu beanstanden sind, bleiben wirksam (§ 306 I BGB). Ist für den VN oder den VR die Fortführung des Vertrags ohne die „beanstandete" Regelung nicht zumutbar, kann der Vertrag unwirksam sein (§ 306 III BGB).

Inhaltskontrolle §§ 307 ff. BGB

Eine Inhaltskontrolle findet nur statt, wenn Geschäftsbedingungen von Rechtsvorschriften abweichen oder sie ersetzen. Entsprechen die AVB demnach den VVG-Vorschriften oder stellen sie den VN sogar besser, ist eine Inhaltskontrolle nicht möglich.

Weiterhin sind vertragliche Regelungen nicht einer Inhaltskontrolle zu unterziehen, wenn durch die AVB die unmittelbare vertragliche Hauptleistung festgelegt wird. Leistungsbeschreibungen wie Art, Umfang und Güte der geschuldeten Leistung sind ebenfalls nicht kontrollfähig. Die Inhaltskontrolle bezieht sich lediglich auf Klauseln, die die Hauptleistung einschränken, modifizieren, verändern oder ausgestalten.

Nach § 307 I BGB sind Bestimmungen in den AVB unwirksam, wenn sie Gebote von Treu und Glauben unangemessen benachteiligen.

Das BGB unterscheidet bei den Folgen zwischen zwei Klauseln. § 308 BGB befasst sich mit Klauseln mit Wertungsmöglichkeiten, die in den AVB unwirksam sind. § 309 BGB befasst sich mit Klauseln ohne Wertungsmöglichkeiten, die in den AVB auch unwirksam sind, soweit eine Abweichung von den gesetzlichen Vorschriften zulässig ist. Die Regelungen der §§ 308 und 309 BGB gelten nur für Verbraucher (§ 310 I BGB, § 13 BGB).

Vertragslaufzeit

Ein wichtiges Instrument der Vertragsgestaltung ist die Laufzeit des Versicherungsvertrags. Von der Laufzeit hängt die Stabilität des vereinbarten Prämiensatzes ab, außerdem kann der Abschlusskostenanteil der Betriebskosten auf die vorgesehene Laufzeit kalkuliert und verteilt werden. Für den VN ist die Langlebigkeit eines Produkts wichtig, da sein Sicherheitsbedürfnis meist dauerhaft gegeben ist.

Formale Produktgestaltung

Zur Ausgestaltung eines neuen Produkts gehört auch die Entwicklung eines geeigneten Produktnamens. Die Entscheidung für den Produktnamen orientiert sich meist an der Schutzfunktion, die das Produkt leisten soll (z. B. Naturgefahren-Schutz-Police) oder an der spezifischen Zielgruppe (z. B. Hausbesitzer Plus). Für ein Versicherungsprodukt kann auch ein Markenname kreiert werden, der als geschützte Marke eingetragen werden kann (z. B. PROXIMUS CargoSecure). *Produktname*

Zur formalen Produktgestaltung gehören auch die Vorschriften der Wettbewerbsrichtlinien der Versicherungswirtschaft. Hier werden im allgemeinen Teil, unter C, die Grundsätze für das Verhalten im Wettbewerb festgelegt. Danach müssen die Werbung und damit auch die Produkte selbst eindeutig und klar verständlich sein; Übertreibungen sind zu vermeiden. Unzulässig ist es, etwas, das in der Versicherungswirtschaft selbstverständlich ist, als Besonderheit eines Unternehmens herauszustellen. *Wettbewerbsrichtlinien der Versicherungswirtschaft*

Prämienanpassungsklauseln

Wenn der VR bei Vertragsabschluss die Schaden- und Kostenentwicklung für einen unbestimmten Zeitraum nicht hinreichend sicher überblicken kann, wird er sich oft eine Erhöhung der Prämie durch einseitige Erklärung mit Wirkung für die folgenden Versicherungsperioden vorbehalten. Die Zulässigkeit solcher Prämienanpassungsklauseln ist im geltenden Gesetz nicht ausdrücklich geregelt, jedoch geht § 40 VVG ebenso wie § 309 Nr. 1 BGB von der grundsätzlichen Zulässigkeit solcher Vertragsbedingungen aus. Da sie fast ausnahmslos nicht durch Individualvereinbarungen, sondern durch AVB eingeführt werden, ergeben sich aus der Inhaltskontrolle nach §§ 307 ff. BGB erhebliche Einschränkungen der Zulässigkeit. *Überblick über Schaden- und Kostenentwicklung*

Handlungssituation

Nehmen Sie einige Versicherungsbedingungen der gewerblichen Sachversicherung, der Technischen und der Transportversicherung zur Hand und lesen Sie nach, welche Regelungen zur Prämienanpassung dort enthalten sind.

Das Äquivalenzverhältnis eines Versicherungsvertrags beschreibt das Gleichgewicht aus der Übernahme des versicherten Risikos einerseits und der dafür zu entrichtenden Prämie andererseits. Es ist in der Sach- und Betriebsunterbre- *Äquivalenzverhältnis ständiges Änderungsrisiko*   chungsversicherung einem ständigen Änderungsrisiko unterworfen. Während der Laufzeit des Vertrags können sich die ursprünglichen, bei Vertragsschluss vorliegenden Rahmenbedingungen ändern. Dies kann beim VR z. B. zu erhöhten Schadenaufwendungen führen, die er über eine Prämienerhöhung an den VN weitergeben kann.

Mechanismen der Anpassung   Für die Prämienanpassung im Massengeschäft stehen – ohne Aufhebung des Versicherungsschutzes – zwei voneinander klar zu trennende Mechanismen zur Verfügung:

Marktdaten   ▪ die Anpassung über marktweit zugängliche Indizes und

unternehmens-individuelle Kalkulation.   ▪ die Anpassung mittels einer Prämienanpassungsklausel auf Basis unternehmensindividueller Kalkulation.

Die Anpassung über Indizes (z. B. gleitender Neuwertfaktor in der Gebäudeversicherung) dient der Kompensation inflatorischer Effekte, die einen stetigen Einfluss auf die Rahmenbedingungen, insbesondere auf die Schadendurchschnitte, haben.

Eingriff in bestehende Verträge   Die Anpassung der Prämie von Bestandsverträgen aufgrund einer veränderten Risikosituation stellt einen Eingriff in den ursprünglich geschlossenen Vertrag dar. Ein solcher Eingriff darf daher nur erfolgen, wenn eine nicht unerhebliche Störung des ursprünglichen Äquivalenzverhältnisses zwischen Prämie und Versicherungsleistung eingetreten ist.

Regeln der Prämienanpassung   Mit der Prämienanpassungsklausel ist es möglich, auf veränderte Risikosituationen zu reagieren. Da ihre Anwendung einen Eingriff in ein bestehendes Vertragsverhältnis darstellt, sind hohe Anforderungen an die Durchführung einer Prämienanpassung zu stellen, insbesondere ist eine nachvollziehbare Darstellung der Kalkulationsmethode erforderlich. Folgende Grundsätze sollten dabei beachtet werden:

▪ Die Faktoren, deren Entwicklungen eine Prämienanpassung auslösen können, müssen genannt werden.

▪ Die gewählte Methodik muss anerkannten aktuariellen Grundsätzen entsprechen.

▪ Die für die Ursprungskalkulation gewählte Methode muss für alle darauf folgenden Neukalkulationen grundsätzlich beibehalten werden (Methodenstetigkeit). Eine Fortentwicklung der Methode durchbricht dabei diese Methodenstetigkeit nicht (z. B. Verfeinerung von Methoden aufgrund neuer wissenschaftlicher Erkenntnisse oder verbesserter Datenqualität).

▪ Die Kalkulation, d. h. Datenquelle und Methode, muss sorgfältig dokumentiert sein.

kaum Anwendung für Firmen-Sach-Versicherung   In der Firmen-Sach- und BU-Versicherung wird man im Gegensatz zur privaten Sachversicherung kaum eine Prämienanpassungsklausel einführen, da es hier in der Regel weitere Tarifierungsmerkmale, wie z. B. Betriebsart und Höhe der Versicherungssumme, zu beachten gibt. Zugleich sind die Datenbestände meist kleiner. Parallel hierzu steigt der Arbeitsaufwand für die Erstkalkulation, bei der die Methodik festgelegt wird. Mit ihr entscheidet der VR über die Frage, wie differenziert die Prämienanpassung durchgeführt wird. Entscheidet er sich bei der Festlegung der Methode für den globalen Ansatz (Struktur und Niveau), kann dies zur Folge haben, dass auch Betriebsarten, Gefahren, Tarifzonen etc. angepasst werden müssen, die bei einer differenzierten Betrachtung positiv verlaufen.

2.2 Vertragsabschluss im Rahmen der gesetzlichen Möglichkeiten

Der Abschluss eines Versicherungsvertrags in der Sach-, der Technischen und der Transportversicherung ist Ergebnis und Ziel des Absatzprozesses innerhalb eines Versicherungsunternehmens. Neben diesem betriebswirtschaftlichen Aspekt wird im Folgenden nochmals eine kurze Übersicht über den Rahmen der gesetzlichen Möglichkeiten und Notwendigkeiten gegeben (vgl. hierzu auch die Hinweise in den vorangegangenen Kapiteln und den Grundlagenband „Marketing und Vertrieb von Versicherungs- und Finanzprodukten für Privatkunden (Köhne/Lange 2012)).

Grundlage für den Vertragsabschluss ist das Bürgerliche Gesetzbuch (BGB), das Versicherungsvertragsgesetz (VVG), das Versicherungsaufsichtsgesetz (VAG), das Handelsgesetzbuch (HGB) und die einschlägigen Gesetze und Verordnungen aus den Bereichen Datenschutz, Gesellschafts-, Aufsichts- und Wettbewerbsrecht. *Vertragsgrundlagen*

Der Versicherungsvertrag kommt durch zwei übereinstimmende Willenserklärungen zustande. Der Kunde bekundet seinen Willen, dass er für ein bestimmtes Risiko Versicherungsschutz haben möchte, und der VR bekundet, dass er bereit ist, das Risiko gegen Prämie zu versichern. *übereinstimmende Willenserklärungen*

Das VVG geht als Spezialgesetz den allgemeinen Rechtsvorschriften vor, die allgemeinen Rechtsvorschriften werden durch das VVG ergänzt. Weiterhin regelt das VVG die Verwendung der allgemeinen Versicherungsbedingungen.

Besonderheiten der Transportversicherung

Das VVG sieht in den §§ 209 und 210 VVG besondere Regelungen für die Rückversicherung, Seeversicherung sowie Großrisiken und die laufende Versicherung vor. Für die See- und Rückversicherung gilt das VVG generell nicht. Für Großrisiken und die laufende Versicherung kann der VR von allen Regelungen abweichen. Weicht er nicht davon ab, gelten weiterhin die gesetzlichen Vorschriften, sofern einzelne Bestimmungen keine besonderen Ausnahmeregelungen vorsehen (wie z. B. §§ 6–8 VVG bei Großrisiken). *§§ 209, 210 VVG*

Durch das gesetzliche Leitbild von Großrisiko und laufender Versicherung ist es möglich, nahezu vollständig die üblichen und bekannten Prinzipien des Abschlusses von Verträgen und speziell von Versicherungsverträgen zu modifizieren. Auch hinsichtlich der Beratung, der Information und des Widerrufsrechts ergeben sich Besonderheiten. Die §§ 6–8 VVG sehen vor, dass diese Regelungen bei Großrisiken nicht angewandt werden müssen. *gesetzliches Leitbild allgemeine Grundsätze des Rechts beachten*

Trotz dieser Freiheiten hat der VR die allgemeinen Grundsätze des Rechts zu beachten, insbesondere im Hinblick auf die Regelungen zur Gestaltung von allgemeinen Geschäftsbedingungen (§§ 305 ff. BGB). In den meisten Fällen ist jedoch erkennbar, dass die Transportversicherer weitgehend die allgemeinen Regelungen beim Abschluss von Versicherungsverträgen für die Transportversicherung übernehmen. Dies hängt zum einen damit zusammen, dass der VR immer gewährleisten muss, dass seine individuellen Bestimmungen dem deutschen Recht standhalten, und zum anderen damit, dass es aus betriebswirtschaftlicher bzw. technischer Sicht, z. B. beim Mahnverfahren, kaum sinnvoll wäre, eine Transportversicherung anders zu mahnen als die übrigen Produkte.

▶ Beispiel

Güterversicherung

Der Inhalt der Police gilt als vom VN genehmigt, ohne dass es eines Hinweises auf die Rechtsfolgen bedarf, wenn der VN nicht unverzüglich nach der Aushändigung widerspricht. Das Recht des VN, die Genehmigung wegen Irrtums anzufechten, bleibt davon unberührt.

§ 5 VVG abweichender Versicherungsschein

(1) Weicht der Inhalt des Versicherungsscheins von dem Antrag des VN oder den getroffenen Vereinbarungen ab, gilt die Abweichung als genehmigt, wenn die Voraussetzungen des Absatzes 2 erfüllt sind und der VN nicht innerhalb eines Monats nach Zugang des Versicherungsscheins in Textform widerspricht.

Ziffer 11.4 DTV-Güter 2000/2011

(2) Der VR hat den VN bei Übermittlung des Versicherungsscheins darauf hinzuweisen, dass Abweichungen als genehmigt gelten, wenn der VN nicht innerhalb eines Monats nach Zugang des Versicherungsscheins in Textform widerspricht. Auf jede Abweichung und die hiermit verbundenen Rechtsfolgen ist der VN durch einen auffälligen Hinweis im Versicherungsschein aufmerksam zu machen.

(3) Hat der VR die Verpflichtungen nach Absatz 2 nicht erfüllt, gilt der Vertrag als mit dem Inhalt des Antrags des VN geschlossen.

(4) Eine Vereinbarung, durch die der VN darauf verzichtet, den Vertrag wegen Irrtums anzufechten, ist unwirksam.

2.3 Formeller, technischer und materieller Versicherungsbeginn

§ 10 VVG formeller und technischer Beginn

Der Beginn des Versicherungsvertrags ist im VVG und in den AVB geregelt. Grundsätzlich beginnt die Versicherung nach § 10 VVG mit Beginn des Tages, an dem der Vertrag geschlossen wird. Analog endet der Vertrag mit Ablauf des letzten Tages der Vertragszeit. Der Zeitpunkt des Vertragsabschlusses ist der formelle Vertragsbeginn. Der im Versicherungsvertrag angegebene Beginn des Vertrags ist der technische Versicherungsbeginn.

Rücktrittsrecht

Die AVB in der privaten und gewerblichen Sachversicherung räumen dem VR ein Rücktrittsrecht für den Fall ein, dass der VN die erste Prämie nicht unverzüglich nach Vertragsabschluss zahlt. Das Rücktrittsrecht besteht bis zur Zahlung der Prämie durch den VN. Bis zur Zahlung der Erstprämie ist der VR weiterhin nicht zur Zahlung im Schadenfall verpflichtet, z. B. § 2 Teil B AFB 2010. Die Versicherung beginnt dann erst nach der Zahlung (materieller Versicherungsbeginn).

materieller Beginn

Voraussetzung für die Leistungsfreiheit ist, dass der VR dem VN durch gesonderte Mitteilung in Textform oder durch einen auffälligen Hinweis im Versicherungsschein auf diese Rechtsfolge der Nichtzahlung der Prämie aufmerksam gemacht hat. Der materielle Versicherungsbeginn kann durch eine Deckungszusage „vorgezogen" werden.

Deckungszusage

2.3.1 Besonderheiten in der Technischen Versicherung

Unabhängig vom vorgesehenen Versicherungsbeginn beginnt in der Technischen Versicherung der Versicherungsschutz im Rahmen der Maschinen- und Elektronikversicherung mit dem im Versicherungsvertrag aufgeführten Datum, frühestens aber mit der Betriebsfertigkeit.

Versicherungsbeginn erst mit Betriebsfertigkeit

Betriebsfertig ist eine Sache, sobald sie nach beendeter Erprobung und, soweit vorgesehen, nach beendetem Probebetrieb entweder zur Arbeitsaufnahme bereit ist oder sich in Betrieb befindet. Eine spätere Unterbrechung der Betriebsfertigkeit unterbricht den Versicherungsschutz nicht. Dies gilt auch während einer De- oder Remontage, Reparatur, Überholung sowie während eines Transportes der Sache innerhalb des Versicherungsorts. Diese Vereinbarung dient zur zeitlichen Abgrenzung der Maschinenversicherung zur Montageversicherung.

Betriebsfertigkeit

Abgrenzung Maschinen-/ Montageversicherung

Im Rahmen einer „Neu"-Montage, z. B. einer Produktionsmaschine, wird nach erfolgtem Aufbau die „kalte" Inbetriebnahme (Überprüfung, ggf. Funktionstest einzelner Komponenten) und die „warme" Inbetriebnahme (Fahren der Anlage ohne Produkt) durchgeführt. Anschließend wird die Maschine im Probebetrieb (in der Regel wenige Tage bis maximal vier Wochen; bei größeren und komplexeren Projekten, z. B. bei Großkraftwerken oder kompletten Produktionsstandorten, kann auch ein Probebetrieb von drei bis sechs Monaten stattfinden) unter Produktionsbedingungen getestet. Bis zum erfolgreichen Abschluss dieses Probebetriebs besteht Versicherungsschutz über die Montageversicherung.

kalte und warme Inbetriebnahme

Der Versicherungsschutz endet mit der Unterzeichnung des Abnahmeprotokolls durch den Betreiber bzw. Käufer der Anlage. Das Montageobjekt ist dann abgenommen. Der Versicherungsschutz endet auch, wenn die Montage beendet ist und der VN das versicherte Interesse dem VR gegenüber als erloschen bezeichnet hat.

Sobald die versicherte Maschine betriebsfertig ist, haftet der Maschinenversicherer auch während Unterbrechungen durch z. B. Reparaturen, Überholungen, Verlagerungen etc. innerhalb des Versicherungsorts (stationäre Maschinen). Das Wort „Unterbrechung" impliziert, dass dieser Zustand nur vorübergehend sein darf.

Unterbrechung durch Reparaturen etc.

▶ Beispiel

Eine Druckmaschine ist nach AMB versichert. Im Rahmen einer geplanten vierwöchigen Revision bzw. Wartung wird die Maschine außer Betrieb gesetzt. Im Zuge dieser Revision/ Wartung wird ein Druckwerk beschädigt. Hier besteht für den VN erst einmal Deckungsschutz im Rahmen der Maschinenversicherung.

In Verbindung mit Abschnitt B § 9 der AMB 2011 / ABMG 2011 ist jedoch zu beachten, dass gerade bei größeren und damit risikoreichen Umbaumaßnahmen bzw. Revisionen eventuell eine Gefahrerhöhung vorgenommen wird; nach Abgabe seiner Vertragserklärung darf der VN ohne vorherige Zustimmung des VR keine Gefahrerhöhung vornehmen oder deren Vornahme durch einen Dritten gestatten.

Der VN hat jede Gefahrerhöhung, die ihm bekannt wird, dem VR unverzüglich anzuzeigen, und zwar auch dann, wenn sie ohne seinen Willen eintritt. In solchen Fällen empfiehlt es sich daher, den VR über geplante größere Umbauarbeiten, Revisionen etc. zu informieren.

Ausnahme Klausel TK 1926 (11)

Eine Ausnahme von der Regel „Versicherungsbeginn erst mit Betriebsfertigkeit" findet sich in der Elektronik-Pauschalversicherung. Hier sind neue Anlagen, abweichend von § 1 Nr. 1 ABE 2010, bereits vor der Betriebsfertigkeit versichert. Der Versicherungsschutz beginnt mit der Übergabe der Sachen oder deren Teilen am Versicherungsort.

Spezieller Versicherungsbeginn in der Montageversicherung

Beginn der Montagedeckung

In der Montageversicherung beginnt die Haftung des VR auch mit dem vereinbarten Datum, aber frühestens, sobald die versicherten Sachen innerhalb des Versicherungsorts abgeladen worden sind. Mit dieser Formulierung ist klar, dass Werksmontage, die Herstellung von versicherten Sachen in den Werkstätten, Produktionsstätten der Hersteller nicht einerseits zum Montageplatz gehören können, und andererseits hier noch nicht der Versicherungsschutz begonnen hat.

Herstellerrisiko

Auch das sogenannte Herstellrisiko will der Montageversicherer nicht tragen, da Fehler oder Schäden während einer Herstellung durch kalkulierten Ausschuss in den Verkaufspreisen der Hersteller bereits berücksichtigt sind.

Spezieller Versicherungsbeginn in der Garantieversicherung

Lieferung ohne Montage

Der Beginn der Garantieversicherung bei Lieferungen ohne Montage, auch bei der Gestellung von Monteuren, ist mit dem Tag gegeben, an dem der Versand der versicherten Sache erfolgt oder an dem dem Besteller die Versandbereitschaft mitgeteilt wird.

Lieferung mit Montage

Der Beginn der Garantieversicherung bei Lieferungen mit Montage ist gegeben, wenn die versicherten Sachen betriebsfertig sind. Betriebsfertig ist eine Sache, sobald sie nach beendeter Erprobung und – soweit vorgesehen – nach beendetem Probebetrieb abgenommen ist, d. h. im lückenlosen Anschluss an die Montageversicherung.

2.3.2 Besonderheiten in der Transportversicherung

Der formelle Versicherungsbeginn als Zeitpunkt des Vertragsabschlusses ist bei der Einzelgüterversicherung mit der Annahme des Antrags durch den VR als erfüllt anzusehen (bei kurzfristigen Policen mit einer Laufzeit von weniger als einem Monat sieht § 8 Abs. 3 (1) VVG kein Widerrufsrecht vor). Selbiges gilt bei der laufenden Versicherung, wenn diese als Antragsmodell gestaltet ist. Der formelle Versicherungsbeginn bestimmt auch die Fälligkeit des Erstbeitrags.

▶ **Definition**

Die Prämie, einschließlich Nebenkosten und Versicherungssteuer, wird sofort nach Abschluss des Vertrags fällig.

Ziffer 12 DTV-Güter 2000/2011

Die Zahlung ist rechtzeitig, wenn sie unverzüglich nach Erhalt des Versicherungsscheins und/oder der Zahlungsaufforderung (Prämienrechnung) erfolgt.

Liegen die Bestimmungen für die laufende Versicherung zugrunde, ist die folgende Bestimmung zur Fälligkeit in Ziffer 5.3 der Bestimmungen für die laufende Versicherung zu beachten:

▶ **Definition**

Der Anspruch auf die Prämie entsteht mit dem Beginn der Versicherung und wird mit der Erteilung der Rechnung fällig. Die Prämie ist unverzüglich nach Erhalt der Prämienrechnung, spätestens innerhalb von 14 Tagen, zu zahlen.

Fälligkeit der Prämie

In der Verkehrshaftungsversicherung gibt es keine einheitliche Regelung im GDV-Modell, sodass im Zweifel die Bestimmungen des VVG anzuwenden sind, wenn der VR von den Bestimmungen des VVG nicht abweicht.

Der materielle Versicherungsbeginn ist in der Güterversicherung abhängig vom Beginn des einzelnen Transports, d. h. dem Beginn des Bewegungsrisikos. Zu beachten sind in der Güterversicherung daher die Besonderheiten hinsichtlich Beginn und Ende der Versicherung gemäß Ziffer 8 der DTV-Güter 2000/2011 („Dauer der Versicherung"). Praktisch bedeutet dies z. B. bei einem Einzeltransport: Auch wenn der technische Versicherungsbeginn auf den 01.02.2018 datiert ist, der versicherte Transport aber erst am 10.02.2018 beginnt, besteht vor dem 10.02.2018 kein Schadenersatzanspruch, da sich ein Schaden noch nicht realisieren kann. Eine Besonderheit ergibt sich allerdings aus Ziffer 7.4 der Bestimmungen für die laufende Versicherung bei der Kündigung des Vertrags:

Dauer der Versicherung

▶ **Definition**

Die Versicherung von Gütern, die vor Wirksamwerden der Kündigung begonnen hat, bleibt bis zu dem Zeitpunkt in Kraft, der für das Ende des Versicherungsschutzes maßgeblich ist.

Ziffer 7.4 DTV-Güter 2000/2011

Für lagernde Güter, ausgenommen transportbedingte Zwischenlagerungen, endet die Versicherung aufgrund der Kündigung am nächsten deklarierten Ablauftermin, spätestens einen Monat nach Kündigung.

In der Haftpflichtversicherung fallen üblicherweise der technische und materielle Versicherungsbeginn zusammen. In der Verkehrshaftungsversicherung dagegen sieht der Versicherungsbeginn vor, dass Verkehrsverträge versichert sind, die während der Laufzeit dieses Versicherungsvertrags abgeschlossen wurden (Ziffer 1.1 DTV-VHV 2003/2011). Der technische Beginn liegt vor dem materiellen Versicherungsbeginn. Das Ende des Versicherungsschutzes ist in Ziffer 13.3 bestimmt:

Ziffer 13.3 DTV-VHV
2003/2011

▷ Definition

Der Versicherungsschutz bleibt für alle vor Beendigung des Versicherungsvertrags abgeschlossenen Verkehrsverträge bis zur Erfüllung aller sich daraus ergebenden Verpflichtungen bestehen. Bei verfügten Lagerungen endet der Versicherungsschutz jedoch spätestens einen Monat nach Beendigung des Versicherungsvertrags.

Schließt der Spediteur am 31.12.2017 einen Verkehrsvertrag ab, der Leistungen im Jahr 2018 vorsieht, besteht für diese Leistungen im Jahr 2018 Versicherungsschutz, selbst wenn der Versicherungsvertrag bereits zum 31.12.2017 beendet wurde.

2.4   Bestandspflege, Bestandserhaltung und -ausbau

Wachstumsreife und
Sättigungsphase

Auf die Phase der Markteinführung folgen im Lebenszyklusmodell die Phasen des Wachstums, der Reife und der Sättigung. Die Wachstumsphase ist von starkem Nettowachstum geprägt. Das Nettowachstum wird durch die Absatzkapazitäten des VR und den Reaktionen der Konkurrenz beeinflusst. Der Vertrieb wird dem VR neue Risiken zuführen, die Verträge, die wieder aufgehoben werden müssen, sind demgegenüber noch zu vernachlässigen. Die Betriebskosten je Produktionseinheit (Versicherungsvertrag) sinken, die Risikokosten nehmen ab, da inzwischen gesicherte Risikoerkenntnisse vorliegen. In der Reife- und Sättigungsphase stagniert dann das Neugeschäft und das Storno des „Altbestands" nimmt zu.

Bestandspflege

Das Versicherungsunternehmen wird sich in dieser Phase verstärkt um die Pflege des Versicherungsbestands und dessen Erhaltung kümmern. Der Begriff der Bestandspflege wird unterschiedlich definiert. Unter dem Begriff Bestandspflege wird oft der Kundenservice oder der Kundendienst für die eigentliche Hauptleistung, die der VR zu erbringen hat, verstanden.

Kundendienst,
Kundenservice

▷ Definition

Unter dem Begriff Kundendienst oder Kundenservice wird im Allgemeinen eine betriebliche Organisationseinheit verstanden, die eine Zusatzleistung zur Hauptleistung erbringt. Die Begriffe Customer Service oder After Sales Service sind ebenfalls gebräuchlich.

Weiterhin wird teilweise auch der Begriff Support für eine problemorientierte Beratungstätigkeit, die als Kundendienst verstanden werden möchte, benutzt.

Kundendienst als
Nebenpflicht des VR

Der Kunde hat durch die Zahlung einer Prämie Anspruch auf die Bereitstellung des gewünschten Versicherungsschutzes. Die vertraglich eingegangenen Nebenpflichten des VR stellen die laufende, situationsbedingte Beratung dar (§ 6 Nr. 4 VVG). Die im VVG enthaltene Regelung, dass ein Beratungsanlass für ihn erkennbar sein muss, entbindet den VR nicht, sich nach der Situation des Kunden zu erkundigen, ihn über Änderungsmöglichkeiten in den Produkten und über allgemeine Änderungen zu informieren und zu beraten, d. h., Kundendienst zu praktizieren.

Der Kunde hat also Anspruch auf Kundendienst und nicht nur auf ein Serviceminimum, das garantiert, dass Berater und Mitarbeiter am Telefon höflich, freundlich und schnell sind. Die Bewertung der Kundendienstleistung kann anhand der folgenden Kriterien erfolgen:

Serviceminimum

- Verfügbarkeit des Kommunikationswegs,

Kundendienstleistung

- Erreichbarkeit,

- Reaktionszeit,

- Erfüllungsgrad der Leistung,

- Verständlichkeit,

- Engagement der Mitarbeiter.

Der anhaltende Wettbewerb und die Erkenntnis, dass das Geld in einem Unternehmen letztendlich vom Kunden kommt, haben bei vielen Unternehmen zu Bemühungen geführt, die Kundenbetreuung und den Kundenservice zu verbessern.

wachsende Bedeutung der Kundenbetreuung

Die hohen Anforderungen an effiziente Customer-Service-Center, die vielerorts zur Entlastung der Sachbearbeiter und der Vermittler eingerichtet wurden, sind durch die folgenden Gegebenheiten bedingt:

Customer-(Kunden) Service-Center

- eine ständig steigende Anzahl von Anfragen in Form von Anrufen und E-Mails,

- ein hoher Bedarf an qualifizierten Mitarbeitern,

- steigende Gesamtkosten der Kundenbetreuung.

Auch auf der Seite der Kunden haben sich die Erwartungen verändert, die Erwartungshaltung an Qualität und Geschwindigkeit des Services und die parallele Nutzung von Außendienst, Brief, Fax, E-Mail, Telefon und Internet ist deutlich gestiegen (vgl. zum Thema Service auch Kapitel 3 des Grundlagenbands *Marketing und Vertrieb von Versicherungs- und Finanzprodukten für Privatkunden* (Köhne/Lange 2012)).

Kundenerwartung

Aus Sicht der Bestandspolitik dient die Bestandspflege und ihre Kontrolle von Größe und Zusammensetzung des Versicherungsbestands der Sicherung der Größe und Mischung des Kollektivs. Der VR versucht, das versicherungstechnische Risiko durch gesteuerte Absatztätigkeit zu beeinflussen. Methoden hierfür sind die Gestaltung der Vergütungssysteme und eine gezielte Prämien- und Annahmepolitik.

Bestandspolitik

gesteuerte Absatztätigkeit

Zur Pflege eines Versicherungsbestands kann ein entsprechendes Programm zusammengestellt werden. Gestaltungsmerkmale hierfür können sein:

Gestaltungsmerkmale eines Programms zur Pflege des Versicherungsbestands

- Sortiment,

- Produkte,

- Kundengruppen,

- Tätigkeitsregionen.

Schutz vor Fremdzugriff

Das zentrale Ziel solcher Programme ist die Sicherung des Bestandsgeschäfts gegenüber der Konkurrenz, beispielsweise durch:

- Absatz neuer Versicherungsgeschäfte an Bestandskunden,
- Veränderungen/Änderungsgeschäft bestehender Versicherungen durch die Absatzorganisation oder durch Anpassungsklauseln,
- Verlängerung bestehender Versicherungsverträge durch die Absatzorganisation.

Bestandsverwaltung

Folgebearbeitung

Die Verwaltung des Versicherungsbestands wird in der Praxis auch Folgebearbeitung genannt. Die Bearbeitung des Bestands folgt auf den Absatzprozess und die Antragsbearbeitung, die auch als Erstbearbeitung bezeichnet werden kann. Die Erstbearbeitung und die Folgebearbeitung werden von den Mitarbeitern der Verwaltung (Betriebsabteilungen), zunehmend aber auch von den Vermittlern, vorgenommen.

Die Erstbearbeitung befasst sich mit der formellen und materiellen Antragsprüfung, hier erfolgt die Risikoprüfung, die Bestimmung des Versicherungsschutzes mit der Tarifierung, der Erstellung des Versicherungsscheins und der Dateneingabe in die IT-Systeme. Die Folgebearbeitung befasst sich mit den Veränderungen aller bestehender Versicherungsgeschäfte. Die Teilbereiche der Folgebearbeitung sind:

- Bearbeitung von Änderungen allgemeiner Art, wie Anschriftenänderungen,
- Änderungen des Versicherungsschutzes, wie Erhöhung der Versicherungssumme,
- Erzeugung entsprechender Versicherungsdokumente, wie Nachträge und Ersatzversicherungsscheine,
- Kundenberatung.

Bestandserhaltung

Die Bestandserhaltung ist eines der obersten Ziele des Vertriebs. Neben der (Neu-)Kundengewinnung zählt die Bindung des (Alt-)Kundenstamms an den VR zu den entscheidenden Erfolgsfaktoren, daher sind VR an nachhaltigen Kundenbeziehungen interessiert. Die Bestandserhaltung kann durch eine qualifizierte Beratung unterstützt werden, die sowohl durch den Vertrieb als auch durch die Mitarbeiter in den Betriebsabteilungen des VR erfolgen kann. Für die laufende Betreuung der Kunden erhält der Vermittler vom VR eine Bestandspflegeprovision.

Kundenbindung

Dass es günstiger ist, einen bestehenden Kunden zu halten als ihn zu verlieren und dafür einen neuen Kunden zu werben, gilt als Grundsatz der Kundenbindung. Der VR wird durch sein Kundenbindungsmanagement versuchen, den Kunden mit seinen Leistungen an sich zu binden, wobei Leistungen nicht immer mit Schadenzahlungen gleichzusetzen sind. Mögliche Bindungsparameter sind:

Bindungsparameter

- Kundenzufriedenheit,
- Qualitätswahrnehmung,
- Markenpräferenz.

Neue Ansätze, den Kunden als solchen zu halten, gehen weg von der ursprünglichen Kundenbindung durch „erzwungene Treue" hin zur Kundenloyalität. Loyalität bedeutet die innere Verbundenheit, die freiwillige Treue, das Teilen und Vertreten der Werte des anderen.

Kundenbindungsmanagement

Zur Bindung des Kunden, zur Gewinnung seiner Loyalität ist es von zentraler Bedeutung, seine Erwartungen im Hinblick auf das Produkt und das Produkterlebnis einzulösen bzw. zu übertreffen.

Kundenloyalität

Um zu beurteilen, welcher Kunde möglichst an das Versicherungsunternehmen zu binden ist, wird seit einigen Jahren verstärkt der Kundenwert als Kriterium herangezogen.

▶ Definition

> Der Kundenwert zeigt auf, welchen Beitrag ein Kunde zum Versicherungsunternehmenserfolg leistet und welchen er zukünftig leisten könnte. Der VR versucht im Voraus abzuschätzen, ob es sich um einen profitablen Kunden handelt.

Kundenwert

Bei der Abschätzung des Kundenwerts wird unterschieden zwischen dem Bestandswert und dem Entwicklungswert. Der Bestandswert bildet den Restwert der bestehenden Verträge eines Kunden ab, betrachtet werden die Rentabilität der Sparte, die Stornowahrscheinlichkeit und die individuelle Schadenerwartung. Der Entwicklungswert beziffert das Abschlusspotenzial des Kunden durch Cross- und Upselling.

Bestandswert
Entwicklungswert

Zu der Bestandspflege können auch die Sanierung einzelner Versicherungsverträge und Kundenbeziehungen sowie die Sanierung ganzer Bereiche einer Sparte gezählt werden. So kann z. B. durch die Veränderung der Einbruchkriminalität das Risiko für die Einbruchdiebstahlversicherung verändert werden. Der VR kann versuchen, ggf. in Verbindung mit der Polizei, den VN entsprechende Sicherungsmaßnahmen nahezulegen. Zusätzlich sollten für bislang schadenbelastete Objekte weitere Sicherungsmaßnahmen angeregt werden (siehe hierzu auch die Broschüre „Schlechte Geschäfte für Einbrecher" des GDV und der Polizei, 2009). Eine mögliche Sanierungsbemühung kann auch durch die Vereinbarung einer Selbstbeteiligung unterstützt werden.

Sanierung von Versicherungsverträgen und Kundenbeziehungen

Um die Bestandserhaltung sicherzustellen, kann die Sanierung einzelner Verträge bis hin zur Trennung von einem Risiko und einer Kundenverbindung führen. In diesem Fall hätte sich der Kundenwert als unter dem Sanierungswert liegend erwiesen, was die Kündigung zum Vertragsablauf oder beim nächsten Schaden zur Folge hätte.

Zusammenfassung

Versicherungsverträge in der Sachversicherung können als Einzelverträge, als verbundene oder gebündelte Verträge abgeschlossen werden.

Rahmen- und Generalpolicen sowie spezielle laufende Versicherungen runden die Gestaltungsformen ab. Besonders in der Technischen und der Transportversicherung sind diese Vertragsformen üblich.

AVB unterliegen der Kontrolle des AGB-Rechts. Sie dürfen für den VN nicht überraschend sein. Werden die AVB inhaltlich beanstandet, können sie unwirksam werden.

Für die Anpassung an die Schaden- und Kostenentwicklung kann der VR Prämienanpassungsklauseln mit dem VN in den AVB vereinbaren.

Durch die spezielle Risikolage in der Technischen Versicherung sehen die AVB vor, dass, abweichend vom vorgesehenen und vereinbarten Versicherungsbeginn, Versicherungsschutz z. B. erst nach der Betriebsfertigkeit einer Maschine besteht, obwohl der eigentliche Beginn des Vertrags und die erforderliche Prämienzahlung der Erstprämie schon erfolgt ist.

Zu den betrieblichen Kernprozessen zählen auch die Bestandspflege, die Erhaltung des Bestands und der Ausbau des Bestands. Dieser Kernprozess wird durch Kundenservice unterstützt und wesentlich beeinflusst. Ziel der Maßnahmen im Rahmen des Kundenservice ist eine auf Gegenseitigkeit beruhende dauerhafte Kundenbindung.

3. Beendigungsmöglichkeiten durch den VN und den VR

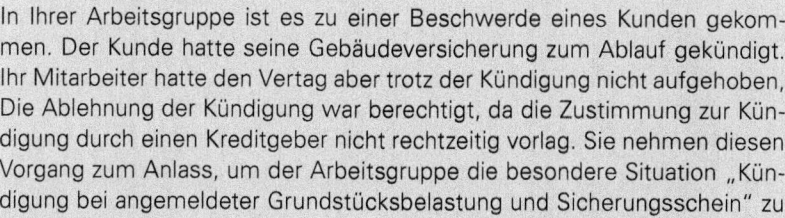

Handlungssituation

In Ihrer Arbeitsgruppe ist es zu einer Beschwerde eines Kunden gekommen. Der Kunde hatte seine Gebäudeversicherung zum Ablauf gekündigt. Ihr Mitarbeiter hatte den Vertag aber trotz der Kündigung nicht aufgehoben, Die Ablehnung der Kündigung war berechtigt, da die Zustimmung zur Kündigung durch einen Kreditgeber nicht rechtzeitig vorlag. Sie nehmen diesen Vorgang zum Anlass, um der Arbeitsgruppe die besondere Situation „Kündigung bei angemeldeter Grundstücksbelastung und Sicherungsschein" zu erklären.

Die Beendigungsmöglichkeiten eines Versicherungsvertrags sind gerade im Bereich der Versicherung von Sachwerten vielseitig. Nachstehend werden die Lösungsmöglichkeiten behandelt, die bei einer Vertragskündigung bestehen. Außerdem wird kurz auf die Rücktrittsmöglichkeiten, z. B. bei Nichtzahlung der Erstprämie (§ 37 VVG), eingegangen. Auf das Widerrufsrecht (§ 6 VVG), das ebenfalls zur Beendigungsmöglichkeit gehört, wird nicht weiter eingegangen.

Rücktritt

Widerrufsrecht

Die gesetzlich geregelte Vertragsbeendigung wegen Insolvenz des VR (§ 16 VVG) wird nicht weiterbehandelt. Sollte der seltene Fall einmal eintreten, endet der Versicherungsvertrag mit Ablauf eines Monats seit der Eröffnung des Insolvenzverfahrens.

Insolvenz des VR

Die Beendigung des Versicherungsvertrags kann auf der Seite des VN nur durch ihn selbst oder durch eine ausdrücklich dazu bevollmächtigte Person erklärt werden. Versicherungsmakler haben nur dann das Recht, im Namen des VN Verträge zu kündigen, wenn sie durch den Maklervertrag ausdrücklich bevollmächtigt werden.

Erklärung durch den VN

Diese Regelung wurde in dem Punktekatalog zur Vermeidung einer missbräuchlichen Ausgestaltung von Maklerverträgen aufgenommen. Der Punktekatalog wurde zwischen den Verbänden der Vermittler (VDVM) und anderen Maklerverbänden sowie dem GDV vereinbart.

Vollmacht in den Maklerverträgen

Auszug aus dem Punktekatalog

Punktekatalog

Aus der Formulierung seiner selbstständigen oder in einem Maklervertrag enthaltenen Vollmacht muss sich unter ausdrücklicher Verwendung der Worte „Vollmacht" oder „bevollmächtigen" sowie „Kündigung" oder „kündigen" für den Vollmachtgeber unmissverständlich ergeben, dass und inwieweit und wie lange der Makler zur Kündigung bereits bestehender und/ oder zum Abschluss neuer Versicherungsverträge ermächtigt sein soll.

Erklärung durch
den VR
Auf der Seite des VR ist eine Kündigung oder ein Rücktritt nur durch den VR selbst möglich. Bei Versicherungsvereinen auf Gegenseitigkeit kann die Satzung bestimmen, dass solche Erklärungen nur vom Vorstand selbst abgegeben werden dürfen.

Abschlussvermittler
Versicherungsvermittler haben nach § 69 Nr. 2 VVG nur die Vollmacht, Kündigungen und Rücktrittserklärungen vom VN entgegenzunehmen. Besitzt ein Vermittler Abschlussvollmacht (§ 71 VVG), ist er auch befugt, Kündigungen und Rücktrittserklärungen abzugeben.

3.1 Vertragsablauf

Vertragsdauer

bestimmte Zeit
unbestimmte Zeit
Ein Versicherungsvertrag endet formal mit dem Ablauf (Mitternachtsregel) des letzten Tages der Vertragszeit (§ 10 VVG). Die mögliche Vertragsdauer eines Versicherungsvertrags kann auf eine bestimmte Zeit festgelegt werden oder auf unbestimmte Zeit ausgelegt sein. Im Bereich der Sachversicherung finden wir in der Praxis nur die auf eine bestimmte Zeit festgelegte Vertragsdauer. In der Vergangenheit war bei einigen VR z. B. auch der Abschluss einer lebenslangen Hausratversicherung möglich

langfristige Verträge
Innerhalb der bestimmten Vertragsdauer besteht die Möglichkeit, Verträge über einen längeren Zeitraum abzuschließen, hier beträgt dann die Vertragsdauer mindestens ein Jahr; oder der Vertrag wird von vornherein für eine kürzere Laufzeit abgeschlossen, um z. B. ein Bauvorhaben oder ein Montageobjekt zu versichern. Die unterjährigen Laufzeiten sind also für kurzfristige Risiken vorgesehen.

kurzfristige Verträge
Kurzfristig laufende Verträge werden bewusst nur für den zu sichernden Zeitraum abgeschlossen, eine automatische Verlängerung ist aus diesem Grund auch nicht erforderlich. Sollte über den vorgesehenen Ablauf weiterer Versicherungsbedarf bestehen, z. B. weil das Gebäude noch nicht fertiggestellt ist, muss der Kunde eine Verlängerung beantragen, um Versicherungsschutz zu bekommen.

automatische
Verlängerung
Versicherungsverträge, die eine Mindestlaufzeit von einem Jahr haben, sehen eine automatische Verlängerung der Vertragslaufzeit vor. Das VVG sieht im § 11 Nr. 1 vor, dass eine Verlängerung von mehr als einem Jahr nicht möglich ist. Eine Vereinbarung, dass sich der Vertrag automatisch um z. B. zwei Jahre verlängert, ist unwirksam.

Die Versicherungsbedingungen greifen diese Bestimmung auf und fassen sie in einer sogenannten Verlängerungsklausel zusammen.

Stillschweigende Verlängerung

Verlängerungsklausel
AFB 2010 Teil B,
§ 3 Nr. 1
Bei einer Vertragsdauer von mindestens einem Jahr verlängert sich der Vertrag um jeweils ein Jahr, wenn nicht dem Vertragspartner spätestens drei Monate vor dem Ablauf des jeweiligen Versicherungsjahres eine Kündigung zugegangen ist.

Die Vertragskündigung zum Ablauf des Vertrags ist für beide Vertragspartei-en möglich. Die vorgesehene Kündigungsfrist muss für beide Vertragsparteien gleich sein, sie darf maximal drei Monate betragen (§ 11 Nr. 3 VVG). *beiderseitiges Kündigungsrecht*

Beträgt die vereinbarte Versicherungsdauer mehr als drei Jahre, kann der VN zum Schluss des dritten oder jedes darauf folgenden Jahres unter Einhaltung einer Frist von drei Monaten den Vertrag kündigen. Der VR ist an die tatsächlich vereinbarte Vertragsdauer gebunden. *Laufzeit über drei Jahre*

> ### ▶ Beispiel
>
>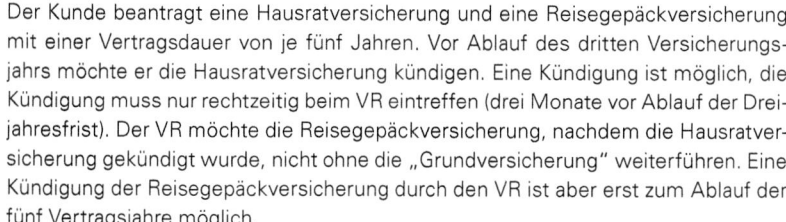
>
> Der Kunde beantragt eine Hausratversicherung und eine Reisegepäckversicherung mit einer Vertragsdauer von je fünf Jahren. Vor Ablauf des dritten Versicherungs-jahrs möchte er die Hausratversicherung kündigen. Eine Kündigung ist möglich, die Kündigung muss nur rechtzeitig beim VR eintreffen (drei Monate vor Ablauf der Drei-jahresfrist). Der VR möchte die Reisegepäckversicherung, nachdem die Hausratver-sicherung gekündigt wurde, nicht ohne die „Grundversicherung" weiterführen. Eine Kündigung der Reisegepäckversicherung durch den VR ist aber erst zum Ablauf der fünf Vertragsjahre möglich.

Eine Vertragskündigung zum Ablauf kann zustimmungspflichtig sein, wenn z. B. ein Sicherungsschein ausgestellt wurde oder ein Grundpfandgläubiger seine Rechte beim VR angemeldet hat. Das VVG sieht in § 144 eine Schutzbe-stimmung für den Hypothekengläubiger vor. *zustimmungspflichtige Vertragsaufhebung*

Hat ein Hypothekengläubiger seine Hypothek angemeldet, ist eine Kündigung einer *Gebäudefeuerversicherung* durch den VN nur wirksam, wenn der VN min-destens einen Monat vor Ablauf des Versicherungsvertrags nachweist, dass zu dem Zeitpunkt, zu dem die Kündigung spätestens zulässig war, das Grundstück nicht mit einer Hypothek belastet war oder dass der Hypothekengläubiger der Kündigung zugestimmt hat. *angemeldete Hypothek*

Der Hypothekengläubiger darf die Zustimmung nicht ohne ausreichenden Grund verweigern. Für andere Grundpfandrechte (Grundschuld, Rentenschuld, Reallast) gelten die Bestimmungen entsprechend (§ 148 VVG). *andere Grundpfandrechte*

Die Anmeldung erfolgt in der Regel durch das Formular VdS 1520, das der GDV/ VR zur Verfügung stellt. Kreditinstitute verwenden auch eigene Vordru-cke, die jedoch auf den Inhalt des GDV-Formulars abgestimmt sind. Der VR ist verpflichtet, die Anmeldung zu bestätigen und Auskunft über das Bestehen des Versicherungsschutzes sowie über die Höhe der Versicherungssumme zu erteilen (§ 146 VVG). *Anmeldung*

Auskunftspflicht

Neben der Ablaufkündigung und der erforderlichen Zustimmung, die bereits im § 144 VVG geregelt ist, sichert der VR dem Realgläubiger weitere rechtlich verbindliche Informationen zu:

- Anzeige, wenn ein Zahlungsrückstand gem. § 37 und § 38 VVG besteht. Bei nicht rechtzeitiger Zahlung der Folgeprämie bleibt die Entschädigungspflicht des VR gegenüber dem Realgläubiger noch einen Monat von dem Zeitpunkt an bestehen, in welchem der Realgläubiger die Mitteilung von der Bestim-mung der Zahlungsfrist erhalten hat (§ 142 Nr.1 und § 143 Nr. 1 VVG). *Anzeige Zahlungsrückstand*

▣ Hinweis

Leistungsfreiheit erst nach Monatsfrist

Bei nicht rechtzeitiger Zahlung einer Folgeprämie bleibt der VR gegenüber einem Hypothekengläubiger, der seine Hypothek angemeldet hat, bis zum Ablauf eines Monats ab dem Zeitpunkt zur Leistung verpflichtet, zu welchem dem Hypothekengläubiger die Bestimmung der Zahlungsfrist oder, wenn diese Mitteilung unterblieben ist, die Kündigung mitgeteilt worden ist (§ 143 Nr. 1 VVG).

■ Mitteilung über Kündigung wegen Nichtzahlung.

Zwei-Monatsregel

■ Information über Beendigung des Vertrags durch Kündigung, Rücktritt oder Ablauf. Eine Beendigung des Versicherungsverhältnisses wirkt gegenüber dem Realgläubiger erst mit Ablauf von zwei Monaten, nachdem ihm die Beendigung durch den VR mitgeteilt worden ist oder der Realgläubiger auf andere Weise (z B. durch den VN) hiervon Kenntnis erlangt hat. Die Zwei-Monats-Regelung gilt nicht, wenn das Versicherungsverhältnis mit Zustimmung des Realgläubigers gekündigt oder wegen Nichtzahlung der Prämie beendet wird. Das gleiche gilt, wenn VR und VN eine Minderung der Versicherungssumme oder der versicherten Gefahr vereinbaren (§ 143 Nr. 2 und 3 VVG).

■ Anzeige eingetretener bedeutender Schäden (§ 142 Nr. 2 VVG)

▣ Exkurs: Grundpfandrechte

Vertragliche Pfandrechte zur Kreditsicherung an Grundstücken oder grundstücksgleichen Rechten werden im Kreditwesen Grundpfandrechte genannt. Wird die gesicherte Forderung nicht erfüllt, so kann der Kreditgeber durch Vollstreckung in das Grundstück dessen Verwertungserlöse zur Kreditrückzahlung heranziehen.

Zu ihnen zählen die Hypothek (§ 1113 BGB), die Grundschuld (§ 1191 BGB) und die Rentenschuld (§ 1199 BGB). Ein Realkredit ist ein Kredit, der durch Grundpfandrechte (Hypothek oder Grundschuld) gesichert ist.

■ *§ 1113 BGB Hypothek*

Hypothek

Ein Grundstück kann in der Weise belastet werden, dass an denjenigen, zu dessen Gunsten die Belastung erfolgt, eine bestimmte Geldsumme zur Befriedigung wegen einer ihm zustehenden Forderung aus dem Grundstück zu zahlen ist (Hypothek). Im Gegensatz zur Grundschuld muss hier eine Forderung zugrunde liegen.

Akzessorietät

Die Hypothek dient der Sicherung einer Geldforderung und setzt für ihr Bestehen eine wirksame (schon oder noch) bestehende Geldforderung voraus (Akzessorietät).

Akzessorietät (von lat. accedere: „hinzutreten") ist ein allgemeiner Rechtsbegriff, mit dem im Kreditwesen die gesetzlich vorgesehene enge Verknüpfung einer Kreditsicherheit mit einer (Kredit-)Forderung gemeint ist. Das Gesetz verlangt in diesen Fällen stets eine Abhängigkeit der Kreditsicherheit von einem Kredit und umgekehrt.

■ *§ 1191 BGB Grundschuld*

Grundschuld

Die Grundschuld ist nach deutschem Sachenrecht das dingliche Recht, aus einem Grundstück oder einem grundstücksgleichen Recht (beispielsweise einem Wohnungseigentum oder einem Erbbaurecht) die Zahlung eines bestimmten Geldbetrages zu fordern.

Die Grundschuld ist abstrakt, d. h. losgelöst von einer persönlichen Forderung, sie setzt keine Forderung voraus. Sie gewährt dem Gläubiger ein Recht, sich wegen der Grundschuldsumme aus dem Grundstück zu befriedigen.

- § 1199 BGB Rentenschuld

  Die Rentenschuld besteht in der Belastung eines Grundstücks in der Form, dass *Rentenschuld*
  zu regelmäßig wiederkehrenden Terminen eine bestimmte Geldsumme aus dem
  Grundstück zu zahlen ist (Rente). Sie ist eine Unterart der Grundschuld.

- § 1105 BGB Reallast

  Die Reallast ist nach deutschem Sachenrecht das Recht einer bestimmten Per- *Reallast*
  son, aus einem Grundstück wiederkehrende Leistungen zu verlangen.

  Diese Leistungen müssen (anders als bei Grundschuld und Hypothek) nicht zwingend in der Zahlung von Geld bestehen. Auch andere Dienst- und Sachleistungen
  sind möglich. Die Reallast führt (anders als die Dienstbarkeiten) nicht zu einer unmittelbaren Nutzungsbefugnis des Berechtigten am Grundstück. Es ist vielmehr
  dem verpflichteten Eigentümer des belasteten Grundstücks überlassen, auf welche
  Weise er die zur Erfüllung der Reallast erforderlichen Leistungen erwirtschaftet.

  In der Praxis wird die Reallast häufig im Zusammenhang mit dem Altenteilsrecht *Altenteilsrecht*
  eingesetzt. Der bisherige Eigentümer übergibt schon zu Lebzeiten das Grundstück
  an seinen Nachfolger, sichert seinen bislang aus dem Grundstück bestrittenen Bedarf aber durch Reallasten z. B. in Form von Sachleistungen, monatlichen Versor-
  gungsrenten und Pflegeleistungen ab.

Die besonderen Schutzvorschriften des VVG beziehen sich nur auf die Gebäu- *weitere*
defeuerversicherung. Um Kreditgeber und Leasinggeber in ähnlicher Weise zu *„Schutzvorschriften"*
schützen, bedarf es einer besonderen Vereinbarung zwischen dem Kreditge-
ber/Leasinggeber, dem VN und dem VR. Der GDV und die VR bieten für diese
Sicherung ebenfalls Formulare an:

- Sicherungsschein VdS 1522 für die Feuerversicherung von Maschinen und/
  oder Einrichtungsgegenständen, landwirtschaftlichen Inventarien gemäß
  Pachtkreditgesetz, Handelswaren und Gebäuden, die gemäß § 95 Nr. 1 BGB
  nicht Bestandteil eines Grundstücks sind.

- Versicherungsbestätigung für Kreditgeber/Leasinggeber VdS 1523 für die *Versicherungs-*
  Feuer-, Einbruchdiebstahl-, Leitungswasser-, Sturm-, Technische und Ele- *bestätigung für Kredit-*
  mentarversicherung für Gebäude und/oder Anlagen, Maschinen und/oder *geber/Leasinggeber*
  Einrichtungsgegenstände, Handelswaren, Maschinen und/oder Geräte (ausgenommen Schiffsmaschinen).

Durch den Sicherungsschein VdS 1522 und die Versicherungsbestätigung VdS *Verpflichtung des VR*
1523 verpflichtet sich der VR zur Anzeige,

- wenn ein Zahlungsrückstand gem. § 37 und § 38 VVG besteht,

- dass das Versicherungsverhältnis ganz oder teilweise gekündigt wird, ab-
  läuft oder aus sonstigem Grunde vorzeitig endet.

Eine Kündigung des Vertrags durch den VN ist ebenfalls, wie bei der Gebäude-
feuerversicherung, zustimmungspflichtig.

Versicherungsschutz trotz Vertragsaufhebung

Durch eine Vertragskündigung zum Ablauf wird der Versicherungsvertrag for- *abweichende*
mell beendet, gleichzeitig endet die Prämienzahlungspflicht (technisches Ver- *materielle*
tragsende). Die materielle Leistungspflicht des VR kann aber über die eigentli- *Vertragsdauer*
che Vertragsdauer hinaus anhalten.

Ertragsausfall Solche Konstruktionen sind z. B. in der Ertragsausfallversicherung zu finden. In der Betriebsunterbrechungsversicherung (FBUB 2010) richtet sich die materielle Leistungsdauer nach der Haftzeit.

▣ Definition

§ 3 Nr. 3 FBUB 2010
Haftzeiten
Die Haftzeit legt den Zeitraum fest, für den der VR Entschädigung für den Ertragsausfallschaden leistet. Die Haftzeit beginnt mit Eintritt des Sachschadens. Die Haftzeit beträgt 12 Monate, soweit nichts anderes vereinbart ist. Ist die Haftzeit nach Monaten bemessen, so gelten jeweils 30 Kalendertage als ein Monat. Ist jedoch ein Zeitraum von 12 Monaten vereinbart, so beträgt die Haftzeit ein volles Kalenderjahr.

Leistung über die Vertragszeit Liegt der Sachschaden in der zeitlichen Nähe zu dem tatsächlichen Vertragsablauf, da eine der Vertragsparteien den Vertrag gekündigt hat, kann die Leistungspflicht in die „vertragslose Zeit" hineinragen.

▣ Beispiel

Der Kunde hat seine Feuer-BU-Versicherung zum Ablauf des Vertrags am 01.02.2018 gekündigt. Am 01.12.2017 ereignet sich ein Feuerschaden, der eine Betriebsunterbrechung zur Folge hat. Die Unterbrechung des Betriebs ist am 23.04.2018 beendet.

Trotz des formellen Endes des Vertrages zum 01.02.2018 besteht materieller Versicherungsschutz.

Mietausfall, Maschinen-BU Ähnliche Auswirkungen haben Leistungsfälle in der Mietausfallversicherung (VGB 2016 und ABM 2010) sowie in der Maschinen-Betriebsunterbrechungsversicherung (AMBUB 2011).

Ende der Vertragslaufzeit gegenüber Ende des Versicherungsschutzes

Sonderregelung in der Bauleistungs-Versicherung Die Technische Versicherung kennt eine abweichende Behandlung der Versicherungsdauer und des Endes des Versicherungsschutzes. So sind z. B. in den Allgemeinen Bedingungen für die Bauleistungsversicherung für Auftraggeber (ABN 2011) neben der Regelung zur Beendigung des Vertrags auch noch Bestimmungen über das Ende des Versicherungsschutzes (§ 3 Teil B ABN 2011) enthalten.

Ende des Versicherungsschutzes Der Versicherungsschutz endet spätestens zu dem im Versicherungsschein angegebenen Zeitpunkt. Vor Ende des Versicherungsschutzes kann der VN die Verlängerung des Versicherungsschutzes beantragen. Der Versicherungsschutz endet

a)   mit der Bezugsfertigkeit oder

b)   nach Ablauf von sechs Werktagen seit Beginn der Benutzung oder

c)   mit dem Tage der behördlichen Gebrauchsabnahme.

Maßgebend ist der früheste dieser Zeitpunkte. Für Restarbeiten besteht weiterhin Versicherungsschutz. Liegen vorstehende Voraussetzungen nur für eines von mehreren Bauwerken oder für einen Teil eines Bauwerks vor, so endet der Versicherungsschutz für dieses eine Bauwerk oder für diesen Teil des Bauwerks.

Ende des Versicherungsschutzes für versicherte Unternehmer

Der Versicherungsschutz eines versicherten Unternehmers endet mit dem Zeitpunkt, in dem die Bauleistung oder Teile davon abgenommen werden oder laut Bauvertrag als abgenommen gelten oder in dem der Auftraggeber in Abnahmeverzug gerät.

Für Baustoffe und Bauteile endet der Versicherungsschutz einen Monat nach dem Ende des Versicherungsschutzes für die zugehörige Bauleistung; das Gleiche gilt für versicherte Hilfsbauten und Bauhilfsstoffe.

▶ Beispiel

Bei Dachdeckungsarbeiten wird die Abdichtung durch Arbeiter eines nicht mehr feststellbaren Unternehmens beschädigt. Anschließend wird eine Estrichschicht aufgebracht, ohne dass die Beschädigung bemerkt wurde. Das Gebäude wird abgenommen und in Bezug genommen. Die Haftung des VR für dieses Neubauprojekt ist somit beendet.

Wochen nach Inbenutzungnahme regnet es stark und Wasser dringt in die Räume des Gebäudes. Man stellt fest, dass die Abdichtung Beschädigungen aufweist. Diese Beschädigungen fallen, da sie noch während der Haftungszeit des VR eingetreten sind (Abdichtung wird durch Arbeiter während der Bauphase beschädigt), unter den Versicherungsschutz.

Nicht unter den Versicherungsschutz fallen die Schäden, die infolge dieses Erstschadens durch das eindringende Wasser am Gebäude verursacht werden, da dieses Ereignis erst nach Ende der Haftung (Bezugsfertigkeit, Inbenutzungnahme) eingetreten ist.

Nachhaftung nach Ende des Versicherungsschutzes

Nach Ende des Versicherungsschutzes besteht für den VR keine Leistungspflicht mehr. Wenn noch über das Vertragsende hinaus Versicherungsschutz bestehen soll, bieten die VR sogenannte Nachhaftungsklauseln an.

Nachhaftungsklauseln

▶ Beispiele für den weiteren Versicherungsbedarf

Der Kunde lässt ein Bürogebäude errichten. Die Fertigstellung des Gebäudes ist für den 14.03. geplant. Der Kunde beantragt zur Absicherung während der Bauphase eine Bauleistungsversicherung, der Vertrag (ABN 2011) wird ebenfalls bis zum 14.03. abgeschlossen.

- *Fall 1:* Bei der Bauabnahme wurden noch kleinere Baumängel festgestellt, die nach dem 14.03. beseitigt werden. Durch die Nacherfüllungsarbeiten entsteht ein Bauleistungsschaden. Nach den ABN Teil B § 3 endet der Vertrag mit der Bauabnahme, spätestens mit dem Ablauf des Versicherungsvertrags. Für die Nacharbeiten besteht kein Versicherungsschutz.

- *Fall 2:* Am 23.04. wird ein Bauleistungsschaden festgestellt, der sich aber schon während der Bauphase ereignet hat. Nach den ABN Teil B § 3 endet der Vertrag mit der Bauabnahme, spätestens mit dem Ablauf des Versicherungsvertrags. Für den Schaden besteht kein Versicherungsschutz mehr.

Um hier weiterhin Versicherungsschutz zu bieten, werden Nachhaftungsklauseln angeboten.

Ende der Haftung und Nachhaftung in der Montageversicherung

Extended /
Visit Maintenance

Für die Montageversicherung gibt es analoge Klauseln. Für die erweiterte Nachhaftung ist es die Klausel TK 7290 (11) (Extended Maintenance) und für die Nachhaftung die Klausel TK 7291 (11) (Visit Maintenance).

 ▶ **Definition**

Maintenance-
Versicherung

Der Ausdruck „Maintenance" bedeutet Instandhaltung und Wartung und ist zunehmend in Kauf- oder Lieferverträgen anzutreffen.

Während der Maintenance-Dauer, die mit der Dauer der Gewährleistung meist übereinstimmt, hat der Unternehmer bestimmte, teilweise schon in den Kaufverträgen niedergelegte Verantwortlichkeiten zu leisten.

Haftungsende

Mängel bei Abnahme

Restarbeiten

Die Deckung der Montageversicherung endet mit der Abnahme durch den Auftraggeber/Besteller. Häufig werden aber mit dem Abnahmeprotokoll gleichzeitig Mängelpunkte aufgelistet, die das Montageunternehmen noch nach der Abnahme abzuarbeiten hat, oder es sind noch Restarbeiten zu liefern. Vielfach sind diese Restarbeiten und Mängelbeseitigungen schon in den Kauf-, Liefer- oder Werkverträgen festgelegt worden.

Da in der Montageversicherung die Deckung mit der Abnahme geendet ist, sind solche Arbeiten, die der Unternehmer noch nach der Abnahme ausführen muss, für den Unternehmer nicht mehr versichert. Sie können zusätzlich über Klauseln versichert werden.

- Die Deckungsform der Klausel TK 7291 (11) (Visit Maintenance) bietet neben der Deckung der Visit-Maintenance auch teilweise Risiken der Garantiedeckung.

- Die Deckungsform der Klausel TK 7290 (11) (Extended Maintenance) umfasst die Visit-Cover und zusätzlich die Deckung für Sachschäden, deren Ursache in Fehlern während der Montage- oder Erprobungszeit liegt.

Garantieversicherung

Dieser Schutz ist auch in der Garantieversicherung enthalten. Aus diesem Grund kann neben einer Garantieversicherung auch nur eine Visit-Cover-Deckung, nicht aber eine Extended-Cover-Deckung abgeschlossen werden, weil sonst eine partielle Doppelversicherung bestehen würde.

3.2 Laufende Versicherung

Die laufende Versicherung kennt mehrere Vertragsdauern bzw. Vertragsabläufe. Der Rahmenvertrag wird meistens für die Dauer eines Jahres abgeschlossen, für ihn gelten dieselben rechtlichen Vorschriften wie für „normale" langfristig abgeschlossene Verträge. Er verlängert sich von Jahr zu Jahr, wenn er nicht durch eine Partei spätestens drei Monate vor Ablauf gekündigt wird. Die Anmeldungen sind kurzfristige Einzelverträge, sie verlängern sich nicht automatisch.

Eine Gefahrerhöhung berechtigt, abweichend von § 24 VVG, den VR nicht zur Kündigung des Vertrages (§ 57 VVG). Bei einer schuldhaften Verletzung einer Obliegenheit kann der VR den Vertrag innerhalb eines Monats, nachdem er

Kenntnis von der Verletzung erlangt hat, mit einer Frist von einem Monat kündigen (§ 58 Nr. 2 VVG).

3.3 Kündigung mangels Zahlung

Der VR ist berechtigt, solange die erste oder einmalige Prämie nicht rechtzeitig bezahlt ist, vom Vertrag zurückzutreten (§ 37 VVG). Ist die Folgeprämie (§ 38 VVG) nicht rechtzeitig gezahlt, kann der VR dem VN eine Frist für die Bezahlung setzen. Nach Ablauf der Frist kann der VR ohne Einhaltung einer Frist den Vertrag kündigen.

Erstprämie

Folgeprämie

Die Kündigung kann als isolierte Kündigung oder als integrierte Kündigung erfolgen. Die isolierte Kündigung wird nach der Fristsetzung separat ausgesprochen, die integrierte Kündigung erfolgt zusammen mit der Fristsetzung.

Ist die Frist verstrichen und die Prämie noch nicht bezahlt, wirkt die Kündigung. Der Kunde kann die Vertragskündigung abwehren, indem er innerhalb eines Monats nach der Kündigung die Prämie zahlt.

Abwehr der Kündigung

3.4 Kündigung bei Prämienerhöhung

Versicherungsbedingungen in der Sachversicherung haben häufig Anpassungsklauseln, die den VR berechtigen, die Prämie zu erhöhen, ohne dass sich der Umfang des Versicherungsschutzes entsprechend ändert.

Kündigungsmöglichkeit bei Prämienanpassung

Der VN hat im Falle einer Prämienerhöhung das Recht, innerhalb eines Monats nach Zugang der Mitteilung, mit sofortiger Wirkung, frühestens mit dem Zeitpunkt der Wirksamkeit der Erhöhung, zu kündigen (§ 40 Nr. 1 VVG). Erhöht sich die Prämie nicht, aber der Versicherungsschutz wird entsprechend vermindert, steht dem Kunden ebenfalls das Recht zur Kündigung des Vertrags zu (§ 40 Nr. 2 VVG).

3.5 Anzeigepflicht

Bei Verletzung der Anzeigepflicht (§ 19 VVG), steht dem VR ein Rücktrittsrecht innerhalb eines Monats nach Kenntnis zu. Voraussetzung ist, dass der VN die Verletzung vorsätzlich oder grob fahrlässig vorgenommen hat. Hätte der VR (Annahmerichtlinien des VR) das Risiko auch in Kenntnis der nicht angezeigten Umstände versichert, besteht das Rücktrittsrecht nur, wenn eine vorsätzliche Verletzung vorliegt. Besteht keine Rücktrittsmöglichkeit, wird der Vertrag dann nach den anderen Bedingungen fortgeführt.

Rücktrittsrecht

Annahmerichtlinien

Erhöht der VR die Prämie durch die Vertragsumstellung um mehr als 10 % oder schließt er Risikoteile vom Versicherungsschutz aus, kann der VN den Vertrag innerhalb eines Monats nach Zugang der Mitteilung fristlos kündigen.

Kündigung durch VN

Für den VR besteht weiterhin die Möglichkeit, den Vertrag wegen arglistiger Täuschung anzufechten (§ 22 VVG).

> ▶ **Definition**

arglistige Täuschung

Arglistige Täuschung liegt vor bei vorsätzlicher Erregung oder Erhaltung eines Irrtums durch falsche Behauptungen oder Verschweigen wahrer Tatsachen. Arglist ist erwiesen, wenn nicht einmal ansatzweise andere Motive für die erwiesenermaßen bewusst unrichtigen Angaben erkennbar sind. Der VN will mit den unrichtigen Angaben die Willensbildung des VR beeinflussen.

3.6 Gefahrerhöhung

Hat sich eine bestehende versicherte Gefahr verändert, kann der VR berechtigt sein, das Vertragsverhältnis zu kündigen (§ 24 VVG). Die Kündigungsmöglichkeit richtet sich danach, ob es sich um eine gewollte oder eine ungewollte Gefahrerhöhung handelt. Übt der VR sein Kündigungsrecht nicht innerhalb eines Monats nach Kenntnis aus, entfällt das Kündigungsrecht (Klarstellungserfordernis).

Klarstellungs-erfordernis

gewollt

- *Gewollte Gefahrerhöhung*

  Der VR hat das Recht, bei Vorliegen von Vorsatz oder grober Fahrlässigkeit den Vertrag fristlos zu kündigen. Liegt einfache Fahrlässigkeit vor, kann der Vertrag nur mit Monatsfrist gekündigt werden.

ungewollt

Wiederherstellung des alten Zustands

- *Ungewollte Gefahrerhöhung*

  Der VR kann den Vertrag mit Monatsfrist kündigen. Wird der Zustand wiederhergestellt, der vor der Gefahrerhöhung bestand, entfällt das Kündigungsrecht.

höhere Prämie oder Ausschluss der höheren Gefahr

Statt einer Kündigung des Vertrags kann der VR den Vertrag auch mit einer höheren Prämie oder unter Ausschluss der höheren Gefahr weiterführen (§ 25 VVG).

Kündigung durch den VN

Erhöht der VR die Prämie durch die Vertragsumstellung um mehr als 10 % oder schließt er Risikoteile vom Versicherungsschutz aus, kann der VN den Vertrag innerhalb eines Monats nach Zugang der Mitteilung fristlos kündigen.

3.7 Vertragliche Obliegenheit

§ 28 VVG

Bei einer Verletzung der Obliegenheit, die vor Eintritt des Versicherungsfalls zu erfüllen war, kann der VR innerhalb eines Monats fristlos kündigen, sofern die Verletzung vorsätzlich oder grob fahrlässig erfolgte (§ 28 VVG).

3.8 Teilrücktritt

Teilrücktritt

Aufhebung des „Restvertrags"

Wenn der Grund für einen Rücktritt oder eine Kündigung seitens des VR nur für einen Teil des Vertrags möglich ist, steht dem VR das Recht zur Kündigung oder zum Rücktritt für den übrigen Teil nur dann zu, wenn anzunehmen ist, dass für diesen Teil allein der VR den Vertrag unter gleichen Bedingungen nicht geschlossen hätte (§ 29 Nr. 1 VVG).

Der VN kann, wenn der VR von seinem Recht der Kündigung oder des Rücktritts eines Teils des Vertrages Gebrauch macht, den „Restvertrag" kündigen.

Die Kündigung muss spätestens zum Schluss der Versicherungsperiode erklärt werden, in welcher der Rücktritt oder die Kündigung des VR wirksam wird (§ 29 Nr. 2 VVG).

3.9 Beendigungsmöglichkeiten in der (Sach-)Schadenversicherung

Hat der VN eine Überversicherung (§ 74 Nr. 2 VVG) in der Absicht genommen, sich einen rechtswidrigen Vermögensvorteil zu verschaffen, ist der Vertrag nichtig. Eine gleiche Regelung liegt für den Fall der Mehrfachversicherung (§ 78 Nr. 3 VVG) vor, auch hier ist der Vertrag nichtig, wenn der Kunde den Vertrag in der Absicht genommen hat, sich einen rechtswidrigen Vermögensvorteil zu verschaffen.

Überversicherung

Mehrfachversicherung

Hat der VN die Mehrfachversicherung ohne Kenntnis vom Entstehen der Mehrfachversicherung genommen (§ 79 VVG), kann er verlangen, dass der später abgeschlossene Vertrag *aufgehoben* oder die Versicherungssumme verhältnismäßig reduziert wird.

Die Versicherung von Sachwerten ist eine aktive Interessenversicherung. Das Interesse, das bei Vertragsabschluss vorhanden ist, bildet für den VR das Risiko, das er absichert. Fällt das Risiko im Lauf der Zeit weg, fällt auch die Grundlage des Versicherungsvertrages weg. Das VVG spricht in diesem Fall vom Risikofortfall (§ 80 VVG). Der Versicherungsvertrag endet mit Kenntnis des VR über den Wegfall des Risikos. War das Risiko bei Vertragsabschluss nicht vorhanden und der VN hat den Vertrag abgeschlossen, um sich einen rechtswidrigen Vermögensvorteil zu verschaffen, ist der Vertrag nichtig § 80 Nr. 2 VVG.

Risikofortfall

§ 80 VVG

In der Hausratversicherung liegt Risikofortfall vereinbarungsgemäß vor, wenn der Hausrat vollständig und dauerhaft aufgelöst wird. Das geschieht beispielsweise, wenn der VN in eine stationäre Pflegeeinrichtung aufgenommen wird oder nach Aufgabe einer Zweit- oder Ferienwohnung.

Eine besondere Form des Risikofortfalls stellt der Tod des Kunden in der Hausratversicherung dar. Die Hausratversicherung ist, wie alle Sachversicherungen, an das versicherte Interesse gebunden. Der Versicherungsschutz bezieht sich also auf denjenigen, der das Interesse an der Sache (Hausrat) hat. Im Normalfall würde beim Tod des VN der Versicherungsvertrag auf die Erben des Hausrats übergehen.

besondere Regelung in der Hausratversicherung

Der Versicherungsvertrag endet mit dem Tod des VN zum Zeitpunkt der Kenntniserlangung des VR über die vollständige und dauerhafte Haushaltsauflösung, spätestens jedoch zwei Monate nach dem Tod des VN. Nutzt ein Erbe die Wohnung in derselben Weise wie der Verstorbene, bleibt der Versicherungsschutz bestehen, der Vertrag geht auf den Erben über.

Tod des VN, möglicher Übergang auf den Erben

▶ Beispiel

Der VN einer Hausratversicherung verstirbt am 23.02. Sein Sohn, der in München lebt, will die Hamburger Wohnung des verstorbenen Vaters künftig als Zweitwohnung nutzen. Nachdem die persönlichen Sachen des Vaters aus der Wohnung gebracht wurden, kommt es am 30.04. zu einem Sturmschaden.

Nach den Bestimmungen von Ziffer 25.2 VHB 2016 besteht nur bis zu zwei Monate nach dem Tod des VN der Versicherungsschutz weiter. Da der Sohn die Wohnung nicht so nutzt, wie der Vater sie genutzt hat, ist der Vertrag nach den zwei Monaten beendet.

Trennung von „Ehe"-Partnern

Risikofortfall und somit die Beendigung der Hausratversicherung liegt auch vor, wenn bei einer Trennung von Ehepartnern oder einer eheähnlichen Lebensgemeinschaft und Lebenspartnerschaft beide Partner VN sind und beide in eine neue Wohnung ziehen. Der Vertrag endet drei Monate nach der nächsten, auf den Auszug folgenden Prämienfälligkeit. Bis zu diesem Zeitpunkt besteht in den beiden neuen Wohnungen Versicherungsschutz (Ziffer 16.6.3 VHB 2016).

Wohnungswechsel

Umzug ins Ausland

Ein Wohnungswechsel führt in der Regel nicht zur Beendigung des Hausrat-Versicherungsvertrags. Der Versicherungsschutz und der Vertrag ziehen mit dem Hausrat in die neue Wohnung um.

Erfolgt der Umzug allerdings ins Ausland, so geht der Versicherungsschutz nicht auf die neue Wohnung über. Der Versicherungsschutz in der bisherigen Wohnung erlischt spätestens zwei Monate nach Umzugsbeginn (Ziffer 16.3 VHB 2016).

 ▶ Beispiel

Der VN VN einer Kölner Wohnung wird beruflich nach Brüssel versetzt. Der Umzug findet am 05.04. statt, die Spedition „Gut" transportiert die Möbel, einige besondere Hausratgegenstände will der Kunde selbst mit dem Auto nach Brüssel fahren. Die im Keller befindlichen Hausratgegenstände sollen ca. drei Monate später nachgeholt werden.

Für die nach Brüssel gebrachten Möbel besteht kein Versicherungsschutz mehr, auch die Regelungen der Außenversicherung greifen nicht.

Für die besonderen Hausratgegenstände besteht in der alten Wohnung weiterhin Versicherungsschutz (maximal zwei Monate ab Umzugsbeginn).

Für die Hausratgegenstände im Keller endet der Versicherungsschutz ebenfalls zwei Monate ab Umzugsbeginn.

Höhere Prämie nach Umzug

Bei einem Umzug geht der Versicherungsschutz der Hausratversicherung auf die neue Wohnung über. Mit dem Umzug in eine neue Wohnung kann sich die Risikolage verändern. Die Versicherungsbedingungen der Hausratversicherung bestimmen, dass mit Umzugsbeginn die am Ort der neuen Wohnung gültigen Tarifbestimmungen des VR gelten.

Ergeben sich aus der neuen Risikolage nach den Tarifbestimmungen Prämienerhöhungen oder Erhöhungen des Selbstbehalts, steht dem VN ein Kündigungsrecht des Vertrags zu. Die Kündigung muss innerhalb eines Monats nach Mitteilung über die Erhöhung erfolgen. Der Vertrag endet einen Monat nach der Kündigung.

3.10 Beendigungsmöglichkeiten in der Sachversicherung

Die häufigste Vertragsbeendigungsmöglichkeit ist in Verbindung mit einem Schadenfall zu finden. Im Schadenfall kann es zu Differenzen zwischen dem VN und dem VR kommen. So sehen die Versicherungsbedingungen für beide Seiten ein Kündigungsrecht vor (§ 92 VVG). *Schadenkündigung*

Nach Eintritt eines Versicherungsfalles hat jede Partei ein Kündigungsrecht. Es besteht sofort, wenn der Versicherungsfall eingetreten ist. In der Sachversicherung ist das der Zeitpunkt, an dem sich eine versicherte Gefahr an der versicherten Sache zu verwirklichen beginnt. Ein Versicherungsfall setzt keine Ersatzpflicht des VR voraus. *keine Ersatzpflicht erforderlich*

Die Kündigung muss spätestens mit Ablauf eines Monats seit dem Abschluss der Verhandlungen über die Entschädigung erfolgen. Der VR kann den Vertrag nur mit Monatsfrist kündigen. Das VVG will damit den VN in die Lage versetzen, sich rechtzeitig anderweitig Versicherungsschutz besorgen zu können. Die Kündigung muss in Schrift- oder Textform erfolgen. *Schutzvorschrift für den VN*

Dieser Schutzgedanke ist bei der Vertragskündigung durch den VN nicht erforderlich. Die Kündigung durch den VN muss spätestens zum Schluss der laufenden Versicherungsperiode erfolgen. Sie kann also auch zu sofort ausgesprochen werden.

Zwischen den Vertragsparteien kann vereinbart werden, dass das Kündigungsrecht für jede zwischen den Parteien bestehende Feuer- oder FBU-Versicherung besteht (Klausel SK 3901 (10)). *Klausel SK 3901 (10)*

Eine abweichende Regelung besteht in der Hagelversicherung. Hier kann eine Schadenkündigung durch den VR nur zum Schluss der Versicherungsperiode erfolgen. Diese erweiterte Schutzvorschrift ist notwendig, da der Kunde für die Ernteerzeugnisse im laufenden „Hageljahr" keinen Versicherungsschutz bekommt (§ 92 Nr. 3 VVG). Kündigt im Versicherungsfall der VN vor dem Schluss der laufenden Versicherungsperiode, verbleibt die Prämie beim VR. *Hagelversicherung*

Veräußerung, Besitzwechsel

Wird das versicherte Interesse auf einen anderen übertragen, geht der Versicherungsschutz mit der Übertragung auf den neuen Interessenträger über. Da keine Vertragspartei gezwungen werden kann, mit jemanden einen Vertrag zu führen, besteht im Zuge einer Veräußerung einer versicherten Sache ein Kündigungsrecht (§ 96 VVG): *Besitzwechsel*

- Der VR kann innerhalb eines Monats ab Kenntnis mit Monatsfrist kündigen. *Monatsfrist*
- Der Erwerber kann den Versicherungsvertrag mit sofortiger Wirkung kündigen oder zum Schluss der laufenden Versicherungsperiode.

nach Kenntnis   Die Kündigung durch den Erwerber muss innerhalb eines Monats nach dem Erwerb erfolgen. Bekommt der Erwerber erst später Kenntnis von dem Bestehen des Versicherungsvertrags, kann er innerhalb eines Monats nach Kenntnis kündigen.

Nießbrauch,   Die Bestimmungen über die Kündigungsmöglichkeiten bei Veräußerung gelten
Pachtvertrag   auch für die Zwangsversteigerung oder den Nießbrauch eines Pachtvertrags oder ähnliche Verhältnisse mit der Berechtigung, versicherte Bodenerzeugnisse zu beziehen (§ 99 VVG).

3.11 Besonderheiten in der Transportversicherung

Auch die Güterversicherung sieht ordentliche Möglichkeiten zur Aufhebung des Vertrags vor. Für beide Seiten gilt gemäß Ziffer 7.1 der Bestimmungen für die laufende Versicherung zu den DTV-Güter 2000/2011, dass sich der Vertrag stillschweigend jeweils um ein Jahr verlängert, sofern er nicht mit einer Frist von drei Monaten zum Ablauf der Versicherungsperiode von einer der Vertragsparteien gekündigt worden ist.

Zu den außerordentlichen Beendigungsmöglichkeiten des VR gehören im Wesentlichen:

- Anfechtung wegen arglistiger Täuschung (Ziffer 4.5),
- Zahlungsverzug des Beitrags (Ziffer 12.4),
- Führungswechsel (Ziffer 25.4),
- fehlerhafte Anmeldung und Deklaration (Ziffer 3.1.3 und 3.1.4 der Bestimmungen für die laufende Versicherung)
  - nach Eintritt eines Schadenfalls (Ziffer 7.2 der Bestimmungen für die laufende Versicherung),
  - bei Kriegszustand (Ziffer 7.3.1 der Bestimmungen für die laufende Versicherung), außerdem im Rahmen der Klauseln für politische Risiken, wenn diese vereinbart sind (z. B. Krieg, Streik/Aufruhr und Beschlagnahme).

Dem VN stehen folgende außerordentlichen Beendigungsmöglichkeiten zur Verfügung:

- im Rahmen der vorvertraglichen Anzeigepflicht, wenn der VR die Leistung verweigert (Ziffer 4.2),
- bei Veräußerung der versicherten Sache (nur Erwerber, Ziffer 14.6),
- nach Eintritt eines Schadenfalls (Ziffer 7.2 der Bestimmungen für die laufende Versicherung),
- bei Kriegszustand (Ziffer 7.3.2 der Bestimmungen für die laufende Versicherung), wenn der VR das Kriegsrisiko gekündigt hat.

In der Verkehrshaftungsversicherung ist für beide Parteien die ordentliche Kündigung zum Ende des Versicherungsjahres mit Frist von drei Monaten vor Ablauf des Vertrags möglich. Die Kündigung muss in Textform erfolgen. Ebenfalls für beide Parteien ist eine Kündigung nach Eintritt des Versicherungsfalls innerhalb eines Monats möglich. Der VR muss eine Kündigungsfrist von einem Monat wahren, der VN kann bestimmen, dass seine Kündigung sofort oder zum Schluss der laufenden Versicherungsperiode wirksam wird (Ziffer 13 DTV-VHV 2003/2011). Eine weitere Möglichkeit der Vertragsbeendigung ist bei Verletzung der Anmeldepflicht gegeben, wenn der VN diese vorsätzlich verletzt hat (fristlose Kündigung nach Ziffer 11.3.2 DTV-VHV 2003/2011).

Zu weiteren Kündigungsmöglichkeiten sieht das GDV-Modell, insbesondere im Hinblick auf den Beitrag und die Zahlung, keine einheitlichen Regelungen vor.

Zusammenfassung
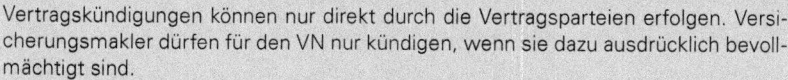

Vertragskündigungen können nur direkt durch die Vertragsparteien erfolgen. Versicherungsmakler dürfen für den VN nur kündigen, wenn sie dazu ausdrücklich bevollmächtigt sind.

Versicherungsverträge, die nicht für eine bestimmte Zeit abgeschlossen werden, wie etwa die Bauleistungsversicherung, verlängern sich automatisch von Jahr zu Jahr, wenn sie nicht spätestens drei Monate vor Vertragsablauf gekündigt werden (Verlängerungsklausel).

Hat ein Kreditgeber seine Grundstücksbelastung bei dem VR angemeldet, ist eine Kündigung des Vertrags durch den VN zum Ablauf nur wirksam, wenn der Kreditgeber der Kündigung zustimmt. Eine gleiche Regelung gilt, wenn ein Sicherungsschein vorliegt.

Die Beendigung eines Versicherungsvertrags durch Kündigung zum Ablauf oder Fristablauf beendet nicht die Verpflichtung, in einem evtl. vorliegenden Schadenfall noch eine Leistung zu erbringen, so z. B. in der Bauleistungs- und Montageversicherung oder in der Betriebsunterbrechungsversicherung.

Neben der Ablaufkündigung hat der VR auch die Möglichkeit, bei Verletzung der vorvertraglichen Anzeigepflicht (§ 11 VVG) vom Vertrag zurückzutreten oder bei Gefahrerhöhung oder Obliegenheitsverletzung den Vertrag zu kündigen.

Weitere Beendigungsmöglichkeiten bestehen bei Vorliegen einer Mehrfachversicherung § 78 Nr. 3 VVG, bei Risikofortfall § 80 VVG oder bei Tod des VN in der Hausratversicherung sowie bei Wohnungswechsel oder Betriebsverlegung und natürlich im Schadenfall.

4. Auswirkungen auf die Leistungsfälle

4.1 Formeller und materieller Leistungsanspruch

Schadenregulierung

Leistungsversprechen

Die Bearbeitung von Versicherungsfällen, die Schadenbearbeitung, wird in der Praxis fast ausschließlich als „Schadenregulierung" bezeichnet. Regulieren bedeutet, etwas wieder in Ordnung zu bringen, in einen richtigen Ablauf bzw. Verlauf zu bringen. Entsprechend ist für den VN das Ziel einer Versicherung, wieder so gestellt zu werden, als sei nichts passiert. Im Hinblick auf diese Erwartung muss der VR sich bewähren, er muss im Schadenfall sein bei Vertragsabschluss gegebenes Leistungsversprechen einlösen.

Produktionskreislauf

Schaden- und Leistungsfälle spiegeln die vom VR zur Verfügung gestellten Produkte wider. Der kontinuierliche Kontakt und Austausch mit der Schadenabteilung und den Vermittlern ermöglicht eine laufende Überprüfung der Produkte und das Sammeln von Impulsen für die Produktoptimierung. Die Ergebnisse fließen in die Produktentwicklung, sodass ein „Produktionskreislauf" entsteht.

Leistungs- oder Schadenmanagement

Um seine Leistung zu erbringen, wird der VR ein eigenes Leistungs- oder Schadenmanagement aufbauen, in dem die einzelnen Leistungsprozesse abgewickelt werden. Die einzelnen Leistungsprozesse werden im Band „Schaden- und Leistungsmanagment – Sachversicherungen für private und gewerbliche Kunden" (Robold u. a. 2017) behandelt.

Nachstehend werden Versicherungsfälle der einzelnen Produktarten behandelt, mit denen die neuen Produkte erprobt werden können.

Schadenbearbeitungsprozesse

Um einen Überblick über die Schadenbearbeitungsprozesse zu geben, sind nachstehend typische Beispiele für die Schadenbearbeitung aufgeführt:

- Entgegennahme der Schadenmeldung, Hilfe bei der Erstellung der Meldung,
- Kundenservice im Schadenfall, wie Handwerkerservice, Sofortmaßnahmen zur Unterstützung des Kunden, Maßnahmen zur Schadenbegrenzung,
- Prüfung der tatsächlichen Merkmale des Versicherungsfalls, durch Besichtigung, Einschaltung eines Sachverständigen, Gutachter,
- Prüfung des Versicherungsschutzes bezüglich der versicherten Gefahren, Schäden und Sachen,
- Prüfung des Leistungsanspruchs,

- Entscheidung über die Höhe der Versicherungsleistung,
- Vertriebsunterstützung, Bereitstellung von Informationen für die Vermittler,
- Bearbeitung von Regressen,
- Kulanzbearbeitung,
- Überwachung und Dokumentation von Geschäftsvorgängen.

Die Prüfung des formellen und materiellen Leistungsanspruchs kann – unabhängig von den Teilprozessen – in den *administrativen Teil* und in die *Deckungsprüfung* eingeteilt werden.

administrativer Teil der Schadenbearbeitung

Der administrative Teil der Schadenbearbeitung befasst sich mit der Vorprüfung, also mit der formalen Prüfung der Unterlagen. In der Praxis werden diese Arbeiten als Schadenanlage-Bearbeitung bezeichnet:

Schadenanlage-Bearbeitung

- Eingangszuordnung wie Posteingang, Telefon, E-Mail, Internet,
- Ermittlung der Vertragsdaten wie Vertragsbeginn, vorläufige Deckung, Vertragsablauf,
- Zuordnung von Schadensparte und Bearbeitungsgruppe.

Bei der Deckungsprüfung wird geprüft, ob der Schaden formell und materiell gedeckt ist, d. h., ob sich aus den Versicherungsbedingungen und den Individualvereinbarungen im Vertrag ein Anspruch auf Entschädigungsleistungen herleiten lässt. Folgende Arbeiten sind bei der Deckungsprüfung zu erledigen:

Deckungsprüfung

- Prüfung der Plausibilität des Schadens,
- Prüfung der Deckung durch den Vertrag oder der Deckung aus sonstigen Gründen, z. B. vorläufige Deckung,
- Informationen über Prämienzahlungsstände,
- evtl. Prüfung der Deckung aus sonstigen Gründen, z. B. durch Haftung aus Beratungsverschulden durch den Vermittler,
- Prüfung, ob der Schaden innerhalb der Vertragslaufzeit eingetreten ist oder ob Nachhaftungsfristen zu beachten sind,
- Überprüfung der vorvertraglichen Anzeigepflicht,
- Feststellung der Allgemeinen Versicherungsbedingungen und der Sonderbedingungen sowie Klauseln des Vertrags,
- Feststellung der Doppel- oder Nebenversicherung,
- Prüfung der Verjährung,
- Prüfung, ob die Sparte versichert ist und ob das schadenauslösende Ereignis versichert ist,
- Prüfung, ob das vom Schaden betroffene Objekt durch den Vertrag versichert ist,
- Prüfung, ob das vom Schaden betroffene Objekt vertragsgerecht genutzt wurde, z. B. in Bezug auf Gefahrerhöhung oder Obliegenheiten,
- Prüfung des Versicherungsfalls auf grobe Fahrlässigkeit oder Vorsatz,
- evtl. Information des Rückversicherers.

Arbeiten nach der
Deckungsprüfung

Die Arbeiten *nach der Deckungsprüfung* befassen sich mit folgenden Bausteinen:

- Reservierung,
- Mit-/Nebenversicherungs-Abwicklung,
- Teilungsabkommen/Teilungsregelung,
- Kulanzbearbeitung, Liberalitätszahlung,
- Ermittlung der Schadenhöhe inkl. Kostenermittlung,
- Prüfung der Erfüllung der Schadenminderungsmöglichkeiten,
- Regress,
- Rückversicherung,
- Provenuebearbeitung (Erlöse aus dem Verkauf von Gegenständen, die dem VR aus dem Versicherungsfall nach Zahlung der Entschädigung zustehen).

Sachschaden

Sachschaden, Sach-
substanzschaden:
zerstört, beschädigt,
abhandengekommen

In der privaten und gewerblichen Sachversicherung steht der Sachschaden im Vordergrund. Ein Sachschaden ist jede Beeinträchtigung der Substanz, die den Wert oder die Brauchbarkeit der Sache mindert (Sachsubstanzschaden). In der Praxis wird der Sachschaden unterteilt in die Begriffe „zerstört" oder „beschädigt". Maßgebend für die Auslegung der Begriffe ist der Sprachgebrauch des täglichen Lebens und nicht der juristisch-technische Sprachgebrauch von Experten.

Neben den Begriffen „Zerstörung" und „Beschädigung" finden wir in der Sachversicherung eine dritte Schadenart, das „Abhandenkommen" einer Sache. Abhandengekommen ist eine Sache, wenn der VN oder ein Versicherter den unmittelbaren Besitz (§ 856 BGB) verloren hat und es durch Zeitablauf oder aus sonstigen Gründen unwahrscheinlich geworden ist, dass er den Besitz in absehbarer Zeit zurückerlangt (siehe auch § 935 BGB).

Vermögensschaden

Kostenschäden

Neben den Sachschäden behandelt die Sachversicherung Kostenschäden. Kostenschäden sind Vermögensfolgeschäden wie Feuerlöschkosten, Aufräumkosten, Bergungs- und Schutzkosten. Separat versicherbare Vermögensfolgeschäden sind z. B. Ertragsausfallschäden.

4.2 Besonderheiten in der Transportversicherung

Sachschaden in der
Güterversicherung

In der Güterversicherung ist Voraussetzung für die Ersatzpflicht des VR der Eintritt eines versicherten Schadens, der aus einer versicherten Gefahr entstanden ist (Versicherungsfall). Es kann sich um einen Güterschaden oder um einen Vermögensschaden handeln, wenn entsprechende Klauseln vereinbart wurden. Unerheblich ist es zunächst, ob der Absender, der Empfänger oder der Verkehrsträger den Schaden verursacht hat. Der Verschuldensgrad kann aber z. B. bei grober Fahrlässigkeit oder Vorsatz Auswirkung auf die Höhe und den Umfang der Ersatzleistung haben.

▶ **Beispiel**

Beschädigung des Gutes während dem Ver- und Entladen vom Transportmittel, durch Diebstahl oder Raub des Gutes (Totalverlust) während des Abstellens des Transportmittels auf einem Parkplatz, durch Geruchsannahme von Gütern durch beigeladene Güter.

Im Bereich der Verkehrshaftungsversicherung ist der entstandene Schaden dagegen nicht unmittelbar an die Leistungspflicht des VR geknüpft. Entscheidend ist vielmehr, ob der Verkehrsträger in Form des Frachtführers, Spediteurs oder Lagerhalters für den entstandenen Schaden haftet.

Haftungstatbestand Verkehrshaftung

Eine Besonderheit besteht darin, dass nach dem Transportrecht der Frachtführer für die Beförderung von Gütern haftet, während der Spediteur nach dem gesetzlichen Grundgedanken Transporte organisiert („besorgt") und hierfür eine Haftung trägt. Der Lagerhalter soll Güter aufbewahren und lagern. Auch er haftet für Schäden, die aus einer mangelhaften Ausführung dieser Tätigkeiten entstehen. Es muss sich ein Haftungstatbestand verwirklichen, damit der Verkehrsträger für den entstandenen Schaden verantwortlich („haftbar") gemacht werden kann (Versicherungsfall).

Frachtführer, Spediteur, Lagerhalter

▶ **Beispiel**

Der Frachtführer liefert ein ihm übergebenes Gut zu spät ab. Der Spediteur vergisst die Besorgung einer Beförderung. Während der Lagerung stößt ein Gabelstapler an eingelagerte Güter und beschädigt diese.

Aus den unterschiedlichen Grundlagen für das Entstehen der Leistungspflicht zwischen der Güterversicherung und der Haftung des Verkehrsträgers lässt sich die „Drei-Ebenen-Theorie" herleiten. Diese Theorie macht deutlich, dass zwischen der Güterversicherung und der Verkehrshaftungsversicherung ein Zusammenhang besteht. Sowohl der Güter- als auch der Verkehrshaftungsversicherer müssen sich mit den Grundlagen beider Produkte auseinandersetzen.

Drei-Ebenen-Theorie

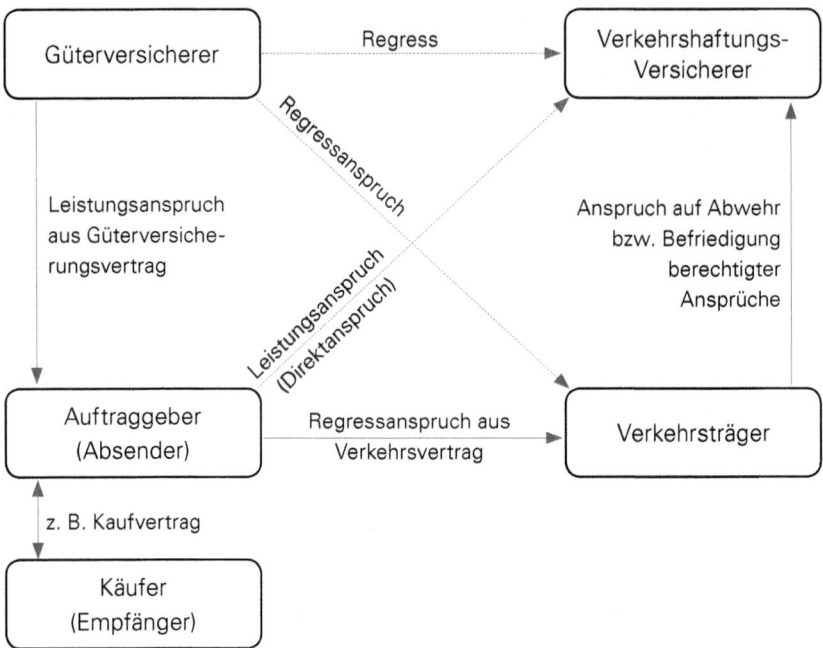

Abbildung 2: Ansprüche zwischen den Beteiligten (in Anlehnung an Salzmann/Valder 2014, S. 160)

 ▶ **Definition**

Geheimnis der
drei Ebenen

Das „Geheimnis der drei Ebenen" beschreibt die vertragliche bzw. gesetzliche Beziehung zwischen verschiedenen Parteien. Diese Trennung ist erforderlich um erkennen zu können, wer gegen wen einen Anspruch aus welcher Rechtsgrundlage und in welcher Höhe hat. Je nach Rechtsgrundlage (z. B. Kauf-, Verkehrs- und Versicherungsvertrag) ergeben sich daraus unterschiedliche Handlungsweisen hinsichtlich der Rechte und Pflichten der Beteiligten.

erste Ebene

In der ersten Ebene besteht eine Beziehung z. B. bei einem Kaufvertrag zwischen dem Käufer und Verkäufer. Die unterschiedlichen Rechte und Pflichten ergeben sich aus der gesetzlichen Norm § 433 I BGB:

 ▶ **Definition**

§ 433 I BGB

(1) Durch den Kaufvertrag wird der Verkäufer einer Sache verpflichtet, dem Käufer die Sache zu übergeben und das Eigentum an der Sache zu verschaffen. Der Verkäufer hat dem Käufer die Sache frei von Sach- und Rechtsmängeln zu verschaffen.

(2) Der Käufer ist verpflichtet, dem Verkäufer den vereinbarten Kaufpreis zu zahlen und die gekaufte Sache abzunehmen.

Innerhalb des Kaufvertrags kann nun beispielsweise geregelt sein, dass der Verkäufer die gekauften Güter an den Käufer zu versenden hat. Kommt der Käufer seiner Verpflichtung nicht nach, regeln sich die Ansprüche zwischen Käufer und Verkäufer nach §§ 433 ff. BGB und dem Kaufvertrag (erste Ebene: Kaufvertrag).

Um seiner Verpflichtung aus dem Kaufvertrag nachzukommen, beauftragt der Verkäufer einen Frachtführer mit dem Transport des Gutes zum Käufer. Hierzu schließt er mit dem Frachtführer einen Frachtvertrag nach § 407 HGB. Der Frachtführer verpflichtet sich, das Gut zum Empfänger zu befördern, und der Absender hat die vereinbarte Fracht an den Frachtführer zu bezahlen (zweite Ebene: Verkehrsvertrag). *zweite Ebene*

Der Absender hat für alle Transporte, die sein Haus verlassen, bei einem Transportversicherer eine Güterversicherung nach den DTV-Güter 2000/2011 abgeschlossen. Im Schadenfall ersetzt der VR dem Absender als VN den entstandenen Schaden (dritte Ebene: Versicherungsvertrag). *dritte Ebene*

Für den Güterversicherer steht bei der Ermittlung der Leistungspflicht die Frage im Vordergrund, ob es sich um einen versicherten Schaden handelt. Ist dies zu bejahen, wird er entsprechend der vertraglichen Vereinbarung dem VN den Schaden ersetzen. Er prüft weiter, ob eine Haftung aus dem Verkehrsvertrag zwischen Absender und Verkehrsträger besteht. Ist dies der Fall, kann der Güterversicherer auf Grundlage des gesetzlichen Forderungsübergangs nach § 86 VVG den Ersatzanspruch aus dem Verkehrsvertrag anstatt gegenüber dem Absender dem Verkehrsträger im Regressweg geltend machen. *gesetzlicher Forderungsübergang*

▶ Definition

Steht dem VN ein Ersatzanspruch gegen einen Dritten zu, geht dieser Anspruch auf den VR über, soweit der VR den Schaden ersetzt. Der Übergang kann nicht zum Nachteil des VN geltend gemacht werden. *§ 86 (1) VVG*

Der Verkehrshaftungsversicherer richtet sein Augenmerk auf die Frage, ob der Verkehrsträger für den eingetretenen Schaden haftet (Haftungsprüfung). Hieraus ergibt sich, ob der Verkehrshaftungsversicherer den Schaden gegenüber dem Dritten (Absender, Güterversicherer) als unbegründet abwehrt, oder ob er, wenn eine Haftung gegeben ist, den Anspruch entsprechend den Vertragsvereinbarungen im Versicherungsvertrag befriedigt. *Haftungsprüfung*

Zwischen der Haftung des Verkehrsträgers aus dem Verkehrsvertrag (zweite Ebene) und der Leistungspflicht des VR aus dem Versicherungsvertrag (dritte Ebene) kann aber eine Lücke klaffen – beispielsweise durch Leistungsausschlüsse, Risikobegrenzungen, Nichtzahlung des Beitrags.

Für den Verkehrshaftungsversicherer ist es deshalb wichtig, vor der eigentlichen Prüfung der Haftung des Verkehrsträgers zunächst zu klären, ob der eingetretene Schaden im Rahmen des Versicherungsvertrages versichert ist (Deckungsprüfung), bevor er dann die eigentliche Haftungsprüfung vornimmt. *Deckungsprüfung*

▶ Beispiel

Hat der VN den Beitrag zu seiner Verkehrshaftungsversicherung nicht bezahlt und ist daher Leistungsfreiheit eingetreten, wird der Verkehrshaftungsversicherer nicht weiter die Haftungsfrage prüfen. Die Prüfung der Haftung ist nur dann Bestandteil des Deckungsumfangs der Verkehrshaftungsversicherung, wenn das Vertragsverhältnis nicht gestört ist.

Direktanspruch aus Pflichtversicherung

Eine Besonderheit besteht hinsichtlich der Versicherungspflicht nach § 7 a GüKG. Hiernach ist der Frachtführer bei Beförderungen, die dem HGB unterliegen, verpflichtet, seine Haftung zu versichern. In diesem Fall ist die Verkehrshaftungsversicherung eine Pflichtversicherung. Dem geschädigten Dritten steht dann ein Direktanspruch gegenüber dem Verkehrshaftungsversicherer nach § 115 VVG zu, wenn die Voraussetzungen von § 115 Abs. 1 Nr. 2 und 3 VVG erfüllt sind. Der VR kann jedoch Einwendungen nach § 116 ff VVG – sowie zur Haftung an sich – geltend machen.

Mindestversicherungssummen

Beachtet werden muss hierbei jedoch, dass der VR im Rahmen eines Direktanspruchs aus der Pflichtversicherung nur mit den in § 7 a GüKG genannten Mindestversicherungssummen leisten muss und nur die im Gesetz genannten Ausschlüsse bei versicherten Gütern anwenden darf. Ein Direktanspruch besteht ferner nicht, wenn der geschädigte Dritte aus einer anderen Schadenversicherung Ersatz für den eingetretenen Schaden verlangen kann.

Insolvenz des VN

Bei einem Anspruch aus der Insolvenz des Versicherungsnehmers nach § 110 VVG kann der Versicherer sämtliche Einwendungen zur Haftung und aus der vertraglichen Deckung vorbringen.

4.3 Beteiligungen des Kunden am Risiko

Der VN überträgt dem VR mit Abschluss des Versicherungsvertrags das Management eines bestimmten Risikos. Der VR nimmt dafür eine Prämie, die so kalkuliert ist, dass die Versichertengemeinschaft der Risikogruppe einen Ausgleich erreicht.

Aus Risikogründen und aus Gründen der Preisfindung kann eine finanzielle Beteiligung des VN an dem Risiko erfolgen. Das Management des Risikos verbleibt in diesem Fall beim VR. Eine Beteiligung des Kunden am Risiko kann eine Prämienreduzierung für den Kunden mit sich bringen und einer Vertragskündigung vorbeugen. Ein Selbstbehalt ist finanziell überschaubar, dem Bedürfnis des Kunden nach Absicherung seines existenzbedrohenden Risikos wird Rechnung getragen.

Beteiligungsmodelle

Die Beteiligung des Kunden am Risiko kann auf verschiedene Arten erfolgen. Neben den verschiedenen Selbstbeteiligungsmodellen kann der VN aber auch am Risiko beteiligt werden durch

- vereinbarte Entschädigungsgrenzen, Höchsthaftungssummen, Haftzeiten und Erstrisikosummen,
- Anrechnung einer Unterversicherung und
- Schadenfreiheitsrabatte.

Selbstbeteiligung

SB-Modelle

Durch eine Selbstbeteiligung wird im Fall eines ersatzpflichtigen Schadenfalls ein vereinbarter Teil des Schadens vom Leistungsbetrag abgezogen, ggf. führt die Selbstbeteiligung dazu, dass überhaupt kein Leistungsausgleich stattfindet. Bei der Regulierung eines Schadenfalls muss bei der Schadenanlage die vereinbarte Selbstbeteiligung berücksichtigt werden. Zunächst wird die Deckung geprüft, d. h. geklärt, ob der Versicherungsfall unter die Leistungspflicht fällt. Danach wird die Schadenhöhe ermittelt und von dem Schaden die Selbstbeteiligung abgezogen.

▶ **Beispiel**

Abzugsfranchise

Zu einer Feuerversicherung wurde mit dem VN eine Selbstbeteiligung (Abzugsfranchise) in Höhe von 300 EUR je Versicherungsfall vereinbart. Der VN meldet einen Schadenfall und beziffert die Höhe des Schadens auf 1.000 EUR.

Die Deckungsprüfung ergibt, dass der Schadenfall unter die Leistungspflicht fällt und dass die Schadenhöhe zutrifft. Von der Schadenzahlung zieht der VR die Selbstbeteiligung ab und reguliert den Schaden abschließend mit 700 EUR.

Neben der Abzugsfranchise kann aber auch eine Integralfranchise vereinbart werden. Diese Form der Selbstbeteiligung soll in erster Linie Frequenzschäden ausgleichen. Jeder Schaden bis zu der vereinbarten Selbstbeteiligung wird vom VN selbst getragen. Liegt der Schaden über der vereinbarten Summe, entfällt die Beteiligung des VN, der gesamte Schaden wird durch den VR getragen.

▶ **Beispiele**

Integralfranchise

Zu einer Feuerversicherung wurde mit dem VN eine Selbstbeteiligung (Integralfranchise) in Höhe von 3.000 EUR je Versicherungsfall vereinbart. Der VN meldet einen Schadenfall und beziffert die Höhe des Schadens auf 1.000 EUR.

Die Deckungsprüfung ergibt, dass der Schadenfall unter die generelle Leistungspflicht fällt und dass die Schadenhöhe zutrifft. Der Kunde erhält keine Entschädigung, da die Entschädigung unter der vereinbarten Selbstbeteiligung liegt.

Zu einer Feuerversicherung wurde mit dem VN eine Selbstbeteiligung (Integralfranchise) in Höhe von 3.000 EUR je Versicherungsfall vereinbart. Der VN meldet einen Schadenfall und beziffert die Höhe des Schadens auf 4.000 EUR.

Die Deckungsprüfung ergibt, dass der Schadenfall unter die Leistungspflicht fällt und dass die Schadenhöhe zutrifft. Der VR reguliert den Schaden abschließend mit 4.000 EUR.

ZSB, Prozentualer SB mit Mindest- und Maximalgrenzen

Die Formen der Selbstbeteiligungen können innerhalb eines Versicherungsfalls unterschiedlich wirken.

▶ **Beispiel**

Zu einer Maschinenversicherung wurde mit dem VN eine Abzugsfranchise je Schadenfall in Höhe von 10 % des Schadens, mindestens 1.000 EUR, maximal 10.000 EUR, vereinbart.

Weiterhin besteht eine Maschinen-Betriebsunterbrechungsversicherung, zu der eine zeitliche Selbstbeteiligung von drei Tagen vereinbart wurde. Die Versicherungssumme wurde auf der Basis einer Tagesentschädigung in Höhe von 800 EUR vereinbart.

Der Kunde meldet einen Maschinenschaden, die Reparatur der Maschine dauert fünf Tage, die Reparaturrechnung beträgt 30.000 EUR.

Der Sachschaden wird mit einem SB-Abzug (3.000 EUR) in Höhe von 27.000 EUR reguliert, der Ausfallschaden mit zwei Tagessätzen von je 800 EUR, die restlichen Ausfalltage fallen unter die ZSB.

In dem oben beschriebenen Beispiel würde ein Sachschaden in Höhe von über 100.000 EUR die maximale Selbstbeteiligung und ein Schaden bis 1.000 EUR die mindeste Selbstbeteiligung ergeben.

Vereinbarte Entschädigungsgrenzen, Höchsthaftungssummen, Haftzeiten und Erstrisikosummen

Entschädigungsgrenze

Eine weitere Beteiligung des VN, die wie eine Selbstbeteiligung in der Spitze eines Schadens wirkt, sind die vereinbarten Entschädigungsformen. Der Kunde wählt bewusst eine maximale Entschädigungshöhe, die unterhalb der Vollwertentschädigung liegt.

Unterversicherung

Auch die Unterversicherung stellt eine Beteiligungsmöglichkeit des VN dar, hier besteht die Beteiligung in der Maximalleistung, da die gewählte Versicherungssumme die Höchstgrenze der Entschädigung bildet. Die Beteiligung besteht aber auch im Fall eines Teilschadens, da das prozentuale Verhältnis der Versicherungssumme zum Versicherungswert auf die Entschädigung angerechnet wird.

Höchsthaftungssummen, Haftzeiten und Erstrisikosummen wirken sich ähnlich wie eine Unterversicherung aus, mit dem Unterschied, dass Schäden bis zu den vereinbarten Grenzen so reguliert werden, als wäre Vollwert vereinbart.

Klauseln
TK 5793/94 (11)

Beispielsweise kann eine Höchstentschädigung für Naturgefahren (Erdbeben, Sturm und Überschwemmung) im Rahmen der Bauleistungsversicherung (ABN 2011) durch die Vereinbarung der Klauseln TK 5793 und TK 5794 (Jahresverträge) erfolgen. Die gleiche Regelung kann auch zu den Bedingungen ABU 2011 und AMoB 2011 vereinbart werden.

Schadenfreiheitsrabatte

Prämienerhöhung bei schlechtem Schadenverlauf

Eine weitere Möglichkeit der Kundenbeteiligung am Schadenfall ist der Prämienanreiz. Die Schadenbelastung eines Vertrags kann gemildert werden, wenn der VN Prämienanreize für einen günstigen Schadenverlauf bekommt.

Mit dem VN wird vereinbart, dass er z. B. auf die zu zahlende Prämie einen Vorausrabatt in Höhe von 20 % bekommt, wenn die Schadenquote des Versicherungsjahres unter 60 % bleibt. Wird die Schadenquote im Laufe des Versicherungsjahres überschritten, erhöht sich automatisch die Prämie des nächsten Versicherungsjahres durch den Wegfall des Rabatts.

4.4 Abgrenzung zu anderen Leistungsträgern

Zuordnung zu Leistungsträgern

Die Sachversicherung einschließlich der Technischen Versicherung und der Transportversicherung befasst sich in erster Linie mit den Schäden an versicherten Sachen. Die zu versichernden Sachen sind im Antrag und im Versicherungsvertrag (Versicherungsschein) bezeichnet. Der VN, der eine vereinbarte Versicherungsleistung beansprucht, setzt sich mit seinem VR zwecks Ausgleichs des Schadens in Verbindung. Durch die Schadenbearbeitung kann in der Regel eine eindeutige Zuordnung des Schadens zur „deckenden" Sparte und somit zum entsprechenden Versicherungsvertrag erfolgen.

Schadenfälle sind so individuell wie das tägliche Leben. Kaum ein Vorgang ist gelagert wie ein anderer, daher gibt es gelegentlich Schadenfälle, die nicht eindeutig einer Sparte und einer Deckung zugeordnet werden können.

eindeutige Zuordnung

Bei der Risikoabsicherung achten VR wie Kunden darauf, dass Risiken richtig versichert sind, d. h., dass sie der entsprechenden Sparte zugeordnet werden. Sind zwei VR/Leistungsträger vorhanden, kann es zu einer Mehrfachversicherung kommen.

mögliche Mehrfachversicherung

Es gibt allerdings auch Bereiche, die sich nicht eindeutig zuordnen lassen, in diesem Fall greifen die VR auf das Instrument der subsidiären Versicherung zurück. Subsidiär bedeutet, dass eine Versicherung erst dann wirksam wird, wenn eine anderweitig bestehende Versicherung nicht zu leisten hat.

subsidiäre Versicherung

Im Rahmen der *Transportversicherung* kann das bedeuten, dass eine Ware für dieselbe Zeit oder Reise und gegen dieselben Gefahren bei zwei VR gedeckt ist. Der außervertragliche Transportversicherer haftet subsidiär, d. h., er vergütet lediglich den Schaden, der durch die andere Versicherung nicht gedeckt ist.

Eine weitere Anwendung der subsidiären Versicherung ist die *Deckung für innere Unruhen* mit der Abgrenzung zur Staatshaftung. Ein Anspruch auf Entschädigung durch innere Unruhen, Streik oder Aussperrung besteht nicht, soweit die Voraussetzungen für einen unmittelbaren oder subsidiären Schadenersatzanspruch aufgrund öffentlich-rechtlichen Entschädigungsrechts gegeben sind. Ein Anspruch auf Entschädigung erstreckt sich nur auf den Teil des Schadens, der die Höchstgrenzen aufgrund öffentlich-rechtlichen Entschädigungsrechts überschreitet.

Weitere Individualversicherungen als Leistungsträger

- *Vertrauensschadenversicherung vs. Sachversicherung*

Vertrauensschäden sind Schäden am Vermögen, die einem Unternehmen durch Vertrauensmissbrauch eigener oder freier Mitarbeiter zugefügt werden. Der Vertrauensmissbrauch reicht von Eigentums- und Vermögensdelikten (Diebstahl, Unterschlagung, Untreue, Betrug, Urkundenfälschung, Feuer und anderen unerlaubten Handlungen) bis hin zur Manipulation von Hard- oder Software.

Vertrauensschadenversicherung

Versicherungsschutz besteht in der Grunddeckung für vorsätzliche Handlungen, die von Vertrauenspersonen verursacht werden. Fahrlässige Handlungen der Vertrauenspersonen, die zum Schadenersatz verpflichtet sind. können u. U. mitversichert werden (fahrlässiges Offenlassen von Geldschränken oder Betriebsräumen).

Im Bereich der Ausstellungsversicherung sind Schäden durch Diebstahl, Veruntreuung oder Unterschlagung durch Angestellte des VN oder Versicherten gedeckt. Als Angestellte in diesem Sinne gelten nicht Personen, die lediglich für die Dauer der Ausstellung oder Messe beschäftigt werden, vorausgesetzt, dass sie mit der Sorgfalt eines ordentlichen Kaufmanns ausgewählt wurden.

Ausstellungsversicherung

Eine Abgrenzung zu bestehenden Sachversicherungen erfolgt durch eine Subsidiaritätsklausel, wonach Schäden nicht ersetzt werden, für die „durch anderweitige zugunsten des VN bestehende Versicherung Ersatz erzielt werden kann".

Excedentendeckung

Eine weitere gebräuchliche Subsidiaritätsklausel führt zu einer Exzedentendeckung, da hier auf den zeitlich früher abgeschlossenen Vertrag abgestellt wird. In diesen Fällen steht die Versicherungssumme der später abgeschlossenen Versicherung als Anschlussdeckung an die Deckung der anderen Versicherung zur Verfügung.

- *Betriebshaftpflichtversicherung vs. Montageversicherung:*

fremde Sachen in der Montageversicherung

Die Betriebshaftpflichtversicherung schützt einen Montageunternehmer vor Haftpflichtansprüchen, wenn während der Montage fremde Sachen beschädigt werden. Sogenannte Bearbeitungsschäden müssen als zusätzliche Deckung in den Versicherungsschutz der Betriebshaftpflichtversicherung eingeschlossen werden, da Schäden an bearbeiteten Sachen normalerweise vom Versicherungsschutz ausgeschlossen sind.

Die Montageversicherung versichert grundsätzlich keine Schäden an fremden Sachen, wenn diese nicht Gegenstand der Montage sind.

 ▷ Definition

§ 1 Nr. 2b) AMoB 2011

Nur soweit im Versicherungsvertrag gesondert vereinbart, sind fremde Sachen, die nicht Teil des Montageobjektes oder der Montageausrüstung sind, versichert.

Eine Mitversicherung von Schäden an fremden Sachen ist durch die Klauseln TK 7101 (11) und 7102 (11) möglich.

- Durch die *TK 7101 (11)* werden Schäden an fremden Sachen auf erstes Risiko mitversichert, wenn sie innerhalb des Versicherungsorts *durch eine Tätigkeit* beschädigt oder zerstört werden, die anlässlich der Montage durch den VN oder in dessen Auftrag an oder mit ihnen ausgeübt wird.

  Entschädigung wird nur geleistet, soweit der VN oder die mitversicherten Unternehmen als Schadenverursacher von einem Dritten in Anspruch genommen werden.

- Die Klausel *TK 7102 (11)* erweitert den Versicherungsschutz auf Schäden an Sachen, die *auch ohne eine Tätigkeit* an oder mit ihnen beschädigt oder zerstört werden, soweit der VN vertraglich *über die gesetzlichen Bestimmungen* hinaus für solche Schäden haftet.

- *Ausstellungsversicherung und Werkverkehrsversicherung vs. Sachversicherung*

Transportrisiken

Ausstellung

Die Ausstellungsversicherung im Rahmen der Transportversicherung bietet Versicherungsschutz für unvorhergesehen eintretende Schäden, die während einer Ausstellung oder Messe eintreten. Die „All-Risk"-Deckung umfasst auch Schäden, die durch eine konventionelle Sach-Inhaltsversicherung im Rahmen einer Außenversicherung geboten werden können.

Auch die Werkverkehrsversicherung versichert Transportschäden, die durch Feuer und Leitungswasser entstehen können; eine Überschneidung durch eine konventionelle Sach-Inhaltsversicherung im Rahmen einer Außenversicherung ist möglich.

Werkverkehr

■ *Bauleistungsversicherung vs. Gebäude-Sachversicherung*

Die Bauleistungsversicherung (ABN 2011) versichert grundsätzlich nur die Neubauleistung. Bei Umbauten ist aus diesem Grund die Altbausubstanz nicht mitversichert (§ 1 Nr. 2f) ABN 2011).

Bauleistungs-versicherung

▶ Definition

Versichert sind alle Lieferungen und Leistungen für das im Versicherungsvertrag bezeichnete Bauvorhaben (Neubau oder Umbau eines Gebäudes einschließlich dazugehöriger Außenanlagen).

Nur wenn dies besonders vereinbart ist, sind Altbauten, die nicht Bestandteil der Lieferungen und Leistungen sind, zusätzlich versichert.

Altbausubstanz, § 1 Nr. 2f) ABN 2011

Der Gebäudeversicherer (VGB 2016) leistet in der Leitungswasser- und Sturmversicherung nicht für Schäden an Gebäuden oder an Gebäudeteilen, die nicht bezugsfertig sind (Ziffern 4.5 und 5.5 VGB 2016). Der Ausschluss bezieht sich auch auf die Gewerbeversicherungsbedingungen AWB 2010 und AStB 2010.

Um Schäden an der vorhandenen Altbausubstanz im Bereich der Leitungswasser- und Sturmversicherung zu versichern, kann zur Bauleistungsversicherung die Klausel TK 5180 (11) vereinbart werden. Der Versicherungsschutz über die Klausel TK 5180 (11) wird in der Regel auf erstes Risiko geboten. Es besteht grundsätzlich subsidiäre Deckung. Eine Versicherung für weitere Schäden (neben Leitungswasser, Sturm und Hagel) ist durch die Klausel TK 5181 (11) möglich.

Weitere Leistungsträger

Leistungsträger, die nicht unmittelbar mit einer Versicherungsleistung einer Sachversicherung in Verbindung gebracht werden, sind die Sozialversicherer und der Staat (Bund, Land und Gemeinden). Der Staat fungiert hier häufig als „Letztversicherer", der bestehende Kapazitätsgrenzen beseitigt.

Die Sachversicherung beschäftigt sich grundsätzlich mit Schäden an Sachen. Personenschäden sind nicht ersatzpflichtig. Diese Kernaussage wird im Bereich der Kosten unterbrochen.

Personenschäden

Im Zuge der Aufwendungen zur Abwendung und Minderung des Schadens ersetzt der VR z. B. nach § 13 Nr. 1a) Teil B AFB 2010 Kosten, die dem VN entstehen (siehe auch § 83 VVG). Versichert sind Aufwendungen, auch erfolglose, die der VN bei Eintritt des Versicherungsfalls den Umständen nach zur Abwendung und Minderung des Schadens für geboten halten durfte oder die er auf Weisung des VR macht.

Aufwendungsersatz

Diese Aufwendungen können auch Aufwendungen zur Heilbehandlung von Personen sein. In erster Linie werden diese Kosten über den Krankenversicherer erstattet, sodass in der Praxis mit solchen Kostenzahlungen kaum zu rechnen ist.

▶ **Beispiel**

Der VN bemerkt, dass in seiner Küche ein Feuer ausgebrochen ist. Er versucht, mit nassen Tüchern das Feuer zu ersticken, muss aber letztendlich aufgeben. Bevor die Feuerwehr eingreifen kann, hat er noch einige wertvolle Hausratgegenstände gerettet.

Als die Feuerwehr eintrifft, stellt man fest, dass der VN starke Verbrennungen erlitten hat. Ein Krankenhausaufenthalt von einer Woche schließt sich an.

Der Hausratversicherer wird die Kosten für den Krankenhausaufenthalt als Aufwendungsersatz zur Minderung des Schadens übernehmen.

Leistungsträger Staat

Beispiele für den „Leistungsträger Staat" sind Staatshaftung bei inneren Unruhen, Terror und Naturkatastrophen wie Hochwasser, Sturm und Erdbeben sowie technischen Katastrophen (Luft und Atom).

■ *Staatshaftung*

Soweit der Verursacher bekannt ist, haftet zunächst jeder nach den allgemeinen Vorschriften über unerlaubte Handlungen. Bei gemeinschaftlicher Begehung mehrerer Personen ist jeder für den Schaden verantwortlich, auch wenn sich nicht ermitteln lässt, wer den Schaden durch seine Handlung verursacht hat. Darüber hinaus besteht unter bestimmten engen Voraussetzungen durch die Haftung des Staats ein Ausgleichsanspruch.

Die Haftung des Staats wird auf Länderebene geregelt. Grundlage ist das Gesetz über die durch innere Unruhen verursachten Schäden vom 12.05.1920, dass durch Ländergesetze und Verordnungen auf die Länder übergeleitet wurde. In Niedersachsen wird z. B. die Haftung durch das Tumultschädengesetz Niedersachsen (TumSchäG ND) geregelt. Die Entschädigung ist auf 75 % des entstandenen Schadens begrenzt, eine Entschädigung wird nur geleistet, wenn und soweit das wirtschaftliche Bestehen des Betroffenen gefährdet würde.

■ *Wiederaufforstungskosten nach einem Brandschaden (Waldbrand)*

Wiederaufforstungskosten

Die Erstattung von Wiederaufforstungskosten nach einem Waldbrand ist Sache der einzelnen Bundesländer. Das Thema wird in den Ländern unterschiedlich behandelt. So zahlt das Land Schleswig-Holstein nur einen Zuschuss zur Prämie für eine Waldbrandversicherung, das Land Niedersachsen beteiligt sich dagegen mit der Hälfte des Schadens, wenn es sich um ein privatwirtschaftlich versichertes Waldstück handelt. In der Regel übernehmen die Länder Teile der Wiederaufforstungskosten nach einem Waldbrandschaden.

■ *Tier-Seuchenkasse (Tierversicherung)*

verpflichtende Mitgliedschaft in der Tierseuchenkasse

Die Tierseuchenkasse ist eine Einrichtung der Bundesländer, die auf Landesgesetze zurückgeht. Der Landwirt ist verpflichtet, Mitglied in der Tierseuchenkasse zu werden. Nach dem Tierseuchengesetz sind die Länder verpflichtet, Tierverluste durch Tierseuchen oder seuchenartige Erkrankungen sowie Kosten und Schäden, die bei der Bekämpfung von Tierseuchen oder seuchenartigen Erkrankungen entstehen, zu ersetzen. Zu diesem Zweck wurden Tierseuchenkassen als rechtsfähige Anstalt des öffentlichen Rechts gegründet.

An den Entschädigungszahlungen beteiligt sich das Land zur Hälfte. Die Ent-schädigungen gleichen den gemeinen Wert der Tiere aus. Zu den Entschädi-gungsleistungen zählen grundsätzlich auch die Kosten der Tötung oder Schlach-tung einschließlich der Transportkosten. Der bei der Entschädigung oder Bei-hilfe zugrunde liegende Wert des Tieres oder seiner Teile ist durch den beamte-ten Tierarzt zu schätzen. Die Entschädigung aufgrund einer anzeigepflichtigen Tierseuche wird nach dem gemeinen Wert vorgenommen. Den weiteren Aus-fallschaden (Deckungsbeitrag) kann der Landwirt privatwirtschaftlich über eine Ertragsausfallversicherung absichern.

■ *Einkommensteuer*

Soweit durch einen Katastrophenschaden notwendiger Hausrat ersetzt wer-den muss, ist dies als außergewöhnliche Belastung allgemeiner Art abzugsfä-hig. Bei der Katastrophe muss es sich um ein unabwendbares Ereignis handeln (z. B. Sturm, Hagel, Überschwemmung, Feuer, Erdbeben). Die Reparatur, In-standsetzung und Ersatzbeschaffung des notwendigen Hausrats ist dann unter Berücksichtigung einer zumutbaren Belastung abzugsfähig.

außergewöhnliche Belastungen

Ausgaben können nur als außergewöhnliche Belastungen von der Finanzver-waltung anerkannt werden, wenn einem Steuerpflichtigen zwangsläufig größe-re Aufwendungen als der überwiegenden Mehrzahl der Steuerpflichtigen glei-cher Einkommensverhältnisse, gleicher Vermögensverhältnisse und gleichen Familienstandes erwachsen.

Wiederbeschaffungskosten für üblichen und notwendigen Hausrat sowie für Kleidung, z. B. nach einem Diebstahl, können abgezogen werden, wenn kei-ne Anhaltspunkte für ein eigenes Verschulden des Steuerpflichtigen erkennbar sind und kein realisierbarer Ersatzanspruch aus einem Versicherungsvertrag oder gegen Dritte besteht.

Neben der Berücksichtigung der Aufwendungen als außergewöhnliche Belas-tungen kann die Steuerbehörde auch eine Stundung der Steuer vornehmen, wie es bei den Flutschadenopfern im Jahr 2013 erfolgte.

Zusammenfassung

Das Einlösen des Leistungsversprechens des VR steht am Ende des Produktions-kreislaufes und wird in der Praxis als Schadenregulierung bezeichnet. Der VR fasst die Arbeiten unter dem Begriff „Schaden- und Leistungsmanagement" zusammen. Die Schadenbearbeitungsprozesse bestehen aus dem administrativen Teil (Ermitt-lung, Zuordnung), der Deckungsprüfung und den Nacharbeiten, wie z. B. Regressbe-handlung und Rückversicherungsabwicklung.

Die Versicherungsangebote sehen Beteiligungsmöglichkeiten des VN in Form von Selbstbeteiligungsmodellen vor. Weiterhin stehen Modelle wie Höchsthaftungs-summen, Entschädigungsgrenzen und Haftzeitvereinbarungen für die Vertragsge-staltung zur Verfügung.

Letztendlich sind bei der Schadenregulierung mögliche Abgrenzungen und Über-schneidungen zu anderen Leistungsträgern und anderen Versicherungsverträgen zu beachten. Die Flutopferhilfe der Länder und des Bundes im Jahr 2013 ist hier ein erwähnenswertes Beispiel.

Aufgaben zur Selbstüberprüfung

1. Als Informationen für die Markteinführung stehen dem VR die Versicherungsbedingungen, die Produktinformationen und die Tarife zur Verfügung. Nennen Sie vier Verkaufsunterlagen und Arbeitsmittel, die hier ebenfalls zur Verfügung gestellt werden können.

2. Die obligatorische Beratung über neu angebotene Versicherungsverträge ist vom VR durchzuführen. Erläutern Sie, was unter dem Begriff „anlassbezogene Beratungspflicht" verstanden wird.

3. Für den Versicherungsvermittler ist eine Beratungs- und Dokumentationspflicht vorgesehen. Erläutern Sie die Beratungspflicht durch den Vermittler und gehen Sie dabei auf die besondere Situation des Versicherungsmaklers ein.

4. Für die Beratung über den Abschluss eines Versicherungsvertrags und für die Risikobesichtigung werden häufig Mitarbeiter des VR eingesetzt. Es handelt sich hier um sogenannte Underwriter oder um Spezialisten, die z. B. das Einbruch- oder Feuerrisiko einschätzen und Regeln für die Risikoübernahme festlegen. Erläutern Sie, wie sich die Beratung und Besichtigung durch Mitarbeiter des VR auf die vorvertragliche Anzeigepflicht des Kunden auswirken kann.

5. Erläutern Sie vier Bereiche des Änderungsrisikos.

6. Eine Veränderung der Lebenssituation eines Hausratkunden ist zum Beispiel ein Wechsel der Wohnung oder die Trennung von Ehegatten und Partnern. Beschreiben Sie, wie sich die VHB 2016 auf diese besonderen Situationen einstellt.

7. Führen Sie drei mögliche Anpassungsnotwendigkeiten in der gewerblichen Sachversicherung an und erläutern Sie diese mit einem Beispiel.

8. Erläutern Sie an zwei Beispielen, wie im Rahmen einer laufenden Versicherung die Vertragsgestaltung lauten kann.

9. Erklären Sie den Begriff „Inhaltskontrolle".

10. Die AVB können Prämienanpassungsklauseln enthalten. Erläutern Sie, welche Grundsätze für die Gestaltung einer Prämienanpassungsklausel notwendig sind.

11. Der Beginn eines Versicherungsvertrags wird in den formellen, den technischen und den materiellen Beginn unterteilt. In der Technischen Versicherung gibt es hierzu ergänzende Bestimmungen. Führen Sie ein Beispiel einer solchen Ergänzung an.

12. Eine Vertragskündigung zu einer Gebäudefeuerversicherung kann durch besondere Vorschriften des VVG für beide Vertragsparteien erschwert werden. Erläutern Sie dies an einem Beispiel aus der Sicht der Kündigung
    a) durch den VN und
    b) aus der Sicht des VR.

13. Auch über den Ablauf eines Versicherungsvertrags hinaus kann der VR zur Leistung im Schadenfall verpflichtet sein. Erläutern Sie hier ein Beispiel aus der Ertragsausfall- und der Bauleistungsversicherung.

14. Erläutern Sie die Begriffe „Extended Maintenance" und „Visit Maintenance".

15. Erläutern Sie den Begriff „Subsidiäre Versicherung" und führen Sie ein Beispiel aus der Sach- oder Transportversicherung an.

16. Das gesetzliche Leitbild sieht für die Transportversicherung in den §§ 130 ff VVG Abweichungen gegenüber anderen Versicherungssparten vor. Ermitteln Sie die Unterschiede zum allgemeinen Teil des VVG im Hinblick auf:
    a) das Widerspruchsrecht,
    b) die vorvertragliche Anzeigepflicht.

17. Die Verkehrshaftungsversicherung kann auch eine Pflichtversicherung sein. Erläutern Sie, wann dies der Fall ist und welche rechtlichen Besonderheiten nach dem GüKG zu beachten sind.

18. Der materielle Versicherungsbeginn ist in der Güterversicherung anders gestaltet als in den übrigen Versicherungen. Erläutern Sie, ab wann in der Güterversicherung materieller Versicherungsschutz besteht.

19. Kriegsereignisse führen zu einer besonderen Belastung der Versicherungswirtschaft. Die DTV-Güter 2000/2011 sehen spezielle Kündigungsregelungen hierfür vor. Erläutern Sie, welche Möglichkeiten VN und VR für die Kündigung des Kriegsrisikos haben.

20. In der Transportversicherung findet das „Geheimnis der drei Ebenen" Anwendung. Erläutern Sie das Prinzip an einem selbst gewählten Beispiel.

Die Lösungshinweise finden Sie als kostenlosen Download unter:
www.bwv.de/fachwirtliteratur_loesungen
www.vvw.de → Service → Ergänzungen/Aktualisierungen

Kapitel 5

Prozess der Markteinführung neuer Produkte,
Mechanismen der Steuerung und des Controllings
bei der Einführung neuer Produkte

Nachzuweisende Befähigung

Die angehenden Fachwirte/Fachwirtinnen für Versicherungen und Finanzen sollen beim Prozess der Markteinführung von neuen Produkten mitwirken und die Mechanismen der Steuerung und des Controllings bei der Einführung neuer Produkte darstellen können (gemäß Erläuterungsbroschüre, Qualifikationsinhalte und Handlungssituationen, 4.5).

Qualifikationsinhalte des Kapitels

Die Absolventen können im Einzelnen:

- Unterschiedliche Konzepte zur Markteinführung einander gegenüberstellen und umsetzen (4.5.1)
- Maßnahmen der Absatzpolitik anwenden und geeignete Vertriebskanäle auswählen (4.5.1)
- Controlling-Routinen und Prinzipien und Methoden des Qualitätsmanagements anwenden (4.5.2)
- Controlling-Daten und Kennzahlen nutzen und anwenden (4.5.3)
- Rating und Ranking nutzen und anwenden
- Anpassungsmaßnahmen im betrieblichen Arbeitsablauf umsetzen (4.5.4)
- Produktpolitik und Prinzipien der Produktgestaltung anwenden (4.5.4)
- Methoden des Workflow-Managements anwenden
- Den Einfluss strategischer Entscheidungen auf die Gestaltung der Geschäftsprozesse einschätzen
- Marketingmaßnahmen an die strategischen Ziele des Produkts anpassen und umsetzen (4.5.5)

1. Konzepte zur Markteinführung

Handlungssituation

Als Ergänzung der Hausratversicherung will die Proximus Versicherung AG künftig die Tierkrankenversicherung für Hunde anbieten.

Sie sollen prüfen, ob diese Versicherung über alle zurzeit verfügbaren Vertriebskanäle vertrieben werden soll und ob evtl. die Möglichkeit des Direktvertriebs mit berücksichtigt werden soll.

Absatz ist die Verwertung der in einem Unternehmen erstellten Leistungen am Absatzmarkt. Der Absatz stellt neben der Beschaffung und der Produktion eine betriebliche Grundfunktion dar.

Absatz als betriebliche Grundfunktion

Der Absatz von Versicherungsverträgen erfolgt vor der Erstellung der Kernleistung. Der Grund hierfür ist, dass der künftige VN zuerst Informationen über sich und über das zu versichernde Risiko bereitstellen muss, bevor der Produktionsprozess erfolgen kann.

Kernleistung

▶ Beispiel

Ein Kunde hat sich von einem Züchter einen Hund gekauft. Aus der Fachliteratur, die er vor Anschaffung des Hundes gelesen hat, hat er erfahren, dass die Krankheitskosten für Hunde in der Regel nicht so hoch sind wie die für Menschen, dass aber durchaus fünfstellige Beträge für die Behandlung eines kranken oder verletzten Hundes anfallen können.

Der Kunde fragt bei der Proximus Versicherung AG an, ob es auch eine Krankenversicherung für Hunde gibt.

Um dem Hundehalter Versicherungsschutz anbieten zu können, benötigt der VR weitere Informationen, wie z. B. zum Alter des Hundes, zur Rasse, zum Zweck der Hundehaltung und zu möglichen Vorerkrankungen. Erst wenn diese Informationen vorliegen, kann der VR den Produktionsprozess weiter verfolgen.

Der Vertrieb von Versicherungsprodukten ist je nach Komplexität des nachgefragten Versicherungsschutzes mehr oder weniger beratungsintensiv. So ist die Beratungsnotwendigkeit bei einer Tierkrankenversicherung für Hunde nicht so hoch wie z. B. bei der Versicherung eines Pferdes, das zu Zuchtzwecken eingesetzt wird und bei der Risiken wie Zuchtuntauglichkeit berücksichtigt werden müssen.

Komplexität des nachgefragten Versicherungsschutzes

Die Komplexität der Beratung ist auch entscheidend für die Auswahl der adäquaten Vertriebskanäle, also des Absatzweges.

1.1 Absatzpolitik

Gestaltung der Absatzfunktion

Aufgabe der Absatzpolitik ist die Gestaltung der Absatzfunktion durch die Festlegung von Absatzzielen und den Einsatz von Absatzinstrumenten. Die Bestandteile der Absatzpolitik sind:

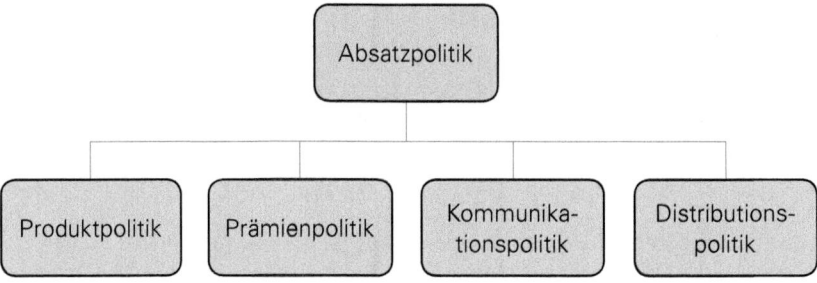

Abbildung 1: Bestandteile der Absatzpolitik (eigene Darstellung)

Produktpolitik

Die Produktpolitik umfasst die Aktivitäten, die auf die Gestaltung der einzelnen Versicherungsprodukte oder des gesamten Absatzprogramms gerichtet sind – z. B. zur Entscheidung der Frage, ob eine Hunde-Krankenvollversicherung oder lediglich eine Hunde-Operationskostenversicherung angeboten werden soll.

Preispolitik

Die Preispolitik stellt das geldliche Äquivalent für die Versicherungsleistung dar, also das Verhältnis von Versicherungsprämie und Nutzen des Kunden. Hier werden alle Risikokosten und sonstigen Kosten berücksichtigt. So ist bspw. zu klären, ob die Hunde-Krankenversicherung mit Selbstbeteiligung angeboten werden soll und welche Provisionsbelastung zu berücksichtigen ist.

Kommunikationspolitik

Die Kommunikationspolitik zielt auf die Einstellungen, Kenntnisse und Verhaltensweisen von Marktteilnehmern gegenüber der Unternehmensleistung, d. h. der angebotenen Versicherung. Hier ist z. B. zu klären, inwieweit den Hundehaltern die Kostensituation bei einer Erkrankung ihres Hundes bekannt ist und ob sie wissen, dass es die Möglichkeit einer Risikoabsicherung gibt.

Distributionspolitik

Die Distributionspolitik entscheidet, auf welchem Weg das Versicherungsprodukt vom VR zum Kunden gelangt. Die Proximus Versicherung AG nutzt als Absatzorganisationsmix die vorhandenen drei Vertriebswege:

- Ausschließlichkeitsvertreter und Mehrfachvertreter,
- Maklervertrieb,
- Bankenvertrieb.

Es soll geprüft werden, ob neben diesen drei Vertriebswegen ein Direktvertrieb des Produktes mit berücksichtigt werden kann.

1.2 Vertriebskanäle

Der Absatz von Versicherungsprodukten erfolgt in der Regel in den traditionel- *Absatzorgane*
len Absatzorganen der Versicherungsunternehmen. Die Absatzorgane sind in
vier Bereiche aufgeteilt.

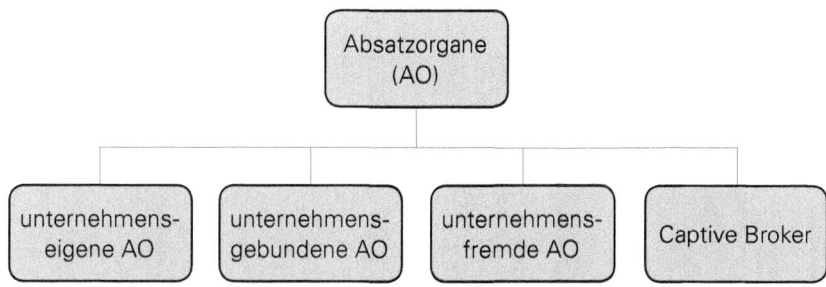

Abbildung 2: Bereiche der Absatzorgane (eigene Darstellung)

Bei den Absatzorganen handelt es sich um ein sogenanntes Personal Selling,
also den persönlichen Verkauf der Produkte.

- *Unternehmenseigene Absatzorgane*   *unternehmenseigene*
  sind rechtlich und faktisch Teil des Unternehmens. Es sind z. B. zentrale und   *Absatzorgane*
  dezentrale Absatzstellen und angestellte Mitarbeiter für Absatztätigkeiten.

- *Unternehmensgebundene Absatzorgane*   *unternehmens-*
  sind rechtlich selbstständige Wirtschaftseinheiten. Sie sind vertraglich an das   *gebundene*
  Versicherungsunternehmen gebunden und vertreten dessen Interesse. Hier-   *Absatzorgane*
  zu zählen z. B. Einfirmenvertreter oder auch Ausschließlichkeitsvermittler.

- *Unternehmensfremde Absatzorgane*   *unternehmensfremde*
  sind rechtlich und wirtschaftlich selbstständige Einheiten, die Versicherungs-   *Absatzorgane*
  vermittlungsleistung produzieren und gegen Entgelt an das Versicherungsunternehmen liefern. Zu dieser Absatzorganisation zählen in erster Linie Versicherungsmakler.

- *Mehrfachvermittler*   *Mehrfachvermittler*
  zählen ebenfalls zu der Gruppe der unternehmensfremden Absatzorganisati-
  on. Sie sind im Gegensatz zum Versicherungsmakler vom Versicherungsunternehmen betraut, Versicherungsgeschäfte zu vermitteln. Sie sind „Verbün-
  dete" des VR, während der Versicherungsmakler „Verbündeter" des VN ist.
  In der Praxis wird der Makler auch oft als „Bundesgenosse" des VN bezeichnet.

- *Captive Broker*   *Captive Broker*
  bilden eine besondere Gruppe innerhalb der Absatzorgane. Sie sind mit dem
  Versicherungsunternehmen verbunden oder stehen in dessen Diensten. Sie
  sind weniger Absatzorgan des Versicherungsunternehmens, als vielmehr
  Beschaffungsorgan der VN, wenn sie nur für ein Unternehmen tätig sind.

Es handelt sich um rechtlich selbstständige Versicherungsvermittler, die im Dienst eines großen gewerblichen Unternehmens stehen und den notwendigen Versicherungsschutz beschaffen. Der Captive Broker hat meist die Rechtsform einer GmbH und ist rechtlich ein Makler.

Direktversicherung Ein weiterer Absatzweg besteht in dem direkten, zentralen oder dezentralen Vertrieb der Versicherungsprodukte.

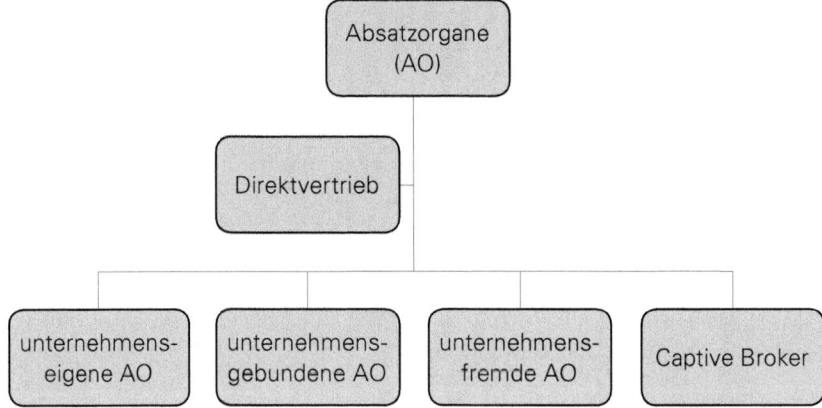

Abbildung 3: Direkte, zentrale und dezentrale Absatzorgane (eigene Darstellung)

Indirekter Absatz

indirekter Absatz Ein indirekter Absatz von Versicherungsprodukten liegt immer dann vor, wenn ein Vermittler tätig wird. Ob der Vermittler dabei Ausschließlichkeits- oder Mehrfachvermittler oder angestellter Versicherungsmakler im Außendienst ist, spielt keine Rolle. Beim indirekten Absatz hat der VR die Möglichkeit, die Absatzpolitik direkt zu gestalten. Er wird die Absatzpolitik dabei so gestalten, dass alle Beteiligten gleichwertig berücksichtigt werden. Die Initiative zum Neuabschluss des Vertrages geht meistens vom Vermittler oder dem VR aus.

Generalist Bei den unterschiedlichen Absatzorganen sind eine Spezialisierung und/oder eine Generalisierung möglich. Der Generalist ist auf allen Geschäftsfeldern, die der VR anbietet, tätig. Er kann regional oder überregional ausgerichtet sein. Generalisten, die regional tätig sind, findet man häufig bei Einfirmenvermittlern, bei den klassischen Generalagenturen.

Spezialist Der Spezialist ist in der Regel spezialisiert ausgebildet, er verfügt über ein hohes Detailwissen über einzelne Versicherungsprodukte und hat Zugang zu bestimmten Kundengruppen.

Makler Versicherungsmakler haben ihr Geschäftsfeld meist im Firmengeschäft und im „gehobenen" Privatkundenbereich.

Handlungssituation

Mit einem Spezialprodukt, einer Garantieversicherung für Landmaschinen, möchte die Proximus Versicherung AG eine stärke Kundenbindung erreichen. Ihre Aufgabe ist es zu prüfen, welcher Absatzweg für eine schnelle Markteinführung des Spezialprodukts geeignet ist. Entwickeln Sie einen Vorschlag hierzu und begründen Sie diesen.

Da es sich um ein neues Produkt der Proximus Versicherung AG handelt, ist eine schnelle Markteinführung nur mit der unternehmensfremden Absatzorganisation möglich, da diese mit dem Produkt bereits Erfahrung hat. Allerdings steht das Produkt der Proximus Versicherung AG bei den Maklern oder Mehrfachvermittlern in direkter Konkurrenz zu entsprechenden Produkten anderer Anbieter.

Die Produktqualität, die Bearbeitungintensität und die Courtage bzw. Provisionszugeständnisse könnten den Makler veranlassen, die Vermittlung über die Proximus Versicherung AG zu steuern. Allerdings ist über den Makler eine „echte" Kundenbindung nicht erreichbar, da der Makler dem Kunden für andere Produkte den preiswertesten VR anbieten wird bzw. anbieten muss. Eine Kundenbindung wäre bestenfalls für das neue Produkt „Garantieversicherung" möglich.

Da das neue Produkt eine umfassende Beratung erfordert, müssten bei der unternehmenseigenen Organisation erst Schulungen und Informationsveranstaltungen durchgeführt werden. Makler und Mehrfachagenturen sind durch ihr umfassendes Wissen in der Regel besser geeignet, eine sachgerechte Beratung durchzuführen. Kriterien zur Eignung der Maklerorganisation sind: *Eignung der Maklerorganisation*

- Qualifikation und Fachkompetenz,

- eine hohe Präferenz bestimmter Kundengruppen für diesen Vermittlertyp,

- eine professionelle Risikoanalyse, eine effiziente Markterschließung und eine umfassende Beratung.

Die unternehmenseigene Absatzorganisation (über Angestellte) kann bei der Markteinführung zielgerichtet in der Betreuung anderer Organisationen (Ausschließlichkeit, Mehrfachvermittler oder Makler) eingesetzt werden. Ein weiterer Einsatz der unternehmenseigenen Absatzorganisation im Zusammenhang mit dem neuen Produkt kann in den Bereichen der Markterschließung sowie in Beratung und Service erfolgen. *unternehmenseigene Absatzorganisation*

Einfirmenvermittler sind meist als Generalisten tätig, sie sind jeweils das Absatzorgan auf den vom VR bearbeiteten Geschäftsfeldern. Hier sind qualitative und quantitative Kapazitäten zu beachten. Weiterhin ist zu berücksichtigen, dass eine Produktstreuung nicht flächendeckend möglich ist, sodass nicht die ganze Ausschließlichkeitsorganisation mit der neuen Zielgruppe und dem neuen Produkt konfrontiert wird. *Einfirmenvermittler*

Direkter Absatz

Direktversicherung   Unter dem Begriff Direktabsatz oder Direktversicherung ist der zentrale direkte Absatz vom VR zum Kunden ohne Einschaltung eines Vermittlers zu verste-
hen. Der Kontakt mit dem Kunden wird über verschiedene Medien wie Telefon,
Brief oder Internet hergestellt.

Kontaktaufnahme   Meist wenden sich Neukunden an den VR, weil sie durch Werbung auf den VR
aufmerksam geworden sind. Spezifische Impulse können dabei sein: der Preis
oder die angebotene Leistung hebt sich von den Mitbewerbern ab oder andere
Kunden haben den Direktversicherer empfohlen oder der Werbeauftritt des VR
ist ansprechend. Der Kunde, der den Weg der Direktversicherung nutzt, hat in
der Regel folgendes Profil:

Kundenprofil   ▪ Er verfügt über Kenntnisse zum Risiko und zu den Versicherungsmöglichkeiten.

▪ Er wird selbst aktiv und es besteht Bereitschaft zur Mitwirkung sowohl beim
Abschluss als auch im Leistungsfall.

▪ Er ist preissensibel.

▪ Er ist offen für Kommunikation und Austausch.

Produkteignung   Der direkte Absatz eignet sich meist für Versicherungsprodukte, die genormt
sind und keinen Austausch von umfangreichen Risiko-Informationen erfordern.
Das Produkt sollte einen geringen Gestaltungsbedarf haben und keinen hohen
Änderungsdienst erfordern. Die Höhe der Schadenbelastung sollte gering sein
und es sollte sich um ein möglichst einheitliches Schadenbild bzw. einen einheitlichen Schadentyp handeln.

Werbemittel   Die wichtigsten Werbemittel zur Ansprache neuer Kunden sind:

▪ Einzelwerbung per Post durch einen persönlichen Werbebrief,

▪ Massenwerbung über Werbedrucksachen als Beilage in Printmedien oder
als Werbeanzeige in Printmedien,

▪ Massenwerbung über Werbespots in Rundfunk, Fernsehen und Kino,

▪ Massenwerbung über Werbebotschaften auf Plakaten und sonstigen Wer-
beträgern,

▪ Internetwerbung im Rahmen des Online-Marketing über E-Mail- oder Ban-
nerwerbung.

Märkte und   Um den Absatzweg Direktversicherung erfolgreich nutzen zu können, sind be-
Direktversicherer   stimmte Anforderungen an das Versicherungsunternehmen und an die Versi-
cherungsmärkte selbst wichtig: Für die Direktversicherung ist ein transparenter
Markt erforderlich, die Transparenz muss in den Bereichen Anbieter, Produkt
und Preis gegeben sein. Das Versicherungsunternehmen sollte:

▪ einen hohen Bekanntheitsgrad und ein günstiges Preis-Leistungs-Verhältnis
haben.

▪ geringe Betriebskosten haben (keine Provisionszahlung und geringe Transak-
tionskosten).

▪ die Werbekosten durch entsprechenden Umsatz kompensieren können.

- die Vertriebswege so abgrenzen, dass keine Benachteiligungen entstehen.
- über geeignete Mitarbeiter und geeignete Kommunikationstechniken verfügen.

Besonders günstige Voraussetzungen für den zentralen Direktabsatz bietet das Bestandsgeschäft, da hier qualifizierte Kundeninformationen vorliegen. Als Bestandskunden eines Versicherungsunternehmens gelten natürliche Personen oder Institutionen, zu denen mindestens ein Versicherungsverhältnis besteht. Die Initiative für den Vertragsabschluss kann jetzt vom VN auf den VR wechseln. *Bestandsgeschäft*

Angesichts der vorhandenen Kundendaten wäre die Entscheidung der Proximus Versicherung AG, eine Tierkrankenversicherung für Hunde als Ergänzung zur Hausratversicherung anzubieten, sinnvoll. Weitere Daten könnten auch aus dem Bereich der Tierhalter-Haftpflichtversicherung selektiert werden. Hier ist allerdings zu bedenken, dass die Betreuung der Versicherungsbestände durch Vermittler der Proximus Versicherung AG die Weitergabe von Kundendaten erschwert oder unmöglich macht. Ein zentraler direkter Absatz wäre daher nur im Neukundenbereich durchführbar.

Sollen Daten von Bestandskunden eines Versicherungsunternehmens gewonnen werden, um etwa für ein neu gegründetes Direktversicherungsunternehmen Informationen zu gewinnen, so ergeben sich evtl. Probleme bei der Datenübermittlunghinsichtlich des Datenschutzes und der Bestandssicherung. *Bestandsdaten*

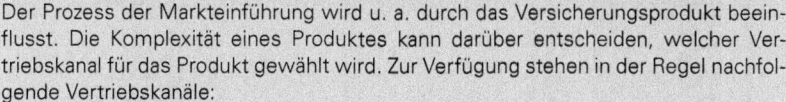

Zusammenfassung

Der Prozess der Markteinführung wird u. a. durch das Versicherungsprodukt beeinflusst. Die Komplexität eines Produktes kann darüber entscheiden, welcher Vertriebskanal für das Produkt gewählt wird. Zur Verfügung stehen in der Regel nachfolgende Vertriebskanäle:

- unternehmenseigene Absatzorganisation,
- unternehmensgebundene Absatzorganisation,
- unternehmensfremde Absatzorganisation,
- Sonderformen wie Captive Broker.

Daneben gibt es die Möglichkeit der Direktversicherung.

2. Controlling-Routinen und Qualitätsmanagement

Handlungssituation

Im Vorfeld der Markteinführung der Tierkrankenversicherung für Hunde sollen Sie Methoden und Instrumente eines Controlling-Systems entwickeln, das es der Proximus Versicherung AG ermöglicht, die zukünftige Entwicklung des neuen Versicherungsprodukts zu beobachten.

Daneben haben Sie die Aufgabe, gemeinsam mit der IT-Abteilung ein Konzept zur technischen Umsetzung der Tierkrankenversicherung für Hunde zu entwickeln, das es der Proximus Versicherung AG erlaubt, die produktspezifischen Daten zu verarbeiten.

Controlling als Prozess der Steuerung und Kontrolle

Rechnungswesen

Controlling ist ein zukunftsorientierter Prozess der Unternehmenssteuerung und -kontrolle. War das Controlling bis Ende der 70er Jahre stark am Rechnungswesen orientiert, stellt es mittlerweile ein eigenständiges System in Unternehmen dar mit Subsystemen in verschiedenen Unternehmensbereichen. Während sich das Rechnungswesen eines Versicherungsunternehmens mit Abweichungen aus der Vergangenheit befasst, wird durch das Controlling die Steuerung der Zukunft erreicht. Controlling geschieht in einem Regelkreislauf und kann folgende Schritte beinhalten:

- Analyse der aktuellen Unternehmenssituation mit geeigneten Analysemethoden bzw. Erstellen eines Sollwertes in der Planungsphase,
- Ermittlung des Istwertes mittels geeigneter Methoden,
- Abweichungsanalyse: Vergleich des Istwertes mit dem Sollwert und Analyse der Gründe für die Abweichung,
- ggf. Einleitung und Steuerung von Maßnahmen zur Korrektur der Abweichung.

Regelkreislauf

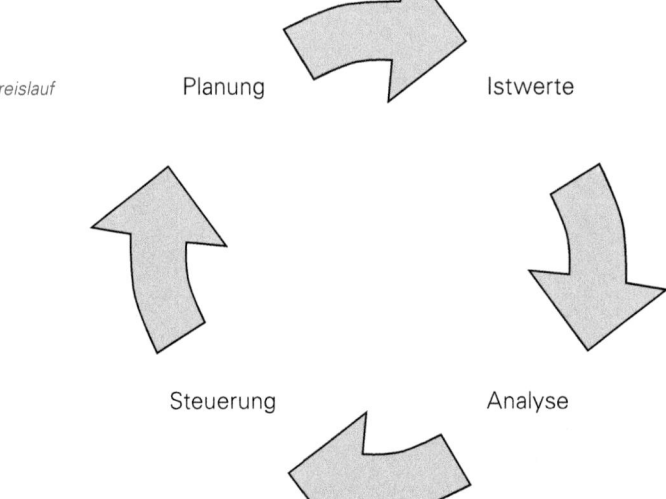

Abbildung 4: Regelkreislauf des Controllings (eigene Darstellung)

Das Management setzt die strategischen Ziele des Unternehmens, veranlasst Maßnahmen zur Umsetzung der Ziele und trifft strategische Entscheidungen. Das Controlling wacht über die Wirtschaftlichkeit der Aktivitäten des Unternehmens, ohne diese aber zu garantieren. Das Controlling

- sorgt für Kosten- und Ergebnistransparenz,
- koordiniert Teilpläne,
- organisiert ein übergreifendes Berichtssystem,
- ermöglicht die Optimierung der Wirtschaftlichkeit des Unternehmens.

Das Management ist verantwortlich für die Ergebnisse, während das Controlling die Transparenz der Ergebnisse sicherstellt. Damit unterstützt das Controlling das Management. Es analysiert und bewertet die Situation des Unternehmens und leitet die Ergebnisse in Berichtform an das Management weiter, das auf Grundlage dieser Berichte Entscheidungen treffen kann.

Aufgabenverteilung zwischen Controlling und Management

Strategisches und operatives Controlling

Das strategische Controlling ist vornehmlich die Aufgabe der Geschäftsführung (Management) und befasst sich mit der Existenzsicherung (langfristige Planung).

strategisches Controlling

Es überwiegen qualitative Aspekte („Die richtigen Dinge tun"), wie z. B. Festlegung der

- Geschäftsfelder,
- Produkte,
- Vertriebswege,
- Organisationsformen,
- Servicegrade.

Das operative Controlling ist vornehmlich Aufgabe der Prozessbereiche und befasst sich mit der Ergebnissteuerung und Quantifizierung der strategischen Ziele sowie mit der Planung, Überwachung und Steuerung der kurz- und mittelfristigen Zielerreichung.

operatives Controlling

Mit der Ist-Rechnung werden die laufenden Informationen über die Kosten- und Ertragssituation ermittelt. Die Planungsrechnung koordiniert die Ziele und Maßnahmen sowie die quantitativen Auswirkungen („Die Dinge richtig tun"). Die Steuerung gleicht das Erreichte mit dem Gewollten ab.

Ist-Rechnung

Die Bereiche des Controllings teilen sich auf in:

Bereiche des Controllings

- Kostenrechnung (Zuordnung der Kosten auf die Produkte, Kapitalanlagen und Dienstleistungen),
- Deckungsbeitragsrechnung,
- Produktions-/Vertriebsstatistiken,
- Spartenauswertungen,
- Markt-/Konkurrenzvergleiche,
- IT-Controlling.

Prozessbereiche Die einzelnen Prozessbereiche des Controllings sind:

- Abschluss/Vertrieb,
- Bestandsverwaltung/Betrieb,
- Inkasso,
- Schadenregulierung,
- Rückversicherung,
- Vermögensverwaltung,
- Mitversicherung,
- sonstige Aufgaben.

Qualitätsmanagement

Qualitätsmanagement Das Qualitätsmanagment dient der kontinuierlichen Verbesserung von Produkten und Prozessen. Es hat auch in der Versicherungswirtschaft seit einigen Jahren verstärkt an Bedeutung gewonnen.

Norm DIN 55350 Grundsätzlich wird Qualität nach der Norm DIN 55350 definiert. Danach ist Qualität die Beschaffenheit einer Einheit bezüglich ihrer Eignung, festgelegte oder vorausgesetzte Erfordernisse zu erfüllen. Die Einheit stellt das Versicherungsprodukt oder das Versicherungsunternehmen selbst dar. Die Eignung stellt auf bestimmte Produktfunktionen zur Deckung des Versicherungsbedarfs beim VN oder die Erfüllung von Unternehmenszielen beim VR ab. Das Qualitätsmanagement

Qualitätsstandards
- definiert Qualitätsprinzipien,
- setzt sie professionell um und
- sorgt – ähnlich wie das Controlling – für eine systematische Überwachung.

Für die im Rahmen des Qualitätsmanagements gebildeten Qualitätsstandards wird zunächst eine Kernaussage formuliert. Danach erfolgen eine Begründung und Hinweise für die Umsetzung bzw. Hinweise auf Verstöße.

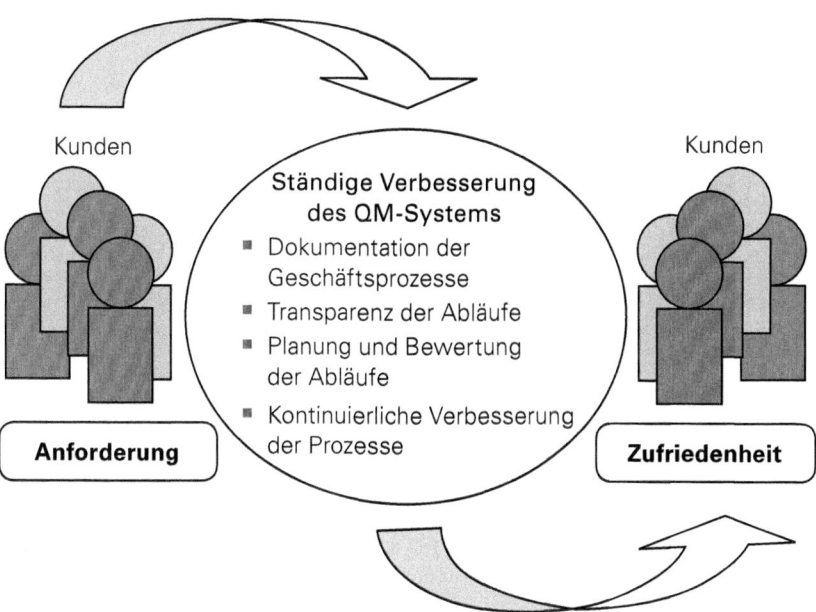

Abbildung 5: Prozess des Qualitätsmanagements (eigene Darstellung)

Wegen der zeitlichen Komponente zwischen Leistungserstellung und deren Einlösung ist die Qualitätsmessung im Versicherungsfall schwieriger als bei anderen Wirtschaftsgütern. *Qualitätsmessung*

Die Qualität, im Sinn der Beschaffenheit der Versicherungsprodukte, bezieht sich auf *Qualität der Versicherungsprodukte*

- die abgesetzten Versicherungsprodukte mit dem Risiko- und Dienstleistungsgeschäft,
- die für die Versicherungsproduktion von außen beschafften Produktionsfaktoren, z. B. Rückversicherungsschutz,
- die Produktionsprozesse im Versicherungsunternehmen zur Erstellung innerbetrieblicher und kundenbezogener Leistungen in den Bereichen Vertragsbearbeitung, Schadenbearbeitung und Absatz.

Eine hohe Qualität setzt eine entsprechend hohe Qualität der Mitarbeiter oder entsprechender Expertensysteme voraus.

Die Dimensionen
von Qualität

Prinzipien	Professionelle Umsetzung	Systematische Beobachtung
Subjektorientierung	Auswahl von Verfahren / Ziel- und Prozessorientierung	Qualitätssicherung
Managing Diversity – die Vielfalt anerkennen	Professionelle Vorbereitung und Durchführung	Qualitätsprüfung
Kompetenzansatz	Geschultes Personal	Systemorientierung
Transparenzprinzip	Feedback	Verhaltensorientierung
	Schriftliche Ergebnis-dokumentation	Dokumentation während der Beobachtung
		Kriteriengeleitete Beobachtung
		Mehrfachbeobachtung
		Trennung von Beobachtung und Bewertung

Tabelle 1: Die Dimensionen von Qualität

Risikocontrolling

Risikocontrolling-
funktion
Die Ausgestaltung des Risikomanagements bei Versicherungen liegt in der Verantwortung der Vorstände des Versicherungsunternehmens. Die Elemente des Risikomanagements sind:

- die Risikostrategie,
- die organisatorischen Rahmenbedingungen (Geschäftsorganisation),
- das interne Steuerungs- und Kontrollsystem,
- die interne Revision.

Die Kontrolle und Überwachung von Risiken ist die zentrale Aufgabe des Risikomanagements.

MaGo
Das Risikocontrolling hat im Bereich der Versicherungswirtschaft seit dem 22.01.2009 durch die Vorschriften MaRisk (VA) eine neue, grundlegende Bedeutung erhalten. Die MaRisk (VA) liefen am 31.12.2015 aus und gingen in den Vorschriften des MaGo auf.

Wie vorher die MaRisk (VA) sehen auch die Vorschriften des MaGo eine unabhängige Risikocontrollingfunktion (URCF) vor und regeln die Verantwortlichkeit und die Aufgaben der Versicherungsunternehmen.

▶ Definition

MaGo Kapitel 9.5 Abs.: 146 ff,

146 Die URCF unterstützt die gesamte Geschäftsleitung, gegebenenfalls den zuständigen Geschäftsleiter sowie andere Funktionen bei der effektiven Handhabung des Risikomanagementsystems. In diesem Zusammenhang hat die URCF insbesondere:

a) regelmäßig zu bewerten, ob die Risikostrategie konsistent zur Geschäftsstrategie ist,

b) regelmäßig zu bewerten, ob die schriftlichen Leitlinien zum Risikomanagementsystem angemessen sind,

c) das Risikobewusstsein der vom Risikomanagementsystem betroffenen Mitarbeiter zu befördern,

d) regelmäßig die Methoden und Prozesse zur Risikobewertung und -überwachung zu bewerten und sie gegebenenfalls weiterzuentwickeln,

e) Limite vorzuschlagen und

f) geplante Strategien unter Risikoaspekten zu beurteilen.

147 Die URCF überwacht das Risikomanagementsystem. In diesem Zusammenhang hat die URCF insbesondere:

a) Prozesse und Verfahren zur Überwachung des Risikomanagementsystems zu entwickeln und

b) die Angemessenheit des Risikomanagementsystems fortlaufend zu überwachen.

148 Die URCF überwacht das Gesamtrisikoprofil des Unternehmens. In diesem Zusammenhang hat die URCF insbesondere:

a) die Risiken mindestens auf aggregierter Ebene zu identifizieren, zu bewerten und zu analysieren,

b) die Maßnahmen zur Risikobegrenzung zu überwachen,

c) die Limite sowie die Risiken auf aggregierter Ebene zu überwachen und

d) die Durchführung und Dokumentation der unternehmenseigenen Risiko- und Solvabilitätsbeurteilung zu koordinieren.

149 Die URCF berichtet der gesamten Geschäftsleitung mindestens über wesentliche Risikoexponierungen, das Gesamtrisikoprofil sowie die Angemessenheit des Risikomanagementsystems und berät die Geschäftsleitung in Fragen des Risikomanagements.

150 Die URCF weist die gesamte Geschäftsleitung aktiv zumindest auf wesentliche Mängel bzw. Verbesserungspotentiale des Risikomanagementsystems hin. Sie hilft der gesamten Geschäftsleitung fortlaufend, Mängel abzustellen und das Risikomanagementsystem weiter zu entwickeln.

Revision

Ein unverzichtbares Instrument des Risikomanagements ist die interne Revision. Die Revision hat durch den § 64a VAG und die klarstellenden Erläuterungen des MaGo selbst eine neue Bedeutung bekommen. Die interne Revision prüft alle wesentlichen Prozesse des Unternehmens, sie überwacht und dokumentiert die fristgerechte Mängelbeseitigung und ist zuständig für das Eskalationsverfahren bei Nichtbeseitigung:

Rolle der internen Revision

- Alle Unternehmen müssen eine interne Revision einrichten. Ausnahmen hiervon sind nicht möglich. (MaGo Kap. 9.4 Abs. 134)

- Die interne Revision unterliegt keinen Einflüssen (Kontrollen, Einschränkungen oder sonstigen Einflüssen), die ihre Unabhängigkeit und Unparteilichkeit bei der Erledigung ihrer Aufgaben beeinträchtigen könnten (= unangemessene Einflüsse). (MaGo Kap. 9.4 Abs. 137)

- Die interne Revision muss von allen Stellen im Unternehmen unabhängig sein. Dies gilt für die für die Funktion der internen Revision verantwortliche Person und für alle Personen, die für die interne Revision tätig sind. (MaGo Kap. 9.4 Abs. 138)

- Die interne Revision darf keine operativen Funktionen oder Tätigkeiten übernehmen (§ 30 Abs. 2 Satz 1 VAG). Dies gilt für alle Unternehmen gleichermaßen; Proportionalitätsaspekte spielen insoweit keine Rolle. (MaGo Kap. 9.4 Abs. 141)

- Die Revision ist verpflichtet, eine risikoorientierte Prüfungsplanung abzugeben.

- Die Revision hat eine gesetzlich vorgeschriebene Prüfungspflicht.

- Die Revision muss gegenüber der BaFin einen Jahresbericht abgeben (§ 55c VAG).

▷ Definition

MaGo Kap. 9.4

Die interne Revision hat zeitnah einen Gesamtbericht über sämtliche von ihr im Lauf des Geschäftsjahres durchgeführten Prüfungen zu verfassen und allen Mitgliedern der Geschäftsleitung vorzulegen. Der Gesamtbericht muss über die festgestellten wesentlichen Mängel, deren Klassifizierung, die ergriffenen Maßnahmen sowie den Stand der Mängelbeseitigung informieren. Die interne Revision und die unabhängige Risikocontrollingfunktion haben sich regelmäßig über signifikante risikorelevante Sachverhalte und Entwicklungen auszutauschen.

Zusammenfassung

Der Begriff Controlling leitet sich von der englischen Bezeichnung „to control" ab und bedeutet so viel wie „steuern"/„regeln". Controlling ist ein zukunftsorientierter Prozess und läuft im Regelkreislauf von Analyse, Soll-Ist-Vergleich und Steuerung ab.

Das Controlling wacht über die Wirtschaftlichkeit eines Unternehmens, ohne diese aber zu garantieren. Man unterscheidet das strategische und das operative Controlling.

Die Qualität eines Produktes lässt sich an der Zufriedenheit der Kunden messen.

Die Qualitätsmessung bei Versicherungsprodukten ist im Allgemeinen aufgrund der zeitlichen Diskrepanz zwischen Leistungserstellung und Leistungserfüllung (im Versicherungsfall) schwierig.

Das Risikocontrolling hat durch die Vorschrift MaGo eine neue, entscheidende Bedeutung erlangt.

Gemäß den MaGo-Vorschriften ist ein Versicherungsunternehmen gesetzlich zur Revision verpflichtet. Diese erstellt risikoorientierte Prüfungen des Versicherungsunternehmens und legt der BaFin jährliche Prüfberichte vor.

3. Controlling-Daten

Handlungssituation

Im Rahmen des Produktcontrollings erhalten Sie die Aufgabe, zu dem Neuprodukt einer Tierkrankenversicherung für Hunde der Proximus Versicherung AG eine Deckungsbeitragsrechnung zu erstellen. Anhand der Deckungsbeitragsrechnung soll die Wirtschaftlichkeit des neuen Produkts ermittelt werden.

3.1 Analyse von Kennzahlen

Eine Analyse von Kennzahlen fließt in die Deckungsbeitragsrechnung und in das Spartencontrolling.

Deckungsbeitrag

Die Deckungsbeitragsrechnung ist ein Führungsinformationssystem, das aufzeigt, in welchen Segmenten, mit welchen Produkten, bei welchen Kunden die Kosten gedeckt werden und ein ausreichender Gewinn erzielt wird. Die Ziele der Deckungsbeitragsrechnung sind:

Deckungsbeitrag

- Ertragssteuerung aller Versicherungszweige und -arten,
- Produktsteuerung unter Ertragsgesichtspunkten,
- Zielgruppenbewertung.

Struktur der Deckungsbeitragsrechnung

Verdienter Beitrag

Struktur der Berechnung

– Schadenaufwand

   Aufwand Meldejahresschäden Zahlungen

   + externe Regulierungskosten

   + Schadenreserve

+/–Abwicklung Vorjahresschäden

+ Provision (Abschluss und Folgeprovision)

+ Kosten der Vertriebseinheiten (Vertrieb, Betrieb, Schaden)

   Kappungsbetrag (Aufwand und Abwicklung)

Die Deckungsbeitragsrechnung kann für diverse Positionen vorgenommen werden, die jeweils Ziel der Betrachtung sind. Die einzelnen Positionen sind:

Positionen der Deckungsbeitragsrechnung

- Vertriebsweg,
- Betreuungsort,
- Region,
- Mitversicherung,
- Versicherungszweige/-art,
- Zielgruppe (Privat/Gewerbe/Industrie),
- Version (Ist/Plan/Erwartung),
- Monat/Jahr.

Spartencontrolling Das Spartencontrolling (Spartensteuerung) ist mit dem Controlling der einzelnen Versicherungszweige betraut. Es dient der Sicherung langfristiger Ertragspotenziale und der Zielgruppenorientierung der Produkte durch Modularisie-
rung und bedarfsgerechte Zusammenstellung der Produkte. Die gezielte Infor-
mationsversorgung im Rahmen des Spartencontrollings stellt die Effizienz der
Produktentwicklung und des Vertriebs sicher.

Spartensteuerung Anhand der Spartensteuerung können verschiedene Parameter betrachtet werden. Nachstehend sind beispielhaft Steuerungsparameter aufgeführt:

- Neugeschäft, z. B. Zugang Stück und Jahresprämie,
- Ersatzgeschäft, z. B. Stück und Minder-/Mehrprämie,
- Versicherungssummenerhöhungen,
- Risikoerweiterungen,
- Tarifänderungen,
- Abgänge aufgrund Versichererwechsel, z. B. in Bezug auf Stückzahl und
  Jahresprämien,
- Abgänge aufgrund von Risikofortfall.

▷ Beispiel

Spartencontrolling: Die Proximus Versicherung AG hat in ihrem Bestand eine Risikogruppe Wohngebäu-
Ermittlung der deversicherung, Risiko Feuer. Die Risikogruppe besteht aus 10.000 Objekten mit einer
Risikoprämie Gesamtversicherungssumme von 4.770.000.000 EUR. Die kalkulierte Risikoprämie
beträgt 0,5 ‰.

In den vergangenen Jahren sind im Durchschnitt 1.750 Schäden angefallen mit einer
Gesamtentschädigung von 3.339.000 EUR p.a. Untersucht wird, wie sich die Schadensituation auf die Risikoprämie auswirkt.

Die Risikoprämie wird wie folgt ermittelt:

- Durchschnittliche Versicherungssumme
  4,77 Mrd. EUR Versicherungssumme / 10.000 Risiken = 477.000 EUR
- Durchschnittliche Schadenhöhe
  3,339 Mio. EUR Gesamtschaden / 1.750 Schäden = 1.908 EUR
- Schadenbedarfssatz
  3,339 Mio. EUR Gesamtschaden / 4,77 Mrd. EUR Gesamtversicherungssumme x
  1.000 = 0,7‰

Der Bedarfsschadensatz beträgt 0,7‰, er liegt somit 0,2‰ Punkte höher als der
kalkulierte Schadensatz.

Mehrbedarf an Risikoprämie = 4,77 Mrd. EUR x 0,0002 = 954.000 EUR

Das Controlling würde den Mehrbedarf an Risikoprämie an das Produktmanagement kommunizieren, damit die notwendigen Maßnahmen ergriffen werden können.

Aufgrund der vorliegenden Schadenentwicklung in den vergangenen Jahren
müsste der Prämiensatz angepasst werden – wenn der Markt eine Prämienerhöhung zulässt. Wird eine Erhöhung vom Markt nicht akzeptiert, müsste der
VR versuchen, die gestiegenen Schadenkosten durch eine Kostenreduktion zu
kompensieren.

Das Spartencontrolling kann sich auch auf einzelne Schadenereignisse beziehen, wie z. B. Sturmkatastrophen oder Überschwemmungen. Da einzelne VR meist nicht über eine ausreichende regionale Vertragsstückzahl verfügen, kann die Risikostatistik des GDV Aufschluss geben. *Controlling einzelner Schadenereignisse*

Risikostatistik Wohngebäude 1981–2016

In der versicherten Gefahr Sturm/Hagel sind im Berichtsjahr 2016 das Ereignis „Marine, Neele" (23. Juni–24. Juni 2016) angefallen:

Zu „Marine, Neele" (23. Juni–24. Juni 2016) wurden zur Risikostatistik Sach bisher ca. 69.000 Schäden bei einem Schadenaufwand von 150,0 Mio. EUR zu Wohngebäude-Sturm/Hagel (ohne Firmenkunden-Gebäude-Sturm/Hagel) gemeldet. Die Schadenhäufigkeit dieses Ereignisses zu Gebäude-Sturm/Hagel lag deutschlandweit bei 4,52 ‰. Das entspricht dem 27-fachen eines „Normaltages". Bei dem am stärksten betroffenen Kreis „Landkreis Heinsberg" lag die Schadenhäufigkeit bei 151,5 ‰. Damit war in Heinsberg jeder 7. Vertrag bei „Marine, Neele" von einem Sturm/Hagel-Schaden betroffen gewesen. Als höchster Einzelschaden an einem Einfamilienhaus mit einer Versicherungssumme bis 500.000 EUR wurde zu „Marine, Neele" ein Schadenaufwand von 80.000 EUR bei Sturm/Hagel gemeldet.

(Auszug aus: GDV-Rundschreiben Sach-Statistik 11/2018)

Markt- und Konkurrenzdaten

Das Controlling befasst sich auch mit der Auswertung von Markt- und Konkurrenzdaten. Die relevanten Daten können z. B. den Statistikdaten des GDV entnommen werden. Eine weitere Quelle sind Informationen des Statistischen Bundesamtes oder Regionalinformationen der statistischen Landesämter, hier kann es sich z. B. um Daten über Bevölkerungsdichte, Kaufkraft, Anzahl der Wohnungen, Tierbesitzer etc. handeln. Die Daten werden im Rahmen der Sekundärforschung erhoben. *Marktdaten*

Das Controlling gleicht die Daten mit dem Versicherungsbestand ab und nutzt die Erkenntnisse des Abgleichs zur Steuerung des Produktionsprozesses.

Handlungssituation

Sie haben die Aufgabe übernommen, für das Produktmanagement eine Standortbestimmung anzufertigen. Die Geschäftsleitung möchte wissen, wie bei vergleichbaren Unternehmen die Sachsparten verlaufen und ob Abweichungen zur Proximus Versicherung AG festzustellen sind.

Benchmark

Um festzustellen, wie sich ein Versicherungsunternehmen am Markt bewegt, werden die Unternehmensdaten regelmäßig mit den Daten verglichen, die vom GDV geliefert werden. Die Daten des GDV zeigen die Marktdaten aller VR auf, die sich an der Datensammlung beteiligen. *GDV-Statistik*

Das Anfertigen von Studien und die Statistikarbeit, wie zum Beispiel für die Schadenbedarfsstatistik, im Rahmen der Zusammenarbeit von Versicherungsunternehmen wurde 2010 durch die Gruppenfreistellungsverordnung (GVO) erlaubt. Diese lief am 31. März 2017 aus und wurde nicht verlängert.

„Leitfaden Kartellrecht und Verbandsarbeit" Um für das Benchmarking weiterhin unternehmensübergreifende Statistikarbeit durchführen zu können, hat der GDV einen „Leitfaden Kartellrecht und Verbandsarbeit" erstellt. (GDV-Rundschreiben 0787/2018)

 ▶ **Beispiele für GDV-Statistiken**

Schadenversicherung Bruttoergebnis des inländischen Direktgeschäftes 2016 (Auszug)					
BSZ	Zweig	Geb. Beitrag [Mio. EUR]		Schadenaufwand [Mio. EUR]	
		BJ	Δ VJ	BJ	Δ VJ
000	Alle	18.741	4,1%	13.140	1,1%
202	▪ Privat	10.277	5,1%	6.271	−0,8%
640	▪ Glas	496	−1,0%	173	−7,0%
650	▪ VHV	2.990	2,4%	1.372	−1,5%
660	▪ VHG	6.791	7,1%	4.724	−0,4%
105	▪ Nicht Privat	8.463	2,7%	6.869	2,9%
110	▪ Industrie/Gew./Landw.	6.420	2,8%	5.471	1,8%
200	▪ Industrie: Sach	2.535	2,6%	2.763	9,7%
210	▪ Gewerbe/Landw.	3.884	2,9%	2.707	−5,2%
203	▪ Gewerbe	3.170	2,9%	2.243	−6,0%
102	▪ TV/ TV-BU	2.043	2,2%	1.397	7,7%

Quelle: GDV-Bruttoergebnisse des inländischen Direktgeschäftes in der
        Sachversicherung im Jahr 2016

Verbundene Hausratversicherung						
Jahr	Geb. Brutto-Beitrag in Mio. EUR	Schaden aufwand in Mio. EUR	Schaden-quote in %	Com-bined Ratio in %	Zahl der Verträge in Tsd. Stück	Zahl der Schäden in Tsd. Stück
1995	2.185	1.226	56,6		24.237	1.431
1996	2.304	1.238	54,6	87,3	24.331	1.344
1997	2.331	1.292	55,5	88,1	24.530	1.463
1998	2.384	1.232	51,9	84,3	24.691	1.392
1999	2.404	1.287	53,6	85,3	24.875	1.481
2000	2.390	1.286	53,4	87,9	24.889	1.536
2001	2.422	1.243	51,4	86,3	24.727	1.379
2002	2.442	1.478	60,5	97,0	24.794	1.748
2003	2.469	1.304	52,7	87,8	24.790	1.528
2004	2.499	1.226	49,2	82,2	24.788	1.426
2005	2.555	1.175	46,2	78,7	24.780	1.338
2006	2.592	1.153	44,5	75,4	24.722	1.303
2007	2.574	1.146	44,2	75,7	24.741	1.329
2008	2.600	1.148	44,2	74,9	24.785	1.199
2009	2.604	1.214	46,4	78,7	24.878	1.172
2010	2.652	1.206	45,5	78,5	25.103	1.096
2011	2.682	1.265	47,3	81,1	25.193	1.147
2012	2.731	1.326	48,7	82,8	25.287	1.097
2013	2.792	1.391	50,0	84,0	25.404	1.081
2014	2.849	1.407	49,5	83,9	25.424	1.113
2005–2014			46,7	79,5		
1995–2014			50,1			

Quelle: Abb. 2 Quelle: GDV – Die Zweige der Sachversicherung im statistischen Überblick 1995–2014

Die GDV-Daten können mit den eigenen Unternehmensdaten abgeglichen werden. Eine weitere Vergleichsmöglichkeit bieten Konkurrenzdaten verschiedener Versicherungsunternehmen. Die Daten werden gesammelt, um eine Konkurrenzanalyse zu erstellen, mit der die Marktstellung des VR festgestellt werden kann.

Konkurrenzdaten

Zur Festlegung der Qualitätspolitik ist der ständige Vergleich mit anderen Unternehmen der Branche notwendig. Ermittelt wird, ob die Zielsetzung im eigenen Hause erreichbar ist: Die Zielsetzung orientiert sich dabei z. B. am Standard der besten Mitbewerber bzw. des Marktführers. Der direkte Vergleich mit ausgewählten Mitbewerbern wird in der Wirtschaftssprache Benchmark genannt.

Benchmark (engl. „Maßstab") oder Benchmarking (engl. „Maßstäbe setzen") bezeichnet eine vergleichende Analyse mit einem festgelegten Referenzwert.

Benchmarking

▷ Definition

Benchmarking in der Betriebswirtschaft ist ein systematischer und kontinuierlicher Prozess des Vergleichs von Produkten, Dienstleistungen und Prozessen im eigenen Unternehmen mit denen in fremden Unternehmen in qualitativer und/oder quantitativer Hinsicht.

Produkt-Benchmarking legt den Fokus auf Produkte und deren Attribute wie Funktion, Kosten, Alleinstellungsmerkmale etc. Beim Produkt-Benchmarking können eigene und/oder Wettbewerberprodukte betrachtet werden.

Wichtig beim Benchmarking ist, dass nicht Äpfel mit Birnen verglichen werden. So werden sich die Verantwortlichen eines regionalen VR, z. B. eines lokalen Feuerversicherungsvereins, nicht mit einem Global Player der Versicherungsbranche vergleichen wollen.

Informationen aus den Geschäftsberichten

▷ Beispiel für Benchmarking

Aus den Geschäftsberichten der Gesellschaften, die eine ähnliche Struktur und Größe wie die Proximus Versicherung AG haben, werden Daten wie die folgenden erhoben:

- Abschlussaufwendungen
- Verwaltungsaufwendungen
- Provisionen
- Löhne und Gehälter
- Spartendaten
- Anzahl der Verträge
- verdiente Nettobeiträge
- Bruttoaufwendungen für Versicherungsfälle
- Bruttoaufwendungen für den Versicherungsbetrieb
- Rückversicherungssaldo

Marktforschung

weitere Marktanbieter

VR lassen die Daten für das Benchmarking auch von externen Stellen erheben. Am Markt gibt es Anbieter, die im Auftrag einzelner VR Befragungen innerhalb der Vermittler- und Maklerorganisationen oder bei Kunden durchführen. Die Marktforschungsunternehmen wenden für ihre Datenerhebung die Primärforschung an.

Aus den Veröffentlichungen unter den Teilnehmern können dann die VR ausgewählt werden, die für einen direkten Vergleich geeignet sind. Voraussetzung für dieses Benchmarking ist natürlich, dass ein ausreichender Beobachtungszeitraum zur Verfügung steht und dass auch sonstige Veränderungen gegenüber den beobachteten Versicherungsunternehmen einbezogen werden. Für einen Vergleich der Versicherungsunternehmen am Markt können z. B. untersucht werden:

- Bekanntheit des Unternehmens
- Markenassoziationen der VN
- Markenstärke und Markenpositionierung
- Kaufbereitschaft der VN in Bezug auf die emotionale und funktionale Markenpositionierung eines Unternehmens

Die Ergebnisse von Marktforschungsunternehmen zeigen, dass die Pflege einer Unternehmensmarke auch in der Versicherungswirtschaft zunehmend an Bedeutung gewinnt. Eine starke Marke unterstützt den Außendienst bei seinen Vertriebsaktivitäten und hat auch einen nachweisbaren Einfluss auf die Kundenbindung und die Abschlussbereitschaft potenzieller Neukunden.

3.2 Rating und Ranking

Ein Bereich der Absatzmarktforschung ist das Rating. Es hat zum Ziel, die systematisch ermittelten Informationen für die Bewertung wirtschaftlicher Sachverhalte auf dem Versicherungsmarkt einzuordnen. Ratings ordnen die Bewertungsergebnisse in Skalen, während Rankings sie in Reihenfolgen ordnen. Grundsätzlich muss bei den Ratings zwischen den Finanzkraftratings und den Produktratings unterschieden werden. *Absatzmarktforschung*

Unterschied zwischen Rating und Ranking

Im Versicherungsbereich hat das Rating Bedeutung für das Versicherungsunternehmen und Rückversicherer sowie für die Versicherungsmakler (Finanzkraftratings). Kunden achten weniger auf Ratings und Rankings, sie lassen sich mehr von der Kompetenz ihres Vermittlers leiten. Die Öffentlichkeit nimmt kaum Notiz von den Ratings und Rankings.

Die Informationen werden von kommerziellen Rating-Agenturen erstellt. Auch Zeitschriften und Verbraucherverbände erstellen Ratings und Rankings, allerdings vornehmlich im Bereich des Preis-Leistungs-Vergleichs (Produktratings). *Rating-Agenturen*

Die großen Rating-Agenturen „Fitch", „Standard & Poor's" und „Moody's", die einen Marktanteil von ca. 90 % besitzen, haben ihren Sitz außerhalb der Europäischen Union. Für ihre Tätigkeit in der EU müssen sie eine Konzession haben.

▶ Hinweis

Ratings und Rankings helfen Kunden, die Versicherungsschutz suchen, bei der Auswahl des Anbieters. Ratings und Rankings sind Bewertungen (nach Noten oder Skalen) bestimmter Merkmale, Eigenschaften oder Leistungen von Produkten, Dienstleistungen oder Unternehmen.

Ist das Beurteilungsverfahren mit einer Aussage über den Versicherungsschutz, z. B. über Art und Umfang, verbunden, dann handelt es sich um ein Rating. In ein Rating fließen quantitative und qualitative Faktoren ein. Wenn die Information hingegen nur darin besteht, wie gut oder schlecht der Versicherungsschutz im Verhältnis zu anderen VR in der Vergangenheit war, dann handelt es sich um ein Ranking.

Rolle der Rating-
Agenturen
Information für Makler

Für Versicherungsmakler spielen Ratings und Rankings eine bedeutende Rolle. Durch die Auswahl eines geeigneten Risikoträgers sind sie ihren Mandanten gegenüber verpflichtet, nicht nur auf die fachliche Eignung, sondern auch auf die wirtschaftliche Komponente sowie auf die Solvabilität zu achten (Finanzkraftrating). Der Makler ist verpflichtet, die Markt- und Informationsgrundlage offenzulegen, auf die er seinen Rat erteilt hat. Er hat dabei eine ausreichende Anzahl Alternativen zu berücksichtigen.

Verantwortung der
Rating-Agenturen

Rating-Agenturen haben eine große Verantwortung, da sie einen großen Einfluss auf die Meinungsbildung haben und damit zur erhöhten Nachfrage oder zu Produkteinbußen bei einem VR führen können. Die Informationen der Agenturen sollten daher frei von Fehleinschätzungen und weitgehend abgesichert sein.

Zusammenfassung

Die Deckungsbeitragsrechnung ist ein Führungsinformationssystem, das aufzeigt, welcheProdukt kostendeckend ist und welches nicht. Betrachtungsziele der Deckungsbeitragsrechnung können unter anderem sein:

- Vertriebswege,
- Zielgruppen,
- Regionen.

Das Spartencontrolling dient der Sicherung langfristiger Ertragspotenziale und der Zielgruppenorientierung der Produkte.

Benchmark ist der Oberbegriff für das Verfahren von Markt-, Produkt- oder Unternehmensvergleichen. Der Vergleich der unternehmenseigenen Daten bspw. mit GDV-Daten zeigt die unternehmenseigene Lage am Markt.

Mittels Marktforschung werden, meist über Marktforschungsunternehmen, Marktdaten erhoben, die besonders für die Einführung von Produktinnovationen am Markt hilfreich sind.

Für die Außenwirkung des Unternehmens stellen die Ratings bzw. Rankings eines Versicherungsunternehmens oder gar eines speziellen Produktes eine große Bedeutung dar. Besonders das Ranking hat einen starken vertriebsrelevanten Einfluss auf die Produkte.

4. Anpassungsmaßnahmen

Neue Produkte und Produktänderungen bedingen Anpassungsmaßnahmen der Arbeitsabläufe und der Verkaufsunterlagen.

Handlungssituation

Sie arbeiten innerhalb eines Projektes an der Einführung einer neuen Versicherungssparte. Im Rahmen der Hausratversicherung soll eine Anbündelung einer Tierkrankenversicherung für Hunde angeboten werden. Ihre Aufgabe ist es, die bisherigen Arbeitsabläufe im Hinblick auf einen möglichen Anpassungsbedarf zu überprüfen.

4.1 Produktpolitik

Die Produktpolitik umfasst die Aktivitäten, die auf die Gestaltung einzelner Produkte oder des gesamten Absatzprogramms gerichtet sind. Eine erfolgreiche Produktpolitik überführt die objektiven Produkteigenschaften in kundenorientierte, individuelle Nutzungseigenschaften. *Absatzprogramm*

Die Produktgestaltung als Teil der Produktpolitik besteht aus den nachfolgenden Bereichen: *Produktgestaltung*

- Entwicklung neuer Produkte,
- Verbesserung bereits bestehender Produkte,
- zweckmäßige und ansprechende Ausgestaltung und Aufmachung.

Ausgangspunkt für die Produktgestaltung sollen die Wünsche, Bedürfnisse und die Vorstellungen der Kunden sein (vgl. auch Kapitel 2 bis 4 zu formalen und materiellen Inhalten von Produkten).

Die Entwicklung und die Verbesserung bestehender Produkte sind eng mit den Betriebsabläufen verbunden. Die Abläufe in der Versicherungswirtschaft sind stark abhängig von der elektronischen Datenverarbeitung im IT-Bereich, die zur Verwaltung von Arbeitsabläufen benötigt wird.

4.2 Workflow

Das Workflow-Management (Verwaltung von Arbeitsabläufen) ist die informationstechnische Unterstützung oder die Automatisierung von Geschäftsprozessen. Im Wesentlichen geht es um die Zuweisung von Arbeitsbereichen („Wer macht was?") und um die Festlegung von Übergaberichtlinien („Wie muss das Produkt X an der Stelle Y im Unternehmen aussehen?"). *Workflow-Management*

Durch den Verwaltungskostendruck sind die VR gezwungen, die Arbeitsabläufe bei der Verarbeitung der Anträge und der Veränderungsmeldungen schlank zu gestalten. Durch das Workflow-Management werden mithilfe von IT-Systemen die Geschäftsprozesse unterstützt, zudem dient es der Überwachung der Geschäftsabläufe. *Notwendigkeit des Workflow-Managements*

Arbeitsablauf   Ausgangslage und somit die kleinste Ausführungseinheit in einem Arbeitsablauf bilden eine Aktivität, eine Tätigkeit ausführender Ressourcen, zu benut-
zende Ressourcen, wie Werkzeuge und Maschinen, sowie anderweitige Be-
triebsmittel.

Die ausführenden Ressourcen sind im Bereich der Versicherungswirtschaft die
Mitarbeiter des Versicherungsunternehmens. Durch das Workflow-Management sollen die einzelnen Geschäftsvorfälle und allgemeinen Vorgänge des Ar-
beitsablaufs

- festgehalten,
- abgestimmt und
- optimiert werden.

Workflow als   Ein Workflow beschreibt dabei die operative Ebene möglichst so genau und
Beschreibung der ausführlich, dass die folgenden Aktivitäten durch den Ausgang der jeweils vo-
operativen Ebene rangehenden Aktivität bestimmt sind. Die einzelnen Aktivitäten stehen in Abhängigkeit zueinander, sie reihen sich wie eine Perlenkette aneinander. Die Aktivitäten haben einen

- definierten Anfang,
- einen organisierten Ablauf und
- ein definiertes Ende.

Bezogen auf den Workflow, der bei der Einreichung eines Versicherungsantrags entsteht, ist der definierte Anfang der Antragseingang und das definierte
Ende der Eingang der Police beim Kunden. Ein weiterer Prozess wäre dann die
Folgebearbeitung, die mit der Prämienzahlung beginnt und mit der Beendigung
des Vertrages endet. Die Organisation der Abläufe zwischen Beginn und Ende
ist Zielsetzung des Workflow-Managements.

Das Workflow-Management koordiniert, sequentialisiert und parallelisiert die
einzelnen Aktivitäten von Geschäftsbaläufen. Ziele des Workflow-Managements sind im Einzelnen:

Ziele   - Qualitätsverbesserung der Prozesse,
- Vereinheitlichung der Prozesse,
- Kosten- und Zeitreduktion,
- Bereitstellen von Informationen zu den einzelnen Aktivitäten,
- Erhöhung der Flexibilität und Transparenz der Prozesse.

Kritik   Das Workflow-Management zielt auf die Verbesserung und weitgehende Automatisierung der Prozesse und Arbeitsabläufe. Wichtig ist dabei jedoch, dass
ausreichend Flexibilität und Spielraum für abweichende Geschäftsprozesse bestehen bleibt, um den Interessen der Kunden und dem Servicegedanken Rechnung zu tragen.

4.3   Strategische Entscheidungen, Geschäftsprozesse

Ein Geschäftsprozess besteht aus einzelnen Teilprozessen. Diese lassen sich bis zur Ebene nicht mehr teilbarer Elementarprozesse weiter untergliedern. Den fachlichen Komponenten „Geschäftsprozess" und „Teilprozess" entsprechen die technischen Komponenten „Workflow-Management" und „IT-Vorgang", wobei letzterer die entsprechenden Anwendungsbausteine ansteuert.

Teilprozesse
Elementarprozess

Grundsätzlich müssen Geschäftsprozesse und ihre Teilprozesse so dargestellt werden, dass sie von versicherungstechnischen und informationstechnischen Laien verstanden werden. Gleichzeitig müssen sie aber auch als Arbeitsgrundlage für die Umsetzung in ein Softwareprogramm geeignet sein.

Anforderungen an die Darstellung von Geschäftsprozessen

Die Strukturierung der Geschäftsprozesse in ihre fachlichen wie technischen Aspekte beschreibt die folgende Grafik.

Hierarchie der Geschäftsprozesse

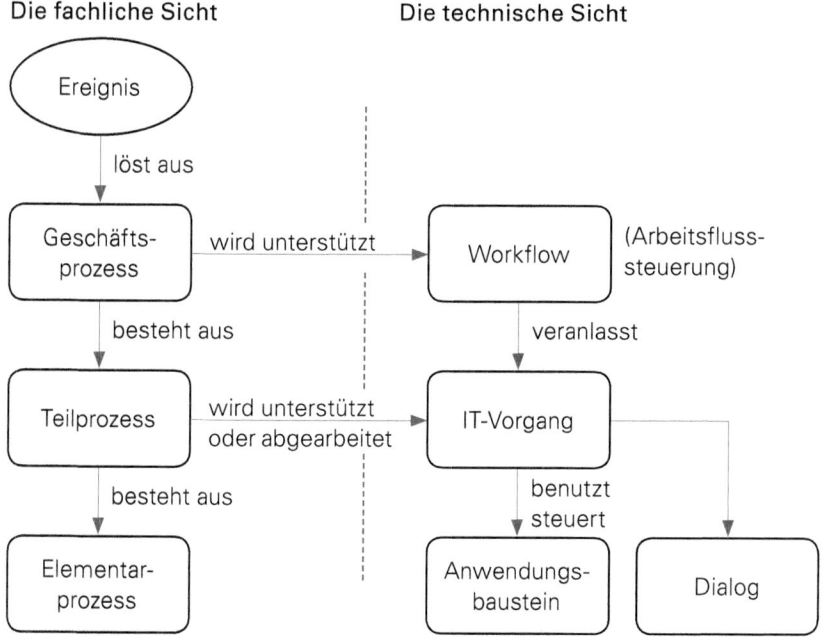

Abbildung 6: Struktur der Geschäftsprozesse (eigene Darstellung)

Die Elementarprozesse sind Standardvorgänge, die von Sachbearbeitern in einzelnen Arbeitsschritten durchgeführt werden.

Zwecke von
Geschäftsprozessen

Geschäftsprozesse dienen unterschiedlichen Zwecken.

Fachliche Zwecke	Technische Zwecke
Schnelle, effektive Bearbeitung ohne Doppelungen und lange Wartezeiten	Flexibilisierung der Produkt- und Tarifsysteme
Kostensenkung	Systematische Bearbeitung der Geschäftsvorgänge über alle Abteilungen und Funktionsgrenzen hinweg
Weiterentwicklung der Statistiken bis hin zum aktiven Spartencontrolling	Kundenorientierung zusätzlich zur Spartenorientierung

Ablaufskizze

Um festzustellen, welche einzelnen Betriebsabläufe durch ein neues oder verändertes Produkt berührt werden, muss zunächst eine Ablaufskizze für neue Produkte angefertigt werden. Für Veränderungen kann auf die bestehenden Dokumentationen, die im Rahmen des Qualitätsmanagements angefertigt wurden, zurückgegriffen werden.

Geschäftsprozesse bei Einführung des neuen Produktes

Handlungssituation

Im Rahmen der Produktpolitik hat die Proximus Versicherung AG entschieden, die Tierkrankenversicherung für Hunde in ihr Versicherungsprogramm aufzunehmen. Man verspricht sich davon einen Wettbewerbsvorteil, da die Anzahl der Marktteilnehmer auf der Versichererseite relativ gering ist. Darüber hinaus beabsichtigt das Unternehmen mit der Verbindung des neuen Produkts zur Hausratversicherung eine Reduzierung der Vergleichbarkeit mit anderen Anbietern. Ihre Aufgabe ist es, ein Vorgehensmodell für die Einführung des Produkts auszuarbeiten.

Betriebsabläufe Geschäftsobjekt Workflow	Berührungspunkte	Inhalte
Formularentwürfe	• Antrag • Bedingungen • Produktinformation	Angebotsvorgaben
Datensatz IT	• Geschäftsprozess-Dokumentation • Statistikdaten • GDV Meldungen • Inkassodaten • Exkassodaten	Archivierung
Tarifkalkulation	Tarif	
Risikomanagement	• Risiko-Kapital • Steuerung • Controlling • Dokumentation • Genehmigung durch Vorstand	
Annahmerichtlinien		
Rückversicherung		
Provision	• Systemauswahl • Bewertung	• Berechnungsschema • Höhe • Boni, Gewinn-beteiligung
Schulung	• Mitarbeiter Betrieb • Mitarbeiter Schaden • Vertrieb	
Schaden	• Eingangs-Bearbeitung • Schadenanlage-Bearbeitung • Reserve-Bearbeitung • Deckungsprüfungs-Bearbeitung • Leistungs-Bearbeitung • Forderungs-Bearbeitung	
Vertrieb	• Verkaufsunterlagen • Verkaufshilfe	• Cross-Selling • PR
Vermittler	Pflege Partnerbeziehung/-rolle	
Produkt	• Weiterentwicklung, kontinuierliche Verbesserung • Pflege	
Recht	• Aufsichtsrecht • Datenschutz	

Tabelle 2: Geschäftsprozesse bei Produkteinführung

Zusammenfassung

Die Produktpolitik umfasst generell Aktivitäten, die auf die Gestaltung der einzelnen Produkte oder des gesamten Absatzprogramms gerichtet sind.

Ausgangspunkt für die Produktgestaltung sollten die Wünsche, Bedürfnisse und Vorstellungen der Kunden sein.

Das Workflow-Management legt die Zuweisung von Arbeitsbereichen und Übergaberichtlinien fest und analysiert und optimiert diese kontinuierlich.

Ein Workflow beschreibt die operative Ebene eines Unternehmens und seiner einzelnen Aktivitäten.

Die zentralen Ziele des Workflow-Managements sind :

- Qualitätsverbesserung
- Vereinheitlichung der Prozesse
- Kosten- und Zeitreduktion

Geschäftsprozesse bestehen aus Teilprozessen, die sich bis zur Ebene nicht mehr teilbarer Elementarprozesse zerlegen lassen. Diese werden wiederum in eine fachliche und eine technische Komponente unterteilt.

Anhand einer Ablaufskizze zu einem neuen Produkt kann der Anpassungsbedarf des bestehenden Betriebsablaufs festgestellt und visualisiert werden.

5.   Marketingmaßnahmen

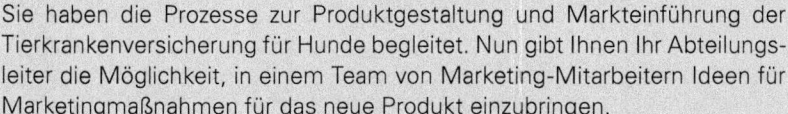

Handlungssituation

Sie haben die Prozesse zur Produktgestaltung und Markteinführung der Tierkrankenversicherung für Hunde begleitet. Nun gibt Ihnen Ihr Abteilungsleiter die Möglichkeit, in einem Team von Marketing-Mitarbeitern Ideen für Marketingmaßnahmen für das neue Produkt einzubringen.

Anhand der Fachwirt-Literatur MVP informieren Sie sich deshalb nochmals vertiefend zum Thema und schlagen die aus Ihrer Sicht geeigneten Marketingmaßnahmen vor.

Marketing ermöglicht, unternehmerische Entscheidungen markt- und kundengerecht zu fällen. Marketingmaßnahmen reichen von der Produktpolitik über effektive Werbemaßnahmen und Verkaufsunterstützung bis hin zu einer sinnvollen Preisgestaltung.

markt- und kundengerechte Entscheidungen

▶ Definition

Eine Marketingmaßnahme ist ein Aktionsparameter bzw. ein Maßnahmenbündel, das der Erreichung spezifischer Marketingziele dient. Voraussetzung für den Erfolg einer Marketingmaßnahme ist, dass sie systematisch und geplant eingesetzt wird.

Marketingmaßnahme

In dem Beispiel der Hunde-Krankenversicherung sind die Marketingmaßnahmen, die die Produktpolitik und die Preisgestaltung betreffen, abgeschlossen. Hier war die Proximus Versicherung AG teilweise an rechtliche Vorgaben gebunden.

Ausgangsbasis für die Entwicklung von Marketingmaßnahmen

Der Produktentwicklungsprozess ist von der Produktidee über die Entscheidung zur Produktumsetzung, die Tarifentwicklung und die Produktentwicklung in die Umsatzphase getreten. Nach der technischen Umsetzung und der Schulung der Mitarbeiter soll nun das Produkt auf den Markt gebracht werden.

Für die Markteinführung hatte die Proximus Versicherung AG den Vertriebsweg der Ausschließlichkeitsorganisation gewählt, den Zugang zu dem Produkt aber auch für die Maklerorganisation geöffnet.

Die Planung von Marketingmaßnahmen hängt von den strategischen Zielen ab, die man mit dem neuen Produkt verfolgt. Zielsetzung der Proximus Versicherung AG ist es, durch die Anbündelung der Tierkrankenversicherung für Hunde eine höhere Kundenbindung an die Hausratversicherung zu erreichen. Darüber hinaus soll das Produkt der Proximus Versicherung AG neue Kunden bringen.

strategische Zielsetzung

▶ Beispiele

allgemeine Marketingmaßnahmen

- Kundenkarte (z. B. mit Aktionen oder Rabatten),
- Newsletter oder regelmäßige Kundenzeitschrift/ -information,
- Pflege einer ansprechenden und zeitgemäßen Homepage,
- Veröffentlichungen, Pressemitteilungen,
- Sponsoring,
- Werbung in Print- und Online-Medien,
- Verkaufshilfen (z. B. technische oder haptische Verkaufshilfen).

spezielle Marketing-maßnahmen

Möglicher Marketingmaßnahmen-Katalog
Proximus-Tierkrankenversicherung für Hunde

Produktname

Produktname

Eine wichtige Marketingmaßnahme ist die Wahl eines ansprechenden Produktnamens. Es kann ein Phantasiename gewählt werden oder ein Name, der einen – auch entfernten – Bezug zu Hunden hat.

▶ Beispiel

„Junishi": Das ist die Bezeichnung für das japanische Tierkreiszeichen Hund (Inu).

Werbung

Werbung in Printmedien

Hier ist die gezielte Auswahl geeigneter Medien wichtig.

▶ Beispiel

- Anzeigen in Mitgliederzeitschriften von Tierschutzvereinen oder in Magazinen für Hundeliebhaber/Hundehalter.

Verkaufsunterlagen

Verkaufsunterlagen

Neben den rechtlich notwendigen Verkaufsunterlagen (Antrag, Versicherungsbedingungen und Produktinformationen) können weitere Verkaufsunterlagen und Verkaufshilfen eingesetzt werden.

▶ Beispiele

- Verkaufsprospekt,
- Info über Tierarzt-Gebührenordnung (GOT),
- Kinderbuch mit einer Geschichte „Bello muss zum Tierarzt".

Service

Service

Services rund um den Hund können verkaufsfördernde Marketingmaßnahmen sein.

▶ Beispiel

Die Proximus Versicherung AG richtet ein Tierarzt-Nottelefon ein. Kunden, die für Ihren Hund eine Krankenversicherung abgeschlossen haben, können sich hier kostenlos ärztlichen Rat einholen.

Informationen

Spezifische, kostenlose Informationen dienen ebenfalls der Kundenbindung und sind daher ein wichtiges Marketininstrument.

▶ **Beispiel**

Jeder Kunde erhält mit der Übersendung des Versicherungsscheins einen Ratgeber, z. B. ein Buch von Martin Rütter, einem bekannten Hundepsychologen. Er hat u. a. ein Buch („Welpentraining mit Martin Rütter", 2015) geschrieben.

- Im Begleitschreiben zum Versand des Buchs kann auf die Notwendigkeit der Hundeerziehung und die sich daraus ergebende Schadenprävention für Unfälle und Haftpflichtfälle hingewiesen werden.

Zusammenfassung

Marketing und Marketingmaßnahmen bieten die Möglichkeit, Produkte markt- und kundengerecht in den Markt einzuführen bzw. langfristig zu vermarkten.

Art und Umfang von Marketingmaßnahmen hängen von den strategischen Zielen, die an das Produkt geknüpft sind, ab bzw. von der erwünschten Wirkung der Maßnahmen.

Beispiele für Marketingmaßnahmen sind u. a.:

- Kundenkarte (mit Boni- bzw. Rabattsystem),

- eine zeitgemäße, ansprechende Homepage;

- Sponsoring.

Aufgaben zur Selbstüberprüfung

1. Erläutern Sie, inwiefern das Versicherungsprodukt selbst den Prozess der Markteinführung bestimmt. Welche Faktoren beeinflussen zum Beispiel die Auswahl der Vertriebskanäle für ein Versicherungsprodukt?

2. Erläutern Sie die Aufgabe der Absatzpolitik und benennen Sie die einzelnen Bestandteile der Absatzpolitik.

3. Erläutern Sie die Aufgabe der Distributionspolitik und nennen Sie die verschiedenen Absatz- oder Vertriebswege in Versicherungsunternehmen.

4. Erläutern Sie kurz die Merkmale des indirekten und des direkten Absatzes eines Versicherungsproduktes und nennen Sie jeweils einen Vorteil der Absatzform.

5. Nennen Sie die sechs zentralen Bereiche des Controllings.

6. Erläutern Sie die Aufgabe des Qualitätsmanagements in Versicherungsunternehmen anhand des Regelkreislaufs des Controllings.

7. Nennen Sie drei Kennzahlen, die in die Berechnung des Deckungsbeitrags von Versicherungsunternehmen einfließen.

8. Erläutern Sie Ziele und Aufgaben des Benchmarkings in Versicherungsunternehmen. Nennen Sie vier mögliche Referenzwerte beim Benchmarking.

9. Erläutern Sie die Aufgaben des Workflow-Managements von Versicherungsprodukten und nennen Sie drei Motivationsgründe für ein optimales Workflow-Management.

10. Nennen Sie exemplarisch drei Marketingmaßnahmen bei der Markteinführung eines neuen Versicherungsprodukts.

 Die Lösungshinweise finden Sie als kostenlosen Download unter:
www.bwv.de/fachwirtliteratur_loesungen
www.vvw.de → Service → Ergänzungen/Aktualisierungen

Literaturverzeichnis

ADSp und die Speditions- und Transportversicherung, 2. Auflage, Hamburg: Deutscher Verkehrs-Verlag, 2003

Dernick, Annette L. u.a.: Steuerung und Führung im Unternehmen. Fach- und Führungskompetenz für die Assekuranz. Geprüfte/r Fachwirt/in für Versicherungen und Finanzen, 2. Auflage, Karlsruhe: Verlag für Versicherungswirtschaft, 2013

Ehlers, Henning C.: DTV-Güterversicherungsbedingungen 2000 (DTV-Güter 2000). Erläuterungen und Kommentierung, zugleich ein Vergleich mit den ADS Güterversicherung 1973/94 und den einschlägigen Vorschriften der ADS 1919, 2. Auflage, Karlsruhe: Verlag für Versicherungswirtschaft, 2003

Enge, Hans-Christoph; Schwampe, Dieter: Transportversicherung, Recht und Praxis, 4. Auflage, Berlin/Heidelberg: Springer Gabler, 2012

Farny, Dieter: Versicherungsbetriebslehre, 4. Auflage, Karlsruhe: Verlag für Versicherungswirtschaft, 2006

GDV: Bruttoergebnis des inländischen Direktgeschäftes in der Sachversicherung im Jahr 2012 (Messzahlen), GDV Rundschreiben 1806/2013

GDV: Die Zweige der Sachversicherung im statistischen Überblick 1992–2011, Berlin im Dezember 2012

GDV: Handbuch der Sachversicherung, Bd. I, Teil A (Versicherungstechnik), 2009

GDV: Handbuch der Sachversicherung, Bd. III (Gewerbe/Industrie), 2008 mit Ergänzungen

GDV: Handbuch der Sachversicherung, Bd. IV (Technische Versicherung), 2008 mit Ergänzungen

GDV: Handbuch Verkehrshaftung (Kommentar DTV-VHV 2003/2008), 2009

GDV: Leitfaden für den Abrechnungsverkehr im Führungs- und Beteiligungsgeschäft (Betriebswirtschaft und Informationstechnologie, Bd. 10), 2004

Holthausen, Hubert u.a.: Bedingungswerk 2, Proximus Versicherung, Berufsbildungswerk der Deutschen Versicherungswirtschaft (BWV) e.V. (Hrsg.), 2008

Holthausen, Hubert; Cristofolini, Werner: Ausbildungsliteratur Hausrat- und Wohngebäudeversicherung, Kaufmann/Kauffrau für Versicherungen und Finanzen, Versicherungsfachmann/-fachfrau, 2. Auflage, Berufsbildungswerk der Deutschen Versicherungswirtschaft (BWV) e.V. (Hrsg.), 2009

Koller, Ingo: Transportrecht, Kommentar zu Spedition, Gütertransport und Lagergeschäft, 8. Auflage, München: C.H. Beck, 2013

Köhne, Thomas; Lange, Manfred: Marketing und Vertrieb von Versicherungs- und Finanzprodukten für Privatkunden. Fach- und Führungskompetenz für die Assekuranz. Geprüfte/r Fachwirt/in für Versicherungen und Finanzen, 3. Auflage, Karlsruhe: Verlag für Versicherungswirtschaft, 2016

Salzmann, Axel; Valder, Hubert: Haftung und Versicherung, Schadenbearbeitung im Transportgewerbe, 4. Auflage, München: Springer Fachmedien, 2014

Statistisches Bundesamt: Klassifikation der Wirtschaftszweige mit Erläuterungen – Ausgabe 2008 (Februar 2009)

Statistisches Bundesamt: Gebäude und Wohnungen. Bestand an Wohnungen und Wohngebäuden. Abgang von Wohnungen und Wohngebäuden. Lange Reihen ab 1969–2008 (August 2009)

Wieske, Thomas: Transportrecht – schnell erfasst, 3. Auflage, Berlin/Heidelberg: Springer, 2012

Internetquellen

dejure.org: Juristischer Informationsdienst

www.dejure.org

EU: Richtlinie 2009/138/EG des Europäischen Parlaments und des Rates vom 25. November 2009 betreffend die Aufnahme und Ausübung der Versicherungs- und der Rückversicherungstätigkeit (Solvency II)

http://eur-lex.europa.eu/LexUriServ/ LexUriServ.do?uri=OJ:L:2009:335:0001:0155:de: PDF

Exclusive Analysis Ltd.

www.exclusive-analysis.com

„Größe ist nicht alles"

VersicherungsJournal.de, 22.01.2010

GDV: Jahrbücher

http://www.gdv.de/category/service-und-downloads/geschaeftsberichte/jahrbuch/

GDV: Schlechte Geschäfte für Einbrecher: Wichtige Hinweise zum Schutz gegen Einbruch in Gewerbeobjekte

http://www.gdv.de/wp-content/uploads/2011/11/ Broschuere_Schlechte_Geschaefte_fuer_Einbrecher_2009.pdf

GDV: Statistisches Taschenbuch 2009

www.gdv.de/Downloads/Jahrbuch/ GDV_Statistisches_Taschenbuch_2009.pdf

GDV: Transport-Informations-Service. Fachinformation der Deutschen Transportversicherer, hierin:

www.tis-gdv.de

- DTV-Güter 2000/2011

www.tis-gdv.de/tis/bedingungen/avb/ ware/ware.html

- DTV-VHV 2003/2011

www.tis-gdv.de/tis/bedingungen/avb/ vhv/verkehr.html

- Transportversicherung von A bis Z

www.tis-gdv.de/tis/taz/inhalt.php

- Urteilsdatenbank

www.tis-gdv.de/tis/bedingungen/urteile/u_ dbank.php

Internationaler Währungsfonds

www.imf.org

Lloyd's Market Association

www.lmalloyds.com

Statistisches Bundesamt

www.destatis.de

VHT, Verein Hanseatischer Transportversicherer e.V.: Havariekommissar-Verzeichnis

www.vht-online.de

Stichwortverzeichnis